U0142968

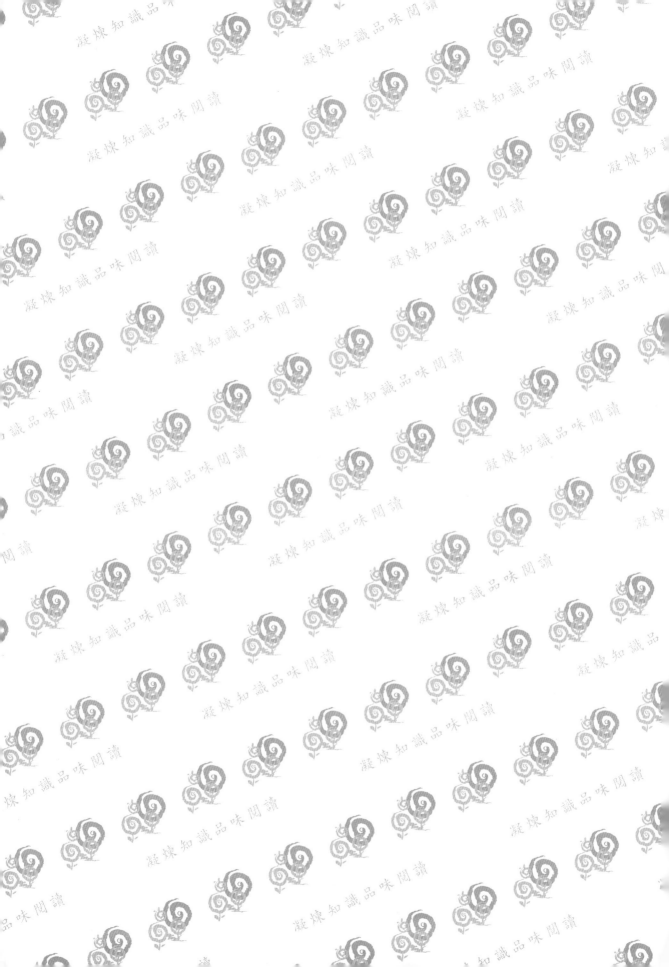

STATISTICS
統計學：原理與應用

邱皓政、林碧芳、許碧純、陳育瑜 合著

五南圖書出版公司 印行

序

如果不同的科學領域之間有需要共同的語言來溝通，那麼統計就是其一；如果真理是愈辯愈明，那麼就更有賴統計發聲。在當代學術的舞臺上，統計學雖不亮眼，但是從不缺席；在真實世界的問題叢林中，統計學雖不是要角，但是絕對是關鍵角色，能夠提供知識與力量。如此誇讚統計雖多所溢美但絕非妄言。統計學作為自然與社會科學絕大多數領域的共同必修課，並不是教授們共同商議的決定，而是眾多學者對於學科基本價值的肯定與專業養成需求的共同默契；在教育應用、社心專業、經濟預測、產業發展、商業經營、管理實務乃至於國家治理，統計程序的應用與分析技術的導入已深入各行各業，都是基於問題解決與預測監控的實際需要。尤其到了科技高度發展的今天，芸芸眾生的日常活動都被數位條碼悄悄紀錄，雲端上的訊息都是數據，益發凸顯統計的存在價值。甚至可以說，誰能掌握數據就像擁有寶藏，但要熟用統計才能點石成金，懂得方法才能登堂入室，在學術界是如此，在實務界亦然。

對於初入大學殿堂的年輕學子而言，要能體會統計的重要性並不容易，若要期望學生能為這個學科的學習廢寢忘食則更是不切實際。只有循循善誘苦口婆心，加上一些日常生活的點滴故事與實際體驗，或許才能在驚喜發現當中找到一絲對於統計的好奇與熱情，相信這是所有統計教師的共同經驗與無奈心情。這些年來，隨著個人電腦的普及與統計套裝軟體的發展，繁瑣的運算終於獲得解套，透過報表即時的反饋與學生實作活動的多樣設計，為統計課堂增添一分樂趣，才使統計老師們稍微寬心。

本書出版的目的，也即是基於前述背景的呼應，希望能用文字的力量來稍解老師們的良言苦口，減少公式推導與繁複運算來降低學生的排斥與恐懼。本書對於統計原理的說明鋪陳大量的文字敘述，雖稱不上是字字珠璣，但力求平實流暢、白話簡明，讓數學的理性融合文字的感性，期使學習者能夠真正透過閱讀來理解統計的道理與邏輯。此其一。

當文字帶領概念前進時，本書有別於傳統統計教材以多重範例反覆演算複習的學習策略，各章節盡可能使用單一範例故事來進行串聯，提升學生課堂學習的專注度，強化概念與具體事例的整合而能避免意識流暢的斷裂，從而得到頓悟的喜悅。因此本書除了各章的課後習作，內文中絕少範例習題，避免捨本而逐末，流於中學補教解題的學習模式。此其二。

一旦學習者能夠悠遊於白話的鋪陳與單軸的範例下，完成全章的概念學習而有所體悟之際，本書於各章末節耗費相當篇幅詳細列舉統計軟體操作步驟與結果解析，以實際應用的實作活動來打鐵趁熱，取報表數據來比對觀念而能追根究柢，一方面使學生能夠親眼目睹現代科技的神奇魅力，在光速的運算下，瞬間看到滿天星星，當下決定科學想像的對錯是非，見證統計原理躍現於報表之中，另一方面則能滿足人類原始的好奇慾念，得到真實的學問樂趣。此其三。

多年來，許多莘莘學子帶著忐忑心情走進我的統計課堂，凡人如我也非天賦異稟、無三頭六臂，即使唱趣逗笑、盡心盡力，最後學習成果多是差強人意，無法跳脫統計教師教學評鑑低迷的共同宿命。後來隨著經驗的累積與科技的進步調整教學方式，倡議白話運動，高舉實用主義，終於獲得一些掌聲，在學子身上看到難得的笑容，也決議將這些教學經驗形諸文字，做成教材。

除了已經在多年前轉往管理學院教書的我，本書的其他幾位作者都是長年與我切磋學問分享教學的師生伙伴，雖然各自分散在不同的學門領域，接觸不同的研究課題與學生，但是卻有共同的交集，最具體的部分則展現在這本書的撰述編成中。其中林碧芳博士畢業自國內首屈一指的政治大學教育學院，主修教育心理與計量方法，擔任臺灣統計方法學學會教育訓練處主任多年，推廣教育經驗豐富，可以歸屬於教育與心理學門；許碧純博士則畢業於長春藤名校康乃爾大學，鑽研婦女議題，享有社會學博士頭銜，除了社會理論的深厚根基，資料庫數據的實徵分析經驗豐富，可以歸屬於社會學門；陳育瑜則是輔仁大學心理學系博士候選人，作為學術新秀，追求質量兼備，對於統計方法的運用與結果的詮釋自有不同之見解，可以歸屬於心理學門。雖然四位作者分處管理、教育、社會、心理四大學門，教材術語與範例舉隅自然有其專業脈絡，但本書的適用對象更可跨越這些學門藩

籬，提供統計原理與應用方法的專業教材或自學工具。

　　常言道，萬丈高樓平地起，本書僅是開啟通往學術殿堂的第一扇窗，但不難體會學問之浩瀚，若要堆起智慧的金字塔，確實要下足功夫，未來才有登高望遠的睥睨。恩師丁興祥教授六十大壽時，歷屆師兄弟妹齊聚內湖碧山巖敘舊慶生，多年不見，好不開心，上山時正當華燈初上，山嵐裊裊，如霧起時。想起自己初作學問時，也是在山下翹首盼望，面對來路茫茫內心忐忑不安，只因為當初聽得長輩一句話，學問在哪？回說，只在此山中，雲深不知處，任聽他人道長短，何不親身探究竟。確實說得好，一步一腳印。那雲深意境，景致如何，悠遊山林採藥人最得明白，千萬別錯過了這一段好風景，那可真是遺憾。

邱皓政

西元 2012 年 10 月

於師大路管理學院

目　次

Introduction

1 統計學概說

To

Statistics

1.1 前言

　　科學的目的在探討未知、追求真相。透過科學的研究，人們得以建立系統性知識，發展科學的定律與理論，去除不確定性，做成決策，因此學術研究者的一項基礎訓練，就是學習科學的研究方法，熟習分析工具與技術，其中，統計方法的應用扮演著一個重要的角色。

　　科學家為了去了解並解釋人類與動物的行為，必須藉由資料（data）的蒐集來達到此一目的。當科學家手中擁有了資料之後，就必須利用一套有效的程序來進行資料的整理、呈現、描述與解釋的工作，並進一步的從中找到決策的根據。從學術上的定義來說，統計是一套處理與分析量化資料的技術，而探究統計方法的原理與應用的學科，稱為統計學（statistics）。統計方法的應用是科學研究的重要環節，統計決策則是科學發現的主要依據。

1.2 統計學發展的脈絡

　　統計的起源可追溯至十八世紀，德國人將「國家應該注意的事實學問」，包括國家的組織、人口、軍隊與資源的記述工作，以德文的 statistika 一詞，正式命名為統計學。換句話說，統計最早是因為統治者對於治理國家的需要而發展出來的一套技術，因此被稱為「政治數學」。由統計（statistic）與國家（state）語出同源來看，就可以明白統計與國家治理的關係。

　　在古埃及時代，王室為了修建金字塔，就曾對全國人民的財產進行調查。在中國，四千多年前的夏朝，《尚書／禹貢》一文記載了當時的中國九州的各地物產、交通、植物特徵等統計資料，以及田地及貢賦分為九等的作法。這種統計技術與十七世紀德國的國情調查非常相似，但中國甚至早了後者近兩千年。到了周朝，在統計方面更為完善，不僅制定了鄉的定期報表制度，在統計方法上還應用了專門調查方法，使用統計圖示及帳冊，當時的中國人就知道統計分組、平均數、相對量數等近代統計方法。

　　雖然起跑點甚早，但是中國始終沒有把歷史悠久的統計工作發展成為一門系統的現代科學，西方的統計學雖然到了十九世紀末葉才真正開始，到了四十年代才逐漸成熟，但到了 Cattell 時代，與當時的自然科學、哲學、數學發展相結合，

統計學家們大量引進了概率與數理統計方法，並運用電子化技術來協助進行運算，在統計學領域逐漸獲得領導的地位，直到今日。

目前英文的 statistics，是由英國數學家 William Petty（1623~1687）從德文 statistika 翻譯而來，說明統計在「專門研究各種數量」，但如果我們把描述統計正式發展視為當代統計學的起點，那麼十九世紀末的 Galton（Sir Francis Galton, 1822 ～ 1911）和 Pearson（Karl Pearson, 1857 ～ 1936）可以說是當代統計學的發展起點。

Galton 是著名的演化論者達爾文的表親，曾為達爾文做過統計分析的工作。1899 年 Galton 以《遺傳學原理》（*Nature Inheritance*）一書，開啟了統計學的大門，該書除了本身的價值外，最重要的影響是引發 Pearson 對於統計學的興趣。在此之前，Pearson 只是在倫敦大學的一個數學老師。1890 年 Pearson 轉赴格里辛學院（Gresham College) 教書，在他所開授的《現代科學的範圍與概念》（*the Scope and Concepts of Modern Science*）中，他開始注意統計的原理及對科學研究的影響，並致力於統計理論的研究。他最大的貢獻與其說是開發了統計這一個處女領域，提出相關係數、標準差這幾個重要的統計名詞，更重要的是引發世人對於統計的重視，改變了人們對統計的態度，並說服科學界承認統計是一門學科。

Galton、Pearson 和他們的學生們除了發展迴歸和卡方檢定等重要的統計概念後，另一個重要的學者 Fisher（Ronald Aylmer Fisher, 1890 ～ 1962）也出現在統計學名人榜當中，著名的 *F* 檢定的字首 F，就是他的姓氏的縮寫。1915 年，他發表了統計量的精確分配的論文，將統計史帶入另一個時期，有人甚至把今天所廣為採用的各種統計理論的絕大多數歸功為 Fisher 的成就。

Fisher 最重要的成就在於適用於小樣本的統計方法的發展，他與他的同事也發展出許多樣本統計量的機率分配，推論統計的決策模式也多半在他的手中完成。Fisher 可以稱得上是一個天才兒童，在他很小的時候就已精通立體三角之類的數學問題。1912 年畢業於劍橋大學，得到天文學的學士學位，1915 年發表令他一夕成名的文章，也開啟統計領域對於樣本統計分配的研究。他的兩本名著《*Statistical Methods for Research Workers*》和《*Design of Experiments*》分別於 1925 年和 1935 年出版，對於統計有重大的影響。**最大概似估計法**（maximum likelihood estimation）觀念的提出，也是歸功於 Fisher，可見得他在統計領域的重要地位。

統計的現代化也與 Pearson 有關，他的兒子 Egon Pearson 在 1928 年與 Jerzy

Neyman 共同發表幾篇重要的論文，主要在探討統計決策的基本問題，例如第一與第二類型錯誤，檢定力和信賴區間之類的觀念。在這期間，實務界開始大量採用統計技術來處理品管問題，興起了抽樣理論與調查方法的研究。Egon Pearson 整理並修正了 Fisher 早期所留下的問題，完成了今天統計領域所使用的決策理論核心概念。

到了今天，統計成為一門科學方法，其應用範圍遍及自然科學及社會科學的整個領域中的絕大部分，舉凡農業、工業、商業、經濟、教育、醫藥、政治、社會、心理等各領域無不適合採用統計方法進行研究，可見得統計學有其發揮的空間，也是提升整體科學發展的奠基之一。電子計算機與電腦的普及，無疑是統計學高度發展的推手，當 SAS、SPSS、BMDP 等統計套裝軟體出現之後，統計運算更為方便，只要知道應採用何種統計方法就可以快速得到結果。總而言之，統計學是一套讓科學得以實踐並發揮效益的工具，工具必須要有使用的空間及場合，才能見到真正的效益。這個空間，就是學習統計者的舞台。

1.3 統計學的內容是什麼：從五個例子來看

在社會與行為科學領域中，對於統計方法有幾種基本的應用方式，以下我們將介紹五種常見的應用範例，並同時介紹一些專有名詞，關於這五種範例與專有名詞的相關細節，將在後面的章節詳細討論。

1.3.1 簡單中卻有大道理：描述統計

關於各位讀者，有一個值得探討的問題，是你願意花多少時間來學習統計？先不談統計學，現在的學生究竟願意花多少時間讀書就很值得關心。如果在速食店隨機找 10 個學生來問一下，他們可能會認為一個星期花 7 小時在課業上就已經不錯了，有人多一點十幾個小時，也有人平常都不會讀書，除非有考試。但是如果拿一樣的問題去問 10 個大學老師，他們可能會認為一個星期花 14 個小時讀書也不為過。

現在，有一位統計老師希望透過科學的方法來瞭解這個問題，他編製了一份

簡單的問卷，列舉一些關於統計課程學習的問題，然後透過統計學會裡面的朋友協助發放給選修統計課程的學生來填寫，最後回收了將近 500 份問卷，他發現有 15% 的學生會進行課前預習，45% 的學生會做課後複習，他們練習統計習題的時間每週平均只有 0.8 小時，但是花了 2.9 小時在使用統計軟體來做作業，尤其是當統計學是選修課而非必修課時，使用軟體做作業的時間越長，學生課後複習的比率越高。這位老師對於研究結果感到驚訝，因為他自己的統計課並沒有使用統計軟體，他認為統計知識的建立一定要從演算中學習。他開始思考是否改變教學方式，因為研究數據透露著，有使用電腦來輔助學習統計的學生似乎對於課程的滿意度較高，也比較樂意在課前課後自我學習。

前面的例子說明了描述統計的奧妙，它甚至改變了某位老師的教學方式。簡單來說，**描述統計**（descriptive statistics）是指利用某些簡單的數字來描述一群對象的某些特徵，這個「簡單的數據」稱為**統計量**（statistic），而數據通常來自於一群人、動物、物體或事件，統稱為研究對象。以統計學的術語來說，這一群研究對象就是**樣本**（sample），而樣本是從母體裡所抽取得到一個子集合，**母體**（population）則是指帶有某共同特徵的一群研究對象的全部。例如，在大學當中修統計學的學生可以是一個母體，因為他們擁有一個共同的特徵，是在大學四年間都要修一門相同的課。同樣的，在大學當中教統計的老師也可被認為是一個母體，這些老師不論是系上的專任老師或兼課老師，只要是在大學開課教統計學的老師，都擁有共同的特徵，但是助教就不算是這個母體的一部份，因為他們不是老師，而是協助老師教課的人。

描述統計可以說是研究者能夠從手邊資料所得到的最基本的資訊，雖然這些統計量都很簡單（例如平均數或標準差），但是卻有大功用，它對我們所蒐集的資訊提供我們客觀的摘述，關於描述統計的相關細節我們會在第三章與第四章進行討論。然而，描述統計也是有所限制，例如它們無法獲知數據之間的相互關係，也無法瞭解不同狀況下的數據差異的意義。例如當統計課是必修或選修課時，學生學習的狀況是否真的有所差別？使用統計軟體來協助教學是否真的會提高學生的學習興趣？如果僅看粗略的描述統計量，我們並無法得知自主學習與課程的教學方式是否有關，而學生們願意多花時間讀書的確實原因為何也不得而知。所以我們需要推論統計來協助我們。

1.3.2 見微知著：參數估計

前面描述統計的例子中，我們曾經舉例：在速食店隨機找 10 個學生調查得知平均每週讀書時間是 7 小時，那麼這句話到底能不能反映大學生的現況呢？也就是說，這 10 個學生所蒐集得到的統計量是否能夠推論到具有相同特徵的所有大學生的這個母體呢？此外，那位認真的統計老師調查 500 位學生所得到的「每週平均花費 2.9 小時使用統計軟體來做作業」，是否就是現在學生學習統計的普遍狀況？描述統計量只能反映我們從一個樣本裡所蒐集的測量數據是甚麼，但是無法得知我們沒有掌握的資料會如何。顯然一個樣本所得到的資料並不能代表全體，但是為了得到更全面的結果，研究者必須進行統計推論，從手中所獲得的樣本資訊（掌握已知）來對其所出自的母體得出結論（推論未知），而**參數估計**（parameter estimation）就是利用樣本統計量來推知母體參數的過程。

為了確保樣本能夠代表母體，樣本的獲得必須遵循一定的規則，最常見抽樣方式是隨機抽樣，也就是從母體中以某種隨機方法挑選成員，母體中的每一個成員都有相同（或特定）的機率被選擇作為樣本，而且每個被挑選的成員彼此相互是獨立不互相影響，此時所建立的樣本可稱為**隨機樣本**（random sample）。利用隨機樣本所獲得的資料所計算出描述統計量之後（例如 10 位學生平均每週讀書 7 小時），得以用來推論母體的狀況，此一被推論的母體特徵被稱為參數（parameter），例如大學生每週平均讀書幾小時。有很多常見的以描述統計量來推論母體參數的例子：

＊ 初入社會的社會新鮮人平均起薪為 25000 元。

＊ 一般上班族每天花 23 分鐘才能到達工作地點。

＊ 臺灣地區平均每戶成年人數為 2.53 人。

＊ 臺灣地區平均每人每月消費支出為 18007 元。

以上每個數值都是從樣本所獲得的描述統計所估計而來的參數。我們不可能去一一詢問每一個人的起薪是多少，或是去調查每一個上班族每天花多少時間通勤，因此每個數值都是母體的估計值。利用描述統計量是否能夠準確估計母體的參數，取決於抽樣過程與抽取的觀察值數目。關於抽樣方法，以及相關機率問題

與估計過程，將在第五至六章討論。

1.3.3 是事實還是偶然：假設檢定

　　科學家除了想對母體特徵進行瞭解之外，更對事情的因果關係感興趣。為了掌握因果（causality），最好的方式就是進行**實驗**（experiment）。一般來說，實驗的進行必須先去**自變數**（independent variable; IV）與**依變數**（dependent variable; DV）。自變數是指研究者能夠操弄的變數，藉由操弄某個變數的不同狀況（實驗水準），觀察一群實驗受試者（subject）或參與者（participant）的行為表現，此時被研究者預期會被自變數所影響的行為結果稱為依變數。

　　例如，酒駕是危害民眾安全的行為，因為喝酒會影響駕駛人的反應能力，但是要喝下多少酒精才會影響駕駛呢？如果喝下帶有米酒調味的湯頭是否會影響駕駛呢？政府對於酒駕的定義必須有一個合理的標準才能作為取締的依據，此時就需要進行實驗。如果我們以喝下酒精的多寡為自變數，測量駕駛對於信號的反應速度作為依變數。研究者認為酒精會影響對反應速度的這個想法稱為**研究假設**（research hypothesis），一般來說，研究假設是研究者對於兩個或兩個以上變數關係的預期或預測，在實驗中，研究假設是指自變數與依變數的預測關係。

　　為了檢驗研究假設是否成立，科學家挑選一群實驗參與者，將他們隨機分配到幾個不同的組別，然後操弄不同的狀況來進行**實驗處理**（treatment），例如讓參與者飲用不同比例的含酒精飲料，最後觀察他們的行為反應靈敏度。之所以要進行**隨機分派**（random assignment）的目的，是為了確保參與者有相同的機會被分配到各種實驗狀況下，而且參與者被分派到實驗組與其他參與者的分派是獨立的，因此每一組參與者的特徵都十分相似，使得每一組之下的參與者在依變數上的表現，可以被視為是自變數影響的結果。

　　對於實驗操弄是否影響依變數，需要進行一系列的統計分析與考驗。首先，研究者必須計算每個實驗狀況下受試者在依變數得分的描述統計量，此一步驟跟一般描述統計量的計算過程完全相同。第二個步驟則是決定不同實驗組的依變數描述統計量的差異，是否效果大到能夠歸因於自變數的影響，而非偶然性的差異，此一步驟需要使用**統計假設檢定**（statistical hypothesis testing）。

　　基本上，任何兩個群組的描述統計量都會存在一些無法預期的差異，稱之為

隨機差異（chance difference），即使自變數對於依變數完全沒有影響，隨機差異也會發生於實驗研究中的不同群組當中。假設檢定的原理，就是將實驗中的各群組實際所觀察到的差異，來與群組間預期的隨機差異進行比較。如果獲得隨機差異的機會很小，而實際所觀察到的差異夠大，那研究者就可以得到受試者們的差異並非是隨機差異的結論，亦即可將觀察值的差異歸因於自變數的效果。為了要決定不同實驗群組間在依變數上的平均數差異是否不是機會所造成，最常使用的統計方法為 t 檢定與**變異數分析**（analysis of variance），前者適用於當只有兩個組別的平均數相互比較時，後者則可應用在超過兩個組別的平均數差異的比較。

統計假設檢定在學術研究上被廣泛使用，要了解它所涉及的概念，需要有描述統計、機率與抽樣理論的統計知識，這些主題將在第四章到第六章進行討論。然後我們將在第七章正式介紹統計假設檢定，在第八章開始進行一連串關於實驗設計與變異數分析的說明，一直到第十章。

1.3.4 無獨有偶、預測未來：相關與迴歸

許多社會科學研究無法以實驗方式來進行研究，例如許多變數無法進行操弄，例如性別、年齡、左撇子或右撇子、體重、身高、收入狀況、教育程度、藥物使用狀況等**受試者變數**（subject variable）。但是科學家還是對於這些受試者變數與其他相關變數之間是否具有共變關係感到興趣。如果一個變數的改變與另一個變數的一致性改變有關，則兩個變數稱為具有共變關係。例如，如果一個人的學業成績與個人的努力有關係，那麼成績與努力就具有共變關係，這兩個變數的變化具有關聯性，此時可以計算介於 −1.00 到 1.00 之間的**相關係數**（correlation coefficient），作為描述兩組分數的相關程度和方向的統計量。

相關係數雖然是一個統計量，但也需要使用統計假設檢定來決定這個係數是否是隨機現象。如果兩組分數的相關並非是隨機發生的，那麼我們就可以嘗試從一個變數去預測另一個變數。假設你知道一個人的努力程度，就可以預測他的學業表現，但是以努力程度去預測學業成績到底有多麼準確呢？也就是如何有效的以某個變數的分數去預測另一個變數的分數，必須使用**迴歸分析**（regression analysis）。相關與迴歸分析技術可以說是社會科學的領域中最被廣泛使用的一種統計技術，例如下列各種狀況的研究與應用：

* 孩童年齡增長與智力發展的關係。

* 廣告投資金額越高是否有效提高產品銷售情形。

* 以歷年來的出生與死亡人口來預測未來的人口結構。

* 要獲得多少產品需要投入多少生產成本與人力。

關於相關與迴歸的原理，我們將在第十一與十二章介紹，然後在第十三與十四章討論比較進階的多元迴歸與中介及調節迴歸分析。

1.3.5 此消彼長：交叉分析

每當選舉季節，電視上最熱鬧的新聞之一就屬候選人的支持度調查。我們經常可以聽到某某民調公司以電話訪問台灣地區 18 歲以上的 1000 名選民，詢問他們如果明天是投票日，他們是否支持某一政黨的候選人，然後得到一個百分比數字，同時交代一下抽樣誤差的比例（例如正負三個百分點），然後作為選舉情勢分析的證據。

事實上，民調的分析也是一種統計推論，民調公司所訪問的選民就是樣本，從而獲得支持意願的數據，進而推知全體選民的支持意向，此時為了確保樣本能夠代表母體，抽樣過程是其關鍵，樣本越大，**抽樣誤差**（sampling error）越小。若從統計的角度來看，民意調查與前述的統計推論有兩個主要的差異。

第一個差異，是民調所使用的變數通常不是反映強度變化的連續變數，而是數人頭類別變數。連續變數的資料可以計算各種描述統計量，但是類別變數所能夠使用的描述統計量相當有限，通常只有人數的次數資料，或是把人數除以總人數得到百分比。例如 1000 個選民當中，有 250 人支持甲政黨，有 400 人支持乙政黨，150 人支持丙政黨，其餘則是未表態者，除以總人數之後就可得到百分比或機率：.25、.40、.15 與 .20。

進一步的，民調通常會把選民的投票意向，再就他所屬的政黨別，進行兩者的交叉分析，看看不同政黨背景的人是否支持特定的政黨，還是說會有跨政黨的投票意向。例如偏向甲政黨的選民，理應支持甲政黨的候選人，偏向乙政黨的選民，則應支持乙政黨的候選人，如果有相當比例的選民投向對立或不同的政黨，那麼就有玄機可以探討了。

　　在統計上，對於類別的次數分配是否具有特殊的比例（例如一個班級的性別比例是否為 1 比 1），或是兩個類別變數的分佈比例是否具有連帶關係（例如選民自己的政黨傾向與候選人的支持情形），可以利用**卡方檢定**（chi-square test）來檢驗。由於所牽涉的變數主要是類別變數，因此不需要對於母體分配是否為特殊分配進行假設，因此這一類的統計分析又被稱為**無母數檢定**（non-parametric test）。關於卡方檢定在類別資料與等級資料的分析應用，我們將在本書的最後兩章：第十五與十六章介紹。

1.4 統計學的分類

　　從統計所涉及的知識內涵來看，統計學可區分為**理論統計**（theoretical statistics）與**應用統計**（applied statistics）兩個層次。前者所關心的問題是統計的基本原理與理論內涵，多以數學模式的推導或模擬方法來探討統計的相關問題；後者則強調統計方法如何解決各種研究問題，多涉及研究場域的實徵資料分析與具體研究課題的解決，兩者之間相輔相成，可以說是理論與實踐的關係。

　　若從統計的功能來看，統計學則可以區分為**描述統計**（descriptive statistics）與**推論統計**（inferential statistics）兩大範疇。描述統計的目的在整理與描述研究者所獲得的數據，以描繪出數據的全貌與特徵；推論統計的目的則在進行統計的檢驗與決策，尋找數據背後的科學意義。在自然科學領域（包括行為科學），由於側重實驗研究法，因此衍生出一門與統計分析關係密切的學科，稱為**實驗設計**（experimental design）。實驗設計的內涵除了影響了一個實驗進行的程序與方式，更決定了研究的數據如何分析，因此，亦有學者將實驗設計從描述統計與推論統計獨立出來，成為另一系列的統計技術（如 Kirk, 1995）。

　　如果從統計技術的複雜度來看，統計學可以區分為**單變量統計**（univariate statistics）、**雙變量統計**（bivariate statistics）與**多變量統計**（multivariate statistics）。單變數統計涉及單獨一個變數的處理，雙變數則涉及兩個變數關係的探討，多變量統計則牽涉到多個變數關係的分析。不論是哪一種分類，都說明了統計學的內涵包含甚廣，無法用一個單一的分類系統來涵括各種不同的統計方法與概念。但是一般來說，除了專門以統計原理為主要學習內涵的數學與統計系所之外，其他各學門對於統計學的探究，主要在於如何配合該學門的特性，有效的

執行統計分析以獲得最正確的結果，也就是說偏向方法層面的應用統計。

例如在教育與心理學領域有教育與心理統計學，在生物醫學領域有生物醫學統計學，在商學管理領域則有商用統計學，社會領域則有社會統計學。這些學門的應用統計學內容，雖然也會介紹統計的原理與理論，但是主要的內容仍以各種統計技術的介紹為主，我們可以從這些應用統計學的教科書裡的習題與範例中發現，它們多為該領域的具體研究問題，可以明白這些教科書所關注的是統計如何執行與運用。本書定位於社會科學的統計分析，內容除了介紹統計原理，也將強調各種統計的應用策略與操作方法，希望讀者除了能夠習得統計學的知識內涵，更能夠熟悉操作方法來獲得具體結果。

5 結語

1.5.1 真的有必要學統計嗎？

前面我們舉出幾種常見的統計分析應用。然而，一個很基本問題是，為什麼我們要關心這些問題？為什麼要用統計方法？難道沒有其他方法了嗎？

基本上，統計關心的問題是變化（variety），如果人類世界沒有變化，自然就不需要統計，相對的，就因為這個世界形形色色，對於變化的趨勢與邏輯的掌握，就需要用到統計，甚至有許多學者認為，統計學就是研究「變異」的一門科學。

其次，科學活動的目的是在解答疑惑、探求未知、掌握真相、預測未來，因此如何從有限的資料去推知未知的世界，由小來看大，由已知掌握未知，由過去預測未來，最終得以建立一套完整穩固的理論知識，這些科學目的的達成，更需要仰賴統計方法的協助。

延續前述所說，就因為人類世界充滿變異，每一個人都不相同，那麼描述統計就有其得以發揮之處，透過對於一組樣本的典型特徵的描述，例如年齡、體重、教育程度，要去瞭解母體的特徵，使用統計來進行推論估計，則是下一步重要工作。至於假設檢定，則是在探討兩個變數如何相互影響的問題，例如實驗操弄是否會影響行為表現，瞭解某一種藥物對於人類身體的影響，由於隨機所造成的變異性確實會在我們所觀察到的資料當中存在，因此我們需要統計假設檢定來客觀決定，不同

群組間的差異是否比我們所預期的隨機差異還大，這也是一個科學的命題。

　　最後，相關與迴歸分析用來檢驗兩個行為是否有關聯，進而利用這個關聯來進行預測的應用。當兩個變數的關聯十分明確，我們即可從一個行為的發生來預測另外一個行為的發生。這些問題的產生全是因為人類世界充滿變化與不確定性，在同樣的狀況下會有不同的行為，因此對於不確定性的消除，即可讓我們掌握更多的規律，改善我們的生活。

1.5.2 統計真的有這麼難嗎？

　　統計真的有這麼難嗎？走在大學校園中，隨口一問，你會聽到統計學是許多大一或大二同學的夢魘，因為他是許多科系的必修課，也就是學生口中的「必休克」；事實上，如果問起統計專家，統計學是什麼？真的有這麼難嗎？他一定會告訴你，統計是非常生活化的工具，是一套妙用無窮的分析技術，可以幫我們處理日常生活的瑣事，也可以替我們進行科學研究的決策，他可以很難，但也可以很簡單。那麼問題在哪裡呢？心理學家會說，難的不是統計學，問題在於人們心中的焦慮與無知的恐懼。只要克服心理上的因素，統計也不過是一門高度實用性的學問而已。

　　基本上，統計之所以會讓人覺得困難，主要與科學的本質與統計的知識結構有關。由於統計的主要目的是解決科學問題，替科學家進行決策，因此每一個步驟與程序必須符合學術上的要求，任何一個環節的疏忽，任何一個步驟的錯誤，都可能造成嚴重的後果，因此學生必須學習統計方法的使用前提與學理依據，才能正確使用統計技術。其次，是科學問題的複雜性使然，由於科學問題的探討往往具有相當的複雜性，必須考慮多方條件，不同的研究問題必須使用不同的分析方法，各種方法又因為不同的分析條件而有不同的處理方式，因此統計學的內容往往令人眼花撩亂，難以捉摸。

　　從實用的角度來看，統計學是一套分析數據、探討數字背後意義的一門學問，統計的基礎知識牽涉到基本的數學方法，統計的應用則牽涉各學門研究問題的複雜性，因此，統計的學習必須循序漸進，首先必須具有一定的數學基礎，熟悉數學符號邏輯的運作方法，然後逐漸從淺而深，由初等統計進階到高等統計，由學理知識逐漸轉換成實用知識，才能落實統計方法的學習。

　　從另一方面來看，統計是一門非常實用的技術學科，他的存在是為了解決數據分析的問題，因此，數據產生的條件決定了統計方法，因而統計的正確運用往往必須配合研究方法的訓練，一些相關學科的學習，例如實驗設計、調查研究、心理測驗，也會影響到統計的應用能力，當研究者累積越多的研究或統計分析經驗，越能夠整合這些相關知識與技術，妥善處理研究課題。

　　總而言之，統計之所以令人覺得困難，在於統計素養的建立不是一朝一夕的工作，統計方法的正確運用深深影響科學活動的內涵與品質，因此，從科學的角度來看，統計是否學的好真的是一個很嚴重的問題。但是統計學本身並非深奧難懂，統計的應用也非與我們的生活經驗脫節，關鍵的確只是學習者的心態而已。

　　本書主要的內容在介紹統計的原理與技術，為了便於理解，本書盡可能的以通俗的語言來說明統計的概念，並舉出數據來配合說明；此外，重要章節配合SPSS 軟體的操作程序，來說明如何得到分析報表，如何解讀研究數據。讀者應熟讀本書的原理部分，並對操作部分詳加演練，必能夠對於統計分析與實用技術有一相當的掌握。

▶ 本章重要概念

統計學 statistics　　　　　　　　　理論統計 theoretical statistics

應用統計 applied statistics　　　　　描述統計 descriptive statistics

推論統計 inferential statistics　　　　單變量統計 univariate statistics

雙變量統計 bivariate statistics　　　　多變量統計 multivariate statistics

▶ 課後習作

一、何謂統計學？

二、試說明統計與人們日常生活的關係，以及與你的關係。

三、請說明理論統計與應用統計的差別？

四、請說明描述統計與推論統計的差別？並請各舉一例說明之。

2 科學研究與數據

2.1 前言

科學是什麼？哈佛大學教授湯姆斯孔恩（Thomas Kuhn）以「解謎的活動」來定義科學（Kuhn, 1970）。就好比有些人熱衷於玩猜字謎遊戲（crossword puzzle），科學家就是一群充滿好奇心，具有解題的能力、技巧與創造力的解謎者（puzzle-solver）。在人類世界中，充滿有待解決的謎題（puzzle），經由科學研究活動，人類的知識領域大為擴展，逐漸掙脫了懵懂、無知、迷信及神秘的牢籠，創造了人類今日的文明。

一個研究要符合科學的原則，必須具備科學的精神，並使用科學的方法。美國心理學會將科學的最低要求定位在具備理解、執行、應用研究發現的能力（APA, 1952）。不論是學術研究者或是實務工作者，科學的精神與方法是他們日常生活的基本態度與工作方式。基於此一概念，我們可以將科學定位成一種**態度**（attitude）與**方法**（method），以進行有系統的觀察與控制、精確的定義測量與分析、完成可重複檢證的發現。而科學研究就是採取「有系統的實徵研究方法」所進行的研究，而統計方法就是實徵研究活動當中的主要程序與核心技術。

對於科學家而言，他們所研究的現象往往不能夠親身經驗，因此科學活動所採取的過程與標準，是決定一個「真相」是否存在的重要依據。一般而言，科學的知識，必須通過推理**邏輯**（logical）與經驗**實徵**（empirical）的支持，不但使得科學的知識能夠合理的解釋各種現象，也符合經驗世界的觀察。這兩個重要的科學判準的實踐，使得知識的發生具有**自我修正**（self-correcting）的功能，也就是能夠從舊的發現到新的發現當中，找到更具有解釋力的結果。或是從客觀資料當中不同的線索與事實的辯證中，得到最符合真實的結果。

2.2 科學研究的內涵

2.2.1 資料與變數

基本上，科學活動涉及研究問題的發掘、界定研究的內容與假設、規劃一個研究設計去收集並分析資料、最後能夠從分析的結果中獲得結論等一連串過程。

符合前述流程的科學活動又稱為實徵研究，因為問題的解答能夠藉由實徵資料的收集與分析來獲得。其中實徵（empirical）一詞涉及實際的觀察與經驗，而**實徵資料**（empirical data）即是基於系統性觀察或知覺經驗所得到的分數或測量的結果。此時，為了收集實徵資料去檢驗研究假設，需要使用一定的**研究方法**（research method），科學家可以用來收集資料，發展研究假設並進而評估研究假設的方法有多種不同的形式，例如調查法、實驗法、個案研究等等，各種研究方法當中，統計都可用來整理和分析所收集到的資料，只是所使用的統計方法在難度深淺與類型上有所不同。但是在統計的使用上，可能涉及下列各個概念。

科學研究所處理的素材內容，主要是實徵性的概念或變數，以統計學的術語來說，就是數字，這就是為何實徵研究常與量化研究（quantitative research）拉上等號，並與統計學脫離不了關係。在量化研究的架構下，科學研究的基本元素是由數字構成的**變數**（variable），科學知識的基本單位則是描述變數與變數之間關係的假設。所謂變數，是在表現被研究對象的某一屬性因時地人物不同，而在**質**（quality）或**量**（quantity）上的變化。單一的變數，僅能作為現象與特徵的描述，透過變數之間關係的描述與檢證，我們才能瞭解現實世界的種種情況，發展具有意義的知識與概念。因此，大部份科學研究，目的在探討多個變數間的關係。

2.2.2 操作型定義

在量化研究的典範下，一個具有實徵精神的概念或變數，主要由**操作型定義**（operational definition）決定。也就是說，對於一個概念或變數的定義，必須舉出測量該變數或產生該事項所作的操作活動，而非描述變數或現象本身的性質或特徵，例如「智力」可以被界定為「與同年齡學童在認知思考測驗上的表現優劣」或「以100乘以心理年齡與生理年齡的比值」，這是一種 Mandler 與 Kessen（1959）所說的**約定性定義**（stipulated definition），也就是基於使用者的需要、特殊目的或方便性，所做的關於某個概念獲得其實徵資料的過程說明，這種定義方法並無明確的真假，而有能實際操作與觀察的優勢。

相對之下，一般科學領域對於現象進行的描述時，著重於真實意義的描述與辯證，是一種**文義定義**（literary definition），由於研究者所關心的現象有一定的明確內涵，因此從本質上來說有其一定的界定方式與描述範圍，而不能以研究者

之意願來定義，因而文義定義是一種**真實性定義**（real definition），而非操作型的定義。然而一個研究要能夠具有充分的科學性，必須在概念與結果上能夠充分地被表達溝通，研究發現才能夠被其他人複製、批判與延伸。這個溝通傳達過程，除了仰賴文義定義的說明，另一個更重要步驟，則必須透過操作型定義來完成。

2.2.3 假設與定律

研究者除了關心個別變數的特性，更著重於變數之間關係的檢驗與探討，也就是**假設檢定**（hypothesis testing）。所謂**假設**（hypothesis），簡單來說，是研究者對於一個有待解決的問題所提出之暫時性或嘗試性答案。其形成的過程可能來自於研究者的猜想與推論、過去研究的引導與暗示、或從理論推導而來，以作為研究設計的依據。在研究上，假設具有下列幾項功能，第一，研究假設可引導研究的方向與內容、擴大研究的範疇。研究假設的擬定，除了具體指出研究所欲探討的變數內容與關係，更具有演繹推論的功能，研究者可自特定的假設中，延伸出更特殊現象或關係，擴大研究的範圍。第二，假設有增進知識的功能。因為假設通常自某一個理論演繹推論而得，假設的支持或推翻，皆有助於科學知識的進步。如果某一個假設獲得證實，此時便成為被實證資料證實的一套命題**假說**（assertion），也就是說，假說是具有實證證據支持的假設。

如果一個假說的真實性經過了反覆證實，最終獲得相關研究者一致認可與接受，便可視為**法則**或**定律**（law）。在自然科學中，法則與定律的數目甚多；但在社會及行為科學中，法則與定律的數目則很少。假說與法則，並不代表真理，而假說與法則的身分亦可能被推翻，如果假說與法則無法解釋某一個新的現象，或曾經解釋的現象經再次驗證不再受到支持，或有新的證據顯示假說與法則的缺陷，此一假說與法則即可能會喪失身分，再度成為假設層次的概念。

2.2.4 理論與學說

科學的目的是在對於自然或人文現象進行描述、解釋、預測及控制。因此，科學知識不能以記錄零星事實與孤立的科學發現為滿足，而應朝向發展一組有組織、架構、與邏輯關係的知識系統為目標，也就是**理論**（theory）的發展。對於特

定理論知識的主張、闡述、與擁護的行動,則為學說。在學術界,理論與學說通常是可以互換的名詞。

理論的建立可以說是科學的主要價值之所在,因為理論能夠統合現有的知識、解釋已有的現象、預測未來的現象,並進而指導研究的方向。由於理論能夠統合現有的知識,使不同研究者的研究發現系統化、結構化,並據以用來解釋各種現象,進而形成科學的共識。

進一步的,理論能夠根據由實證資料整合分析得到的假說與命題,推論、引導出尚未發生的現象。正如理論是解釋的主要工具,理論也是預測的主要依據,透過理論的陳述與推導,研究者可以獲得更多可待研究的假設,擴展研究的空間,進而影響現實生活空間的運作。

對科學研究而言,理論的驗證性也正是量化研究最能夠有所發揮的優勢。透過假設的檢驗,研究者得以建立法則、定律或假說,進而形成理論。然而,如同假說與定律的特性,理論應被視為是暫時性知識,而非絕對的真理,理論、假說或定律應持續被直接或間接的檢證,如有疑義應進行修改,以使其更為精確。此種實事求是、精益求精的精神,也是科學研究的重要價值之一。

2.3 測量與變數

統計脫離不了數據(data),數據來自於測量(measurement)。每天早上起來,我們隨著溫度的變化增減衣衫,站上體重計決定是否可以吃大餐;上學的時候看看時間是否來得及;在不同工作崗位的專業人士,更有他們獨特的測量工作,例如護士量體溫、體育老師為學生跑步計時、心理學家評估一個人的心理成熟度、政治觀察家也要對行政院長打分數。測量不僅是我們日常生活的一部份,測量得到的數據更是統計分析的核心內涵,數據之間的關聯則是統計決策的依據。

2.3.1 測量的概念

數據的獲得仰賴測量的進行,測量是運用一套符號系統去描述某個被觀察對象的某個**屬性**(attribute)的過程(Nunnallly & Bernstein, 1994)。此符號系統有兩種表現形式:第一,以數字的形式去呈現某個屬性的**數量**(quantities),第二,

以分類的模式，去界定被觀察對象的某個屬性或特質是屬於何種類型。前者是一個**度量化**（scaling）的過程，後者則是一種**分類**（classification）的工作。在多數情況下，人們進行測量工作主要是在進行精密的度量，亦即採用前者的界定，於是測量便與工具（量尺）的選用與統計分析的應用有密切的關係，這即是很多人常把測量與統計拉上等號的原因。

統計分析的首要工作，是將某個研究者所關心的現象予以「變數化」的具體步驟，也就是把某一個屬性的內容，以變數的形式來呈現。此時，被觀察對象可能是個別的人、一群人的集合、或各種實體對象。科學化的測量，除必須符合**標準化**（standardization）的原則，也需要注意**客觀性**（objectivity）。一個有意義的測量應不受測量者的主觀因素而影響其結果，同時其過程應有具體的步驟與操作方法，以供他人的檢驗。值得注意的是，在社會行為科學的研究當中，許多抽象特質不易掌握其操作型定義，因此測量的客觀性遭到相當的質疑，許多統計方法因而被發明出來，以克服心理特質測量的難題。

2.3.2 變數的定義與類型

簡單來說，**變異**（variety）是統計的根本，而測量與統計是一門研究變異的科學。如果人類社會的事物、現象或特質都呈現一致的面貌（常數），不僅統計學、測量活動，甚至於科學的研究都失去了存在的意義，例如，如果每一個人都是同性，那麼「性別」即消失在研究者的思維當中；如果每一個人的智愚都一樣，個體等於全體，那麼「智商」便沒有意義，智力測驗即可被拋棄。換句話說，社會與行為科學研究的意義，在於測量過程可以顯示出由於時間的改變或人物不同，所造成人類行為與社會現象的變異。

從定義來看，變數表示某一屬性因時地人物不同的內容。一個變數包括兩個重要的概念，第一是其所指涉的**屬性**（attribute）為何，此一屬性即是研究所關心的現象或特殊層面，具體來說，就是變數的名稱。例如「智商」變數，所指涉的屬性是智力的高低，第二是變數包含不同的**數值**（value or quantities），也就是變數的存在形式，在量化研究中，變數均以數字的形式存在，例如智商是一個變數，其存在形式是 100、120、125 等分數，代表個體在「智商」此一屬性的程度。這些數值是透過測量過程，以特定的量尺去測得。

在科學研究當中，變數有多種不同的分類方式，如表 2.1 所示。從因果關係的角度來區分，變數可以分為**自變數**（independent variable; IV）和**依變數**（dependent variable; DV）。自變數即「因」，而依變數則為「果」。在自變數與依變數的對偶配對關係中，自變數是不受任何因素影響的前置變數，而依變數的變化主要歸因於自變數的影響。

從被測量的對象的性質來看，變數可分為**間斷變數**（discrete variable）和**連續變數**（continuous variable）。前者是指被測量的對象，在變數的數值變化上是有限的，數值與數值之間，無法找到更小單位的數值。例如家庭子女數、性別、國籍等。連續變數則指被測量的對象，其特徵可以被變數中以無限精密的數值來反映。如果技術上允許，數值可以無限切割，例如以米尺測量身高，測量刻度可以無限精密。

在資料分析實務上，連續變數係指利用等距或比率尺度等有特定單位所測量得到的變數，變數中的每一個數值，皆代表強度上意義，又稱為**量化變數**（quantitative variable），相對之下，以名義尺度所測量得到的資料，數值所代表的意義為質性的概念，也就是一種**質性變數**（qualitative variable），或稱為**類別變數**（categorical variable）。最後若從測量的量尺來區分，變數可以分為名義變數、順序變數、等距變數和比率變數。這四種變數分別由四種對應的量尺所測得，有關四種不同量尺的特性與比較，將在下一節中詳細介紹。

2.3.3 測量的尺度

測量是進行資料分析之前的主要工作，資料的性質則決定於測量所使用**尺度**（scale）或**層次**（level），因此測量尺度的判斷與選用，可以說是決定量化研究品質的先行因素。統計學者 Stevens（1951）依不同測量方法的數學特性，將測量尺度分成四種類型：名義、順序、等距和比率，茲介紹如後：

2.3.3.1 名義尺度

名義尺度（nominal scale）的測量，係針對被觀察者的某一現象或特質，評估所屬類型種類，並賦予一個特定的數值。由名義尺度所測量得到的變數，稱為名義變數。如性別（男、女）、籍貫（台北市、新竹市等等）、種族（本省、外省、

表 2.1 變數的不同類型與測量方式整理表

分類形式	意義與特性	範例
依研究設計區分	**反映因果關係**	
自變數（IV） independent variable	反映前因，通常發生時間在前。又稱為獨變數、操弄變數、受試者變數、預測變數、解釋變數、外生變數。	實驗組別、資金投入多寡、學生努力程度。
依變數（DV） dependent variable	反映後果，通常發生時間在後。又稱為效標變數、結果變數、被預測變數、被解釋變數、內生變數。	反應時間（秒）、企業獲利能力、學生學業表現。
依測量數值特性區分	**反應測量單位特性**	
間斷尺度 discrete scale	尺度具有最小單位（通常為整數），測量結果稱為間斷數值變數。變數數值有限。適用間斷機率分配原理。	員工人數（人）、家戶數（戶）、家庭子女數（人）、學校數（校）、班級數（班）。
連續尺度 continuous scale	尺度沒有最小單位，測量結果稱為連續數值變數。變數數值為連續。適用連續機率密度分配原理。	度量衡變數、金額、時間、分數等（可求無限小數位數）。
依測量尺度特性區分	**反應測量精細程度**	
名義尺度 * nominal scale	又稱為名目尺度，測量結果稱為名義變數。數值反應不同性質，沒有強弱大小數值關係，可進行「≠」或「=」的比較。	性別、學號、種族背景、宗教信仰、產業類型、政黨屬性、品牌名稱等。
順序尺度 * ordinal scale	又稱為次序尺度，測量結果稱為順序變數。數值具有特定的大小順序關係，得依序排列，可進行「<」或「>」的比較。	名次、學測級分、出生序、教育程度（研究所以上、大學、中學、小學及以下）、社經地位（高、中、低）等。
等距尺度 interval scale	又稱為間距尺度，測量結果稱為等距變數。數值具有特定單位但無絕對零點，0 無實質意義，有可能有負值，可進行「+」或「−」的運算。	溫度（華氏或攝氏）、考試成績（分）、智力(IQ)、憂鬱分數等，多為人為創造的變數。
比率尺度 ratio scale	又稱為比例尺度，測量結果稱為比率變數。數值具有特定單位且有絕對零點，0 有實質意義無負值，可進行「×」或「÷」的運算。	度量衡變數、年齡、時間等，多為自然界的固有變數，或是財務、金融與經濟指數。
依測量對象性質區分	**反應測量內容特性**	
質性變數 * qualitative variable	反映性質，為分門別類的結果，數值沒有單位與強度意義，又稱為類別變數。	名義尺度下的性別、種族、宗教信仰、產業、政黨、品牌等；順序尺度下的教育程度、社經地位等皆屬之。
量化變數 quantitative variable	反映程度，為強度測量的結果，數值具有特定單位與強弱意義，又稱為連續變數。	等距尺度下的溫度、分數、智商、心理變數等；比率尺度下的度量衡變數、時間、金額、經濟指數等皆屬之。

註：標示 * 者表示變數的數值沒有測量單位或數值強度意義。

原住民）、婚姻狀態（未婚、已婚、離婚、喪偶等）、就讀學校等等。由於名義尺度所處理的資料以分立的類別為單位，又稱為**類別尺度**（categorical scale），是一種具有分類功能的測量方式。

以名義尺度測量得到的名義變數中，每一種類別以一個數字來代表，變數的數值僅代表不同的類別，而沒有任何強度、順序、大小等數學上意義。名義尺度必須符合兩個原則，第一是**互斥**（mutually exclusive），不同類別之間必須完全互斥，沒有交集或重疊；第二是**完整**（exhaustive），測量尺度的分類必須包括所有的可能性。這兩個原則若有違反，將造成資料調查者或填答者的困擾。因此在進行測量工作之前，建立一套適當的**分類架構**（classification scheme）是使測量工作順利進行的重要工作。例如宗教信仰的測量，國內多樣化的宗教型態，從特定的宗教類型如佛教、道教、一貫道，到比較模糊的民間信仰，即使是宗教學者可能都有不同的界定，因而如何清楚明確的區分不同的宗教類型，減低類別的模糊性，使填答者能夠清楚的選擇一個正確的反應，成為一項重要的挑戰。

2.3.3.2 順序尺度

順序尺度（ordinal scale）的測量，指對於被觀察者的某一現象的測量內容，除了具有分類意義外，各名義類別間存在特定的大小順序關係。以順序尺度測量得到的變數稱為順序變數，如大學教授層級（教授、副教授、助理教授、講師）、教育程度（研究所以上、大專、高中職、國中、國小及以下）、社經地位（高、中、低）等，皆屬以順序尺度所測得之順序變數。

在順序尺度的測量過程當中，每一種類別以一個數字來代表，這些數值不僅代表不同的類別，且需反映不同類別的前後順序關係。名義尺度在指定類別的數值時，可以依研究者的需要任意指定，但是順序尺度的數值分配則需考慮順序關係，研究者僅可選擇升冪或降冪來排列不同的順序類別，不能任意指定數值給尺度中的不同類別。順序尺度所測得的數值雖具有順序的意義，但是由於沒有特定的單位，除了大小順序之外，數值並無數學邏輯運算的功能與意義。

以順序尺度來進行測量，互斥與完整兩原則仍需遵循，否則仍將造成資料調查者或填答者的困擾。值得注意的是，由於順序變數與名義變數所處理的資料以分立的類別為主，在統計分析過程中，兩者均因不具備特定單位，而須以類別變數的方式來處理，適用的統計分析如列聯表分析等。

2.3.3.3 等距尺度

等距尺度（或稱間距尺度）（interval scale）的測量，係針對被觀察者的某一現象或特質，依某特定的單位，測定程度上的特性。等距尺度測量得到的數值，除了具有分類、順序意義外，數值大小反映了兩個被觀察者的差距或相對距離。以等距尺度測量得到的變數，稱為等距變數，其數值兼具分類、次序和差距的意義。如以溫度計量出的「溫度」、以考試決定的「學業成績」、以智力測驗測得的「智商」等。

等距尺度是一種具有標準化單位的測量工具，因為具備了標準化的單位，才能確定不同的測量值的差距（相差多少個單位）。在社會與行為科學研究中，等距尺度是最常被使用、且最重要的一種量尺，因為許多社會現象或心理特質的測量，不能僅僅單純進行分類或排序，而是需要精確的測量其程度，才能對其內容加以詳實的描述與反應。例如要研究「自尊心」，需要使用等距量尺，對不同的被觀察者加以測量，分數的高低反映出自尊心的程度，並進而比較個體間的差異。另一個更重要的原因，是因為以等距尺度測量的結果，數值可以進行數學運算，計算出各種不同的統計數，以進行後續的統計分析，此點只有具有單位的尺度可以達成。

等距尺度的一個重要特性，是其單位只有相對的零點，而無絕對的零點。相對零點的使用，使得數值與數值的比值，僅具有數學的意義，而缺乏實徵的意義，研究者應避免直接取用兩個等距變數的數值相乘除比較。絕對零點係指未具備任何所測變數的屬性，絕對零點的 0 即表「空」、「無」。等距尺度所使用的單位，多以人為決定，基於測量方便性，而使用相對的零點，當測量值為零時，並無一個絕對的意義，並非指未具任何所測變數的屬性，如氣溫為 0 時，並非無溫度，而是指就該測量工具而言，得到零個單位的意思，它仍具有所測變數的某種屬性。某科考試 0 分，並非指學生在該科能力上毫無能力，而是指得到 0 個單位的分數。

2.3.3.4 比率尺度

當一個測量尺度使用了某個標準化的單位，同時又具有一個絕對零點，稱為**比率尺度**（ratio scale）。比率層次的測量，可以說是具有真正零點的等距尺度。如身高（公分）、體重（公斤）、工作所得（元）、年齡（歲）、住院日數、受

教育年數等等變數，都是以比率尺度來測量得到的比率變數。在社會科學研究中，許多變數與特定的人口特徵或社會現實有關，測量尺度不但具有單位，單位的使用有一公認標準與意涵，無關乎主觀判斷，無須以人為方式調整改變，而有一定的絕對零點，因此比率變數在社會科學研究被廣泛使用。

比率尺度即因為具有絕對零點的標準化單位，數值與數值之間除了具有距離以反映相對位置，同時數值與數值之間的比率具有特定的意義。例如年齡變數，80 歲比 40 歲老了一倍，即如同 40 歲比 20 歲老了一倍，這幾個年齡數值都是從一個有絕對意義的 0 起算（例如 $80 = 80-0$，$40 = 40-0$，$20 = 20-0$），因此所計算得到的倍率「2」，具有可比較性：

$$\frac{80}{40}=\frac{40}{20}=2$$

但是在等距尺度，由於沒有絕對零點，數值與數值之間的比值沒有特定的意義。以華氏溫度為例，132 度與 66 度的比值與 66 度與 33 度的比值雖均為 2，但是由於華氏溫度計的起始值並非為 0，比率「2」僅為一個數學符號，此一比值不能解釋為兩者的溫度比為兩倍高。

$$\frac{132°F}{66°F} \neq \frac{66°F}{33°F}$$

如果以冰點為起始點（華氏溫度計的起始點為 32 °F），上述兩組溫度的比值的實際意義為 2.94 與 34，即以冰點為準，132 度是 66 度的 2.94 倍高，但是 66 度是 33 度的 34 倍高。前面所計算的 2 僅是數字上的兩倍（或是以 0 °F 為零點所獲得的比值），但以 32 °F 零點來計算的比值又似乎令人無法理解其意義。也就說明了，缺乏絕對零點的比值，其實際的意義無法以數學的比率來表示。

$$\frac{132°F - 32°F}{66°F - 32°F}=2.94$$

$$\frac{66°F - 32°F}{33°F - 32°F}=34$$

2.3.3.5 測量尺度的比較

如前所述，名義尺度只能將被觀察的現象或特質加以分類，故名義變數的數值，僅具相等（＝）或不等（≠）的數學特性。至於順序尺度，由於能將現象或特質排列順序或比較大小，故順序變數的數值，除具有相等（＝）或不等（≠）的特性之外，還有大於（＞）與小於（＜）的關係。等距尺度所測量得到的等距變數，其數值反映被觀察現象或特質的程度大小，因此其數學特性在名義與順序之外，尚能進行加（＋）與減（－），反映相對位置的距離關係。而比率尺度，因有絕對的零點，除了能求出相對差距外，還可估計出相差倍數，故還有乘（×）與除（÷）的特性。各種測量尺度的數學特性比較表如表 2.2。

表 2.2　四種測量尺度的數學關係比較

測量層次	數學關係			
	＝ or ≠	＞ or ＜	＋ or －	× or ÷
名義測量	∨			
順序測量	∨	∨		
等距測量	∨	∨	∨	
比率測量	∨	∨	∨	∨

基本上，不同層次的測量有其相對應的分析與處理方法，因此取用測量的層次的決定，對於研究的進行是相當重要的決策過程。特定的測量尺度，產生特定的變數類型，亦有特定的統計分析方法。依上表以數學特性的分類可知，測量尺度具有層次性，社會與行為科學的研究者，除了因為資料的類型無法自由決定，例如性別、出生地等人口變數，多數研究者均尋求高層次的測量尺度來進行測量工作。

高層次的測量尺度的優點除了精密度較高之外，也具有良好的計量轉換能力。高階測量尺度可以轉換成低階測量變數，但是低階測量尺度，無法提昇為高層次的資料。例如身高以公分來測量時，是一個比率尺度的應用，它可輕易的轉換成為高中低三組的身高，成為一順序變數，甚至名義變數。如果研究者一開始在問卷中即以順序尺度來測量一個人的身高，將被觀察者的身高依一定的標準歸類為高中低三組中的一組，日後研究者即無法擁有以公分為單位的身高變數。

在測量層次與統計方法的選用上，一般而言，適用於低層次的資料（如名義變數）的統計方法，亦適用於較高層次的資料（如等距與比率變數），因為較高層次的資料，均具有較低層次資料的數學特性，但是高層次的資料若以較低層次的統計方法來分析時，資料並未充分運用，造成測量精密性的損失與資源的浪費。

高層次測量變數的另一個優點，是其統計分析方法的選擇性較多，這是研究者傾向於使用高階量尺的重要原因。值得一提的是，等距尺度與比率尺度的差異在於零點的特性，但在研究過程當中，研究者重視的是如何將變數數值以特定的公式進一步轉換成各種統計數，進行描述或推論，零點的意義並非統計分法與資料處理所關心的問題，因此一般研究者並不會特別去區分等距與比率尺度，而將兩者一視同仁，以相同的資料分析與統計方法來處理。

2.4 研究的程序與問卷調查範例

2.4.1 研究的基本程序

簡單來說，一個典型的科學研究包括了**研究設計**、**資料蒐集**與**資料分析**三個部份，它也可以被視為量化研究的三個階段：第一是研究設計與議題開展階段，透過文獻的整理與理論的引導，可以清楚的勾勒出一個研究的問題內涵與進行方向，並作為整個研究進行的邏輯基礎與理論內涵；第二個階段是資料蒐集，是由一連串實際的研究活動所構成，目的在獲取真實世界的觀察資料；第三個階段是資料分析，針對實證觀察所得到的資料進行分析，提供具體的比較與檢驗的證據，用以回答研究者所提出的命題是否成立，以做出最後的結論，詳見圖 2.1。

研究者對於現象界的好奇與疑問，可以說是一個研究的起點。研究者的好奇與疑問可能來自自己親身的經驗、自己的觀察所得、或是先前的研究者所留下來的疑問。例如報紙大幅報導網咖在都會地區快速興起，研究者可能會問，年輕人為什麼那麼喜歡去網咖？鄉村地區的年輕人是不是也是如此，網咖可以滿足年輕人的何種需求？或是研究者對於前人的研究有所質疑，提出不同的假設觀點，有待進一步的檢驗。一旦研究者的腦海裡對於他所關心的問題有了一個大略的圖像之後，下一個重要的工作是這個圖像轉換成完整而有意義的概念，也就是概念化

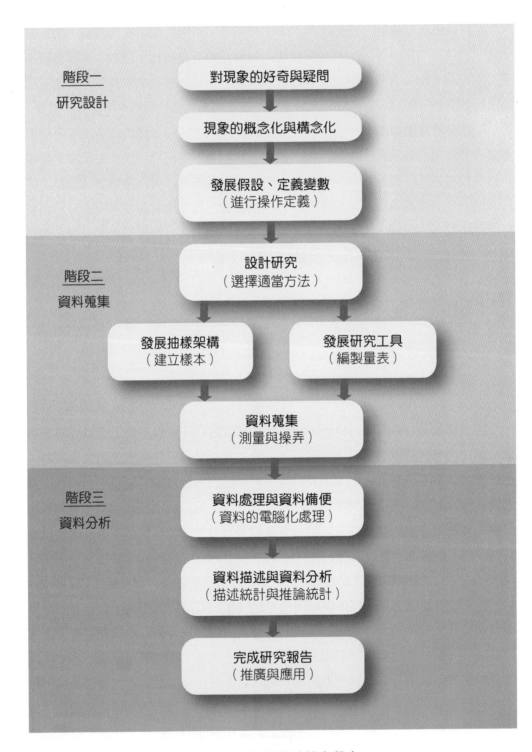

圖 2.1　科學研究的基本程序

或構念化的過程。此時，他可能要把研究問題（上網咖的原因）與年輕人的發展歷程與需求特質進行連結，那麼他就要去閱讀與發展或人格心理學有關的書籍，協助他形成研究主題有關的重要概念；如果他想要比較城鄉地區的差別，那麼他可能要去相關單位調閱網咖設置的數目的工商資料，形成網咖設立的城鄉差異的具體概念。在這個階段中，除了研究者進行文獻探討的工作之外，如果他先前已經具備充分的理論或背景知識，問題概念化將會更有效率的進行。

經過了第一個階段的概念澄清與變數定義的過程，研究者就必須提出一套研究執行計畫，來檢驗他所提出的假設的正確性。選擇一個正確的研究方法，是一個研究問題是否能夠獲得解答的重要決定。一旦選擇了某一種方法，研究者就必須遵循該種方法的要求來進行整個研究。研究方法的選擇，直接影響資料蒐集的方式與過程。例如在樣本的建立上，研究者必須考量研究的母群體是誰？所謂的青少年的範圍為何？是指全台灣還是特定區域的年輕人？年齡層幾歲到幾歲？研究母群體的指定，決定了抽樣的範圍，也決定了未來研究結果類化的範圍。此外，除了決定研究的對象是誰之外，研究者同時要準備研究所需的工具，以便樣本選取之後，可以利用這些工具取得所需的資料。通常一個大型的調查研究，抽樣範圍廣泛、樣本數龐大，因此研究工具以精簡為宜，例如編製一個簡單的問卷去詢問年輕人上網咖的頻率、他們身邊最近的一部電腦在哪裡等等。一旦樣本確定，研究工具也準備妥當之後，即可以進入資料蒐集階段，獲得研究的資料。

2.4.2 問卷實例與編碼表

為了獲得資料，研究者必須發展測量工具，或是利用實驗儀器來進行測量。表 2.2 是以一份問卷來獲得數據的範例，問卷中包括三個部份：基本資料（包括背景資料）、網路使用習慣、網路態度。研究人員除了編製問卷來蒐集資料之外，還必須編製一個編碼表來進行數據檔案的建立，表 2.3 的編碼表列於表 2.4。

編碼簿的內容通常包括四個部份：變數名稱與標籤、變數數值與標籤、遺漏值處理、與分析處理記錄。首先，第一個部份是配合研究工具的內容與題號順序，記錄變數的命名與內容的說明，例如在問卷上的原始題號。在多數的情況下，每一個題目應有一個相對應的題號與變數名稱，但是某些題目在原始問卷上僅有一題，但是在實際進行資料分析時需處理成多個變數，產生一（題）對多（變數）

表 2.3　網路行為調查問卷範例

親愛的同學，您好：我們目前正在進行一項關於大學生使用網路的研究，您的配合對於本研究的進行將會提供相當大的幫助。本研究採無記名方式進行，請您誠實作答，問卷內容僅作為學術研究，個人資料將不會被對外公開。謝謝您的作答！

○○大學心理學系四年級學生敬上

第一部份：基本資料

1. 性　別　　□ 1. 男　　□ 2. 女　　2. 出生年月：民國＿＿＿＿年＿＿＿＿月
3. 學院別　　□ 1. 文藝學院　□ 2. 法商管理　□ 3. 理工學院　□ 4 農醫學院　□ 5. 其他＿＿
4. 年級別　　□ 1. 一　　□ 2. 二　　□ 3. 三　　□ 4. 四　　□ 5. 四以上
5. 居住地　　□ 1. 家中　□ 2. 學校宿舍　□ 3. 租屋　□ 4. 親友家　□ 5. 其他＿＿
6. 有無男 / 女朋友　　□ 1. 有　　□ 2. 無

第二部份：網路使用習慣

1. 最常上網的地點 □ 1. 家中　□ 2. 學校　□ 3. 宿舍　□ 4. 網咖　□ 5. 其他＿＿
2. 通常上網的方式 □ 1. 撥接　□ 2. 寬頻　□ 3. 區域網路 □ 4. 其他＿＿＿＿
3. 每週上網大約＿＿＿＿次，平均每次上網＿＿＿＿小時
4. 最可能檢查 E-mail 的時段（請排序）□ 1. 上午 □ 2. 下午 □ 3. 晚上 □ 4. 十一點後的深夜
5. 最常進行的網路活動類型（可複選）
□ 1.BBS　　□ 2. 聊天室　□ 3. 收發 E-mail　□ 4. 網路通訊　□ 5. 傳送文件檔案
□ 6. 閱讀電子報　□ 7. 網路遊戲　□ 8. 網路購物　□ 9. 資料搜尋　□其他＿＿＿＿

第三部分：請您就認同程度與自身感受，在 1 到 6 圈選出一個適當的數字，數字越大表示同意程度越高。

	非常不同意	不同意	不太同意	有點同意	同意	非常同意
1. 上網是一個 好的休閒活動	1	2	3	4	5	6
2. 不上網就落伍	1	2	3	4	5	6
3. 上網是用來打發時間	1	2	3	4	5	6
4. 網路交友不是一種安全可靠的交友方式	1	2	3	4	5	6
5. 網路提供一個發洩情緒的管道	1	2	3	4	5	6
6. 網路的神秘感與匿名性非常吸引我	1	2	3	4	5	6
7. 不上網會讓我感到渾身不舒服	1	2	3	4	5	6
8. 在網路上我可以講平常不敢講的話	1	2	3	4	5	6
9. 我在網路世界中比現實生活中更有自信	1	2	3	4	5	6
10. 網路上的朋友比現實生活中的朋友更了解我	1	2	3	4	5	6

的特殊狀況。例如問卷上出現出生年月日的題目，在原始問卷上屬於一個題目，但是編碼簿上出現出生年、出生月、出生日三個變數。

此外，雖然問卷中沒有 ID 這個變數，但是在資料處理過程中，每一份問卷的編號是重要的管理數據，因此在進行資料處理時，每一份問卷若非事前已經編定好一個編號，通常都會額外在問卷上編上流水號以茲識別。

第二個部份包括變數的數值內容與標籤，是一份編碼簿當中最重要的部份。一般而言，變數名稱以不超過八個字元的英文詞來表示，例如性別以 gender 命名之。每一個英文名稱之後，緊接著是該英文名稱的標籤，該標籤將被鍵入資料庫作為該英文變數名稱的標籤。

另外，數值的標籤對於類別變數是非常重要的註記，但是對於連續變數的數值即不需特別予以註記，例如上網次數與時數這個問題，數值本身就反映了次數與時間，此時不必進行數值標註。但對於性別變數，則必須將數值意義加以標註。有的研究者習慣將男性標定為 1 女性標定為 2，但是也有人將男性標定為 1，女性標定為 0，此時若非參照編碼簿的記錄，外人實難得知變數數值的意義。

一般若使用心理測驗或量表，通常會以特殊量尺來代表反映強度，例如 Likert-type 量尺，此時，數值具有特定的強度，強度的意義必須加以註記。例如 1 至 5 的五點量表，可能分數越高代表強度越強，稱為正向題，但有時分數越高代表強度越弱，是為反向題，在資料庫建立時，需進行特別處理。例如問卷當中的第三部份的第 4 題（網路交友不是一種安全可靠的交友方式），就是一個反向題，應在編碼簿中註記。

第三個部份是有關遺漏值處理的方式。在量化研究的資料處理上，遺漏值的處理扮演著一個重要的角色，主要是因為資料遺漏是一個相當普遍的現象，不但造成樣本的損失、資源的浪費、同時造成資料處理的不便，並導致統計分析的偏誤。一般習慣上，遺漏值以變數的最後一個數值來表示，個位數的變數，遺漏值設為 9，二位數的變數，遺漏值設為 99，當研究者有需要時，可以自行定義不同的遺漏值。

遺漏的狀況不一而足，因此處理的方式各有不同。通常最常見的狀況是單純的作答不全產生的空白答案，資料處理多以特定數值（例如 9，99）來代表漏答的情況。其次是超過範圍的資料，無法被原有的編碼系統涵蓋，研究者通常也必須將這些資料設定特定數值以遺漏值處理。此外，遺漏的狀況尚包括明確的拒答，

表 2.4　網路行為調查問卷編碼表範例

原始題號	變數 (Variable)		數值 (Value)		遺漏值	電腦欄位
	變數名稱	變數標註	數值	數值標註		
	ID	受試者編號	0-999			1
一 1	GENDER	性別	1	男	9	2
			2	女		
一 2	YOB	出生年次	0-99	-	99	3
	MOB	出生月份	1-12	-	99	4
一 3	COLLEGE	學院別	1	文學院	9	5
			2	法商管理		
			3	理工學院		
			4	農醫學院		
			5	其他		
一 4	GRADE	年級別	1-4	-	9	6
一 5	LIVING	居住地點	1	家裡	9	7
			2	學校宿舍		
			3	租屋		
			4	親友家		
			5	其他		
一 6	FRIEND	異性朋友	1	有	9	8
			2	無		
二 1	PLACE	上網地點	1	家裡	9	9
			2	學校		
			3	宿舍		
			4	網咖		
			5	其他		
二 2	METHOD	上網方式	1	撥接	9	10
			2	寬頻		
			3	區域網路		
			4	其他		
二 3	FREQ1	每週上網次數	0-98	-	99	11
	FREQ2	每次上網時數	0-24	-	99	12
二 4 (排序題)	TIME	檢查 EMAIL 時段	0	未選	9	13-16
	TIME1	上午	1	第一順位	(全未選)	
	TIME2	下午	2	第二順位		
	TIME3	晚上	3	第三順位		
	TIME4	11 點後的深夜	4	第四順位		

表 2.4 網路行為調查問卷編碼表範例（續）

原始題號	變數（Variable）		數值（Value）		遺漏值	電腦欄位
	變數名稱	變數標註	數值	數值標註		
二 5	ACTIVITY	網路活動類型				
（複選題）	ACT1	BBS	0	未選	9	17-26
	ACT2	聊天室	1	有選	（全未選）	
	ACT3	收發 E-MAIL				
	ACT4	網路通訊				
	ACT5	傳送文件檔案				
	ACT6	閱讀電子報				
	ACT7	網路遊戲				
	ACT8	網路購物				
	ACT9	資料搜尋				
	ACT10	其他				
三 1-10	ITEM1	1. 上網是一個良好的休閒活動	1	非常不同意	9	27-36
（量表）	ITEM2	2. 不上網就落伍了	2	不同意		
	ITEM3	3. 上網是用來打發時間	3	有點不同意		
	ITEM4	4. 網路交友不是一種安全可靠的交友方式（反向）	4	有點同意		
	ITEM5	5. 網路提供一個發洩情緒管道	5	同意		
	ITEM6	6. 網路的神秘感與匿名性非常吸引我	6	非常同意		
	ITEM7	7. 不上網讓我感到渾身不舒服				
	ITEM8	8. 在網路上我可以講平常不敢講的話				
	ITEM9	9. 我在網路世界中比現實生活中更有自信				
	ITEM10	10. 網路的朋友比現實生活中的朋友更瞭解我				

受訪者對於某一個題目沒有作答，往往不是因為遺忘，而是拒絕回答，除非問卷上有特定選項讓填答者選擇拒填或「無法回答」，研究者很難從空白的問卷來判斷係單純的遺漏或拒答，如果問卷提供特定選項表示不願作答，或受訪者在問卷旁有特別註記「難以作答」或「不願作答」，資料處理時均需以特定數值區隔拒答與單純遺漏。

2.4.3 數據蒐集後的處理

研究者所獲得的原始資料就好比剛從市場買來的材料，要送給大廚烹調之前，先要進行必要的處理，才能讓大廚的手藝有所發揮。例如問卷回收之後，要先行過濾無效問卷，進行廢卷處理，計算問卷的回收率，如有必要，還必須回到前一個步驟，繼續蒐集資料，補足充分的樣本，直到滿足研究所需為止。

拜科技發展之賜，電腦化的研究資料處理與分析模式，已完全取代人工作業；因此，原始資料蒐集完成後，接下來的查核整理工作可以由電腦來代勞。電腦化的處理，必須依賴嚴謹的編碼、輸入、檢查的程序，才可能降低錯誤的發生，此外，經過初步整理的電腦化資料，還需經過適當的轉換，才能作為統計分析的數據，這整個過程稱之為資料備份。

目前坊間流行的統計軟體不勝枚舉，常見的軟體例如 SAS、SPSS、STATA 必須付費購買，而有些軟體則是免費軟體，例如 R，其中又以 SPSS 視窗版軟體的應用較為簡便。應用 SPSS 軟體之後，資料分析作業得以更快捷、便利與精確的進行，但是事前仍有賴一套縝密的編碼、鍵入前置作業，以及研究者細心的偵錯與檢查，使得各種問題得以在第一時間即獲得處理。本書將詳細介紹 SPSS 應用於資料分析的程序。讀者除了熟悉 SPSS 軟體之外，也應該學習其他電腦工具（例如文書編輯軟體與資料庫管理工具），如果再搭配統計軟體的使用，是使分析工作順利進展的重要因素。

一旦資料分析完成，整個研究也接近尾聲。只要研究報告完成，整個研究工作的本身也就大功告成。有趣的是，有許多研究者懂得如何執行統計分析，也能夠瞭解統計報表的意義，但是卻不知如何把分析結果寫成流暢易懂、符合學術規範（例如 APA 格式）的文字報告。尤其是入門的研究者，缺乏撰寫研究報告的經驗，使得辛苦獲得的研究成果無法有效的呈現在眾人面前，殊為可惜。

相對的，一些資深的、熟習統計術語的研究人員，不僅可以洞悉統計報表背後的玄機，並且能夠巧妙的運用文字的力量，有效的整理研究發現，並加以詮釋。因此，在大學研究所的訓練課程當中，獨立研究的訓練是很重要的一環，許多系所明訂學生必須在學術會議或學術期刊發表一定的論文數目才能獲得學位，目的就是在磨練學生在研究執行與研究報告的整合能力。

2.5 結語

科學研究是研究者對問題的深入觀察與創意思辨、尋找能反映現象差異的變數、擬定變數間的假設關係，並利用適切的方法加以檢證的一連串的整體過程。隨著資訊科技的發展與統計方法的進步，過去因為資料分析技術的限制而不能探討的問題，現在已能輕易的解決；計算繁複的統計公式，在電腦套裝軟體的協助下，也變得輕而易舉。本書的主要特色之一，即是利用相當受到社會科學界歡迎的 SPSS 軟體（第 18 版）來示範各種量化資料處理與統計分析的操作，並以相當篇幅來說明結果報表的分析與解釋，目的就是希望能夠善用電腦軟體來協助我們從事量化研究，快速有效的解決學術或實務上的問題。

然而，套裝軟體的發展固然提供了研究者便利，但是高科技並不代表精確與正確，同時許多研究者及學生也產生了對套裝軟體的依賴性，造成了負面的影響。例如 Pedhazur 與 Schmelkin（1991）將電腦科技與套裝軟體比喻為一個**黑箱**（black box），意味著在技術的背後潛藏著一些未知的危機。同時，當人們倚賴高科技設備來進行統計運算之時，對於整體概念的統整與操作技術的建立即有負面的影響。

由於依賴套裝程式，許多學生忽略甚或逃避各種統計程式理論基礎與計算方法的理解，因此無法正確判斷統計方法的使用時機，電腦報表的判讀亦可能存在偏差與誤用。因此，教師在教授相關科目時，宜以基礎概念的建立為主，計算與演練為輔。在初學階段，避免過度使用套裝軟體，而能確實建立穩固的分析知識與統計原理，軟體的應用練習配合獨立研究或實作最為適宜。尤其在研究所階段，電腦運作能力不僅可以協助研究者進行高等統計與大量資料的處理，更能培養資料處理的實證研究能力。

值得注意的是，應用電腦於資料分析與統計檢定，雖大量的節省運算的時間，減少計算的錯誤，但是卻新增加了一些傳統方法不致發生的問題。例如檔案與系

統的破壞造成資料的喪失，或是當多個電腦資料庫合併時，忽略了不同資料庫對於數據處理的程度與方式不同，造成合併後的混亂。甚至於由於套裝程式的方便性，有些研究者往往反其道而行，先作大量的統計分析後，再自分析結果中去找可以解釋的結果。如此不但違反了基於學術的倫理，並扼殺了科學求知求是的精神。

　　總之，前述這些因為科技發展所帶來的問題不一而足，但卻無法抹煞其所帶來的效益與便利。因此除了在得失之間力求平衡之外，研究者本身的自我期許與學術倫理的要求（APA, 2010），才是根本的解決良方。至於在方法原理與分析技術的精進，則有賴研究者不斷的學習與練習，累積資料處理分析的經驗，才能將科技的助益有效的發揮，也是本書撰述出版的目的初衷與期許。

▶ 本章重要概念

實徵資料 empirical data	變數 variable
假設 hypothesis	操作型定義 operational definition
變異 variety	自變數 independent variable; IV
依變數 dependent variable; DV	間斷變數 discrete variable
連續變數 continuous variable	類別變數 categorical variable
名義尺度 nominal scale	類別尺度 categorical scale
順序尺度 ordinal scale	等距尺度 interval scale
比率尺度 ratio scale	

▶ 課後習作

一、何謂變數？

二、自變數與依變數的關係為何？

三、請分別舉出名義尺度、順序尺度、等距尺度、比率尺度的例子。

四、何謂編碼表？其功用為何？

3 次數分配與統計圖表

3.1 前言

常下廚的朋友一定很瞭解，從市場採買完回到家的第一件事，是將新鮮食材一一取出分門別類，該冷凍的送冰箱，該醃製的加醬料，用不著的部位清乾淨，缺了什麼趕快去便利商店購買，這些前置作業馬虎不得，否則食物腐壞浪費事小，讓人吃壞肚子才麻煩。做菜燒飯如此，作學問亦然。

研究者在數據產生或數據蒐集完成之後的第一步，是要對原始資料進行清理整備，整理成次數分配的形式來描繪數據的特性，瞭解資料分佈的高矮胖瘦，並進行初步的檢查，看看數據是否如同研究者所期望般的蒐集完成。

在過去沒有電腦的時代，資料的分類整理是以人工的方式劃記編碼過錄，整理成一個具有變數數值、觀察次數、累積次數、百分比（或機率）等訊息的次數分配表。在科技發達的今日，次數分配表可以輕易的由電腦來製作，研究者只要一五一十的將原始資料輸入電腦，即可利用統計應用軟體或文書處理軟體來製作次數分配表，甚至可以下指令請電腦繪圖製表，不消幾秒鐘就可以得到一幅幅美觀精緻的統計圖表，研究者只要把這些圖表貼上簡報，就可以站上講台，解讀這些圖形的特性與意義，使得讀者可以快速瞭解數據分佈的特性。例如某班有 20 名學生，他們的考試成績如下：

85、84、79、87、81、81、83、89、81、81
77、84、90、82、81、89、86、82、86、82

從這些得分中，大致可以看出最高分為 90 分，最低分是 77 分，但是分數的詳細分佈狀況卻難以從這些數據中清楚的看出，如果將這些考試分數以表 3.1 的形式整理，則是一目了然。

表 3.1　20 位考生的統計成績次數分配

分數	劃記	次數 (f)	相對次數 (rf)	百分比次數 ($\%f$)
90	/	1	.05	5
89	//	2	.10	10
88		0	.00	0
87	/	1	.05	5
86	//	2	.10	10
85	/	1	.05	5
84	//	2	.10	10
83	/	1	.05	5
82	///	3	.15	15
81	/////	5	.25	25
80		0	.00	0
79	/	1	.05	5
78		0	.00	0
77	/	1	.05	5

3.2 次數分配表

　　次數分配（frequency distribution）是將研究者所蒐集得到的數據，就某一個變數的得分狀況，依照變數數值與出現次數加以彙整整理而得的統計表。次數分配表除了用來整理與描繪資料，次數分配的功能可以用來檢測與描述資料集中情形與離散情形、偏態與峰度、或有無極端值的存在。一般來說，次數分配表適用於類別變數（由名義或順序尺度所測量得到的資料）資料的描繪，例如不同單位的人員數目、不同科系的學生多寡等等；或是數值類型較少的連續變數，例如家庭當中的人口數、學生選修科目的數目等等。

　　類別變數的每一個數值都有間斷且有特定的意義，數值的種類較少，因此適合使用次數分配表來呈現變數的內容與分佈狀況，如表 3.2 的範例所示。相對之下，連續變數的數值有許多種可能，如果數值種類過多而且沒有事先進行分類，簡化數值的種類，同時樣本數龐大時，次數分配表則可能顯得龐大冗長而不利於閱讀。因此一般對於連續變數的次數分配表，都會製作成**分組次數分配**（grouped frequency distribution），將連續變數的數值切割成許多相等長度的組段，確定各

組之上下限後，將個別觀察值之測量值進行劃記工作，如表 3.3 的範例。由於類別變數的次數分配不需要特別進行分組後才能製作次數分配，因此稱為原始或**未分組次數分配**（ungrouped frequency distribution）。

表 3.2　類別變數次數分配表範例（由 SPSS 製作得出）

		次數	百分比	有效百分比	累積百分比
有效的	1 小學及以下	8	1.5	1.5	1.5
	2 國中	17	3.2	3.3	4.8
	3 高中	83	15.7	15.9	20.7
	4 大專	383	72.4	73.5	94.2
	5 研究所	30	5.7	5.8	100.0
	總和	521	98.5	100.0	
遺漏值	9	8	1.5		
總和		529	100.0		

3.2.1 原始次數分配

傳統上對於次數分配的製作，是以人工方式進行資料整理與劃記。首先是將某個變數的分數（數值）由最高到最低順序排列，然後將每個分數出現的次數逐一劃記，劃記完成後再將次數整理列出。一個典型的次數分配表通常只需要列出數值欄與次數欄（劃記的過程不必列出），兩者即形成一個簡單的次數分配，此時即可顯示出變數各數值（各組）的次數所組成的分配情形。有時研究者會列出一欄**相對次數分配**（relative frequency distribution），是由某個變數的各數值（各組）的次數除以總數（相對次數）所組成的分配。如果把相對次數乘以 100%，即為百分比次數分配。透過相對次數或百分比次數的資訊，可以迅速得知特定分數在全體當中出現頻率的比重。

在有些統計報表中（例如 SPSS），次數分配表還有一欄**有效百分比次數分配**（valid percentage frequency distribution），是由變數各數值（各組）次數除以扣除遺漏值的次數乘以 100% 後的分配。如表 3.2 的第四欄（在沒有遺漏值的情況下，

有效百分比分配等於百分比分配）。最後，**累積次數分配**（cumulative frequency distribution）則是由某個變數各數值（各組）的次數往上或往下累計所組成的分配。有時，次數分配表還包括**累積相對次數分配**（cumulative relative frequency distribution），是由某個變數各數值（各組）的次數除以總數（相對次數）往上或往下累計所組成的分配。如果把相對次數乘以 100% 後再累計，即為累積百分比次數分配。如表 3.2 的最右側欄位。

在傳統的統計教科書中，這些不同的次數分配概念對於表格製作以及描述統計的計算是很重要的數據，例如相對次數即是百分比，也可以作為機率的概念。累積相對次數就是累積機率的概念。但是在電腦化作業時，這些資料可以很輕易的從報表中獲得，讀者僅需了解這些名詞的意義即可。

3.2.2 分組次數分配

3.2.2.1 基本流程

前面已經提及，由於研究工作所獲得的樣本數量十分龐大，如果數據內容是以等距或比率量尺所測量得到的連續變數，越精密的測量所得到的數值越多，若未事先將變數數值進行歸類簡化，次數分配表會十分冗長而失去作用。因此通常必須製作分組次數分配表。

分組次數分配表的製作，首先是計算某個變數的**全距**（range）（最大值減最小值），再根據全距決定組數及**組距**（range of interval），確定各組之上下限後，將每一個觀察值劃記進入每一個**組段**（class interval），也就是連續變數的某個較小區間範圍。如表 3.3 是一個將原本介於十幾歲至八十幾歲的年齡變數整理成組距為 5 的分組次數分配表。各組段依高低順序排列，將屬於每一組的觀察次數劃記後列於表中。如果利用 SPSS 軟體，可以利用重新編碼功能，或是資料**帶狀分組**（Visual Bander）功能來進行連續變數的分組工作（操作說明請見 3.4.2）。

3.2.2.2 組數與組距的決定

在製作分組次數分配時，需考慮組數與組距這兩個問題。組數就是組段的數目，組距則是各組的寬度。由於組數決定了整個表格的大小，因此研究者多會先

考慮需要分成幾組，然後決定組距要多寬或多窄。一般而言，組數多介於 10 到 20 組之間，超過 20 組則過於冗長。但是如果樣本人數少或是分數數值類型不多，甚至可能無法分割成 10 組以上，例如前面的 20 位考生的統計成績就無法分割太細，相對的，如果人數很多，或是變數的數值範圍很大，例如一個產業當中幾千家公司的資本額的次數分配，組數就很容易超過 20 組。換言之，組數的決定通常會考慮到變數的全部範圍與樣本規模的大小。

表 3.3　年齡分組次數分配表

(a) 組段	(b) 真實界限		(c) 組中點	(d) 次數	(e) 累積次數	(f) 百分比次數	(h) 累積百分比次數	(g) 相對次數	(i) 累積相對次數
	下限	上限	mid	f	cf	$\%f$	$c\%f$	rf	crf
80 以上	79.5	84.5	82	1	516	.19%	100%	.003	1.00
60-64	59.5	64.5	62	10	515	1.94%	99.81%	.019	.997
55-59	54.5	59.5	57	11	505	2.13%	97.87%	.021	.978
50-54	49.5	54.5	52	39	494	7.56%	95.74%	.076	.957
45-49	44.5	49.5	47	42	455	8.14%	88.18%	.081	.881
40-44	39.5	44.5	42	43	413	8.33%	80.04%	.083	.800
35-39	34.5	39.5	37	20	370	3.88%	71.71%	.039	.717
30-34	29.5	34.5	32	32	350	6.20%	67.83%	.062	.678
25-29	24.5	29.5	27	64	318	12.40%	61.63%	.124	.616
20-24	19.5	24.5	22	252	254	48.84%	49.23%	.488	.492
20 以下	14.5	19.5	17	2	2	.39%	0.39%	.004	.004
總和				516		100%		1.000	

　　一旦組數決定之後就可以決定組距的寬度。一般在慣例上，組距會設定成 2、5 或其倍數等利於整除的這幾種狀況。以表 3.3 當中的 516 筆年齡變數的資料為例，年齡介於 15 歲到 85 歲之間，若要區分成 10 組左右，又希望組距為 2 與 5 的倍數，最佳的設定為組距為 5 的 10 組。如果組距為 10，只能分成 5 組，如果組距為 2 則需要超過 20 組。

3.2.2.3 真實界限與組中點

值得注意的是，組距的計算必須取各組段的**真實上限**（real upper limit）與**真實下限**（real lower limit）的差距，而非各組最大值與最小值的差距。以表 3.3 為例，各組的年齡最小值的個位數是 5 或 10 歲，最大值的個位數則是 4 或 9，如果取各組的最大值減去最小值，得到的組距將是 4，而非 5，例如 25-29 歲組的最小與最大值分別為 25 與 29，相減為 4，這是錯誤的作法。

在本範例中的年齡雖然是一個整數，例如 25 歲，事實上從 24.5 歲到未滿 25.5 歲都屬於 25 歲的範圍，25 歲這個數值只是測量的一個**外顯數值**（apparent value），每一個數值的真實上下限為該數值的上下 0.5 歲的範圍（各單一數值的寬度為 1 歲）。也因此，各組段的真實上下限各要往上下各增減 0.5，例如 25-29 歲組的真實上下限為 24.5 與 29.5，此時得到的組距即為 5，至於 25 至 29 歲組的 25 與 29 這兩個數值則稱為**外顯界限**（apparent limit），一般用來標示各組的可視範圍與分組意義之用，如表 3.3 的 (b) 欄所示。

不論是真實界限或外顯界限，各組段的最中間，也就是各組當中居於最中心的數值，稱為**組中點**（midpoint of a class interval），也即是將各組真實界限的數值相加總後除以 2，是用來代表各組的最佳數值。以 25 到 29 的組段來說，組中點是 27，該點是 25 至 29 歲組當中最具代表性的一個數值，如表 3.3 的 (c) 欄所示。

由表 3.3 的年齡次數分配可以看出，全體樣本 516 人當中，有將近 50% 集中於 20-24 歲組，換言之，年齡次數分配呈現非常集中的情形。因此，雖然以 5 歲為組距可以得到最理想的全距分割，但是卻不一定能夠有效呈現觀察次數分配的狀態。如果仔細檢視數據分佈的情形，可以發現這些資料似乎由兩群樣本所組成，一群是 20 來歲的年輕人，另一群則是 40 來歲的成人。事實上，這批資料的蒐集確實是由「學生樣本」與「成人樣本」兩個管道進行，如果將數據區分成兩部分分別呈現，得到的結果如表 3.4。

由表 3.4 可以清楚的看出兩組樣本的特性：學生樣本以 20-24 歲最多，佔了 84.8%，其次是 25-29 歲，佔了 11.5%，合計超過 96%，年齡分佈非常集中，只有極少的部分超過 30 歲。相對之下，成人樣本則顯得十分分散，除了 20 歲以下沒有任何觀察值之外，80 歲以上有一人，其它各年齡層都有超過兩位數字的觀察值，最多觀察值的年齡層是 40-44 與 45-49 歲組，50 歲以上者超過 15%。從遺漏的比

例來看，學生樣本只有 3 個人（1.1%）沒有提供年齡資料，成人樣本則有 10 人（3.9%）年齡資料缺漏。如果研究者要更清晰的呈現學生樣本的年齡結構，應改採 2 為組距，得到一個具有 11 個組段的分組次數分配表，更能發揮次數分配表的效用。

　　以表 3.4 來呈現不同抽樣管道下所得到的樣本年齡結構，配合前述對於兩種樣本的次數分配特性的說明，使得讀者能夠清楚明白樣本的特性，更重要的是可以讓研究者與讀者有機會去檢視資料是否確實反映抽樣程序與母體特性，充分體現了善用次數分配表在呈現資料分配與特性上的優勢。相對之下，表 3.3 沒有體認到兩種抽樣程序的存在而編製出來的次數分配，即使能夠描述資料的分佈，但是卻也容易引起注意，得知資料的特殊性。顯示雖然次數分配表只是一個簡單的統計方法，但是只要使用得當，仍可以發揮資料整備檢查的功能。

表 3.4　不同樣本類型的性別年齡分組次數分配表

		樣本類型					
		學生樣本			成人樣本		
		次數	%	有效 %	次數	%	有效 %
有效的	80 以上				1	.4%	.4%
	60-64				10	3.9%	4.0%
	55-59				11	4.3%	4.5%
	50-54				39	15.2%	15.8%
	45-49				42	16.3%	17.0%
	40-44	1	.4%	.4%	42	16.3%	17.0%
	35-39	2	.7%	.7%	18	7.0%	7.3%
	30-34	5	1.8%	1.9%	27	10.5%	10.9%
	25-29	31	11.4%	11.5%	33	12.8%	13.4%
	20-24	228	83.8%	84.8%	24	9.3%	9.7%
	20 以下	2	.7%	.7%			
	總和	269	98.9%	100.0%	247	96.1%	100.0%
遺漏值	99	3	1.1%		10	3.9%	
總和		272	100%		257	100.0%	

3.3 統計圖示

　　研究資料除了以表格的形式呈現之外，可以以圖形的方式來描繪資料的整體特性。常用的圖示法有圓餅圖、長條圖、直方圖、多邊圖、莖葉圖、盒形圖等等。這些圖示技術可以區分為類別變數與連續變數兩大類，茲介紹於後。

3.3.1 適用於類別變數的圖示法

　　對於類別變數資料的圖示，最常用的是**長條圖**（bar graph）與**圓餅圖**（pie chart）。長條圖顧名思義，是由長條的高度來代表類別變數各水準的次數，每一長條代表一個類別的次數多寡，長條之間必須具有間隔，以表示間斷的意義，如圖 3.1 教育程度次數分配的長條圖。而圓餅圖只是將長條改為圓形的各扇形面積，如圖 3.2 所示。

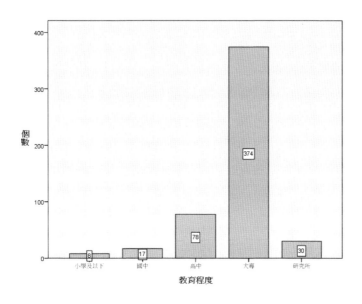

圖 3.1　教育程度變數的長條圖

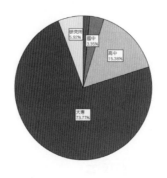

圖 3.2　教育程度變數的圓餅圖

3.3.2 適用於連續變數的圖示法

3.3.2.1 直方圖

　　連續變數所使用的圖示法為直方圖與多邊圖。**直方圖**（histogram）類似於長條圖，X 軸為變數的各數值或各組段，各數值與各分組的次數也是以高度來代表，所不同的是直方圖的各直方長條之間緊緊相連而沒有間隔，代表連續的意義，相對之下，類別變數的長條圖則需要一定的間隔來表示數值間斷的特性。圖 3.3 即是以 2 歲為組距的年齡直方圖，X 軸上的各組以組中點來標示。

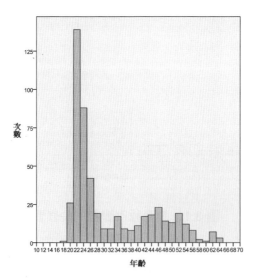

圖 3.3　年齡變數的直方圖

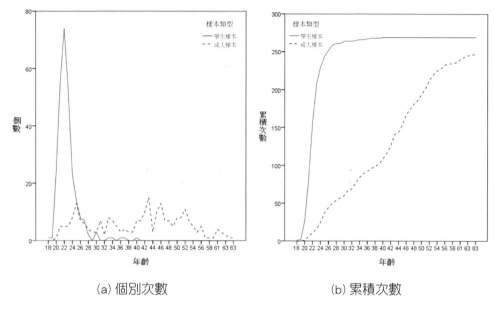

(a) 個別次數　　　　　　　　　(b) 累積次數

圖 3.4　年齡變數的多邊圖

3.3.2.2 多邊圖

如果將直方圖各長條的頂端以組中點來代替長條，並將每一個組中點相連接，便成為能夠表示變數面積變化的**多邊圖**（polygon）。圖 3.4 所描繪的即是就不同的樣本類型所分別繪製的兩條年齡變數多邊圖。其中圖 3.4(a) 的高度為各組的次數，類似於直方圖，圖 3.4(b) 的高度則為累積次數，稱為**累積次數多邊圖**（cumulative frequency polygon），可以看出資料累積的特性，多搭配累積次數分配表來運用。

3.3.2.3 莖葉圖

莖葉圖（stem-and-leaf plot）是普林斯頓大學 John Tukey 教授於 1977 年所發展的一種用以描述觀察值的簡便方法，在沒有電腦協助的年代，莖葉圖可以快速的以人工方式將觀察值進行劃記，並以圖表的方式呈現出來，兼具次數分配表與直方圖的雙重優點，更能保留原始資料的資訊。到了電腦作業時代，莖葉圖仍被保留下來，即因為莖葉圖是一種非常實用的資料整理技術。

莖葉圖最適合於二位數資料的呈現，例如年齡或考試成績。莖葉圖的製作，係將每一個觀察值切割成莖與葉兩部份。莖為觀察值中十位數及以上的數字，葉

則為個位數的數字（有時葉會取分數的末兩位，則此完全需要看分數大小分佈的範圍而定）。研究者先行將莖的數字由小而大依序列出，如果每個數字只出現一次，代表以 10 為組距，若寫兩次，則表示以 5 為組距，依此類推。研究人員此時將觀察值的個位數（葉）資料由小而大依序填註在右側，形成表格型態。劃記完成之後的每一橫列的類別，計算其次數，並記錄於圖的左側，形成一個次數分配表。247 位成人樣本的年齡資料做成莖葉圖，如圖 3.5 所示。

年齡 Stem-and-Leaf Plot for
type= 成人樣本

Frequency	Stem &	Leaf
24.00	2 .	011111222223333344444444
33.00	2 .	555555555555566666667777778888999
27.00	3 .	000111111122333333334444444
18.00	3 .	555556667777888999
42.00	4 .	000000011111112222222222233333333333333444
42.00	4 .	555555555566666666666677777778888888899999
39.00	5 .	000000001111111122222222222233333333444444
11.00	5 .	55566666789
10.00	6 .	1111222334
1.00 Extremes		(>=83)

Stem width: 10.0
Each leaf: 1 case(s)

圖 3.5　年齡變數的莖葉圖

　　圖 3.5 的莖葉圖係以 5 歲為組距，因此莖的部份每一個數字重複兩次，第一個 2 是指 20 至 24 歲，第二個 2 則為 25 歲至 29 歲。葉的部份則是個位數，分別依序排列於右側，出現一次表示為一筆觀察值，因此可以看出 20 至 24 歲組當中有一位 20 歲，21 歲、22 歲與 23 歲皆各有 5 位，24 歲則有 8 位，合計 24 位，記錄於最左側。超過 80 歲者有一位，年齡為 83 歲。

　　由前述的範例可知，莖葉圖保留了原始資料的內容，同時也呈現出直方圖的形式，兼具次數分配表的功能，因此可以看出莖葉圖的一個重要的特性是不會流失原始資料的訊息，對於資料的呈現，有其優越性。

3.3.2.4 盒形圖

另一種常用於連續變數的統計圖稱為**盒形圖**（blox plot），不但能夠呈現數據分佈的特性，更可以用來檢視資料是否具有**極端值**（extreme value）與**偏離值**（outlier）。盒形圖的構成主要是倚賴**四分位數**（quartile），亦即將全體數據區分成等比例的四部分的統計量數。現以薪資變數的長方盒為例，說明盒形圖的特性。

圖 3.6 為薪資變數的盒形圖，圖中的長方形盒狀圖的上緣與下緣分別為薪資變數的第三四分位數（區分最高薪的上 25% 觀察值的薪資金額）與第一四分位數（區分低薪的下 25% 觀察值的薪資金額），換言之，在長方盒當中具有中間 50% 薪資的觀察值。盒子中央的水平線為第二四分位數（中位數）所在位置，亦即區分前後 50% 觀察值的薪資金額。

盒形圖最特別的是上下方的延伸線與延伸線以外的特殊觀察值。由於盒中涵蓋了 50% 的觀察值，如果某一數值離開長方盒上（下）緣太遠，表示該數值非常特別。如果離開長方盒長度達 1.5 倍以上（以下），則視為偏離值，以○表示。如果某一分數距離盒緣達三倍盒長，則視為極端值，以＊表示之。一般在調查研究中，如果被視為極端值者，可能會轉碼成為遺漏值而被刪除不用，以免過度影響樣本統計量的計算。

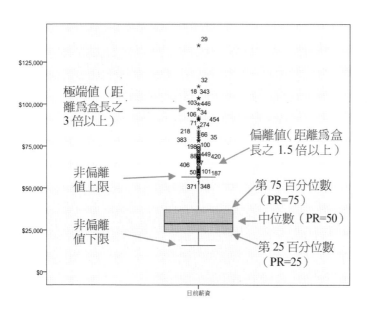

圖 3.6　薪資變數的盒形圖

在圖 3.6 的薪資變數盒形圖中，薪資變數明顯的呈現正偏態，且高薪者的極端值與偏離值較多，低薪部份則無任何偏離值。換言之，盒形圖除了能檢視偏離值與極端值的狀況，也能檢視分配的離散與偏態情形：當中的長方盒的長度越長，以及外延的垂直線越長，代表資料越分散，當極端值與偏離值的點數越多，代表偏離情形越嚴重。當中位數上下兩側的延伸線越不相等，表示偏態越明顯。

盒形圖的另一個功能是進行不同樣本間的分配比較。例如圖 3.7 即是分別就不同樣本類型所繪製的年齡盒形圖。由圖中可以清楚的看出，成人樣本比較分散，學生樣本則相當集中。也正因為學生樣本的年齡大多集中於 20-24 歲，因此稍微偏離這個族群者就會被視為偏離值，相對之下，成人樣本因為比較分散，因此極少數值會被視為偏離值，僅有的一位就是高達 83 歲的樣本，從圖中可以辨識出編號為 485 號。

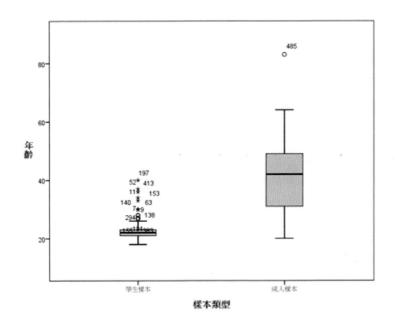

圖 3.7　不同性別的年齡變數的盒形圖

3.4 次數分配表的 SPSS 操作示範

3.4.1 次數分配表的製作

　　使用 SPSS 中文視窗版來編製次數分配表與圖表，僅需點選 分析 → 敘述統計 → 次數分配表 ，即可開啟次數分配表對話框。打開對話框後，使用者點選所需的變數，並可打開 統計量 、 圖表 與 格式 清單，挑選所需的統計量與圖表類型。其中圖表對話框即提供三種常用圖形：長條圖、圓餅圖與直方圖。按 確定 後即可獲得次數分配表。

【A. 步驟圖示】

從敘述統計功能表中開啟次數分配表

選取欲建立次數分配的變數，移至清單中

選擇圖形的種類。類別變數可選擇長條圖或圓餅圖。連續變數可選擇直方圖。

【B. 結果輸出】

學院

		次數	百分比	有效百分比	累積百分比
有效的	文學院	3	3.1	3.1	3.1
	醫學院	6	6.1	6.1	9.2
	管理學院	15	15.3	15.3	24.5
	理工	60	61.2	61.2	85.7
	藝術	1	1.0	1.0	86.7
	外語	3	3.1	3.1	89.8
	民生	3	3.1	3.1	92.9
	其他	7	7.1	7.1	100.0
	總和	98	100.0	100.0	

3.4.2 分組次數分配表的製作

對於連續變數的次數分配表，如果變數數值過多或樣本數很大，則需先進行分組，然後才能利用次數分配表來呈現資料的分配狀態。在 SPSS 當中提供了 Visual Binning 變數分組的功能，操作功能如下所示。根據下列的操作程序後，再利用前一節次數分配表功能，即可得到表 3.3 的分組次數分配表的結果。

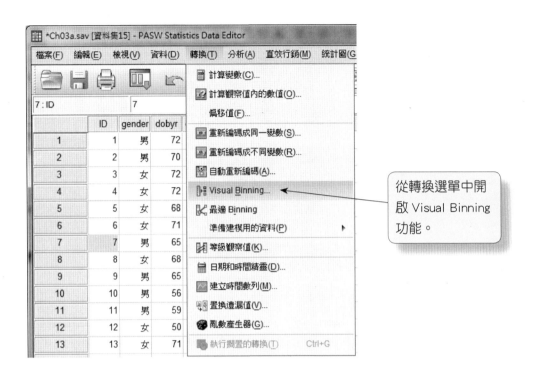

從轉換選單中開啟 Visual Binning 功能。

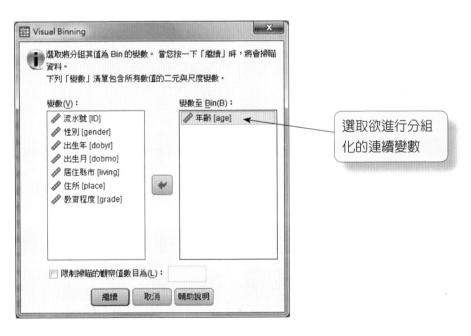

選取欲進行分組化的連續變數

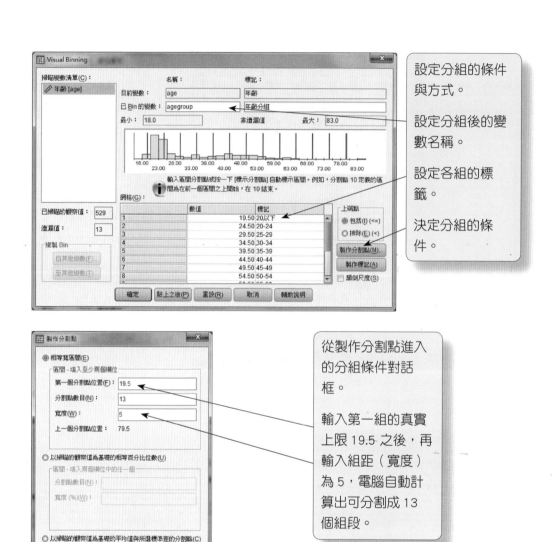

設定分組的條件與方式。

設定分組後的變數名稱。

設定各組的標籤。

決定分組的條件。

從製作分割點進入的分組條件對話框。

輸入第一組的真實上限 19.5 之後，再輸入組距（寬度）為 5，電腦自動計算出可分割成 13 個組段。

3.5 統計圖的 SPSS 操作示範

不論是 SPSS 或 EXCEL 都提供了相當多不同類型的統計圖示功能，以下僅介紹比較正式且常用的統計圖功能，例如莖葉圖、長條圖、圓餅圖、直方圖、盒形圖、多邊圖等。

3.5.1 預檢資料功能的使用

　　SPSS 的莖葉圖與盒形圖，可使用功能表中 分析 → 敘述統計 中的 預檢資料 選項來獲得。在依變數清單中放入所需分析的變數名稱，並打開統計圖對話框，勾選莖葉圖與盒形圖，按 確定 之後即可完成製圖。如果使用者想將某連續變數的莖葉圖與盒形圖依另一個類別變數的不同水準來分別繪製，僅需在因子清單中，放入分類變數即可。本範例以年齡為例，執行預檢資料所得出的莖葉圖如圖 3.5 所示，長條圖則列於圖 3.1，盒形圖如圖 3.6，讀者可逕行查閱。

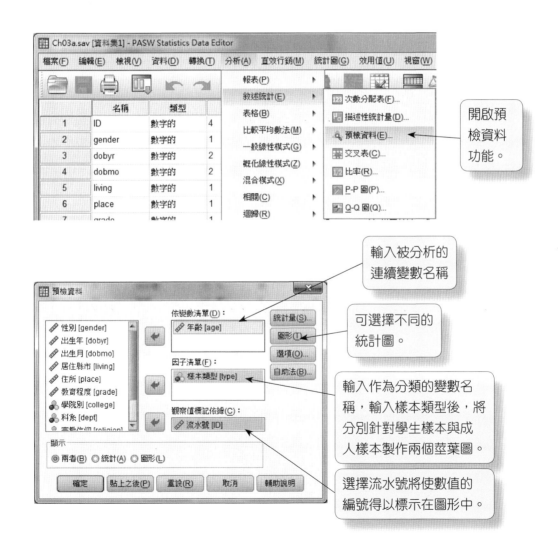

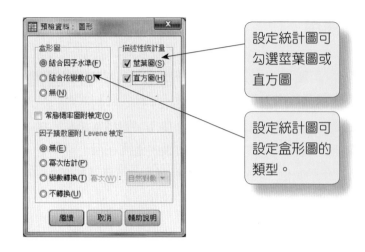

設定統計圖可勾選莖葉圖或直方圖

設定統計圖可設定盒形圖的類型。

3.5.2 統計圖功能的使用

除了預檢資料，SPSS 提供了獨立的統計圖選單，用以繪製多種不同型態的統計圖。除了各種統計圖製作模組，也可使用互動式的圖表建立器與圖表板樣本選擇器來製圖。

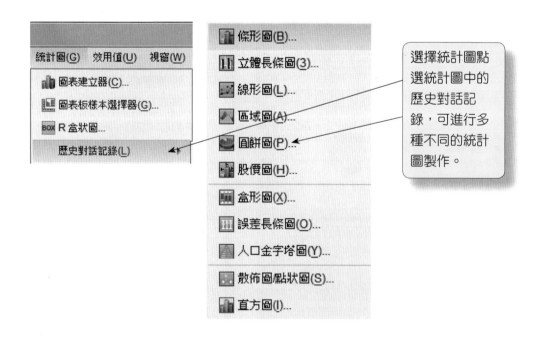

選擇統計圖點選統計圖中的歷史對話記錄，可進行多種不同的統計圖製作。

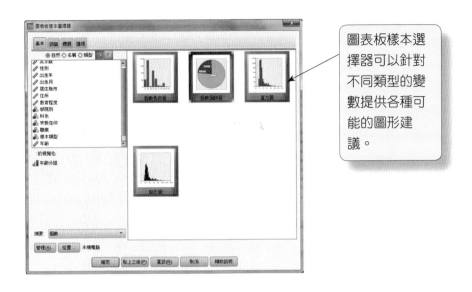

圖表板樣本選擇器可以針對不同類型的變數提供各種可能的圖形建議。

3.5.2.1 . 長條圖的製作

類別變數長條圖有多種呈現方式。對於單一類別變數的呈現，可執行 統計圖 → 長條圖 ，選擇圖形類型當中的 簡單 → 定義 ，填入變數名稱，選擇資料類型後，按 確定 執行即可。如果要將類別變數的長條圖依照另一個類別變數來分割處理，則可選擇 集群化 或 堆疊 功能。

【A. 步驟圖示】

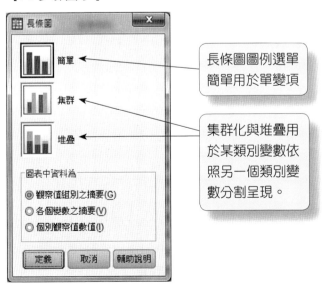

長條圖圖例選單簡單用於單變項

集群化與堆疊用於某類別變數依照另一個類別變數分割呈現。

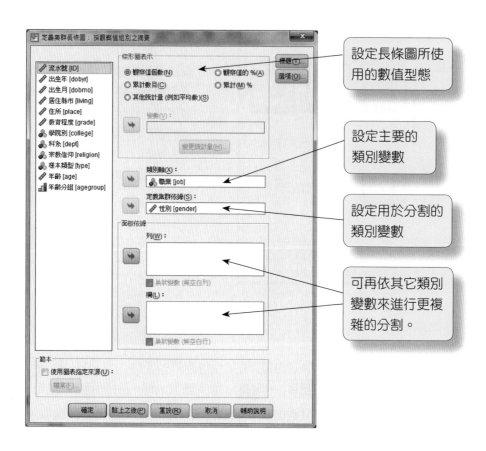

設定長條圖所使
用的數值型態

設定主要的
類別變數

設定用於分割的
類別變數

可再依其它類別
變數來進行更複
雜的分割。

【B. 結果輸出】

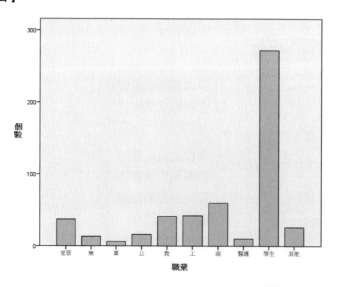

圖 3.8　以簡單功能得到的長條圖結果

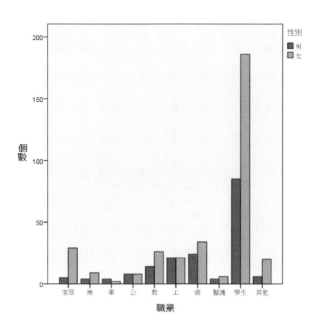

圖 3.9　以集群功能得到的長條圖結果

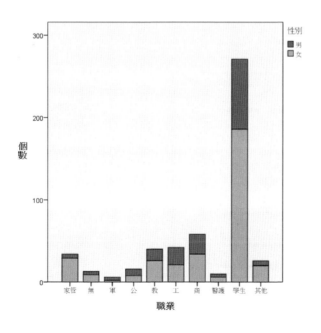

圖 3.10　以堆疊功能得到的長條圖結果

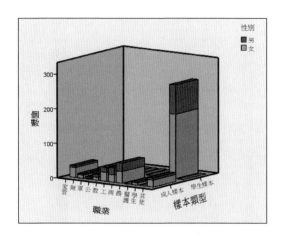

圖 3.11 以立體長條圖功能得到的 3D 長條圖結果

3.5.2.2 圓餅圖的製作

類別變數圓餅圖製作十分簡單，僅需執行 統計圖 → 圓餅圖 ，填入變數名稱，選擇資料類型後，按 確定 執行即可。如果要將圓餅圖依照另一個類別變數來分割處理，可將分割變數放置於面板依據當中的列或欄，即可將單一類別變數的圓餅圖（如圖 3.12 所示）切割成垂直或水平的圓餅圖（如圖 3.13 所示）。

【A. 步驟圖示】

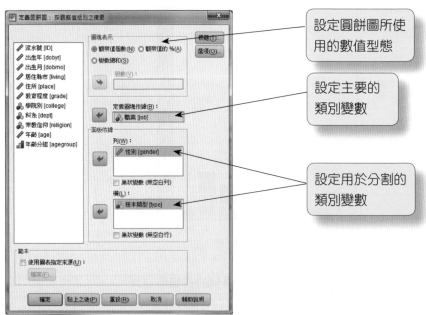

【B. 結果輸出】

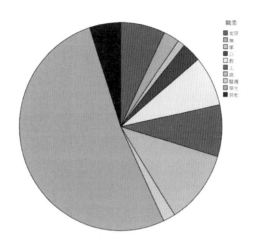

圖 3.12 未經分割的單一類別變數圓餅圖結果

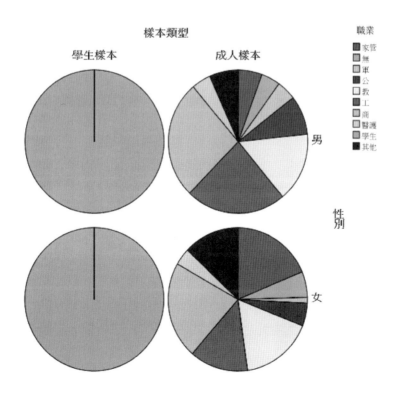

圖 3.13 經過分割處理的類別變數圓餅圖結果

3.5.2.3 直方圖的製作

連續變數直方圖的製作，執行 統計圖 → 直方圖 ，選擇欲呈現的連續變數名
稱，按 確定 執行即可。如果要將直方圖依照另一個類別變數來分割處理，可將分
割變數放置於面板依據當中的列或欄，即可將單一連續變數的直方圖（如圖 3.14
所示）切割成垂直或水平的圓餅圖（如圖 3.15 所示）。

【A. 步驟圖示】

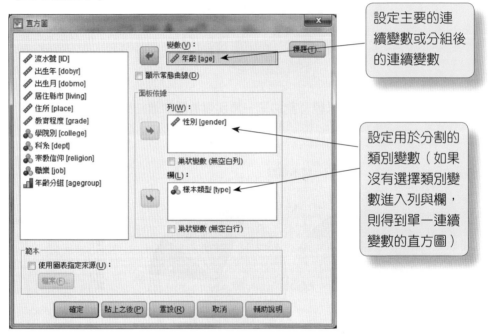

設定主要的連
續變數或分組後
的連續變數

設定用於分割的
類別變數（如果
沒有選擇類別變
數進入列與欄，
則得到單一連續
變數的直方圖）

【B. 結果輸出】

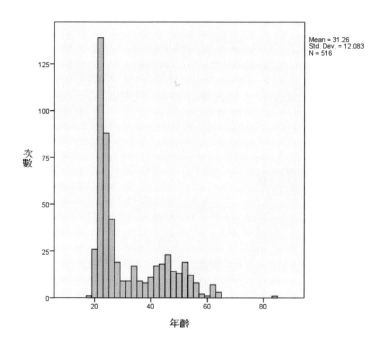

圖 3.14　未經分割的單一連續變數直方圖結果

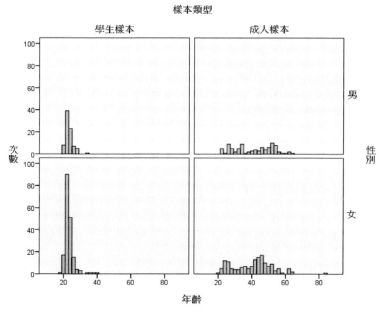

圖 3.15　經過分割的連續變數直方圖結果

3.5.2.4 多邊圖（線形圖）的製作

單一連續變數的多邊圖（在 SPSS 稱為線形圖），可以利用次數分配表當中的圖形選項來獲得，也可以利用統計圖當中的線形圖來獲得。兩個變數線形圖的製作（一個類別變數與一個連續變數），操作流程為點選 統計圖 → 線形圖 →選擇圖形類型（複線圖），按 定義 後，填入變數名稱，按 確定 執行即可。

【A. 步驟圖示】

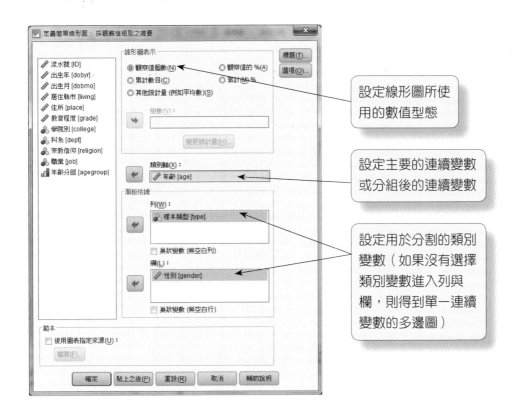

設定線形圖所使用的數值型態

設定主要的連續變數或分組後的連續變數

設定用於分割的類別變數（如果沒有選擇類別變數進入列與欄，則得到單一連續變數的多邊圖）

【B. 結果輸出】

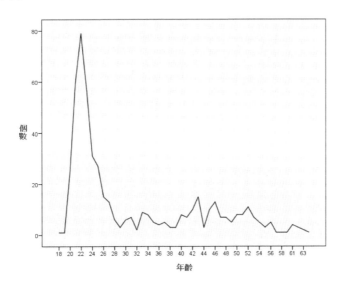

圖 3.16　未經分割的單一連續變數多邊圖結果

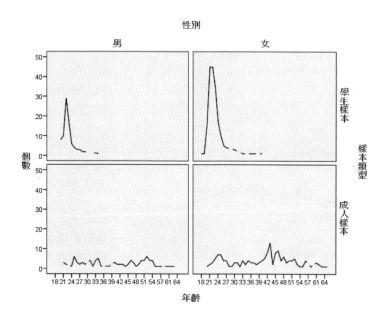

圖 3.17　經過分割的連續變數多邊圖結果

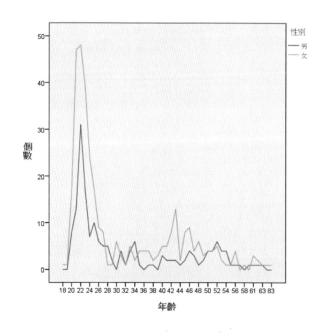

圖 3.18　未經分割的複線圖結果

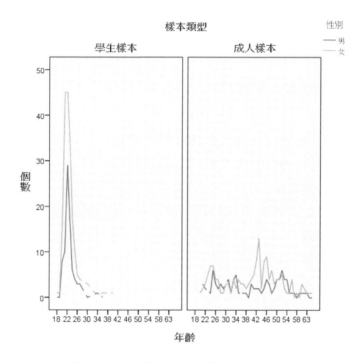

圖 3.19　經過分割處理的複線圖結果

本章重要概念

次數分配 frequency distribution

相對次數分配 relative frequency
distribution

累積次數分配 cumulative frequency
distribution

組段 class interval

組距 range of interval

組中點 midpoint of a class interval

真實上限 real upper limit

真實下限 real lower limit

外顯界限 apparent limits

長條圖 bar graph

圓餅圖 pie graph

直方圖 histogram

多邊圖 polygon

莖葉圖 stem-and-leaf plot

盒形圖 box plot

極端值 extreme value

偏離值 outlier

課後習作

一、一位教師調查班上同學所使用的手機品牌，發現 20 位有使用手機的同學使用的品牌如下：

A A C A B C D D C B

D A A A A B C B A A

1.　請做出次數分配表。

2.　請在次數分配表中增列一欄相對次數分配，並說明其意義。

3.　請畫出長條圖。

4.　請畫出圓餅圖。

二、某校企管系在職專班的學生年齡分別為：

26　30　29　27　31　34　27　42　45　38　35　29

41　40　28　36　34　35　33　38　32　28　33　31

1.　請以組距為 5，做出莖葉圖。

2.　請以組距為 5，做出分組的次數分配表，並在表中列舉組中點、真實界限與外顯界限。

3.　請畫出直方圖。

4.　請畫出盒形圖。

4 描述統計與標準分數

4.1 前言

　　考試是學生的家常便飯，每當成績揭曉時，總是幾家歡樂幾家愁，換言之，考試成績的好壞，不僅取決於自己成績的高低，也要看別人考得如何。因此，每當老師發考卷時，除了手中自己的分數，你可能會想去看看旁邊同學的成績如何，甚至於想知道全班考得怎樣，最高分多少，幾個不及格，平均幾分，全班成績有多分散等資訊，然後就可以知道全班同學這次考試的狀況，進一步瞭解自己所在的位置如何。

　　在前一章當中，我們已經介紹了次數分配表和各種統計圖，雖然這些圖表也能夠協助我們了解分數的分佈形狀與特徵，但是這些圖表通常還是需要人為的解讀才能說明其中的意義，不論是在學術界或者是實務工作中，對於龐雜的統計數據若要能夠馭繁於簡，一個重要的工作是如何只用一個簡而有力的數值去描述分數的分佈情形，這些摘要性的數值稱為**統計量**（statistic），而用來整理、描述、解釋資料的系統方法與統計技術則稱為**描述統計**（descriptive statistics）。

　　描述統計中，最重要的統計量是用以描述測量觀察值集中情形的**集中量數**（measures of central location），也就是為一組數據建立一個能夠描述其共同落點的最佳指標；以及用以描述這群測量觀察值分散狀況的**變異量數**（measures of variation），亦即描繪數據分佈廣度的指標。數據的分佈特性可以利用偏態與峰度係數來說明是否符合常態性。運用集中、變異、偏態、峰度四種量數可以完整說明一組數據的分佈狀況，因此可以說是描述統計的四大基本量數。透過這四種量數，人們就可以清楚的瞭解資料的分佈情形具有何種特性，例如全班同學考得如何，分數的變化程度如何，是否有偏離值影響了平均數的計算，進而協助個別分數在整體成績分佈當中的優劣表現，甚至於從這次的考試去推估母體的特徵。

4.2 集中量數

　　集中量數是用以描述一組數據或一個分配集中點的統計量數。也就是一個能夠描述數據的共同落點的指標。常用的集中量數有平均數、中位數及眾數，從這三個量數的特性，也可看出名義、順序、等距與比率等四種不同測量尺度的特性。

4.2.1 平均數

4.2.1.1 樣本與母體平均數

平均數（mean；或以 M 表示）是取某一變數（例如 X 變數）的所有 N 個數值的總和，除以觀察值個數 N 所得到的值，因為是將數據直接以數學算式來計算平均值，又稱為**算術平均數**（arithmetic mean; 以 AM 或 $\overline{X}$ 表示）。

$$\overline{X} = \frac{\sum\limits_{i=1}^{N} X_i}{N} = \frac{X_1 + X_2 + ... + X_N}{N} \tag{4-1}$$

符號 X_i 的下標 i 表示每一個觀察值的編號順序，Σ（希臘文 sigma 的大寫字母）是加總的符號，為有別於下面將會介紹的幾何與調和平均數，$\overline{X}$ 另增加下標 A，以 $\overline{X}_A$ 表示算術平均數。

範例 4.1

某位老師教學嚴格，他所教授的三個班級的統計課各當了 5、10、15 個學生，請問平均每班當多少人？

$$\overline{X} = \frac{5 + 10 + 15}{3} = 10$$

公式 4-1 通常是應用於求取某一個樣本大小為 N 的變數平均數，因此又稱為**樣本平均數**（sample mean）。如果今天研究者能夠蒐集母體當中的每一個觀察值（總數為 N），此時所計算得出的平均數稱為**母體平均數**（population mean），如公式 4-2。

$$\mu = E(X) = \frac{\sum\limits_{i=1}^{N} X_i}{N} \tag{4-2}$$

　　母體平均數的計算方法與樣本平均數相同，只有在符號的使用上，以希臘字母 μ（mu）代替 $\overline{X}$。通常母體數據是無法窮盡獲得的量數，母體平均數多只是理論上存在的數值，因此在統計學上又常把母體平均數以**期望值**（expected value）的形式來表現。期望值一詞是機率理論的術語，對於具有特定出現機率的 X 變數的每一個觀察值而言，平均數是最可能出現的數值，亦即如果不斷反覆進行隨機嘗試，我們最「期望」得到的將會是平均數。

4.2.1.2 加權平均數

　　加權平均數（weighted mean）是算術平均數的一種延伸。其特性是在算術平均數的計算過程中增加一個權數 W_i 來進行加權，例如在計算學業平均成績時，把學分數作為權數來加權，如公式 4-3 所示。

$$\overline{X}_W = \frac{\sum\limits_{i=1}^{N} W_i X_i}{\sum\limits_{i=1}^{N} W_i} = \sum\limits_{i=1}^{N} P_i X_i \tag{4-3}$$

　　在實務上，權數 W_i 通常反映了重要性或影響力的概念，一旦在計算平均數時加入權數，可以使得平均數更能反映變數 X 各數值的實質價值或實際狀態。例如學業平均的計算必須以學分數來進行加權（學分數高的科目比重大）；進行民調時，各縣市的調查結果以人口數來加權（人口多的縣市比重高）；財務預測時以時間遠近來加權（近期資料的影響力大、遠期資料的影響小）。

　　若把權數 W_i 除以全體權數的總和，即得到權數的比重 P_i（亦即機率），各權數的機率和為 $\sum P_i = 1$。換言之，加權平均數就是將變數 X 的每一個數值以一個機

率值來進行線性轉換所得到的調整平均數。如果每一個數值的權數皆相當，所計算得出的加權平均數即為一般的算術平均數。

> **範例 4.2**
>
> 某位研究生修了五個科目：書報討論 (1)、研究方法 (2)、行銷管理 (3)、財務管理 (3)、組織行為 (3)，括弧內的數字為學分數，成績分別為 90、85、88、80、82，請問他的學業成績的算術平均數與加權平均數各為何？

$$\overline{X}_A = \frac{90 + 85 + 88 + 80 + 82}{5}$$

$$= \frac{1}{5} \times 90 + \frac{1}{5} \times 85 + \frac{1}{5} \times 88 + \frac{1}{5} \times 80 + \frac{1}{5} \times 82$$

$$= 85$$

$$\overline{X}_W = \frac{1 \times 90 + 2 \times 85 + 3 \times 88 + 3 \times 80 + 3 \times 82}{12}$$

$$= \frac{1}{12} \times 90 + \frac{2}{12} \times 85 + \frac{3}{12} \times 88 + \frac{3}{12} \times 80 + \frac{3}{12} \times 82$$

$$= .083 \times 90 + .167 \times 85 + .25 \times 88 + .25 \times 80 + .25 \times 82$$

$$= 84.17$$

4.2.1.3 幾何平均數

另一種平均數的計算是將變數 X 的 N 個數值相乘後，再開 N 次方得到開根值，稱為**幾何平均數**（geometric mean；或以 GM 表示），為了有別於一般人所使用的算術平均數，幾何平均數以 $\overline{X}_G$ 表示。

$$\overline{X}_G = \sqrt[N]{\prod_{i=1}^{N} X_i} = \sqrt[N]{X_1 X_2 \dots X_N} \tag{4-4}$$

公式 4-4 中的 ∏（希臘文 pei 的大寫字母）是連乘的符號。幾何平均數多用於比率或速率資料，例如百分比、速率、成長率、良率等，在商學院尤其多應用於財務資料（例如利率）的描述，或是經濟學上的各項經濟指標平均水準的計算，由於這些資料多與時間變動有關，因此又稱為動態平均數。

範例 4.3

某公司業績表現優異，第一年成長 5%，第二年成長 10%，第三年成長 15%，請問該公司三年的平均業績表現如何？

$$\overline{X}_G = \sqrt[3]{1.05 \times 1.10 \times 1.15} = 1.0992$$

4.2.1.4 調和平均數

除了前述三種平均數之外，若將 X 變數的倒數求其算術平均數後再求倒數，則可得到調和平均數（harmonic mean；以 HM 或 表示），如公式 4-5 所示。

$$\overline{X}_H = \frac{1}{\dfrac{\sum\limits_{i=1}^{N}\dfrac{1}{X_i}}{N}} = \frac{N}{\sum\limits_{i=1}^{N}\dfrac{1}{X_i}} = \frac{1}{\dfrac{\dfrac{1}{X_1} + \dfrac{1}{X_2} + ... + \dfrac{1}{X_N}}{N}} \tag{4-5}$$

調和平均數又稱倒數平均數，多運用在自然科學中，當分子資料已知但缺分母資料的情況，例如相同距離但是不同速率下的平均速率計算。此外，在電子學當中計算電阻值，或是物理學對於質量削減的運算，也會用到調和平均數。

範例 4.4

某車行駛 A、B、C 三種路況，速率分別為 5、10、15 公里/小時，若三種路況都走 1 公里，平均速率為多少？

$$\overline{X}_H = \cfrac{1}{\cfrac{\frac{1}{5}+\frac{1}{10}+\frac{1}{15}}{3}} = 8.1818$$

由範例 4.4 的資料來看，如果問的是該車行駛在這三種路況平均速率為每小時幾公里，則是取算術平均數的 (5+10+15)/3 = 10，但是範例 4.4 問的是若各走一公里（分子已知），速率平均為何（求分母資訊），因此須採倒數平均數。

4.2.1.5 平均數的使用時機與特性

從原理來看，各種平均數的目的都是在求取一系列數列的最具代表性的量數，算術平均數適用於一系列具有固定單位的穩定數值，幾何平均數則適用於具有時間變化特性的時間性數列，調和平均數則適用於數值倒數呈現等差級數的調和數列。算術、幾何與調和平均數三者都可套用加權平均數的概念，以一組機率值來針對特定數值進行重要性或影響力的修正或調整。從數學關係來看，調和平均數永遠小於幾何平均數，而幾何平均數又小於算術平均數，三者具有 $\overline{X}_H \leq \overline{X}_G \leq \overline{X}_A$ 的關係。

一般來說，算術、幾何與調和平均數三者中，算術平均數的概念與計算最為簡單明瞭，因此最為常見，相對之下，調和平均數概念較為複雜且應用範圍小，因此一般統計教科書都不會特別介紹調和平均數。然而算術平均數在面對時間序列資料時，往往無法考慮到相鄰時間的變動趨勢，因而以算術平均數進行預測時會與實際值發生較大的誤差，因此在計量經濟或財務管理課程中，則多會提及幾何平均數的概念與運用。基本上，在沒有特別聲明的情況下，平均數 $\overline{X}$ 皆指算術平均數。

平均數的首要特徵是其充分性與敏感性，不論是哪一種平均數的計算公式，在計算平均數時都需要用到分配當中的每個分數數值，因此平均數能夠反映每一個數值的狀況。進一步的，分配中的任何一個分數的改變必然會改變平配的平均數，因此平均數對於極端值皆具有相當程度的敏感性。

雖然算術平均數受到極端值的影響最大，但是這也反映了算術平均數對於數據的分佈最為敏感，事實上，算術平均數的主要優點也即在於其穩定性，能夠忠實反映分數的測量尺度的間距關係與相對位置。從力學的角度來看，算術平均數

是各施力點的力距和為 0 的平衡支點，具有下列特性：

$$\sum_{i=1}^{N}(X_i - \overline{X}) = 0 \tag{4-6}$$

公式 4-6 當中的 $X_i - \overline{X}$ 即為物理學上的力距，在統計上稱為**離均差**（deviation score），由於各分數 X_i 會落於 $\overline{X}$ 點左右兩側，因此離均差的和一定為 0。這是算術平均數的最重要的特徵。例如 5、10、30 三個數值離均差分別為 -10、-5 與 $+15$，離均差和為 0，算術平均數 15 為平衡支點或重心所在，如圖 4.1 所示。

圖 4.1　離均差為平衡支點的關係圖示

其次，算術平均數是一組數列當中能求出距離平方和最小的數值，也就是離均差平方和（sum of squares, 縮寫為 SS）最小，如公式 4-7 所示。

$$\sum_{i=1}^{N}(X_i - \overline{X})^2 \leq \sum_{i=1}^{N}(X_i - a)^2, a \neq \overline{X} \tag{4-7}$$

基於前述關於離均差的兩個要件，算術平均數可以說是用來代表一組數列的最具代表性的數值。最後，算術平均數在數學運算上也具有數值運算的優良特質，對於變數 X 的每一個數值如果加減乘除任一個常數 a，則其算術平均數也等於加減乘除此一常數 a，如公式 4-8、4-9、4-10 所示，因此受到研究者的廣泛接受。

$$\frac{\Sigma(X \pm a)}{N} = \bar{X} \pm a \qquad\qquad (4\text{-}8)$$

$$\frac{\Sigma(aX)}{N} = a\bar{X} \qquad\qquad (4\text{-}9)$$

$$\frac{\Sigma(X / a)}{N} = \frac{\bar{X}}{a} \qquad\qquad (4\text{-}10)$$

4.2.2 中位數

4.2.2.1 中位數的原理

第二種常用的集中量數是**中位數**（median；或以 Mdn 表示），又稱為中數或第二四分位數，是將某一個變數的數據依大至小或由小至大排列，取位居最中間、或能夠均勻對分全體觀察值的分數，也就是在中位數之上與之下，各有 50% 的觀察值。當觀察值的數目為奇數時，中數很容易辨識，就是最中間的那個觀察值，亦即第 $(N+1)/2$ 個觀察值，如果觀察值有偶數個，中數就取最中間的兩個值的平均數，亦即第 $N/2$ 與第 $N/2+1$ 觀察值的中間值。

範例 4.5

某公司甄選新人，共有 9 名應徵者，他們的面試成績分別為 70、66、60、50、55、60、66、90、65，請問中數為何？

將分數依順序排列　50、55、60、60、**[60]**、65、66、70、90

N 為奇數，因此中數為第 $(9+1)/2$ = 第 5 個觀察值，亦即 60

60 恰好落在觀察值最中間的位置，若不算自己，前後各有 4 個觀察值

範例 4.6

某公司甄選新人，前 9 名應徵者的面試成績分別為 70、66、60、50、55、60、66、90、65，後來又來了一位應徵者，分數為 95 分。請問中數為何？

將分數依順序排列 50、55、60、60、[60]、[65]、66、70、90、95

N 為偶數，因此中數為第 10/2（第 5 個觀察值）與第 10/2+1（第 6 個觀察值）的平均值，亦即 (60+65)/2 = 62.5

62.5 這個分數恰好落在觀察值最中間的位置，前後各有 5 個觀察值

4.2.2.2 中數的特性

顧名思義，**中數**是指 N 個觀察值的中心點，其數值可透過各觀察分數所處的位置依序排列來獲得，而不論數值的大小為何。如果說中數反映了全體「樣本」的中心點，也就是人數中心點；平均數所反映的則是一組分數「數量」的中心點。也因此，中數不僅可以應用在具有單位的等距測量或比率測量，也可以應用在只有大小順序而沒有強度差異訊息的順序尺度的測量，只要能夠把觀察值排順序，找到最中間的那個觀察值，就是中位數，因此中位數又稱為一百等份當中第 50 個等分的百分位數（P50）或第二四分位數（Q_2; second quartile）。相對之下，平均數則僅適用於具有單位的等距與比率測量，而無法應用於順序變數。

中數的第二個特性，是它並不受分配當中其他數值的影響，更不會受到偏離值的左右。例如在範例 4.5 或 4.6 當中，中位數的數值並不受到中間以外的其他數值的大小的影響，即使最差的幾個成績是 0 分，或是最好的成績是滿分，也不影響中位數的數值。對於一個受到偏離值影響很大的分配來說（例如薪水收入，通常會有一些人薪水特別高），平均數並不是一個理想的集中量數，此時可以考慮使用中位數來代表一群分數的集中趨勢。

4.2.3 眾數

第三種常用的集中量數是**眾數**（mode；或以 Mo 表示），是指一組分數中，出現次數最多的一個分數，也就是一組數據中最典型（typical）的數值，或次數分配最高點所對應的分數。如果是分組後的連續變數，眾數則不是一個值，而是一個組，也就是發生次數最多的那個組段，此時可以利用該組的標籤來說明眾數組為何，或以組中點來代表眾數組。

眾數是各集中量數當中，最容易辨認的量數。範例 4.5 的 50、55、60、60、60、65、66、70、90 等九個學生的統計成績為例，由於 60 分出現了三次，是出現

最多的一個分數，因此眾數為 60。

眾數較常使用在以名義尺度進行測量所得到的類別變數，因為數值只有有限的那幾個觀察值，每一個觀察值可以清楚計算出出現次數或百分比，因此眾數很容易找到。相對之下，連續變數的數值較多，每一個數值不一定會重複出現多次，因此單從數值的本身不容易找出眾數，除非進行分組歸類建立有限的組段，才容易找到眾數所在的組別，例如在考試成績中，我們通常不會說這次考試成績出現最多次的分數是幾分（不容易找到眾數），但是我們會說，七十幾分的最多，其他的都很少，此時 70 到 79 分的那個組段就是眾數組。

其次，連續變數經常出現好幾個高峰的雙峰或多峰分配，眾數就不只一個。如果一個分配有兩個分數（或兩個組段）具有相對較高的出現次數，此時即可找到雙眾數或兩個眾數組。通常在一個**雙峰分配**（bimodal distribution）中（一個次數分配具有兩個高峰），即使兩個高峰次數不同，我們仍可以報告兩個高峰所對應的分數（眾數），以利別人瞭解雙峰分配的兩個集中點為何。

4.2.4 集中量數的比較

上述三個集中量數各有不同的適用時機，對於名義變數，因為沒有一定的單位，因此無法計算平均數，也沒有大小順序可言，因此中位數也沒有意義，只能使用眾數來表示樣本集中情形。例如九個學生的居住地區為 3、2、1、1、1、1、3、2、2，數值 1 表大台北、2 為基隆宜蘭、3 為桃竹苗，由眾數 1 可知學生居住地集中於大台北地區。

以順序量尺測得的數據，雖無固定的單位，但因為具有一定的順序關係，因此中位數數值具有參考價值，同時眾數也可以求得。例如九個學生的年級為 3、2、1、1、1、1、3、2、2，中位數為順序第五位學生的年級數 2，眾數則為 1。此時測量者就必須決定以何者來描述這九個學生年級的集中情形。

最後，測量尺度為等距尺度以上的變數，因為具有一定的單位，因此三種量數皆可以使用，此時，集中量數可採較精密的量數（即平均數）。平均數是計算所有樣本的分數所得到的資料，有最佳的代表性。但是平均數易受極端值的影響，在偏離值較多、偏態較嚴重的時候，平均數的使用需經過特別的校正處理，否則建議搭配採用中位數與眾數。這三個集中量數的測量特性與優缺點比較見表 4.1。

表 4.1　集中量數的特性與優缺點比較

測量層次	集中量數		
	眾數	中位數	平均數
名義	v		
順序	v	v	
等距 / 比率	v	v	v
優點	不受偏離值的影響，計算方法簡便。	對數值變化不敏感，不受極端值影響，計算方法尚稱簡便。	測量最為精密，考慮到每一個樣本，在對稱的分配中具有較佳的代表性。
缺點	測量過於粗糙，無法反映所有樣本。	無法反映所有樣本的狀況。	易受偏離與極端值的影響。

　　一般來說，平均數最容易受到極端值影響，其次是中位數，最不受影響的是眾數，因此，在一個不對稱的分配當中，三個集中量數因為受到影響的程度不同，而不會落於同一點；相對的，在一個常態分配當中，三個集中量數則應落於同一點，如圖 4.2(c)。當一個分配在低分端有極端值時，平均數與中位數會向低分端移動，而且平均數受到的影響較大，三個集中量數形成如圖 4.2(a) 的相對關係；當高分端有極端值時，平均數與中位數會向高分端移動，平均數影響較大，中位數次之，三個集中量數形成如圖 4.2(b) 的相對關係。利用這三個量數的相對關係，也可以判斷一個分配是否對稱或偏態的情形。

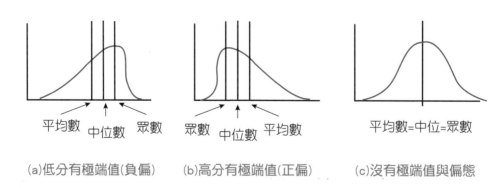

(a)低分有極端值(負偏)　　(b)高分有極端值(正偏)　　(c)沒有極端值與偏態

圖 4.2　三種集中量數與分配形狀的關係

4.3 變異量數

變異量數（或離散量數）是用來描述觀察值在某一個變數上的分數分散情形的統計量。在描述統計中，集中量數必須搭配變異量數，才能反映一組數據的分佈特徵，例如某學校學生的近視度數多集中在 300 至 500 度，平均數為 450 度（mean = 450），代表這個學校的學生的近視情形以 450 為集中點。如果甲乙兩校學生平均近視度數均為 450 度，此時集中量數無法說明兩校學生的近視特性。如果甲校的標準差為 15 度，乙校標準差為 45 度，即可反映兩校學生近視情形差異特性，此時變異量數補足了集中量數對於數據分佈描述的不足之處。在社會與行為科學研究領域，常用的變異量數包括全距、四分差、變異數及標準差等，以下即分別介紹之。

4.3.1 全距

全距（range）是一組分數中最大值（X_{max}）與最小值（X_{min}）之差，是一群分數變異情形最粗略的指標。如公式 4-11 所示，全距容易計算，適用性高，不僅可以應用在連續變數，求出最大值與最小值的分數差異程度，也可以應用在名義變數與順序變數，來求出變數當中類別的多寡。

$$Range = X_{\max} - X_{\min} \tag{4-11}$$

假設表 4.2 是三個班級的 11 位學生的考試成績，這三個班級的成績的集中量數皆相同，不論是平均數、中數或眾數皆為 61 分。但是從分數的分佈情形來看，三者則有明顯不同的全距：A 班分數沒有任何變化，全距為 0，B 班與 C 班的全距則分別為 66−56 = 10 與 85−41 = 44，可見得 C 班同學的分數落差最大。

表 4.2　三個班級的考試成績（每班皆為 11 個學生）

ID	A	B	C
1	61	56	41
2	61	57	42
3 (Q_1)	{61}	{58}	{48}
4	61	59	53
5	61	60	61
6 (Q_2)	[61]	[61]	[61]
7	61	62	61
8	61	63	67
9 (Q_3)	{61}	{64}	{75}
10	61	65	77
11	61	66	85
平均數	61	61	61
全距	0	10	44
四分差	0	3	14.5
平均差	0	2.727	10.909
標準差	0	3.317	14.346
變異數	0	11.000	205.800

　　全距雖然簡單好用，但是它的缺點是不精確也不穩定，因為只有兩個分數能夠決定全距，因此它無法反映分配當中各個數值的狀態。而且當樣本數越大，分配越可能包含偏離值，因而導致全距的數值會有所膨脹。一般而言，全距是一組分數最初步的離散指標，但並不是能夠代表變數的變異程度的最佳選擇。

4.3.2 四分差

　　四分差（semi-interquartile range; QR）的定義是一組數據當中的第三四分位數（區隔高分端的前 25% 的分數，簡稱 Q_3）與第一四分位數（區隔低分端的後 25% 的分數，簡稱 Q_1）距離的一半，也就是中間百分之五十的樣本分數差距的二分之一。

$$QR = \frac{(Q_3 - Q_1)}{2} \tag{4-12}$$

　　四分差的計算方式，首先是將分數依大至小或依小至大排列後，依照觀察值的位置分成四段，每一段各佔 25% 的個數，位居三個分段點的分數稱為第一四分位數（Q_1）、第二四分位數（Q_2）與第三四分位數（Q_3）。四分差即是取第三四分位數與第一四分位數差的一半。四分差越大，代表分數的分散情形越大。

　　以表 4.2 的考試成績為例，三個班級成績的 Q_1、Q_2 與 Q_3 都被標示出來。由於 A 班成績沒有變異，因此這三個數值相同，$QR = 0$，B 班的 $QR = (64-58)/2 = 3$，C 班的 $QR = (75-48)/2 = 14.5$，顯示中間百分之 25 的受試者的距離以 C 班的變化程度最大。

　　事實上，四分差計算時所用到的兩個數值：Q_3 與 Q_1，即為統計學常用到的盒形圖的盒形部位的上下兩端點，標示出 Q_3 與 Q_1 的目的，除了在目視判斷中間百分之五十的觀察值的分散情形之外，也可以瞭解中間以外的觀察值的偏離情形，QR 指標就是在標示這個中間 50% 的觀察值的分散情形。

4.3.3 以離均差為基礎的變異量數

　　標準差（standard deviation）與**變異數**（variance）是變異量數的一對雙胞胎，標準差的平方即為變異數，這兩個量數都是利用**離均差**（deviation score）作為變異指標的計算基礎。

4.3.3.1 離均差

　　離均差反映的是一組數據中，各分數與平均數的距離，deviation score = $(X - \overline{X})$。離均差是一個非常簡單的變異指標，但是在統計上是一個非常重要的概念。當離均差為正值時，表示分數落在平均數的右方；離均差為負值時，表示分數落在平均數的左方。而平均數是每一個分數加總後的平均值，為一組分數的重心位置，因此離均差的正值與負值的總和相等，離均差的和為 0。

　　由於離均差的和為 0，在使用上無法作為整體數據變異的指標，為解決正負值

相抵的問題，可以取離均差的絕對值後相加，除以觀察值個數後，所得到的數值稱為**平均差**（mean deviation）。

$$MD = \frac{\sum |X_i - \overline{X}|}{N} \tag{4-13}$$

以表 4.2 的考試成績為例，B 班與 C 班兩班的成績的離均差，列於表 4.3 當中的 (b) 欄，其總和為 0。平均差 MD 則可由表 4.3 的 (c) 欄的總和除以樣本數 11 得出。分別為 B 班的 30/11 = 2.727 與 C 班的 120/11 = 10.909。

表 4.3　兩個班級的考試成績（每班皆為 11 個學生）

ID	B (a) 分數	B (b) 離均差	B (c) 離均差絕對值	B (d) 離均差平方	C (a) 分數	C (b) 離均差	C (c) 離均差絕對值	C (d) 離均差平方
1	56	-5	5	25	41	-20	20	400
2	57	-4	4	16	44	-19	19	361
3	58	-3	3	9	48	-13	13	169
4	59	-2	2	4	53	-8	8	64
5	60	-1	1	1	61	0	0	0
6	61	0	0	0	61	0	0	0
7	62	1	1	1	61	0	0	0
8	63	2	2	4	70	6	6	36
9	64	3	3	9	75	14	14	196
10	65	4	4	16	78	16	16	256
11	66	5	5	25	85	24	24	576
總和	671	0	30	110	677	0	120	2058

4.3.3.2 變異數與標準差

平均差雖然很容易理解，但是利用取絕對值方式來去除負號的作法在統計上並不常用，對於極端分數的偵測較不敏銳，因此多使用取平方的方式去除負號，

得到**離均差平方和**（sum of squares; *SS*）。*SS* 的概念可以類比為面積的概念，表示分數與平均數變異的面積和，在統計技術中，有許多重要概念都是使用面積的概念來處理，因此 *SS* 可以說是統計學的重要統計量。若將 *SS* 除以人數，得到平均化的離均差平方和，即為變異數。

對母體而言，變異數以 σ^2 表示（公式 4-14），標準差即是將變異數開方，以 σ 表示（公式 4-15）。標準差或變異數越大者，表示該分配的變異情形較大。

$$Variance = \sigma^2 = \frac{SS}{N} = \frac{\sum(X_i - \mu)^2}{N} \tag{4-14}$$

$$\sigma = \sqrt{\frac{SS}{N}} = \sqrt{\frac{\sum(X_i - \mu)^2}{N}} \tag{4-15}$$

與平均差相較之下，標準差有兩個優點，第一是由於標準差源自於變異數的概念，因此可以與其他以變異面積作為基本原理的統計概念相結合。第二，標準差的計算是取離均差的平方項，對於極端分數的變動敏感度較大。

值得注意的是，若以樣本來計算變異數或標準差，會出現低估母體變異數或標準差的情形，亦即樣本變異數不是母體變異數的**不偏估計數**（unbiased estimator），為改善樣本變異數或標準差低估的問題，樣本變異數需改以不偏估計數的 $\hat{\sigma}^2$ 算式來計算樣本的變異數，也可以 s^2 表示，標準差則為 s，如公式 4-16 與 4-17。

$$s^2 = \hat{\sigma}^2 = \frac{SS}{N-1} = \frac{\sum(X_i - \overline{X})^2}{N-1} \tag{4-16}$$

$$s = \hat{\sigma} = \sqrt{\frac{SS}{N-1}} = \sqrt{\frac{\sum(X_i - \overline{X})^2}{N-1}} \tag{4-17}$$

由公式 4-16 與 4-17 可知，標準差與變異數的不偏估計數的主要差別在於分母項為 $N-1$ 而非原來的 N。在統計學的概念中，$N-1$ 稱為**自由度**（degree of freedom；*df*），表示一組分數當中，可以自由變動的分數的個數。在離均差的計算上，自由度為樣本數減 1，表示在 N 個觀察值中，只有 $N-1$ 個數字可以自由運用於離均差的計算。在統計學上，自由度的概念在小樣本時影響非常明顯，因為小樣本對於母數的估計往往有所偏頗，因此必須採用不偏估計數的處理方式來克服估計問題。

以表 4.2 的考試成績為例，B 班與 C 班兩班的成績的變異數，可由表 4.3 的 (d) 欄的總和除以自由度（11−1 = 10）得出。分別為 B 班的 110/10 = 11 與 C 班的 2058/10 = 205.8。開根號之後得到標準差分別為 3.317 與 14.346。

4.3.3.3 變異係數

前面所提及的變異量數主要用於反應一組資料的離散狀況，當測量單位越大時，變異量數也隨之放大，例如以公分為單位時，身高的變異數即比以公尺為單位時放大 10000 倍，公斤與公克的單位差了 1000 倍，變異數則差距 10^6 倍。在統計上，可以利用**變異係數**（coefficient of variation）來去除單位對於變異量數放大作用，如公式 4-18 所示。

$$CV = \frac{s}{\overline{X}} \tag{4-18}$$

如果把 *CV* 值乘以 100，所得數據反應的是標準差佔平均數的比例，為一百分比的概念。從公式 4-18 來看，*CV* 值是把標準差除以平均數，是一個沒有單位的比值，也稱為**相對變異係數**（coefficient of relative variability）或相對差。單位大的標準差會因為除以較大的平均數而縮小，相反的，單位小的標準差會因為除以較小的平均數而放大，此時所得到的變異量數是一種標準化的相對波動量數，反應的是測量分數相對於平均數的波動情形。

傳統的標準差則是一種絕對波動量數，當變數具有不同的單位或平均數差異很大時，不宜使用來作為變數間變異性的比較。如果所蒐集的資料當中，變數的

屬性有很大的不同時，例如單位相差很大，或是單位相似但是平均數差異很大時，變異係數是用來反應各變數變異狀況的良好指標。例如幼稚園學童平均體重為15.5 公斤，標準差為 2.1 公斤，小學六年級學童的平均體重為 42.8 公斤，標準差為 5.6 公斤，此時，若要比較兩個樣本的變異性，直接比較標準差是不恰當的，因為小學生與幼稚園的測量變數變異單位基礎不同。此時，可以計算出幼稚園學生的 *CV* 值為 .135，小學生的 *CV* 值為 .131，可知兩個樣本的變異情形相當。

簡單來說，變異係數是用來比較兩個分配變異情形的相對指標，一般而言，變異係數適用於比率變數，如果是等距變數的資料，因為數據缺乏絕對零點，所得到的比值可能會失去參考價值。

4.3.4 變異量數的特性與使用時機

上述幾種典型的變異量數，其適用情形與集中量數的適用情形類似，三個變異量數的比較列於表4.4。值得注意的是，各量數都是數學轉換後的**量數**（measure），因此測量尺度原則上都必須要有足以作為數學轉換的單位，否則數學四則運算即無意義。在類別變數，由於沒有單位的概念，因此不符合統計量數的基本概念，但在實務上，會有較為通融的作法，例如讓全距套用在名義測量；讓四分差套用於順序測量，以作為變異情形的指標。

四種變異量數中，標準差與變異數使用到每一個的分數進行四則運算，因此必定要有測量單位才具運算意義，對於變異狀況的描繪能夠考慮到每一個人的分數，在測量上最為精密，但是也容易受到偏離值的影響，適用於具有一定單位的等距與比率尺度測量。

四分差則與中位數類似，雖然精密度較低，但是在適當排序之後算出的四分差，仍可用來表示變異情形，受到偏離值的影響相對較小。可以應用於順序尺度。而對於名義尺度的測量結果，嚴格來說無法用任何的變異統計量來表現分散情形，充其量只能使用全距，來計算最大類與最小類之間的差。

表 4.4 變異量數的特性與優缺點比較

測量層次	離 散 量 數		
	全距	四分差	標準差 / 變異數
名義	∨		
順序	∨	∨	
等距 / 比率	∨	∨	∨
優　點	不受極端值外的個別分數影響,計算方法簡便,適用於所有的測量尺度。	對極端值較不敏感,但能表現順序尺度的變異情形。	測量最為精密,考慮到每一個樣本,具有代表性。
缺　點	測量過於粗糙,無法反映所有樣本的狀況。	無法反映所有樣本的變異狀況。	易受偏離與極端值的影響。

4.4 偏態與峰度

　　除了上述各變異量數,描述統計量還可以利用**偏態**(skewness)與**峰度**(kurtosis)來描述數據的分佈特性。尤其是當研究者關注數據的分佈是否為常態時,偏態與峰度是非常重要的指標。

4.4.1 偏態

　　一個變數的數值的分佈可能為對稱或不對稱。描述一個變數的**對稱性**(symmetry)的量數稱為偏態係數。不對稱的資料稱為偏態資料,依其方向可分為**負偏**(negatively skewed)(或左偏,即左側具有偏離值)、**正偏**(positively skewed)(或右偏,即右側具有偏離值)與**對稱**(symmetrical)三種情形,如圖 4.2。

　　與正負偏態有關的一個測量現象,是所謂的地板效應與天花板效應。**地板效應**(floor effect)是指數據多數集中在偏低的一端,但在高分端則有極端值,分數不容易突破低分端,但會往高分端延伸,彷彿有一個地板(或真的存在一個低分限制條件)阻擋了數據往低分移動。由於地板阻隔作用,地板效應常伴隨正偏態

現象。例如薪資數據，一般來說，勞工的最低薪資受到政府的保障，因此多數人的薪資不會低於最低工資，但會集中在比最低工資略高的區間中。

相對的，**天花板效應**（ceiling effect）則與負偏態有關，是指數據多數集中在偏高的一端，但在低分端則有極端值，分數不容易突破高分端，彷彿有一個天花板（或真的存在一個高分限制條件）阻擋了數據往高分移動。例如學校老師出了一份簡單的試卷，大家都得到八九十分，此時就發生了天花板效應，100 分就是高分的阻隔分數，不小心考不好的同學就成為低分的偏離值，形成負偏態現象。

4.4.2 峰度

峰度是指一個次數分配集中部份的陡峭程度。當兩個分配都是對稱的單峰鐘型曲線時，並不一定具有一樣的平坦或陡峭形態（峰度）。一個對稱的鐘型分配，變數的數值會集中於眾數所在位置，如果集中於眾數附近的分數多，分散於兩側的分數少，將形成**高狹峰**（leptokurtic）的分配；當集中於眾數附近的分數較少，兩側分數多，則形成**低闊峰**（platykurtic）。在常態分配時的理想峰度稱為**常態峰**（mesokurtic）。如圖 4.3 所示。

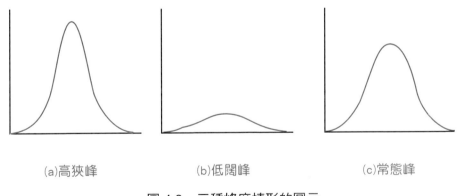

(a)高狹峰　　　(b)低闊峰　　　(c)常態峰

圖 4.3　三種峰度情形的圖示

4.4.3 偏態與峰度的判斷

偏態與峰度是否異常，除了以圖形目測來判斷之外，可以透過統計檢定的方法來判斷。偏態係數係指變數分配的對稱程度，峰度係數則是指變數分配的高低

落差程度。藉由統計公式,變數的對稱程度與高低落差可以計算出係數值,稱為偏態係數(S)或峰度係數(K)。這兩個係數的計算有多種方法,較常用的公式如下:

$$Skewness = g_1 = \frac{\Sigma(X - \overline{X})^3}{s^3}$$ (4-19)

$$Kurtosis = g_2 = \frac{\Sigma(X - \overline{X})^4}{s^4}$$ (4-20)

當一個變數的數值分佈符合常態分配時,S 係數與 K 係數應為 0。S 係數大於 0 時稱為正偏態(極端分數偏向右側高分端),小於 0 時稱為負偏態(極端分數偏向左側低分端);K 係數大於 0 時稱為高狹峰(分數過於集中),小於 0 時稱為低闊峰(分數過於分散)。當係數值越大,表示偏離常態的情況越趨明顯,各種偏態與峰度的係數特性與判斷原則請見表 4.5。

表 4.5　偏態與峰度的檢驗標準

偏態	偏態係數	峰度	峰度係數
正偏態	$g_1 > 0$	高狹峰	$g_2 > 0$
負偏態	$g_1 < 0$	低闊峰	$g_2 < 0$
對稱	$g_1 = 0$	常態峰	$g_2 = 0$

4.5 相對量數

基本上,描述統計中的集中量數、變異量數、偏態與峰度,都是用來描述觀察值在某一個變數上整體的分佈情形,並無法提供個別觀察值在全體樣本中的性質訊息。如果我們常會想瞭解某一個個別觀察值在樣本中所處於何種特定位置,必須將它的分數與其他分數進行參照,以計算出觀察值在該變數上的團體地位(位

置）。此一描述個別觀察值在團體中所在相對位置的統計量，稱為**相對量數**或**相對地位量數**（measures of relative position）。常用的相對量數包括百分等級與百分位數，以下我們將簡單介紹相對量數的概念。

　　百分等級（percentile rank）係指觀察值在變數上的分數在團體中所在的等級，常以 PR 表示。也就是說，在一百個人中，該分數可以排在第幾個等級。例如 PR ＝ 50 代表某一個分數在團體中可以勝過 50％ 的人，它的分數也恰好是中位數。

　　百分位數（percentile point）則以 Pp 表示，係指在樣本中位居某一個等級的觀察值之分數，也就是說，若想在一百個人的樣本中贏過百分之多少的人，則他的分數必須得到多少分。例如中位數為 60 分時，表示有 50％ 的人比 60 分還低，此時我們可以說第 50 百分位數為 60 分，以 $P_{50} = 60$ 表示之。如果問一個人要贏過 85％ 的人要得幾分，就是在問第 85 百分位數為多少，也就是「$P_{85} = ?$」。

　　常見的**四分位數**（quartile）與**十分位數**（decile）則是百分位數的特例，其中四分位數是將觀察值分割為等比例的四等分的三個區分數值，$Q_1 = P_{25}$、$Q_2 = P_{50}$、$Q_3 = P_{75}$；十分位數是將觀察值分為十等分數值的九個區分數值，$D_1 = P_{10}$、$D_2 = P_{20}$、…、$D_9 = P_{90}$。

　　在數學原理上，百分等級是將原始分數轉化為等級（百分比），而百分位數則是由某一等級來推算原始分數，二者可以轉換使用。例如某個人的近視度數是 250 度，在全系一百個人中只比 14 個人嚴重，那麼他的百分等級就是 PR ＝ 14。相對的，如果某一個人想在系團體中站在 PR ＝ 14 這個位置上，則他的近視度數 P_{14} 必須為 250 度。

　　當樣本數少時，相對量數的計算是一件非常簡單的工作，我們僅需將資料依序排列，再算出累積百分比，就可以對應出每一分數的百分等級，然後也可以從百分等級推算出各特定百分位數。但是如果樣本數甚大時，百分等級的計算就必須以分組資料的方式來整理資料，如果要換算出百分等級，就必須以公式 4-21 來計算之。

$$PR = \left[cf_L + \left(\frac{X - X_L}{i} \right) f_x \right] \frac{100}{N} \tag{4-21}$$

其中 X 為百分位數，X_L 為百分位數所屬該組的真實下限，cf_L 是百分位數所在組的前一組累積人數，f_x 是百分位數所在組的人數，i 是組距，N 是總人數。

然而拜電腦之所賜，大樣本的排序與計算等級在 SPSS 或 EXCEL 等軟體是非常輕而易舉的事，但讀者仍應熟悉百分等級與百分位數的概念，才不至於誤用。

4.6 標準分數

標準分數（standard score）是利用線性轉換的原理，將一組數據轉換成不具有特定單位與集中性的標準化分數。標準分數有不同的類型，然而不同的標準分數，其共通點是利用一個簡單的線性方程式來將分數分配的集中點進行平移並重新單位化，使得不同量尺與不同變數的測量數據具有相同的單位與相同的集中點，因此得以相互比較。以下，我們將介紹兩種常用的標準分數：z 分數與 T 分數。

4.6.1 z 分數

z 分數是將原始分數減去平均數，再除以標準差後所得到的線性轉換分數，在統計上的意義是指該原始分數落在平均數以上或以下幾個標準差的位置上。公式 4-22 是以樣本數據來求出 z 分數，公式 4-23 則是以母體數據來求得 z 分數。

$$z = \frac{X - \overline{X}}{s} \tag{4-22}$$

$$z = \frac{X - \mu}{\sigma} \tag{4-23}$$

經過 z 公式轉換，變數 X 的原始分配的平均數將平移至 0（歸零），單位消失（去單位），標準差為 1。任何一組數據經過 z 公式轉換後，均具有平均數為 0，標準差為 1 的特性，在任何一個分配中，z 分數均具有相同的統計意義，因此 z 分數可以作分配內與跨分配的比較。

從原理來看，z 分數就像變異數與標準差一樣，也是與離均差有關的分數。在

前面介紹變異量數時，我們藉由將每一個分數求取離均差，並將每一個離均差加以平方後加總，求得離均差平方和後除以自由度，得到變異數，或是將變異數開根號得到標準差，目的是在利用一個數值來反映「整個分配」離散情形。相對之下，z 分數的功能則是在描繪個別觀察值的離散性，透過將個別觀察值的分數求出離均差後，除以標準差，因而每一個觀察值都會得到一個「距離平均數有幾個標準差」的新數值，如表 4.6 中的 (c) 欄。

當 z 分數小於 0 時，表示該觀察值落在平均數以下；當 z 分數大於 0，表示該觀察值落在平均數以上；數值越大，表示距離平均數越遠，若觀察值恰等於平均數，則 z 分數為 0。不論是正值或負值，z 分數的數值，都表示距離平均數幾個標準差遠。

在任何兩組數據中，只要 z 分數相同者，在各自分配當中都居於相同的相對位置上，有相同的相對意義。但是相同 z 分數者，在各自分配中的原始分數會有所不同，除了因為兩班的平均數不同之外，還因為標準差不同。以表 4.2 的數據為例，由於兩班的平均數相同，因此不論是 B 班或 C 班的學生，如果成績正好是平均值者（61 分），$z = 0$；如果分數正好高於平均數一個標準差距離時（$z = 1$），在兩個班的分數分別要等於 $61+1×3.317 = 64.317$ 與 $61+1×14.064 = 75.064$。此時相同的 z 分數在兩個班的原始分數不同，是因為兩班有不同的標準差：在變異情形較大的 C 班當中，分數要到 75.064 分時，他的相對位置等於在 B 班的 64.317，顯示在 B 班考高分相對於 C 班來說比較不容易。

以兩班的第三位同學為例，他們的分數分別是 58 與 48，相差了 10 分，但是換算成 z 分數則為非常相近的 $-.90$ 與 $-.92$，表示這兩位同學在班上的成績都大致落在平均數以下 .9 左右個標準差，相對意義相當。同樣的道理，兩班的學生若考了相同的分數，例如 57 分，在兩個班級的分數分配會有不同的相對意義，在 B 班 57 分落居於平均數以下大約 -1.21 個標準差的位置上，但是在 C 班只落後平均數 $-.28$ 個標準差而已。

值得注意的是，z 分數僅是將原始分數進行線性轉換，並未改變各分數的相對關係與距離，因此 z 分數轉換並不會改變分配的形狀。當原始分配為一偏態分配時，z 分數分配也呈現偏態。當原始分配為一高狹分配時，z 分數分配也呈現高狹的狀態。

表 4.6　兩個班級的學生考試成績的標準分數（每班皆為 11 個學生）

ID	B 班					C 班				
	(a) 分數	(b) 離均差	(c) z	(d) T	(e) PR*	(a) 分數	(b) 離均差	(c) z	(d) T	(e) PR*
1	56	-5	-1.51	34.9	6.58	41	-20	-1.42	35.8	7.75
2	57	-4	-1.21	37.9	11.39	42	-19	-1.35	36.5	8.84
3	{58}	-3	-0.90	41.0	18.29	{48}	-13	-0.92	40.8	17.77
4	59	-2	-0.60	44.0	27.32	57	-8	-0.28	47.2	38.80
5	60	-1	-0.30	47.0	38.15	61	0	0.00	50.0	50.00
6	[61]	0	0.00	50.0	50.00	[61]	0	0.00	50.0	50.00
7	62	1	0.30	53.0	61.85	61	0	0.00	50.0	50.00
8	63	2	0.60	56.0	72.68	63	6	0.14	51.4	55.65
9	{64}	3	0.90	59.0	81.71	{75}	14	1.00	60.0	84.02
10	65	4	1.21	62.1	88.61	77	16	1.14	61.4	87.24
11	66	5	1.51	65.1	93.42	85	24	1.71	67.1	95.60
M	61	0		50		61	0		50	
SD	3.317		1	10		14.064		1	10	

* 假設分配呈常態時的 PR 轉換分數。

4.6.2 T 分數

一般來說，z 分數多介於 ±3 之間，計算時多半帶有一至二位的小數點，加上低於平均數的 z 分數帶有負號，實際使用上較為不便，因此在教育與測驗領域中，常將 z 分數再以線性轉換為平均數 50，標準差 10 的 T 分數，如公式 4-24 所示。

$$T = 50 + 10z \qquad (4\text{-}24)$$

當 z = ±3 時，T 值分別為 80 與 20，當 z = ±4 時，T 值為 90 與 10，只有當 z 值超過 ±5 時，T 值才會大於 100 或小於 0，在一般情形下，甚少有數據會超過 4 個標準差，因此，T 分數是一個符合人們慣用的 0 到 100 分的百分分數系統的標準分數。

以表 4.6 當中的 (d) 欄列出了每一個學生的 T 分數，如果成績正好是平均值者（61 分），$z = 0$，$T = 50$，兩班的第三位同學分別考了 58 與 48 分，z 分數分別為 $-.90$ 與 $-.92$，T 分數則更接近，分別 40 與 41.8，表示這兩位同學在兩班當中的相對位置相當。

4.6.3 常態化 z 分數

標準分數雖然不受分配集中點與離散性的影響，使得不同分配的數據可以相互比較，但是從原始分數轉換成 z 分數並未改變分數分配的形狀。因此，如果不同分配的形狀有所不同時，尤其是偏態或峰度很特殊時，z 分數之間差距的意義無法確知，此時標準分數只能反映數據相對位置的差異。換言之，z 分數只能作為順序變數來比大小。但是如果不同的分配具有同一種機率模式，那麼 z 分數的比較就可以透過機率的比較，獲得更多的資訊，用途更廣。

如果某一變數的觀察值呈現常態分配，經轉換後的 z 分數也呈常態，此時將原始分數轉換成 z 分數後所形成的常態分配稱為**標準常態分配**（standard normal distribution），因為分數軸上的數值已經不是 X 而是 z 分數，如圖 4.4 所示。由於常態分配具有固定的機率分配，因此透過 z 分數來瞭解常態分配的機率變化較原始分數更為簡便，因為 z 分數的概念就是距離平均數幾個標準差，因此不同的 z 值，即代表距離平均值多少個標準差，透過機率對照表，可以很快的查出 z 值與機率間的關係。

隨著 z 分數的增減，分配的機率也呈現規律的增減。我們最常聽到的說法是，在常態分配中，會有 68.26% 的觀察值落在 z 值 ±1（平均數加減一個標準差）的區間內；有 95.44% 的觀察值會落在 z 值 ±2（平均數加減二個標準差）的區間內；有 99.74% 的 z 分數會落在 $z = \pm3$ 的區間內，如圖 4.4 所示。

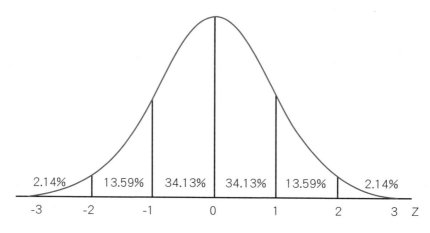

圖 4.4　常態曲線與累積機率圖

　　利用本書附錄 A 當中的 z 分數與常態分配機率對照表，或是利用 EXCEL 與 SPSS 的常態分配函數功能，都可以輕易的將 z 分數轉換相對應的機率值，進而得到百分等級，例如 $z = 1$ 的 PR 值，先查表求出 $z = 1$ 時的累積機率為 .8413，進而得到 PR = 84。此一從 z 分數轉換成 PR 的過程，稱之為**機率轉換**（probability transformation）或**面積轉換**（area transformation），是非常簡易從 z 值查知 PR 值的方法，而不需要將每一個觀察值進行排序才能得到各個分數的 PR 值，但前提是數據必須呈常態分配，否則查表得到的 PR 值即會有所偏誤，無法反映觀察值在分配中的真實排序。

　　表 4.6 當中的 (e) 欄，列出了當假設各班成績皆呈常態分佈時，每一個學生的 PR 值，如果成績正好是平均值者（61 分），$z = 0$，$T = 50$，PR 恰等於 50，亦即中位數，第三位學生的 z 分數分別為 −.90 與 −.92，轉換成 PR 後得到 18.29 與 17.77，四捨五入後保留整數則皆為 PR = 18，表示從百分等級的角度來看，兩位同學在兩班當中的相對位置相當。

4.7 描述統計的 SPSS 操作說明

4.7.1 描述統計

在視窗版 SPSS 中，可以用來計算描述統計量的功能指令很多，例如 分析 → 敘述統計 → 次數分配表 ， 分析 → 敘述統計 → 描述性統計量 或是選用 分析 → 報表 → 觀察值摘要 獲得詳細觀察值的資料，如果要獲得幾何平均數與調和平均數，可利用的 觀察值摘要 選項來進行設定。

4.7.1.1 次數分配表功能

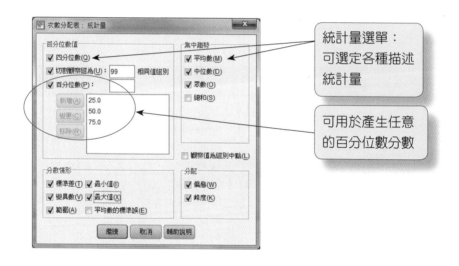

統計量選單：
可選定各種描述
統計量

可用於產生任意
的百分位數分數

　　根據上圖所選擇的統計量，可得到各變數的描述統計量數，偏態與其標準誤、峰度與其標準誤等等。之外，還包括四分位數以及使用者自行定義的 PR = 25.50 與 75 的百分位數。得到的結果如下表所示：

統計量

		年齡	每週幾次	每次幾小時	網路多樣性	網路情感表達	網路攻擊性
個數	有效的	98	88	90	98	98	98
	遺漏值	0	10	8	0	0	0
平均數		20.4357	7.28	3.68	2.4456	3.0918	3.9694
中位數		20.4167	7.00	3.00	2.3333	3.0000	4.0000
眾數		20.42[a]	7	3	2.00	3.00	4.00
標準差		1.55381	4.609	3.181	.97500	.87183	.98131
變異數		2.414	21.240	10.121	.951	.760	.963
偏態		.688	3.230	4.258	.518	-.371	-.506
偏態的標準誤		.244	.257	.254	.244	.244	.244
峰度		.605	13.226	22.663	-.048	-.129	1.057
峰度的標準誤		.483	.508	.503	.483	.483	.483
範圍		7.83	29	24	4.00	4.00	5.00
最小值		17.75	1	1	1.00	1.00	1.00
最大值		25.58	30	24	5.00	5.00	6.00
百分位數	25	19.2292	5.25	2.00	1.6667	2.3333	3.5000
	50	20.4167	7.00	3.00	2.3333	3.0000	4.0000
	75	21.2500	7.00	4.00	3.0000	3.6667	4.5000

a. 存在多個眾數，顯示的為最小值。

4.7.1.2 描述統計量功能

　　第二種獲得描述統計量的方式，是使用 分析 → 敘述統計 → 描述性統計量 。其主要功能在計算各變數描述統計量，同時也可用以產生 z 分數。以下，我們將以前述學業成績的資料庫為例，示範描述統計量的執行程序。進入畫面如下圖所示：

　　使用者在左側的變數清單中挑選所欲分析的變數移至右方清單中後，可點選右下方的 選項 ，即描述統計的清單。其中平均數、標準差、最大及最小值是為內定選項，使用者可以自行加選統計量，並決定描述統計結果呈現時的排列方式。

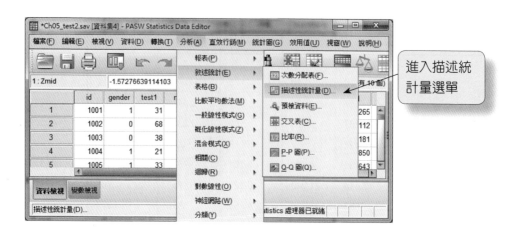

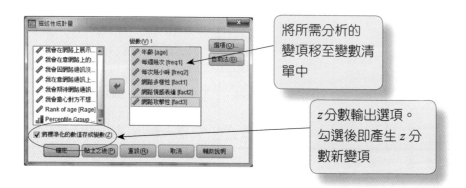

敘述統計

	個數	範圍	最小值	最大值	平均數	標準差	變異數	偏態		峰度	
	統計量	統計量	統計量	統計量	統計量	統計量	統計量	統計量	標準誤	統計量	標準誤
年齡	98	7.83	17.75	25.58	20.4357	1.55381	2.414	.688	.244	.605	.483
每週幾次	88	29	1	30	7.28	4.609	21.240	3.230	.257	13.226	.508
每次幾小時	90	24	1	24	3.68	3.181	10.121	4.258	.254	22.663	.503
網路多樣性	98	4.00	1.00	5.00	2.4456	.97500	.951	.518	.244	-.048	.483
網路情感表達	98	4.00	1.00	5.00	3.0918	.87183	.760	-.371	.244	-.129	.483
網路攻擊性	98	5.00	1.00	6.00	3.9694	.98131	.963	-.506	.244	1.057	.483
有效的 N (完全排除)	87										

4.7.1.3 觀察值摘要功能

第三種獲得描述統計量的方式，是使用 分析 → 報表 → 觀察值摘要 。其主要功能除了在計算描述統計量，同時也可計算幾何平均數與調和平均數。進入畫面如下圖所示：

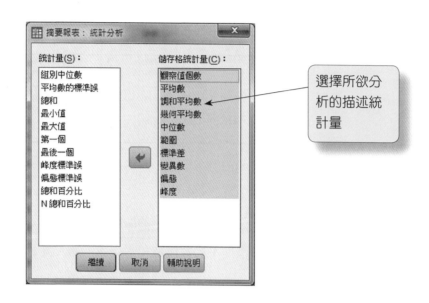

觀察值摘要

	年齡	每週幾次	每次幾小時	網路多樣性	網路情感表達	網路攻擊性
個數	98	88	90	98	98	98
平均數	20.4357	7.28	3.68	2.4456	3.0918	3.9694
調和平均數	20.3233	5.35	2.51	2.0480	2.7588	3.5931
幾何平均數	20.3788	6.33	3.01	2.2482	2.9442	3.8154
中位數	20.4167	7.00	3.00	2.3333	3.0000	4.0000
範圍	7.83	29	24	4.00	4.00	5.00
標準差	1.55381	4.609	3.181	.97500	.87183	.98131
變異數	2.414	21.240	10.121	.951	.760	.963
偏態	.688	3.230	4.258	.518	-.371	-.506
峰度	.605	13.226	22.663	-.048	-.129	1.057

4.7.2 相對量數轉換

等級觀察值 選項的功能在提供研究者將觀察值轉換成等級變數。等級觀察值指令的運用，可由 轉換 → 等級觀察值 來執行。開啟 選項 中選擇以 等級 R 可得到名次（排序）與百分等級的資料，選擇 自訂 N 個等分 中輸入 99 個等分，即可在資料庫中得到兩個新變數，新變數名稱在原變數名稱之前加一個英文字母 R 者為名次資料，加一個英文字母 N 者為等級資料，亦即 PR 值。值得注意的是，如

果進行等級處理時，設定了依據變數（也就是要求就另一個分類變數來分別進行等級處理），所得到的等級資料是就每一筆資料所屬的組別來進行等級化。

將 age 變項排出名次與百分等級資料，新變數稱為 Rage。

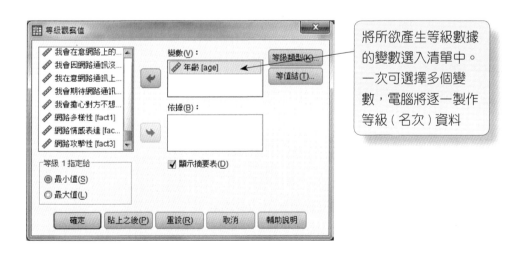

將所欲產生等級數據的變數選入清單中。一次可選擇多個變數，電腦將逐一製作等級（名次）資料

選擇排序的條件。或者直接要求電腦製作特定的等分，例如 99 等分則等於 PR 的數據。10 等分則為十分位數的數據型態。

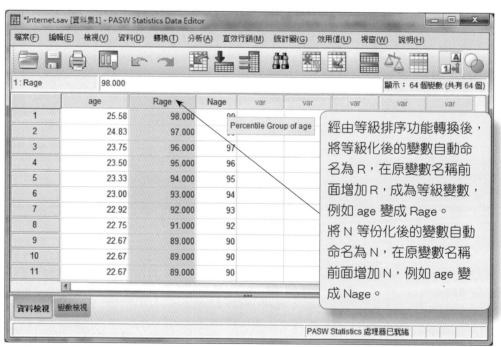

經由等級排序功能轉換後，將等級化後的變數自動命名為 R，在原變數名稱前面增加 R，成為等級變數，例如 age 變成 Rage。

將 N 等份化後的變數自動命名為 N，在原變數名稱前面增加 N，例如 age 變成 Nage。

4.7.3 z 分數轉換

z 分數的轉換，可以利用描述統計量選項中的清單中，要求輸出 z 分數，SPSS 執行完畢後，會將該變數數值轉換成 z 分數，並給予新變數名稱（在原變數名稱前加一個英文字母 z），在原來的資料編輯視窗以新變數的形式併入於資料庫中。

其指令為 分析 → 敘述統計 → 描述性統計量 ，操作方式如下：

選擇描述統計量功能。選擇欲轉換成 z 分數的變數進入清單,並選擇「將標準化分數存成變數」選項,即可獲得 z 分數。

經由 z 分數輸出得到的 z 分數新變項。變項名稱為原變項名稱前面增加一個 z,例如 age 的 z 分數為 zage。

4.7.4 T 分數轉換

T 分數的轉換，可以利用 SPSS 的資料 轉換 功能中的 計算變數 （Compute），藉由 z 分數來再加工處理。以年齡資料為例，轉換指令如下二圖所示：

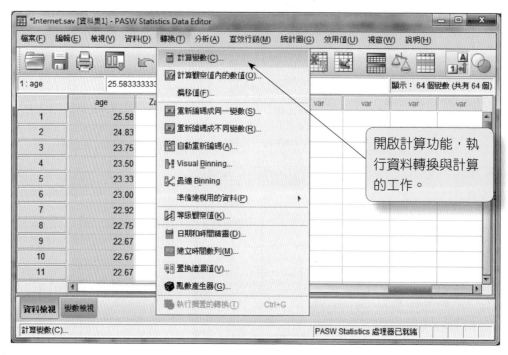

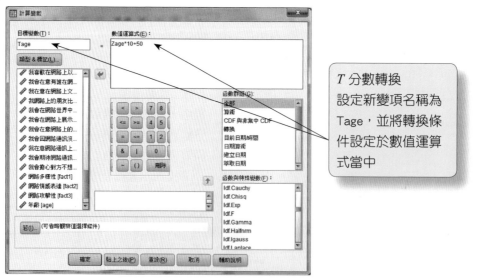

經由上述程序，將可以產生一個新變數（Tage），即為由 z 分數轉換得到的 T 分數，如下表所示：

得到 T 值
執行計算功能後，即可從 z 分數轉換成 T 分數，並將 T 值列於資料視窗中

4.7.5 常態 z 分配的 PR 轉換

從 z 分數可以利用標準常態分配轉換得到每一個 z 分數下的累積機率值，進而得到百分等級（PR）數據。SPSS 提供的 CDFNORM 函數，可用來執行 PR 值轉換。執行程序如下。

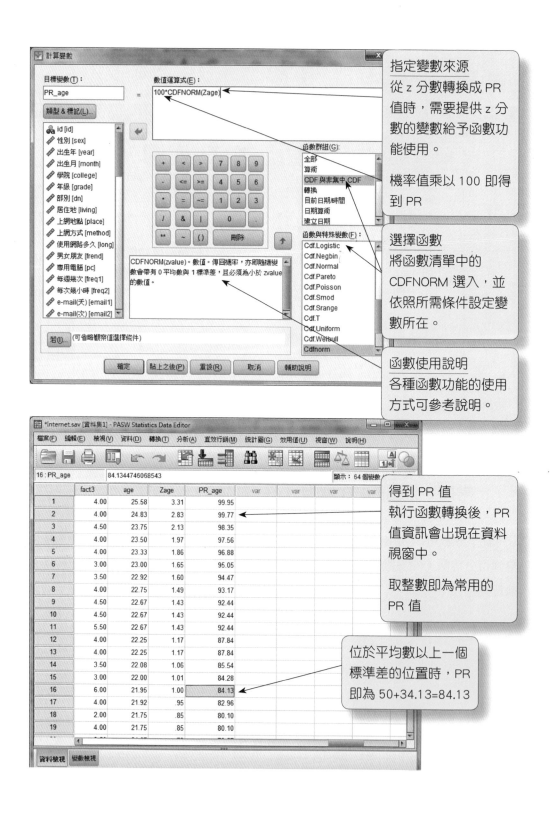

指定變數來源
從 z 分數轉換成 PR 值時，需要提供 z 分數的變數給予函數功能使用。

機率值乘以 100 即得到 PR

選擇函數
將函數清單中的 CDFNORM 選入，並依照所需條件設定變數所在。

函數使用說明
各種函數功能的使用方式可參考說明。

得到 PR 值
執行函數轉換後，PR 值資訊會出現在資料視窗中。

取整數即為常用的 PR 值

位於平均數以上一個標準差的位置時，PR 即為 50+34.13=84.13

本章重要概念

統計量 statistic

變異量數 measures of variation

離均差 deviation score

中位數 median；Mdn

雙峰分配 bimodal distribution

四分差 semi-interquartile range; QR

變異數 variance

變異係數 coefficient of variation

峰度 kurtosis

百分等級 percentile rank; PR

百分位數 percentile point; Pp

標準常態分配 standard normal distribution

集中量數 measures of central location

平均數 mean；M

離均差平方和 sum of squares, SS

眾數 mode；Mo

全距 range

標準差 standard deviation

平均差 mean deviation

偏態 skewness

相對地位量數 measures of relative position

標準分數 standard score

課後習作

一、一位幼稚園教師測量班上 9 名小男生的體重，以及 11 名小女生的體重，結果如下（單位為公斤）：

小男生	19	19	16	18	13	18	17	18	15		
小女生	17	9	14	11	15	10	17	8	17	11	14

1. 請分別計算 9 位小男生與 11 位小女生體重的平均數、中位數、眾數。

2. 比較前一題所計算得出的兩種性別的小朋友體重的三個集中量數，說明數值的意義？

3. 三個集中量數數值的相對位置反映了什麼？小男生與小女生的三個集中量數的相對位置的變化相似嗎？這代表什麼？

4. 請分別計算 9 位小男生與 11 位小女生體重的全距、變異數與標準差。

5. 比較前一題所計算得出的兩種性別的小朋友體重的三個變異量數，說明數值的意義？

6. 請問 11 位小女生體重的第一四分位數（PR = 25）與第三四分位數（PR = 75）為何？

7. 請問 9 位小男生的離均差誰最大？誰最小？各代表什麼意思？

8. 請問 9 位小男生的 z 分數有幾個為正值？幾個為負值？各代表什麼意思？

9. 同為 15 公斤的小男生與小女生，在各自性別族群中的 z 分數是否相當？同一個體重但有不同的 z 分數代表什麼意思？相同的 z 分數在不同團體中有不同的體重又代表什麼意思？試討論之。

10. 同為 15 公斤的小男生與小女生，在各自性別族群中的 T 分數分別為何？請解釋 T 分數的意義。

二、某公司有 450 名員工，其中職員、保全人員與管理人員的薪資資料如下表，請回答下列問題：

	職別			
	職員	保全人員	管理人員	總和
個數	362	27	61	450
平均數	$27,694.45	$30,938.89	$55,264.51	$31,626.39
中位數	$26,550.00	$30,750.00	$55,750.00	$28,275.00
最小值	$15,750	$24,300	$34,410	$15,750
最大值	$66,875	$35,250	$70,000	$70,000
全距	$51,125	$10,950	$35,590	$54,250
標準差	$7,062.258	$2,114.616	$9,378.448	$11,854.009
變異數	49875491.107	4471602.564	87955285.587	140517535.762
峰度	3.246	3.652	-.868	1.682
偏態	1.290	-.368	-.286	1.470

1. 請比較三類人員的平均數、中位數、全距、標準差與變異數的差異，說明三者薪資特性。

2. 請解釋偏態與峰度數據的意義。

3. 請計算三類人員的變異係數，並試說明變異數與變異係數的差異。

4. 如果老闆認為 35,000 以上就屬於高薪，請計算出 35,000 在三類人員中，以及在全體中的 z 分數分別為何？

5. 如果三類人員的薪資均呈常態分配，35,000 以上的高薪者在三類人員中各有多少百分比？在全體當中又有多少百分比？

Introduction

5 機率與機率分配

To

Statistics

5.1 前言

　　不論是升斗小民的日常生活瑣事或是科學家的研究議題，所面對的多半是「或然」率的高低，而不是「必然」的有無，例如出門要不要帶傘？油價是否上漲？藥物是否具有致命的副作用？或是何時又要大地震？這是因為人類社會與自然界的運作充滿了不確定性使然，正因為許多事件的發生是隨機、不確定的，某一個特定的事件也會因為其他事件的出現與否而影響了本身發生的機率，因此科學家必須擁有一套處理不確定的方法，用來掌握事件發生的可能性，並利用可能性的高低來進行各種決策，提高研究的精確性與實用價值，這套用以處理不確定性、掌握事件發生或然率的工具就是**機率**（probability）。

　　有人打趣的說，現代的統計學，就是因為一群嗜賭如命的賭徒，因為關心賭博的輸贏機率，而逐漸發展出來的一門學科。一般教科書在介紹機率這一章時，最常舉的例子不是丟銅板就是擲骰子，多少都跟賭博輸贏有關。此外，從台灣發行彩券、刮刮樂的經驗來看，我們可以看到許多熱衷此道人士積極包牌、算牌，研究中獎機率，彷彿成為彩券專家，或許就可以理解如此一說的真實性，更讓我們體會機率與我們日常生活的密切關係。

　　事實上，一般學生在中學時期就已經在數學課程當中接觸到機率的概念，因此本章的目的並不在重新學習機率，而是在複習機率論當中的重要概念，並與科學活動與統計學當中的其它概念進行聯結。此外，由於統計學並不是數學課，因此對於機率的學習主要著眼於決策應用，因此本章將把機率應用到統計分配的概念中，為後續將介紹的統計決策奠定基礎。為使各位能夠從日常生活的實例當中瞭解機率的特性，本章一開始將以一個簡單的便利商店的銷售數據為例，說明機率的基本特性。

表 5.1　某便利商店 50 名消費者購買行為數據

消費類型	男	女	總和	百分比	機率
1.日用品	6	16	22	44%	.44
2.飲料食物	5	5	10	20%	.20
3.報章雜誌	9	4	13	26%	.26
4.繳費服務	4	1	5	10%	.10
總和	24	26	50	100%	1.00

即使沒有學過機率或統計學的朋友，從表 5.1 也可以很容易的看出，該便利商店的 50 位消費者中，購買最多的是日用品，其次是報章雜誌。換言之，在 50 位消費者中，分別有 22、13、10、5 位購買了日用品、報章雜誌、飲料食物與繳費，如果換算成百分比，就是 44%、26%、20%、10%，總和是 100%。以機率的形式表示，就是 .44、.26、.20 與 .10，總和是 1.00，從前面這些數據來看，我們會發現消費類型的機率可以輕易的從次數與百分比轉換得到，並不困難。但是如果進一步追問，女生當中購買日用品的機率是多少？或是購買日用品中的女生是多少？雖然難度高了一點，但是細心的朋友可能很快可以算出，答案分別是 16/26 = .615 與 16/22 = .727，但是要回答關於日用品的這三個機率值：.44、.615 與 .727 到底有什麼關聯性，就需要條件機率、聯合機率、交集、聯集等機率的相關知識了。

5.2 機率的基本概念

5.2.1 隨機實驗

機率的問題發生於一些不能確知其結果的活動或實驗，此種具有隨機性的實驗嘗試稱為**隨機實驗**（random experiment）。雖然隨機實驗是一個科學上的專有名詞，更是科學家從事研究工作的基本活動，但是隨機實驗的例子在日常生活中也是俯拾皆是，例如從生產線上抽查產品得到不良產品的狀況，或是前面所舉的便利商店中的消費行為，這些活動都可以被隨機實驗的概念所解釋。

從統計的角度來看，一個活動可以被稱之為隨機實驗，必須符合下列四個特性：第一，實驗會得到不同的結果，各種結果的狀態可以事先得知。例如丟一個骰子可以得到六種可能的結果，表 5.1 中的消費者購物有四種可能類別；第二，實驗執行時，可以猜測但無法預先得知結果。例如有可能全部集中在某一個結果，也可能平均分散在各種類別；第三，某一個實驗在相同的條件下可以重複執行。例如我們可以在不同的時間下，對於同一個便利商店另外觀察 50 位消費者的購物行為；第四，經過不斷的重複執行某一個實驗，出現的結果會遵循某一些規律性，建立特定的機率分配。

值得注意的是，這裡所稱的「實驗」一詞與一般人們所熟悉的「某公司進行

了一項實驗」或者研究方法教科書所說的「實驗研究」有所不同。在統計學中，隨機實驗是指機率發生的動態過程，是一種無法確知特定活動會發生何種結果的嘗試性實驗過程，它可能只是一種概念上的說法，也可能是研究者所執行的具體行動。例如丟一個銅板，就是一次隨機實驗，因為丟銅板會得到什麼結果並不確知，買一張彩券是否得獎，也是一次隨機實驗，因為中獎與否並不確知。但是不論研究者有沒有丟銅板，有沒有擲骰子，關於丟銅板或擲骰子這件事，在統計學的術語下都稱為隨機實驗。

5.2.2 樣本點與樣本空間

隨機實驗的每一個可能的結果稱為**樣本點**（sample point）或**基本產出**（elementary outcome），例如擲一個骰子有六個樣本點（以 o_k 表示，$k = 1, \cdots, 6$），每一個樣本點分別為 1、2、3、4、5、6 點，同時擲兩個骰子的隨機實驗則有 36 個樣本點，分別為 $\{(1,1),(1,2),(1,3),\cdots\cdots,(6,6)\}$，$k = 1, \cdots, 36$）。在前面的便利商店的例子中，我們假設某一個消費者只買一項產品，因此消費類型的樣本點有 1、2、3、4 四種狀況。但是，如果 50 位消費者一起看，就會有 4^{50} 種排列組合（樣本點）。隨機實驗中所有可能出現的樣本點所形成的集合稱為**樣本空間**（sample space），通常以大寫的 S 表示。例如擲一個骰子的隨機實驗的樣本空間表示為 $S = \{(1),(2),(3),(4),(5),(6)\}$，如圖 5.1 的 S1；丟三個銅板的隨機實驗，0 表示正面，1 表示反面，樣本空間則為 $S = \{(1,1,1),(1,1,0),(1,0,1),(0,1,1),(1,0,0),(0,1,0),(0,0,1),(0,0,0)\}$，共有 $2^3 = 8$ 種可能的組合，如圖 5.1 的 S2。換言之，樣本空間的總數，就是以我們以前所學的排列組合中的排列概念（考慮出現次序），在取出並放回的情況下所得到的排列組合數目，為單一實驗嘗試下的 k 個結果反覆執行 p 次的結果總數（以 N 表示），亦即 $N = k^p$ 個狀況。

5.2.3 事件

樣本空間的部分集合稱為**事件**（event），是隨機實驗的一種特定結果，例如擲一個骰子出現 2 點那一面的情形（$o_2 = 2$），是一個事件，以大寫英文字母表示該子集合，例如 $A = \{(2)\}$。不屬於該事件的其它事件稱為**餘事件**（complementary event），此時在英文字母上加一橫槓表示，例如 $\bar{A}$，包含了 $o_2 = 2$ 以外的五種狀況。

在機率論中，如果某一事件只包含一個單獨的樣本點，稱為**簡單事件**（simple event），若以 A 來表示出現 o_2 的事件，此一簡單事件 A 可以子集合的符號 $A = \{(2)\}$ 來表示，如圖 5.1 的 S1 中的 A。如果某一事件包含不只一個樣本點則稱為**複合事件**（compound event; 或稱為 composite event, mixed event），例如擲一個骰子出現大於等於 4 點的事件（B），因為包含 3 個樣本點，事件 B 可以子集合的符號 $B = \{(4),(5),(6)\}$ 來表示，如圖 5.1 的 S1 中的 B。同理，擲一個骰子出現偶數點數的事件為複雜事件 C，以 $C = \{(2),(4),(6)\}$ 表示。

如果是丟三個銅板（或一個銅板丟三次），出現三次都是正面的事件 D，因為只包含 1 個樣本點 $D = \{(1,1,1)\}$，因此該事件是簡單事件。如果問及至少出現兩個正面的事件 E，則包含 $(1,1,1),(1,1,0),(1,0,1),(0,1,1)$ 四個樣本點，因此 E 為複雜事件，如圖 5.1 的 S2 所示。

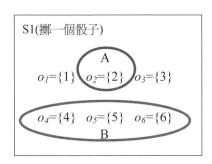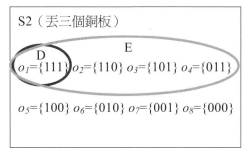

圖 5.1　不同樣本空間與不同事件的圖示
（集合內的括弧與逗點省略以利表示）

很明顯的，對於只進行一次嘗試（$p = 1$）的隨機實驗（例如一個骰子擲一次，或是觀察一位消費者的消費行為），其樣本點非常明確，求取機率時比較簡單。然而對於重複進行多次嘗試的隨機實驗（$p > 1$）（例如一個骰子擲多次，或是觀察多位消費者的消費行為），其樣本點的組合狀況就非常多元，事件空間龐大，機率運算相對複雜，必須以機率分配的概念來描述。一般在學習機率時，都是從單一嘗試的簡單事件開始介紹，然後逐步介紹多次嘗試的複雜事件的機率運算。

除了簡單與複雜事件的區分，在機率論當中，會因為樣本點的性質不同而區

分成間斷與連續兩種不同的樣本空間。**間斷空間**（discrete space）是指每一個樣本點是可計數的，例如擲骰子的結果、買一張彩券的中獎情形（中、不中）；**連續空間**（continuous space）中的樣本點則是不可計數的，例如一個燈泡的壽命，可能是 0 至 ∞ 的任何一個數值，在任兩個人為指定的樣本點中，還可能再指出一個樣本點。

5.3 機率運算觀點

機率在科學活動當中的應用，除了用來計算出一個或然率來描述事件出現的可能性，還需要一套解釋與應用的概念系統，稱為機率理論，來說明機率的意義。也就是說，機率的計算是一個數學的過程，但是機率的解釋與應用則是一個統計的過程。在統計學領域，用來解釋機率的理論觀點主要有三種：古典機率或先驗機率、客觀機率或實徵機率、主觀機率，這三種機率觀點的內涵說明如下。

5.3.1 古典或先驗機率

機率最基本的應用，就是計算某一個事件在各種可能事件下出現的機會，也就是利用樣本空間來決定各事件的發生率。**先驗機率**（prior probability）的「先驗」一詞意味著機率的計算是依據理論推理來演繹，或是基於對母體有完整且充分資訊時的發生概況，而非實際執行隨機實驗的結果，不需要經驗性的嘗試。之所以又稱為**古典機率**（classical probability），則是因為這一套觀點是 17 世紀數學家研究機率時所採用的概念。

在一個隨機實驗中，如果每一個樣本點的發生機率相同，A 事件發生的機率（記為 $P(A)$）等於 A 事件有關的樣本點會發生的理論次數（f_A）除以理論上所有事件可能發生的總次數（N，亦即理論樣本空間）。以公式 5-1 表示。

$$P(A) = \frac{A\text{事件發生的理論次數}}{\text{所有事件發生的理論總 次數}} = \frac{f_A}{N} \tag{5-1}$$

以擲一個骰子為例，得到任何一個點數的可能性只有一種，$f_A = 1$，所有可能出現的狀況為 6 種 {(1),(2),(3),(4),(5),(6)}，$N = 6$，因此任何一個點數的機率為 1/6。例如出現點數 2 的機率為 1/6，出現偶數點數事件的機率則是 3/6，因為偶數點數事件包含三種樣本點 {(2)},{(4)},{(6)}，$f_A = 3$。如果同時擲兩個骰子，出現兩個都是 3 的事件機率為 1/36，因為兩個骰子都出現 3 的狀況只有一種 ({(3,3)})，全體出現兩個點數的事件組合有 36 種狀況；出現一個 3 與一個 4 的事件機率則為 2/36，這裡的 $f_A = 2$ 是指此事件的可能情形為 {(3,4)} 與 {(4,3)} 這兩種樣本點。

先驗機率的一個基本假設，是每一個樣本點的出現機率是相同的，也就是說，此一隨機實驗是一個不偏的實驗，此時，每一個樣本點出現的機率才會維持一致。但是，在現實的生活中，很多事件出現的機率不能使用先驗的機率原理來計算，因為每一個樣本點的出現機率可能是不同的，例如明天下雨的機率，孕婦生男生女的機率。理論上，生一胎為男生或女生的機率為 1/2，但是基於某些理由，實際生男或生女的機率卻不是二分之一，我們可以蒐集大量的資料來證明這個偏倚現象存在的事實，因此如果我們以先驗機率來理解生男生女的現象，就會脫離現實的狀況。

5.3.2 客觀或實徵機率

相對於先驗機率的理論性，**實徵機率**（empirical probability）則是基於多次實際的嘗試之後，得到的經驗數據，又稱為**相對次數機率**（relative frequency probability）。所謂的實徵，即是指實驗之後，且由於它是基於實際的觀察所得，又稱為**客觀機率**（objective probability）或**後驗機率**（posteriori probability）。例如擲一個骰子出現偶數點的先驗機率是 3/6，但是事實上真的是如此嗎？如果我們丟個 10 次，紀錄每一次出現的點數，我們會發現，十次當中出現偶數點數的機率不是理論的 5 次，可能是 4 次或 6 次，此時實徵機率即為 4/10 或 6/10。以公式來表示，A 事件實徵機率 $P'(A)$ 等於 A 事件發生的實際次數（f'_A）除以實際上所有事件發生的總次數（N'，亦即實徵樣本空間）。以公式 5-2 表示。

$$P'(A) = \frac{A \,事件發生的實際次數}{實際上所有事件發生的總次數} = \frac{f'_A}{N'} \qquad (5\text{-}2)$$

使用實徵機率來解釋事件發生的可能性，最大的優點是符合真實的狀況，例如某次選舉有五位候選人，每位候選人的支持率「理論上」應該是 1/5，但是經驗告訴我們，通常會有某位候選人的支持率較低，有的候選人支持率會較高，如果採用理論機率去描述五位候選人的支持度，顯然不合常理，因此，在實際生活的應用上，我們多會採取實徵機率來描述現象發生的實際狀況。而先驗機率則多應用於統計學上的推理檢證程序。然而，實徵機率也有運用上的限制，如果隨機實驗無法多次、長期的執行，實徵機率的計算就會出現困難，誤差會增加，對於真實事件的出現機率的估計就不容易精確。

實徵機率通常不會等於理論機率，而會在理論機率附近波動，但也有可能會恰好等於理論機率。當隨機實驗的次數越多，實徵機率波動的幅度越小，當隨機實驗的次數趨近於無限大，實徵機率會趨近於理論機率，稱為**大數法則**（law of large number）。例如擲一個公正骰子 10000 次，所得到的偶數點數的機率可能會相當接近 3/6。換句話說，在公正的隨機實驗中，先驗機率是實徵機率的極限式。在此要強調的是，無限多次實驗所得到的實徵機率會趨近於理論機率這個現象，必須建立在不偏、公正的實驗嘗試的前提下才能成立。如果銅板不是均勻銅板，那麼丟無限多次的銅板得到正面的機率就可能不是理論機率的二分之一，而是某個未知的不公正機率值。這便是為什麼在科學研究當中，會強調不偏公正的實驗程序，因為先驗與實徵機率的極限關係，是推論統計的重要基礎。

雖然不偏實驗的實徵機率的極限式，應會趨近於理論機率，但是在實際的研究過程當中，我們會發現「不偏」的本身，可能是一個錯誤的假設，而「偏倚」的現象可能才是真相所在。當實徵機率的極限不會等於理論機率時，我們可以解釋是因為隨機實驗不夠公正，所以無法符合理論的期待，但是，另一種解釋則是因為我們採取的先驗理論是不恰當、不存在的。生男生女的理論機率是二分之一嗎？還是有另一個理論機率數值存在呢？如果我們可以準確推估無限多胎的生產資料（也就是母體的資料），所得到生男與生女機率，或許才是為「真」，如果研究者可以證實此一實徵機率的極限確實與先驗理論的概念有別，反應兩種真實

概念，那麼一個新的理論概念就獲得了支持。

5.3.3 主觀機率

第三種用於解釋機率的機率理論是主觀機率，此種機率的應用，取決於人們對於某一個事件發生與否的信念強度（信心），以公式 5-3 來表示：

$$P(A) = f(發生事件 A 的信心) \tag{5-3}$$

主觀機率（subjective probability）所欲表達的是，人們日常生活中進行各種或然率判斷的主觀感受或**直觀判斷**（heuristic judgment），而非基於客觀學理的依據。例如明天股票市場會不會大跌，明天會不會下雨的判斷，就是人們基於個人感受、經驗、知識與信念加以判斷的結果。當人們對於某事件發生的信心越強，機率的數值便會越高，信心越弱，機率的數值便越低。

主觀機率和實徵機率有一個共同的現象，就是會在特定的理論機率數值附近波動，也就是說，主觀機率並不一定不符合理論現象，也不一定悖離經驗性數據，有時主觀機率也會十分接近真實狀況，如果某一個人掌握了充分的線索或證據，或具有豐富的學問知識，足以做出正確的判斷，那麼主觀機率也不失其簡單、方便，且具有相當的參考價值的機率模型，但是由於主觀機率所依循的基礎通常不夠嚴謹，所以得到的結果也多不盡人意。

在電視上我們經常可以看到一些投資顧問公司的「老師」，利用各種策略來研判股票的上漲或下跌，非常「有信心」的告訴他的會員學生某張股票一定會漲或會跌，或大報某些有前途「明牌」。從主觀機率的角度來看，這些基於個人信心的機率估計是否值得採信，實在值得大家思考，但是在詭譎多變的股票市場中，沒有一套有效的機率法則可以依循之際，主觀機率的使用也就成為不得不然的策略。人類世界的不確定性，無意間創造了一個獨特的經濟活動與商品市場，在科學追求真理之餘，也讓我們感到人類世界豐富多樣的神奇風貌。

5.3.4 機率的基本公理

不論是古典機率、實徵機率或是主觀機率，機率必須滿足以下幾個基本公理才能夠滿足機率的基本要件，得以進行機率運算。

1. 任何事件的機率介於 0 與 1 之間

機率表示事件的發生情形，因此當某一事件一定發生時，與事件有關的樣本點等於樣本空間的全部，機率值為 1.0，該事件又稱為**必然事件**（sure event）。相對的，當某一事件一定不會發生時，與事件有關的樣本點完全不存在，機率值為 0，該事件又稱為**不可能事件**（impossible event）。當機率值越接近 1，表示事件有關的樣本點被觀察到的機會越高，當機率值越接近 0，表示事件有關的樣本點被觀察到的機會越低。由於事件出現次數最低為 0，因此機率值不可能為負值，事件出現的情形也不可能大於樣本空間，因此個別事件的機率不能大於 1，若以 A_i 表示樣本空間 S 中的任一事件，其數值範圍如下：

$$0 \leq P(A_i) \leq 1 \quad A_i \in S$$

2. 互斥事件的機率和為個別事件機率相加

若 A_i 表示樣本空間 S 中的任一事件機率，如果 n 個事件之間沒有交集，則各事件的聯集機率為 n 個事件的個別機率和。以數學關係表示如下：

$$P(A_1 \bigcup A_2 \bigcup ... \bigcup A_n) = P(A_1) + P(A_2) + ... + P(A_n)$$

3. 樣本空間內的所有樣本點機率和為 1

樣本空間由不同的樣本點所組成，所有樣本點的發生機率和為 1，換言之，如果某事件 S 包含所有的樣本點，其機率值為 1。以數學關係表示如下：

$$P(S) = 1$$

由於樣本空間的所有樣本點的機率和為 1，因此任何一個事件 A_i 與其餘事件的機率和亦為 1，以數學關係表示如下：

$$P(A_i) + P(\overline{A_i}) = 1 \quad 或 \quad P(\overline{A_i}) = 1 - P(A_i)$$

.4 事件性質與機率法則

5.4.1 互斥與非互斥事件

在單一嘗試的隨機實驗中，如果 A 與 B 兩個事件沒有共同的樣本點，則稱 A 與 B 為**互斥事件**（mutually exclusive event），如圖 5.1 的 A 與 B 兩事件。此時 A 事件的發生結果與另一事件的發生結果無關，也就是 A、B 兩個事件沒有交集，共同發生的機率為零。互斥事件的數學關係以公式 5-4 與 5-5 的機率運算式所示。

$$P(A \cap B) = 0 \tag{5-4}$$

$$P(A \cup B) = P(A) + P(B) \tag{5-5}$$

公式 5-4 表示兩者交集為 0，公式 5-5 表示兩者聯集機率為各自機率的相加。**交集**（intersection）在英文以「and」稱之，中文以「且」稱之，數學以符號 ∩ 表示，是指不同的事件具有共同樣本點的部分集合，其發生機率又稱為**聯合機率**（joint probability）；**聯集**（union）在英文以「or」稱之，中文以「或」稱之，數學以符號 ∪ 表示，是指不同事件所具有的所有樣本點的全體集合，其發生機率又可視為複合機率。如果公式 5-5 還有具備 $P(A)+P(B) = 1$ 的關係，此一互斥事件稱為完全互斥事件，因為在 A 與 B 事件之外，並不包含其它可能事件，A 與 B 兩部分集合完全等於樣本空間，或是 A 與 B 兩者互為彼此的餘集合。

以圖 5.1 的 S1 中的 A 與 B 兩事件為例，由於兩者沒有共同交集的部分（沒有重疊的部分），因此兩者為互斥事件。A 與 B 各自的機率為 $P(A) = 1/6$ 與 $P(B) = 3/6$，A 且 B 出現的機率為 0，A 或 B 出現的複合機率直接由兩者個別機率相加即可，$P(A \cup B) = 1/6 + 3/6 = 4/6$。

　　如果 A 與 B 兩個事件具有共同的樣本點，則稱 A、B 兩事件為**非互斥事件**（non mutually exclusive event），此時 A 與 B 兩個事件交集不為 0，非互斥事件的定義可由公式 5-6 與 5-7 的機率運算式所示。

$$P(A \cap B) \neq 0 \qquad\qquad (5\text{-}6)$$

$$P(A \cup B) = P(A) + P(B) - P(A \cap B) \qquad\qquad (5\text{-}7)$$

　　公式 5-7 的原理又稱為**加法律**（additive law），應用於求取某種實驗結果的兩事件複合機率（聯集）之用，而公式 5-5 則是兩事件加法律的一個特殊狀況，亦即當兩事件交集為 0 時的聯集機率。如果有 A、B、C 三個事件，加法律則為公式 5-8，如果三個事件為互斥事件則仿照公式 5-5 取個別機率和即可，三個以上事件的機率加法律可以比照延伸。

$$P(A \cup B \cup C) = P(A) + P(B) + P(C)$$
$$- [P(A \cap B) + P(B \cap C) + P(A \cap C) - P(A \cap B \cap C)] \qquad (5\text{-}8)$$

　　由公式 5-8 可知，當探討某一實驗結果的不同事件種類越多時，交集與聯集的狀況越趨於複雜，只有當各事件為互斥時可以直接把個別機率相加，非互斥事件則需考量複雜的交集狀態，運算非常複雜。

　　以丟三個銅板為例，在圖 5.1 的 S2 中，D 與 E 兩事件的圖示可以看出，出現三個正面（D）與至少出現兩個正面（E）的兩事件具有共同交集的子集合 {111}，$P(D \cap E) = 1/8$，兩者交集不為零，因此 D 與 E 兩者為非互斥事件。我們將 $P(D \cup E)$ 的機率運算過程列舉於下：

1. 三個銅板出現三個正面的事件機率：$P(D) = 1/8 = .125$
2. 三個銅板出現至少兩個正面的事件機率：$P(E) = 4/8 = .50$
3. 三個銅板出現三個正面且至少兩個正面的事件機率：$P(D \bigcap E) = 1/8 = .125$
4. 三個銅板出現三個正面或至少兩個正面的事件機率：
   $P(D \bigcup E) = .125 + .50 - .125 = .50$

5.4.2 獨立與相依事件

獨立事件（independent event）是指各事件的發生互不影響，A 事件的發生與否不影響 B 事件，B 事件的發生也與 A 事件無關。如果兩個事件屬於獨立事件，其數學關係所下所示：

$$P(A \mid B) = P(A) \tag{5-9}$$

$$P(B \mid A) = P(B) \tag{5-10}$$

$$P(A \bigcap B) = P(A)P(B \mid A) = P(B)P(A \mid B) = P(A)P(B) \tag{5-11}$$

公式 5-9 表示 A 事件發生的機率不受 B 事件的影響，公式 5-10 表示 B 事件發生的機率不受 A 事件的影響，公式 5-11 表示 A 與 B 兩事件同時發生的機率是兩個個別事件機率的乘積。其中符號 $P(A \mid B)$ 稱為**條件機率**（conditional probability），表示在已知 B 事件發生機率時，A 事件的發生機率，也就是指 A 事件在 B 事件發生為前提的情況下的機率，同理，$P(B \mid A)$ 表示 B 事件在 A 事件發生為前提的情況下的機率。公式 5-9 與 5-10 表示不論已知 A 或已知 B，或不論以

誰為前提的情況下,都不改變原來的個別事件機率,因此個別事件的機率「獨立於」其它事件,兩事件一起發生的聯合機率(交集)則是個別機率的乘積。

公式 5-9 至 5-11 的三個條件任一成立,另兩條件則必然成立,此時 A 與 B 兩事件稱為獨立事件。如果三個條件有任何一個不成立,A、B 兩事件的獨立關係便被打破,稱為**相依事件**(dependent event),此時,A 與 B 兩事件共同發生的機率是 A 事件出現的機率與 B 事件的條件機率的乘積,如公式 5-12 所示。在非獨立的相依情況下,公式 5-12 無法簡化成公式 5-11。

$$P(A \cap B) = P(A)P(B \mid A) = P(B)P(A \mid B) \tag{5-12}$$

將公式 5-12 移項可得到兩條件機率的運算式:

$$P(A \mid B) = \frac{P(A \cap B)}{P(A)} \tag{5-13}$$

$$P(B \mid A) = \frac{P(A \cap B)}{P(B)} \tag{5-14}$$

公式 5-12 的原理又稱為**乘法律**(multiplication law),應用於求取連續發生事件的聯合機率之用,而公式 5-11 則是兩事件獨立時的乘法律特殊應用,也就是當事件的個別機率與條件機率相當時的聯合機率,為個別事件機率的乘積。

如果有 A、B、C 三個事件,乘法律的擴展式如公式 5-15 所示,如果三者相互獨立,其聯合機率可直接擴充公式 5-11 取個別機率乘積,而無須考慮條件機率問題,如公式 5-16。

$$P(A \cap B \cap C) = P(A)P(B \mid A)P(C \mid A \cap B) \qquad (5\text{-}15)$$

$$P(A \cap B \cap C) = P(A)P(B)P(C) \qquad (5\text{-}16)$$

連續嘗試下不同事件出現的機率會相互影響，最明顯的例子是我們在進行**不置回取樣**（sampling without replacement）時，每一個樣本被挑選的機率不同，每一個人被抽取後，在下一個人次抽取前若沒有被放回母體，屬於相依事件的機率原理。如果是**置回取樣**（sampling with replacement），每一個人被抽取的機率是一樣的，屬於獨立事件機率。

在實務中，條件機率會不等於個別機率，主要是因為個別事件 A 或事件 B 的發生機率，在不同的背景條件下會有不同的意義，或是兩事件在不同的時間次序中先後發生而產生影響，此時這些背景條件或時間關係上所獲得的「額外資訊」會影響我們對於原來個別事件機率的解釋，因此對於事件機率必須同時考量個別機率與條件機率兩者。而且當連續的實驗嘗試進行時，如果關心的事件類型越多，而且前後不獨立，後續事件的發生會受到先前事件的影響，機率的計算會非常複雜，因此在統計學上，判斷多次嘗試之間的事件是否獨立還是彼此相依，是決定後續統計運算方式的重要關鍵。

以表 5.1 的消費者購物資料為例，50 位消費者中，「女生」消費者的機率是 $P(A) = .52$，「購買日用品」的機率是 $P(B) = .44$，.52 與 .44 兩者是 A 與 B 事件的個別機率，如果性別與購買產品「假設為獨立事件」，那麼「女性且購買日用品」的機率應以公式 5-11 直接以兩個個別機率直接相乘得到 $.52 \times .44 = .2288$ 的聯合機率。但是我們可以從表 5.1 當中得知，實際上「女性且購買日用品」的機率為 $16/50 = .32$，遠遠高於「假設為獨立事件」時的 .2288，表示這兩者不是獨立事件而是相依事件，計算機率時必須採公式 5-13 或 5-14 求出條件機率，才能求出正確的聯合機率，我們將 $P(A \cap B)$ 的機率運算過程列舉於下：

1. 顧客為女性的機率：$P(A) = 26/50 = .52$

2. 顧客購買日用品的機率：$P(B) = 22/50 = .44$

3. 女性且購買日用品的機率：$P(A \cap B) = 16/50 = .32$

4. 女性顧客中，購買日用品的機率：$P(B \mid A) = \dfrac{P(A \cap B)}{P(B)} = \dfrac{.32}{.44} = .727$

5. 購買日用品顧客中，女性的機率：$P(A \mid B) = \dfrac{P(A \cap B)}{P(A)} = \dfrac{.32}{.52} = .615$

6. 假設獨立時的女性且購買日用品的機率：$P(A \cap B) = .52 \times .44 = .2288$

7. 不假設獨立時的女性且購買日用品的機率：

$P(A \cap B) = .52 \times .615 = .44 \times .727 = .32$

由前述的示範數據可知，由於 $P(A \mid B) \neq P(A)$ 而且 $P(B \mid A) \neq P(B)$，因此獨立性條件不存在，必須以 (7) 當中的不假設獨立時的運算式來進行聯合機率的運算，如果採用 (6) 假設獨立時運算式來進行聯合機率的運算，則會錯估 A 與 B 聯合發生的機率。而且由 (4) 與 (5) 的條件機率遠高於 (1) 與 (2) 的個別機率來看，可知性別與購買產品之間具有頗高的相依性。

5.4.3 互斥性與獨立性的特性與關係

前面討論了當某實驗結果的不同事件之間互斥時可採簡單的加法律運算得到複合機率，當多次嘗試間的不同事件之間獨立時可採簡單的乘法律運算得到聯合機率。不論是互斥或獨立事件，當只討論 A 與 B 兩個事件時，加法或乘法運算都還算單純，但是當事件數目為三個以上時，機率運算則越趨複雜。尤其是當互斥與獨立條件不成立時，直接將個別機率相加或相乘的簡要速算就不能使用。因此在研究實務上，研究者們多追求以互斥、獨立事件的研究設計為基礎，進行事件數目不要太多的多重事件間關係探討，才能套用較為簡單明確的機率法則來獲得研究數據。一般來說，某實驗結果的不同事件間的互斥性比較容易維繫，但是不同實驗嘗試間的獨立性則比較容易違反，因此在研究實務上，研究者多必須去面對事件是否獨立的判斷，而比較不擔心事件是否互斥。

以問卷調查為例，問卷當中的每一個問題的選項如果是互斥時，各選項作答機率可以直接相加得到複合機率，例如回答「非常不同意」與「不同意」者各為 .15 與 .25 時，兩者加總得到 .40 的聯集機率，進一步的，如果不同題目之間的內容是相互獨立沒有關聯時，回答第一題的任何一個選項與回答第二題的任何一個選項不會相互影響，不需要考慮條件機率。因此，若第一題回答「非常不同意」的機率 .15，第二題回答「非常不同意」的機率為 .10 時，兩題都回答「非常不同意」的機率為 .15×.10 = .015，聯合機率為個別機率直接相乘。但如果第一題與第二題都是詢問類似的題目，兩者間具有相依性，那麼兩題都回答「非常不同意」的聯合機率應會遠高於 .015，聯合機率與個別機率之間必須仰賴條件機率來進行連結。可見得多次嘗試之間（一連串的問卷題目）相依度越高時，條件機率與個別機率的分開計算就相對重要。我們將在下面的章節，介紹以條件機率為基礎的貝氏定理，應用在前後具有相依性的機率計算。

5.4.4 獨立一定不互斥？互斥一定相依？

值得一提的是，兩個事件是否互斥或獨立，並不宜一併討論。在機率上，並不存在兩個事件是「獨立且互斥」、「相依且互斥」、「獨立而不互斥」等這種說法。當我們討論不同事件是否互斥時，是針對某實驗執行完成後的結果中的不同事件關係進行討論，是一種靜態的機率分割與加總的議題。相對之下，當我們討論不同事件是否獨立時，是針對連續實施的多次嘗試，或是具有先後發生關係的不同事件的影響關係進行討論，因此是一種動態的機率議題。兩者性質與分析方式並不相同。

例如前面關於問卷調查範例當中的第一題，其某兩個選項的複合機率為 .15+.25，是針對同一個實驗結果（第一題機率）的不同互斥事件關係進行複合計算。但是，對於前後兩題回答某選項的機率取 .15 與 .10 相乘，則是針對連續發生的各次實驗嘗試的不同事件關係以獨立事件的條件進行聯合計算，兩者機率運算情境不同，並不會發生某兩個事件是獨立且互斥的這種錯誤用語。

一般會發生前述的誤解，主要是因為數學上的條件關係使然。因為從數學關係來看，當 A 與 B 兩事件獨立，$P(A \cap B) = P(A)P(B)$，根據公式 5-6，因為 $P(A \cap B) \neq 0$，除非 $P(A)$ 或 $P(B)$ 其中一者為 0，否則獨立事件必為非互斥事件。

基於獨立與否的計算中，$P(A)$ 或 $P(B)$ 兩者皆不能為 0，否則產生無意義的條件機率，甚至於機率為 0 者該事件就不復存在，因此「獨立事件必為非互斥事件」這個現象是一個數學上為真，但是實務上無意義的一種見解。

　　基於同樣的推理邏輯，我們也會得到「相依事件必為非互斥事件」的似是而非的論點，這是基於相依事件時的聯合機率運算中，除非有任何一個個別機率或條件機率為 0，否則 $P(A \cap B) = P(A)P(B \mid A)$ 或是 $P(A \cap B) = P(B)P(A \mid B)$ 也不為 0，當交集不為零時，根據公式 5-6 的數學定義就會判斷兩事件非互斥。本章所舉的運算實例中，都沒有發生任何個別機率或條件機率為零的狀況，因此不論是相依或獨立事件，只要利用乘法律，都會得到交集不為零的結果，應驗了「相依或獨立事件必為非互斥事件」的不合理現象。事實上，綜合「獨立事件必為非互斥事件」與「相依事件必為非互斥事件」兩句話，我們可以得知，不論是相依或獨立事件，只要關心不同時序事件的交集大小（聯合機率高低）時，且聯合機率不為零時，各事件就是一種非互斥狀態，不能直接將個別機率直接加總得到複合機率。換言之，「兩事件互斥與否與獨立與否無關」。

　　相同的道理，兩個事件互斥與否，也與事件獨立與否無關。從數學關係來看，當兩事件互斥，則兩者無交集，聯合機率為 0，完全不會觀察到既有 A 又有 B 的情況，那麼根本就沒有獨立或相依問題了。換言之，兩事件獨立與否與互斥與否無關。

　　互斥事件與獨立事件兩個概念能夠放在一起討論，並非針對事件本身，而是針對整個實驗設計來看，例如表 5.1 的消費者購買行為的數據，性別與購買產品兩事件之間的關係，我們已經透過乘法律證明其為相依事件，也正因為交集不為零，性別與消費行為之間的事件機率為非互斥，但是，對於四種消費行為來說，因為其間無交集，機率總和為 1.00，則說明了購買日用品、飲料食物、報章雜誌、繳費服務這四個事件為完全互斥事件。同樣的，性別的兩個狀況彼此互斥，性別與消費行為組合起來的八種狀況也彼此完全互斥，說明了在 5.1 的實驗結果中，事件之間同時存在著相依、互斥與非互斥的各種狀況。而不宜以「獨立必然非互斥」、「相依必然非互斥」、「互斥必然獨立或相依」來描述事件的關係。在下一節當中，我們將以列聯表來介紹這些事件機率的關係與其運算。

5.5 列聯表、樹狀圖與貝氏定理

在第三章時曾經介紹次數分配表，用來整理某一類別變數的各種類別的出現次數，或是將某連續變數區分成不同組段呈現其出現頻率，在次數分配當中經常會將次數轉換成百分比或機率的形式，用來反映各組的比重，其實就是一種機率概念的運用，本節將單一變數的次數分配表擴展到同時呈現兩個類別變數的**列聯表**（contingency table），兩個變數反映 A 與 B 兩個不同的事件類型，用來說明獨立事件與相依事件背後的機率運算。事實上，表 5.1 的便利商店消費者購買行為資料即是列聯表數據，我們將該表的機率數值進行整理後成為表 5.2 的完整的機率形式，來說明機率運算與貝氏定理的相關概念。

表 5.2　某便利商店 50 名消費者購買行為列聯表機率

| 消費類型（B） | 性別（A） | | | | | | | | 總和 | |
| | 男（A_1） | | | | 女（A_2） | | | | | |
	次數	聯合機率 $P(A \cap B)$	條件機率 $P(B \mid A)$	條件機率 $P(A \mid B)$	次數	聯合機率 $P(A \cap B)$	條件機率 $P(B \mid A)$	條件機率 $P(A \mid B)$	次數	邊際機率
1. 日用品（B_1）	6	.120	.250	.273	16	.320	.615	.727	22	.44
2. 飲料食物（B_2）	5	.100	.208	.500	5	.100	.192	.500	10	.20
3. 報章雜誌（B_3）	9	.180	.375	.692	4	.080	.154	.308	13	.26
4. 繳費服務（B_4）	4	.080	.167	.800	1	.020	.038	.200	5	.10
次數總和	24				26				50	1.0
邊際機率	.48				.52				1.0	

5.5.1 列聯表中的各項數據

5.5.1.1 次數分配與邊際機率

在一個列聯表中，除了次數的資訊，還可呈現多種不同的機率數值。以表 5.2 為例，縱欄為性別變數（以 A 表示），具有兩個類別（或水準 level），A_1 = 男、A_2 = 女。橫列為消費行為變數（以 B 表示），具有四個水準，B_1 = 日用品、B_2 = 飲料食物、B_3 = 報章雜誌、B_4 = 繳費服務，因此 A 與 B 兩個變數構成了一個 2×4 的八個細格（cell）的列聯表。列聯表中除了各細格的次數之外，各變數本

身各水準的發生次數則列於表格的右側與下方邊緣，稱為**邊際次數分配**（marginal frequency distribution），將次數除以總人數後得到相對次數，又稱為**邊際機率分配**（marginal probability distribution），各邊際機率即為兩個變數的各個水準的個別事件機率。例如男生的事件機率為 .48，記為 $P(A_1) = .48$，女生的事件機率為 .52，記為 $P(A_2) = .52$。四種消費行為事件機率 $P(B_1)$、$P(B_2)$、$P(B_3)$、$P(B_4)$ 分別為 .44、.20、.26、.10。

5.5.1.2 聯合機率

列聯表中的各細格反映兩個變數各水準同時發生的情況，因此各細格即為兩事件各水準的交集 $A_i \cap B_j$，其中 i 表示 A 的水準數，j 表示 B 的水準數，所構成的 $i \times j$ 個細格發生次數又稱為**細格次數分配**（cell frequency distribution）。將次數除以總人數即得到聯合機率 $P(A_i \cap B_j)$，例如男生購買日用品的機率為 .12，記為 $P(A_1 \cap B_1)$ 或簡寫為 $P(A_1 B_1)$，女生購買日用品的機率為 .32，記為 $P(A_2 \cap B_1)$ 或簡寫為 $P(A_2 B_1)$，各細格機率構成**聯合機率分配**（joint probability distribution）。

所有細格聯合機率的總和為 1.0，亦即 $\Sigma P(A_i \cap B_j) = 1$，各變數的邊際機率總和亦為 1.0，亦即 $\Sigma P(A_i) = 1$ 與 $\Sigma P(B_j) = 1$。這三者總和為 1 的條件為列聯表機率的三個主要限制式，在這三個限制成立的情況下，才得以進行機率運算。

5.5.1.3 條件機率

各細格除了計算聯合機率之外，還可以計算得到各相應的條件機率，由於每一個細格反映兩個事件的聯合發生情形，因此各細格的邊際機率可以從 A 與 B 兩個方向來看：其中 $P(A_i | B_j)$ 是指在 B 的不同條件下計算 A 的不同水準的發生機率，反之，$P(B_j | A_i)$ 是指在 A 的不同條件下計算 B 的不同水準的發生機率。

條件機率的計算有兩種途徑，第一種是相對次數法則，是將各細格的次數除以邊際次數，第二種方式則是機率運算中的乘法律法則，利用公式 5-13 與 5-14，求出各項條件機率。以 A = 1 男性水準為例，在 A_1 水準下的四種消費行為的條件機率，以相對次數法則及乘法律法則求得 $P(B_j | A_1)$ 的四個條件機率如下：

$$P(B_1 | A_1) = \frac{f_{A_1 B_1}}{f_{A_1}} = \frac{6}{24} = \frac{P(A_1 \cap B_1)}{P(A_1)} = \frac{.12}{.48} = .250$$

$$P(B_2 \mid A_1) = \frac{f_{A_1 B_2}}{f_{A_1}} = \frac{5}{24} = \frac{P(A_1 \cap B_2)}{P(A_1)} = \frac{.10}{.48} = .208$$

$$P(B_3 \mid A_1) = \frac{f_{A_1 B_3}}{f_{A_1}} = \frac{9}{24} = \frac{P(A_1 \cap B_3)}{P(A_1)} = \frac{.18}{.48} = .375$$

$$P(B_4 \mid A_1) = \frac{f_{A_1 B_4}}{f_{A_1}} = \frac{4}{24} = \frac{P(A_1 \cap B_4)}{P(A_1)} = \frac{.08}{.48} = .167$$

$P(B_j \mid A_1)$ 的四個條件機率的總和為 1。同理，在女性消費者（A_2）水準下的四種消費行為的條件機率 $P(B_j \mid A_2)$ 可求得為 .615、.192、.154、.038，$P(B_j \mid A_2)$ 的四個條件機率的總和亦為 1。

前述的分析是從 A 來看 B（在 A 的條件下看 B 的機率），如果從 B 來看 A 的條件機率（在 B 的條件下看 A 的機率），則是將兩者的位置互調。以 $B = 1$ 日用品水準為例，在 B_1 水準下的兩種性別的消費行為的條件機率總和為 1，以相對次數法則及乘法律法則求得 $P(A_i \mid B_1)$ 的兩個條件機率如下：

$$P(A_1 \mid B_1) = \frac{f_{A_1 B_1}}{f_{B_1}} = \frac{6}{22} = \frac{P(A_1 \cap B_1)}{P(B_1)} = \frac{.12}{.44} = .273$$

$$P(A_2 \mid B_1) = \frac{f_{A_2 B_1}}{f_{B_1}} = \frac{16}{22} = \frac{P(A_2 \cap B_1)}{P(B_1)} = \frac{.32}{.44} = .727$$

先前曾經提過，如果條件機率等於邊際機率，表示兩個事件相互獨立。但是由表 5.2 所整理的各項條件機率數值來看，每一個細格的聯合機率都小於各條件機率值，亦即在考慮某事件的機率的條件下來觀察另一個事件的發生機率皆高於聯合機率，顯示 A 與 B 兩組事件的相依性很高，A 與 B 事件不獨立，與先前的推導結果一致。

5.5.2 樹狀圖的應用

前一節使用列聯表來呈現 A 與 B 兩系列事件的聯合機率與條件機率的狀況與計算原理，由於列聯表同時呈現 A 事件與 B 事件的相對關係，因此可以看出條件機率在 A 與 B 兩種方向的變化情形，但是如果同時關心三個或以上事件的發生情形，列聯表就不敷使用。在統計學上，可以用**樹狀圖**（tree diagram）來呈現一系

列具有先後發生關係事件的條件機率變化情形，除了一目了然，更可以將機率運算延伸到更複雜的結構中。

圖 5.2 就是表 5.2 的便利商店消費行為資料，在 A 事件的條件下解析 B 事件的條件機率進而導出聯合機率的樹狀圖。圖 5.2 的最右側者為各事件同時發生的聯合機率，也就是表 5.2 的各細格交集機率 $P(A_i \bigcap B_j)$，最左側標示 A，表示以 A 事件為條件，給定 A_1 與 A_2 兩個邊際機率，然後列出 $P(B_j | A_1)$ 與 $P(B_j | A_2)$ 各四個條件機率，兩者相乘即可得到聯合機率。亦即 $P(A_i \bigcap B_j) = P(A_i)P(B_j | A_i)$。

除了在 A 的條件下看 B 的機率，樹狀圖亦可由 B 事件的機率為條件求得聯合機率，如圖 5.3 所示。除了樹狀圖的起點改為 B 事件，給定 B 事件的邊際機率，條件機率由 $P(B_j | A_i)$ 轉為 $P(A_i | B_j)$，聯合機率 $P(B_j)P(A_i | B_j)$ 求得。

5.5.3 貝氏定理

在前面兩節中，分別以列聯表與樹狀圖來說明（邊際）事件機率、從 B 看 A 的條件機率和從 A 看 B 的條件機率、以及聯合機率三種機率的關係與運算原理。在這些範例中，三種機率都是已知的情況，因此我們得以從其中兩種機率來求得第三種機率，但是在某些情況下，我們手中一開始可能只有 A 事件的事前機率 $P(A)$，然後以調查方法或其它手段獲得在 A 事件下關於 B 事件發生情形的資訊，掌握 $P(B | A)$，進而推得條件機率 $P(A | B)$ 來修正關於 A 的機率估計。此一利用額外資訊由 $P(A) \rightarrow P(B | A) \rightarrow P(A | B)$ 來對事前機率進行修正求得事後機率的方法，即為**貝氏定理**（Bay's theorem）。貝氏定理的運算式如公式 5-17 所示。

$$P(A_i | B) = \frac{P(A_i \bigcap B)}{P(B)} = \frac{P(A_i)P(B | A_i)}{P(A_1)P(B | A_1) + P(A_2)P(B | A_2) + ... + P(A_i)P(B | A_i)}$$

$$(5\text{-}17)$$

在貝氏定理的運算邏輯下，原先的先驗資訊 $P(A_i)$ 因為導入了額外的資訊 $P(B | A_i)$，修正 $P(A)$ 得到 $P(A_i | B)$，因而對於原先事件的掌握與估計提高估計與預測的精確度，因此具有高度實務價值，因此貝氏定理的概念已經普遍應用在風險管理、品質管制、行銷調查、機率預測等相關實務工作中。

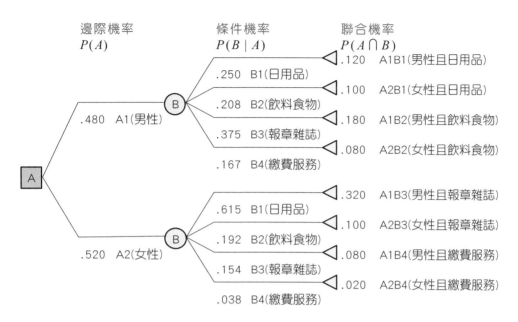

圖 5.2　在 A 事件條件下求 B 事件條件機率與聯合機率樹狀圖

圖 5.3　在 B 事件條件下求 A 事件條件機率與聯合機率樹狀圖

舉例來說，某公司人事部門長久以來的經驗發現錄取新人在試用期過後，不論是什麼原因，大約有 40% 會留下，亦即成功留用率為 .4，$P(A_1) = .4$，60% 會離開，失敗淘汰率為 .6，$P(A_2) = .6$。除了這些留用淘汰的事前機率資料，人事部門後來也針對公司內部人員對於這些新人的試用表現進行意見調查，發現那些被留下來的新人，有 90% 被評為正面試用表現，抱持負面否定的比例是 10%，另一方面，對於那些後來被淘汰的新人中，被評為試用表現正向者機率則為 .75，抱持否定的機率則為 .25，此時，人事部門因為擁有意見調查的額外資訊（事件 B），亦即 $P(B_1 \mid A_i)$ 與 $P(B_2 \mid A_i)$，因此可利用貝氏定理來進行 $P(A_i \mid B)$ 事後機率估計，相關數據與運算結果列於表 5.3。

表 5.3　某人事部門留用結果聯合機率分配表

調查結果（B）	留用結果（A）						邊際機率 $P(B)$
	成功（A_1）			失敗（A_2）			
	條件機率 $P(B \mid A)$	聯合機率 $P(A \cap B)$	條件機率 $P(A \mid B)$	條件機率 $P(B \mid A)$	聯合機率 $P(A \cap B)$	條件機率 $P(A \mid B)$	邊際機率 $P(B)$
肯定（B_1）	.90	.36	.444	.75	.45	.556	.81
否定（B_2）	.10	.04	.211	.25	.15	.789	.19
邊際機率 $P(A)$	.40			.60			1.00

當有了新的調查資料後，人事部門除了原來的 40% 留下與 60% 離開的數據之外，還可以進一步求得大家評價為肯定的新人中有多少比例留下或離開，亦即求出 $P(A_1 \mid B)$ 與 $P(A_2 \mid B)$，此時對於留用成功與失敗的機率，得以導入 B 事件的資訊加以修正，故稱為事後機率。由貝氏定理，可以求出在 B 事件的不同水準下的 A 條件機率。

$$P(A_1 \mid B_1) = \frac{P(A_1 \cap B_1)}{P(B_1)} = \frac{.36}{.81} = .444$$

$$P(A_2 \mid B_1) = \frac{P(A_2 \cap B_1)}{P(B_1)} = \frac{.45}{.81} = .556$$

$$P(A_1 \mid B_2) = \frac{P(A_1 \cap B_2)}{P(B_2)} = \frac{.04}{.19} = .211$$

$$P(A_2 \mid B_2) = \frac{P(A_2 \cap B_2)}{P(B_2)} = \frac{.15}{.19} = .789$$

　　由上述數據可知，在評價調查被評為肯定的那些新人中（B＝1），最後留下來的新人為 $P(A_1 \mid B_1) = .444$，高於原來的 $P(A_1) = .40$，最後離開者則為 $P(A_2 \mid B_1)$ $= .556$，低於原來的 $P(A_2) = .60$，表示額外資料對於有效留用的提高與錯誤淘汰的降低的預測有部分幫助。另一方面，在評價調查被評為否定的那些新人中（B＝2），留下來的新人為 $P(A_1 \mid B_2) = .211$，遠低於原來的 $P(A_1) = .40$，而離開的新人則為 $P(A_2 \mid B_2) = .789$，亦遠高於原來的 $P(A_2) = .60$，變動幅度甚大，表示額外資料對於錯誤留用的降低與正確淘汰的提高有明顯幫助。經過貝氏定理的運算，證實了人事部門應該輔以試用評價調查，可以提高最後正確留用與降低錯誤淘汰的決策。此一貝氏定理運算的樹狀圖列於圖 5.4。

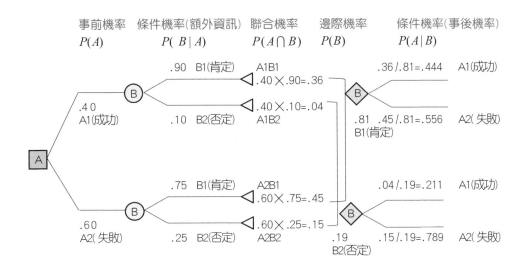

圖 5.4　以貝氏定理求取事後機率樹狀圖

5.6 機率分配

　　前面各節所討論的機率概念，主要圍繞在事件機率之上，也就是個別事件發生情形的原理與運算法則，然而機率之所以在統計學中具有重要的地位，主要價值在於一連串事件的發生機率存在著一定的規律，形成完整的機率分配，藉由分配的概念，我們可以得到關於某項實驗或研究活動更多的資訊，得以應用在統計決策之上。以下我們將把機率從事件發生率延伸到完整實驗的機率分配，並簡單介紹幾種常用的機率分配，以利銜接後續關於推論統計的各種應用。

5.6.1 機率分配與隨機變數

　　機率分配（probability distribution）是指在某項隨機實驗之下，所有可能發生的樣本點的機率數值所形成的分配。就好比我們曾經介紹的次數分配，機率分配呈現一系列數值的發生情形，所不同的是，次數分配所描繪的是實驗活動完成之後，或是人們進行資料蒐集工作之後，所得到某個變數的「已經發生」的分佈情形，機率分配則是基於古典機率的觀點，描繪如果重複實施某項隨機實驗「將會發生」的分佈情形。

　　進一步的，之所以稱為「機率」分配而非次數分配，是分配中的發生情形以機率表示，因此該分配必須符合前面所介紹的三項機率公理：機率值介於 0 至 1 之間、樣本空間當中的每一個樣本點互斥、所有機率和為 1.0。至於機率分配中的各個機率值是「誰的」機率，則類似於次數分配中的某個變數的不同數值，在機率分配中稱為**隨機變數**（random variable），以 X 表示。也就是說，機率分配中的各個機率值，反映了某實驗下不同樣本點狀態的發生情形，各機率所對應的 X 變數的數值，代表機率事件的不同狀態，反過來說，X 變數每一個數值都有其特定的發生機率 $P(X)$。

　　由於機率分配所關注的是所有樣本點的出現狀況，而非單一事件機率，隨機變數 X 的數值具有一定的規律性與數值特性，因此服從特定分配形式的機率分配，X 變數的 n 個數值的機率多以函數的形式 $f(x_i)$ 來表示，$i = 1, \cdots, n$，稱為**機率函數**（probability function）（下標 i 可省略）。相對之下，$P(x_i)$ 則多用於單一事件或事件機率關係的表述。儘管如此，在機率分配中的 $f(x_i)$ 其本質仍為機率，必須遵

循機率公理與運算法則。

進一步的，由於隨機變數 X 的 n 個具有強弱特徵的數值且機率彼此互斥，因此對於不同數值條件下的機率函數 $f(x_i)$ 可以利用**累積分配函數**（cumulative distribution function; 簡稱 CDF）來進行機率的複合累積運算，藉以瞭解隨機變數的整體狀況。累積分配函數下的機率值以大寫的 $F(x_i)$ 表示，定義如公式 5-18 所示。$F(x_i)$ 隨著累積數量 i 增加而機率必增不減，是為**非遞減函數**（non-decreasing function）。

$$F(X = x_i) = F(x_i) = P(X \le x_i) = f(x_1) + ... + f(x_n) \qquad (5\text{-}18)$$

也正由於機率分配關注的是隨機變數 X 的所有數值下的出現機率，對於某個隨機變數而言，其數值與對應機率具有數量的性質，因此可以依照機率原理計算理論平均數（以 μ 表示）與變異數（以 σ^2 表示），藉以說明機率分配的集中趨勢與變異情形。由於平均數為反覆進行多次實驗得到的最可能結果，因此又稱為**期望值**（expected value），以 $Exp(X)$ 表示，代表機率分配的中央位置。

5.6.2 間斷隨機變數與間斷機率分配

5.6.2.1 基本概念

在一個隨機實驗中，樣本點的性質決定了機率分配的型態。先前各節對於機率原理的討論，其實驗結果皆為整實數的概念，例如骰子的某一面或某幾面、銅板的正面或反面有幾個，這些嘗試結果的樣本點都是具體可計數的事件，因此隨機變數 X 的數值亦為間斷的整實數，兩個相鄰的整實數之間不會出現更小的數值，因此 X 稱為**間斷隨機變數**（discrete random variable）。其機率分配稱為**間斷機率分配**（discrete probability distribution），可利用長條圖來列出各 X 變數各數值的機率分配狀況。

以丟擲三個銅板的隨機實驗為例（如圖 5.1 的第二個樣本空間 S2），由於三

個銅板彼此相互獨立，因此此一隨機實驗可以視為具有三次實驗嘗試 t_1、t_2、t_3，每一次嘗試有 0（反面）與 1（正面）兩種可能結果，因此共有八種樣本點，如表 5.4 所示。如果令隨機變數 X 為出現正面的次數，則 X 的數值共有 0、1、2、3 四種狀況，各反映了 { 不包含 1 }、{ 一次 1 }、{ 兩次 1 }、{ 三次都是 1 } 等四種樣本點的**組合**（combination）（四種不同的互斥事件）。將 X 各數值的出現次數加以整理，並求出機率值，即得到 X 隨機變數的機率分配，列於表 5.4 的最右側欄位中。

圖 5.5(a) 列出了丟擲三個銅板的機率分配長條圖，圖 5.5(b) 則為十個銅板的機率分配長條圖。

表 5.4　丟擲三個銅板隨機實驗的樣本空間、隨機變數與機率分配

樣本點 outcomes	嘗試			隨機變數 X		
	t_1	t_2	t_3	數值	次數	機率
o_1	0	0	0	0	1	1/8 = .125
o_2	1	0	0	1		
o_3	0	1	0	1	3	3/8 = .375
o_4	0	0	1	1		
o_5	1	1	0	2		
o_6	1	0	1	2	3	3/8 = .375
o_7	0	1	1	2		
o_8	1	1	1	3	1	1/8 = .125
總和					8	1.00

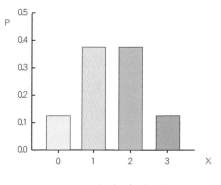

(a) 三個銅板實驗　　　　(b) 十個銅板實驗

圖 5.5　丟擲多個銅板的機率分配長條圖

對於一個間斷隨機變數，由於變數中的每一個數值 x 都有相對應的出現機率 $P(x)$，因此可以求出分配的平均數（期望值）與變異數，如公式 5-19 與 5-20 所示。

$$\mu = E(x) = \Sigma x P(x) \qquad (5\text{-}19)$$

$$\sigma^2 = Var(x) = \Sigma(x - \mu)^2 P(x) \qquad (5\text{-}20)$$

丟擲三個銅板的機率分配，以隨機變數的形式來表示時，可以得到平均數與變異數如下：

$$\mu = \Sigma x P(x) = 0 \times .125 + 1 \times .375 + 2 \times .375 + 1 \times .125 = 1.5$$

$$\begin{aligned}
\sigma^2 &= \Sigma(x - \mu)^2 P(x) \\
&= (0 - 1.5)^2 \times .125 + (1 - 1.5)^2 \times .375 + (2 - 1.5)^2 \times .375 + (3 - 1.5)^2 \times .125 \\
&= .75
\end{aligned}$$

對於一個帶有任意間斷數目的間斷隨機變數，每一個數值都有相對應的任意機率，只要符合基本機率公理，即可套用前述原則來建立機率分配，並求取平均數與變異數。例如某食品公司出產某速食麵產品共有四種包裝，售價分別為 10、20、25 與 50 元，四種包裝的生產量分別為 25%、50%、10% 與 15%，其機率分配整理如表 5.5 的前兩欄，速食麵銷售的平均價格為 22.5 元，變異數為 156.25，計算過程列於表 5.5 的第三欄與第四欄。

表 5.5　食品公司四種速食麵的機率分配

x	$P(x)$	$xP(x)$	$(x-\mu)^2 P(x)$
10	.25	2.5	39.06
20	.50	10.0	3.13
25	.10	2.5	0.63
50	.15	7.5	113.44
總和	1.00	22.5	156.25

5.6.2.2 二項分配

在間斷機率分配中，最簡單且最常見的是**二項機率分配**（binominal probability distribution），簡稱二項分配，是一種基於**白努利實驗**（Bernoulli experiment）所獲得的機率分配。所謂白努利實驗是指單一一次獨立嘗試具有兩個完全互斥結果的隨機實驗，得到其中一種結果的機率若為 π，則另一個結果機率則為 $1-\pi$。一般在慣例上，個別嘗試機率 π 為兩種實驗結果中帶有正面意義者（例如「正面」、「成功」、「通過」、「答對」）的出現機率；相對的，$1-\pi$ 則歸屬於帶有負面意義的實驗結果（例如「反面」、「失敗」、「淘汰」、「答錯」）的出現機率。

反覆執行白努利實驗所累積得到的實驗結果，如同前一節表 5.4 所介紹的間斷隨機變數 X，又稱為**二項隨機變數**（binominal random variable）或**二分變數**（dichotomous variable）。前面各節以丟擲銅板為範例者，所得到的機率分配皆為二項分配。如果丟擲一個銅板一次，得到正面或反面的機率各為二分之一，如果把出現正面記為 1，那麼 $P(X=1)=1/2$，如出現反面的機會 $P(X=0)=1/2$。丟擲兩次，出現兩個正面 $P(X=2)$、一正一反 $P(X=1)$、兩個反面 $P(X=0)$ 的機率各為 1/4、2/4、1/4，那麼依此類推，可以得到二項分配的機率變化規則。二項分配的機率函數與累積機率函數分別為公式 5-21 與 5-22。

$$f(x) = C_x^n \pi^x (1-\pi)^{n-x} \tag{5-21}$$

$$F(x) = P(X \le x) = \Sigma f(x_i) \tag{5-22}$$

公式 5-21 中，n 為實驗嘗試次數，π 為個別嘗試的正面機率，隨機變數 $x = 0,...,$ n，x 為出現正面事件的次數，二項分配的機率函數變化取決於 n 與 π 兩個參數，因此以 $X \sim B(n,\pi)$ 表示之。當僅進行一次白努利嘗試時，二項分配只有兩個數值 $\{(0),(1)\}$，$n = 1$，此時機率分佈呈現矩形分配。當 n 增加，分配逐漸呈現鐘型曲線，極限分配（$n \to \infty$ 時）為常態分配。二項分配的期望值與變異數的推導如公式 5-23 與 5-24 所示。二項分配的機率分配列於附錄 E。

$$\mu = E(x) = n\pi \tag{5-23}$$

$$\sigma^2 = Var(x) = n\pi(1-\pi) \tag{5-24}$$

以下舉一實例來說明二項分配的運用。假設某次考試有 10 題是非題，答對一題得一分，最高分 10 分，最低分 0 分。某位同學完全沒有看書就來參加考試，因此 10 個題目都要用猜的，如果該生猜題能力一般，猜對的機率是 .50，那麼他全部猜對的機率為何？猜對 3 題以下的機率為何？對於此一二項分配的平均數與變異數為何？

若令猜對得分為 1，猜錯未得分為 0，二項分配的兩個參數為 $n = 10$，$\pi = .5$，平均數與變異數分別為 $\mu = n\pi = 10 \times .5 = 5$ 與 $\sigma^2 = n\pi(1-\pi) = 10 \times .5 \times .5 = .25$。以公式 5-21 求得全部猜對（$x = 10$）的機率如下：

$$f(X = 10) = C_x^n \pi^x (1-\pi)^{n-x} = C_{10}^{10} .5^{10}(1-.5)^{10-10} = .5^{10} = .001$$

以公式 5-22 求得猜對 2 題以下（$X \leq 2$）的機率如下：

$$F(x) = P(X \leq 2) = C_0^{10} .5^{10} (1 - .5)^{10-0} + C_1^{10} .5^{10} (1 - .5)^{10-1} + C_2^{10} .5^{10} (1 - .5)^{10-2}$$
$$= .001 + .010 + .044 = .055$$

事實上，此範例的條件與前面圖 5.5(b) 列出丟擲 10 個銅板的機率分配相當，因此答對題數多寡（隨機變數 X 的各數值）的機率就如同圖中各長條的高度。累積機率則是將範例問題所涵蓋之各數值的機率加總而得。

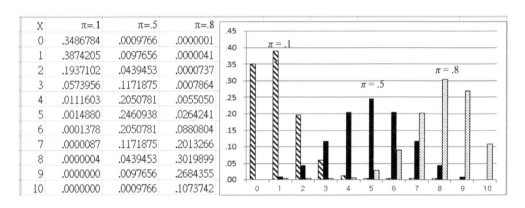

X	$\pi=.1$	$\pi=.5$	$\pi=.8$
0	.3486784	.0009766	.0000001
1	.3874205	.0097656	.0000041
2	.1937102	.0439453	.0000737
3	.0573956	.1171875	.0007864
4	.0111603	.2050781	.0055050
5	.0014880	.2460938	.0264241
6	.0001378	.2050781	.0880804
7	.0000087	.1171875	.2013266
8	.0000004	.0439453	.3019899
9	.0000000	.0097656	.2684355
10	.0000000	.0009766	.1073742

圖 5.6　三種不同 π 參數的二項分配機率圖

值得注意的是，二項分配的機率分佈受到兩個參數 n 與 π 的影響，當 $\pi= .5$ 時，表示白努利嘗試為一公正事件，發生 1 與發生 0 的機率相當，因此二項分配為對稱分配（如同圖 5.6 所示的黑實線長條分配），但是如果當 $\pi \neq .5$ 時，白努利嘗試為非公正事件，發生 1 與發生 0 的機率不相當，因而導致二項分配呈現偏態分配，當 π 低於 .5 時，二項分配呈現右側長尾的正偏態，當 π 高於 .5 時則為左側長尾的負偏態，如圖 5.6 所示。而且當 π 偏離 .5 越遠，偏態越嚴重。

雖然不公正的白努利嘗試使得二項分配會產生偏態，但是如果將嘗試次數增加（n 增加），即使是偏態的二項分配也逐漸成為對稱於 $n\pi$ 為平均數的常態分配，此即大數法則的正面意義。

5.6.2.3 超幾何分配

二項分配雖然可能會因為 π 偏離 .5 而產生不對稱的現象，但是實驗嘗試的獨立性始終可以維繫，因此不會發生個別事件機率因為不獨立產生變化的窘境。今天如果因為樣本空間有限且實施取出不放回的實驗嘗試，機率分配中的個別事件機率因而產生變化。例如某一個小學就只有區區 20 名學生，從中抽取任一個學生的機率為 1/20，但是如果某一個學生被選取後不能再次被選擇，下一個學生被抽取的機率則為 1/19。此時以二項分配無法描述學生抽樣的機率，需改用超幾何分配。

超幾何機率分配（hypergeometric probability distribution）也是基於一種有正反兩種實驗結果所獲得的間斷機率分配，其最大特性是假設母體為**有限母體**（finite population），也就是母體數目 N 已知且規模不大；相對之下，二項分配則是在**無限母體**（infinite population）下所得到的實驗結果，此時實驗嘗試可以無限次反覆實施且個別嘗試的發生機率維持恆定。一般而言，當樣本來自有限母體而選後不放回，且樣本規模 n 超過母體規模 N 的 5% 以上時，各實驗嘗試的機率並非獨立，此種實驗稱為超幾何實驗，其機率函數 $f(x)$ 定義如公式 5-25 所示，累積機率函數 $F(x)$ 則與二項分配相同（公式 5-22）。

$$f(x) = \frac{C_x^S \times C_{n-x}^{N-S}}{C_n^N} \tag{5-25}$$

公式 5-25 當中的 S 為規模為 N 的母體中進行實驗得到正面的總次數，x 為從樣本 n 中得到正面結果的次數，服從此一函數的機率分配稱為超幾何分配，以 $HG(S,N,n)$ 表示，帶有三個參數。S/N 即為實驗最初時的正面機率 π，如果 $n/N > .05$，隨著實驗的進行 S/N 偏離 π 的情形就會十分明顯。超幾何分配的期望值與變異數如公式 5-26 與 5-27 所示。

$$\mu = E(x) = n\frac{S}{N} \tag{5-26}$$

$$\sigma^2 = Var\ (x) = n \times \frac{S}{N} \times \frac{N-S}{N} \times \frac{N-n}{N-1} \tag{5-27}$$

假設某次甄選有 18 位候選人，男生與女生各 9 人，每一次隨機抽取 3 位進行集體面談，那麼第一批的三位候選人有 1 個男生的機率為何？不全是男生的機率為何？兩者的機率分配期望值與變異數為何？

若以男生為 S 與 x 的人數，則本範例的 N = 18，S = 9，n = 3，x 則有 x = 2 與 x ≤ 2 等兩種狀況，x = 2 可以直接由機率函數求 f(x = 2)，x ≤ 2 這個問題則必須以累積機率函數 F(x ≤ 2) = f(x = 0)+f(x = 1)+f(x = 2) 求出。由於 n/N = .167 大於 .05，採超幾何機率函數進行運算，得到兩種機率分別如下：

$$f(X \mid x = 2) = \frac{C_x^S \times C_{n-x}^{N-S}}{C_n^N} = \frac{C_2^9 \times C_{3-2}^{18-9}}{C_3^{18}} = \frac{\left(\dfrac{9!}{2!7!}\right) \times \left(\dfrac{9!}{1!8!}\right)}{\left(\dfrac{18!}{3!15!}\right)} = \frac{\left(\dfrac{9 \times 8}{2 \times 1}\right) \times \left(\dfrac{9}{1}\right)}{\left(\dfrac{18 \times 17 \times 16}{3 \times 2 \times 1}\right)}$$

$$= \frac{36 \times 9}{816} = .397$$

$$F(X \mid x \leq 2) = \frac{C_0^9 \times C_{3-0}^{18-9}}{C_3^{18}} + \frac{C_1^9 \times c_{3-1}^{18-9}}{C_3^{18}} + \frac{C_2^9 \times C_{3-2}^{18-9}}{C_3^{18}}$$

$$= \frac{\left(\dfrac{9!}{0!9!}\right) \times \left(\dfrac{9!}{3!6!}\right)}{\left(\dfrac{18!}{3!15!}\right)} + \frac{\left(\dfrac{9!}{1!8!}\right) \times \left(\dfrac{9!}{2!7!}\right)}{\left(\dfrac{18!}{3!15!}\right)} + .397 = \frac{1 \times 84}{816} + \frac{9 \times 36}{816} + .397$$

$$= .103 + .397 + .397 = .897$$

這兩個問題的機率分配都是同一個（N = 18，S = 9，n = 3），因此期望值與變異數求一次即可：

$$\mu = E(x) = n\frac{S}{N} = 3 \times \frac{9}{18} = 1.5$$

$$\sigma^2 = Var\,(x) = n \times \frac{S}{N} \times \frac{N-S}{N} \times \frac{N-n}{N-1} = 3 \times \frac{9}{18} \times \frac{9}{18} \times \frac{15}{17} = .6618$$

如果改以二項分配來求 μ 與 σ^2，得到 $\mu = 1.5$，$\sigma^2 = 3 \times .5 \times .5 = .75$，可知平均數不變但是變異數則高估，換言之，在相同的起點機率下實施有限母體抽後不放回的超幾何實驗，所得到的機率分配的變異情形會低於二項分配，但是分配的中心點則無改變。

5.6.2.4 卜瓦松分配

二項分配與超幾何分配兩者都是針對反覆進行的雙結果實驗之機率分配進行描述，與時間並無關聯。如果今天我們關心在一定的連續區間內（包括時間、長度、空間區間），某雙結果實驗的發生情形，則需使用**卜瓦松機率分配**（Poisson probability distribution）來描述。例如機場內一小時飛機起飛架次、半小時內計程車載客次數、一公里內的加油站數目、一甲地中的樹木數量、一分鐘內股票買賣張數等。如果這些隨機實驗滿足下列三個條件：第一，隨機實驗在某一小段區間會得到「發生」或「不發生」之兩種結果，第二，在某一段區間內事件發生機率與另一段區間內的事件發生機率彼此獨立，第三，事件發生的期望值隨著區間長度放大呈比例放大（例如半小時載客平均次數為 10 人、一個小時載客平均次數則為 20 人），則稱為**卜瓦松隨機實驗**（Poisson random experiment），隨機變數 X 表示一段區間內發生某事件的次數，其機率分配稱為卜瓦松分配，其機率分配列於附錄 F，機率函數 $f(x)$ 定義式如公式 5-28。

$$f(x) = \frac{\lambda^x e^{-\lambda}}{x!} \qquad X \geq 0 \qquad\qquad (5\text{-}28)$$

公式 5-28 中的 e（2.71828）為自然對數，λ 為特定區間下事件平均發生次數，是卜瓦松機率函數中的唯一參數，例如計程車每一小時平均載到 4 組乘客、超商每一分鐘進入 1.5 位顧客。雖然事件發生與否是一個二元結果實驗，隨機變數 x 為間斷實數，然而 λ 則是一個與時間（或長度、空間）有關的參數，因此，卜瓦松分配多應用於與時間區間有關的機率事件描述，以 $X \sim Poisson(\lambda)$ 表示，其期望值

與變異數皆為 λ，如公式 5-29 與 5-30 所示。

$$\mu = E(x) = \lambda \tag{5-29}$$

$$\sigma^2 = Var(x) = \lambda \tag{5-30}$$

現以一實例來說明卜瓦松分配的應用。假設某計程車司機在台北車站排班載客，平均每 20 分鐘可以載到 1.5 組客人，那麼在下午一點到兩點的一小時間載到 3 組客人的機率為何？

由「每 20 分鐘可以載到 1.5 組客人」這個資訊可推知，下午一點到兩點的 60 分鐘這段區間的平均載客組數為 $\lambda = (60/20) \times 1.5 = 4.5$，有了 λ 參數後，即可利用公式 5-28 求取當 $x = 3$ 的機率：

$$f(X \mid x = 3) = \frac{\lambda^x e^{-\lambda}}{x!} = \frac{4.5^3 \times 2.71828^{-4.5}}{3!} = \frac{91.125 \times 0.0111}{3 \times 2 \times 1} = \frac{1.0123}{6}$$

$$= .1687$$

那麼如果是問在下午一點到一點半的半小時間載到 3 組客人的機率為何？那麼 λ 等比例縮小一倍至 $(30/20) \times 1.5 = 2.25$，套用公式得出 $f(x = 3) = .200$，事件機率反而增加。由此可知，在相關條件未改變的情況下，λ 參數（特定區間下事件平均發生次數）呈固定比率變化時，特定事件機率非呈等比例改變。當時間區間越短時（λ 越小），特定發生機率會越高，此時卜瓦松分配呈右方有長尾的正偏態情況越明顯。當 λ 增加，例如由 $\lambda = 1$ 增加至 $\lambda = 10$，卜瓦松分配則趨近於對稱分配。不同 λ 參數的卜瓦松分配機率表如圖 5.7 所示。

事實上，λ 參數就是二項分配當中的期望值 $(E(x) = n\pi)$，亦即 $\pi = \lambda/n$。若實驗嘗試次數 n 很大而 λ 不變，π 也會很小，如果是在二項分配，當 π 低於 .5 越多時，

正偏情形越明顯，此時除非把 n 放大，否則分配呈現卜瓦松正偏態分配。一般而言，實驗嘗試很大但發生機率很小時（$n \geq 20$、$n\pi \leq 1$ 或 $n \geq 50$、$n\pi \leq 5$）的二項分配會趨近卜瓦松分配，此時可以 $\lambda = n\pi$ 的卜瓦松分配作為二項分配的近似分配，來推導各事件的機率值，例如對於 $n = 20$、$\pi = .05$ 的二項分配，可以利用 $\lambda = 1$ 的卜瓦松分配代替二項分配。

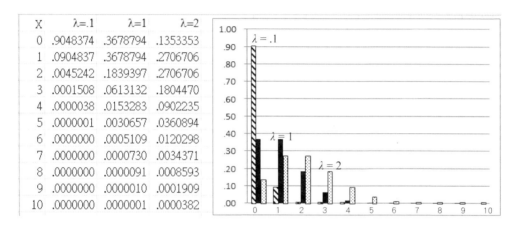

圖 5.7　三種不同 λ 參數的卜瓦松分配機率圖

5.6.3 連續隨機變數與連續機率分配

5.6.3.1 基本概念

以丟銅板之隨機實驗為例時，隨機變數 X 的數值為間斷的離散實數，如果隨機實驗為測量時間或距離的長短、重量或容量的變化、速度的快慢等等，實驗結果就無法以確實的離散實數來表示，而是連續性的數值變化。在這一類隨機實驗中所得到的隨機變數 X 在兩個相鄰的數值之間，只要測量工具的精密度許可，都可得到更小位數的數值，此時 X 稱為**連續隨機變數**（continuous random variable），其機率分配則稱為**連續機率分配**（continuous probability distribution），分配中的機率變化一般以函數的形式 $f(x)$ 來表示，因此稱之為**機率密度函數**（probability density function; 簡稱 PDF）。$f(x)$ 函數必須滿足兩項條件，方符合機率函數的要求：

$$f(x) \geq 0 \qquad\qquad\qquad\qquad （5\text{-}31）$$

$$\int_a^b f(x)dx = 1 \qquad\qquad\qquad\qquad （5\text{-}32）$$

公式 5-32 當中的 a 與 b 為隨機變數的最小值與最大值，亦即 $a \leq x \leq b$，在 a 與 b 之間構成隨機變數 X 的樣本空間，其間任何一個數值的機率介於 0 與 1，累積機率為 1.0。對於一個連續機率分配，其期望值與變異數如公式 5-33 與 5-34 所示。

$$\mu = E(x) = \int_a^b xf(x)dx \qquad\qquad\qquad\qquad （5\text{-}33）$$

$$\sigma^2 = Var(x) = \int_a^b (x-\mu)^2 f(x)dx \qquad\qquad\qquad\qquad （5\text{-}34）$$

也正由於連續變數特定數值 X 的機率估計數沒有實質意義，取而代之的是計算 X 變數在 $a \leq x \leq b$ 範圍內的任意區間的機率總和，亦即計算 X 的某一區間內的面積，也因此連續機率分配的變動情形需利用函數曲線來表示，或以直方圖來進行分組後機率分配的相對次數變動圖，而非前述所使用的間斷性長條圖。

5.6.3.2 常態分配

最常見的連續機率分配可說是**常態分配**（normal distribution），例如人類智商的變化、大學生的身高與體重、學生的統計能力等等，這些連續隨機變數的機率密度變化皆呈現對稱且均勻的鐘形曲線的分配。從數學上來定義，一個連續機率分配可稱為常態分配，其函數須為公式 5-35。

$$f(x) = \frac{1}{\sigma\sqrt{2\pi}} e^{-(x-\mu)^2/2\sigma^2}$$

（5-35）

公式 5-35 中，π 為圓周率（3.1416），$f(x)$ 函數中有兩個參數 μ 與 σ^2，其餘各項均為常數。函數值 $f(x)$ 所代表的意義是相對於變數 x 的機率密度，也就是機率分配的 Y 軸高度。當 $x = 0$ 時，函數值 $f(x)$ 達到最高點，當 x 趨近正負無限大時，$f(x)$ 則趨近為 0。

常態分配的概念由德國數學家高斯（Karl F. Gauss；1777-1855）所提出，因此又稱為**高斯分配**（Gaussian distribution）。由於 μ 與 σ^2 這兩個參數決定了常態分配的中心點與離散性，因此常態分配以 $X \sim N(\mu, \sigma^2)$ 表示。換言之，只要滿足公式 5-35 的函數條件的機率分配都可稱為常態分配，皆呈現對稱的鐘型分配，但是不同的常態分配可能會有不同的平均數與變異性，如圖 5.8 所示。

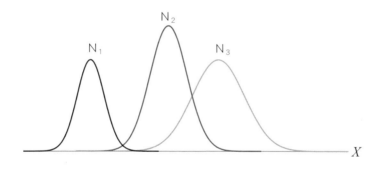

圖 5.8 三個不同集中點與變異程度的常態分配

圖 5.8 當中的 N_1 雖然平均數最低，但是變異性最小，N_3 的平均數最高，但是變異性最大。此外，在下一章我們也會看見，在進行抽樣研究時，如果樣本很大，抽樣誤差分配的變異數會很小，甚至會趨近於 0，但是由於抽樣分配的機率變化符合常態曲線，因此趨近於一直線的抽樣分配也仍是常態分配。但是值得注意的是，如果我們將隨機變數 X 轉換成 z 分數，所有的常態分配都會成為 $z \sim N(0,1)$ 的**標準常態分配**（standard normal distribution），就不會有圖 5.8 的不同集中性與變異性的常態分配。

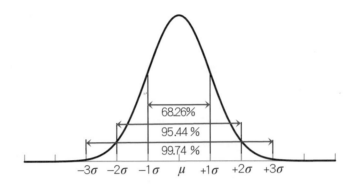

圖 5.9　常態分配不同區位的機率圖示

　　常態分配最常被提到的概念，也就是配合 z 分數的概念來解釋機率變化。由圖 5.9 可知，常態分配介於平均數上下的 1、2、3 個標準差的範圍內，分別涵蓋了 68.26%、95.44%、99.74% 的面積，這也正是 $z = \pm 1$、$z = \pm 2$、$z = \pm 3$ 所包含的機率範圍。進一步的，在平均數上下的 1.96 個標準差的範圍內，亦即在 $\mu \pm 1.96\sigma$ 的區間內（或 $z = \pm 1.96$ 範圍內），機率為 .95，± 1.96 個標準差之外的兩端尾機率合計為 .05，如果將中間的 .95 定義為 95% 信賴區間，那麼 $\mu \pm 1.96\sigma$ 的兩端點就是信賴區間的上下界，我們將在下一章討論信賴區間在推論統計上的應用。幾組重要的機率關係整理如下：

$$P(x \leq \mu \pm 1\sigma)=.6826 \qquad P(x \leq \mu \pm 1.96\sigma)=.95$$

$$P(x \leq \mu \pm 2\sigma)=.9544 \qquad P(x \leq \mu \pm 2.58\sigma)=.99$$

$$P(x \leq \mu \pm 3\sigma)=.9974 \qquad P(x \leq \mu \pm 3.29\sigma)=.999$$

　　此外，透過 z 分數與常態曲線機率的對照表（附錄 A），我們可以很輕易的查出，距離平均數 z 個標準差的距離所包夾的累積機率為何。關於 z 分數與常態機率的對應關係與查表方法，已經在前一章討論，不予贅述。

5.6.3.3 均勻分配

　　另一種常見的連續機率分配為**均勻分配**（uniform distribution），例如等公車時間、高鐵行駛時間、看病等候時間等等，這類活動的隨機變數在某一段連續區

間內的任一處均有相同發生率，因其機率密度函數呈現長方形狀，因此又稱為**矩形分配**（rectangular distribution）。均勻分配的 PDF 如公式 5-36 所示。

$$f(x) = \frac{1}{b-a} \quad a \leq x \leq b \tag{5-36}$$

公式 5-36 中的 a 與 b 為一固定區間的兩端點，兩端點內的矩形面積機率和為 1，因為 $b-a$ 為矩形的長度，因此矩形的高度（亦即機率 $f(x)$）恰為長度的倒數，如圖 5.10 所示。換言之，矩形分配的機率變化由 a 與 b 兩個參數所決定，因此以 $X \sim U(a,b)$ 來表示矩形分配，其平均數（期望值）與變異數如公式 5-37 與 5-38 所示。

$$\mu = E(x) = \frac{a+b}{2} \tag{5-37}$$

$$\sigma^2 = Var(x) = \frac{(a-b)^2}{12} \tag{5-38}$$

若要求 (a,b) 期間任何一點 x 的累積機率，即是對 $f(x)$ 進行積分，如公式 5-39 所示。換言之，均勻分配的累積機率函數為 x 的特定包夾區間長度與矩形面積長度之比值。

$$F(x) = \int_a^x \frac{1}{b-a} dt = \frac{x-a}{b-a} \tag{5-39}$$

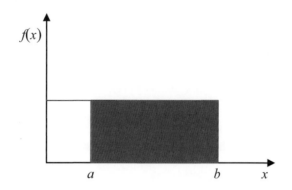

圖 5.10　均勻分配的機率密度圖

　　舉例來說，某餐廳規定服務人員察看洗手間的時間應在 30 至 60 分鐘以內，在規定時間內的任何時間均可察看，因此可假設為機率相等的均勻分配，利用公式 5-36 可得到機率密度為 $f(x) = 1/30$，該餐廳員工平均察看時間與變異數，以及員工在最中間的 10 分鐘去察看洗手間的機率分別計算如下：

$$\mu = \frac{a + b}{2} = \frac{60 + 30}{2} = 45$$

$$\sigma^2 = \frac{(a - b)^2}{12} = \frac{(60 - 30)^2}{12} = 75$$

$$P(40 \leq x \leq 50) = P(x \leq 50) - P(x \leq 40) = \frac{(50 - a) - (40 - a)}{b - a} = \frac{10}{30} = .33$$

5.6.3.4 指數分配

　　指數分配（exponential distribution）也是另一種常見的連續隨機變數的機率分配，其所涉及的隨機實驗也與時間有關，例如抽一根又一根煙的時間、燈泡的壽命、超商店員面對下一個顧客的時間、機器發生故障的時間等等，這些涉及每 X 單位時間內會發生一次該事件的隨機實驗機率，容易發生在隨機實驗的平均數（發生一次該事件的平均時間）之前，超過平均數的機率小，因此機率分配呈現明顯的正偏態。例如平均每 1 小時要抽根煙的人，他在一定時間內抽煙的機率會集中在平均數（1 小時）之內，而非在平均數之外。指數分配的 $f(x)$ 與 $F(x)$ 如公式 5-40 與 5-41 所示，其機率密度如附錄 G。

$$f(x) = \lambda e^{-\lambda x} \quad x \geq 0 \text{ , } \lambda > 0 \tag{5-40}$$

$$F(x) = P(X \leq x) = 1 - e^{-\lambda x} \quad \text{或} \quad F(x) = P(X \geq x) = e^{-\lambda x} \tag{5-41}$$

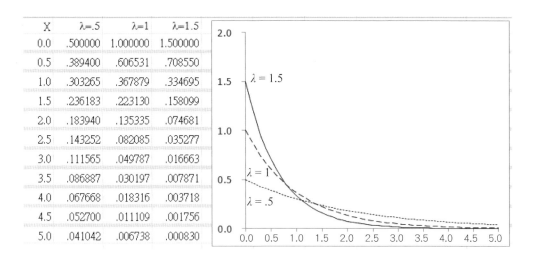

X	$\lambda=.5$	$\lambda=1$	$\lambda=1.5$
0.0	.500000	1.000000	1.500000
0.5	.389400	.606531	.708550
1.0	.303265	.367879	.334695
1.5	.236183	.223130	.158099
2.0	.183940	.135335	.074681
2.5	.143252	.082085	.035277
3.0	.111565	.049787	.016663
3.5	.086887	.030197	.007871
4.0	.067668	.018316	.003718
4.5	.052700	.011109	.001756
5.0	.041042	.006738	.000830

圖 5.11　不同 λ 參數的指數分配機率密度圖

　　指數分配僅有一個時間參數，亦即公式 5-40 中的 λ，為單位事件發生的平均數，例如店員遇到下一位顧客的平均時間，因此指數分配以 $X{\sim}Exp(\lambda)$ 表示。λ 不同，機率分配的形狀也就不同，如圖 5.11 所示。

　　由公式 5-40 可知，當 $X = 0$ 時的機率密度最大，$f(0) = \lambda$。隨著 X 增加，機率密度迅速降低。λ 越大（圖 5.11 中的 $\lambda= 1.5$），機率密度的降低速度越快，平均數越接近零點，分配變異量越小；λ 越小（圖 5.11 中的 $\lambda= .5$），機率密度的降低速度較慢，分配變異量較大。指數分配的平均數（期望值）為 λ 的倒數，變異數為 λ^2 的倒數，如公式 5-42 與 5-43 所示。

$$\mu = E(x) = \frac{1}{\lambda} \tag{5-42}$$

$$\sigma^2 = Var(x) = \frac{1}{\lambda^2} \tag{5-43}$$

以下舉一個實例來說明指數分配的應用。假設某計程車司機在台北車站排班載客，平均每間隔 10 分鐘就可以載到一組客人，但是如果在新光三越排班要 25 分鐘才能載到一組客人，那麼該司機在下午 13:00 到 13:30 之間若在台北車站，或在新光三越，能載到客人的機率分別為何？

由於在台北車站上一組客人到下一組客人平均時間只要 4 分鐘，代入指數分配的平均數公式得到 $\lambda = 1/10 = 0.1$，在新光三越為 25 分鐘，$\lambda = 1/25 = 0.04$，車站的 λ 遠高於新光三越，顯然於台北車站在越短的時間內就可以載到客人。針對下午的某半個小時內的載客機率，由累積機率密度函數公式導出如下：

台北車站：$F(x) = P(X \le 30) = 1 - e^{-.1 \times 30} = 1 - e^{-3} = 1 - 0.0498 = .9502$

新光三越：$F(x) = P(X \le 30) = 1 - e^{-.04 \times 30} = 1 - e^{-1.2} = 1 - 0.3012 = .6988$

由前述資料可知，在下午某三十分鐘內，若在台北車站有超過 95% 的機率載到客人，但是在新光三越只有不到 70% 的機率載到客人。如果用相反的方式來問：在兩個地點排班要等到 30 分鐘以後才載到客人的機率為何？那麼答案就直接取前述機率的餘機率，亦即台北車站僅有 .0498，新光三越則為 .3012。以公式 5-41 來推導則如下：

台北車站：$F(x) = P(X > 30) = e^{-.1 \times 30} = .0498$

新光三越：$F(x) = P(X > 30) = e^{-.04 \times 30} = .3012$

綜合前述各節的介紹，本章所討論的各機率分配的機率密度函數、期望值與變異數整理於表 5.6。

表 5.6 常見的機率分配整理表

	分配類型	符號	機率密度函數	期望值	變異數
間斷機率分配	二項分配	$B(n,\pi)$	$f(x) = C_x^n \pi^x (1-\pi)^{n-x}$	$n\pi$	$n\pi(1-\pi)$
	超幾何分配	$HG(S,N,n)$	$f(x) = \dfrac{C_x^S C_{n-x}^{N-S}}{C_n^N}$	$n\left(\dfrac{S}{N}\right)$	$n\left(\dfrac{S}{N}\right)\left(\dfrac{N-S}{N}\right)\left(\dfrac{N-n}{N-1}\right)$
	卜瓦松分配	$Poisson(\lambda)$	$f(x) = \dfrac{\lambda^x e^{-\lambda}}{x!}$	λ	λ
連續機率分配	常態分配	$N(\mu,\sigma^2)$	$f(x) = \dfrac{1}{\sigma\sqrt{2\pi}} e^{\frac{-(x-\mu)^2}{2\sigma^2}}$	μ	σ^2
	均勻分配	$U(a,b)$	$f(x) = \dfrac{1}{b-a}$	$\dfrac{a+b}{2}$	$\dfrac{(a-b)^2}{12}$
	指數分配	$Exp(\lambda)$	$f(x) = \lambda e^{-\lambda x}$	$\dfrac{1}{\lambda}$	$\dfrac{1}{\lambda^2}$

本章重要概念

機率 probability　　　　　　　　隨機實驗 random experiment

樣本點 sample point　　　　　　　樣本空間 sample space

事件 event　　　　　　　　　　　餘事件 complementary event

簡單事件 simple event　　　　　　複合事件 compound event

先驗機率 prior probability　　　　古典機率 classical probability

實徵機率 empirical probability　　客觀機率 objective probability

後驗機率 posteriori probability　　大數法則 law of large number

主觀機率 subjective probability　　互斥事件 mutually exclusive event

非互斥事件 nonmutually exclusive event　　獨立事件 independent event

相依事件 dependent event　　　　加法律 additive law

乘法律 multiplication law　　　　聯合機率 joint probability

條件機率 conditional probability

二項機率分配 binominal probability
distribution

卜瓦松機率分配 Poisson probability
distribution

均勻分配 uniform distribution

指數分配 exponential distribution

列聯表 contingency table

白努利實驗 Bernoulli experiment

超幾何機率分配 hypergeometric
probability distribution

常態分配 normal distribution

矩形分配 rectangular distribution

→ 課後習作

一、學校門口新開張一家 Pizza 店，開幕期間推出「來店就抽」贈獎活動，獎品是披薩兌換券，店家宣稱中獎率固定為 1/10。請回答下列問題

1. 抽獎活動是不是隨機實驗？為什麼？

2. 1/10 這兩個數字是古典、客觀還是主觀機率？為什麼？

3. 如果 A 君只去該店抽獎一次，那麼樣本點與樣本空間為何？

4. 如果 B 君連續三天都去該店抽獎，那麼樣本點與樣本空間為何？

5. A 君中獎的事件機率與餘事件機率為何？

6. B 君三天都中獎的機率為何？

7. B 君至少中一次獎的機率為何？

8. 如果店家表明抽獎箱裡有 100 張抽獎券其中有 10 張免費兌換券，抽完為止。那麼 B 君三天都中獎的機率為何？三天至少中一次獎的機率為何？

9. 前述各題中，何者牽涉互斥與非互斥事件的概念？為什麼？

10. 前述各題中，何者牽涉獨立與相依事件的概念？為什麼？

二、L 小姐衣櫥中有 10 件洋裝，淺色 7 件，深色 3 件。每天出門前隨機選擇一件來穿，每天不撞衫（不重複）直到全部穿完。請回答下列問題：

1. L 小姐第一天穿淺色洋裝的機率為何？

2. L 小姐第二天穿淺色洋裝的機率為何？

3. L 小姐第一天與第二天都穿淺色洋裝的機率為何？

4. L 小姐第一天與第二天都穿淺色或都穿深色洋裝的機率為何？

5. 請說明前面各題使用加法律與乘法律的情形。

三、某系有 80% 都是女生，女生有 90% 都會就業，但是男生只有 78% 就業。請回答下列問題：

1. 隨便遇到一位系上的畢業生，是女生但不就業的機率為何？

2. 系主任想找位就業中的畢業生回來演講，他找到的是女生的機率為何？

3. 請問這些問題是否牽涉到貝氏定理？為什麼？

4. 請利用樹狀圖來說明各種條件機率的狀態。

5. 請利用列聯表來說明各種機率狀態。

四、台北市政府想瞭解民眾對於捷運票價調整的意見，隨機訪問來到市府洽公的 10 位市民，請回答下列問題：

1. 如果贊成與反對的機率都是一半一半，這 10 位市民所有可能答案的機率分配是哪一種分配？為什麼？

2. 請繪製出前一題的機率分配圖。並標示平均數與變異數。

3. 如果反對者高達八成，請重新繪製這 10 位市民所有可能答案的機率分配圖。並標示平均數與變異數。

4. 為了保密，市長下令這 10 位訪問對象只限於市府內的 100 名員工，請問此時得到答案的機率分配是哪一種分配？為什麼？

5. 請繪製當 10 位市府員工的答案有 50% 與 80% 的反對意見的機率分配圖。並標示平均數與變異數。

五、某行動電話製造商在直營店每天平均可賣三支新手機，但是加盟店賣一支新手機卻平均要三天。請回答下列問題：

1. 在直營店中，某一天賣出一支新手機的機率為何？某一天一支新手機都沒有賣出去的機率為何？連續一個禮拜發生賣不出新手機的機率為何？某個禮拜中賣出 10 支新手機的機率為何？

2. 在加盟店中，某一天有賣出新手機的機率為何？連續三天有賣出新手機的機率為何？要一到五天才能賣出新手機的機率？

3. 前兩題所涉及的機率分配服從卜瓦松分配還是指數分配？為什麼？

4. 請說明前面幾題所涉及的卜瓦松分配或指數分配的平均數與變異數。

六、某鐵路平交道最短隔 3 分鐘就有一列車通過，最長則有 15 分鐘。請回答下列問題：

1. 如果列車間距呈均勻分配，請問列車間距在 5 分鐘以內及 5 分鐘以上的機率為何？

2. 如果列車間距呈常態分配，平均數為 9 分鐘，標準差為 2 分鐘，列車間距在 5 分鐘以內及 5 分鐘以上的機率為何？

Introduction

6 抽樣與估計

To

Statistics

6.1 前言

在機率那一章的前言當中我們已經指出，人類世界充滿著不確定，幾乎沒有什麼事情是必然的，因此我們必須從或然率著手，去瞭解各種事件發生的可能性，然後藉由將事件出現狀況整理成 0、1、2、3…的隨機變數型態，指出每一個數值的出現機率，建立一個描繪該隨機變數的整體機率分配，如此一來就能掌握事件出現的全貌，並且隨心所欲的去計算任何一種狀況下的發生情形。但是，這樣就足夠了嗎？利用機率原理與機率密度函數，就可以讓我們去掌握未知、進行預測、執行決策、解決科學問題了嗎？

讓我們借用前一章的例子來進行更進一步的說明。在表 5.1 當中曾經列出某便利商店 50 名顧客的消費行為，那些數據可能是某個上午該公司市場調查部門派出的一位工讀生在某分店門口站崗，紀錄了 50 位消費者的性別以及他們做了哪些事情所得到的結果。就以性別為例，50 位消費者當中，男生 24 人、女生 26 人，換算成機率是 .48 與 .52。由於每一位顧客不是男就是女，因此這可以說是連續實施 50 次白努利嘗試所得到的結果（$N = 50$），若將男生當作 1、女生當作 0，那麼會出現多少個男性顧客的隨機變數 X，完全符合二項機率分配。利用二項分配，我們可以查出出現任何一個數目的男性顧客的機率是多少，當然我們必需先要選定一個機率 π（例如 $\pi = .5$），然後才能利用二項分配的 PDF 求出男生出現 24 次（$x = 24$）的機率 $f(x)$。這裡的 $\pi = .5$，其意義是「任何一位走入店中的顧客性別是男或女的機率皆為 .5」，如果機率學得好，前面這一段自然不困難。但是，問題來了，你能回答下列這幾個問題嗎？

1. 為何 π 會是 .5 而不是其它值？
2. 這 50 位消費者的組成有沒有問題？
3. 男女機率就一定是 .48 與 .52 嗎？
4. 究竟會光顧該便利商店的顧客性別結構為何？

基本上，這四個問題已經不是機率問題了，而是牽涉到抽樣與估計等一連串關於**推論統計**（inferential statistics）的相關知識。

首先，我們當然不知道 π 是多少，因為 π 是一個母體的參數。別忘了前一章

所介紹的機率論是建立在古典 / 先驗機率的觀點上，因此這些參數都是直接給定，建立各機率分配時不需要去實際進行實驗就可以得到各機率值，但是在現實生活上則不然。推論統計的目的就是要從**樣本**（sample）來推知**母體**（population），為了要得知 π，我們必須從古典機率邁向實徵機率，要從描述統計（前面各章）邁向推論統計（本章開始的各章）。

第二，我們當然不知道 50 位消費者的組成有沒有問題，除非調查者能夠明確的告訴我們他是如何**抽樣**（sampling）？是否使用隨機抽樣以及用了哪一種隨機抽樣技術？顯然，我們必須透過抽樣方法的瞭解才能得知樣本的特性。

第三，男女機率當然不一定是 .48 與 .52，因為調查必有**抽樣誤差**（sampling error），如果調查者蒐集另外 50 名消費者的性別，多少會有出入變化，至於變化的程度有多大，需要透過**抽樣分配**（sampling distribution）與**中央極限定理**（central limit theorem）來瞭解。以這個例子來看，變化應該會很大。

最後一個問題則是回應第一個問題的大哉問，因為「光顧該便利商店的顧客性別結構為何？」就是調查者的研究問題，「性別結構」就是母體參數 π，它到底是多少必須加以**估計**（estimation），並且告訴我們估計的信心水準與抽樣誤差為何。

如果你對於前面的回覆內容一知半解，或對於相關名詞感到一頭霧水，都屬正常而不必擔心，因為那正是本章所要介紹的內容。在進入討論細節之前，在此提醒各位讀者，我們將正式告別相對單純直觀的描述統計領域，進入抽象複雜但更加實用的推論統計世界。

6.2 抽樣方法

推論統計的首要任務，就是建立樣本，而且是一個具有**代表性**（representativeness）的**隨機樣本**（random sample）。

一個樣本能夠冠上「隨機」一詞，需具備兩個特性，第一，從一個母體可以抽取無限多個樣本規模大小同為 n 的樣本（亦即樣本空間的任意一個子集合），而每一個樣本被抽出的機率必須相同；第二，在一個規模大小為 n 的樣本中，每一個個別樣本（樣本點）被抽取的機率相同。符合這兩項特性所進行的抽樣工作稱為**隨機抽樣**（random sampling），抽樣過程中，樣本的選取具有一定的隨機性

而不會受到其他人為或外在因素，影響樣本的機率特性。從理論機率的角度來看，只有在事件獨立的前提下進行抽樣，樣本的代表性才能得以確保。以下即介紹各種常見的隨機抽樣方法，並簡單介紹非隨機抽樣方法。

6.2.1 簡單隨機抽樣

最簡單的隨機抽樣，是利用亂數表或任何隨機方式（例如利用籤筒）來抽取一定數量的樣本點，抽樣過程中必須確保每一個樣本點有相同的抽中機率，稱為**簡單隨機抽樣**（simple random sampling）。一個標準的簡單隨機抽樣，首先是將母體當中的所有樣本點進行編號，然後利用亂數表決定每一個被抽取出來的樣本點的編號，現代的作法則多藉助電腦軟體（例如 EXCEL、SPSS、SAS）的亂數或抽樣功能，即能自動建立一組名冊。這些被挑選出來的樣本編號所集合而成的樣本點集合就是一個簡單隨機樣本，如圖 6.1 與 6.2 的 SPSS 與 EXCEL 抽樣範例。

簡單隨機抽樣的優點是概念簡單，容易操作，尤其是藉由電腦設備的協助之下，亂數的決定更加容易。但是，如果母體規模龐大，或是母體當中樣本點的異質性較大時，簡單隨機抽樣便無法充分反應母體的特性，其他的隨機抽樣方法更能夠獲得適當的樣本。

6.2.2 系統隨機抽樣

前述簡單隨機抽樣的隨機性，主要是由亂數表的使用來達成。如果樣本點的選取是按照特定系統化步驟來進行，使得每一個樣本點被選取的機率不會受到系統外的因素影響，也可以達到隨機化的效果，稱為**系統隨機抽樣**（system random sampling）。例如將母體當中所有的樣本點排列妥當後，抽取每隔特定筆數的樣本點形成一個樣本集合，又稱為**等距抽樣法**（interval sampling）。例如每隔 100 筆選擇一個樣本點，不斷重複此一步驟，直到母體的最末端為止，即可得到一個隨機化樣本。在 EXCEL 軟體的抽樣功能中，不僅可以進行簡單隨機抽樣，也可以進行系統隨機抽樣，使用上非常方便（如圖 6.2 所示）。

使用系統抽樣法有兩個需要注意的地方，第一是決定抽取的間隔（R），$R = N/n$，也就是以母體數目（N）除以所需要的樣本數（n）。當所需要的樣本數越大，

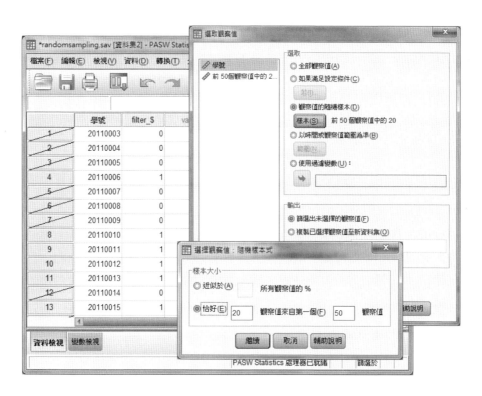

圖 6.1 以 SPSS 的選擇觀察值功能進行簡單隨機抽樣圖示
（filter_$ 為隨機樣本的選擇結果）

圖 6.2 以 EXCEL 的抽樣功能進行簡單（C 欄）與系統（D 欄）隨機抽樣圖示

間距越小；樣本數越小，間距越大。第二是第一筆樣本點的決定，避免從某一個特定的順序開始，而以隨機的方式從第 1 筆至第 R 筆之間任選一筆資料作為起始樣本。

6.2.3 分層隨機抽樣

要由樣本來推知母體的特性，除了隨機選抽樣本之外，最重要的是要讓樣本能夠充分的反應母體的結構特性。隨機抽樣的目的是讓每一個個別樣本點都有相同被選擇的機會，但無法確保樣本的結構能夠完全與母體一致。當一個母體本身有明確的結構特性，或是某一個結構因素對於研究結果的影響非常明顯，在進行抽樣時可以人為的手段，設定抽樣的特定比率，使樣本的結構可以與母體的結構維持一致，個別的樣本點則仍然依循簡單隨機抽樣原理，此種抽樣方法稱為**分層隨機抽樣**（stratified random sampling）。

例如某一個研究者想要研究小學老師的離職意願，因而計畫抽取一個 $n = 1000$ 的小學老師樣本來進行問卷調查。從一般經驗得知，國小老師的母體在性別分佈上明顯的女性多於男性，為了使研究樣本能夠反映小學教師男女比例的特性，抽樣應依照母體的性別比率來進行。進一步根據教育部的統計資料，某學年度小學共有 2611 所，老師共有 103,501 人，其中男性 33563 人（佔 32.4%），女性 69938 人（佔 67.6%），因此一個規模為 1000 人而能夠反映小學老師性別結構的代表性樣本，應該隨機抽取 324 名男性與 676 名女性，如表 6.1 所示。樣本當中男女的分組（或分層）與母體的性別比例完全相同，又稱為**比率抽樣法**（proportional sampling）。

表 6.1 小學教師人口母體與抽樣數據

公私立別	公立	%	私立	%	合計	%
校數	2,586	99.04%	25	.96%	2,611	100%
教師人數	102,681	99.2%	920	.8%	103,501	100%
男	33,405	32.2%	158	.2%	33,563	32.4%
抽樣數	322		2		324	
女	69,176	66.9%	762	.7%	69,938	67.6%
抽樣數	669		7		676	

6.2.4 叢集隨機抽樣

最後一種隨機抽樣方式是**叢集隨機抽樣**（cluster random sampling）。叢集抽樣與分層隨機抽樣的原理大致相同，所不同的在於分層的方式與最終樣本的決定略有不同。前述提到的分層隨機抽樣的「分層」，是取決於母體的不同結構特徵，按照母體結構人數比例進行全面的隨機抽樣，但是叢集抽樣是以人為的方式來將母體分成較小的一些群落或區塊，例如區分成不同的地理區域，或以班級為單位，稱為**基本單位**（primary unit）。下一步是利用隨機方法，從這些基本單位中抽取一定比例的叢集來進行最終階段的簡單隨機抽樣，獲得最終樣本。換言之，並不是所有的叢集都會進行叢集內的簡單隨機抽樣。只有被隨機選取的部分叢集內部，才會再做簡單隨機抽樣，換言之，叢集隨機抽樣是叢集抽樣與簡單隨機抽樣的合併。

前述各種隨機抽樣（包括簡單隨機抽樣、系統抽樣、分層隨機抽樣），基本上都是以個別的樣本點為最小抽樣單位，母體中的每一個樣本點都有被抽中的機會，但是叢集隨機抽樣先對叢集進行隨機抽樣，然後再就叢集內隨機抽樣，又被稱為**多階段隨機抽樣**（multistage random sampling），因此最終的樣本點是來自全體叢集當中的隨機部分集合，而各叢集之下的樣本點則是同一個班級的部分學生，或是一個公司的某部門中的部分同仁，叢集內的樣本雖然具有隨機性，但因背景相同，因此仍可能具有相當程度的同質性，特別值得注意。

舉例來說，如果我們要研究國小六年級學童的學習困擾與智力的關係，打算抽取大台北地區六年級學生 1200 名參與研究，並決定以班級為單位來進行抽樣，此時，研究者必須遵循簡單隨機抽樣或系統抽樣的原理，將所有的班級數進行編號，以亂數表或其他系統方式來決定哪一些班級被選擇做為樣本。最後再以隨機程序從各班級當中抽出一個隨機部份作為樣本，如果大台北地區的六年級學生在編班時是依能力編班，或是各鄉鎮地區的學校班級程度有所不同，此時同屬於某一個班的學生就在「智力」方面就可能有較高的同質性（因為班級之間平均智力具有較高的異質性）。

進一步的，如果被隨機抽取的那些叢集，整個叢集（例如該班全班學生）都被納入樣本，欠缺最後的叢集內簡單隨機抽樣程序，此時只能稱為部分隨機叢集抽樣，或直接稱為叢集抽樣，最終個別樣本的隨機性更容易受到叢集的脈絡效應

而打破，當代的高階統計技術（例如多層次模式 multilevel modeling）都十分關注此一問題。

如果考量母體特殊的結構特性，叢集抽樣也可以配合分層隨機抽樣，納入結構變數，針對母體的不同層次進行叢集抽樣，建立一個符合母體特殊結構特質的樣本。以先前國小六年級學童學習困擾與智力關係的研究為例，為了考慮大台北地區的地域關係，研究者可以先將大台北地區的小學區分為北中南東四個區域，每一個區域抽取 300 個學生，若每班以 50 人來計算，每一個區域必須抽取 6 個班，此時這六個班就可以以系統抽樣方法選擇適當的學校的六年級學生參與研究。

叢集抽樣的主要優點是經濟與便利，一次抽樣即可獲得相當可觀的樣本數，但是，也因為以一群相似特質的人作為抽樣單位，將影響樣本的隨機化與代表性，抽樣誤差亦會比傳統的隨機抽樣方法為高，值得研究者注意。

6.2.5 非隨機抽樣

前述是一些常用的隨機抽樣方法，透過這些抽樣設計，研究者可以獲得相當具有代表性的樣本。然而，在真實的研究情境下，完全隨機化的抽樣往往有其困難。例如，在進行分層隨機抽樣時，缺乏母體的真實資料，或是母體過於龐大，樣本無法涵蓋母群的全體。又如在進行電話調查時，研究者往往以電話號碼簿作為研究母體，但是根據一般經驗，能夠擁有電話者，通常代表具有一定經濟能力的族群，如果以電話作為調查的唯一方式，將無法涵蓋那些沒有能力申請電話的族群，所做出來的調查數據，顯然不能有效的解釋真實現象。

面對實際研究的需要與隨機化的難題，研究者往往必須依循其他有別於隨機抽樣的原則建立進行抽樣的工作，以期發展更符合所需的樣本，稱為**非隨機抽樣**（non-random sampling）。其中最簡單的非隨機抽樣方法是從方便性來考量，獲取一個最容易得到的樣本，或符合研究者特定需要的樣本來進行研究，稱為**便利性抽樣**（accidental sampling）。例如大學教授利用修課的學生進行研究；調查人員在捷運車站門口攔截路人詢問他們對於捷運服務的看法；或是從某一個公司網站上的有獎徵答活動的顧客留言資料來分析顧客的滿意度。

配額抽樣（quota sampling）近似於分層隨機抽樣，係依據母體當中特定的結構變數，將母體區分為不同的層次，然後針對每一個層級抽取特定比例或數目的

樣本點來建立研究樣本。在分層隨機抽樣的程序當中，每一個層級抽取的樣本數，係依照母體的比率來決定，但是配額抽樣的比率則多由研究者依照研究的需要來指定。

第三種非隨機抽樣方法稱為判斷抽樣或**立意抽樣**（purposive sampling），所謂判斷與立意，即是指研究者基於特定的判斷原則與研究需要，所建立的一套研究樣本。這些樣本的挑選，是基於研究者本身的需要來認定，反應特定的母體，即使樣本不是隨機獲得，但研究發現也有特定的推論方向與目的，也是經常被研究者取用的非隨機抽樣設計。為了確保樣本的隨機性，本書所介紹的統計方法皆以隨機抽樣所獲得的樣本數據為基礎，而不討論非隨機抽樣的數據特性。

6.3 抽樣分配與抽樣誤差

在統計上常聽見一句話：「凡抽樣必有誤差」，意指儘管使用嚴謹的隨機抽樣方法，雖然可以相當程度確保樣本的代表性，但是無法避免抽樣所帶來的誤差。所幸抽樣誤差的發生具有一定的機率特性與數學規律，亦可透過統計程序來加以估算，因此與其感嘆凡抽樣必有誤差，不如積極瞭解抽樣誤差的發生原理，掌握抽樣誤差的運用要領，甚至能夠透過理想的研究設計來降低抽樣誤差的不利影響，做到「凡抽樣必估計誤差」、「凡抽樣必報告誤差」。

對於抽樣誤差的討論，必須先從抽樣分配談起，藉由中央極限定理，才能觸及抽樣誤差的概念，進而利用抽樣誤差來進行區間估計。這些概念都是推論統計的核心觀念，以下逐一介紹於後。

6.3.1 抽樣分配

從前面各章可以理解，「分配」是統計學中的重要且常用概念，對於某一個現象，例如大學生的智力水準，若能對總數為 N 的母體（全體大學生）進行 IQ 測驗，所得到的 IQ 分數的分佈情形稱為**母體分配**（population distribution），如果只對於某一批數量為 n 的大學生測量其 IQ，則稱為**樣本分配**（sample distribution）。不論是母體或樣本分配，某一隨機變數的各數值的出現情形可以整理出次數分配，

並轉換成百分比分配、相對次數分配、累積次數分配等等。此外，對於不同形式的隨機變數，基於特定的機率特性，則可以建立不同的機率分配，例如二項分配、常態分配。由此可知，在統計學上，確實到處都是「分配」。

抽樣分配（sampling distribution）是推論統計中最重要、最基本的統計分配。顧名思義，抽樣分配是指發生在抽樣過程中，從樣本上所計算得出的統計量所可能構成的機率分配，是一種基於古典機率理論所提出的一種理論上存在的先驗分配。

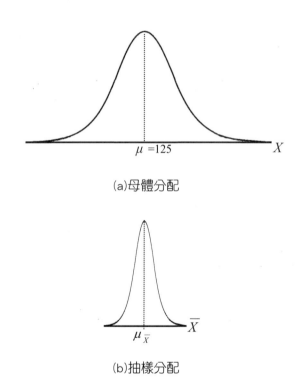

(a)母體分配

(b)抽樣分配

圖 6.3　母體分配與抽樣分配圖示

例如，如果能從一個母體分配 (μ, σ^2)（如圖 6.3(a) 所示，注意：X 軸的軸標為 X），重複抽取規模為 n 的樣本無數次，這些樣本的某一個統計量（例如平均數），可重複計算出來而形成一個以 $\mu_{\bar{X}}$ 為平均數，以 $\sigma_{\bar{X}}^2$ 為變異數的分配，稱為平均數的**抽樣分配**（sampling distribution of means）（如圖 6.3(b) 所示，注意：X 軸的軸標為 $\bar{X}$）。

以智力測量為例，如果能對全台灣大學生的智力水準這個母體隨機抽取一個規模為 n 的樣本，抽一次可得到一個 $\overline{X}$，如果重複抽取，可重複得到平均數 $\overline{X}_i$，換言之，樣本統計量（$\overline{X}_i$）即為一個隨著抽樣的進行（反覆進行隨機嘗試）而會產生變化的隨機變數。如果個別樣本的 n 夠大，隨機變數 $\overline{X}_i$ 的機率分配則會服從常態分配，記為 $\overline{X}_i \sim N(\mu_{\overline{X}}, \sigma_{\overline{X}}^2)$。亦即：對於一個規模大小為 n 的樣本平均數，所有可能出現的數值所形成的機率分配，其平均數為 $\mu_{\overline{X}}$，變異數為 $\sigma_{\overline{X}}^2$。平均數抽樣分配的期望值如公式 6-1 所示。

$$E(\overline{X}) = E\left(\frac{X_1 + ... + X_n}{n}\right) = \frac{E(X_1) + ... + E(X_n)}{n} = \frac{n\mu}{n} = \mu \qquad (6\text{-}1)$$

當公式 6-1 滿足時，我們即可宣稱樣本平均數是母體平均數的不偏估計數。也就是說，雖然我們無法針對母體 μ 進行測量，但是我們可以透過樣本統計量來正確推估母數，如果抽樣是隨機進行的，那麼樣本統計量的隨機分配的期望值（平均數），即是母體平均數 μ 所在位置，這就是著名的中央極限定理的概念。

6.3.2 抽樣誤差與標準誤

很直觀的，在某一母體中進行重複抽樣所得到的樣本平均數，不會每一次都是同一個數值。例如第一個樣本 IQ 平均數是 132，第二次抽樣可能是 122，如果母體平均數為 125（全國大學生的平均 IQ），樣本平均數理應會以 125 為中心呈現波動。由於樣本平均數的隨機波動為抽樣所造成，使得樣本平均數不全會恰好等於母體平均數，因此波動幅度稱為**抽樣誤差**（sampling error）。基於公式 6-1，抽樣分配的平均數恰等於母體平均數，抽樣分配的變異數，即為抽樣波動的變異量之估計數，稱為**變異誤**（squared standard error），以 $\sigma_{\overline{X}}^2$ 表示。開根號後得到標準差，得以具體反應抽樣誤差的大小，稱為**標準誤**（standard error），以 $\hat{\sigma}_{\overline{X}}$ 表示。變異誤的定義式如公式 6-2 所示。

$$Var\,(\overline{X}) = E(\overline{X} - \mu)^2 = \sigma_{\overline{X}}^2 \qquad\qquad (6\text{-}2)$$

　　根據公式 6-2，變異誤為每一個樣本平均數與總平均數之間離散情形的期望值。由於每一個樣本具有相同的發生機率，每一個樣本的離散情形的期望值即等於母體變異數 σ^2，如公式 6-3 所示。

$$Var\,(X_1) = Var\,(X_2) = ... = Var\,(X_n) = \sigma^2 \quad \forall i \qquad\qquad (6\text{-}3)$$

　　進而可以導出公式 6-4：

$$\sigma_{\overline{X}}^2 = Var\,(\overline{X}) = Var\left(\frac{X_1 + ... + X_n}{n}\right) = \frac{Var\,(X_1 + ... + X_n)}{n^2} = \frac{n\sigma^2}{n^2} = \frac{\sigma^2}{n} \quad (6\text{-}4)$$

　　將變異誤開根號即得標準誤，如公式 6-5 所示。

$$\sigma_{\overline{X}} = \frac{\sigma}{\sqrt{n}} \qquad\qquad (6\text{-}5)$$

　　標準誤越大，抽樣誤差越大，標準誤越小，抽樣誤差越小。標準誤就是抽樣分配的分配單位統計量，其最小值可能為 0（當樣本人數等於母體人數時，即 $n = N$），此時抽樣分配的形狀呈現一直線，標準誤最大等於母體標準差 σ（當 $n = 1$，亦即進行母體測量而非抽樣研究）。隨著 n 的放大，抽樣分配的標準誤會逐漸小於母體標準差，而抽樣分配的形狀也逐漸從母體分配的形狀退化成一直線。

　　標準誤的應用原理及解釋方式與描述統計中所介紹的標準差相同。例如我們

可以在抽樣分配上，指出任何一個樣本平均數是位於距離母體平均數幾個標準誤的位置之上，從標準分數的計算原理來看，「幾個標準誤」就是 z 分數多少。此時的 z 分數由於是在抽樣分配上計算，因此 z 分數下標特別標示為樣本平均數 $z_{\overline{X}}$ 以茲區別，如公式 6-6 所示。

$$z_{\overline{X}} = \frac{\overline{X} - \mu_{\overline{X}}}{\sigma_{\overline{X}}} \tag{6-6}$$

在推論統計中，經過公式 6-6 轉換後所形成的 $z_{\overline{X}}$ 分數分配，稱為**樣本平均數的 z 抽樣分配**（z sampling distribution of the sample means）。若抽樣分配呈常態，稱為標準常態 z 抽樣分配，具有常態分配的機率分佈特性，$z_{\overline{X}} \sim N(0,1)$，可以標準常態分配的機率模式來求取特定位置下的樣本平均數的累積機率密度。

6.3.3 中央極限定理

6.3.3.1 中央極限定理的定義

從前面的討論中，我們可以整理出平均數抽樣分配的幾個基本特性，首先，樣本平均數抽樣分配的平均數等於母體平均數 $\mu_{\overline{X}} = \mu$，其次，平均數抽樣分配的變異數等於母體變異數除以樣本數。也就是說，當樣本數越大（n 越大），平均數抽樣分配的變異數或標準差愈小，變異數（又稱變異誤）與樣本數大小成反比，或是說標準差（又稱標準誤）與樣本數大小的平方根成反比。最後，不論原始母體的形狀是否為常態分配，當樣本人數夠大時，抽樣分配會趨近於一個常態分配。正因為抽樣分配為常態分配這個基本假設的存在，樣本統計量的機率分配可以利用常態分配來表述，並據以進行假設檢定。

基於上述幾個特徵，樣本統計量可以根據抽樣分配的機率原理來推估母體，並估計抽樣誤差的大小，稱為**中央極限定理**（central limit theorem）。完整定義為：對於任何一個母體 (μ, σ^2)，樣本大小為 n 的樣本平均數所形成的抽樣分配，若 n 夠大，趨近於常態 $\overline{X} \sim N(\mu_{\overline{X}}, \sigma_{\overline{X}}^2)$。

前面定義中所提到的「若 n 夠大」，一般經驗是以 30 以上可視為足夠大之樣本，從統計模擬可以看出，從一個常態母體中反覆抽取 $n \geq 30$ 的樣本，其抽樣分配已趨近常態。

6.3.3.2 母體、樣本與抽樣分配的關係

中央極限定理的要義除了在說明抽樣分配的期望值與變異數的特性，更關鍵的莫過於指出抽樣分配會趨近常態化的概念。要說明此一特徵，必須從母體分配、樣本分配、抽樣分配三者關係來討論，如圖 6.4 所示。

圖 6.4(a) 為母體分配，而且呈現正偏態。例如假設全體台灣大學生的智力平均數為 125（$\mu = 125$），變異數為 16^2（$\sigma^2 = 256$），同時其中具有一些高 IQ 者。圖 6.4(b) 則為某一個大學生 $n = 200$ 的 IQ 得分的樣本分配，其形狀也呈現正偏態，假設其平均數為 127.5（$\overline{X} = 127.5$），變異數同為 16^2（$s^2 = 256$），由這兩個圖的 X 軸標示為 X 來看，顯示這兩個分配都是 IQ 隨機變數的原始次數分配，也就是說，分配中的每一個數值是 IQ 觀察值（以 X 表示），而非樣本統計量。而樣本的分配的形狀，反應了母體分配的形狀。

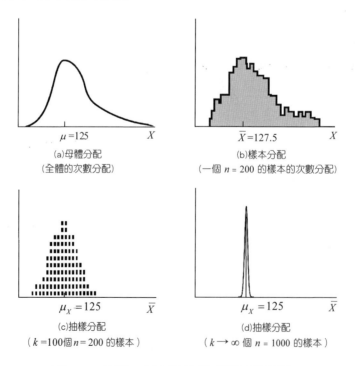

(a)母體分配
（全體的次數分配）

(b)樣本分配
（一個 $n = 200$ 的樣本的次數分配）

(c)抽樣分配
（$k = 100$ 個 $n = 200$ 的樣本）

(d)抽樣分配
（$k \rightarrow \infty$ 個 $n = 1000$ 的樣本）

圖 6.4 母體、樣本與抽樣分配的關係圖示

圖 6.4(c) 與 (d) 則為抽樣分配的圖示，因為 X 軸標顯示為樣本統計量（$\overline{X}$）。其中圖 6.4(c) 為抽取 k 個（$k = 100$）$n = 200$ 的樣本的平均數所形成的抽樣分配，圖中每一個黑色小方實體表示一個 $n = 200$ 的樣本，總共有 100 個方塊。基於中央極限定理，樣本的 $n = 200$，已經遠大於 30 這一個抽樣分配是否趨近常態的判斷門檻，因此其形狀可視為常態分配。其平均數應為 125（$\mu_{\overline{X}} = \mu = 125$），變異數為 $16^2/200$（$\sigma^2_{\overline{X}} = 1.28$），從其變異數從母體的 256 縮小到 1.28，可見得如果樣本規模很大時，抽樣分配是一個變異數相當小的機率分配。

圖 6.4(d) 為更多個規模更大的樣本（$n = 1000$）的平均數所形成的抽樣分配，此時不僅更趨向常態，分配曲線更趨於平滑，變異數已經趨近為 0，此時抽樣分配的形狀已經接近退化成平均數位置（$\mu_{\overline{X}} = \mu = 125$）上的一直線，變異數僅剩 $16^2/1000$（$\sigma^2_{\overline{X}} = 0.256$），抽樣分配所具備的「若 n 放大則退化成母體平均數的一直線」的特性，即可體會中央極限四個字的命名意涵，因為只要遵循大數法則，抽樣分配的平均數會往中央逼近母體平均數，而且抽樣誤差趨近為 0。

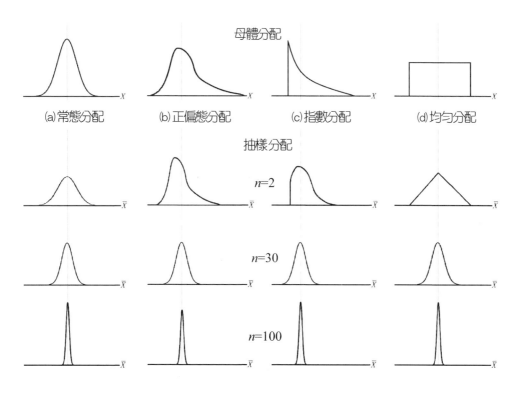

圖 6.5　母體分配與抽樣分配的形態關係圖示

6.3.3.4 母體形狀與抽樣分配形狀的關係

除了對比母體、樣本與抽樣分配的關係，中央極限定理隱含了另一個重要的概念，亦即不論母體的形狀為何，只要樣本規模夠大，則抽樣分配為常態分配。不論母體分配是常態分配或偏態分配、均勻分配、指數分配，即使是間斷隨機變數的二項分配、超幾何分配，甚至是任何型態的不規則分配，只要反覆求取樣本平均數加以繪製必呈常態曲線。例如圖 6.5 中除了第一個母體為常態分配之外，其它三個母體分配都不是常態分配，圖 6.5(b) 的母體為正偏態、圖 6.5(c) 的母體為指數分配，兩者均非對稱分配，圖 6.5(d) 為均勻分配，當樣本規模達到 30 以上時，這三個母體的平均數抽樣分配均呈常態，當樣本規模越大，抽樣分配朝中央位置（平均數）收斂的情形越明顯。

值得特別注意的是，圖 6.5(a) 的母體分配雖為常態分配（一般情況下，母體分配假定呈常態），其樣本平均數的抽樣分配雖然都是對稱分配，但是當 n 不夠大的時候，抽樣分配會較標準常態分配更加平坦，此時不宜使用一般常用的標準 z 分配來描述其機率密度，而需改採 t 分數的抽樣分配。在此要提醒讀者，t 抽樣分配僅適用於母體分配為常態時，但樣本數低於 30 的情況下，對於其它三種非常態母體分配，既不宜採用 z 分數抽樣分配，也不宜採用 t 分數抽樣分配，因為 t 分配是從 z 分配衍化而來，z 分配是 t 分配的一種普遍或特例型態。從圖 6.5(d) 的均勻母體分配中取 $n = 2$ 的抽樣分配，會成為一個三角形分配為例，即可知道不是每一種母體分配的小樣本抽樣分配皆呈鐘型對稱的 t 分配。

6.3.4 樣本數與自由度問題

6.3.4.1 自由度的定義

由於樣本數 n 是中央極限定理的重要概念，因此在繼續介紹推論統計的相關概念之前，必須先介紹一個與 n 概念十分接近但是會直接影響統計推論所使用的抽樣分配特性的重要概念，亦即**自由度**（degree of freedom; 以 df 表示）。

自由度 df 是指一組數據在計算特定統計量的過程中可以自由變動的數目，或者是說，在進行統計量的運算時，扣除用於計算過程所耗費的參數數目後，所剩餘的獨立觀察值的數量（亦即不受限制的獨立自由的觀察值數目）。由於獨立觀

察值數值可以自由變動，因此使得統計量的計算結果會遵循隨機變數的變化邏輯，具有一定的機率特性。df概念在涉及變異性的統計量（例如變異數、共變數）的計算時尤其重要。

6.3.4.2 名目樣本數與實質觀察數

在推論統計中，樣本統計量的存在經常是要推估母體參數，而樣本數n又實質決定了抽樣分配的型態。對於一個規模為n的樣本，雖然蒐集得到時的觀察值數量為n，但是實際計算樣本統計量時所得觀察值（df）未必為n，如果$df = n$，那抽樣分配的基礎就是n，如果$df \neq n$，那麼抽樣分配的基礎就不是n，而是df。從某個角度來說，n是一個抽樣過程的**名目樣本數**（nominal number of sample），df則是統計量運算的**實質樣本數**（real number of sample）。值得注意的是，由於df是指實際運用於統計量計算的觀察值的多寡，不一定與「人數」有關（例如同一個人有三筆觀察值時，樣本數為 1，但是觀察值為 3），因此df更好的說法是**實質觀察數**（real number of observation）。由於名義樣本數對於某一個研究為固定數值，不會有什麼變化，但是實質觀察數則會因為所涉及的統計量的不同而有不同，因此在推論統計中，實際運算時的樣本數多採df的概念。

舉一個最簡單的例子來說明自由度的運算：在計算某隨機變數X的平均數$\overline{X}$時，$\overline{X} = \Sigma X / n$，是把$n$個觀察值加起來除以$n$，此時運算過程中不需要耗費任何參數就可以直接求出$\overline{X}$，而$\overline{X}$可用於推知母體的$\mu$。此時計算時的$X$的每一個數值都可獨立自由變動，此時$df = n$。但是在計算$X$的變異數$s^2 = SS/(n-1)$時，對於分子的離均差平方和的計算必須先求出$X - \overline{X}$然後取平方和，過程中需估計平均數，耗費一個參數（因為$\overline{X}$是對μ的估計數），因此自由度為$df = n-1$。這也是變異數的分母是除以$n-1$而非n的原因，因為除以n就除太多而導致s^2不會是母體變異數σ^2的不偏估計數。

當一個統計量耗費於估計其它參數的觀察值數量越多，df就會縮減得越快，使得名義上雖然會有n個觀察值，但是真正有作用的卻沒有那麼多，此時就可能影響到機率分配的選擇，我們在下一節對於χ^2、F與t等它各種不同的抽樣分配進行介紹時，就會討論到自由度的多寡對於各種抽樣分配的影響。未來各章節的假設檢定中，涉及到更複雜的檢定量的運算時，更需要考慮代表實質樣本數的df的狀態，才能得到正確的檢定統計量。

6.3.5 其它形式的抽樣分配

先前提及，當母體為常態分配但 n 不夠大時，抽樣分配的機率分配服從 t 分配，由於是在抽樣分配上討論 t 分數，因此又稱為 t 抽樣分配。以下介紹幾種當抽樣分配的隨機變數不是以 z 分數形式存在的其它分配形式，例如 t、χ^2、F 分配，這些不同形式的抽樣分配將會應用在後續的章節中。

6.3.5.1 χ^2 分配

若今天有一個隨機變數 X，將其轉換成 z 分數後取平方，所得到的分數被定義自由度為 1 的**卡方隨機變數**（χ^2 random variable），以 $\chi^2_{(1)}$ 表示，如公式 6-7 所示。當某個抽樣分配服從 χ^2 分數分配時，稱為 χ^2 **抽樣分配**（sampling distribution of the χ^2 score）。

$$Z^2 = \left(\frac{X-\mu}{\sigma}\right)^2 = \frac{(X-\mu)^2}{\sigma^2} = \chi^2_{(1)} \tag{6-7}$$

卡方數值是一個恆為正值的隨機變數，隨著觀察值 X 分數的變化，卡方變數（z^2 分數）的出現機率也呈現某種規律的變化。如果再從母體中抽出第二個樣本，得到第二組 X 隨機變數，將其轉換成 z^2 分數，與第一組 z^2 分數相加，稱為自由度為 2 的卡方隨機變數，以 $\chi^2_{(2)}$ 表示，$\chi^2_{(2)} = z_1^2 + z_2^2$。由於兩組 X 隨機變數皆由母體隨機取樣所得，兩組數值相互獨立可累加而不影響機率模型。依此類推，從母體隨機抽取 v 個樣本，均取 z^2 相加，得到卡方變數 $\chi^2_{(v)}$，一般式如公式 6-8 所示。

$$\chi^2_{(v)} = \sum_{i=1}^{v} Z_i^2 = \frac{\sum_{i=1}^{v}(X_i-\mu)^2}{\sigma^2} \tag{6-8}$$

此時，$\chi^2_{(v)}$ 稱為自由度為 v 的卡方隨機變數。其平均數為 v，變異數為 2v，如公式 6-9 與 6-10 所示。

$$E(\chi^2_{(v)}) = v \qquad\qquad (6\text{-}9)$$

$$Var\,(\chi^2_{(v)}) = 2v \qquad\qquad (6\text{-}10)$$

　　此一分配的概念於 1876 年由 Helmert 首先提出，後來由 Pearson 將抽樣分配的概念加入後，廣泛應用於推論統計當中。

　　卡方變數的機率特質在自由度為 1 的卡方變數中最容易理解，因為 $\chi^2_{(1)}$ 直接從 z 分數轉換而來，$\chi^2_{(1)}$ 的分佈即為常態 z 分數平方的分佈：在 z 分數為 0 時，卡方變數為 0，z 分數為 ±1 時，卡方變數為 1，也就是說，卡方變數介於 0 到 1 的機率，等於 z 分數介於 ±1 時的機率。

　　如果隨機變數 X 呈常態，$X\sim N(\mu,\sigma^2)$，那麼 z 分數呈標準化常態，$z\sim N(0,1)$，此時 介於 0 到 1 的機率，等於 z 分數介於 ±1 時的機率，亦即 .6826，$\chi^2_{(1)}$ 介於 0 到 4 的機率，等於 z 分數介於 ±2 時的機率，亦即 .9544，但是由於 $\chi^2_{(1)}$ 是 z 分數的平方，因此呈現正偏態分配，而非對稱的常態分配。

　　由於 $\chi^2_{(v)}$ 為隨機變數，亦即 $\chi^2_{(v)}$ 的分佈具特定的機率特質。不同的 $\chi^2_{(v)}$ 可對應一個機率值。在不同的自由度下，卡方分配的形狀有所不同：當自由度小時，$\chi^2_{(v)}$ 分佈呈現正偏態不對稱分佈，當自由度越大，$\chi^2_{(v)}$ 分配亦將逼近常態分佈。如圖 6.6 所示。$\chi^2_{(v)}$ 分配的機率密度變化表列於附錄 D。

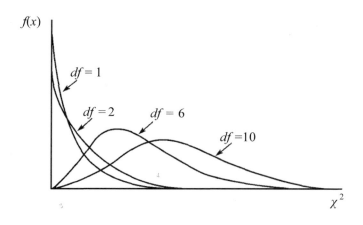

圖 6.6　不同自由度下的卡方分配圖示

6.3.5.2 t 分配

　　若今天有一個隨機變數 X 的分配呈常態，$X \sim N(\mu, \sigma^2)$，將 X 取 z 分數，然後對另一個獨立的 χ^2 隨機變數做公式 6-11 的轉換，稱為 t **隨機變數**（t random variable），當某個抽樣分配服從 t 分配時，稱為 t **抽樣分配**（sampling distribution of the t score）。由公式 6-11 可知，當自由度趨向無限大時，t 與 z 分配相同，亦即 $v \to \infty$，$t \to z$。

$$t = \frac{Z}{\sqrt{\dfrac{\chi^2_{(n-1)}}{v}}} \qquad\qquad （6\text{-}11）$$

　　t 分數的機率分配模式最早是由一位工程師 Gosset 於 1908 年推導得出，並以化名 Student 發表，因此又稱為 Student's t。t 分數的分佈情形是 $df = n-1$ 的對稱分配，期望值與變異數如公式 6-12 與 6-13 所示。

$$E(t) = 0 \qquad\qquad （6\text{-}12）$$

$$Var\ (t) = \frac{v}{v-2} \quad v > 2 \tag{6-13}$$

　　由變異數的期望式可以看出，t 分配的變異數隨著自由度的變化而變動，也就是說，t 分配的形狀會隨著自由度的變動而變動，當自由度越大，變異數越趨近於 1，也就是接近標準化常態分配，但當自由度越小，變異數越大於 1，也就是比標準化常態分配更趨於分散扁平，如圖 6.7 所示。t 分配的機率密度變化表如附錄 B 所示。一般而言，當樣本數大於 30 時，t 統計量即可視為常態分配。

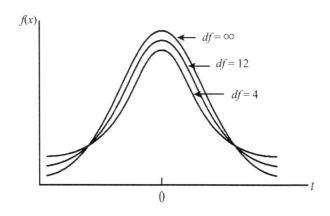

圖 6.7　不同自由度下的 t 分配圖示

6.3.5.3 F 分配

　　若有兩個獨立的卡方隨機變數 $\chi^2_{(v1)}$ 與 $\chi^2_{(v2)}$，各自除以自己的自由度後相除，其比值定義為 F 隨機變數（F random variable），如公式 6-14，由於 F 數值為兩個卡方值的比值，因此又稱為 F 比值（F ratio）。當某個抽樣分配服從 F 分數分配時，稱為 F 抽樣分配（sampling distribution of F ratio）。

$$F = \frac{\chi^2_{(v1)} / v_1}{\chi^2_{(v2)} / v_2} \tag{6-14}$$

F 分配的機率模式最早是由 Fisher 於 1924 年推導得出，後於 1934 年，Snedecor 將此比值分配定名為 Fisher 的縮寫 F 分配以推崇其貢獻。F 量數是由自由度為 v_1 與 v_2 的兩個卡方變數之比值，以 $F(v_1, v_2)$ 表示，當自由度小時，F 分配呈現正偏態，自由度越大，越接近常態分配，如圖 6.8 所示。F 分配的平均數與變異數以期望值如公式 6-15 與 6-16 所示，F 分配的機率密度變化表列於附錄 C。

$$E(F) = \frac{v_2}{v_2 - 2} \quad v_2 > 2 \tag{6-15}$$

$$Var(F) = \frac{2v_2^2(v_1 + v_2 - 2)}{v_1(v_2 - 2)^2(v_2 - 4)} \quad v_2 > 4 \tag{6-16}$$

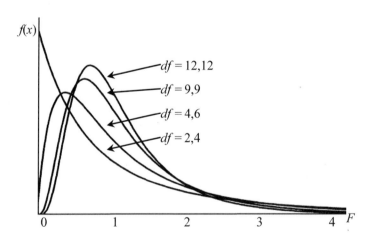

圖 6.8　不同自由度的 F 分配圖示

6.3.5.4 各種分配的比較

z、χ^2、F 與 t 可以說是推論統計的四大基本抽樣分配，在數學關係上，四者具有非常緊密的關聯。由各分配的定義式可知，z 分配可以說是各分配之母，我們可以看到 χ^2、F 與 t 的公式中，都有 z 分數的身影，同時 z 分配必須在常態的條件下，

才會得到穩定的機率密度變化，因此在推論統計中，抽樣分配的隨機變數皆假定為常態分配。χ^2、F 與 t 各分配的機率變化不是基於常態分配來推導，就是從常態分配所產生的變形，也就是說，必須在常態假設維繫的情況下，χ^2、F 與 t 三個分配才有存在的意義。其中比較特別的是 t 分配，在 t 統計量的公式中，母體標準差在推導中被抵銷，表示 t 統計量的計算，可以在母體標準差未知的條件下進行運算。

從各分配的公式推導來看，前面我們已經說明 Z 的平方即為卡方值，$Z^2 = \chi^2_{(1)}$，而 F 則為兩個卡方統計量的比值，三者的數學關係非常明顯。而 t 統計量與其他各統計量的關係則可以下式來說明：

$$t^2 = \frac{z^2}{\dfrac{\chi^2_{n-1}}{n-1}} = \frac{\chi^2_1 / 1}{\chi^2_{n-1} / (n-1)} = F_{(1,v2)} \qquad (6\text{-}17)$$

t 分配除了是 z 分配與卡方分配開根號的比值之外，可以進一步的推導出與 F 統計量的關係。也就是說，t 分配是 F 分配的一個特例（分子自由度為 1 的 F 統計量）：

$$t^2_v = F_{1,v2} \quad v = v_2 \qquad (6\text{-}18)$$

6.4 分配機率的 SPSS 對照程序

z、t、F 與 χ^2 分配是研究者最常用的機率分配，標準常態分配的 z 分數機率對照表如附錄 A；不同自由度下的 t 分數、F 分數與 χ^2，其特定尾機率下的機率對照表如附錄 B、C、D 所示。當我們沒有這些附錄時，可以利用 SPSS 的計算功能中的累積機率函數（CDF），來查出相對應的累積機率。SPSS 的各種函數功能可參考附錄 H。

6.4.1 z 與 t 分配機率轉換

圖 6.9 是一個 SPSS 的資料視窗,當我們需要找出特定 z 分數或 t 分數下的累積機率時,可以將 z 值鍵入資料視窗的第一欄,然後利用 轉換 → 計算 當中的累積函數功能(CDF),將第一欄的數值視為隨機變數,要求計算出相對應的 z 分配或 t 分配累積機率。

	Z	CPZ	CPT30	CPT60	CPT120	var	var
1	-4.000	.0000	.0002	.0001	.0001		
2	-3.500	.0002	.0007	.0004	.0003		
3	-3.000	.0013	.0027	.0020	.0016		
4	-2.500	.0062	.0091	.0076	.0069		
5	-2.580	.0049	.0075	.0062	.0055		
6	-2.000	.0228	.0273	.0250	.0239		
7	-1.960	.0250	.0297	.0273	.0262		
8	-1.645	.0500	.0552	.0526	.0513		
9	-1.500	.0668	.0720	.0694	.0681		
10	-1.000	.1587	.1627	.1607	.1597		
11	-.500	.3085	.3104	.3095	.3090		
12	.0	.5000	.5000	.5000	.5000		
13	.500	.6915	.6896	.6905	.6910		
14	1.000	.8413	.8373	.8393	.8403		
15	1.500	.9332	.9280	.9306	.9319		

圖 6.9 z 分配與 t 分配累積機率轉換畫面

由圖 6.9 的數據我們可以清楚的看出 t 值與 z 值的關係。當自由度越大,t 值與 z 值的累積機率越接近,表示 t 分配越趨近常態分配,但是當自由度越小,t 值所對應的累積機率比 z 值還低,顯示 t 分配越趨於扁平。

SPSS 的操作程序中,求取 z 分配的累積機率僅需將 z 值移至 CDF.NORMAL 函數中的第一個位置,隨後的兩個位置鍵入平均數為 0,標準差為 1,電腦即可將

各個 z 值相對應的累積機率值計算出來，如圖 6.10。

圖 6.10　z 分配累積機率操作對話框

t 分配的累積機率則需輸入兩個參數，首先需將 t 值（本範例仍標為 z 值）移至函數 CDF.T 的第一個位置，並在第二個位置輸入自由度數值，電腦即可將特定自由度下的 t 值相對應的累積機率值計算出來，如圖 6.11 所示範的自由度為 30 的 t 值累積機率值。

圖 6.11　t 分配累積機率操作對話框

6.4.2 F 與 χ^2 分配的機率轉換

對於 F 與 χ^2 分配，SPSS 提供了兩種函數功能來得到機率值：**累積機率函數**（cumulated probability function）與**尾機率函數**（tail probability function）。累積機率函數（CDF）的使用方法與前面 z 與 t 分配相同，而尾機率函數則是 1 減去累積機率值。

圖 6.12 是一個 SPSS 的資料視窗，當我們需要找出特定 χ^2 分數或 F 分數下的累積機率時，可以將其數值鍵入資料視窗的第一欄，然後利用 轉換 → 計算 當中的累積函數功能（CDF），將第一欄的數值視為隨機變數，要求計算出相對應的 F 與 χ^2 分配累積機率。

F 與 χ^2 兩個分配都必須輸入自由度資料，以要求電腦計算出特定自由度下的累積機率或尾機率，其中 F 分配有分子自由度和分母自由度兩個參數。χ^2 分配只有一個自由度參數。

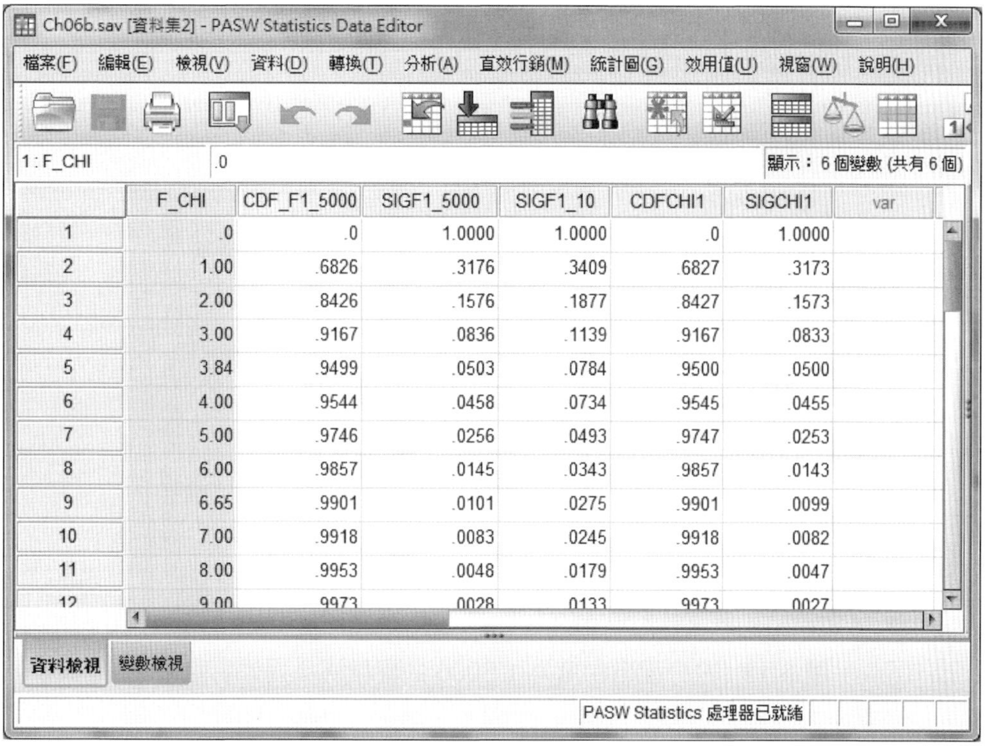

	F_CHI	CDF_F1_5000	SIGF1_5000	SIGF1_10	CDFCHI1	SIGCHI1	var
1	.0	.0	1.0000	1.0000	.0	1.0000	
2	1.00	.6826	.3176	.3409	.6827	.3173	
3	2.00	.8426	.1576	.1877	.8427	.1573	
4	3.00	.9167	.0836	.1139	.9167	.0833	
5	3.84	.9499	.0503	.0784	.9500	.0500	
6	4.00	.9544	.0458	.0734	.9545	.0455	
7	5.00	.9746	.0256	.0493	.9747	.0253	
8	6.00	.9857	.0145	.0343	.9857	.0143	
9	6.65	.9901	.0101	.0275	.9901	.0099	
10	7.00	.9918	.0083	.0245	.9918	.0082	
11	8.00	.9953	.0048	.0179	.9953	.0047	
12	9.00	.9973	.0028	.0133	.9973	.0027	

圖 6.12　*F* 分配與卡方分配機率轉換結果視窗

F 分配累積機率與尾機率的操作圖示列於圖 6.13 與圖 6.14，分別使用 CDF.F 與 SIG.F 兩項函數功能，自由度均設定為 1,5000。得到的結果列於圖 6.12 的第二欄與第三欄，變數的名稱為 CDF_F1_5000 與 SIGF1_5000。由數據可以看出，尾機率值恰等於 1 減去累積機率。

卡方分配累積機率的操作可利用累積機率函數（CDF.CHISQ）轉換得到特定數值下的累積機率，尾機率則以顯著性函數（SIG.CHISQ）來求取，操作圖示列於圖 6.15，兩者皆設定自由度為 1。

由圖 6.12 的數據可知，*F* 值與卡方值有特定的數學關係，卡方自由度為 1 時，機率值會近似於自由度為 1 與∞的 *F* 值。例如當數值為 10 時，自由度為 1 與 5000 的 *F* 分配尾機率為 .0016，而卡方自由度為 1 的卡方分配尾機率亦為 .0016。另外，從圖 6.12 可以看出，當卡方或 *F* 值為 3.84 時，卡方分配自由度為 1 以及 *F* 分配自由度為 1,5000 的尾機率為 .05，而 3.84 恰等於 1.96^2，顯示當自由度為 1 時，卡方分配即等於標準常態 *z* 分配。

圖 6.13 　F 分配自由度為 1,5000 的累積機率操作對話框

圖 6.14 　F 分配自由度為 1,5000 的尾機率操作對話框

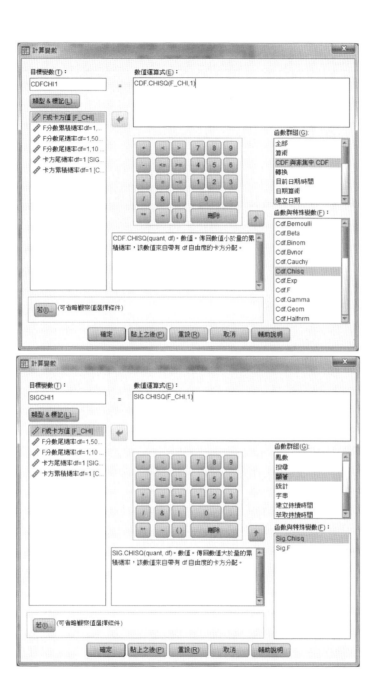

圖 6.15 卡方分配自由度為 1 的累積機率與尾機率操作對話框

6.5 參數估計

6.5.1 估計的意義

一旦掌握了抽樣誤差的變化趨勢，我們就可以利用抽樣誤差的規律性來進行統計推論與估計。**估計**（estimation）可以說是最基本的推論統計技術，目的在利用樣本統計量去推知母體參數，例如我們可以利用樣本平均數（$\overline{X}$）去推估母體平均數（μ），或是利用樣本變異數 s^2 去推知母體變異數 σ^2。由於母體的統計數稱為**參數**（parameter），因此利用樣本統計量去推估母體的過程又稱為**參數估計**（parameter estimation）。在高等推論統計中，大量使用到參數估計的概念與技術來進行假設檢定，因此，參數估計的推論過程中，樣本是否可以合理的推估母體，推論所依據的統計機率模型為何，也可以說是推論統計的重要議題。

在統計上，估計有兩個重要的問題，第一是估計的正確性，也就是**不偏性**（unbiasedness）問題，第二是誤差問題。不偏性問題的解決必須從機率理論的角度來處理。從機率的觀點來說，估計是指對於未知的參數，利用整個母體分配所構成的**參數空間**（parameter space）當中的一個隨機樣本去推知其性質。此時樣本出現的事件機率所構成的機率模型應能反應母體參數空間的機率模型，因此從樣本計算的統計量，才可在正確的機率分配下不偏地推估參數，此時以單一統計量來估計參數，稱為**點估計**（point estimation），例如抽樣分配的平均數 $\mu_{\overline{X}}$ 就是母體平均數 μ 的不偏估計數。

估計的另一個問題是抽樣誤差的處理。在推論統計中，凡抽樣必伴隨一定的抽樣誤差。因此，利用點估計雖然可以反應參數的特性，但是在估計的同時並無法反應抽樣誤差的影響，故在進行參數估計之時，若把抽樣分配的標準誤一併予以說明，利用區間估計的概念來說明可能涵蓋參數的範圍，稱為**區間估計**（interval estimation）。利用參數估計的信賴區間，除了反應了抽樣誤差程度，還可以進行參數比較。

6.5.2 平均數的區間估計

6.5.2.1 抽樣分配條件已知的區間估計

　　點估計是以單一的一個統計量去推估參數，而區間估計則是利用一段區間去涵蓋參數的位置。在中央極限定理之下，一個平均數的抽樣分配是由所有可能的樣本平均數所組成，如果單一樣本的人數大於 30 時，抽樣分配呈現常態分配。常態分配的機率隨著觀察值的變動呈現規律的變化，如果將觀察值轉換成 z 分數，每一個 z 分數表示觀察值距離平均數幾個標準差，此時由這組 z 分數所形成的分配又稱為標準 z 分配。在抽樣分配中，觀察值為個別樣本的平均數，如果我們求出抽樣分配的標準差（也就是標準誤），利用標準 z 分配的概念，即可用來進行區間估計。

　　我們可以假設，對於任何一個樣本，只要樣本數大於 30，那麼抽樣分配為 $N(\mu_{\bar{X}}, \sigma_{\bar{X}}^2)$ 常態分配。如果今天抽取一個樣本得到一個平均數 $\bar{X}$，如果 $\bar{X}$ 會出現在母體平均數 μ 的左右附近，那麼以 $\bar{X}$ 為中心的正負一個標準誤的範圍內有 68.26% 的機率會涵蓋到母體平均數 μ；正負兩個標準誤的範圍內有 95.44% 的機率會涵蓋到母體平均數 μ；正負三個標準誤的範圍內有 99.74% 的機率會涵蓋到母體平均數 μ。換言之，在 100 次的隨機抽樣中，100 個樣本平均數所建構的 100 個區間有 68.26% 的機會可以正確涵蓋 μ 的所在。同理，± 2 個標準誤（$z = \pm 2$）的範圍內，有 95.44% 的機會可以涵蓋 μ；在 ± 3 個標準誤（$z = \pm 3$）的範圍內，有 99.74% 的機會可以涵蓋 μ。此時，機率值 68.26%、95.44%、99.74% 稱為母體平均數 μ 的區間估計的**信心水準**（level of confidence），幾個標準誤的區間範圍稱為母體平均數 μ 的區間估計的**信賴區間**（confident interval; CI）。

　　在信賴區間之內的機率表示樣本可以推知母體的可能性（即為信心水準的機率值），因此在特定的信心水準（例如 95%）下所進行的區間估計，會有（1−信心水準）的錯誤率，此一機率以 α 表示，亦即：

$$\alpha = 1 - 信心水準 \tag{6-19}$$

移項之後可得到：信心水準即為 $1-\alpha$。一般在學術或實務應用，區間估計最常用的信心水準是 95%，錯誤率為 5%，亦即 $\alpha = .05$。如果採取比較嚴格的錯誤率，也就是較高的信心水準，例如 .99 或 .999，錯誤率分別為 1% 與 0.1%，$\alpha = .01$ 與 .001。由常態分配機率對照表可以查出 $\alpha = .05$ 與 $\alpha = .01$ 所相對應的信賴區間為 1.96 與 2.58 倍的標準誤，因此母體平均數 μ 的區間估計的信賴區間可以表述如下：

μ 的 95% 信賴區間（95%CI）：$\overline{X} - 1.96\sigma_{\overline{X}} \leq \mu \leq \overline{X} + 1.96\sigma_{\overline{X}}$

μ 的 99% 信賴區間（99%CI）：$\overline{X} - 2.58\sigma_{\overline{X}} \leq \mu \leq \overline{X} + 2.58\sigma_{\overline{X}}$

以文字來表述，亦即利用 $\overline{X} \pm 1.96\sigma_{\overline{X}}$ 的區間，有 95% 的信心可以正確推知 μ；$\overline{X} \pm 2.58\sigma_{\overline{X}}$ 的區間有 99% 的信心可以正確推知 μ。換言之，若採 95%CI 進行區間估計，在 100 次的估計中有 95% 次的估計區間會涵蓋 μ，亦即 100 次當中會有 5 次失準，例如圖 6.16 當中的 $\overline{X}_4$。

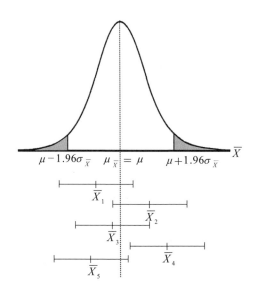

圖 6.16　進行 100 次 95%CI 估計與母體平均數的關係圖示（取其中五次為例）

研究者只要求出標準誤，把求得的平均數加減 1.96 或 2.58 個標準誤，就可以得到母體平均數的區間估計。區間範圍的兩個端點稱為信賴區間的上下限（upper and lower limits），為正負號相反兩個 z 分數（以 $z_{\alpha/2}$ 表示）。信心水準機率為 $1-\alpha$，

在信心區間之外的機率為 α，兩側各為 $\alpha/2$。綜合上述，我們可以整理出一個以標準 z 分配進行區間估計的公式為：

$$(1-\alpha)CI : \overline{X} - z_{\alpha/2}\sigma_{\overline{X}} \leq \mu \leq \overline{X} + z_{\alpha/2}\sigma_{\overline{X}}$$ （6-20）

　　一般在區間估計中，會利用上面列出的算式具體換算出信賴區間的兩個端點的實際數值，使讀者可以輕易的理解。

6.5.2.2 抽樣分配條件不明的區間估計

　　前面所介紹的母體平均數的區間估計，是利用標準化 z 分配的機率概念來進行，它的基本前提是抽樣分配必須是常態分配，否則常態分配的機率函數即無法套用在估計過程中。

　　抽樣分配是否呈常態分佈，主要受到樣本規模的影響，樣本人數必須達到 30 人的規模，抽樣分配才具有常態特性，否則抽樣分配是處於條件不明的情況下。此外，母體的標準差如果未知，必須利用樣本的標準差來推估母體的標準差，此時也是一種抽樣分配條件不明的現象，當抽樣分配條件不明之時（尤其是常態性假設可能遭到違反時），抽樣分配的標準誤無法估計，不宜使用標準 z 分配的概念進行區間估計，必須改用 t 分配來進行區間估計。

　　t 分配是指 t 分數所形成的分配，就如同 z 分數所形成的分配稱為 z 分配，因此 t 分數的原理也是利用數學的線性轉換求取標準分數（減去平均數，除以標準差），唯一的不同是 t 分配隨自由度的變化而有不同，當 $n \geq 30$ 時，t 分配已接近常態分配，但是在 $n < 30$ 時，t 分配較常態分配扁平。因此機率的變化也就不同於常態分配。當樣本人數每減少一個，也就是自由度每減少 1，t 分配越扁平，機率不同。一般而言，當母體標準差未知且樣本數低於 30 時，就必須使用 t 分配進行區間估計。另外，由於 t 分配必須以樣本標準差估計母體標準差，損失一個自由度，故以 t 分配進行區間估計的自由度為 $n-1$。

　　簡單來說，利用 t 分配進行母體平均數的區間估計，就是利用 t 分數公式算出 t 值，配合適當的 t 分配機率變化來決定信賴區間，其他的原理則與前面以 z 分數

進行區間估計方式相同。

$$t = \frac{\overline{X} - \mu}{s_{\overline{X}}} = \frac{\overline{X} - \mu}{s/\sqrt{n}} \hspace{4cm} （6-21）$$

由於 t 分配應用於區間估計也是利用抽樣分配的概念，分配的標準差稱為標準誤，但由於抽樣分配條件不明，因此稱為估計抽樣標準誤，以 $s_{\overline{X}}$ 表示，為樣本標準差除以樣本數開根號 $s/\sqrt{n}$ 而得。配合公式 6-21，得到以 t 分數進行區間估計的公式為：

$$(1-\alpha)CI : \overline{X} - t_{\alpha/2}s_{\overline{X}} \leq \mu \leq \overline{X} + t_{\alpha/2}s_{\overline{X}} \hspace{2cm} （6-22）$$

值得注意的是，利用 t 分配進行區間估計，必須考慮不同樣本數（不同自由度）下的機率函數的差別，相同的信心水準會有不同的上下限（t_p），因此必須配合對照表來查出不同自由度下的上下限。

如果某一個棒球隊的教練記錄了某一位投手在某一場比賽中的 30 個直球，球速平均為每小時 116.5(km/hr)，標準差為 9.975(km/hr)，變異數為 99.5，那麼這位投手直球球速的平均值的 95% 信賴區間為：

$$116.5 \pm 2.045 \times \frac{9.975}{\sqrt{30}} = 116.5 \pm 2.045 \times 1.821 = 116.5 \pm 3.72$$

也就是：

$$112.78 \leq \mu \leq 120.22$$

6.5.3 百分比 / 機率的區間估計

6.5.3.1 百分比數據的特性

前面所提到的估計，都是針對母體平均數的估計，在統計上，只有以等距或比率尺度所測量得到的連續變數才能計算出平均數，如果是類別變數，那麼就無法使用前面的方式來進行區間估計。例如民意調查中的支持意向調查，若有三位候選人，調查結果發現 40% 的人支持甲候選人，25% 的人支持乙候選人，10% 的人支持丙候選人，25% 的人未決定。或是 65% 的家長支持小學教英文，35% 的反對。這種百分比或機率形式的資料實則是一種白努利實驗的反覆雙產出嘗試的結果，所謂雙產出即是指每一位受測者對於某一個選項的選項只有「是」、「否」或「贊成」、「反對」兩種答案。調查數據當中的每一個百分比，反應的是受測者對於該選項選擇其中一個選項的機率（以 p 表示），相對的，不選擇該選項的比例就是 $1-p$，或以 q 表示，兩者合計為 1.0。

例如，某校長調查 200 位家長對於不同三種教科書版本的贊成態度，選項共有三個：「A 版本」、「B 版本」、「C 版本」，200 位家長在三個選項的反應分別為 130、40、30。

請問您支持使用哪一個版本的教科書版本？

☐ A 版本　　　　130（65%）　　（$p = .65, q = .35$）

☐ B 版本　　　　40（20%）　　　（$p = .20, q = .80$）

☐ C 版本　　　　30（15%）　　　（$p = .15, q = .85$）

此時對於「A 版本」選項，贊成者為 130（$p=.65$），沒有贊成為 70 位（$q=.35$）；對於「B 版本」選項，贊成者為 40（$p = .20$），沒有贊成為 160 位（$q = .80$）；對於「C 版本」選項，贊成者為 30（$p = .15$），沒有贊成為 170 位（$q = .85$）。

由此可知，百分比資料在計算 p 與 q 時，是以個別選項的反應為基礎，也就是受測者在每一個二分決策的選擇（與未選擇）的百分比，而不是以所有選項的整體百分比來計算。因此，當一個問題當中的選項為二時，兩個選項的機率恰好互補（第一個選項的 p 為第二個選項的 q，第二個選項的 p 為第一個選項的 q），

因此對於兩個選項的估計使用同一個機率分配；但是如果選項超過兩個，那麼每一個選項與其他選項的機率即非互補，在區間估計時，每一個選項必須使用不同的機率分配。

6.5.3.2 百分比抽樣分配與區間估計

百分比與機率資料是一種白努利實驗的結果，因此其抽樣分配是一種二項分配，當嘗試次數很大時，二項分配近似常態分配，因此百分比與機率的區間估計可以常態分配的機率函數為基礎。百分比抽樣分配的平均數與變異數如公式 6-23 與 6-24 所示。

$$\mu_p = E(\overline{x}) = \frac{np}{n} = p \qquad (6\text{-}23)$$

$$s_p = \hat{\sigma}_p = \sqrt{\frac{pq}{n}} \qquad (6\text{-}24)$$

作為區間估計的主要概念為**百分比標準誤**（standard error of the proportion，以 s_p 表示），為百分比抽樣分配標準差的估計數，如公式 6-25 所示：

$$(1-\alpha)CI : \overline{X} - t_{\alpha/2}s_{\overline{X}} \leq \mu \leq \overline{X} + t_{\alpha/2}s_{\overline{X}} \qquad (6\text{-}25)$$

基於中央極限定理，當 n 大於 30 時，百分比抽樣分配亦趨近常態分配，因此我們可以利用標準 z 分數對照表求出特定信心水準下的上下限值（$z_{\alpha/2}$），進行樣本百分比 p 去估計母體百分比（π）的區間估計：

$$(1-\alpha)CI : p - Z_{\alpha/2}s_p \leq \pi \leq p + Z_{\alpha/2}s_p \qquad (6\text{-}26)$$

以先前 200 位家長對於三種教科書版本的支持度的調查數據為例，回答 A、B、C 三版本的百分比標準誤分別為 .03372、.02828、.02524：

1. A 版本　$p = .65, q = .35$　$s_{p1} = \sqrt{(.65 \times .35)/200} = \sqrt{.00114} = .03372$
2. B 版本　$p = .20, q = .80$　$s_{p2} = \sqrt{(.20 \times .80)/200} = \sqrt{.00008} = .02828$
3. C 版本　$p = .15, q = .85$　$s_{p3} = \sqrt{(.15 \times .85)/200} = \sqrt{.00064} = .02524$

由標準誤的大小可知，越接近 .5 的贊成度者，抽樣誤差越大，越接近極端意見者（贊成度趨近 0 或 1），抽樣誤差越小。由這個樣本對於三個版本的支持度的母體百分比（π）進行 95%CI 區間估計分別如下：

$p \pm Z_{\alpha/2}s_p = .65 \pm 1.96 \times .03372$　　　$.5839 \leq \pi \leq .7161$

$p \pm Z_{\alpha/2}s_p = .20 \pm 1.96 \times .02828$　　　$.1446 \leq \pi \leq .2554$

$p \pm Z_{\alpha/2}s_p = .15 \pm 1.96 \times .02524$　　　$.1005 \leq \pi \leq .1995$

6.5.4 變異數的區間估計

除了平均數可以依據中央極限定理進行區間估計，變異數也可以依據相同的原理來進行區間估計。然而因為變異數的抽樣分配為卡方分配，因此對於變異數的估計必須參照卡方分配的機率函數來求得上下限，據以進行區間估計。對於樣本資料進行估計時，需使用樣本變異數，此時自由度為 $n-1$ 的卡方分數的定義如下：

$$\chi^2_{(n-1)} = \frac{(n-1)s^2}{\sigma^2} \qquad (6\text{-}27)$$

利用卡方分配的機率函數，可求出在 $1-\alpha$ 的信心水準下的上下限卡方值 $\chi^2_{1-\alpha/2}$ 與 $\chi^2_{\alpha/2}$。得到下式：

$$1-\alpha = P\left(\chi^2_{1-\alpha/2} \leq \frac{(n-1)s^2}{\sigma^2} \leq \chi^2_{\alpha/2} \right) \qquad （6\text{-}28）$$

將機率的條件式加以轉換如下：

$$\frac{\chi^2_{1-\alpha/2}}{(n-1)s^2} \leq \frac{1}{\sigma^2} \leq \frac{\chi^2_{\alpha/2}}{(n-1)s^2} \qquad （6\text{-}29）$$

$$\frac{(n-1)s^2}{\chi^2_{\alpha/2}} \leq \sigma^2 \leq \frac{(n-1)s^2}{\chi^2_{1-\alpha/2}} \qquad （6\text{-}30）$$

公式 6-30 即為母體變異數 σ^2 的區間估計通式。由於變異數與標準差具有平方關係，因此標準差的區間估計則為：

$$\sqrt{\frac{(n-1)s^2}{\chi^2_{\alpha/2}}} \leq \sigma \leq \sqrt{\frac{(n-1)s^2}{\chi^2_{1-\alpha/2}}} \qquad （6\text{-}31）$$

值得注意的是，由於卡方分配為非對稱分配，上下限臨界值的數值並非正負號相反的同一個數值，因此上下限必須分別查出 $\chi^2_{1-\alpha/2}$ 與 $\chi^2_{\alpha/2}$ 兩個數值（如附錄 D 當中的左側機率與右側機率），代入公式 6-30 或 6-31 以求出信賴區間。

例如一個投手在某一場比賽中，他投出 30 個直球，球速平均為每小時 116.5 公里，變異數為 99.5，標準差為 9.975(km/hr)，那麼這位投手球速變異數與標準差的 90% 信賴區間為：

$$\frac{(30-1)99.5}{42.56} \le \sigma^2 \le \frac{(30-1)99.5}{17.71}$$

42.56 為自由度為 29 時的 χ_{05}^{2} 臨界值（附錄 D 的右側機率），17.71 為 χ_{95}^{2} 臨界值（附錄 D 的左側機率），計算後得到：

$$67.80 \le \sigma^2 \le 162.93$$

也就是說，我們有 90% 的把握說這位投手的球速變化變異數在 67.80 至 162.93 之間。標準差的區間估計則為：

$$8.23 \le \sigma \le 12.76$$

6.6 區間估計範例與 SPSS 操作程序

以下我們將針對母體平均數、百分比／機率數據的區間估計，各舉出一個實例來進行說明。並使用 SPSS 軟體來進行各項數據的計算。

6.6.1 平均數區間估計

6.6.1.1 抽樣分配條件已知的區間估計

某位研究所所長手中有 25 位研究所新生學生的年齡，得到平均數是 25.6 歲，如果碩士班學生的年齡分佈的標準差是 2.5，那麼從這 25 位學生的平均年齡推估全國研究所新生平均年齡的 95%CI 區間為何？首先，我們可以計算出抽樣分配的標準誤如下：

$$\sigma_{\bar{x}} = \frac{\sigma}{\sqrt{n}} = \frac{2.5}{\sqrt{25}} = \frac{2.5}{5} = .5$$

在 95% 的信心水準下，以樣本平均數對於全國研究所新生平均年齡（μ）的區間估計如下：

$$25.6 - 1.96 \times .5 \leq \mu \leq 25.6 + 1.96 \times .5$$

亦即

$$24.62 \leq \mu \leq 26.58$$

由上式可知，95%CI 介於 24.62 至 26.58 之間，研究所新生年齡（μ）正確被推知的機率為 95%，實際上下限分別為 24.62 與 26.58。

6.6.1.2 抽樣分配條件未明的區間估計

延續上一個範例，如果研究所所長手中雖然掌握了 25 位研究所新生學生的年齡，得到平均數是 25.6 歲，但是若母體標準差不詳，也就是全國碩士班學生的年齡分佈標準差未知，那麼以該所 25 位新生學生的平均年齡 25.6 歲進行區間估計即必須使用 t 分配，估計抽樣標準誤必須以樣本的標準差來計算。如果該 25 名學生的年齡標準差為 2.0，估計抽樣標準誤為：

$$s_{\bar{X}} = \frac{s}{\sqrt{n}} = \frac{2}{\sqrt{25}} = \frac{2}{5} = .4$$

由於樣本數為 25，自由度為 $n-1 = 24$，查表發現在 95% 的信心水準下，上下限的 t 值為 ± 2.064，因此全國研究所新生年齡平均數（μ）的區間估計為：

$$25.6 - 2.064 \times .4 \leq \mu \leq 25.6 + 2.064 \times .4$$

即樣本平均數 25.6 歲加減 .826 歲之間範圍可以正確推估全國研究所新生平均年齡的機率為 95%，實際上下限分別為 24.77 與 26.43，可寫作：

$$24.77 \leq \mu \leq 26.43$$

6.6.1.3 SPSS 的區間估計操作程序

對於平均數的區間估計，在 SPSS 當中有多種功能皆可以得到標準誤的數據，藉以求出 95%CI，最簡單的方法則是利用 SPSS 的預檢資料（explore），可直接獲得平均數的區間估計，操作畫面與數據列舉如下。由表中數據可知，標準誤為 .4001，區間為 24.774 至 26.426，與我們的推導相吻合。

描述性統計量

		統計量	標準誤
age	平均數	25.600	.4001
	平均數的 95% 信賴區間　　下限	24.774	
	上限	26.426	
	刪除兩極端各 5% 觀察值之平均數	25.581	
	中位數	25.400	
	變異數	4.002	
	標準差	2.0004	
	最小值	22.1	
	最大值	29.4	
	範圍	7.3	
	四分位全距	3.3	
	偏態	.236	.464
	峰度	-.690	.902

6.6.2 百分比區間估計

某民意調查公司以電話訪問臺灣地區 18 歲以上的 1000 名成人對於是否贊成於離島設置賭場的看法,結果有 40% 贊成,60% 反對,此時全臺灣地區 18 歲以上的成人對於離島設置賭場意見的 95% 區間估計。必須先計算百分比的抽樣標準誤 s_p:

$$s_p = \hat{\sigma}_p = \sqrt{\frac{pq}{n}} = \sqrt{\frac{.4 \times .6}{1000}} = .0155$$

以樣本百分比 p 去估計母體百分比(π)的區間估計如下:

$$.4 - 1.96 \sqrt{\frac{.4 \times .6}{1000}} \leq \pi \leq .4 + 1.96 \sqrt{\frac{.4 \times .6}{1000}}$$

亦即

$$.37 \leq \pi \leq .43$$

由數據可知,在 95% 的信心水準下,臺灣 18 歲以上民眾有 37% 到 43% 的人贊成在離島設置賭場。另一種說法是,「臺灣 18 歲以上民眾有 40% 的人贊成在離島設置賭場,95% 信心水準下的抽樣誤差為正負 3 個百分點」。我們一般在坊間可以常常聽到的「抽樣誤差為正負 3 個百分點」,其實就是區間估計的信心區間的概念。

6.6.2.1 SPSS 的百分比區間估計操作程序

SPSS 當中對於百分比區間估計的方法與平均數區間估計相同,也是利用預檢資料(explore)功能,可直接求出各項統計量與區間數據。比較特別是資料的輸入方法有兩種形式,第一是原始資料輸入法,其中每一橫列是一位受訪者的資料,如果有 1000 位受訪者,就需要 1000 橫列;另一種方式是加權資料輸入法,由於受訪者的回答只有贊成與反對兩種,因此只需輸入贊成(記為 1)與反對(記為 0)的人數,再利用資料加權功能,即可獲得類似於原始資料的格式。兩種資料輸入

方式如圖 6.17(a) 與 (b)。

(a) 原始資料輸入格式

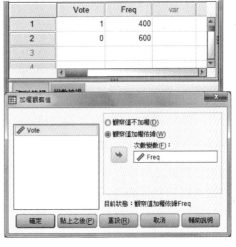

(b) 加權資料輸入格式

圖 6.17　兩種不同計數資料的輸入格式

獲得平均數的區間估計，操作畫面與數據列舉如下。由表中數據可知，標準誤為 .0155，區間為 .36958 至 .43042，與前述的推導相吻合。

描述性統計量

			統計量	標準誤
Vote	平均數		.40000	.01550
	平均數的 95% 信賴區間	下限	.36958	
		上限	.43042	

本章重要概念

樣本 sample

抽樣 sampling

系統隨機抽樣 system random sampling

比率抽樣法 proportional sampling

非隨機抽樣 non-random sampling

樣本分配 sample distribution

中央極限定理 central limit theorem

抽樣誤差 sampling error

標準誤 standard error

名目樣本數 nominal number of sample

卡方隨機變數 χ^2 random variable

參數估計 parameter estimation

區間估計 interval estimation

信賴區間 confident interval; CI

母體 population

簡單隨機抽樣 simple random sampling

分層隨機抽樣 stratified random sampling

叢集隨機抽樣 cluster random sampling

母體分配 population distribution

抽樣分配 sampling distribution

平均數的抽樣分配 sampling distribution of means

自由度 degree of freedom; df

實質樣本數 real number of sample

尾機率函數 tail probability function

點估計 point estimation

信心水準 level of confidence

課後習作

一、統計老師喜歡用不同的點名方式來問問題，請回答下列問題：

1. 老師用亂數表隨機抽出學生來問問題，這是何種抽樣方式？

2. 老師以上課當天的日期個位數來出發，每隔 5 號抽一位來問問題，這是何種抽樣方式？

3. 由於班上男女比例不均（1 比 4），老師隨機抽到一個男生後就會隨機抽四個女生來問問題，這是何種抽樣方式？

4. 由於班上同學分成 10 組做作業，老師隨機抽出一組後從中隨機抽一位來問問題，這是何種抽樣方式？

5. 前述各種抽樣方式在何種情況下會發生不隨機的狀況？試討論之。

二、全民健康保險的業務資料顯示，臺灣民眾使用某種特殊醫療資源的年齡平均數為 50 歲，標準差 6 歲。某大型醫院某個月使用該項醫療資源共有 16 名病患，平均年齡為 54 歲，標準差為 9 歲。請利用前述資料回答下列問題：

1. 母體分配為何？其平均數與標準差為何？
2. 樣本分配為何？其平均數與標準差為何？
3. 抽樣分配為何？其平均數與標準差為何？
4. 這三種分配有何關係？哪一個最可能符合常態分配？
5. 中央極限定理與哪一種分配有關？

三、某大型醫院所服務的社區民眾年齡偏高，被地方政府視為高齡社區，某個月使用某特殊醫療資源共有 16 名病患，平均年齡為 54 歲，標準差為 9 歲。請回答下列問題：

1. 假設母體資料為年齡平均數為 50 歲，標準差 6 歲。以該院該月的病患的年齡數據，推論高齡社區民眾使用該醫療資源的年齡的 95% 信賴區間為何？
2. 假設院長認為母體資料不能作為「高齡社區」的母體資訊，亦即母體狀態不明，此時前一題的 95% 信賴區間為何？
3. 如果該院累積了一年得到 160 名病患的年齡資料，平均仍為 54 歲，標準差亦為 9 歲。那麼前兩題 95% 信賴區間各為何？
4. 請討論前述四個信賴區間的異同。

四、某醫院院長仔細察看使用某特殊醫療資源的 160 名病患的資料發現，男性佔了 80%，性別比例似乎非常不均衡，請回答下列問題：

1. 以該院資料推論高齡社區民眾使用該醫療資源的性別比例的 95% 信賴區間為何？
2. 如果想要讓八成為男性的 95% 信賴區間的範圍控制在 10% 以內，那麼樣本數需至少為多少？

五、衛生署認為特殊醫療資源的使用有一定的針對性，年齡的變異程度不會太大，主張臺灣民眾使用某種特殊醫療資源的年齡標準差 6 歲是一個重要的參考數據，任何一個醫院每個月的病患年齡標準差的 95% 信賴區間若沒有涵蓋 6 歲，

或是每年病患年齡標準差的 99% 信賴區間若沒有涵蓋 6 歲，就會被懷疑不尋常。請回答下列問題：

1. 某個月某院使用該特殊醫療資源共有 16 名病患，標準差為 9 歲，請問是否會被懷疑不尋常？

2. 某年某院使用該特殊醫療資源共有 160 名病患，標準差仍為 9 歲，請問是否會被懷疑不尋常？

7 假設檢定的原理與應用

7.1 前言

在前一章中，我們介紹了「抽樣」這個推論統計的重要基本概念，討論為何凡抽樣必有誤差，以及如何利用抽樣誤差來進行「參數估計」。如果瞭解了這些概念與方法，市場調查人員就可以從一群受訪者的意見來推知社會大眾的普遍看法（百分比的區間估計），統計老師也就可以從班上學生的學習表現去推知當今大學生的學習狀況（平均數的區間估計），學者專家更得以利用樣本統計量去推估各種重要的參數（例如降雨量、經濟表現、學業成就水準等）。但是，如果只擁有抽樣與估計的知識與技術仍不足以協助我們面對問題、進行決策，尤其是當我們心中有許多問號時，要如何利用手中的數據，以統計方法來進行是非對錯的判斷與決策呢？

從歷史的發展經驗來看，人類的好奇心是文明進步的起源，問題解決的能力則是創造革新的具體力量，其中統計方法扮演著重要的角色。愛因斯坦大學畢業後即使失業賦閒在家也一直思考著科學問題，但是愛因斯坦的相對論能夠被冠上「人類思想史上最偉大的成就」的美譽，則是拜 1919 年 5 月 25 日的日全蝕之所賜，並歸功於愛丁頓爵士在非洲普林西比島所進行的一項觀測實驗，統計數據的分析結果「證實了愛因斯坦而非牛頓的假設為真！」，連英國皇家學會會長湯姆遜也為此項結果背書。可見得提出問題、形成假設、考驗假設、形成結論的這一連串「假設檢定」的過程，是創造成就的重要關鍵，這就是本章要介紹的內容。

雖然你我都不是愛因斯坦，但是我們也可以在日常生活中發掘一些「假設」，而且利用手邊的資料進行考驗。例如你可能認為 (1) 光顧便利商店的男女比例應相同；(2) 顧客購買日用品、報章雜誌、飲料或繳費等四種消費行為的比例可能是 1:2:2:1；(3) 現在的孩子每天花在網路遊戲的時間超過 1 小時；(4) 女生比男生更愛上社交網站（例如 Facebook）；(5) 不同性別的已婚及未婚者對於上社交網站的偏好不同；(6) 愛上社交網站的程度與網路購物的頻率有關；或是 (7) 個性外向的程度可以預測社交網站上的朋友數等等。這些問題都可以利用統計假設的方式表示，並利用統計數據來檢驗它們是否成立，檢驗的過程稱為**假設檢定**（hypothesis testing），有些假設的考驗在本章就會提到，有些則在後續的各章節才會介紹。重點是，你我都不需要是愛因斯坦才能夠或才需要進行假設檢定，事實上，相對論的假設檢定並不是愛因斯坦做的，是愛丁頓爵士所做的假設檢定證實了愛因斯坦

思想的偉大。

假設檢定包含了**統計假設**（statistical hypothesis）與**統計檢定**（statistical testing）等內容，其背後的統計原理主要是建立在前幾章所介紹的機率分配與抽樣理論的概念之上，本章則進一步將其延伸到統計決策上的應用。就好像前一章提到的「凡抽樣必有誤差」一詞，本章則再增加「凡決策必有錯誤」，這兩句話不僅有相當的重要性，也恰說明了「估計」與「檢定」的罩門都在於誤差與犯錯的程度，也就是說，統計檢定對於統計假設所進行的考驗而得出的結論，可能確實反應了母體的狀態或真實世界的現象，但是也有出錯的可能，因此，假設檢定是否能夠對於統計假設做出正確決定，與犯錯的機率有關。相同的，本章所討論的正確決定的機率，亦與前一章的信心水準有異曲同工之妙。以下，我們將逐一介紹假設檢定的各相關概念。

7.2 統計假設

7.2.1 何謂假設？

什麼是**假設**（hypothesis）？在學術界有多種不同的定義方法，從研究設計的角度來看，假設是指「研究者對於所關心的現象或問題所抱持的觀點或信念」，或是「研究者對於研究問題所提出有待驗證的假設性看法」，因此又稱為**研究假設**（research hypothesis）。研究者所抱持的這套觀點或看法可能來自於個人的推想、預期，也可能反應了某個特定的理論或思想，亦可能來自於延伸自過去的文獻或研究發現，但是基本前提是假設的提出必須建立在「有其基礎」、「符合邏輯」兩個要件上。所謂基礎，是指理論或文獻的知識基礎；所謂邏輯，是指合理與合宜的歸納與演繹。只有在一個富有知識性、理論性與客觀性論述程序中，假設的提出與驗證才能協助研究者發現真相。

從統計的觀點來看，假設是變數間關係的**陳述**（statement），例如「男女生對於社交網站的偏愛程度不同」，或是「對於社交網站的偏愛程度與網路購物頻率有關」。請注意，這兩個假設都是以肯定句來陳述，而不是問句（研究問題才是問句）。

假設的內涵包含了「變數」與「關係」兩個主要元素,「變數」說明了研究者所分析的內容是什麼(例如前面例子當中的性別、社交網站偏愛程度、網路購物頻率等),這些變數的數據可以從研究者所進行實驗嘗試或問卷調查所得到;進一步的,「關係」則是指這些數據當中可能存在的關係(例如前面例子中的偏愛程度「不同」、偏愛程度與網購頻率「有關」),變數關係的說法不外是誰與誰不同、誰比誰高、誰與誰有關、誰會影響誰等等(這裡的誰不是指「人」,而是指「變數」)。

在第二章時我們曾經介紹了不同類型的變數,由第五章我們則得知不同類型變數所形成的機率分配各有不同。因此,對於變數關係的陳述與統計檢定,必須考量到變數的類型。應以何種統計程序來檢驗假設真偽,取決於變數的性質與關係的形式。只要研究者可以掌握「變數」是哪一種變數(到底是類別變數或連續變數),「關係」是哪一種關係(例如是組間差異還是線性關係),配合本章與後續各章所介紹的檢驗程序,就可以清楚決定統計檢定的方法,順利執行假設檢定。

7.2.2 虛無假設與對立假設

研究者所關心的假設是以一組描述變數關係的陳述句來形容,但是在統計假設檢定中,假設則多改以統計術語來表示。為了與前一章所提到的平均數抽樣分配與中央極限定理的概念相銜接,以下以與平均數的比較有關的假設檢定來進行說明。

以「男女生對於社交網站的偏愛程度不同」這個假設為例,可以寫做 $\mu_1 \neq \mu_2$ 或 $(\mu_1 - \mu_2) \neq 0$,其中 μ_1 代表「男生」對於社交網站的偏愛程度期望值,μ_2 代表「女生」對於社交網站的偏愛程度期望值,「$\neq$」表示研究者假設 μ_1 與 μ_2「不同」,以效果式表示則是 μ_1 與 μ_2 兩者差距不為 0。這一個假設是基於研究者的觀點所提出的假設,主張 μ_1 與 μ_2 這兩個母體之間具有特定關係(兩者不相等),稱為**對立假設**(alternative hypothesis),以 H_1 表示。

對立假設之所以稱為「對立」,是因為它與另一個假設的立場是相對的,該假設是「男女生對於社交網站的偏愛程度相同」,可以 $\mu_1 = \mu_2$ 或 $(\mu_1 - \mu_2) = 0$ 表示,此一假設稱為**虛無假設**(null hypothesis),以 H_0 表示,因為他所陳述的是母體之間「不具」該特定關係(兩者不會不相等),通常當研究者會假定變數之

間「有什麼」，相對於他的觀點則是「沒什麼」。兩種假設標示為 H_0 與 H_1，主要是因為習慣上我們將「沒什麼」的保守說法以 0 表示，把「有什麼」的特殊說法以 1 表示，這好比世界人權宣言第 11 條第一項的**無罪推定原則**（presumption of innocence），意指「未經審判證明有罪確定之前，優先推定被控告者無罪」，也就是除非證明他人有做什麼，否則我們都應假定他人沒有做什麼。在統計上也採取相同的立場，除非我們擁有充分證據證明 H_1 具有統計上的意義，否則一律先假定 H_0 成立。

H_0 與 H_1 這兩個假設構成了兩種互斥與對立的狀態，以統計的術語來表示，可以為下列兩種之一，前者可稱為意義式，其與文字性的陳述方法一致，後者可稱為效果式，因為假設的寫法反映了數量效果的訊息，與檢定量運算內容相一致。

意義式

$$\begin{cases} H_0 : \mu_1 = \mu_2 \\ H_1 : \mu_1 \neq \mu_2 \end{cases}$$

效果式

$$\begin{cases} H_0 : (\mu_1 - \mu_2) = 0 \\ H_1 : (\mu_1 - \mu_2) \neq 0 \end{cases}$$

7.2.3 虛無假設分配與對立假設分配

從機率分配的角度來看，H_0 所反映的是研究者所關心的變數或變數間的關係，其抽樣統計量為隨機發生而沒有特殊差異、變動或關聯存在，因此 H_0 稱為「虛無」假設，其抽樣分配稱為**虛無假設分配**（null hypothesis distribution; 簡稱 H_0 分配）。H_0 分配是一種抽樣分配，遵循特定機率法則（例如前一章所介紹的 z 分配、t 分配、F 分配或 χ^2 分配），其樣本空間的機率總和為 1.0，可基於各相對應的機率密度函數與分配原理來估計期望值（平均數）與變異誤（或標準誤）。

在沒有特定證據被提出之前，研究者需承認 H_0 為真，亦即「保留 H_0」。相對的，如研究變數本身或變數間的關係確實存在某種特定樣貌或特殊趨勢，則其抽樣統計量亦應具有特殊性，而非如同 H_0 分配般的隨機發生，如果透過檢定量證實抽樣統計量具有特殊性，即可主張該抽樣統計量不屬於 H_0 分配，從而屬於相對的**對立假設分配**（alternative hypothesis distribution; 簡稱 H_1 分配）。在假設檢定中，將前述結果稱為「拒絕 H_0、接受 H_1」。

基本上，H_1 分配也是抽樣分配，其樣本空間機率和亦為 1.0。在假設檢定中，

一般令 H_1 分配與 H_0 分配共享相同的抽樣條件（例如有相同的樣本量與標準誤），但是其期望值難以估計，因此在繪製假設檢定的圖示時，僅能確認 H_0 分配的集中點（以平均數表示）與離散性（以標準誤表示），而無法標示 H_1 分配的確實位置與型態。

7.2.4 單尾假設與雙尾假設

7.2.4.1 單雙尾的概念差異與表述方式

由於研究假設反映的是研究者所抱持的特定觀點與信念，因此當研究者抱持的看法不同時，假設的內容與形式也就會有所不同。其中一種常見的不同，是**方向性**（directive）或**非方向性**（non-directive）的假設。

前面有關「男女生對於社交網站的偏愛程度不同」這個對立假設，表示研究主張 μ_1 與 μ_2 不同或其差異不為 0，稱為無方向性假設或**雙尾假設**（two-tailed hypothesis），其數學關係可用 = 或 ≠ 表示，「=」用於 H_0，「≠」用於 H_1。

相對的，如果研究者主張「男生對於社交網站的偏愛程度高於女生」，表示 $\mu_1 > \mu_2$ 或 $(\mu_1 - \mu_2) > 0$，此時為方向性假設，或稱為**單尾假設**（one-tailed hypothesis）。其數學關係可用 > 或 ≤ 表示，不帶等號的「>」用於 H_1，帶等號的「≤」用於 H_0。表示方法如下：

意義式

效果式

$$\begin{cases} H_0 : \mu_1 \leq \mu_2 \\ H_1 : \mu_1 > \mu_2 \end{cases} \qquad \begin{cases} H_0 : (\mu_1 - \mu_2) \leq 0 \\ H_1 : (\mu_1 - \mu_2) > 0 \end{cases}$$

又或者，如果研究者主張「男生對於社交網站的偏愛程度低於女生」，則為 $\mu_1 < \mu_2$ 或 $(\mu_1 - \mu_2) < 0$，此時數學關係則以 < 或 ≥ 表示，不帶等號的「<」用於 H_1，帶等號的「≥」用於 H_0。表示方法如下：

意義式

效果式

$$\begin{cases} H_0 : \mu_1 \geq \mu_2 \\ H_1 : \mu_1 < \mu_2 \end{cases} \qquad \begin{cases} H_0 : (\mu_1 - \mu_2) \geq 0 \\ H_1 : (\mu_1 - \mu_2) < 0 \end{cases}$$

發展假設時應注意兩點，第一，H_0 與 H_1 為競爭關係，因此無論以文字或以意義式或效果式等不同形式的統計符號系統表示 H_0 與 H_1 時，應作完全互斥而沒有重疊混淆的表述：當 H_1 採單尾設計時，以＞或＜來表示，H_0 則為 ≤ 或 ≥；當 H_1 採雙尾設計使用 ≠ 符號，H_0 則為 ＝。第二，當研究假設以統計符號系統表示時，應採用母數符號系統（即 μ、σ 等希臘字母），因為假設檢定所關心的不是樣本本身，而是樣本所來自的母體現象與母體當中的關係模式。

7.2.4.2 單雙尾假設的使用時機

整理前述提到的幾種假設關係可以得知，無方向性假設所討論的是兩個平均數「有無」差異，而不在乎差異的方向，相對的，方向性假設則意有所指的關心平均數「如何」差異，差異方向尤其是研究者所關心的重點。雙尾假設包含單尾假設的兩種狀況，因此可以說單尾假設**嵌套於**（nested within）雙尾假設之內。

以雙尾或單尾假設進行統計考驗決策過程分別稱為**雙尾檢定**（two-tailed test）與**單尾檢定**（one-tailed test），兩者所對應的統計機率分別稱為**雙尾機率**（two-tailed probability）與**單尾機率**（one-tailed probability）。應用兩種機率模式所進行的結論可能有所不同。從檢定的結果來看，要拒絕雙尾假設的 H_0 相對上比較不容易，要拒絕單尾假設的 H_0 相對上比較容易。因此可以說，雙尾假設比較保守而嚴格，相對之下，單尾假設顯得比較特定而寬鬆。

對於單尾與雙尾假設的使用，一個經常被提出的問題是何時應採用單尾設計，何時應採取雙尾設計。對於此一問題並沒有標準答案或共通作法，一個最基本的回答方式，是端視研究者的研究問題與研究設計而定，當研究者關心的問題在理論上有些根據或文獻支持採單尾設計，即可提出單尾的 H_1 假設，如果不是，則應採雙尾設計，提出雙尾的 H_1 假設。

記得我們曾經指出：雙尾假設保守而嚴格，單尾假設特定而寬鬆，如果沒有充分的理論文獻支持，或是沒有合理的推論邏輯，那麼應採雙尾設計，此時研究者能夠「保留一個正確無誤的 H_0 的可能性較高」或「錯誤地拒絕一個正確無誤的 H_0 的可能性較低」，在統計學上稱此種結論為相對較為嚴謹的結果。我們將在後續的章節中詳細討論這個觀念。

7.3 假設檢定的程序

7.3.1 檢定量的意義

假設檢定的統計決策牽涉到**檢定統計量**（test statistic）、**統計分配**（statistical distribution）與**統計檢定**（statistical testing）三個概念。所謂檢定統計量（簡稱為檢定量），是指將樣本統計量以特定數學關係加以轉換所得到的新統計量，使之得以用於統計決策，因此稱為檢定量。換句話說，檢定量是一個以特定運算程序所得到的數值或分數，例如以 z 分數形式得到的檢定量，稱為 z **檢定量**（z test statistic）；t 分數形式的檢定量稱為 t **檢定量**（t test statistic）。

其次，由於檢定量本身為隨機變數，因此檢定量的數據所形成的分配可以估計其機率模式，同時由於檢定量的推導來自於樣本統計量，因此檢定量的分配為抽樣分配，例如 z 檢定量所形成的分配為 z 抽樣分配。在常態假設成立的情況下，z 抽樣分配為平均數等於 0、變異數及標準差為 1 的標準常態分配，$z \sim N(0,1)$。相同的，t 檢定量所形成的分配服從 t 抽樣分配，在不同的自由度下 t 抽樣分配的機率模型不同（參見前一章的介紹）。

最後，統計檢定是指某個實驗的檢定量在相對應的抽樣分配的基礎上，進行假設真偽的判斷決策的整個過程。檢定的名稱是根據所使用的抽樣分配來命名，例如針對 z 檢定量以 z 抽樣分配所進行的統計檢定，稱為 z **檢定**（z-test）；針對 t 檢定量以 t 抽樣分配所進行的統計檢定，稱為 t **檢定**（t-test）；針對 F 檢定量以 F 抽樣分配所進行的統計檢定，稱為 F **檢定**（F-test）。

雖然不同的檢定量有不同的數學運算公式與機率分配模型，但具有一個相似之處，就是檢定量多為某種「效果」的強度與抽樣誤差的比值，「效果」放在分子，「誤差」放在分母，相除所得到的結果即為檢定量。如果檢定量越大，表示「效果」大於抽樣誤差，亦即反映該「效果」具有統計上的意義，此時稱為具有**統計顯著性**（statistical significance）；相反的，檢定量越小，表示「效果」沒有比誤差大甚至比誤差小，表示「效果」只是一種隨機出現的偶發狀況，此時稱為該「效果」沒有統計意義。

7.3.2 統計檢定的尾機率法則

7.3.2.1 尾機率法則

如果今天可以求得某個樣本統計量（例如 $\overline{X}$）的抽樣分配（例如平均數抽樣分配），以該抽樣分配為基礎建立 H_0 分配後，可計算出該樣本統計量落在 H_0 分配的位置，若將該位置資訊以統計量形式呈現即為檢定量（例如 z 或 t 檢定量）。由於檢定量是從樣本計算得出，因此可以獲取值 z_{obt} 或 t_{obt}（obt 為 obtained 之簡寫）表示。接著，配合抽樣分配的機率模式，z_{obt} 或 t_{obt} 檢定量在 H_0 分配上的尾機率值（p）也可以計算得出，利用此一尾機率值來判斷檢定量的統計意義，稱為**尾機率法則**（p-rule）。

所謂**尾機率**（tailed probability），是指在一個機率分配上，比某個隨機變數觀察值更極端的機率，構成尾機率的事件分佈在抽樣分配的尾端而非中央部分，因此稱為「尾部」機率。若 p 為尾機率值，則非尾機率的部分為（$1-p$）。

如果以假設檢定的術語來說，檢定量的尾機率，是指某個 z_{obt} 值在 H_0 分配上，比該 z_{obt} 值更極端的事件機率。當 z_{obt} 越接近 H_0 分配的期望值（平均數）時，p 很大，亦即比 z_{obt} 更極端的事件越多（如圖 7.1 中的 z_{obtA} 尾部斜線區域機率），反之，當 z_{obt} 越大，離開 H_0 分配期望值的位置越遠，p 很小，亦即比 z_{obt} 更極端的事件越少（如圖 7.1 中的 z_{obtB} 尾部區域機率）。

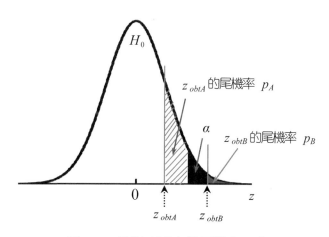

圖 7.1　抽樣分配中的尾機率示意圖

尾機率法則的判斷方式如下：當極端事件機率（檢定量的尾機率）低於研究者所設定的某個水準，（以 α 水準表示，例如 $\alpha = .05$，如圖 7.1 中的深色區域機率），亦即得到 $p < \alpha$ 的結果，即可宣稱得到一個「有統計意義的」或「顯著的」（significant）結論，亦即「拒絕 H_0、接受 H_1」；相反的，如果檢定量的 p 值沒有低於 α 水準，寫作 $p \geq \alpha$，此時我們將宣稱為得到一個「沒有統計意義」或「不顯著的」（non-significant; 簡寫為 $n.s.$）結果，此時我們將保留 H_0，不討論 H_1 存在的可能。由於 α 水準決定檢定結果顯著與否，因此又稱為**顯著水準**（level of significance），整個假設檢定的過程，稱之為**顯著性檢定**（test of significance）。尾機率法則判定方式如下：

$$
\begin{cases}
p \geq \alpha, \text{ 保留 } H_0 & \text{（不顯著的結果）} \\
p < \alpha, \text{ 拒絕 } H_0 \text{、接受 } H_1 & \text{（顯著的結果）}
\end{cases}
$$

7.3.2.2 拒絕區的運用

以 $p < \alpha$ 的比較來決定某一個 z_{obt} 是否具有顯著意義而拒絕 H_0，等同於判定 z_{obt} 是否過於極端而不是來自該 H_0 分配的一個隨機樣本（亦即不屬於 H_0 分配的一部份），以機率密度圖示的方法來表示，該 α 水準即為**拒絕區**（region of rejection），亦即圖 7.2 的深色區域。落入該區域的 z_{obt} 即被認定不屬於該 H_0 分配的一個隨機樣本，此時即為拒絕 H_0。相反的，對於未落入拒絕區者的檢定量獲取值，將被認定屬於該 H_0 分配的一個隨機樣本，此時稱為保留 H_0。

一般在研究實務上，通常將顯著水準設定為 $\alpha = .05$，亦即拒絕區的面積為 5%，此時我們將有 95%（或 .95）的機率（或信心）保留 H_0，只有 5%（或 .05）的機率拒絕 H_0。從抽樣分配的角度來看，我們有 95% 的機會將抽樣分配中的隨機樣本視為 H_0 的一部份。正因為另外 5% 發生的機率實在不大，因此超過 95% 的部分（落入拒絕區者）則視為是不屬於 H_0 而為 H_1 分配的隨機樣本。

如果研究者認為要在更極端的情況下才能做出某檢定量不屬於 H_0 分配，可以採用更小的顯著水準，例如 $\alpha = .01$ 或 $\alpha = .001$。此時研究者保留 H_0 的機會更高，推翻 H_0 的機率越低，亦即對於 H_0 的信心更強。若以前一章的區間估計的術語來說，對於將檢定量判定為 H_0 分配的一部份的機率水準（例如較低的 .95 或較高的 .99 或 .999），就是信心水準，其機率即為 $1-\alpha$，兩者有相同的意涵。

　　值得注意的是，由於假設檢定有單尾與雙尾檢定兩種形式，因此 H_0 分配中的某一個 z_{obt} 是否過於極端有兩種判定方法，在單尾檢定時，只關心 > 或 < 其中一種狀況，求取尾機率 p 時僅計算 z_{obt} 右側（採用 > 符號時）或左側（採用 < 符號時）更極端的事件機率，此時拒絕區僅需要標示為右側（H_1 採用 > 符號時）或左側（H_1 採用 < 符號時），拒絕區機率為 α；在雙尾檢定時，z_{obt} 無論為正值或負值，計算尾機率 p 時均需考慮 z_{obt} 兩個檢定量以外極端區域的機率和（因為 z_{obt} 兩者表示相同的檢定狀態，其尾部機率同屬於假設所關心的「 ≠ 」的可能性），也因此拒絕區需切割為兩半（$\alpha/2$），標示於 H_0 分配的兩側，兩側區域總和仍為 α。

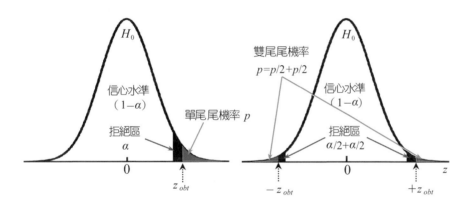

圖 7.2　單尾與雙尾檢定的拒絕區示意圖

7.3.3 統計檢定的臨界值法則

7.3.3.1 臨界值法則

　　從拒絕區的概念可以得知，某檢定量落入拒絕區的機率為 α，落入非拒絕區的機率為 $1-\alpha$。在一個抽樣分配中，區隔拒絕區與非拒絕區的數值稱為**臨界值**（critical value，簡寫為 cv，在 z 分配中以 z_{cv} 表示，在 t 分配中以 t_{cv} 表示），因此取尾機率值 p 來與 α 水準相比，就好比拿 z_{obt} 與 z_{cv} 相比。在臨界值以內的檢定量會被判定為屬於 H_0 分配（保留 H_0）（如圖 7.3(a) 當中的 z_{obtA}）；反之，在臨界值以外的檢定量則被判定不屬於 H_0 分配（拒絕 H_0）（如圖 7.3(a) 當中的 z_{obtB}）。

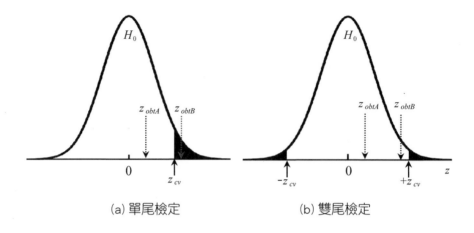

(a) 單尾檢定　　　　　　　　(b) 雙尾檢定

圖 7.3　以臨界值法則進行假設檢定的決策示意圖

當採取單尾或雙尾兩種不同的檢定設計時，拒絕區的判斷略有不同。在單尾檢定時，拒絕區僅位於一側，因此只有一個臨界值 $+z_{cv}$ 或 $-z_{cv}$，如果是雙尾檢定，拒絕區位於兩側，因此有兩個臨界值 $\pm z_{cv}$。在進行檢定量與臨界值的比較時，為避免混淆，皆取兩者的絕對值來相比較，亦即 $|\pm z_{obt}|$ 與 $|\pm z_{cv}|$ 相比，如果 $|\pm z_{obt}| >$ $|\pm z_{cv}|$，等同於 $p < \alpha$，此時拒絕 H_0、接受 H_1，相對的，如果 $|\pm z_{obt}| \leq |\pm z_{cv}|$，等同於 $p \geq \alpha$，此時保留 H_0，運用此一方法來判定檢定量的顯著性者稱為**臨界值法則**（*cv-rule*）。判定原則如下：

$$\begin{cases} |\pm z_{obt}| \leq |\pm z_{cv}|, (p \geq \alpha) \text{ 保留 } H_0 & \text{（不顯著的結果）} \\ |\pm z_{obt}| > |\pm z_{cv}|, (p < \alpha) \text{ 拒絕 } H_0 \text{、接受 } H_1 & \text{（顯著的結果）} \end{cases}$$

對於臨界值符號標示，一般慣例上會將 α 水準標示出來，甚至於將自由度的資訊也標示出來。例如對於單尾 z 檢定，$\alpha = .05$ 的檢定臨界值 $+z_{cv}$ 或 $-z_{cv}$，標示為 $+z_{.05}$ 或 $-z_{.05}$，$\alpha = .01$ 時標示為 $+z_{.01}$ 或 $-z_{.01}$，如果是雙尾 z 檢定，$\alpha = .05$ 下臨界值標示為 $\pm z_{.025}$，$\alpha = .01$ 時標示為 $\pm z_{.005}$；對於單尾 t 檢定，$\alpha = .05$ 且自由度為 10 的臨界值 $+t_{cv}$ 或 $-t_{cv}$ 標示為 $+t_{.05(10)}$ 或 $-t_{.05(10)}$，$\alpha = .01$ 且自由度為 15 時標示為 $+t_{.01(15)}$ 或 $-t_{.01(15)}$，如果是雙尾 t 檢定，$\alpha = .05$ 且自由度為 10 的臨界值標示為 $\pm t_{.025(10)}$，$\alpha = .01$ 且自由度為 15 時標示為 $\pm t_{.005(15)}$。

7.3.3.2 臨界值的數值特性

在標準 z 分配中，特定 α 水準下的臨界值為固定常數，但是在單雙尾不同的設計下，單尾設計的 $|\pm z_{cv}|$ 會低於雙尾臨界值的 $|\pm z_{cv}|$，如表 7.1 所示。在 t 分配中，不同自由度下會有相對應的一組固定臨界值，因此必須利用附錄 B 逐一查表得到臨界值，或利用電腦軟體的函數功能求得（參見前一章的查表說明）。

表 7.1　單雙尾設計下的標準 z 分配臨界值

α 水準		單尾設計		雙尾設計
數值	符號標示	左側臨界值（<）	右側臨界值（>）	雙側臨界值（≠）
$\alpha = .1$	†	−1.2816	+1.2816	±1.6449
$\alpha = .05$	*	−1.6449	+1.6449	±1.9600
$\alpha = .01$	**	−2.3263	+2.3263	±2.5758
$\alpha = .001$	***	−3.0902	+3.0902	±3.2905

值得注意的是，也正因為在相同的 α 水準下，採取單尾檢定的臨界值的絕對值會比雙尾檢定時的臨界值的絕對值來得低，因此採取單尾設計會比雙尾設計更容易拒絕 H_0 而得到顯著的結果。從尾機率法則來看也有相同的現象，在相同檢定條件下所得到的檢定量的尾機率，當採取單尾檢定下若為 p，在雙尾檢定下則為 $2p$，換言之，相同檢定量下的單尾檢定尾機率僅為雙尾檢定尾機率的一半，因此單尾設計會有少一倍的尾機率因而較容易達到 $p < \alpha$ 的結果。

對於相同的檢定條件在單雙尾不同的檢定設計可能得到不同的結果，此一狀況尤其發生在當 p 臨界 α 水準（兩者相當接近）的時候，以圖示法來表示就非常清楚。以圖 7.3 當中的 z_{obtB} 為例，在單尾設計時（圖 7.3(a)）落入拒絕區（拒絕 H_0、接受 H_1），但是在圖 7.3(b) 的雙尾設計時則未落入拒絕區（保留 H_0），因為 p 值非常接近 α 水準，因此可能發生此種矛盾的結果。

7.3.3.3 臨界值法則的使用限制

由表 7.1 可知，在標準 z 分配下，特定 α 水準下的臨界值為固定常數，因此對於 z_{obt} 是否顯著的判別很容易進行，只要拿計算得出的 $|\pm z_{obt}|$ 與 $|\pm z_{cv}|$ 相比即可，繪圖時也很方便，但是其缺點是 z_{obt} 落入拒絕區的哪一個位置並不清楚。此外，如果

抽樣分配不是 z 分配而是其它的分配，例如 t 分配或 F 分配，在不同自由度下臨界值會有所不同而須要查表，因而在統計課常看到學生被要求查表找出臨界值，萬一手中沒有各分配的機率對照表，要找出不同自由度下的臨界值簡直是緣木求魚，非常不方便。然而儘管不方便但也不得不然，因為並沒有替代方法。

尾機率法則在沒有電腦的時代其實無法派上用場，因為每一個 z_{obt} 或 t_{obt} 的數值大小不一，自由度也不同，其尾機率難以計算，更無法由查表求得。所幸常用的臨界值就僅有幾種情形（例如當 $\alpha = .05$、$.01$ 或 $.001$ 時），因此在電腦不普及的過去，研究者與教學者皆使用臨界值法則來進行顯著性的判定，p 法則僅被視為一個理論作法，或只適用勉強以查表可以找到 p 值的標準 z 分配。

在電腦普及而統計軟體發達的今天，前述提到的查表難題與 p 值不可得的困境迎刃而解。由於每一個檢定量的尾機率 p 值可直接由電腦計算得出，此時只要將電腦求出的檢定量與附帶報告出來的 p 值（有時會直接標示為顯著值）與顯著水準（例如 $\alpha = .05$、$.01$ 或 $.001$）相比，就可以立即得知檢定結果，根本無須進行查表，因此當代的研究實務逐漸全面改以 p 法則來判斷假設檢定的結果，臨界值法則反而僅作為教學上的概念說明釋意或圖解輔助之用。

7.3.3.4 假設檢定的標示法則（星星法則）

在學術界的論文撰寫規定中（例如 APA 格式），對於統計顯著性的表示有一個共通性的作法，亦即將檢定結果得到 $p < \alpha$ 的拒絕 H_0、接受 H_1 結論時，在檢定量右上方標註「＊」符號，當 $\alpha = .05$ 時得到 $p < .05$ 的檢定結果在檢定量右上方標註一個「＊」，例如 $z = 2.12^*$，$t = 2.25^*$；當 $\alpha = .01$ 時得到 $p < .01$ 的檢定結果則標示為「＊＊」，例如 $z = 2.95^{**}$，$t = 2.81^{**}$；當 $\alpha = .001$ 時得到 $p < .001$ 的檢定結果則標示為「＊＊＊」，如果需要用到異於常規的 α 水準，例如 $\alpha = .10$，則會標示為「＋」或「†」等特殊符號，例如 $t = 1.50†$，而不會使用「＊」符號，藉以在論文行文中簡化文字說明，簡單明瞭地表達研究結果。

前述以星號來表述顯著性的作法也廣泛為電腦統計軟體所採用，當研究者利用統計軟體進行假設檢定時，統計報表除了告知檢定量數值大小，同時報告 p 值於一側，在預設情況下更會直接標示顯著性符號，使得使用者可以直接由「＊」符號的有無與「＊」的多寡來判定顯著情形為何，根本無須進行 p 值與 α 值的比較，雖然這只是快速檢視的一種權宜方法，但也不失為一種判定原則，（常聽學生開

玩笑說他的研究結果得到幾顆星、幾顆星，越多星星的研究越嚴謹越好之意），因此在此將這種判斷法則打趣稱為**星星法則**（rule of star "*"）。但是在此提醒讀者，這僅是一種快速判斷策略，讀者必須熟悉前述所討論的相關內容，而不是只懂得看星星。此外，代表顯著程度的星星符號必須標示在統計量數值上，而非尾機率值或其它地方，例如 $p = .045*$ 或 $p < .01**$ 都是錯誤的標示方法（因為 p 值不必標示就可目視其顯著與否）。

另外一項使用電腦軟體判斷顯著性必須值得注意的地方，是對於 p 值的計算，統計軟體多會預設為雙尾機率，此時軟體運算所提供的尾機率值 p，是取比檢定量在 $\pm z_{obt}$ 或 $\pm t_{obt}$ 兩側極端區域面積和。如果研究者要改用單尾機率檢定，可以直接把軟體所提供的雙尾機率值 p 除以 2，再與顯著水準 (α) 相比，就可得到單尾檢定的結果。

7.4 統計決策原理

前面已經大致說明「凡決策必有失誤」，因此任何統計決策均應報告決策錯誤的機率，換言之，研究者必須能做到「凡決策必關心失誤」、「凡決策必判斷失誤」。在機率分配的世界中，數值的變化遵循一定的機率原理，只要是包含有不確定的事件（不是百分之一百的定論事件），所做出的決策必然具有錯誤的可能性。此時，當研究者進行一項統計決策時，可能犯下的錯誤稱為統計決策錯誤，可以機率的數值來衡量其大小。

7.4.1 統計決策的結果

從假設檢定的觀點來看，統計決策的結果有兩種可能：保留 H_0 或拒絕 H_0。但是，真實狀況有可能是 H_0 為真，也有可能是 H_0 為偽。將假設檢定結果與真實狀況兩相配合來看，統計決策結果有兩種正確決定與兩種錯誤決定等四種狀況，如表 7.2 所示。

表 7.2　統計決策的四種結果

真實狀況	假設檢定結果	
	保留 H_0	拒絕 H_0
H_0 為真	正確決定 正確保留 H_0 （信心水準；$1-\alpha$）	錯誤決定 第一類型錯誤 （假警報；α）
H_0 為偽	錯誤決定 第二類型錯誤 （錯失真相；β）	正確決定 正確拒絕 H_0 （檢定力 power；$1-\beta$）

　　就統計的觀點來看，表 7.2 是由兩個完全互斥狀況所組成，其中當 H_0 為真時（表 7.2 的第一橫列），正確決定與錯誤決定為完全互斥（機率總和為 1.0），如圖 7.4 的左側分配；當 H_0 為偽時（表 7.2 的第二橫列），正確決定與錯誤決定亦為完全互斥（機率總和為 1.0），如圖 7.4 的右側分配。換句話說，當 H_0 為真時，統計決策的機率為一個完整分配，當 H_0 為偽時（H_1 為真），統計決策的機率為其他的分配。前者即為 H_0 分配，後者則為 H_1 分配。

7.4.2 正確決策與錯誤決策

　　從表 7.2 可以看出，當母體的真實狀況是 H_0 為真（例如男生與女生對於社交網站的偏好度真的相同）而檢定結果亦得到保留 H_0 的結論（宣稱 H_0 為真），就是一個正確決定；如果母體的真實狀況是 H_0 為偽（男生與女生對於社交網站的偏好度真的不同）而檢定結果亦得到拒絕 H_0、接受 H_1 的結論（宣稱 H_0 為偽），那麼也是一個正確的決定。當得到後面這種正確決定時，是研究者能夠正確無誤的透過研究來證明一個特殊母體關係的假設現象，此一結果不僅是對於研究者有利的結論，也是科學發現的契機，因此稱為一個研究的檢定力，是一種具有**積極意義的正確決定**（positively correct decision）。

　　相對的，如果真實的狀況是 H_0 為真，而檢定結果無法拒絕 H_0，此時雖然也是正確決定，但是研究者所提出的對立假設落空，學術上並無法從研究過程當中得到有意義的新知識。此一結果基本上並不是研究者所樂見的，因此可以稱為**消極的正確決定**（negatively correct decision）。

致力追求正確決策是研究倫理更是研究者的責任，然而假設檢定的統計決策既然是基於機率原則，因而既有正確決策的機會，就有錯誤決策的可能，因此統計決策也是機率問題。具體來說，如果統計決策結果認定男女生存在差異（拒絕 H_0、接受 H_1）但事實上男女生並無差異，那麼拒絕 H_0 就是一個錯誤決策，此種「錯誤拒絕 H_0 的情形」稱為**第一類型錯誤**（type I error），簡稱型 I 錯誤，此時所得到的顯著結果是個假警報（明明沒有差別卻說有差別），亦即拒絕 H_0 可能犯下的錯誤，其機率亦即顯著水準 α，如圖 7.4 的左側的 H_0 分配在臨界值右側的區域；而當 H_0 為真而被研究者主張為真的正確決定的機率即為 $1-\alpha$，亦即信心水準，如圖 7.4 的左側的 H_0 分配在臨界值左側的區域，兩者相加為 1.0。基本上，α 在假設檢定中同時具有「顯著水準」與「型 I 錯誤率」雙重概念。

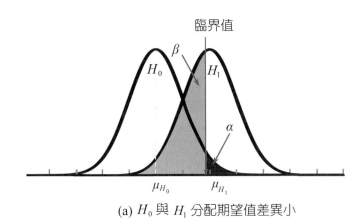

(a) H_0 與 H_1 分配期望值差異小

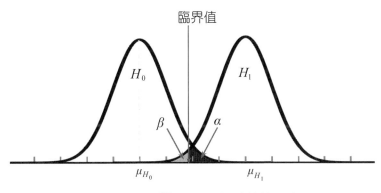

(b) H_0 與 H_1 分配期望值差異大

圖 7.4　兩種不同決策關係的機率圖示

如果當真實狀況是 H_0 為偽，但是檢定結果卻選擇保留 H_0，此時「錯誤保留 H_0 的情況」稱為**第二類型錯誤**（type II error），簡稱型 II 錯誤，例如明明有差別卻說沒有差別，這就是錯失真相的遺憾：因為 H_1 為真卻被研究者說成為偽。型 II 錯誤的機率以 β 表示（如圖 7.4 的 H_1 分配在臨界值左側的灰色區域）；而當 H_0 為偽且做出拒絕 H_0、接受 H_1 的正確決定的機率即為 $1-\beta$，稱為**統計檢定力**（power）（如圖 7.4 的 H_1 分配在臨界值右側的區域），兩者相加為 1.0。

7.4.3 決策錯誤機率的消長關係

7.4.3.1 顯著水準原則

一個嚴謹的研究應有較高的信心去正確保留 H_0，亦即 $1-\alpha$ 較高、α 較低，使得犯下型 I 錯誤的機率較小，因此 α 水準應取較小的 $\alpha = .01$ 甚至 .001，但是所付出的代價就是越不容易得到 H_1 為真的結論。如果 H_1 果然是真的，那麼一個較為嚴謹的研究反而較難獲致真相，亦即當 α 設定越小時，檢定力 $1-\beta$ 也越小，犯下型 II 錯誤的機率 β 就越大。這便是為什麼研究者傾向於設定一個較為寬鬆的研究（例如設定 $\alpha = .05$），寧願增加犯型 I 錯誤的機率，也不願意犯型 II 錯誤而錯失真相。此一在抽樣條件（n 不變）與抽樣分配期望值不變的情況下，因為 α 增減所產生的檢定力消長原則稱為顯著水準原則（α 原則）：

$$消長原則 \text{ I}（\alpha 原則）\begin{cases} \text{(a)}\ \alpha \downarrow \Rightarrow 1-\alpha \uparrow \quad \Rightarrow \quad \beta \uparrow \Rightarrow 1-\beta \downarrow \quad（悲觀結果）\\ \text{(b)}\ \alpha \uparrow \Rightarrow 1-\alpha \downarrow \quad \Rightarrow \quad \beta \downarrow \Rightarrow 1-\beta \uparrow \quad（樂觀結果）\end{cases}$$

$1-\alpha$ 與 α，以及 $1-\beta$ 與 β，這兩組機率有完全互斥的消長關係，但是就 $1-\alpha$ 與 $1-\beta$，以及就 α 與 β 這兩組機率關係，雖然不是完全互斥，但也有彼此消長的效應。當其它抽樣與檢定條件不變的情況下，這四組機率的消長僅僅取決於 α 的機率值，而且是由研究者指定的機率值。從圖示來看，對於 α 機率值的指定即等於對於臨界值位置的指定：當臨界值朝 H_0 分配的極端方向（圖 7.4 的 H_0 分配的右側）移動時，為消長原則 I(a) 的情況，此時研究越趨嚴謹，但是研究者對於真相的發現越趨悲觀，因為檢定力下降；當臨界值朝 H_0 分配的期望值方向移動時，為消長原

則 I(b) 的情況，此時研究越趨寬鬆，但是檢定力提高，對於真相的發現越趨樂觀。

7.4.3.2 樣本數原則

由於提高信心水準會使 $1-\beta$ 降低，因此投機的研究者多會避免採取嚴格的 α 水準。對於此一困境有兩種解救之道，我們先介紹第一個方法：增加樣本數 n。

從中央極限定理的觀點來看，如果增加樣本數 n，抽樣誤差減低，此時抽樣分配期望值（μ）不變，但是標準誤（$\sigma_{\bar{X}}$）降低，以圖示法來看，圖 7.4 的每一個分配的期望值維持不動，但是分配全距縮短，此時即使降低 α，也不一定使 $1-\beta$ 降低或 β 增加，如此將是能夠同時增加信心水準也提高檢定力的一石二鳥之計。此一因為 n 增減所產生的檢定力消長原則稱為樣本數原則（n 原則）：

消長原則 II（n 原則）
$$\begin{cases} \text{(a)} \; n \uparrow \Rightarrow \sigma_{\bar{X}} \downarrow \;\; \Rightarrow \;\; \beta \downarrow \Rightarrow 1-\beta \uparrow \;\;（樂觀結果） \\ \text{(b)} \; n \downarrow \Rightarrow \sigma_{\bar{X}} \uparrow \;\; \Rightarrow \;\; \beta \uparrow \Rightarrow 1-\beta \downarrow \;\;（悲觀結果） \end{cases}$$

在檢定條件 α 水準與母體期望值不變的情況下，n 放大會使抽樣誤差降低、標準誤縮小，進而使檢定量放大，從而得到消長原則 II(a) 的樂觀結果；但是如果樣本數很小，就會發生消長原則 II(b) 的窘境，亦即抽樣誤差增加、標準誤放大、檢定量縮小，檢定力降低的悲觀結果於焉發生。

7.4.3.3 效果量原則

對於提升 α 的嚴謹度卻會使 $1-\beta$ 降低的第二種解救之道是**擴大效果量**（effect size），簡單來說就是擴大 H_0 分配與 H_1 分配的期望值差異，如圖 7.4(a) 變化至圖 7.4(b) 的狀態，藉由讓 H_1 分配的中心點往 H_0 分配的反方向平移，藉以拉開兩者的差異，如此所產生的檢定力提高的消長原則稱為效果量原則（E 原則）：

消長原則 III（E 原則）
$$\begin{cases} \text{(a)} \; E \uparrow \Rightarrow |\mu H_0 - \mu H_1| \uparrow \;\; \Rightarrow \;\; \beta \downarrow \Rightarrow 1-\beta \uparrow \;\;（樂觀結果） \\ \text{(b)} \; E \downarrow \Rightarrow |\mu H_0 - \mu H_1| \downarrow \;\; \Rightarrow \;\; \beta \uparrow \Rightarrow 1-\beta \downarrow \;\;（悲觀結果） \end{cases}$$

在抽樣與檢定條件不變的情況下（n 與 α 不變），效果量的放大（期望差異放大）會使檢定量放大，進而得到消長原則 III(a) 的提高檢定力的樂觀結果；效果量

的縮小（期望差異減低）會使檢定量縮小，發生消長原則 III(b) 的悲觀結果。

7.4.4 道德困境與實務困境

綜合前述三原則可發現，消長原則 I 是一種兩難困境：提高嚴謹度會減損檢定力，但要提高檢定力則會危及嚴謹度，由於兩相矛盾，使得透過 α 原則來得到樂觀結果是一種研究上的道德困境。

相對的，藉由操作原則 II 與 III 來獲致樂觀結果則無道德的困境，但是卻有成本的困境與實現的困境。其中消長原則 II 的樂觀結果透過 n 的提高來達成，是一種抽樣的手段，會增加研究的成本與難度。另外，消長原則 III 透過效果量的提高來獲得樂觀結果則需透過實驗手段，藉以擴大實驗效果的差異，則有實施上的難度。例如男生或女生對於社交網站的偏好可能只有一點點差異（性別差異效果量小），但是對於上網打電動就可能大大不同（性別差異效果量大），但是後者可以說是不同的研究問題，不是研究者關心的問題，因而有實現上的困難。不論是從研究成本的提高或是實現上的困難，都屬於研究實務上的困境。現在問題是，你要選擇面對道德困境還是實務困境呢？

從專業倫理與學術倫理的角度來看，答案當然是要避免道德淪喪的困境，因此學者們多會積極尋求研究經費、擴大隨機抽樣、尋找有強烈差異的研究議題、有效控制干擾變數、提升實驗操弄效能，期能發現真相，得到樂觀結果，而且能兼顧對於 H_0 的高度信心。

7.5 平均數假設檢定

為了說明假設檢定的具體程序，並與前一章的區間估計進行對比，以下將以平均數抽樣分配為基礎，說明單樣本平均數 z 檢定與 t 檢定的應用。此外，許多研究對於兩個母體平均數是否存在差異感到興趣（例如「*男女生對於社交網站的偏愛程度不同*」），此時必須以雙樣本假設檢定來判定，我們也會在下面的章節中予以說明。

7.5.1 單樣本平均數檢定

當研究者關心某一個隨機變數的樣本平均數是否來自某特定母體之時，為一**單樣本假設檢定**（one-sample test of hypothesis）。

7.5.1.1 單樣本雙尾 z 檢定

例如若求在 $\alpha = .05$ 下，檢定某管理研究所新生的平均年齡是否與全國研究所新生的平均年齡不同，此時假設檢定的問題是該所新生年齡是否為全國研究所新生年齡母體的一個隨機樣本。若假設該所學生年齡樣本平均數 $\overline{X}$ 係來自母體 μ_x 的一個樣本統計量，全國母體年齡平均數為 μ，虛無假設為「**樣本年齡平均數與母體年齡平均數為相同母體**」，H_0 與 H_1 列舉如下：

$$\begin{cases} H_0 : \mu_x = \mu_0 \quad \text{or} \quad (\mu_x - \mu_0) = 0 \\ H_1 : \mu_x \neq \mu_0 \quad \text{or} \quad (\mu_x - \mu_0) \neq 0 \end{cases}$$

如果今天該所所長計算得出該所 25 名新生年齡平均數與標準差分別為 $\overline{X} = 25.6$、$s = 2$，同時所長也知道全國研究所新生年齡為常態分配 $N(\mu = 24.8, \sigma = 1.5)$，$\mu = \mu_0 = 24.8$。此時由於母體條件已知，對於從全國研究所新生年齡母體抽取的一個 $n = 25$ 隨機樣本的平均數，依據中央極限定理可知抽樣分配為 $N(\mu_{\overline{X}} = 24.8, \sigma_{\overline{X}} = 0.3)$，因為抽樣分配期望值 $\mu_{\overline{X}}$ 等於母體平均值，標準誤為母體標準差除以樣本開根號：

$$\sigma_{\overline{X}} = \frac{\sigma}{\sqrt{n}} = \frac{1.5}{\sqrt{25}} = 0.3 \tag{7-1}$$

由於抽樣分配服從常態分配，因此可以利用公式 7-2 的 z 檢定量公式求出樣本平均數在抽樣分配上的位置：

$$z_{obt} = \frac{\overline{X} - \mu_{\overline{X}}}{\sigma_{\overline{X}}} = \frac{\overline{X} - \mu_{\overline{X}}}{\dfrac{\sigma}{\sqrt{n}}} = \frac{25.6 - 24.8}{0.3} = \frac{0.8}{0.3} = 2.67 \tag{7-2}$$

由查表或以函數轉換得知 $z = 2.67$ 的尾機率為 .0038，對於雙尾檢定，$\pm z_{obt} = \pm 2.67$ 的尾機率為 $p = .0038 \times 2 = 0.0076$，而 $\alpha = .05$，因此依據尾機率法則得知 $(p = .0076) < (\alpha = .05)$，亦即 $p < .05$；依據臨界值法則，$\alpha = .05$ 的雙尾臨界值為 $\pm z_{.025} = \pm 1.96$，由 $|z_{obt} = 2.67| \geq |\pm z_{.025} = \pm 1.96|$，落入拒絕區，因此結論為拒絕 H_0、接受 H_1，亦即 $\mu_x \neq \mu_0$ 或 $(\mu_x - \mu_0) \neq 0$，可解釋為「樣本平均數 $\overline{X} = 25.6$ 所來自的母體 μ_x 與母體 μ_0 不同」或是「兩個母體平均數 μ_x 與 μ_0 的差異不為 0」，因此得知該研究所學生的年齡顯著地不同於全國研究所新生，從樣本平均數（25.6）高於全國平均（24.8）來看，該所學生比較老。

7.5.1.2 單樣本單尾 z 檢定

要非常小心的是，對於前述檢定結果的最後一句「該所學生比較老」，不能輕易如此表述，因為該說法只是從兩個平均數的數值大小差異來目視判斷，而非進行單尾檢定所得到的結論，因此帶有瑕疵。如果研究所所長認為管理研究所入學要求相當工作經驗，因此學生會比較老，因此他改問：「本所學生的平均年齡是不是比一般學生來得老？」更精確的說法是：「本所學生的平均年齡應來自另一個比較老的那個（需要相當工作經驗）母體而非全國平均 $\mu_0 = 24.8$ 那個母體」。對於此一研究假設轉換成單尾檢定假設如下：

$$\begin{cases} H_0 : \mu_x \leq \mu_0 & \text{or} & (\mu_x - \mu_0) \leq 0 \\ H_1 : \mu_x > \mu_0 & \text{or} & (\mu_x - \mu_0) > 0 \end{cases}$$

除了統計假設不同之外，其它抽樣條件皆不變，因此 $z_{obt} = 2.67$，但是此時尾機率為單尾機率 $p = .0038$，不需乘以 2。依據尾機率法則得知 $p < .05$，結論仍為拒絕 H_0、接受 H_1。若採臨界值法則，臨界值只取右側 $+z_{.05} = +2.58$（獲自表 7.1），因為 H_1 只主張右尾會發生，亦即 $\mu_x > \mu_0$ 當中使用了「>」的符號。由於 $|z_{obt} =$

$2.67| \geq |+z_{.05} = +2.58|$，落入拒絕區，結論亦為拒絕 H_0、接受 H_1，但是由於 H_1 為 $\mu_x > \mu_0$ 或 $(\mu_x-\mu_0) > 0$，因此解釋方式改為「該樣本平均數所來自的母體 μ_x 大於母體 μ_0」或是「兩個母體平均數差異 $(\mu_x-\mu_0)$ 大於 0」，此時研究所所長才得以宣稱「我們研究所學生的年齡顯著地比全國研究所『來得老』」或「我們研究所學生確實是挑自需要相當工作資歷而『比較老』的那一類型學生」。

在沒有特別聲明的情況下，假設檢定在慣例上均採雙尾設計且 $\alpha = .05$，亦即對於 H_0 分配為真的信心水準為 .95，犯下型 I 錯誤的機率為 .05。若有相當程度的文獻或理論支持，或是有合理的邏輯推導與證據，研究者才得以進行單尾檢定。以本範例來說，所長主張該所學生比較老是因為招生簡章上確實要求相當工作經驗，依據此一論述主張應採單尾設計實屬合理。但是不論以雙尾或單尾設計進行檢定，結果均拒絕 H_0，因為 $\alpha = .05$，因此本範例得到顯著的檢定量，以 $z = 2.67^*$ 表示之。

如果本範例採取更嚴格的顯著水準，例如 $\alpha = .01$，結果仍為拒絕 H_0，因為雙尾檢定尾機率（$p = .0076$）與單尾檢定尾機率（$p = .0038$）均為 $p < .01$，因此結論仍為拒絕 H_0、接受 H_1，此時檢定量表述形式為 $z = 2.67^{**}$。

由於檢定結果均拒絕 H_0，因此本範例結論有可能有犯下型 I 決策錯誤，當 $\alpha = .05$ 的型 I 錯誤率為 .05，當 $\alpha = .01$ 的型 I 錯誤率為 .01，也就是說，若以本範例的抽樣條件重複進行研究所得到的拒絕 H_0 的結論，在重複 100 次中會有 5 次或 1 次會發生決策錯誤。

7.5.1.3 單樣本雙尾 t 檢定

前面的單樣本平均數假設檢定，係以 z 檢定量配合 z 抽樣分配所進行的 z 檢定，其前提是母體標準差 σ 已知，才可依據中央極限定理導出抽樣分配標準誤。如果母體標準差 σ 未知，抽樣分配標準誤必須由樣本標準差 s 來推估，也就是以 $s_{\bar{X}}$ 來推估 $\sigma_{\bar{X}}$，因此 $s_{\bar{X}}$ 又可記為 $\hat{\sigma}_{\bar{X}}$，稱為平均數抽樣分配的**估計標準誤**（estimated standard error），公式如 7-3 所示。

$$\hat{\sigma}_{\bar{X}} = s_{\bar{X}} = \frac{s}{\sqrt{n}} \tag{7-3}$$

利用公式 7-3 所計算得到標準誤，可計算 t 檢定量（公式 7-4），其抽樣分配為服從自由度為 $n-1$ 的 t 分配，尾機率可由特定自由度下的 t 分配導出。

$$t_{obt} = \frac{\overline{X} - \mu_0}{s_{\overline{X}}} \qquad\qquad (7\text{-}4)$$

以前面的 25 名新生年齡平均數與標準差分別為 $\overline{X} = 25.6$、$s = 2$ 的資料為例，若假定管理研究所所長只知道全國研究所新生年齡為 $\mu = 24.8$，但是不知道標準差，此時以公式 7-3 與 7-4 求得的檢定結果如下：

$$t_{obt} = \frac{\overline{X} - \mu_0}{s_{\overline{X}}} = \frac{25.6 - 24.8}{2 / \sqrt{25}} = \frac{0.8}{0.4} = 2$$

本範例的 $n = 25$，因此 t 檢定量的自由度為 $df = 25-1 = 24$，由查表或以函數轉換得知 $t_{(24)} = 2$ 的尾機率為 .0285，雙尾檢定下 $\pm t_{obt} = \pm 2$ 的尾機率為 $p = .0285 \times 2 = 0.0569$，$\alpha = .05$，依據尾機率法則得知 $(p = .0569) \geq (\alpha = .05)$，亦即 $p \geq .05$，結論為保留 H_0，亦即 $\mu_x = \mu_0$ 或 $(\mu_x - \mu_0) = 0$，結論成為「樣本平均數所來自的母體 μ_x 與母體 μ_0 相同」或是「兩個母體平均數 μ_x 與 μ_0 的差異為 0」，該研究所學生的年齡與全國研究所新生相同，雙尾 t 檢定結果示意圖如圖 7.5(b) 所示。

值得注意的是，圖 7.5(b) 的左側標示了一個 $-t_{obt(24)} = -2$，目的是要描述左側的另外一半尾機率（.0285），但是事實上，本範例所求出的檢定量是 +2，換言之 $-t_{obt(24)} = -2$ 並不存在，而是用來求取正確的尾機率值。

若依據臨界值法則，$\alpha = .05$ 且 $df = 24$ 的雙尾 t 檢定臨界值經查表（附錄 B）得到 $\pm t_{.025(24)} = \pm 2.064$，由 $|t_{obt} = 2| \leq |\pm t_{.025(24)} = \pm 2.064|$，沒有落入拒絕區，因此結論為保留 H_0，檢定量大小被視為隨機數值，因此樣本平均數（25.6）與全國平均（24.8）兩者雖有不同，但其差異僅是隨機造成而沒有統計意義。本結論主張 H_0 為真，因此可能會犯的決策錯誤為型 II 錯誤，由於 H_1 分配的期望值不詳，因此型二錯誤機率 β 無法估計。

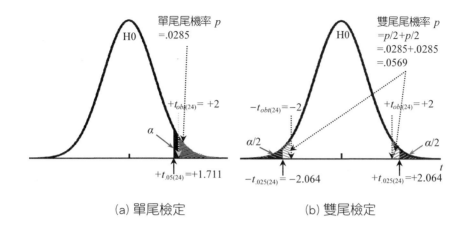

圖 7.5　研究所新生年齡的單樣本 t 檢定結果示意圖

7.5.1.4 單樣本單尾 t 檢定

如果研究所所長認為管理研究所的學生「比較老」而欲以單尾檢定來考驗假設，但是母體標準差不詳，只需將前述的 t 檢定改成單尾假設，求取單尾機率值即可：$t_{(24)} = 2$ 的尾機率為 .0285，單尾檢定 $t_{obt} = 2$ 的尾機率為 $p = .0285$，$\alpha = .05$，依據尾機率法則得知 $(p = .0285) < (\alpha = .05)$，此時 $p < .05$，結論變成拒絕 H_0、接受 H_1，亦即 $\mu_x > \mu_0$ 或 $(\mu_x - \mu_0) > 0$，結論為兩個母體平均數 μ_x 與 μ_0 的差異大於 0，因為 $\alpha = .05$，因此本範例得到顯著的 t 檢定量，以 $t_{(24)} = 2.00^*$ 表示之，本結論有 5% 的機率犯下型 I 錯誤。由此可知，當尾機率值非常接近 α 水準時，採用單尾檢定確實可能會造成研究結論的逆轉，提高拒絕 H_0 的可能性。

單尾 t 檢定結果示意圖如圖 7.5(a) 所示，由於是單尾檢定，因此 $\alpha = .05$ 的顯著性水準只需放在右側，因而臨界值（$+t_{.05(24)} = +1.711$）會比較雙尾臨界值（$\pm t_{.025(24)} = \pm 2.064$）來的低，因此若採臨界值法則來判斷，同樣的檢定量 $t_{obt} = 2$ 卻比單尾臨界值低，得到 $|t_{obt} = 2| > |+t_{.05(24)} = +1.711|$，$t$ 檢定量落入拒絕區，結論變成拒絕 H_0、接受 H_1。同樣的，由圖 7.5(a) 亦可以清楚看出右側的尾機率才是檢定量的尾機率 p，以尾機率法則來進行判斷的結果相同。

若以 SPSS 的單一樣本 t 檢定來進行前述假設的單樣本 t 檢定，如果沒有改變顯著性的設定，會得到檢定結果如下表，其中顯著性那一欄就是雙尾尾機率值（.057）。由報表數據可知，若以 24.8 為母體檢定值 μ_0，得到平均數差異為 0.8，

t 檢定量為 2，自由度為 24，由於雙尾尾機率值 $p \geq .05$，表示 t 檢定量未達 .05 的顯著水準，保留 H_0，與前述我們的計算雙尾單樣本 t 檢定的結果與結論相同。但是如果把尾機率值（.057）除以 2，得到 .0285，即逆轉成為 $p < .05$ 的檢定結果，與前面手算得到的單尾單樣本 t 檢定的結果與結論相同。

單一樣本檢定

	檢定值 = 24.8					
					差異的 95% 信賴區間	
	t	自由度	顯著性（雙尾）	平均差異	下界	上界
age	2.000	24	.057	.8000	-.026	1.626

值得注意的是，報表也提供了「差異的 95% 信賴區間」上下界分別為 −.026 與 1.626，表示 $\bar{X} - \mu_0 = 0.8$ 這個差異分數的 95% 信賴區間包含了 0，也就是說，基於本範例的抽樣條件下所得到的 0.8 樣本統計量的區間估計，在 95% 的信心水準下的區間為 $-.026 \leq (\bar{X} - \mu_0) \leq 1.626$，因為其包含了 0，因此我們不能說 0.8 與 0 有差別，類似於保留 H_0 的結論。換言之，假設檢定與區間估計有類似的推論功能，所不同的是：區間估計是以樣本統計量為中心，去推論母數出現的區間範圍，一旦某一母數包含在該區間中，表示該區間有 95% 的可能是與該母數有關。

相對之下，假設檢定則是從假設出發，透過一連串的檢驗過程來判定假設的真偽，目的不是在對樣本統計量去推估母數的出現範圍，而是檢定研究者所提出的假設真偽，推論的邏輯與結論方式有所不同，彈性亦較區間估計為高，因為研究者可以提出不同型態的假設來加以檢驗，同時採取單雙尾不同的檢定設計，相對之下，區間估計的 95%CI 由於同時估計上下界，因此等同於雙尾檢定，因此以區間估計所得到的推論必須與雙尾檢定的結果來說明。

7.5.2 雙樣本平均數檢定

7.5.2.1 基本原理

前述的範例說明了如何以 z 檢定或 t 檢定來考驗某一樣本平均數是否來自某特

定母體,是一種單樣本檢定。如果研究對於兩個母體平均數是否存在差異感到興趣,例如「管理研究所新生的平均年齡是否與心理研究所不同?」這種研究問題,此時管理研究所的新生年齡是一個母體,以 μ_1 表示,心理研究所的新生年齡是另一個母體,以 μ_2 表示,此時以雙尾設計下的虛無假設成為「兩個母體的平均數相同」,對立假設為「兩個母體的平均數不同」,以 H_0 與 H_1 假設表述如下:

$$\begin{cases} H_0: \mu_1 = \mu_2 & \text{or} & (\mu_1 - \mu_2) = 0 \\ H_1: \mu_1 \neq \mu_2 & \text{or} & (\mu_1 - \mu_2) \neq 0 \end{cases}$$

雙樣本設計的假設檢定原理與單樣本相似,主要的不同是研究者必須從兩個母體中分別各取一個樣本求取平均數與標準差,得到 ($\overline{X}_1, s_1$) 與 ($\overline{X}_2, s_2$),計算兩個平均數的差異量,之後的程序則相似,需以 z 檢定或 t 檢定來決定此一差異量是否顯著不為 0,如果以平均數的差異量求 z_{obt} 檢定量或 t_{obt} 檢定量,轉換出相對應的尾機率值,即可與 α 水準相比,決定檢定量的顯著性,藉以說明 H_0 是否保留或拒絕,此一過程涉及兩個樣本的抽樣,因此稱為**雙樣本假設檢定**(two-sample test of hypothesis),同時由於檢定過程涉及樣本平均數的**差異分數抽樣分配**(sampling distribution of the differences)的估計,得到其抽樣標準誤來進行假設檢定,因此又稱為**差異分數顯著性檢定**(test of significance of differences)。

在雙樣本平均數假設檢定中,其抽樣過程是取兩個樣本計算其平均數差異分數來進行比較,此時不同的平均數可能計算來自不同的受試者,亦有可能計算自同一個樣本的重複測量,或是具有配對關係的不同樣本。根據機率原理,當不同的平均數來自於不同的獨立樣本,兩個樣本的抽樣機率亦相互獨立,此時稱為**獨立樣本設計**(independent sample design)。但是若不同的平均數來自於同一個樣本的同一群人(例如某班學生的期中考與期末考成績),即**重複量數設計**(repeated measure design)(例如具有**前測**(pre-test)與**後測**(post-test)的研究設計),或是來自具有配對關係的不同樣本(例如夫妻兩人的薪資多寡),即**配對樣本設計**(matched sample design),樣本抽取的機率是為非獨立、相依的情況。因此必須特別考量到重複計數或相配對的關係,以不同的公式進行檢定。

由於雙樣本假設檢定也可區分為單尾檢定與雙尾檢定,假設表述方法與解釋方式與單樣本設計相同,因此以下的討論不特別區分兩種設計。此外,母體標準

差已知或未知也會影響標準誤的推導,而需要採用 z 檢定量或 t 檢定量。對於兩者的異同也不深入討論,以下僅就雙樣本檢定的主要特殊設計:獨立樣本與相依樣本設計,以及連帶產生的差異分數抽樣分配的不同之處加以說明,最後就其檢驗程序進行示範。

7.5.2.2 差異分數抽樣分配:獨立樣本設計

在一般雙尾設計下,雙樣本平均數考驗的虛無假設為「*兩個樣本的母體平均數差異為 0*」,亦即 H_0: $(\mu_1-\mu_2)=0$。當兩個樣本為獨立事件而彼此沒有關聯的獨立樣本設計下,平均數差異分數的抽樣分配的變異誤($\sigma^2_{\bar{X}_1-\bar{X}_2}$),為自同一個母體進行兩次抽樣的抽樣誤差累積而成。如果母體標準差已知,兩個樣本同享相同的抽樣條件,亦即 $\sigma_1^2=\sigma_2^2=\sigma^2$,抽樣變異誤為兩個樣本的變異誤和,如公式 7-5 所示,開根號之後得到**差異分數標準誤**(standard error of the difference),以 $\sigma_{\bar{X}_1-\bar{X}_2}$ 表示,如公式 7-6 所示。

$$\sigma^2_{\bar{X}_1-\bar{X}_2} = \sigma^2_{\bar{X}_1} + \sigma^2_{\bar{X}_2} = \frac{\sigma_1^2}{n_1} + \frac{\sigma_2^2}{n_2} = \sigma^2\left(\frac{1}{n_1}+\frac{1}{n_2}\right) \tag{7-5}$$

$$\sigma_{\bar{X}_1-\bar{X}_2} = \sqrt{\sigma^2_{\bar{X}_1} + \sigma^2_{\bar{X}_2}} = \sqrt{\frac{\sigma_1^2}{n_1} + \frac{\sigma_2^2}{n_2}} = \sqrt{\sigma^2\left(\frac{1}{n_1}+\frac{1}{n_2}\right)} \tag{7-6}$$

如果母體標準差不詳,兩個樣本的抽樣條件不明,也即是 σ_1、σ_2 未知,此時母體標準差 σ_1 與 σ_2 需以樣本標準差 s_1 與 s_2 分別估計之,差異分數抽樣分配的估計變異誤以 $s^2_{\bar{X}_1-\bar{X}_2}$ 表示,如公式 7-7。差異分數抽樣分配的**估計標準誤**(estimated standard error)則為變異誤的開方,如公式 7-8 所示。

$$s^2_{\overline{X}_1-\overline{X}_2} = s^2_{\overline{X}_1} + s^2_{\overline{X}_2} = \frac{s^2_1}{n_1} + \frac{s^2_2}{n_2} \tag{7-7}$$

$$s_{\overline{X}_1-\overline{X}_2} = \sqrt{s^2_{\overline{X}_1} + s^2_{\overline{X}_2}} = \sqrt{\frac{s^2_1}{n_1} + \frac{s^2_2}{n_2}} \tag{7-8}$$

由於兩個樣本的樣本數可能相同也可能不同,當兩個樣本的樣本數相同時,$n_1 = n_2 = n$,差異分數抽樣分配的自由度為全體樣本減 2,$N-2$,如公式 7-9 所示。

$$df_{\overline{X}_1-\overline{X}_2} = df_{\overline{X}_1} + df_{\overline{X}_2} = (n_1-1) + (n_2-1) = N-2 \tag{7-9}$$

當兩個樣本的樣本數不同時,亦即 $n_1 \neq n_2$,兩次抽樣的抽樣分配狀態不同,此時自由度也必須以公式 7-10 加以校正得到 $df^*_{\overline{X}_1-\overline{X}_2}$,當自由度 $df^*_{\overline{X}_1-\overline{X}_2}$ 具有小數時,可以取四捨五入值。

$$df^*_{\overline{X}_1-\overline{X}_2} = \frac{[s^2_1/n_1 + s^2_2/n_2]^2}{\dfrac{(s^2_1/n_1)^2}{n_1-1} + \dfrac{(s^2_2/n_2)^2}{n_2-1}} \tag{7-10}$$

由於平均數差異檢定的虛無假設假定不同樣本取自相同母體,因此即使 σ^2_1 與 σ^2_2 未知而以樣本變異數 s^2_1 與 s^2_2 分別估計,但是「理論上」仍應假設兩者是針對同一個母體的兩次估計,兩個樣本的變異數 s^2_1 與 s^2_2 應假設同質,稱為**變異數同質假設**(assumption of homogeneity),在同質假設維繫的情況下,母體變異數可以公式 7-11 估計獲得,稱為**母體變異數加權估計數**(weighted estimate of σ^2),因為是把 s^2_1 與 s^2_2 進行加權整合,因此又稱為**母體變異數綜合估計數**(pooled estimate of σ^2），以 s_p^2 表示，為母體變異數的不偏估計數 $\hat{\sigma}^2$，可取代 s_1^2 與 s_2^2 來估計 σ^2。

$$s_p^2 = \frac{df_1 s_1^2 + df_2 s_2^2}{df_1 + df_2} = \frac{(n_1 - 1)s_1^2 + (n_2 - 1)s_2^2}{n_1 + n_2 - 2} = \frac{SS_1 + SS_2}{n_1 + n_2 - 2} \qquad (7\text{-}11)$$

有了 s_p^2 後，即可估計「假設 $\sigma_1^2 = \sigma_2^2$」下的平均數差異分數抽樣分配變異誤，如公式 7-12，開根號即為估計標準誤，如公式 7-13。自由度為 $n_1 + n_2 - 2 = N - 2$。

$$s_{\bar{X}_1 - \bar{X}_2}^2 = s_{\bar{X}_1}^2 + s_{\bar{X}_2}^2 = \frac{s_p^2}{n_1} + \frac{s_p^2}{n_2} = s_p^2 \left(\frac{1}{n_1} + \frac{1}{n_2} \right) \qquad (7\text{-}12)$$

$$s_{\bar{X}_1 - \bar{X}_2} = \sqrt{s_{\bar{X}_1}^2 + s_{\bar{X}_2}^2} = \sqrt{\frac{\hat{\sigma}_1^2}{n_1} + \frac{\hat{\sigma}_2^2}{n_2}} = \sqrt{\frac{s_p^2}{n_1} + \frac{s_p^2}{n_2}} = \sqrt{s_p^2 \left(\frac{1}{n_1} + \frac{1}{n_2} \right)} \qquad (7\text{-}13)$$

但如果樣本變異數 s_1^2 與 s_2^2 明顯不同，變異數同質假設無法維繫，此時 s_p^2 不是母體變異數的不偏估計數 $\hat{\sigma}^2$，不得使用 s_p^2 取代 s_1^2 與 s_2^2。換言之，當變異數同質假設遭到違反時，應採用公式 7-7 與公式 7-8 來估計 $s_{\bar{X}_1 - \bar{X}_2}^2$ 與 $s_{\bar{X}_1 - \bar{X}_2}$，自由度則以公式 7-10 的 $df_{\bar{X}_1 - \bar{X}_2}^*$ 求取修正自由度。至於變異數同質假設是否維繫，可利用 Levene test 來檢驗。

7.5.2.3 差異分數抽樣分配：相依樣本設計

在相依設計下，兩個樣本來自於重複測量或配對設計，因此人數必然相等，$n_1 = n_2 = n$，此時的 n 可以為人數或配對數。進行雙樣本平均數檢定時，雙尾虛無假設仍為兩個樣本的母體平均數差異為 0，亦即 H_0: $(\mu_1 - \mu_2) = 0$，所不同的是兩個樣本是同一個母體所抽出的兩個具有相關的相依樣本，相依程度以相關係數 ρ 表示。

在抽樣條件已知的情況下（$\sigma_1^2 = \sigma_2^2 = \sigma^2$），相依樣本的平均數差異分數抽樣分配的變異誤，為兩次抽樣的抽樣誤差相加之後需扣除兩者相依部分的重複計算，如公式 7-14 所示。

$$
\begin{aligned}
\sigma_{\overline{X}_1-\overline{X}_2}^2 &= \sigma_{\overline{X}_1}^2 + \sigma_{\overline{X}_2}^2 - 2\rho\sigma_{\overline{X}_1}\sigma_{\overline{X}_2} = \frac{\sigma_1^2}{n} + \frac{\sigma_2^2}{n} - 2\rho\sqrt{\frac{\sigma_1^2}{n}}\sqrt{\frac{\sigma_2^2}{n}} \\
&= 2\sigma^2\left(\frac{1-\rho}{n}\right) = 2(1-\rho)\frac{\sigma^2}{n}
\end{aligned}
\tag{7-14}
$$

簡化後的差異分數抽樣標準誤如公式 7-15 所示。

$$
\sigma_{\overline{X}_1-\overline{X}_2} = \sqrt{\sigma_{\overline{X}_1}^2 + \sigma_{\overline{X}_2}^2 - 2\rho\sigma_{\overline{X}_1}\sigma_{\overline{X}_2}} = \sqrt{2(1-\rho)\frac{\sigma^2}{n}} = \frac{\sigma}{\sqrt{n}}\sqrt{2(1-\rho)}
\tag{7-15}
$$

在母體標準差未知的情況下，母體標準差 σ_1 與 σ_2 需以樣本標準差 s_1 與 s_2 分別估計之，差異分數抽樣分配的估計變異誤也需扣除相依所發生的重複部分，相依程度由兩個樣本之間的相關 r 來估計之，如公式 7-16 所示。

$$
s_{\overline{X}_1-\overline{X}_2}^2 = s_{\overline{X}_1}^2 + s_{\overline{X}_2}^2 - 2rs_{\overline{X}_1}s_{\overline{X}_2} = \frac{s_1^2 + s_2^2 - 2rs_1s_2}{n}
\tag{7-16}
$$

雖然相依設計也進行兩次抽樣，得到樣本數為同為 n 的兩個樣本，觀察值的個數理應為 $2n$，但是因為相依設計，每一個人實施 2 次，因此自由度只計算一次，換言之，相依設計的平均數差異分數的抽樣分配，自由度為 $n-1$，而非 $n_1 + n_2-2$。足足比獨立設計少了一半。

事實上，相依樣本設計下的兩個樣本資料取得具有配對關係或重複測量關係，

因此兩個樣本實則可以視為一個樣本，可仿照單一樣本檢定方法來進行分析。這是基於相依設計中，由於受試者是相同的一組人，或具備配對關係，因此兩個樣本得分呈現配對分數，可直接相減得到差異分數（D score），$D = x_1 - x_2$，然後針對差異分數抽樣分配進行估計，計算出統計檢定量，即可進行單一樣本平均數檢定，此一方法稱為**直接差異分數檢定法**（direct-difference method），直接考驗 D 分數所形成的樣本統計量與某個理論值 μ_0 的差異。

表 7.3　單樣本與雙樣本平均數檢定的抽樣分配標準誤與自由度

檢定設計		
單樣本設計	定義式	
σ 已知	$\sigma_{\bar{X}} = \sqrt{\dfrac{\sigma^2}{n}} = \dfrac{\sigma}{\sqrt{n}}$	
σ 未知	$s_{\bar{X}} = \sqrt{\dfrac{s^2}{n}} = \dfrac{s}{\sqrt{n}} \quad df = n\text{-}1$	
雙樣本設計	獨立設計	相依設計
σ 已知	$\sigma_{\bar{X}_1 - \bar{X}_2} = \sqrt{\sigma^2\left(\dfrac{1}{n_1} + \dfrac{1}{n_2}\right)} = \sigma\sqrt{\dfrac{1}{n_1} + \dfrac{1}{n_2}}$	$\sigma_{\bar{X}_1 - \bar{X}_2} = \sqrt{2(1-\rho)\dfrac{\sigma^2}{n}} = \sigma\sqrt{\dfrac{2(1-\rho)}{n}}$
σ 未知	假設 $\sigma_1 = \sigma_2 = \sigma$ $s_{\bar{X}_1 - \bar{X}_2} = \sqrt{s_p^2\left(\dfrac{1}{n_1} + \dfrac{1}{n_2}\right)} = s_p\sqrt{\dfrac{1}{n_1} + \dfrac{1}{n_2}}$ $df = n_1 + n_2 - 1$ 假設 $\sigma_1 \neq \sigma_2$ $s_{\bar{X}_1 - \bar{X}_2} = \sqrt{\dfrac{s_1^2}{n_1} + \dfrac{s_2^2}{n_2}}$ $df^* = \dfrac{[s_1^2/n_1 + s_2^2/n_2]^2}{\dfrac{(s_1^2/n_1)^2}{n_1 - 1} + \dfrac{(s_2^2/n_2)^2}{n_2 - 1}}$	$s_{\bar{D}} = \sqrt{\dfrac{s_D^2}{n}} = \dfrac{s_D}{\sqrt{n}}$ $s_{\bar{X}_1 - \bar{X}_2} = \sqrt{\dfrac{s_1^2}{n} + \dfrac{s_2^2}{n} - \dfrac{2rs_1 s_2}{n}}$ $df = n\text{-}1$

對於兩個樣本配對分數的差異分數 D，可以形成一個單一分配，平均數為 $\overline{D}$，變異數為 s_D^2，差異分數的抽樣分配平均數為 $\mu_{\overline{D}}$，變異數為 $s_{\overline{D}}^2$。此一檢定方法的特色，是由於差異分數的母體並不存在，因此抽樣誤差必須以差異分數分配的標準差來估計，因此無法使用 z 檢定，一律使用 t 檢定。差異分數估計變異誤如公式 7-17 所示。

$$s_{\overline{D}}^2 = \frac{s_D^2}{n}$$

$$(7\text{-}17)$$

表 7.3 整理了不同情形下的平均數檢定的標準誤與自由度公式，包括單樣本設計，以及雙樣本的獨立設計與相依設計等不同狀況。

7.5.2.4 獨立與相依設計的異同

由公式 7-14 與 7-16 可知，如果兩個相依樣本之間完全沒有相關，$\rho = 0$ 或 $r = 0$，公式 7-14 即成為 $2\sigma_{\overline{X}}^2$，也就是單一樣本抽樣變異誤的兩倍，公式 7-16 與獨立設計相同，此時以相依設計進行分析無異於獨立樣本設計。但是隨著兩個樣本相依程度提高，$\rho \to 1$ 或 $r \to 1$，抽樣誤差逐漸降低，最後平均數差異分數的抽樣分配會退化成一直線，也就是說，相依設計可以削減抽樣誤差，相關越高，削減程度越大。

但是，如果兩個樣本的相關為負值，那麼相依設計在扣減抽樣誤差的效果就完全相反，變異誤不減反增，最高可能增加一倍。所幸相依樣本得分的相關為負的情形並不多見，即使存在，也很容易察知，因此採取相依設計多半可以得到扣減誤差項的效果。一般而言，在相同的平均數差異下，使用相依樣本公式所得到的 t 值會大於獨立樣本 t 值，使得相依樣本的統計檢定力高於獨立樣本檢定。這就是許多實驗研究者喜歡使用相依樣本設計的原因，不但抽樣誤差變小，實施上更省事（若自變數有 k 個水準，採重複量數實驗的樣本數目需求較獨立設計少 k 倍）。

7.5.2.5 雙樣本平均數差異檢定

對於雙樣本平均數差異假設檢定，當母體標準差 σ 已知，可直接求得平均數

差異分數抽樣標準誤 $\sigma_{\bar{x}_1-\bar{x}_2}$，此時以 z 檢定來檢驗兩個樣本平均數差異的顯著性即可，稱為平均數差異 z 檢定。在獨立設計時以如公式 7-6 為分母，z 檢定量的計算如公式 7-18 所示；在相依設計時以如公式 7-15 的 $\sigma_{\bar{X}_1-\bar{X}_2}$ 為分母，z 檢定量的計算如公式 7-18 所示。

$$z_{obt} = \frac{(\overline{X}_1 - \overline{X}_2) - \mu_0}{\sigma_{\bar{x}_1-\bar{x}_2}}$$
（7-18）

如果母體標準差 σ 未知，兩個樣本的抽樣條件不明，σ_1、σ_2 未知，必須求得差異分數估計標準誤後，以 t 檢定來檢驗兩個獨立樣本平均數差異的顯著性，稱為獨立雙樣本平均數差異 t 檢定，如公式 7-19 所示。

$$t_{obt} = \frac{(\overline{X}_1 - \overline{X}_2) - \mu_0}{s_{\bar{x}_1-\bar{x}_2}}$$
（7-19）

由於 t 檢定所使用的標準誤，會因為變異數同質假設是否維繫，區分成不同「假設變異數同質」與「不假設變異數同質」的兩種計算型態，而自由度也可能需要校正，因此必須利用表 7.3 所整理的資訊，來選擇正確的標準誤進行 t 檢定量的計算。

不論是 z 檢定或 t 檢定，公式 7-18 與 7-19 中的 μ_0 為兩個母體平均數差異的期望值，一般而言皆令 $\mu_0 = \mu_1 - \mu_2 = 0$，即與前面所陳述的 $H_0:(\mu_1 - \mu_2) = 0$ 相一致。如果研究者主張兩個母體平均數差異的期望值不為零，亦即 $\mu_0 = \mu_1 - \mu_2 \neq 0$，也可以同樣的公式來檢定某特定的兩個樣本平均數的差異是否顯著不同於 μ_0，但是 H_0 即需改為 $(\mu_1 - \mu_2) = \mu_0$。也因此可知，以意義式的形式來表達 $H_0: \mu_1 = \mu_2$ 無法擴充到 $\mu_0 \neq 0$ 的雙樣本平均數差異假設檢定，而以效果式的形式來表達為佳。

7.5.2.6 獨立樣本平均數差異檢定範例說明

讓我們擴充前一節單樣本平均數檢定所使用的例子。如果今天管理研究所所

長除了擁有自己班上的 25 名新生年齡平均數與標準差（$\overline{X}_1 = 25.6$、$s_1 = 2$），同時也知道心理研究所的 25 名新生年齡平均數與標準差（$\overline{X}_2 = 23.6$、$s_2 = 2$），而全國研究所新生年齡的標準差為 2.5。那麼 H_0「管理研究所新生的平均年齡是否與心理研究所相同」是否應保留或推翻呢？此時需進行雙尾雙樣本平均數差異檢定。

　　由於抽樣條件為母體標準差已知（$\sigma = 2.5$），因此從兩類研究所所獲得的兩個 $n = 25$ 的樣本，也同享相同的抽樣條件，亦即 $\sigma_1 = \sigma_2 = \sigma = 2.5$，依據中央極限定理，以公式 7-6 可求得差異分數抽樣分配標準誤為 $\sigma_{\overline{X}_1 - \overline{X}_2} = \sqrt{.5} = 0.707$。$z$ 檢定量則利用公式 7-18 求得，計算過程如下：

$$z_{obt} = \frac{\overline{X}_1 - \overline{X}_2}{\sigma_{\overline{X}_1 - \overline{X}_2}} = \frac{25.6 - 23.6}{\sqrt{\dfrac{\sigma_1^2}{n_1} + \dfrac{\sigma_2^2}{n_2}}} = \frac{2}{\sqrt{\dfrac{2.5^2}{25} + \dfrac{2.5^2}{25}}} = \frac{2}{\sqrt{0.5}} = \frac{2}{0.707} = 2.829$$

　　由查表或以函數轉換得知 $+z = 2.829$ 的尾機率為 .0023，而本範例為雙尾檢定，$\pm z_{obt} = \pm 2.829$ 的尾機率為 $p = .0023 \times 2 = .0047$，依據尾機率法則得知 $(p = .0047) < (\alpha = .01)$，亦即 $p < .01$，結論為拒絕 H_0、接受 H_1，亦即 $\mu_1 \neq \mu_2$ 或 $\mu_1 - \mu_2 \neq 0$，可解釋為「兩類研究所新生年齡平均具有顯著差異」或「兩類研究所新生年齡平均差異的母體不等於 0」。由於結論為拒絕 H_0，因此本範例結論有可能有犯下型 I 決策錯誤，亦即兩類研究所新生的平均年齡其實沒有差異而被我們誤判為有差異，其機率為 .05。

　　如果，本範例改為母體標準差未知，研究者手中只有兩個樣本的平均數與標準差，管理研究所：$\overline{X}_1 = 25.6$、$s_1 = 2$；心理研究所：$\overline{X}_2 = 23.6$、$s_2 = 2$，兩班人數都為 25。由於兩個樣本的標準差相同：$s_1 = s_2 = 2$，因此可以假設兩個樣本的變異數同質，利用公式 7-11 求得母體變異數綜合估計數 s_p^2：

$$s_p^2 = \frac{df_1 s_1^2 + df_2 s_2^2}{df_1 + df_2} = \frac{(n_1 - 1)s_1^2 + (n_2 - 1)s_2^2}{n_1 + n_2 - 2} = \frac{(25 - 1)2^2 + (25 - 1)2^2}{25 + 25 - 2} = 4$$

　　將 s_p^2 估代入公式 7-13 求得估計標準誤，即可利用 t 檢定來進行假設檢定，計算過程如下：

$$t_{obt} = \frac{\overline{X}_1 - \overline{X}_2}{s_{\overline{X}_1 - \overline{X}_2}} = \frac{25.6 - 23.6}{\sqrt{s_p^2 \left(\frac{1}{n_1} + \frac{1}{n_2}\right)}} = \frac{2}{\sqrt{4\left(\frac{1}{25} + \frac{1}{25}\right)}} = \frac{2}{.5658} = 3.535$$

由於 t 檢定量為 $t_{(48)} = 3.535$，單尾機率為 .00046，雙尾尾機率為 $p = .00046 \times 2$ = .00091，仍是得到顯著結果，甚至可以推知 $p < .001$，因此可以採用更嚴格的 α = .001 的顯著水準，得到結論為拒絕 H_0、接受 H_1 之年齡平均差異母體不等於 0 的結論，若以 α = .001 為顯著水準，本結論的型 I 錯誤率會更低，只有 1/1000，我們對於結論更有信心。

讓我們做另一種假設：兩個樣本的變異數不同質，例如管理研究所新生年齡的標準差為 2，但是心理研究所新生年齡標準差為 1，變異數不同質時無法估計母體變異數綜合估計數 s_p^2，此時以公式 7-8 求得標準誤後計算得到 $t_{(35)} = 4.471$，自由度不是 25+25−2 = 48，而是利用公式 7-10 進行校正，得到 35.29，四捨五入後的 $df^* = 35$：

$$t_{obt} = \frac{\overline{X}_1 - \overline{X}_2}{s_{\overline{X}_1 - \overline{X}_2}} = \frac{\overline{X}_1 - \overline{X}_2}{\sqrt{\frac{s_1^2}{n_1} + \frac{s_2^2}{n_2}}} = \frac{25.6 - 23.6}{\sqrt{\frac{2^2}{25} + \frac{1^2}{25}}} = \frac{2}{\sqrt{0.2}} = \frac{2}{.4473} = 4.471$$

$$df^*_{\overline{X}_1 - \overline{X}_2} = \frac{[s_1^2 / n_1 + s_2^2 / n_2]^2}{\frac{(s_1^2 / n_1)^2}{n_1 - 1} + \frac{(s_2^2 / n_2)^2}{n_2 - 1}} = \frac{[2^2 / 25 + 1^2 / 25]^2}{\frac{(2^2 / 25)^2}{25 - 1} + \frac{(1^2 / 25)^2}{25 - 1}} = \frac{.04}{.0011} = 35.29 \approx 35$$

由於 $t_{(35)} = 4.471$，雙尾尾機率為 $p = .00004 \times 2 = .00008$，$p < .0001$，結論仍為拒絕 H_0、接受 H_1，型 I 錯誤率可以低至 .0001。如果用 SPSS 來執行獨立雙樣本 t 檢定，得到報表如下，與我們的計算結果相同。

獨立樣本t檢定

依變數狀態與假設		t	自由度	顯著性(雙尾)	平均差異	差異標準誤
age1	假設變異數相等	3.535	48	.00091	2.0000	.5658
	不假設變異數相等	3.535	48.000	.00091	2.0000	.5658
age2	假設變異數相等	4.471	48	.00005	2.0000	.4473
	不假設變異數相等	4.471	35.290	.00008	2.0000	.4473

7.5.2.7 相依樣本平均數差異檢定範例說明

前面的例子是獨立樣本設計，此時兩個樣本之間沒有任何的關聯，即使有關聯也是隨機所造成的，並不影響平均數差異的假設檢定。以下，我們來看看一個相依樣本的範例。

為了銜接先前的範例，我們仍以研究所新生的年齡為例。現在我們假設，兩個研究所當中的各 25 名學生，其實是 25 對兄弟或姊妹，也就是說，原來的管理所與心理所當中的每一個人，都是另一個所的兄弟姊妹，換言之，樣本之間有配對關係。此時，我們可以估計兩個樣本之間的相關，進而使用相依樣本的平均數差異分數抽樣分配標準誤公式，進行 t 檢定量的計算。H_0：「管理與心理研究所兩所的新生配對樣本的平均年齡差異為 0」。

由於我們沒有改變資料結構，因此兩所的 25 名新生年齡平均數與標準差依然不變為 $\overline{X}_1 = 25.6$、$s_1 = 2$ 與 $\overline{X}_2 = 23.6$、$s_2 = 2$，兩個研究所的平均數差異仍為 2，但是可以估計得到兩個配對樣本的相關係數 $r = .30$，此時以公式 7-8 求得相依樣本差異分數估計標準誤為 0.4743，進而計算得到 $t_{(24)} = 4.217$，自由度是 $25-1 = 24$，計算過程如下：

$$t_{(24)} = \frac{\overline{X}_1 - \overline{X}_2}{s_{\overline{X}_1 - \overline{X}_2}} = \frac{\overline{X}_1 - \overline{X}_2}{\sqrt{\dfrac{s_1^2}{n} + \dfrac{s_2^2}{n} - 2r\dfrac{s_1 s_2}{n}}}$$

$$= \frac{25.6 - 23.6}{\sqrt{\dfrac{2^2 + 2^2 - 2 \times .3 \times 2 \times 2}{25}}} = \frac{2}{\sqrt{0.225}} = \frac{2}{0.4743} = 4.217$$

由於 $t_{(24)} = 4.217$，雙尾尾機率為 $p = .000304$，$p < .001$，結論仍為拒絕 H_0、接受 H_1。如果用 SPSS 來執行相依雙樣本 t 檢定，得到報表如下，與我們的計算結果相同。

成對樣本檢定

	成對變數差異			t	自由度	顯著性 （雙尾）
	平均數	標準差	平均數的標準誤			
成對 1　兄姊 - 弟妹	2.0000	2.3714	.4743	4.217	24	.000304

相依樣本的平均數差異檢定可利用差異分數進行單一樣本 t 檢定，亦即先計算每一對手足的年齡差異，然後針對配對分數的差異分數 D，檢定其平均數 $\overline{D}$ 是否為 0，此時得到 $\overline{D}$ 的即為兩個樣本平均數差異 $\overline{X}_1 - \overline{X}_2$，而單一樣本平均數的抽樣標準誤則由差異分數 D 的標準差（$s_D = 2.3714$）估計求得，$s_{\overline{D}} = 0.4743$，與前面所使用的相依樣本平均數差異分數標準誤公式求值相同，因此 t 檢定亦為 4.217，結論完全相同，計算過程如下：

$$t_{(24)} = \frac{\overline{D}}{s_{\overline{D}}} = \frac{\overline{D}}{\sqrt{\dfrac{s_D^2}{n}}} = \frac{25.6 - 23.6}{\sqrt{\dfrac{2.3714^2}{25}}} = \frac{2}{\sqrt{0.225}} = \frac{2}{0.4743} = 4.217$$

以 SPSS 執行差異分數 D 的單一樣本 t 檢定得到報表如下，與計算結果相同。

單一樣本 t 檢定

	檢定值 = 0				差異的 95% 信賴區間	
	t	自由度	顯著性（雙尾）	平均差異	下界	上界
年齡差異	4.217	24	0.000304	2.00000	1.0212	2.9788

由前述的討論可以發現，對於同一批資料，如果使樣本平均數差異維持一致，但是去討論採用獨立設計或相依設計等不同型態的抽樣設計對假設檢定的影響時，在標準誤的運算上會有明顯的不同，自由度也會有所差異。本節範例的數據

說明了：獨立與相依樣本設計的自由度不同，獨立樣本 *t* 檢定自由度大，抽樣分配常態性假設較易維持，但相依樣本考驗自由度小，抽樣分配常態性假設較不容易維持。如果從臨界值法則來看，小樣本時的獨立樣本與相依樣本設計，因為自由度不同，所使用的臨界值會有所差異，*df* 越大者，臨界值越低，越容易得到顯著的結果。雙樣本設計的臨界值會低於相依樣本的臨界值，較容易拒絕 H_0。但是當樣本規模大於 30 時，臨界值的差異就不明顯了。

7.5.3 *t* 檢定的基本假設

雙樣本平均數檢定中，兩個平均數來自於兩個樣本，除了樣本本身的抽樣分配需為常態化之外，兩個平均數差的抽樣分配也必須符合**常態化**（normality）假設，此一概念來自於中央極限定理，因此為一理論性的假設，在兩個樣本數各大於 30 的情況下皆可維繫，但是如果有任一樣本數未達 30，則需注意抽樣分配的常態性。常態性的違反，會導致整個統計考驗的失效，所得到的結果是偏失不可信，所幸採取 *t* 檢定的分配模式能夠相當程度滿足機率分配的特性，而且 *t* 檢定包含了 *z* 檢定的分配模式，*z* 檢定為 *t* 檢定一種特則，因此當前坊間的統計軟體多直接進行 *t* 檢定，而不提供 *z* 檢定。

獨立樣本 *t* 檢定的功能在比較不同樣本的平均數差異，每一個常態化樣本的平均數要能夠相互比較，除了需符合常態分配假設外，必須具有相似的離散狀況，也就是母體的變異數必須具有同質性，稱為**變異數同質性**（homogeneity of variance）假設。如果母體的變異數不同質，表示兩個樣本在平均數差異之外，另外存有差異的來源，致使變異數呈現不同質的情況。變異數同質性假設若不能成立，會使得平均數的比較存有混淆因素。

兩個獨立母體的變異數同質性假設是否違反，可以利用 Levene's test of homogeneity，以變異數分析（*F* 檢定）的概念，計算兩個樣本變異數的比值。若 *F* 檢定達到顯著水準，表示兩個樣本的母體變異數不同質，此時需使用校正公式來計算 *t* 值。SPSS 視窗版的獨立樣本 *t* 檢定，提供兩種 *t* 檢定量，即當變異數同質性假設成立時與不成立時；當成立時，*t* 值依上述公式得出，且自由度為整數（*n*−2）；不成立的情況下，*t* 值需進行校正，可以由非整數的自由度得知是否進行校正。以下我們即以 SPSS 的操作示範來說明平均數假設檢定的操作程序。

7.6 平均數假設檢定的 SPSS 示範說明

7.6.1 單樣本平均數檢定

　　某品牌寶特瓶汽水標示重量為 1000 公克，某位消費者覺得標示有問題，他隨機挑選了 10 瓶汽水，測量內含汽水的淨重，所得數據如下，請問該品牌寶特瓶汽水重量標示是否不實？

編號	1	2	3	4	5	6	7	8	9	10
淨重	985	928	950	1010	945	989	965	1005	968	1015

【A. 操作程序】

　　步驟一：輸入資料。

　　步驟二：選取 分析 → 比較平均數法 → 單一樣本 t 檢定 。

　　步驟三：選擇欲分析的檢定變數 (依變數)。

　　步驟四：輸入檢定值，即參照的常數值。

　　步驟五：可進入 選項 設定信賴區間與遺漏值。

　　步驟六：按 確定 執行。

【B. 步驟圖示】

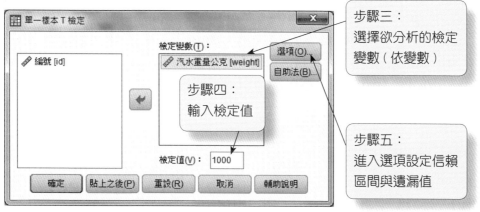

【C. 結果報表】

單一樣本統計量

	個數	平均數	標準差	平均數的標準誤
汽水重量公克	10	976.00	29.616	9.365

> 描述統計量
> 樣本統計量，包括平均數、標準差，以及用以計算 t 值的標準誤

單一樣本檢定

	檢定值 = 1000					
					差異的 95% 信賴區間	
	t	自由度	顯著性（雙尾）	平均差異	下界	上界
汽水重量公克	-2.563	9	.031	-24.000	-45.19	-2.81

> t 檢定結果
> t 值與顯著性 $t = -2.563$，$p = .031$，達顯著水準

【D. 結果說明】

　　由上述報表可得知：此一單樣本平均數檢定的樣本平均數為 976 公克，$t_{(9)}$ = -2.563，$p < .05$，達 $\alpha = .05$ 之顯著水準，表示該品牌寶特瓶汽水重量標示不實，同時從樣本平均數的大小（976 公克）可以看出，該品牌寶特瓶汽水重量標示低於標示值 1000 公克，顯示製造商有欺騙消費者之嫌。

　　如果要將檢定改成單尾檢定，僅需將尾機率值（顯著性值）除以 2，亦即 .031/2 = .016，然後與顯著水準 .05 相比。因為上述 SPSS 報表所列出的顯著性數值，是當 $t = 2.563$ 的兩側尾機率值，如果是單尾檢定，只需要其中一尾來與 $\alpha = .05$ 相比，即可判定是否達到 .05 顯著水準。

7.6.2 雙樣本平均數檢定：獨立樣本設計

　　某教授同時在兩個研究所教授高等統計課程，甲研究所有 10 名學生，乙研究所有 8 名學生，期末成績如下表，請問這兩個研究所的學生學習統計的成績是否有所差異？

研究所	1	2	3	4	5	6	7	8	9	10
甲	85	82	90	90	75	88	87	85	78	82
乙	82	75	80	80	85	85	75	80		

【A. 操作程序】

　　步驟一：輸入資料。所別與成績各為一個變項，各佔一欄。

　　步驟二：選取 分析 → 比較平均數法 → 獨立樣本 *t* 檢定 。

　　步驟三：選擇欲分析的檢定變數 (依變數) 與分類變數 (自變數)。

　　步驟四：於 定義組別 中輸入欲進行對比的分類變數之類別。

　　步驟五：確定 執行。

【B. 步驟圖示】

步驟一：
輸入資料。分組變數與待檢驗變數各佔一欄。

步驟二：
選取分析→比較平均數法→成對樣本 t 檢定

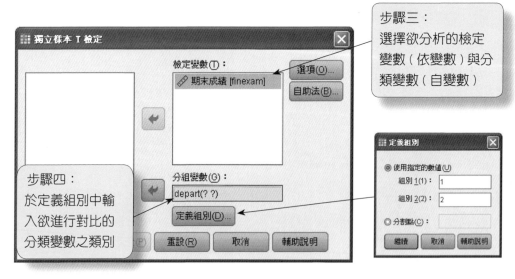

步驟三：
選擇欲分析的檢定變數（依變數）與分類變數（自變數）

步驟四：
於定義組別中輸入欲進行對比的分類變數之類別

【C. 結果報表】

變項之描述統計量

組別統計量 ←

	研究所別	個數	平均數	標準差	平均數的標準誤
期末成績	甲	10	84.20	4.984	1.576
	乙	8	80.25	3.845	1.359

變異數同質性假設檢驗 Levene 檢定值（F 值）顯示變異數同質性的假設未違反

獨立樣本檢定

		變異數相等的 Levene 檢定		平均數相等的 t 檢定						
									差異的 95% 信賴區間	
		F 檢定	顯著性	t	自由度	顯著性（雙尾）	平均差異	標準誤差異	下界	上界
finexam 期末成績	假設變異數相等	.875	.363	1.842	16	.084	3.950	2.145	-.597	8.497
	不假設變異數相等			1.898	15.992	.076	3.950	2.082	-.463	8.363

【D. 結果說明】

由上述報表可以得知：兩個樣本的平均數各為 84.20 與 80.25，變異數同質性的 Levene 檢定未達顯著（$F = .875$，$p > .05$），表示這兩個樣本的離散情形無明顯差別。而由假設變異數相等的 t 值與顯著性，發現考驗結果未達顯著，表示兩個研究所的學生在高統的期末成績上並無明顯差異。甲乙校兩個研究所學習高等統計得到的學期成績並無顯著差異（$t_{(16)} = 1.84$，n.s.）。

7.6.3 雙樣本平均數檢定：相依樣本設計

某研究所 10 名學生修習某教授的高等統計課程，期中考與期末考成績如下表，請問這兩次考試成績是否有所差異？

學生編號	1	2	3	4	5	6	7	8	9	10
期中考	78	80	90	90	70	88	82	74	65	85
期末考	84	83	89	90	78	89	87	84	78	80

【A. 操作程序】

步驟一：輸入資料。將每一個水準以一個變項輸入。

步驟二：選取 分析 → 比較平均數法 → 成對樣本 t 檢定 。

步驟三：選擇欲分析兩個配對變數。

步驟四：按 確定 執行。

【B. 步驟圖示】

【C. 結果報表】

描述統計量
可看出樣本平均數、標準差、標準誤與人數

成對樣本統計量

		平均數	個數	標準差	平均數的標準誤
成對 1	期中成績	80.20	10	8.548	2.703
	期末成績	84.20	10	4.517	1.428

樣本相關
樣本之相關係數 =0.822，
p=.004，達顯著

成對樣本相關

		個數	相關	顯著性
成對 1	期中成績 和 期末成績	10	.822	.004

成對樣本檢定

		成對變數差異					t	自由度	顯著性(雙尾)
		平均數	標準差	平均數的標準誤	差異的95% 信賴區間 下界	上界			
成對 1	midexam 期中成績 - finexam 期末成績	-4.000	5.477	1.732	-7.918	-.082	-2.309	9	.046

t 考驗結果
兩個平均數的差（−4），以成對變數來計算得出，除以標準誤後得到 *t* 值，顯著性為 .046，達顯著水準

【D. 結果說明】

　　由上述的報表可以得知：兩個樣本的平均數各為 80.20 與 84.20，兩個樣本的相關高達 0.822。此一成對樣本的檢定的 $t_{(9)}$ 值為 −2.31，顯著性為 0.046，考驗結果達顯著，表示這十名學生的兩次考試成績有顯著的不同。從樣本平均數大小可以看出，學生的期末考成績（84.2 分）較期中考（80.2 分）為優，顯示學生的成績有進步的趨勢。

本章重要概念

假設檢定 hypothesis testing

虛無假設 null hypothesis

虛無假設分配 null hypothesis distribution

雙尾檢定 two-tailed test

單尾檢定 one-tailed test

單尾機率 one-tailed probability

統計顯著性 statistical significance

尾機率 tailed probability

顯著性檢定 test of significance

臨界值 critical value

星星法則 rule of star

第二類型錯誤 type II error

單樣本假設檢定 one-sample test of hypothesis

獨立樣本設計 independent sample design

差異分數標準誤 standard error of the difference

對立假設 alternative hypothesis

無罪推定原則 presumption of innocence

對立假設分配 alternative hypothesis distribution

雙尾機率 two-tailed probability

檢定統計量 test statistic

尾機率法則 p-rule

顯著水準 level of significance

拒絕區 region of rejection

臨界值法則 cv-rule

第一類型錯誤 type I error

統計檢定力 power

雙樣本假設檢定 two-sample test of hypothesis

重複量數設計 repeated measure design

差異分數抽樣分配 sampling distribution of the difference

變異數同質假設 assumption of homogeneity

課後習作

一、請針對下列各題的描述，說明 (1) 虛無假設與對立假設為何？(2) 是雙尾還是單尾檢定？(3) 應使用 z 還是 t 檢定量？(4) 是單樣本還是雙樣本檢定？

1. 衛生署抽檢某醫院 16 名使用某特殊醫療資源的病患平均年齡是否為 50 歲？全臺灣民眾使用該資源的平均年齡與標準差可以從資料庫中得知。

2.　某計程車司機紀錄 10 次加滿油箱所能駕駛的公里數平均值，是否低於車商所宣傳的 500 公里，母體的標準差無從得知。

3.　心理學家檢驗八年級生的平均智力水準是否優於六年級生？智力測驗的標準差都是 16。

4.　某中學導師想要瞭解班上的 50 位學生中，有交男女朋友的學生成績是否比較差還是比較優？學生成績的標準差是變化無章的。

二、衛生署抽檢某醫院 16 名使用某特殊醫療資源的病患平均年齡為 54 歲，此一數據與衛生署所要求的平均 50 歲，標準差 6 歲的標準是否相同的假設檢定各問題如下：

1.　抽樣分配的標準誤為何？

2.　在 $\alpha = .05$ 的水準下，檢定結果為何？

3.　在 $\alpha = .01$ 的水準下，檢定結果為何？

4.　此題結論會犯下的決策錯誤為哪一種類型？犯錯機率可否估計？

5.　如果希望得到比較容易過關（寬鬆）的檢查結果，那麼抽樣或檢定條件可以如何調整？

三、某計程車司機紀錄 10 次加滿油箱所能駕駛的公里數平均值為 425 公里，標準差為 25 公里，是否低於車商所宣傳的 500 公里的假設檢定（母體的標準差無從得知）各問題如下：

1.　抽樣分配的標準誤為何？

2.　在 $\alpha = .05$ 的水準下，檢定結果為何？

3.　在 $\alpha = .01$ 的水準下，檢定結果為何？

4.　此題結論會犯下的決策錯誤為哪一種類型？犯錯機率可否估計？

5.　如果希望對於車商的宣傳是否得宜採取嚴格的檢驗態度，那麼抽樣或檢定條件可以如何調整？

四、心理學家針對八十年次與六十年次臺灣民眾各 36 名進行智力測驗，分別得到平均智力為 135 與 127，測驗得分的標準差都是 16，此時新一代的智力是否優於老世代者的假設檢定各問題如下：

1. 抽樣分配是何種設計，標準誤為何？

2. 在 $\alpha = .05$ 的水準下，檢定結果為何？

3. 如果 72 名民眾其實是來自 36 個家庭的父子配對，父與子的智力相關係數為 .8，此時抽樣分配是何種設計，標準誤為何？

4. 在 $\alpha = .05$ 的水準下，假設檢定結果為何？

5. 這兩種設計的差異為何？對於結論的影響為何？試討論之。

五、某中學導師發現班上的 50 位學生中，有補習的 25 位學生比另外 25 位學生的平均成績高 10 分，有補習者的標準差為 5 分，沒有補習者的標準差高達 20 分。關於補習是否提高成績的假設檢定的各問題如下：

1. 假設有無補習者的標準差是來自同一個母體而假設相等，此時抽樣標準誤為何？在 $\alpha = .05$ 的水準下，檢定結果為何？

2. 假設有無補習者的標準差差異太過於明顯而不得假設來自同一個母體，此時抽樣標準誤為何？在 $\alpha = .05$ 的水準下，檢定結果為何？

3. 請討論這兩種檢定條件與檢驗結果的差異為何？

六、某社會學家調查十六位女性學者的發表論文篇數平均值為 6 篇，詳細資料如下表，其中有八名是沒有小孩的學者，另外八名則有小孩。請回答各項問題

									平均數	標準差
無小孩	7	7	7	4	8	9	10	6	7.25	1.832
有小孩	3	7	8	0	4	6	8	2	4.75	2.964
									6.00	2.708

1. 若不分有無小孩，16 位女性學者的發表論文篇數平均數是否與一般教授平均水準（4.5 篇）有所不同？

2. 分別就有無小孩兩者來看，女性學者的發表論文篇數平均數是否與一般教授平均水準（4.5 篇）有所不同？

3. 有無小孩兩種女性學者的論文發表差異是否具有顯著意義？

4. 如果表格中的兩種狀態的各八位學者的資料實際上是同一個學者在生小孩前後的資料，那麼上一題的結果如何？

5. 請比較這四個題目的檢定方式與檢驗結果的異同。

6. 請利用 SPSS 軟體完成前述各題的假設檢定。

8 實驗設計與變異數分析

8.1 前言

在前一章當中，我們花費相當篇幅介紹了假設檢定的概念，並以單樣本與雙樣本兩種平均數檢定分析程序說明假設檢定的應用方式。現在打鐵趁熱，是不是該繼續討論三個樣本平均數的差異檢定？如果有更多的樣本平均數要進行比較又該怎麼做呢？比較有思考能力的學生可能會問，為什麼要抽取這麼多個樣本平均數？為什麼要進行這麼多個平均數的比較？其背後一定有某種道理或完整的設計吧？

無論是哪一種問法，其實都是很好的問題。因為假設檢定只是一種推論統計的分析方法與決策程序，是一種研究者提出問題並能利用統計概念來獲得結論的研究過程與分析架構，單純只談假設檢定的概念或是只會按部就班地操作假設檢定並無助於我們去解決真正研究上所面對的複雜問題。科學家為了解決各種學術上的課題，希望能夠提出堅實有力的研究結論來發展理論與專業知識，或是訓練有素的實務專家為了探討手中的各種方案的差異，並做出選擇來改善實務工作，他們都不是先去討論要進行哪一種假設檢定，而是先去設計一個實驗，發展各種研究假設，然後透過實驗程序來獲得數據，並且依照實驗設計來進行統計分析，即使因為客觀條件的限制不能透過真正的**實驗研究**（experimental study）來進行實驗操弄獲得實驗數據，也可以透過觀察法或調查法的手段，以**準實驗研究**（quasi-experimental study）的形式，也能夠提出研究假設，並比照實驗設計的分析邏輯與假設要求去進行分析，這才是假設檢定的真義。換言之，要先有實驗設計的概念與實驗方法的落實，才會有假設檢定的分析需求與發揮空間，前者為本，後者為用，如果倒因為果，那麼就誤會了假設檢定存在的本義，更無法發揮假設檢定的價值。

也正因為有了實驗設計的概念，真正去執行了一項實驗研究，操弄了**自變數**（independent variable; IV）、測量了**依變數**（dependent variable; DV），掌握了研究數據時，我們才會面對分析比較這些樣本平均數的問題。實驗設計不僅提供了有待檢驗的研究假設，也指出分析的程序與比較方式，例如要考慮幾個 IV（幾個因子）對 DV 的影響？分析的先後程序為何（是事前、整體、還是事後比較）？以及是否要控制什麼共變數？此時所對應的統計分析技術為**變異數分析**（analysis of variance; ANOVA）。因此，在介紹 ANOVA 之前，必須先對實驗設計的概念與

內容有所說明，否則不容易理解以 ANOVA 進行假設檢定的各項重要概念與分析程序。

在進入本章的各節之前必須先討論一個問題，如果研究數據不是透過實驗獲得，而是透過觀察法、調查法、測驗研究，或甚至是來自檔案或資料庫時，可以進行變異數分析嗎？尤其在管理領域，各種數據多為管理營運資料，例如人事出勤、薪資所得、財務報表、商品與消費者數據等等，只有少數的行銷研究會以實驗進行，教育領域當中的學生成績、出缺席狀態等等也是非實驗性資料，在教育現場即使進行實驗研究也不是真正的實驗，此時使用變異數分析會不會有問題？我們的答案是，可以，但是要非常小心。

變異數分析概念的提出與方法的完備，主要是 Snedecor（1946）為了解決實驗當中的 IV 對於 DV 的影響，根據 Fisher 的機率分配理論與考驗方法所發展出來的一套分析技術。換言之，ANOVA 的主要功能在於分析實驗數據，而實驗通常會遵循非常嚴格的操作程序與控制條件，例如各實驗組內的參與者人數相等的**平衡設計**（balance design），ANOVA 技術的發展是建立在一定的前提假設與實驗設計條件的基礎之上，如果研究者手中的非實驗性數據不符合 ANOVA 賴以維繫的統計假設（例如樣本獨立與分配常態等假設），或者是研究設計與實驗方法迥異，執行 ANOVA 來分析數據雖然也可以得到某種結果，但是必然遭到質疑。如果非要使用 ANOVA 不可，則需詳實說明研究過程與數據特性，報告各項重要假設的檢驗結果，採用各種校正程序來修正統計數據，避免方法誤用與錯誤結論。牢記水能載舟亦能覆舟，不得不慎。

8.2 實驗與實驗設計

8.2.1 何謂實驗？何謂實驗設計？

簡單來說，**實驗**（experiment）是指利用實地的探索與客觀的試驗來找出人類事物因果關係的解釋證據的一連串活動，也是學者專家為了解決問題「採取行動」與「觀察結果」的一套客觀程序（Babbie, 2004）。在**真實驗研究**（true experimental study）的概念下，所謂「採取行動」就是在指能夠充分控制干擾條件

的環境下將實驗**參與者**（participant），又稱為**受試者**（subject），**隨機分派**（random assignment）到不同實驗狀況來進行**實驗處理**（treatment），「觀察結果」就是測量數據變化。此時不同實驗狀況就是自變數（IV，以 X 表示），對於干擾條件的掌握可透過**共變項**（covariate; 以 C 表示）來控制，不同狀況下的實驗數據就是依變數（DV，以 Y 表示）。

　　例如探討哪一種教學方式（X）對於學生的學習（Y）最有助益？（此時為單因子設計，需使用單因子變異數分析）；藥物的劑量（X_1）與施用方式（X_2）對於病情（Y）的影響為何？（此時為多因子設計，需使用二因子變異數分析）；當考慮了受測者的經濟狀況（C）時，何種價格策略（X）對於消費者的購買意願（Y）作用最大？（此時為共變項設計，需使用共變數分析）。不論是科學問題或是實務方案的探討，都可以透過客觀的實驗來檢驗，一個公正客觀的實驗程序所得到的結果，可以充實或修正人類世界既有的知識與經驗，協助人們去解決問題或進行決策。

　　實驗研究的進行，最好的地點是在一個不受外界干擾、配備齊全的實驗室。在實驗室中，研究者可以專注於實驗的操弄，並將實驗過程控制在一定的條件下，避免外在因素的干擾，稱為**實驗室實驗法**（laboratory experiment）。然而，有些實驗無法在實驗室進行，必須到實際的真實環境中操作，例如課程教學的研究，實驗處理（不同的教學課程）必須在教室中進行，這類實驗稱為**田野實驗法**（field experiment）。田野實驗最大的問題，是無法對於環境進行精密嚴謹的控制，對於參與者也無法進行隨機選擇與分派，因此，不論研究者多麼努力，還是無法達到傳統實驗的隨機化的嚴格要求。

　　另外一種無法進行隨機處理的情況是實驗研究的自變數無法操弄，必須採用測量的方法，透過抽樣程序來達成操弄的目的，例如智力高低、社經地位會影響學習成果，此時智力水準、社經地位作為自變數，僅可以「取樣」，而無法「操弄」。這些無法操弄的自變數，必須藉由測量與抽樣的手段來處理，伴隨而來的一些混淆因素，例如參與者是否具有某些獨特特質或個別差異，可能會影響實驗的進行。上述這些具有實驗研究的基本規格，但是缺乏嚴謹的實驗控制的實驗，尤其是沒有隨機化處理的實驗研究，稱之為**準實驗研究設計**（quasi-experiment design），其與真實驗設計的差異，除了不同組別的參與者未使用隨機分派的程序來分發之外，其他要求均相同。

不論是哪一種形式的實驗，其進行端賴一套嚴謹的**實驗設計**（experimental design），也就是一套將參與者安排分派到不同實驗情境與進行統計分析的計劃（Kirk, 1995）。更具體來說，實驗設計是由一套用以檢驗科學假設的活動所組成，這些活動包括假設的發展、實驗情境與條件的設定（自變數的決定）、測量以及實驗控制的方式的決定（依變數與控制變數的決定）、參與者的選取條件的設計（抽樣設計）、以及統計分析方式的決定等步驟。從這些具體的操作步驟中，我們可以看出實驗設計與假設檢定具有相當緊密的關係，其分析方法都與變異數有關，這就是為何關於實驗設計的教科書其書名都會與變異數分析有關，其絕大部分的篇幅是在探討不同的設計與統計分析原理間的關聯性（eg, Kirk, 1995; Lindman, 1992），甚至可以說，實驗設計就是一門以統計觀念為核心的研究方法學。

8.2.2 實驗處理與因子設計

實驗設計除了牽涉到自變數、依變數、與控制變數的決定之外，另一個重要的決策是參與者獲得與分派的方法，分派的結果決定了自變數的形式與內容。一般而言，實驗參與者會以隨機方式分配到不同的**實驗組**（experimental group）與**控制組**（control group）。分派到實驗組的參與者將接受不同的實驗操弄，因此被視為自變數中的不同水準，而控制組則是指沒有接受實驗操弄，其作用是與實驗組進行對照，因此被稱為對照組，對照組也是自變數中的一個水準，通常作為對比參照之用。

實驗者所操弄的條件稱為影響依變數的**因子**（factor），當參與者被分派到單一一種操弄條件下的不同水準來進行實驗處理的研究稱為**單因子設計**（single factor design），如果參與者依照多種不同且獨立的操弄條件來進行分派與實驗處理時，稱為**多因子設計**（factorial design）。有幾個因子就有幾個 IV。例如要研究酒精對於駕駛注意力的影響時，如果研究者想要探討喝酒的「數量」與喝酒的「種類」兩種不同的因素對於駕駛注意力的影響，就是一個典型的二因子實驗設計：第一個 IV（A 因子）是喝酒的數量，第二個 IV（B 因子）是酒的種類，這兩個因素被研究者認為是造成注意力變差的原因，而喝下酒（實驗處理）之後對於號誌的「注意力高低」則為 DV。

8.2.3 受試者分派與樣本設計

一群隨機抽取得到的實驗參與者如何被分派到不同的組別，有兩種主要不同形式，若將參與者隨機打散到各因子的不同水準，稱為**獨立樣本設計**（independent sample design）或**受試者間設計**（between-subject design），此時自變數當中的每一個水準所使用的參與者完全獨立無關，在各因子下所操弄不同條件對於依變數產生的變化歸因於各因子的實驗效果，同一組的參與者之間的變化被視為抽樣誤差。如果同一個參與者同時經歷某個因子的不同條件，或是在實驗前後分別對同一個參與者的依變數進行多次測量，稱為**重複量數設計**（repeated measure design），由於同一個參與者重複接受某一個因子下的不同實驗處理，因此某個因子的實驗效果必須由同一個參與者在 DV 的多次測量上抽離出來，因此又被稱為**受試者內設計**（within-subject design）。

在實驗設計中為了落實隨機化，會使用分層配對的方式，將不同組別的參與者依照某一個因子來加以配對，使得不同組別的參與者，在某一個因子上具有相類似的分佈條件，各配對自成一個**區組**（block），例如喝酒對於駕駛的影響，可能受到開車資歷的干擾，經驗老到的駕駛與資淺的駕駛的反應情形可能就不同。因此研究者可以讓每一組的參與者依序是屬於資深或資淺的來加以配對。此種設計稱為**配對樣本設計**（matching sample design），可進行類似於重複量數設計的受試者內效果分析，由於這兩種設計的重複量數因子或配對因子的樣本不是獨立樣本而是具有關聯的相依樣本，因此統稱為**相依樣本設計**（dependent sample design）。如果一個實驗當中同時包含受試者間設計與受試者內設計，稱為**混合設計**（mixed design）。

8.2.4 實驗數據的分析原則

在各種實驗設計中，不論是否完全符合實驗設計的嚴格要求，所得到的研究數據都仍然具有一定的分析價值，如果搭配適當的統計分析技術，有些干擾與混淆因素可以獲得相當的控制。實驗設計的基本精神是操弄自變數、觀察依變數，自變數反映的是不同的實驗處理，是一種質性變數或類別變數；依變數則涉及參與者的反應或行為頻率測量，則多為連續變數。如果依變數為連續隨機變數 Y，

那麼不同實驗狀況下的參與者在 DV 上的得分，可以求出一個樣本平均值 $\overline{Y}$，反映了接受實驗處理後的依變數的強度大小，如果這一個平均數顯著的不同於對照組的平均數，我們可以據以證明實驗效果存在；相反的，如果實驗組參與者在接受完實驗處理後，依變數的平均數沒有顯著不同於對照組的平均數，則表示實驗效果並不存在。在統計學上，這種推論程序可以利用平均數的變異的假設檢定來進行驗證，稱為**變異數分析**（analysis of variance；簡稱 ANOVA）。

以變異數分析來進行實驗數據的分析時，自變數的水準數（組數）以 k 表示，$k \geq 2$，自變數當中若有一個水準為接受實驗處理的實驗組，未接受處理的水準則為對照組，此時 $k = 2$；如果實驗操弄強度不只一種，則水準數會超過 3，例如實驗操弄包含強、弱兩種狀況，包含對照組的水準數，合計水準數為 3，因此 $k = 3$。

當一個自變數有兩個不同水準時（$k = 2$），各水準內的參與者若採獨立設計（受試者間設計），實驗完畢之後會得到兩個依變數的平均數，$\overline{Y}_E$ 代表實驗組平均數，$\overline{Y}_C$ 代表對照組平均數，此時如果母體標準差不詳，可以使用前一章所介紹的獨立樣本 t 檢定來檢驗自變數效果的顯著性。如果兩組是採重複量數設計（受試者內設計），實驗完畢之後也會產生兩個平均數，$\overline{Y}_{pre}$ 代表實驗前平均數，$\overline{Y}_{post}$ 代表實驗後平均數，但是這兩個平均數是由同一組人或同一個區組所計算得出，在計算抽樣誤差時，必須考慮相依效果。此時若以相依樣本 t 檢定也可檢驗實驗效果的顯著性。

當 IV 的水準數超過 2 時（$k > 2$），樣本平均值 $\overline{Y}$ 個數多於 2，或者是具有兩個以上的 IV 時，其中 IV1 的水準數 $k \geq 2$，IV2 的水準數 $l \geq 2$，所構成的樣本平均數至少為 4（$k \times l \geq 4$），以雙樣本 t 檢定無法同時檢驗那麼多個平均數的差異，因為雙樣本 t 檢定係以差異分數抽樣分配的標準誤來計算檢定值，此時若能將超過兩個以上的樣本的抽樣誤差加以彙整，建立多組樣本的抽樣分配，即可計算檢定量來進行假設檢定，此即變異數分析的主要特性，亦即估計三個以上樣本的聯合抽樣誤差，各平均數的差異變動求取這些平均數的變異數（樣本平均數的變異數）藉以反映其效果，此時將樣本平均數變異數除以抽樣誤差變異誤，可求得一個服從 F 分配的檢定值，套用假設檢定原理即可進行 F 檢定（F-test），此即 ANOVA 的假設檢定策略，而雙樣本 t 檢定則可視為 ANOVA 在 $k = 2$ 的一種特例。以下我們將介紹變異數分析的原理與檢定程序。

表 8.1　變異數分析家族一覽表

研究設計型態	自變數特性	簡稱
單因子設計 ONEWAY ANOVA (Analysis of Variance)		
獨立樣本設計	1 個自變數	ONEWAY
相依樣本設計	1 個自變數	ONEWAY（配對樣本或重複量數設計）
二因子設計 FACTORIAL ANOVA		
完全獨立樣本設計	2 個獨立自變數	2-way ANOVA
完全相依樣本設計	2 個相依自變數	2-way ANOVA
相依與獨立樣本混合設計	1 個獨立自變數　1 個相依自變數	2-way ANOVA mixed design（配對樣本或重複量數設計）
三因子（或多因子）設計 FACTORIAL ANOVA		
完全獨立或相依設計	皆獨立或皆相依	3-way ANOVA
相依與獨立樣本混合設計	同時包含獨立與相依自變數	3-way ANOVA mixed design（配對樣本或重複量數設計）
共變項設計 ANCOVA (Analysis of Covariance)		
單因子共變數設計（獨立或相依樣本）	1 個自變數　1 個或多個共變項	ONEWAY ANCOVA
多因子共變數設計（完全獨立或混合設計）	1 個或多個共變項　多個自變數	FACTORIAL ANCOVA
多重依變數設計 MANOVA (Multivariate Analysis of Variance)		
單因子多變量設計（獨立或相依樣本）	1 個自變數	ONEWAY MANOVA
多因子多變量設計（完全獨立或混合設計）	多個自變數	FACTORIAL MANOVA
單因子多變量共變設計（獨立或相依樣本）	1 個自變數　1 個或多個共變項	ONEWAY MANOVA with covariates
多因子多變量共變設計（完全獨立或混合設計）	多個自變數　1 個或多個共變項	FACTORIAL MANOVA with covariates

8.3 變異數分析的原理

8.3.1 變異數分析的資料特性

　　變異數分析源自於實驗設計的數據分析，廣泛使用在社會與行為科學研究中。由於研究設計的差異，變異數分析有多種不同的變形，而可以稱之為變異數家族，如表 8.1 所示。例如，當研究者所使用的自變數只有一個，稱為**單因子變異數分析**（oneway ANOVA），此時研究者僅關心一個自變數對於依變數的影響；如果研究者想同時考慮多個自變數的影響，此時即需使用**多因子變異數分析**（factorial analysis of variance）。如果再外加一個控制變數，就變成了**共變數分析**（analysis of covariance; ANCOVA），甚至於還有更複雜的多變量設計的變異數分析，礙於篇幅與本書的性質，我們將分別介紹單因子變異數分析（本章）、多因子變異數分析（第九章）與共變數分析（第十章），對於更複雜的實驗設計下的變異數分析應用，可以參考其它更專門的著作與進階的教材。

　　現在我們以一個實際的例子來說明 ANOVA 的分析原理。某運動心理學家憂心現代人運動不足且作息不正常的情形，將對於身體健康有相當的不良影響，因此想要推廣運動有助於睡眠的概念，因此設計了一個研究，探討運動量的多寡對於人們睡眠的影響。他徵召了 36 個大學生參加實驗，這 36 個學生被隨機分配到重、中、輕度運動量的三個組別，計算他們一個禮拜間晚上的睡眠平均時間，如表 8.2。

　　此範例是一個典型的單因子設計實驗，自變數為「運動量」，含有三個水準（重、中、輕；最後一組作為對照組）。從 36 個同學的原始資料中，可以計算出四個平均數：三個組平均數 $\overline{Y}_1$、$\overline{Y}_2$、$\overline{Y}_3$ 與一個**總平均數**（grand mean，以 $\overline{Y}_G$ 表示）。變異數分析所要檢驗的，就是這三個**組平均數**（group mean）是否具有顯著差異，如果檢定結果證實組間差異存在，那麼這位運動心理學家的呼籲便有統計意義。

表 8.2　運動量對睡眠影響假想的研究數據

各組參與者 編號 ID	運動量分組（IV）			全體
	低度組	中度組	高度組	
1	6.5	7.4	8.0	
2	7.3	6.8	7.7	
3	6.6	6.7	7.1	
4	7.4	7.3	7.6	
5	7.2	7.6	6.6	
6	6.8	7.4	7.2	
7	7.1	7.4	8.2	
8	7.9	8.1	8.5	
9	8.2	8.2	9.5	
10	7.7	8.0	8.7	
11	7.5	7.6	9.6	
12	7.6	8.0	9.4	
N	12	12	12	36
總和 $\sum Y$	87.8	90.5	98.1	276.4
平方和 $\sum Y^2$	688.86	729.96	863.22	2143.18
$\overline{Y}_{.j}$	7.32	7.54	8.18	7.68

8.3.2 一般線性模式原理

變異數分析的統計原理可利用**一般線性模式**（general linear model）來說明。在單因子設計下，有 k 個水準的 IV 以 X_j（$j = 1,...,k$）表示；依變數（Y）觀察值可以記為 Y_{ij}，表示第 j 組的第 i 個參與者在 DV 的得分，若每一組人數為 n，也就是 $i = 1,\cdots,n$，X 與 Y 的關係以一般線性模式來表示如公式 8-1 所示。

$$Y_{ij} = \mu_j + \varepsilon_{ij} = \mu + (\mu_j - \mu) + \varepsilon_{ij} = \mu + \alpha_j + \varepsilon_{ij} \qquad (8\text{-}1)$$

由於 X 變數中的各組樣本為隨機樣本，因此 j 組內的參與者的依變數 Y_{ij} 得分為各組期望值 μ_j 加上抽樣誤差 ε_{ij}，k 個期望值的期望值為 μ，亦即隨機變數 Y 的整體期望值，亦即總平均數。$\alpha_j = \mu_j - \mu$ 則定義為自變數效果的期望值，亦即自變數的第 j 組對於總平均數的差異，效果期望值的離均差總和為 0，亦即如公式 8-2 的限定式。

$$\sum_{j=1}^{k} \alpha_j = 0 \qquad\qquad (8\text{-}2)$$

公式 8-1 中的 ε_{ij} 為模型的誤差項。對於第 j 組當中每一位參與者而言，ε_{ij} 為隨機變數，$\varepsilon_{ij} = Y_{ij} - \mu - \alpha_j$，也就是指同一個組別下的每一位參與者在 Y 變數上所產生的變化的一種**隨機效果**（random effect），其分配被假設為服從常態分配 $N(0, \sigma_\varepsilon^2)$。某 IV 對於 DV 的影響以 H_0 與 H_1 的形式表述如下：

意義式　　　　　　　　　　效果式

$$\begin{cases} H_0 : \mu_j = \mu \quad & \forall j \\ H_1 : \mu_j \neq \mu \quad & \exists j \end{cases} \qquad\qquad \begin{cases} H_0 : \alpha_j = 0 \\ H_1 : \alpha_j \neq 0 \end{cases}$$

以運動心理學家的研究為例，「三種不同運動量下的睡眠量期望值皆等於 μ」或「運動效果為 0」為虛無假設；只要三種不同運動量下的睡眠量期望值任一個不等於 μ（$\exists j$），即可推翻虛無假設，此時「運動效果不為 0」的對立假設即成立。若對各運動量下的睡眠量母體各抽取樣本平均睡眠量 $\overline{Y}_j$，可藉以推定 H_0 是否成立。

如果不是採用變異數分析，而以最直觀的方法是將各平均數進行兩兩比較，分別進行多次 t 檢定，如此一來會有兩個重大問題：第一是型 I 誤差率膨脹問題，因為進行多次考驗，研究者犯下錯誤推翻虛無假設的機率（型 I 錯誤）也就倍增，如果單一個 t 檢定的顯著水準設為 $\alpha = .05$，三次比較的型 I 錯誤機率即躍升至 .15。

其次，使用多次 t 檢定來考驗三個以上平均數的差異的缺失，是忽視多個平均**數整體效果**（global effect）的檢驗。雖然三個樣本平均數代表三個可能存在的母體，但是在對立假設（三個樣本平均數母體至少有一個 μ_j 不等於 μ）的顯著性被證明之前，我們應相信三個不同的水準所測得的三個平均數來自同一個母群，三個母體平均數均相同為 μ（$H_0: \mu_j = \mu$）。反映自變數的不同水準在 DV 上的影響效果 α_j 在分析時不應被切割比較，一旦 α_j 的整體效果檢驗被證明具有顯著意義之後，才可進一步的針對不同水準進行事後的兩兩配對比較，進行細部討論，也就是所謂事後比較的概念。

8.3.3 變異拆解原理

變異數分析的假設檢定主要是在判斷自變數效果 $\alpha_j = 0$ 的虛無假設是應保留或拒絕，如果 $\alpha_j = 0$ 被拒絕，表示 IV 確實對於 DV 會有影響。所有的觀察值 Y_{ij}，其變異情形以離均差平方和形式表示，稱為**總離均差平方和**（total sum of squares；以 SS_{total} 表示，簡寫為 SS_t）。SS_t 是以全體 N 個樣本來計算變異性，過程中必須估計總平均數，失去一個自由度，因此 $df_t = N-1$。當 k 個組的各組人數 n 相等時，全體樣本數 $N = n \times k$。

$$SS_{total} = \sum_{i=1}^{n} \sum_{j=1}^{k} (Y_{ij} - \bar{Y}_G)^2 = \sum\sum Y_{ij}^2 - \frac{(\sum\sum Y_{ij})^2}{N} \qquad (8\text{-}3)$$

SS_t 可以切割成「導因於 IV 的變異」與「導因於 IV 以外的變異」兩部份。前者為自變數的不同組別所造成的效果，以離均差平方和來表示稱為**組間離均差平方和**（sum of squares between groups，以 SS_b 表示）；後者為隨機誤差，以離均差平方和來表示稱為**組內離均差平方和**（sum of squares within groups，以 SS_w 表示）。SS_b 與 SS_w 的定義式與計算式如公式 8-4 與 8-5 所示。

$$SS_b = \sum_{j=1}^{k} n_j (\bar{Y}_j - \bar{Y}_G)^2 = \sum_{j=1}^{k} \frac{(\sum Y_{ij})^2}{n_j} - \frac{(\sum\sum Y_{ij})^2}{N} \qquad (8\text{-}4)$$

$$SS_w = \sum_{i=1}^{n} \sum_{j=1}^{k} (Y_{ij} - \bar{Y}_j)^2 = \sum\sum Y_{ij}^2 - \sum_{j=1}^{k} \frac{(\sum Y_{ij})^2}{n_j} \qquad (8\text{-}5)$$

SS_b 為各組平均數距離總平均數的平方和，顯示各組平均數之間的離散程度。公式 8-4 中帶有一個權數 n_j，表示每一個組平均數的離均差需就各組所包含的人數予以加權。SS_b 是計算 k 個平均數對應總平均數的變異程度，因此 SS_b 的自由度為

$k-1$。

SS_w 是計算 k 組各自的內部變異性，每一組需要對應自己的組平均數因而用掉一個自由度，因此 SS_w 的自由度為 $k(n-1)$。SS_t、SS_b、SS_w 三個離均差以及其自由度均具有加成性，如公式 8-6 與 8-7 所示。

$$SS_t = SS_b + SS_w \tag{8-6}$$

$$df_t = df_b + df_w \tag{8-7}$$

以表 8.2 的睡眠時間資料為例，其中有三個組平均數 $\overline{Y}_1$、$\overline{Y}_2$、$\overline{Y}_3$ 與一個總平均數，SS_t、SS_b、SS_w 三者計算如下。

$$
\begin{aligned}
SS_{total} &= \sum\sum(Y_{ij} - \overline{Y}_G)^2 = (6.5 - 7.68)^2 + \ldots + (9.4 - 7.68)^2 = 21.042 \\
&= \sum\sum Y^2 - \frac{(\sum\sum Y)^2}{N} = 2143.18 - \frac{(276.4)^2}{36} \\
&= 2143.18 - 2122.138 = 21.042
\end{aligned}
$$

$$
\begin{aligned}
SS_b &= \sum n_j (\overline{Y}_j - \overline{Y}_G)^2 \\
&= 12(7.32 - 7.68)^2 + 12(7.54 - 7.68)^2 + 12(8.18 - 7.68)^2 = 4.754 \\
&= \sum_{j=1}^{k}\frac{(\sum Y_{ij})^2}{n_j} - \frac{(\sum\sum Y_{ij})^2}{N} = \frac{(87.8)^2}{12} + \frac{(90.5)^2}{12} + \frac{(98.1)^2}{12} - \frac{(276.4)^2}{36} \\
&= 2126.892 - 2122.138 = 4.754
\end{aligned}
$$

$$
\begin{aligned}
SS_w &= \sum\sum(Y_{ij} - \overline{Y}_j)^2 = (6.5 - 7.32)^2 + \ldots + (9.4 - 8.18)^2 = 16.288 \\
&= \sum\sum Y_{ij}^2 - \sum_{j=1}^{p}\frac{(\sum Y_{ij})^2}{n_j} = 2143.18 - \left[\frac{(87.8)^2}{12} + \frac{(90.5)^2}{12} + \frac{(98.1)^2}{12}\right] \\
&= 2143.18 - 2126.892 = 16.288
\end{aligned}
$$

8.3.4 變異數估計

將 SS 除以 df 就是變異數，又稱為**均方**（mean square），記為 MS。對於依變數的變異數，$s_t^2 = SS_t / df_t$，為母體變異數的不偏估計數，以 $\hat{\sigma}_t^2$ 表示，定義於公式 8-8。同樣的，公式 8-9 定義了各組平均數的加權變異數（所謂加權是指 SS_b 在計算時各項均以各組人數進行加權），反映了自變數效果強度，以 $\hat{\sigma}_b^2$ 表示。公式 8-10 則是各組內部變異的綜合，為抽樣造成的隨機變異，被視為誤差，也就是三個樣本的合成變異誤，以 $\hat{\sigma}_w^2$ 或 $\hat{\sigma}_\varepsilon^2$ 表示。

$$MS_t = \frac{SS_t}{df_t} = \frac{\sum\sum(Y_{ij} - \overline{Y}_G)^2}{N-1} = s_t^2 = \hat{\sigma}_t^2 \qquad (8\text{-}8)$$

$$MS_b = \frac{SS_b}{df_b} = \frac{\sum n_j(\overline{Y}_j - \overline{Y}_G)^2}{k-1} = s_b^2 = \hat{\sigma}_b^2 \qquad (8\text{-}9)$$

$$MS_w = \frac{SS_w}{df_w} = \frac{\sum\sum(Y_{ij} - \overline{Y}_j)^2}{k(n-1)} = s_w^2 = \hat{\sigma}_w^2 \qquad (8\text{-}10)$$

以運動量研究數據為例，得到均方數值如下：

$$MS_t = \frac{SS_t}{df_t} = \frac{21.042}{35} = .601$$

$$MS_b = \frac{SS_b}{df_b} = \frac{4.754}{2} = 2.377$$

$$MS_w = \frac{SS_w}{df_w} = \frac{16.288}{33} = 0.494$$

8.3.5 F 檢定量的計算

前述各項均方中，代表抽樣誤差的組內變異數 MS_w 為抽樣分配的變異誤，該數值為從樣本估計得出。代表實驗效果的組間變異數 MS_b 則為實驗效果的估計數。依照假設檢定原理，若將效果除以抽樣變異得到檢定量，由於此一比值為變異數的比值，服從 F 分配，因此稱為 F 檢定量，公式如 8-11 所示。由於 $\hat{\sigma}_b^2$ 反映自變數的整體效果，因此對其進行的 F 檢定即為整體考驗。

$$F_{obt} = F_{(df_b, df_w)} = \frac{\hat{\sigma}_b^2}{\hat{\sigma}_w^2} = \frac{MS_b}{MS_w} = \frac{SS_b / df_b}{SS_w / df_w} \qquad (8\text{-}11)$$

當 F 值越大，表示研究者關心的組平均數的分散情形較誤差變異來得大，若大於顯著水準為 α 的臨界值 F_{cv}，或尾機率小於 α，亦即 $p < \alpha$，即可獲得拒絕 H_0、接受 H_1 的結論。由於 F 分配的機率密度受到分子自由度與分母自由度兩個參數的影響，因此 F 檢定量與臨界值的陳述時，通常會加上 df_b 與 df_w 兩個自由度。例如臨界值可寫作 $F_{\alpha(k,k(n-1))}$，檢定量可寫作 $F_{(k,k(n-1))}$。前述各公式與數據可以整理成表 8.3 的 ANOVA 摘要表。

表 8.3　單因子變異數分析摘要表

變異來源	SS	df	MS	F	η^2
組間	SS_b	$k-1$	SS_b/df_b	MS_b/MS_w	SS_b/SS_{total}
組內（誤差）	SS_w	$k(n-1)$	SS_w/df_w		
全體	SS_t	$N-1$			

綜合上述實際範例的計算資料，可以得到變異數分析結果摘要表如表 8.4。組間與組內的比值得到 $F_{(2,33)} = 4.816$，$p = .015$ 小於 $\alpha = .05$，$p < \alpha$，表示 F_{obt} 值達顯著。以臨界值法則來判斷時，查表得到在 $\alpha = .05$、自由度為 2 與 33，臨界值 $F_{.05(2,33)} = 3.29$，$|F_{obt} = 4.816| > |F_{cv} = 3.29|$，因此落入拒絕區，也就是拒絕 H_0、接受 H_1，亦即不同運動量下，睡眠時數不同。

表 8.4　運動研究的單因子變異數分析摘要表

變異來源	SS	df	MS	F	p	η^2
組間	4.754	2	2.377	4.816	.015	.226
組內（誤差）	16.288	33	.494			
全體	21.042	35				

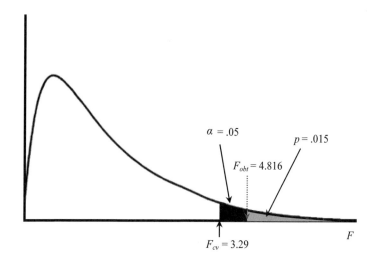

圖 8.1　以臨界值法則與尾機率法則進行 F 檢定結果圖示

　　以 SPSS 執行得到變異數分析結果見表 8.5。總變異（21.042）為組間變異（4.754）與組內變異（16.288）的和，自由度各為 2 與 33，轉換成均方後，取組間與組內的比值得到 $F_{(2,33)} = 4.816$，$p = .015$ 小於 .05，表示 F 檢定具有統計顯著性。因此得到拒絕 H_0、接受 H_1 的結論，也就是說，運動心理學家的立論有了實驗的具體依據。

表 8.5　單因子變異數分析摘要範例

	平方和	自由度	平均平方和	F 檢定	顯著性
組間	4.754	2	2.377	4.816	.015
組內	16.288	33	.494		
總和	21.042	35			

8.4 相依樣本變異數分析

8.4.1 相依設計的資料特性

上節中，36 個學生被隨機分配到三個實驗組，每一個實驗組的學生都是不同的，也就是說，自變數的三個不同類別（或水準）的分數由不同的樣本來求得，此為獨立樣本設計。如果三個水準的 DV 觀察值由同一群樣本（重複量數設計）或是具有配對關係的樣本（配對樣本設計）來計算，則為相依樣本設計。在相依設計下的變異數分析，對於依變數的影響有一個特別的變異來源：導因於參與者（配對區組）的變異源。

如果將前面的範例更改為該心理學家為了節省參與者只找了 12 個學生，這 12 個學生先參與低運動量實驗組之後，測量睡眠時間，再參與中運動量實驗組，測得第二次睡眠時數，最後參與高運動量實驗組，測得第三次睡眠時數。同一組參與者接受三次測量，因此為重複量數設計。所得到的數據整理成表 8.6。

表 8.6　運動對睡眠影響研究數據（重複量數設計）

受試者 / 區組	運動量分組（IV）			k	ΣY	ΣY^2	$\bar{Y}_r$
ID	低度	中度	高度				
1	6.5	7.4	8.0	3	21.9	161.01	7.30
2	7.3	6.8	7.7	3	21.8	158.82	7.27
3	6.6	6.7	7.1	3	20.4	138.86	6.80
4	7.4	7.3	7.6	3	22.3	165.81	7.43
5	7.2	7.6	6.6	3	21.4	153.16	7.13
6	6.8	7.4	7.2	3	21.4	152.84	7.13
7	7.1	7.4	8.2	3	22.7	172.41	7.57
8	7.9	8.1	8.5	3	24.5	200.27	8.17
9	8.2	8.2	9.5	3	25.9	224.73	8.63
10	7.7	8.0	8.7	3	24.4	198.98	8.13
11	7.5	7.6	9.6	3	24.7	206.17	8.23
12	7.6	8.0	9.4	3	25.0	210.12	8.33
n	12	12	12	36			
總和 ΣY	87.8	90.5	98.1		276.4		
平方和 ΣY^2	688.86	729.96	863.22			2143.18	
$\bar{Y}_i$	7.32	7.54	8.18				7.68

表 8.6 的下緣具有三個水準的組平均數，組平均數的變異反映自變數（實驗操弄）的影響，亦即 SS_b。其性質與獨立樣本設計原理相同。但是由於帶有重複測量的設計，使得表中的橫列上產生了一組新的平均數，該平均數反映了該參與者（或配對區組）的平均水準，也就是同一個參與者（或同一個配對區組）在依變項上的水準高低平均值。相依樣本設計的特點就在於多了右側的這一群基於受試者間平均數差異造成的變異量。該組平均數的變化與實驗處理無關，而是受試者的變化。

8.4.2 相依設計的統計原理

相依樣本與獨立樣本設計的最大差異，在於自變數的各水準間具有相關，各水準間的相關可能來自於參與者重複測量、配對的樣本、或是在第三個變數有同樣性質。若 IV 有 k 個水準，依變數為 Y_{ij}，但是因為是相依樣本設計，各水準間的樣本具有相關性，因此每一組有 n 個樣本時，整個實驗就會有 n 個區組，也就是 $i = 1, \cdots, n$。以一般線性模式來表示如公式 8-12 所示。

$$Y_{ij} = \mu + \alpha_j + \pi_i + \varepsilon_{ij} \tag{8-12}$$

公式 8-12 比公式 8-1 的多了一項代表受試者間效果的 π_i，因此，在相依設計下，有兩個獨立的變異源：α_j 表示自變數的組間（實驗）效果，強度為 $\mu_j - \mu$；π_i 表示參與者變動，強度為 $\mu_i - \mu$，為第 i 個參與者平均數的離均差。IV 各水準的離均差和為 0，也就是 $\Sigma \alpha_j = 0$；受試者的變動為隨機效果，假設呈常態 $N(0, \sigma_\pi^2)$。抽樣誤差為 ε_{ij}，反映了同一個水準內每一位參與者的變異扣除 IV 效果與參與者效果後的隨機變化量，亦為隨機效果，假設呈常態 $N(0, \sigma_\varepsilon^2)$。由於 ε_{ij} 與 π_i 兩個隨機效果都不是自變數影響的結果，兩者共同形成了組內變異量，其中 π_i 為抽樣造成的隨機個別差異，ε_{ij} 則是扣除個別差異後的隨機波動，稱為**殘差**（residual）。ε_{ij} 不僅與 α_j 獨立，也與 π_i 獨立。

相依設計由於多了一項影響源，造成依變數的影響有三個重要的變異來源：

導因於 IV、導因於受試者間、導因於其它誤差。以變異量來表示就是 SS_b、$SS_{b.s}$（$SS_{between.subject}$ 的縮寫）、$SS_{residual}$（以 SS_r 表示）。組內變異 $SS_w = SS_r + SS_{b.s}$，SS_b、SS_r 與 $SS_{b.s}$ 三項的總和即為總離均差平方和，關係如下：

$$SS_t = SS_b + SS_w = SS_b + [SS_{b.s} + SS_r] \tag{8-13}$$

$$SS_w = SS_{b.s} + SS_r \tag{8-14}$$

相依樣本設計的變異量計算方法與獨立樣本設計原理相同，總離均差平方和 SS_t 反映的是依變項的每一個數值與總平均數的離散情形。組間離均差平方和 SS_b 反映的是各組平均數的離散程度，公式分別如下：

$$SS_t = \sum\sum (Y_{ij} - \overline{Y}_G)^2 \tag{8-15}$$

$$SS_b = \sum k(\overline{Y}_i - \overline{Y}_G)^2 \tag{8-16}$$

至於 SS_w，雖然內容上混雜了區組間變異，在相依樣本設計中已經不作為 F 檢定量的分母項，但是數學上仍可以計算出一個各區組內部的離散性，對於我們推導 $SS_{b.s}$ 與 SS_r 有所幫助。其計算式如下：

$$SS_w = \sum \sum (Y_{ij} - \overline{Y}_{.j})^2 \qquad (8\text{-}17)$$

上述三組公式完全與獨立樣本設計相同,因此不就公式的內容與意義加以說明。但是 SS_w 則必須繼續進行拆解,以得到 $SS_{b.s}$ 與 SS_r。

現以實際資料來說明,12 位學生在三次實驗嘗試下所測量得到所有睡眠數據的 SS_t、SS_b、SS_w 計算如下。值得注意的是,雖然參與者為 12 位($n = 12$),但是由於重複三次($k = 3$),全體觀察數目為 36($N = n \times k = 36$),全體自由度與獨立樣本設計相同:$df_t = 36-1 = 35$。各項計算結果如下:

$$SS_t = \sum \sum (Y_{ij} - \overline{Y}_G)^2 = (6.5 - 7.68)^2 + ... + (9.4 - 7.68)^2 = 21.042$$

$$SS_b = \sum n_j (\overline{Y}_{.j} - \overline{Y}_G)^2 = 12(7.32 - 7.68)^2 + 12(7.54 - 7.68)^2 + 12(8.18 - 7.68)^2$$
$$= 4.754$$

$$SS_w = \sum \sum (Y_{ij} - \overline{Y}_{.j})^2 = (6.5 - 7.32)^2 + ... + (7.6 - 7.32)^2$$
$$+ (7.4 - 7.54)^2 + ... + (8 - 7.54)^2$$
$$+ (8 - 8.18)^2 + ... + (9.4 - 8.18)^2 = 16.288$$

$SS_{b.s}$ 是各受試者間的平均數離散程度,計算方法與 SS_b 相同,也是直接計算各受試者間平均數與總平均數的離均差平方和,自由度為樣本數減 1,$df_{b.s} = n-1$。計算過程中,也必須以每一個區組橫跨的水準數 k 來加權,公式如 8-18 所示。

$$SS_{b.s} = \sum k(\overline{Y}_{i.} - \overline{Y}_G)^2 = \sum_{i=1}^{n} \frac{(\sum Y_{ij})^2}{k} - \frac{(\sum \sum Y_{ij})^2}{N} \qquad (8\text{-}18)$$

最後,SS_r 可以直接以 $SS_{b.s}$ 求得,其概念式說明了殘差變異將組內變異再扣除區組間平均數的變異,$df_r = (n-1)(k-1)$。

$$SS_r = SS_w - SS_{b.s} = \sum\sum\left[(Y_{ij} - \overline{Y}_{.j}) - (\overline{Y}_{i.} - \overline{Y}_G)\right]^2 \qquad (8\text{-}19)$$

自由度的合成關係為：

$$df_t = df_b + df_{b.s} + df_r \qquad (8\text{-}20)$$

以範例數據來計算 結果得到數據如下：

$$SS_{b.s} = \sum k(\overline{Y}_{i.} - \overline{Y}_G)^2 = 3(7.3 - 7.68)^2 + 3(7.27 - 7.68)^2 + ... + 3(8.33 - 7.68)^2$$

$$= \sum_{i=1}^{n} \frac{(\sum Y_{ij})^2}{k} - \frac{(\sum\sum Y_{ij})^2}{N} = \frac{(21.9)^2}{3} + ... + \frac{(25)^2}{3} - \frac{(276.4)^2}{36} = 11.536$$

殘差離均差平方和（SS_r）為 $SS_r = SS_w - SS_{b.s} = 16.288 - 11.536 = 7.453$

8.4.3 相依樣本 F 檢定與摘要表

前面說明了四項離均差平方和的計算原理，將 SS_b、$SS_{b.s}$ 與 SS_r 各除以自由度即得到均方。其中 MS_t 與 MS_b 兩者的公式與獨立樣本相同，至於 $MS_{b.s}$ 與 MS_r 兩項的算式分別如公式 8-21 與 8-22 所示。

$$MS_{b.s} = \frac{SS_{b.s}}{df_{b.s}} = \frac{\sum k(\overline{Y}_{i.} - \overline{Y}_G)^2}{n-1} = s_{b.s}^2 = \hat{\sigma}_{b.s}^2 \qquad (8\text{-}21)$$

$$MS_r = \frac{SS_r}{df_r} = \frac{\sum\sum(Y_{ij} - \overline{Y}_{.j} - \overline{Y}_{i.} - \overline{Y}_G)^2}{(n-1)(p-1)} = s_r^2 = \hat{\sigma}_\varepsilon^2 \qquad (8\text{-}22)$$

相依樣本變異數分析也是利用 F 檢定來進行假設檢定，但是與獨立樣本設計所不同的是，相依樣本設計有兩個需要估計的平均數變異數：MS_b 與 $MS_{b.s}$，前者為自變項效果的組間差異，後者為受試者差異效果，反映自變數效果的 F 檢定量的分母為 MS_r，F 檢定的公式如公式 8-23，ANOVA 摘要表如表 8.7。

$$F_{obt} = F_{(df_b, df_r)} = \frac{\hat{\sigma}_b^2}{\hat{\sigma}_\varepsilon^2} = \frac{MS_b}{MS_r} = \frac{SS_b/df_b}{SS_r/df_r} \qquad (8\text{-}23)$$

表 8.7　相依樣本設計單因子變異數分析摘要表

變異來源	SS	df	MS	F
組間	SS_b	$k-1$	SS_b/df_b	MS_b/MS_r
組內	SS_w	$k(n-1)$		
受試者間 (b.s)	$SS_{b.s}$	$(n-1)$	$SS_{b.s}/df_{b.s}$	
殘差 (r)	SS_r	$(n-1)(k-1)$	SS_r/df_r	
全體	SS_t	$N-1$		

本範例的變異數分析結果如表 8.8。對於組間變異源的檢定，$F_{(2,22)} = 11.003$，$p < .01$，表示參與者在三個實驗水準下的睡眠時數具有顯著差異。如果以附錄 C 查表得到臨界值 $F_{.05(2,22)} = 3.44$，$F_{.01(2,22)} = 5.72$，$F_{(2,22)}$ 高於兩者，顯示 F 達到 .01 的顯著水準。若以累積機率密度函數估計 $F_{(2,22)} = 11.003$ 的尾機率，得到 $p = .00049$，$p < .001$。也就是說，運動量的不同水準會影響睡眠時數。值得注意的是，F 值由獨立樣本設計的 4.816，增加到相依樣本設計的 11.003，實驗效果更加顯著，顯示考慮了受試者間的變異來源，減少了 F 檢定量的分母（殘差），提高了檢定值。

表 8.8 相依設計單因子變異數分析摘要表

變異來源	*SS*	*df*	*MS*	*F*	*p*
組間	4.754	2	2.377	11.003	.00049
組內	16.288	33			
受試者間 *b.s*	11.536	11	1.049		
殘差	4.753	22	.216		
全體	21.042	35			

8.5 ANOVA 的基本假設與相關問題

8.5.1 變異數分析的重要假設

由本章的介紹可知，變異數分析的統計原理以依變數的變異量拆解為核心，因此 ANOVA 的正確應用涉及到幾個基本的統計假設，介紹於後。

8.5.1.1 常態性假設

ANOVA 與 *t* 檢定一樣，依變數都是連續變數，因此 ANOVA 也必須在依變數具有常態化的前提下來進行考驗。更具體來說，變異數分析是將依變數的變異拆解成組間與組內變異，組間變異反映的是自變數效果，在特定的實驗中為一恆定值，因此沒有分配可言，但是組內變異反映了誤差，是一個隨機變數，其分配應為以 0 為平均數的常態分配，當誤差項需為常態的假設，即表示依變數也需為常態分配。如果誤差常態假設違反，最直接影響的是第一類型錯誤率擴增問題，此時宜將 α 調整得更為嚴格，以避免過高的型 I 錯誤。

8.5.1.2 可加性假設

ANOVA 的另一個基本假設是變異數的拆解必須是在一個合理的基礎上來進行，也就是各拆解項具有獨立、直交的特性，因此可以進行加減乘除四則運算，稱為**可加性**（additivity）。在未來介紹的更複雜的變異數分析中（例如多因子 ANOVA），各效果項之間未必是完全獨立而帶有若干的相互關連，也因此衍生出

型 I、II、III、IV 平方和的概念，以不同的分割策略來落實可加性。

8.5.1.3 變異同質假設

ANOVA 與 t 檢定相似，目的在比較不同樣本的平均數差異，每一個常態化樣本的平均數要能夠相互比較，必須具有相似的離散狀況，也就是母體的變異數必須具有**等分散性**（homoscedasticity）假設，稱為**變異同質**（homogeneity of variance）假設。如果各個樣本的變異數不同質，表示各個樣本在平均數差異之外，另外存有非隨機的變異來源，致使變異數呈現不同質的情況。各組的變異數必須相近，如此才能確保平均數的差異是反映各組本質上類似但平均數不同的樣本集中趨勢狀態的差異。變異數同質性假設若不能成立，會使得平均數的比較存有混淆因素。

8.5.1.4 球面性假設

在相依設計的變異數分析中，由於各水準具有區組配對的安排，因此各組人數一定相等，在沒有特殊的原因下，各組變異數應相近，因此，在相依樣本設計多無變異數同質假設違反問題，但是卻有另一個**球面性**或**環狀性**（sphericity）假設問題。

所謂球面性或環狀性是指不同水準的同一個區組的樣本，在依變數上的得分，兩兩配對相減所得差異的變異數必須相等（同質）。事實上，此一假設也是各水準變異同質假設的延伸。也就是說，相同的參與者在不同水準間的重複測量或不同的參與者在不同水準間的配對，其變動情形應具有一致性。此項假設的違反，將會使 F 檢定產生**正向性偏誤**（positively biased）（Cohen, 1988），提高犯下型 I 錯誤的機率。

對於球面假設的檢驗，有多種不同的統計方法可以處理，其中檢定力最高的一種方法稱為**球面區域恆等檢驗**（Locally best invariant test for the sphericity condition; John, 1971, 1972; Nagao, 1973; Sugiura, 1972）。由於檢定過程繁複，因此本章予以略過。SPSS 軟體則提供了 Mauchly's W 量數，轉換成卡方分數後，可據以判斷假設是否違反。

不論是哪一種球面性檢定，一旦組間共變數同質性假設不成立，將會導致 F 檢定產生偏誤，因此必須對於 F 檢定量進行調整。在 SPSS 重複量數程序可得到

兩個 Greenhouse–Geisser 修正值，其中**下限修正**（lower bound）是一種以 $\hat{\varepsilon}$ 的最小值也就是 $1/(p-1)$ 為修正基礎的 F 考驗值，是各種修正值當中，最嚴格的一種修正方法，又稱為 F **保守檢定**（conservative F test）。如果下限法達到顯著，即不必計算其他 F 調整檢定，如果下限法不顯著，即需要參考其他修正法的 F 值，例如 Greenhouse–Geisser 調整檢定與 Huynh–Feldt 調整檢定。

除了 F 調整檢定，也可以利用多變量統計量來代替 F 檢定，例如 MANOVA、Hotelling's T^2。但是 Hotelling's T^2 的使用必需考慮各種因素，例如區組的數目、變數的常態性等等。在區組數很多時，Hotelling's T^2 會有較佳的統計檢定力，但是樣本數小與 ε 值接近 1 時，則不理想。

8.5.2 實驗、族系與比較錯誤率

在統計考驗中，型 I 錯誤率的設定，可以區分為實驗、族系與比較三種類型。所謂**實驗錯誤率**（experiment–wise error rate；EWE），是指統計的決策，是以整個實驗的型 I 錯誤率維持一定（例如 .05）的情況下，導出各次決策所犯的型 I 錯誤率為何。其次，**族系錯誤率**（familywise error rate; FWE）則是將每一個被檢驗的效果（例如主要效果、交互效果）的統計檢定的型 I 錯誤率維持一定，導出各次決策所犯的型 I 錯誤率。至於**比較錯誤率**（comparison–wise error rate），則是將型 I 錯誤率設定於每一次的統計檢定，均有相同的犯第一類型錯誤的機率。ANOVA 優於 t 檢定之處，即是 ANOVA 採用實驗錯誤率或族系錯誤率來進行統計檢定，確保型 I 錯誤率能維持在一定水準；相對之下，多次 t 檢定則是以比較錯誤率為基礎的統計檢定。

當使用實驗或族系錯誤率時，為了維持整體的 α 水準為 .05，必須降低各次檢定的 α 水準。如果今天只有一個自變數的單因子 ANOVA，實驗錯誤率與族系錯誤率的計算方法相同，因為只有一個因子，整個實驗所發生的差異即是該因子族系的差異。但是如果是多因子 ANOVA，一次實驗只有一個實驗型 I 錯誤率，但是卻有多組族系錯誤率的計算方法。例如一個 A×B 的二因子 ANOVA，即有 A、B、A×B 三組族系錯誤率，在三組效果之下所進行的多重比較，即必須以族系錯誤率來設定每一次比較的 α 水準。例如一個四個水準的 F 檢定顯著之後，即必須進行 $C_2^4 = 6$ 次的配對比較，此時，計算特定族系錯誤率 α_{FW} 之下各次檢定的 α 水準的

公式如 8-24 所示。

$$\alpha_{FW} = 1 - (1 - \alpha)^j \qquad (8\text{-}24)$$

公式 8-24 中，j 為進行比較的次數，α 為單一檢定的顯著水準。如果一個實驗需進行 10 次多重比較，整個族系的顯著水準要維持在 .05，那麼單一比較的顯著水準 α 即為 .05 = 1 – $(1-\alpha)^{10}$，α = .0051。另一種快速算法是將 α_{FW} 水準除以比較次數 j，$\alpha = \alpha_{FW}/j$ = .05/10 = .005，得到的數值會近似於前述公式的數據，稱為 Bonferroni 程序。

8.5.3 實務顯著性：效果量

效果量（effect size）是指自變數對依變數的影響力強度。在變異數分析當中，F 檢定作為一個整體考驗，目的在檢驗自變數效果的**統計顯著性**（statistical significance），也就是基於機率理論的觀點，說明自變數效果相對於隨機變化的一種統計意義的檢驗。然而，以 F 檢定雖可決定自變數的統計意義，但是卻無法說明自變數效果在實務上的意義與價值。此時，即需仰賴效果量來反映自變數效果在真實世界的強度意義，亦即一種**實務顯著性**（practical significance）或**臨床顯著性**（clinical significance）的指標。

最直觀的效果量指標，是取平均數的差異量。平均數間差異越大，表示自變數的強度越強，稱為 **D 量數**（Cohen, 1988）：

$$D = \frac{\mu_1 - \mu_2}{\sigma_\varepsilon} \qquad (8\text{-}25)$$

如果組數大於 2 時，可使用 ω^2（omega squared）量數來描述自變數的效果強度。ω^2 量數為組間變異與總變異的比值，表示依變數變異量能被自變數解釋的百分比，亦即自變數與依變數的關聯強度。

$$\omega^2 = \frac{\sigma_\alpha^2}{\sigma_\alpha^2 + \sigma_\varepsilon^2} \qquad (8\text{-}26)$$

ω^2 數值介於 0 到 1 之間，越接近 1 表示關聯越強，但是 ω^2 數值分佈是一個以 .05 到 .06 為眾數的正偏態分配，ω^2 達到 .1 以上者，即屬於高強度的自變數效果，一般期刊上所發表的實證論文的 ω^2，也僅多在 .06 左右。Cohen（1988）建議 ω^2 的判斷準則如下：

$$.059 > \omega^2 \geq .01 \qquad 低度關聯強度$$
$$.138 > \omega^2 \geq .059 \qquad 中度關聯強度$$
$$\omega^2 \geq .138 \qquad 高度關聯強度$$

SPSS 軟體所提供的效果量為 η^2（eta square）**量數**，從計算式來看，η^2 即是迴歸分析當中的 R^2，除了作為 X 對 Y 解釋強度的指標外，經常也被視為效果量的指標，如公式 8-27。

$$\hat{\eta}^2 = \frac{SS_b}{SS_t} \qquad (8\text{-}27)$$

在 SPSS 軟體中，以一般線性模式所計算得到的 ANOVA 分析結果，可以輸出關聯強度，稱為淨 η^2（partial η^2），如果只有一個因子的 ANOVA 中，淨 η^2 為沒有任何的排除程序，但是在多因子 ANOVA，淨 η^2 表示扣除了其他效果項的影響後的關聯強度量數。根據 Cohen（1988），η^2 的判斷準則與 ω^2 相同：

$$.059 > \eta^2 \geq .01 \qquad 低度關聯強度$$
$$.138 > \eta^2 \geq .059 \qquad 中度關聯強度$$
$$\eta^2 \geq .138 \qquad 高度關聯強度$$

8.5.4 型 I 至 IV 平方和問題

在多因子變異數分析，依變數的總變異量被拆解成組間（SS_b）與組內（SS_w）兩大部份，SS_b 又可區分為不同因子的效果與交互效果，例如當我們有 A 與 B 兩個因子，SS_b 則可區分成 SS_A、SS_B 與 SS_{AB}，這三個部份並非直交、相互獨立的元素，因此在計算 SS 的數值時，因為考慮了相互關聯、或是各組人數是否相等的問題，區分成型 I 到型 IV 四種模式。在單因子 ANOVA，四種 SS 並無差異，但是當 ANOVA 趨於複雜時（例如 ANCOVA），不同形式的 SS 差異可能對檢定結果造成影響，值得注意。（在 SAS 軟體，四種 SS 均會列出給讀者參考，但是 SPSS 則是以型 III 平方和為內定選項。不查此一設定者，往往以型 III 平方和來進行檢驗，可能會造成錯誤的結論。）

8.5.4.1 型 I 平方和

型 I 平方和（SS-1）是以**階層化拆解**（hierarchical decomposition）原理來計算 SS，每一個變異源的 SS 在計算時，會針對模型中已存在的其他變異源而加以調整。因此，最早進入模型的變異源，不因任何其他變異源而有調整，因為模型中僅有該項變異源。後續進入模型的變異源，則會排除先進入模型的效應，得到**淨平方和**（partial sum of square），亦即一種邊際影響力。一般應用於像共變數分析（ANCOVA）、多項式迴歸模式、**純巢狀模式**（purely nested model）等。

8.5.4.2 型 II 平方和

型 II 平方和（SS-2）是指當某一個變異源的 SS 在計算時，調整了模型當中其他與該變異源無關聯的變異源的關係。例如在三因子分析中，SS_A 的計算係排除了 SS_{AB}、SS_{AC} 與 SS_{ABC} 以外的其他變異源的關係。然而型 II 平方和並不適合處理多因子 ANOVA，當因子數越多，各層次的效應相互關係複雜，以 SS-2 處理效應關係時，排除後的效果不易解釋。因此 SS-2 僅適用於只有主要效果（沒有交互效果）的變異數分析模型中。SS-2 可以讓研究者得知某一個變異源在排除所有效應後的淨效果，在特殊情況下可以使用之，例如特殊的巢狀模型。

8.5.4.3 型 III 平方和

型 III 平方和（SS-3）是最常用的平方和公式，也是 SPSS 預設的公式。型 III 平方和指當某一個變異源的 *SS* 在計算時，調整了它與模型當中其他所有變異源的關係，可以說是最嚴格的控制關係。也因此，適用於型 I 與型 II 的研究設計，可以利用 SS-3 得到最大排除效果的結果，得到的 *SS* 值通常會最低。適合對於各組人數不等時的不平衡 ANOVA 分析，可以將各細格人數差異的影響降至最低，因此在實務上，ANOVA 多以 SS-3 來處理平方和的估計。換句話說，SS-3 可以將各變異源的影響力中，由於樣本不同的干擾加以排除，是一種加權調整的作用，在解釋效應時的合理性較高。尤其是非實驗設計的 ANOVA，細格樣本數多非相等，應以 SS-3 來進行變異數的估計。

8.5.4.4 型 IV 平方和

型 IV 平方和（SS-4）的特色是可以適用於當 ANOVA 當中存在著**遺漏細格**（空白細格）（missing cell）的情況下。所謂遺漏細格的問題，是指多因子交互影響的各細格中，有某一個細格完全沒有數據時，此時會造成變異量計算的缺失值。在多因子變異數分析時，容易發生此一現象，因為因子數越多，細格越多，越可能發生空白細格。當發生了遺漏細格時，以型 I、II、III 來計算 *SS* 會產生低估的現象。在遺漏細格發生時，SS-4 可以估計遺漏細格的影響，其原理是利用遺漏以外的細格的對比加以估計，然後平均分配到較高階變異源，使得其他未遺漏細格的變異源得以補入 *SS* 當中，進行估計時較為合理。在沒有遺漏細格時，SS-4 等於SS-3。

8.6 多重比較

當變異數分析 *F* 檢定值達顯著水準，即推翻了平均數相等的虛無假設，亦即表示至少有兩組平均數之間有顯著差異存在。但是究竟是哪幾個平均數之間顯著有所不同，必須進一步進行**多重比較**（multiple comparison）來檢驗。如果多重比較在 *F* 檢定之前進行，稱為**事前比較**（priori comparison），在獲得顯著的 *F* 值之後所進行的多重比較，稱為**事後比較**（posteriori comparison）。多重比較的進行有

多種不同的方式,每一種方法的時機與特性均有所不同。SPSS 視窗版提供了當變異數同質與不同質情況下的兩大類型多重比較技術,方法的選擇需視不同的統計條件而定。

8.6.1 事前比較

事前比較又稱為**計畫比較**(planned comparison),是指在進行研究之前,研究者即基於理論的推理或個人特定的需求,事先另行建立研究假設,以便能夠進行特定的兩兩樣本平均數的檢定,而不去理會所有平均數整體性的比較。因此,事前比較所處理的是個別比較的假設檢定,在顯著水準的處理上,屬於比較面顯著水準,而不需考慮實驗面的顯著水準。

事實上,事前比較即是應用 t 檢定,針對特定的水準,進行平均數差異檢定。除了在研究進行之初即應先行提出特殊的研究假設,在統計軟體中可以利用**對比**(contrast),設定特殊的線性組合模式,來檢定特定因子水準平均數之間的差異。但是由於執行多次比較會增加型一誤差的機率,因此當比較次數增加,型一錯誤率必須採用更嚴格的標準。一般作法是將 α/k,α 為研究者想要維持的總體型一錯誤率(族系錯誤率),k 為比較次數,如此將可使得整體的型一錯誤率維持在 α 水準。如果是雙尾 t 檢定,作為雙尾臨界值的 $t_{\alpha/2}$ 改為 $t_{\alpha/2k}$ 即可,此一多重比較策略稱為 Bonferroni 多重比較。

另一種常用於事前比較的程序是 Holm 多重比較,其作法是將 k 次比較得到的 t 值依其絕對值大小排列,逐一檢視其顯著性。t 值絕對值最大者以 $t_{\alpha/2k}$ 臨界值為顯著與否的比較基準,t 值絕對值次大者以 $t_{\alpha/[2(k-1)]}$ 臨界值為比較基準,依此類推。Holm 和 Bonferroni 程序都將犯族系錯誤率的機會控制在 α 水準,但 Holm 程序採用相對寬鬆的臨界值,較 Bonferroni 程序容易拒絕虛無假設,統計檢定力較佳。

8.6.2 事後比較

8.6.2.1 變異數同質假定未違反的多重比較

1. LSD 法

多重比較多運用**差距檢定法**（Studentized Range Test）原理進行。從其字面來看，即知與 t 檢定原理類似，以平均數差異的檢定為主要策略，此法為 Fisher 所發展，又稱為**最小顯著差異法**（Least significant difference; LSD）。檢定公式如下，自由度為（$N-p$），p 為整個實驗的組平均數個數。

$$t = \frac{\overline{Y}_j - \overline{Y}_k}{\sqrt{s_p^2\left(\dfrac{1}{n_j} + \dfrac{1}{n_k}\right)}} = \frac{\overline{Y}_j - \overline{Y}_k}{\sqrt{MS_w\left(\dfrac{1}{n_j} + \dfrac{1}{n_k}\right)}} \tag{8-28}$$

由公式 8-28 可知，LSD 法是以 F 檢定的變異誤作為分母項，來納入所有水準下的合成誤差，而不是像雙樣本 t 檢定僅考慮兩個組的誤差。換句話說，t 檢定的合成標準誤改由 F 檢定的組內均方代替，這是假設各組變異數均同質的情況下的估計數，因此，LSD 法又稱為 Fisher **擔保** t **檢定**（Fisher's protected t-test），表示 t 檢定是以 F 檢定達到顯著之後所進行的後續考驗，同時也在 F 檢定的誤差估計下所進行。然而，LSD 法在變異誤的估計上雖作了處理，但有一個缺點是並沒有因為是多次的比較而調整檢定的觀察顯著水準，因此可以說是較為粗糙的多重比較程序。

2. HSD 法

Tukey 首先提出了在常態性、同質性假設成立下，各組人數相等的一種以族系錯誤率的控制為原則的多重比較程序，稱為**誠實顯著差異**（Honestly Significant Difference）。所謂誠實，就是在凸顯 LSD 法並沒有考慮到實驗與族系面誤差的問題，暗指 Fisher 的檢定有欺騙之嫌。其後 Kramer 則將 Tukey 的方法加以延伸至各

組樣本數不相等的情況下，由於原理相同，故合稱為 Tukey-Kramer 法。Tukey 與
Kramer 的計算原理是以 Q 分數來進行，當兩組樣本相等時，分母即為 MS_w 除以
組樣本數 n。當 Q_{obt} 顯著，即表示兩個平均數具有顯著差異。

$$Q = \frac{\overline{Y}_j - \overline{Y}_k}{\sqrt{\frac{MS_w}{2}\left(\frac{1}{n_j} + \frac{1}{n_k}\right)}} \tag{8-29}$$

Q 分數所形成的分配，稱為 Q 分配，其機率分配變化與 t 分配相似，但是 Q
分配形狀不僅隨自由度改變而改變，亦會隨平均數個數的不同而改變。HSD 值由
於參酌了 Q 分配，因此可以將型一錯誤以實驗面誤差機率處理，但是代價是檢定
力降低。以 HSD 法所得到的顯著性，會比沒有考慮型一錯誤膨脹問題的檢定方法
來的高（例如若比較次數為三次，HSD 的 p 值為會是 LSD 法的三倍），不容易拒
絕 H_0。

3. Newman-Keuls 法（N-K 法）

Newman 和 Keuls 發展出一種與 HSD 法相似的檢定程序，唯一不同的是臨
界值的使用，N-K 法考慮相比較的兩個平均數在排列次序中相差的層級數 r（the
number of steps between ordered mean），作為自由度的依據，而非 HSD 的平均數
個數 k。由於此法也是利用 t 檢定原理，因此在 SPSS 中稱為 S-N-K 法（Student-
Newman-Keuls 法）。

S-N-K 法對於每一組平均數的配對比較，基於層級數的不同，臨界值即不同，
其事後比較的精神是在維繫每一組個別比較第一類型錯誤的一致，也就是比較面
錯誤的策略。在 LSD 與 HSD 法中，臨界值只有一個，同時也是 S-N-K 法數個
臨界值中最大者（層級數 r 最大者為 k），但是 N-K 法的臨界值則有多個，因此
HSD 法對於平均數配對差異檢驗較 N-K 法嚴格，不容易拒絕 H_0，導致統計檢定
力較弱。

4. 雪費法（Scheffe's method）

前面幾種方法均多適用於每一組樣本人數相同時，但是當各組人數不相等時，每次比較的考驗力則有所不同，導致不顯著的統計結果可能不是因為平均數差異不夠大，而是考驗力不足所造成，因此，多重比較必須能夠針對各組不同的人數加以處理。

雪費法與其他多重比較方法不同的是，雪費提出以 F 檢定為基礎的 n 不相等的多重比較技術。由於直接採用 F 檢定，因此 Scheffe 法無須其他的查表程序，使用上非常方便，因此廣為使用。公式如下：

$$F = \frac{\dfrac{(\overline{Y}_j - \overline{Y}_k)^2}{p-1}}{MS_{within}\left(\dfrac{1}{n_j} + \dfrac{1}{n_k}\right)} \tag{8-30}$$

此法對分配常態性與變異一致性兩項假定之違反頗不敏感，且所犯型 I 錯誤機率較小。可以說是各種方法中最嚴格、檢定力最低的一種多重比較。Cohen（1996）甚至認為 Scheffe 執行前不一定要執行 F 整體考驗，因為如果 F 檢定不顯著，Scheffe 檢定亦不會顯著，但是如果 F 整體考驗顯著，那麼 Scheffe 檢定則可以協助研究者尋找出整體考驗下的各種組合效果。更具體來說，Scheffe 檢定的顯著水準是設計成可以檢定組別平均的每一種線性組合，從最簡單到最複雜的比較模式，樣本人數相等或不等均可，所以 Scheffe 檢定可以廣泛的適用於成對比較與各種複雜比較。但是，如果只是想要進行單純的兩兩配對比較，Cohen（1996）建議直接採用 HSD 法，也可以得到一樣嚴謹的檢定結果。

8.6.2.2 變異數同質假定違反的多重比較

1. Dunnett's T3 法

樣本數不同最可能的影響是造成變異數同質假設的違反，此時可以採行 Dunnett（1980）的 T3 法來處理，其特性是調整臨界值來達成族系與實驗面的錯誤機率，使型一機率控制在一定的水準下。若 s_j^2 表示有 n_j 個人的第 j 組變異數，

q_j 表示各平均數變異誤估計數：

$$q_j = \frac{s_j^2}{n_j} \qquad (8\text{-}31)$$

任兩組平均數相比時（例如 j 與 k 相比），必須另行計算自由度，然後進行近似於 t 檢定的 W 檢定（Welch test），查表（Studentized maximum modulus distribution）後即可決定臨界值 (c)，決定假設是否成立，在此不予詳述。

2. Games-Howell 法

Games 與 Howell（1976）提出一個類似的方法，也是計算出調整自由度 $\hat{v}_{jk}$ 後，直接與查自於 Studentized range distribution 的 q_{cv} 臨界值相比，來決定顯著性。當各組人數大於 50 時 Games-Howell 法所求出的機率估計會較 T3 法正確，類似於 Dunnett 另外提出的 C 法。

$$\frac{|\overline{Y}_j - \overline{Y}_k|}{\sqrt{\frac{1}{2}(q_j + q_k)}} \ge q_{cv} \qquad (8\text{-}32)$$

值得注意的是，ANOVA 在各組變異數不同質，也就是變異數同質性假設違反時，並不會對於 F 檢定進行校正，此時需採用校正程序來進行各平均數的事後比較，才能處理變異數不同質所造成對於平均數比較的影響，此時可建議使用 Dunnett 的 T3 法。

8.7 變異數分析的 SPSS 操作

8.7.1 獨立樣本單因子變異數分析

　　某位社會心理學家認為婚姻生活會影響人們的生活品質，他的研究假設是「處於不同婚姻狀態的成人，其生活滿意度有所不同」。他將婚姻狀態區分為鰥寡、離異、未婚、已婚四種狀況，各隨機選取 5 位受訪者，請他們在生活滿意度問卷上作答，每個人最後的得分介於 0(極不滿意) 至 6(非常滿意) 之間，測量數據如下：

表 8.9　生活滿意度模擬資料

鰥寡	離異	未婚	已婚
1	3	5	4
0	1	6	6
0	2	4	2
2	2	2	5
0	1	5	6

【 A. 操作程序 】

　　方法一：單因子變異數分析

　　步驟一：輸入資料。婚姻狀態與生活滿意度各佔一欄。

　　步驟二：點選 分析 → 比較平均數法 → 單因子變異數分析 。

　　步驟三：進入單因子變異數分析對話框，點選依變數與因子（自變數）移至右側清單內。

　　步驟四：選擇所需的附加功能。如 選項 中的描述性統計量、同質性檢驗，Post Hoc 檢定 中的事後比較等。

　　方法二：一般線性模式

　　步驟二：點選 分析 → 一般線性模式 → 單變量 。

　　步驟三：選取變數與因子（自變數）。

　　步驟四：選擇所需的附加功能。

【B. 步驟圖示】

方法一：單因子變異數分析

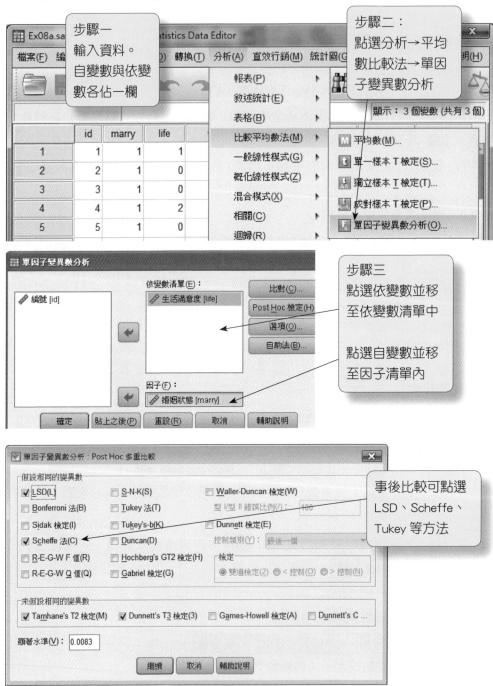

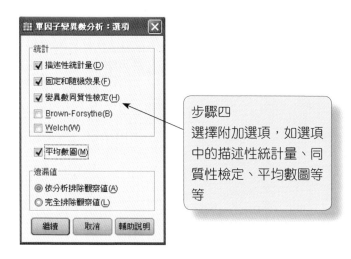

步驟四
選擇附加選項,如選項中的描述性統計量、同質性檢定、平均數圖等等

如欲獲得統計檢定力與效果量估計,應點選分析→一般線性模式→單變量

方法二:一般線性模式

點選依變數並移至依變
數清單中
點選自變數並移至因子
清單內

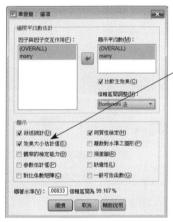

選擇附加選項,勾選效
果量與檢定能力

【C. 結果報表】

自變數各水準之描述統
計量。組平均數顯示未
婚及已婚者滿意度最高

描述性統計量

life 生活滿意度

	個數	平均數	標準差	標準誤	平均數的 95% 信賴區間 下界	上界	最小值	最大值	成份間變異數
1 鰥寡	5	.60	.894	.400	-.51	1.71	0	2	
2 離異	5	1.80	.837	.374	.76	2.84	1	3	
3 未婚	5	4.40	1.517	.678	2.52	6.28	2	6	
4 已婚	5	4.60	1.673	.748	2.52	6.68	2	6	
總和	20	2.85	2.110	.472	1.86	3.84	0	6	
模式　固定效果			1.285	.287	2.24	3.46			
隨機效應				.984	-.28	5.98			3.547

變異數同質性檢定

life 生活滿意度

Levene 統計量	分子自由度	分母自由度	顯著性
1.047	3	16	.399

> 變異數同質性檢定
> Levene 統計量未達顯著，假設未違反

受試者間效應項的檢定

依變數:生活滿意度

來源	型 III 平方和	df	平均平方和	F	顯著性	淨相關 Eta 平方	Noncent. 參數	觀察的檢定能力[b]
校正後的模式	58.150[a]	3	19.383	11.747	.000	.688	35.242	.996
截距	162.450	1	162.450	98.455	.000	.860	98.455	1.000
marry	58.150	3	19.383	11.747	.000	.688	35.242	.996
誤差	26.400	16	1.650					
總數	247.000	20						
校正後的總數	84.550	19						

a. R 平方 = .688 (調過後的 R 平方 = .629)

b. 使用 alpha = .05 計算

> 摘要表
> 傳統的 ANOVA 摘要表。由顯著值可知 MS_b 除以 MS_w 的 F 值達顯著水準

多重比較

依變數:life 生活滿意度

	(I) marry 婚姻…	(J) marry 婚…	平均差異 (I-J)	標準誤	顯著性	99.17% 信賴區間 下界	上界
Scheffe 法	1 鰥寡	2 離異	-1.200	.812	.551	-4.52	2.12
		3 未婚	-3.800*	.812	.003	-7.12	-.48
		4 已婚	-4.000*	.812	.002	-7.32	-.68
	2 離異	1 鰥寡	1.200	.812	.551	-2.12	4.52
		3 未婚	-2.600	.812	.043	-5.92	.72
		4 已婚	-2.800	.812	.027	-6.12	.52
	3 未婚	1 鰥寡	3.800*	.812	.003	.48	7.12
		2 離異	2.600	.812	.043	-.72	5.92
		4 已婚	-.200	.812	.996	-3.52	3.12
	4 已婚	1 鰥寡	4.000*	.812	.002	.68	7.32
		2 離異	2.800	.812	.027	-.52	6.12
		3 未婚	.200	.812	.996	-3.12	3.52
LSD	1 鰥寡	2 離異	-1.200	.812	.159	-3.65	1.25
		3 未婚	-3.800*	.812	.000	-6.25	-1.35
		4 已婚	-4.000*	.812	.000	-6.45	-1.55
	2 離異	1 鰥寡	1.200	.812	.159	-1.25	3.65
		3 未婚	-2.600*	.812	.006	-5.05	-.15
		4 已婚	-2.800*	.812	.003	-5.25	-.35
	3 未婚	1 鰥寡	3.800*	.812	.000	1.35	6.25
		2 離異	2.600*	.812	.006	.15	5.05
		4 已婚	-.200	.812	.809	-2.65	2.25
	4 已婚	1 鰥寡	4.000*	.812	.000	1.55	6.45
		2 離異	2.800*	.812	.003	.35	5.25
		3 未婚	.200	.812	.809	-2.25	2.65

> 事後比較
> 由顯著性可知 1 vs. 2 以及 3 vs. 4 未達顯著

*. 平均差異在 0.0083 水準是顯著的。

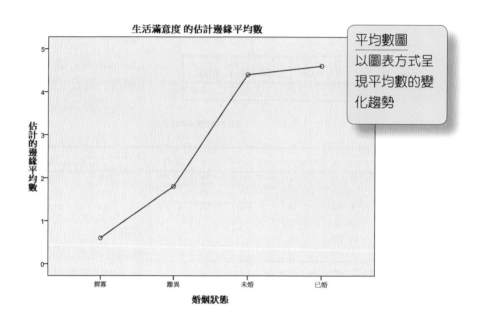

生活滿意度 的估計邊緣平均數

平均數圖
以圖表方式呈現平均數的變化趨勢

【D. 結果說明】

　　由上述的報表可以得知：此一獨立樣本單因子變異數分析的四個水準平均數各為 .6、1.8、4.4、4.6，Levene 的變異數同質性檢定並未顯著（Levene = 1.047，$p = .399$），表示這四個樣本的離散情形並無明顯差別。整體考驗結果發現，處於不同婚姻狀態的受測者，其生活滿意度有所不同（$F_{(3,16)} = 11.75$，$p < .01$），人們的生活滿意度的確會因婚姻生活的不同而有所差異。經事後比較 HSD 檢驗發現，生活滿意度的平均數，以鰥寡(.6)與離異者(1.8)顯著低於已婚(4.4)與未婚者(4.6)，顯示問題婚姻較未婚或正常婚姻者有較差的生活滿意度，但是鰥寡與離異，以及未婚及已婚之間沒有顯著差異。婚姻狀態自變數對於依變數的解釋力，以 η^2 係數來看，達 68.8%，顯示自變數與依變數的關聯性很高，統計檢定力達 .996，表示統計檢定能力頗高。

8.7.2 相依樣本單因子變異數分析

　　台北市捷運局想要探討捷運列車駕駛是否因為工作時間增長而會有注意力降低現象。13 位駕駛參與了這項研究，研究期間，每位駕駛員工作時間維持固定，每隔 2.5 小時測量他們要花多久的時間察覺電腦螢幕上訊息的變化。測量的時段分為上班初期、午飯前、午飯後、下班前四個時段，依變數則為他們花費在察覺實驗者所設計的電腦螢幕訊號的反應時間（毫秒）。請問，是否工作時間與注意力改變有關？

表 8.10　捷運駕駛注意力數據的模擬資料

編號	上班時 9:00	午飯前 11:30	午飯後 14:00	下班前 16:30	編號	上班時 9:00	午飯前 11:30	午飯後 14:00	下班前 16:30
1	6.2	6.7	7.4	7.8	8	6.1	5.8	6.4	6.7
2	5.9	4.8	6.1	6.9	9	4.9	5.1	5.2	6.8
3	8.4	8.7	9.9	10.3	10	8.2	8.6	9.3	10.4
4	7.6	7.8	8.7	8.9	11	5.7	5.7	6.5	7.2
5	4.1	4.7	5.4	6.6	12	5.9	6.4	6.9	7.6
6	5.4	5.3	5.9	7.1	13	6.9	6.6	7.1	7.5
7	6.6	6.7	7.2	7.5					

【A. 操作程序】

> 操作要點 ：重複量數模式的相依樣本 ANOVA 特色是必須將資料依照每一次重複，以一個單獨的變數來輸入，再利用參與者內因子來綜合多次重複測量的結果。報表的整理則較為複雜。

步驟一：輸入資料。將每一水準以一個變數來輸入。

步驟二：點選 分析 → 一般線性模式 → 重複量數 。

步驟三：進入定義因子清單，輸入參與者內因子名稱及水準數，並可輸入標籤，完成後按 定義 。

步驟四：進入重複量數對話框，依序點選各重複的水準至參與者內變數。

步驟五：選擇所需的附加功能。如選項中的敘述統計與事後比較

步驟六：按 確定 執行。

【B. 步驟圖示】

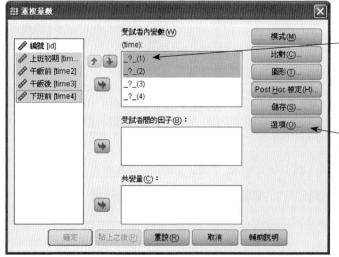

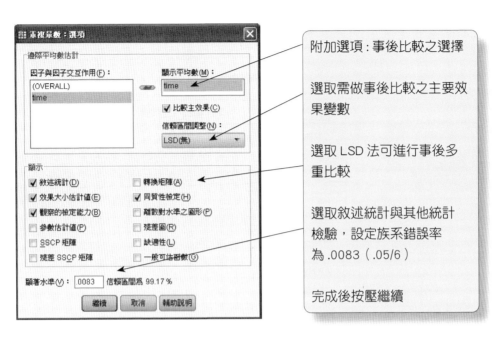

附加選項：事後比較之選擇

選取需做事後比較之主要效果變數

選取 LSD 法可進行事後多重比較

選取敘述統計與其他統計檢驗，設定族系錯誤率為 .0083（.05/6）

完成後按壓繼續

【C. 結果報表】

自變數名稱及水準數四個水準分別為 TIME1 至 TIME4

受試者內因子

測量:MEASURE_1

time	依變數
1	time1
2	time2
3	time3
4	time4

敘述統計

	平均數	標準離差	個數
time1 上班初期	6.300	1.2416	13
time2 午飯前	6.377	1.3386	13
time3 午飯後	7.077	1.4481	13
time4 下班前	7.792	1.2829	13

檢驗球面假設是否違反卡方未達 .05 顯著水準，表示假設未違反

Mauchly 球形檢定[b]

測量:MEASURE_1

受試者內效應項	Mauchly's W	近似卡方分配	df	顯著性	Epsilon[a]		
					Greenhouse-Geisser	Huynh-Feldt	下限
time	.668	4.324	5	.505	.795	1.000	.333

檢定正交化變數轉換之依變數的誤差 共變量矩陣的虛無假設，是識別矩陣 的一部份。

a. 可用來調整顯著性平均檢定的自由度。改過的檢定會顯示在 "Within-Subjects Effects" 表檢定中。

b. Design:截距
受試者內設計: time

組間效果檢定值 SS_b：
假設未違反時組間效果之檢定

受試者內效應項的檢定

測量:MEASURE_1

來源		型 III 平方和	df	平均平方和	F	顯著性	淨相關 Eta 平方	Noncent. 參數	觀察的檢定能力[a]
time	假設為球形	18.985	3	6.328	61.122	.000	.836	183.367	1.000
	Greenhouse-Geisser	18.985	2.386	7.956	61.122				
	Huynh-Feldt	18.985	3.000	6.328	61.122				
	下限	18.985	1.000	18.985	61.122				
誤差 (time)	假設為球形	3.727	36	.104					
	Greenhouse-Geisser	3.727	28.63	.130					
	Huynh-Feldt	3.727	36.00	.104					
	下限	3.727	12.00	.311					

a. 使用 alpha = .0083 計算

球面假設遭到違反時，需使用矯正方法所得到的數據。

殘差 SS_r，作為 F 考驗的分母

受試者間效應項的檢定

測量:MEASURE_1
轉換的變數:均數

來源	型 III 平方和	df	平均平方和	F	顯著性	淨相關 Eta 平方	Noncent. 參數	觀察的檢定能力[a]
截距	2466.069	1	2.466E3	364.497	.000	.968	364.497	1.000
誤差	81.188	12	6.766					

a. 使用 alpha = .0083 計算

參與者效果檢定值 SS_{block}：因重複量數造成的影響

成對比較

測量:MEASURE_1

(I) time	(J) time	平均差異 (I-J)	標準誤差	顯著性[a]	差異的 99.17% 信賴區間[a]	
					下界	上界
1	2	-.077	.127	.557	-.478	.324
	3	-.777*	.126	.000	-1.173	-.381
	4	-1.492*	.163	.000	-2.008	-.977
2	1	.077	.127	.557	-.324	.478
	3	-.700*	.086	.000	-.972	-.428
	4	-1.415*	.121	.000	-1.797	-1.034
3	1	.777*	.126	.000	.381	1.173
	2	.700*	.086	.000	.428	.972
	4	-.715*	.122	.000	-1.100	-.331
4	1	1.492*	.163	.000	.977	2.008
	2	1.415*	.121	.000	1.034	1.797
	3	.715*	.122	.000	.331	1.100

根據估計的邊緣平均數而定

a. 調整多重比較：最低顯著差異 (等於未調整值)。

*. 平均差異在 .0083 水準是顯著的。

事後考驗：
1 與 2 對比不顯著，其他配對均顯著

族系錯誤率的設定結果

受試者內對比的檢定

測量:MEASURE_1

來源	time	型 III 平方和	df	平均平方和	F	顯著性	淨相關 Eta 平方
time	線性	17.420	1	17.420	108.925	.000	.901
	二次方	1.325	1	1.325	14.960	.002	.555
	三次方	.240	1	.240	3.864	.073	.244
誤差 (time)	線性	1.919	12	.160			
	二次方	1.063	12	.089			
	三次方	.745	12	.062			

> 趨勢分析:
> 線性模式達到顯著,二次趨勢亦達顯著,顯示平均數的變化模式可以利用多項式函數來表示

【D. 結果說明】

由上述的報表可以得知:此一相依樣本的球面檢定並未違反,Mauchly's W 係數為 .668($\chi^2 = 4.324$,$p = .505$),因此不需進行修正。四個組的平均數差異達顯著水準,組間效果 $F_{(3,36)} = 61.122$,$p < .001$,表示不同的測量時段下,駕駛員的注意力的確的有所不同。從事後比較可以看出,四個水準平均數的兩兩比較,除了上班時(time1)與午餐前(time2)相比不顯著之外,其他均達顯著水準,平均數呈現逐步增高,顯示時間越晚,反應時間增加,注意力變差。以第四次測量 (下班前 $M = 7.792$) 的注意力最差。趨勢分析的結果則指出平均數的變化趨勢呈現二次方程式,變異數分析摘要表見表 8.11。

表 8.11 相依樣本單因子變異數分析摘要表

變異來源	SS	df	MS	F	p
組間	18.985	3	6.328	61.122	< .001
組內					
受試者間 b.s	81.188	12	6.766		
殘差 (r)	3.727	36	.104		
全體	103.9	51			

本章重要概念

實驗研究 experimental study
變異數分析 analysis of variance
隨機分派 random assignment
獨立樣本設計 independent sample design
重複量數設計 repeated measure design
配對樣本設計 matching group design
混合設計 mixed design
均方 mean square
等分散性 homoscedasticity
實驗錯誤率 experiment-wise error rate
比較錯誤率 comparison-wise error rate
統計顯著性 statistical significance
多重比較 multiple comparison
事後比較 posteriori comparison

準實驗研究 quasi-experimental study
真實驗研究 true experimental study
實驗設計 experimental design
受試者間設計 between-subject design
受試者內設計 within-subject design
相依樣本設計 dependent sample design
主要效果 main effect
整體考驗 global test
球面性 sphericity
族系錯誤率 familywise error rate
效果量 effect size
實務顯著性 practical significance
事前比較 priori comparison

課後習作

一、請針對下列各題的描述，說明 (1) 自變數與依變數為何？(2) 是獨立還是相依設計？(3) 各組樣本數與總樣本數為何？(4) 是否需要執行事後多重比較？

1. 隨機訪問某便利商店在直營店與加盟店各 50 位顧客對於咖啡豆口味的好感。

2. 研究人員調查未婚女性、已婚但無子女以及已婚且育有子女者各 8 名對於食品安全的重視程度。

3. 某系學生 50 名從大一到大四的簡報能力逐年上升。

4. 接受情緒管理訓練後，25 名員工受到顧客抱怨的情形明顯改善。

二、管理學院跨校辯論比賽向來激烈，A、B、C 三校之間的競爭尤為慘烈，在一次辯論賽中，三校各派出三位選手與賽，分別擔任一辯、二辯、結辯，每一位參賽者獲得一個個人成績 (0-10 分)，並以三個人的平均分數作為團體成績，分數如右表。請回答下列問題：

辯手次序	校別		
	A 校	B 校	C 校
一辯	10	3	9
二辯	7	3	7
結辯	10	6	8
總分	27	12	24
平均數	9	4	8
變異數	3	3	1

1. 請繪製三校的平均數圖。
2. 以獨立樣本設計檢驗三所學校的團體平均有無顯著差異。$\alpha = .05$。
3. 請完成獨立樣本單因子變異數分析的摘要表
4. 請以 η 係數評估效果量的大小。
5. 請進行多重比較檢驗具有差異的學校。
6. 請以 SPSS 完成前述的分析工作。

三、辯論比賽的進行一定會考慮對手強弱而在各辯配對上絞盡腦汁，因此分析成績時必須考慮配對效果，請將前一題的數據重新以下列方式進行分析：

1. 以相依設計來進行三校成績有無顯著差異的檢驗，$\alpha = .05$。
2. 請完成相依樣本單因子變異數分析摘要表。
3. 請以 η 係數評估效果量的大小。
4. 請進行多重比較檢驗具有差異的學校。
5. 請比較獨立與相依樣本設計的檢定結果。
6. 請以 SPSS 完成前述的分析工作。

9 多因子變異數分析

9.1 前言

前一章在介紹 ANOVA 之初，我們便開宗明義的指出，變異數分析之所以會存在，是因為科學家們或那些希望透過實驗手段來證明某些操弄是否有效的實務工作者，他們需要做實驗。正因為作實驗的代價很高，而且要做「真正的實驗」更不容易，因此一旦研究者有機會從事實驗研究時，一定會好好把握機會，把有可能會影響依變數的自變數，「一個」接「一個」拿出來檢驗，然後「一個」接「一個」利用單因子 ANOVA 來分析。這時候，聰明的你可能會冒出一句：可不可以把這兩個 IV 一起拿來分析？甚至於更狠的是追問，把 IV 一個一個拿來分析，以及把兩個 IV 一起拿來分析，得到的結果會不會有所不同？哪一種作法比較好？如果你只學過第八章的單因子 ANOVA，你可能就當場掛在一邊，啞口無言。

在此，我們不得不對各位說，答案當然是：以第九章的多因子設計來進行實驗會比較好，會得到更豐富的研究成果。如果有好幾個 IV 對 DV 都很重要，當然應該一次多拿幾個一起進行實驗操弄，然後觀察 DV 的變化，因為此時不但可以檢驗個別 IV 的影響效果，更可以觀察 IV 之間是否對 DV 會有「交互作用」。

在學術界，如果聽到某個實驗的 IV 對於 DV 會有「交互作用」，一定會吸引眾人的眼光，因為真的不容易。這裡的不容易有雙關語，一來是執行多因子實驗本身不容易（做過實驗的人一定瞭解其中甘苦），二來是他必須會多因子變異數分析，這也不容易。在實務界，如果一個研究的多因子變異數分析得到顯著的交互作用，更可能會身價暴漲，因為交互作用顯著，表示個別 IV 對 DV 的影響，會受到另一個 IV 的「調節」而產生不同形式的作用，如果掌握了調節的趨勢，便能掌握商機，創造新局面，但是要獲得這些榮耀的前提，也是要先學會多因子變異數分析。

曾經有一個跨國汽車製造商，對於汽車廣告到底是否應該訴求香車美人感到躊躇不定，於是進行一項實驗研究來證明，結果赫然發現汽車廣告中如果「有美人」出現，比起「無美人」的對照組，購車族對汽車的好感只有略略增加，「美人效果」並不顯著。但是，更令人眼睛一亮的結果是：如果是男性購車族，當美人出現後會好感激增，但是如果是女性購車族，美人出現後卻弄巧成拙，好感遽減。換言之，如果不把「性別效果」納入分析，只探討「美人效果」，那麼好感只有略略提高，兩個自變數效果一起看就真相大白，原來香車美人效果確實存在，

只是只針對男性購車族有效，於是汽車製造商就從善如流，結局可想而知。這種關於廣告訴求「性別適配效應」的研究多不勝數（例如最近中央大學企管所呂怡慧同學於 2007 年做的刮鬍刀廣告研究也有類似發現），日本女性曾經一度瘋狂指明購買「木村拓哉用的那種顏色的口紅」的行銷操作也不足為奇。這些例子的幕後功臣，都是二因子變異數分析，是它，證明了交互作用。

　　本章雖然名為多因子變異數分析，但是事實上只介紹二因子變異數分析，理由有三：第一，二因子設計是複雜設計變異數分析的根本，是學習進階變異數分析應用的入門磚，如果對於本章能夠熟悉善用，要進入高階模型並不困難。第二，二因子變異數分析有各種變形（獨立、相依、混合設計等），各種檢定程序繁瑣，為使學習具有成效，必須專注於二因子設計。第三，在實際研究工作上，最常見的就是二因子變異數分析，即使是三因子以上的實驗設計，主要交代的內容還是二因子變異數分析，讓人驚艷的研究成果，絕大部分都是二因子設計的交互作用。有經驗的教授會告訴你，做單因子實驗可能沒有什麼驚喜而無法畢業，做三因子實驗可能太過複雜也畢不了業，專心把二因子實驗做好，仔細分析二因子變異數分析才是正途。以下，就讓我們來好好一探二因子變異數分析的究竟。

9.2 多因子變異數分析的原理

9.2.1 二因子變異數分析的資料特性

　　社會與行為科學家在探討問題之時，往往不會只取用一個自變數去探討對於依變數 Y 的影響。如果研究者同時操弄兩個以上的自變數對於某個依變數的影響，稱為多因子實驗設計，所涉及的平均數檢定稱為**因子設計變異數分析**（factorial analysis of variance）：當研究中有兩個自變數，稱為**二因子變異數分析**（two-way analysis of variance），三個自變數稱為**三因子變異數分析**（three-way analysis of variance）。當因子越多，平均數變異來源越複雜，分析越困難，一般在研究上，三因子以上的變異數分析即甚少出現。

　　另一方面，基於樣本分派的不同形式，自變數可能是獨立設計，也可能是相依設計，導致多因子設計會有完全獨立（每一個因子都是獨立樣本）、完全相依

設計（每一個因子都是相依樣本）、混合設計（部份分因子是獨立、部分因子是相依設計）等不同形式，使得執行多因子設計的變異數分析常令人手忙腳亂、眼花撩亂。

表 9.1　2×3 二因子變異數分析資料範例

| 因子 | 運動量 (B) | | | 總和 人數與平均數 |
	輕度 (b1)	中度 (b2)	重度 (b3)	
白天 (a1)	6.5　7.3　6.6 7.4　7.2　6.8	7.4　6.8　6.7 7.3　7.6　7.4	8.0　7.7　7.1 7.6　6.6　7.2	18 7.18
	6.97	7.20	7.37	
晚間 (a2)	7.1　7.9　8.2 7.7　7.5　7.6	7.4　8.1　8.2 8.0　7.6　8.0	8.2　8.5　9.5 8.7　9.6　9.4	18 8.18
	7.67	7.88	8.98	
人數 平均數	12 7.32	12 7.54	12 8.18	36 7.68

註：細格內為每一位參與者的睡眠時數（小時），帶有底線的數字為平均數。

（表左側欄位：時段 (A)，最下方列：總和）

現在我們將前一章所使用的運動與睡眠研究範例加以擴充，藉以說明二因子變異數分析的資料形式與分析方法。先前的範例中，對於實驗參與者的睡眠量的影響只有一個「運動量多寡」因子，故平均數檢定策略為單因子變異數分析。但如果研究者認為，除了運動量之外，在白天或夜間兩個不同「運動時段」，對於睡眠也會有不同的影響。此時，影響睡眠時間的自變數，除了運動時段（白天或夜間）的不同（A 因子），還有運動量的差異（重、中、輕）（B 因子），此即為二因子設計實驗。

讓我們維持與前一章相同的總樣本數（$N = 36$）來進行示範。如果 36 位實驗參與者被隨機分派到 A 與 B 因子的六個組別，分別為在白天從事重度、中度、輕度運動量的三個組，以及在晚上從事重度、中度、輕度運動量三個組，每一個細格組有 6 位參與者，各細格樣本沒有相依或配對關係，因此本實驗的樣本設計為完全獨立設計，分析方法稱為「2×3 完全獨立二因子變異數分析」。

表 9.1 為 36 位學生參與實驗的模擬數據的**雙向表**（double entry table）。其中一個自變數置於行（column）上，另一個自變數置於列（row）上，每一位學生在依變數上的原始得分記錄於表中每一**細格**（cell）內，使讀者可以一目了然。

9.2.2 一般線性模式原理

多因子變異數分析與單因子變異數分析最大的不同，在於造成依變數變動的效果分析來源更加複雜：其中**主要效果**（main effect）是指自變數對依變數所造成的影響，反映在自變數的各水準平均數差異上；**交互效果**（interaction effect）（或稱為交互作用）則是指多個自變數共同對於依變數產生影響，也就是各因子間具有**調節效果**（moderation effect）：若有 A 與 B 兩個因子，其交互效果是指「A 因子對於依變數的影響，受到 B 因子的調節；而 B 因子對於依變數的影響，也受到 A 因子的調節，A 與 B 兩個因子互相具有調節效果」，也就是兩個自變數對於依變數的影響相互調節。若交互效果顯著，則需進一步以條件式分析來分別進行 A（或 B）不同水準下的 B（或 A）的**單純主要效果**（simple main effect），以瞭解各調節效果的顯著性。

對於一個具有 k 個水準的 A 因子（A_j，$j = 1,\cdots,k$）與 l 個水準的 B 因子（B_p，$p = 1,\cdots,l$）的二因子實驗設計，若 A 與 B 兩因子均為獨立設計時，完全獨立樣本的 $k \times l$ 二因子變異數分析之一般線性模式如公式 9-1 所示。

$$Y_{ij} = \mu + \alpha_j + \beta_p + \alpha_j \beta_p + \varepsilon_{ij} \tag{9-1}$$

公式 9-1 中，A 因子效果以 α_j 表示，B 因子效果以 β_p 表示，$\alpha_j \beta_p$ 代表交互作用，A 因子的 k 個水準的效果母體平均數為 μ_j，B 因子的 l 個水準的效果母體平均數為 μ_p，交互作用由 $k \times l$ 個細格平均數構成，其效果母體平均數以 μ_{jp} 表示，各項效果的統計假設表述如下：

	意義式	效果式

A 主要效果 $\begin{cases} H_0 : \mu_j = \mu & \forall j \\ H_1 : \mu_j \neq \mu & \exists j \end{cases}$ $\begin{cases} H_0 : \alpha_j = 0 \\ H_1 : \alpha_j \neq 0 \end{cases}$

B 主要效果 $\begin{cases} H_0 : \mu_p = \mu & \forall p \\ H_1 : \mu_p \neq \mu & \exists p \end{cases}$ $\begin{cases} H_0 : \beta_p = 0 \\ H_1 : \beta_p \neq 0 \end{cases}$

AB 交互效果 $\begin{cases} H_0 : \mu_{jp} = \mu & \forall jp \\ H_1 : \mu_{jp} \neq \mu & \exists jp \end{cases}$ $\begin{cases} H_0 : \alpha_j \beta_p = 0 \\ H_1 : \alpha_j \beta_p \neq 0 \end{cases}$

在三個因子以上的變異數分析，還有一種**單純交互效果**（simple interaction effect），發生在三階以上的交互效果具有統計顯著性時的交互效果的事後考驗。例如當 A×B×C 的交互效果顯著時，必須檢驗低階的二因子交互效果如何受到第三個因子的調節，亦即「A×B 對於依變數的交互作用受到 C 因子的調節」，依此類推。如果 C 因子的不同水準下的交互作用顯著，針對該水準還必須進行**單純單純主要效果**（simple simple main effect），程序相當複雜，這就是為什麼一般研究比較少看到三因子以上的變異數分析的原因。

以運動心理學家的研究為例，影響睡眠時間的實驗操弄有「運動時段」與「運動量」兩者，因此共有三組假設，H_0 分別是「運動時段效果為 0」、「運動量效果為 0」、「運動時段與運動量交互效果為 0」。表 9.1 的數據中除了 36 個原始分數之外，共有三類不同的平均數：A 因子的 a_1 與 a_2「行」平均數 $\overline{Y}_j$、B 因子的 b_1、b_2、b_3「列」平均數 $\overline{Y}_p$、以及 AB 交互作用的 a_1b_1、a_1b_2、a_1b_3、a_2b_1、a_2b_2、a_2b_3 六個「細格」平均數 $\overline{Y}_{jp}$。$\overline{Y}_j$ 的變異反映了 A 主要效果，$\overline{Y}_p$ 的變異反映了 B 主要效果，細格平均數 $\overline{Y}_{jp}$ 的變異則反映了 A×B 的交互作用，各效果的 H_0 是否成立可由各樣本平均數的變異情形來考驗。

9.2.3 變異拆解原理

基本上，多因子變異數分析係從單因子變異數分析延伸而來，因此變異數拆解的原理相仿。所不同的是因為自變數數目（因子數目）較多，因此總變異（SS_t，

如公式 9-2）的拆解方式較為複雜。但是 SS_t 的計算則相對簡單，定義式如公式 9-2 所示。

$$SS_t = \sum_{i=1}^{n} \sum_{j=1}^{k} \sum_{p=1}^{l} (Y_{ijp} - \overline{Y}_G)^2 \qquad (9\text{-}2)$$

SS_t 的數值可以直接由依變數變異數乘以總人數減一（$N-1$）得出。以表 9.1 的範例資料為例，36 個參與者的睡眠時數的變異數為 0.6，因此 $SS_t = 0.6012 \times 35 = 21.042$。

A 因子各水準的平均數變異情形，可以計算出 A 因子組間離均差平方和（SS_A）；B 因子各水準的平均數變異情形，可以計算出 B 因子組間離均差平方和（SS_B），定義式如公式 9-3 與 9-4 所示。

$$SS_A = \sum_{j=1}^{k} nl\,(\overline{Y}_{j.} - \overline{Y}_G)^2 \qquad (9\text{-}3)$$

$$SS_B = \sum_{p=1}^{l} nk\,(\overline{Y}_{.p} - \overline{Y}_G)^2 \qquad (9\text{-}4)$$

細格間離均差平方和（SS_{AB}）則用以反映交互效果的強度。由於各細格平均數的變異量夾雜了 A 主要效果與 B 主要效果的作用，因此 SS_{AB} 的計算需將這兩個部分扣除，才是 AB 兩個因子的**純淨聯合效果**（pure joint effect），定義式如公式 9-5 所示。

$$SS_{AB} = \sum_{j=1}^{k} \sum_{p=1}^{l} n_{jp} [(\overline{Y}_{jp} - \overline{Y}_G) - (\overline{Y}_{j.} - \overline{Y}_G) - (\overline{Y}_{.p} - \overline{Y}_G)]^2$$

$$= \sum_{j=1}^{k} \sum_{p=1}^{l} n(\overline{Y}_{jp} - \overline{Y}_{j.} - \overline{Y}_{.p} + \overline{Y}_G)^2$$

（9-5）

此三項組間效果以範例數據所計算得出的結果列舉如下。

$SS_A = 6 \times 3[(7.18-7.68)^2 + (8.18-7.68)^2] = 9$

$SS_B = 6 \times 2[(7.32-7.68)^2 + (7.54-7.68)^2 + (8.18-7.68)^2] = 4.754$

$SS_{AB} = 3[(6.97-7.18-7.32+7.68)^2 + (7.20-7.18-7.54+7.68)^2 + (7.37-7.18-8.18-$
$\qquad 7.68)^2 + (7.67-8.18-7.32+7.68)^2 + (7.88-8.18-7.54+7.68)^2 + (8.98-8.18-$
$\qquad 8.18+7.68)^2] = 1.712$

SS_A、SS_B 與 SS_{AB} 均與自變數的影響有關，都可視為「組間」離均差平方和，$SS_b = 9+4.754+1.712 = 15.466$。至於各細格內（組內）的變異則是隨機抽樣誤差所造成的結果，各細格內的離均差平方和可加總得出組內離均差平方和（SS_w），如公式 9-6。亦可由 SS_t-SS_b 求得，以範例的數據為例，$SS_w = 21.042-15.466 = 5.577$。

$$SS_w = \sum_{i=1}^{n} \sum_{j=1}^{k} \sum_{k=1}^{l} (Y_{ijp} - \overline{Y}_{jp})^2$$

（9-6）

各離均差平方和的自由度如下：

$$df_t = nkl-1 = N-1 \tag{9-7}$$

$$df_A = k-1 \tag{9-8}$$

$$df_B = l-1 \tag{9-9}$$

$$df_{AB} = (k-1)(l-1) \tag{9-10}$$

$$df_w = kl(n-1) = N-kl \tag{9-11}$$

各離均差與相對應的自由度及樣本數均具有一定的加成關係，如公式 9-12 與 9-13 所示，[] 中的效果由組間所拆解得出。

$$SS_t = SS_b + SS_w = [SS_A + SS_B + SS_{AB}] + SS_w \tag{9-12}$$

$$df_t = df_b + df_w = [df_A + df_B + df_{AB}] + df_w \tag{9-13}$$

9.2.4 整體考驗與事後考驗

9.2.4.1 變異數估計與整體考驗

多因子變異數分析的整體效果考驗與單因子變異數分析概念相同。代表抽樣誤差的組內變異數 MS_w 即為抽樣分配的變異誤，該數值為從樣本估計得出，因此以 $\hat{\sigma}_w^2$ 表示。代表實驗效果的組間變異數有三種來源：MS_A 為 A 因子效果的整體估計數，以 $\hat{\sigma}_A^2$ 表示；MS_B 為 B 因子效果的整體估計數，以 $\hat{\sigma}_B^2$ 表示；MS_{AB} 為交互效果的整體估計數，以 $\hat{\sigma}_{AB}^2$ 表示。

$\hat{\sigma}_A^2$、$\hat{\sigma}_B^2$、$\hat{\sigma}_{AB}^2$ 反映各變異源的整體效果，對於三者的考驗為整體考驗：將效果除以抽樣變異將得到服從 F 分配的 F_A、F_B、F_{AB} 與三個 F 檢定量，當 F 值越大，表示各效果的平均數分散情形較誤差變異來得大，若大於顯著水準為 α 的臨界值 F_{cv}，或尾機率小於 α，亦即 $p < \alpha$，即可獲得拒絕 H_0、接受 H_1 的結論。摘要表如表 9.2 所示。範例運算結果摘要於表 9.3。

$$F_A = \frac{\hat{\sigma}_A^2}{\hat{\sigma}_w^2} = \frac{MS_A}{MS_w} = \frac{SS_A/df_A}{SS_w/df_w} \tag{9-14}$$

$$F_B = \frac{\hat{\sigma}_B^2}{\hat{\sigma}_w^2} = \frac{MS_B}{MS_w} = \frac{SS_B/df_B}{SS_w/df_w}$$

（9-15）

$$F_{AB} = \frac{\hat{\sigma}_{AB}^2}{\hat{\sigma}_w^2} = \frac{MS_{AB}}{MS_w} = \frac{SS_{AB}/df_{AB}}{SS_w/df_w}$$

（9-16）

表 9.2　二因子完全獨立變異數分析摘要表

變異來源	SS	df	MS	F
組間				
A	SS_A	$k-1$	SS_A/df_A	MS_A/MS_w
B	SS_B	$l-1$	SS_B/df_B	MS_B/MS_w
AB	SS_{AB}	$(k-1)(l-1)$	SS_{AB}/df_{AB}	MS_{AB}/MS_w
組內（誤差）	SS_w	$N-kl$	SS_w/df_w	
全體	SS_t	$N-1$		

表 9.3　睡眠研究的二因子變異數分析摘要表

來源	型 III SS	自由度	平均平方和	F 檢定	顯著性	淨 η^2
A（時段）	9.000	1	9.000	48.416	< .001	.617
B（運動量）	4.754	2	2.377	12.787	< .001	.460
A×B	1.712	2	.856	4.604	.018	.235
誤差	5.577	30	.186			
總數	21.042	35				

9.2.4.2 事後考驗

　　變異數分析的事後考驗是指在整體考驗顯著之後所進行的各種後續檢驗程序，包括多重比較與單純主要效果考驗，圖 9.1 列出了二因子變異數分析的事後考驗決策歷程。

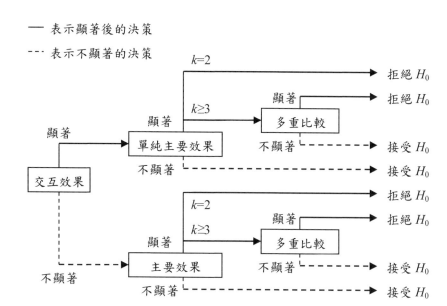

— 表示顯著後的決策

--- 表示不顯著的決策

圖 9.1　二因子變異數分析假設考驗決策樹

　　二因子變異數分析的各主要效果若達顯著，如果各因子僅包含兩個水準（$k = 2$），即無須進行事後多重比較。但如果具有三個以上的水準（$k \geq 3$），則必須進行事後多重比較。如果交互效果顯著，表示某一個主要效果（假設是 A）會受到另一個自變數（假設是 B）的影響而產生顯著改變，換言之，在 B 因子的不同水準下，原來的 A 因子主要效果會有不同的狀態。如果逕行對某一顯著的主要效果加以解釋或討論其事後多重比較結果，會扭曲了該因子的真實效果。此時需進行進一步的事後考驗程序，包括（1）對於限定條件的主要效果進行整體比較，又稱為單純主要效果考驗，以及（2）單純主要效果考驗達顯著後，該限定條件的單純主要效果的多重比較。

　　單純主要效果具有整體考驗與事後考驗兩種身分，對於交互效果來說，單純主要效果是一種事後考驗，但單純主要效果本身則是整體考驗。如果單純主要效果未達顯著，或是顯著但是比較的平均數數目為 2 個（$k = 2$）時，即可直接拒絕 H_0 並進行解釋；但是顯著的單純主要效果且比較的平均數數目超過 2 個（$k \geq 3$），即必須再進行單純主要效果的事後比較（多重比較），因此，單純主要效果可以稱為事後的整體考驗。本範例中，B 因子包含三個以上的水準，因此當 B 因子的

單純主要效果檢定達顯著時，須進行進一步的兩兩平均數配對比較。圖 9.1 中被實線箭頭指到的效果均為事後考驗。

9.2.5 單純主要效果檢定

單純主要效果之所以稱為「單純」，是指在「特定條件下」所進行的主要效果顯著性考驗，而「特定條件下的主要效果」即是一種調節效果。在二因子考驗中，若 A 因子有 a_1 與 a_2 兩個水準，B 因子有 b_1、b_2、b_3 三個水準，單純主要效果考驗係從兩方面的五次考驗來檢驗調節效果：第一，當「在考慮 A 的不同水準條件下，檢視 B 因子對於依變數的影響」，須分別檢驗在 a_1 與 a_2 兩種限定條件下的 B 因子效果，稱為 B 因子單純主要效果檢驗；第二是「在考慮 B 的不同水準條件下，檢視 A 因子對於依變數的影響」，須分別檢驗在 b_1、b_2、b_3 三種限定條件下的 A 因子效果，稱為 A 因子單純主要效果檢驗。各效果的虛無假設如下：

A 因子的單純主要效果檢驗：

當限定於 B 因子之 b_1 水準時：$H_0: \mu_{a1b1} = \mu_{a2b1}$　　或　　$\mu_{j|p} = \mu$　　$\forall j$

當限定於 B 因子之 b_2 水準時：$H_0: \mu_{a1b2} = \mu_{a2b2}$　　或　　$\mu_{j|p} = \mu$　　$\forall j$

當限定於 B 因子之 b_3 水準時：$H_0: \mu_{a1b3} = \mu_{a2b3}$　　或　　$\mu_{j|p} = \mu$　　$\forall j$

B 因子的單純主要效果檢驗：

當限定於 A 因子之 a_1 水準時：$H_0: \mu_{a1b1} = \mu_{a1b2} = \mu_{a1b3}$　　或　　$\mu_{p|j} = \mu$　　$\forall p$

當限定於 A 因子之 a_2 水準時：$H_0: \mu_{a2b1} = \mu_{a2b2} = \mu_{a2b3}$　　或　　$\mu_{p|j} = \mu$　　$\forall p$

單純主要效果的 F 檢定，係以在限定條件下的均方為分子，以組內均方為分母，計算出 F 檢定量，據以決定統計顯著性。在二因子分析中，一個完整的單純主要效果檢驗，是由 $k+l$ 次獨立的限定條件單因子變異數分析考驗所組成。值得注意的是，不論是事後多重比較或單純主要效果考驗，皆屬於多次配對比較，多次考驗會導致型 I 錯誤率膨脹，因此檢定時的型 I 錯誤率需採族系錯誤率 α_{FW}，將各檢定的 α_{FW} 以原來的 α 除以比較次數，使整體型 I 錯誤率控制在 .05 水準。

以前述的範例資料來看，因為交互效果顯著，因此必須進行單純主要效果考驗。A 因子有兩個水準，B 因子有三個水準，因此總共需執行 5 個單因子變異數

分析。A 單純主要效果算式如下：

$$SS_{A|b1} = \sum_{j=1}^{p} n(\overline{Y}_{j1} - \overline{Y}_{.1})^2 = 6[(6.97 - 7.32)^2 + (7.67 - 7.32)^2] = 1.47$$

$$SS_{A|b2} = \sum_{j=1}^{p} n(\overline{Y}_{j2} - \overline{Y}_{.2})^2 = 6[(7.2 - 7.54)^2 + (7.88 - 7.54)^2] = 1.401$$

$$SS_{A|b3} = \sum_{j=1}^{p} n(\overline{Y}_{j3} - \overline{Y}_{.3})^2 = 6[(7.37 - 8.18)^2 + (8.98 - 8.18)^2] = 7.841$$

B 單純主要效果算式如下：

$$SS_{B|a1} = \sum_{k=1}^{q} n(\overline{Y}_{1k} - \overline{Y}_{1.})^2 = 6[(6.97 - 7.18)^2 + (7.2 - 7.18)^2 + (7.37 - 7.18)^2] = .484$$

$$SS_{B|a2} = \sum_{k=1}^{q} n(\overline{Y}_{2k} - \overline{Y}_{2.})^2 = 6[(7.67 - 8.18)^2 + (7.88 - 8.18)^2 + (8.98 - 8.18)^2]$$
$$= 5.981$$

至於組內誤差，則直接取用整體考驗（表 9.3）當中的數據 MS_w 即可，然後即可計算 F 檢定值，各 F 值的顯著性可透過 SPSS 的尾機率函數轉換得出。為避免型 I 錯誤率膨脹，需採族系錯誤率 α_{Fw}，將各檢定的 α_{Fw} 設為 $\alpha/5 = .05/5 = .01$，使整體型 I 錯誤率控制在 .05 水準。單純主要效果的檢驗結果摘要表如表 9.4。

表 9.4　運動研究的單純主要效果檢定摘要表

變異來源	SS	df	MS	F	p	Post hoc
A 因子（運動時段）						
在 b_1 條件下（低度）	1.470	1	1.470	7.90	.009	
在 b_2 條件下（中度）	1.401	1	1.401	7.53	.010	
在 b_3 條件下（高度）	7.841	1	7.841	42.16	< .001	
B 因子（運動量）						
在 a_1 條件下（白天）	.484	2	.242	1.30	.287	
在 a_2 條件下（夜間）	5.981	2	2.991	16.08	< .001	高 > 中 , 低
組內（誤差）	5.577	30	.186			

9.3 多因子變異數分析的平均數圖示

9.3.1 平均數圖示原理與判斷原則

多因子變異數分析的各種效果，可以利用平均數折線圖來描述，並協助我們進行效果的解釋。尤其是交互效果，特別適合於以圖示法來描述。但交互效果折線圖一般僅適用於兩個類別自變數的交互效果的呈現，超過兩個因子時，建議逐次取兩個自變數來繪製折線圖。

在一個交互效果折線圖中，Y 軸為依變數的平均數，而兩個自變數，一個放置於 X 軸（各水準依序描繪於 X 軸上），另一個則以個別線來呈現（每一個水準為一條折線），如此一來，各細格的平均數即可標示於折線的相對應位置，如圖 9.2 是一個 2×3 的二因子變異數分析平均數折線圖，其中 A 因子有兩個水準（a_1 與 a_2），以個別線表示，B 因子有三個水準（b_1、b_2 與 b_3），標示於 X 軸上，圖中的各折線上的點，為各細格平均數，由於 2×3 的二因子變異數分析共有六個細格，因此圖中會出現六個標示點（六個細格平均數）。

一般來說，交互效果如果存在，折線圖中會出現非平行折線，如圖 9.2(a) 至 (c)，各個別折線與各點的相對關係即反映了單純主要效果的狀況。相對的，當各折線呈現平行或接近於平行時，表示交互效果應不顯著，如圖 9.3(a) 至 (d) 所示。

當各折線呈現水平狀況時，表示 B 因子各水準平均數在 A 因子的特定水準下沒有差異；當各折線呈現非水平狀況時，表示 B 因子各水準平均數在 A 因子的特定水準下具有差異，B 單純主要效果顯著。以圖 9.2(a) 為例，B 因子各水準平均數在 a_1 水準下為 $b_1 < b_2 < b_3$，在 a_2 水準下為 $b_1 > b_2 > b_3$。顯示 B 因子的效果受到 A 因子的調節。

A 單純主要效果則是指不同折線當中，垂直對應的各細格平均數的距離。圖 9.2(a) 當中，B 因子 b_1、b_2 與 b_3 三個水準下的 A 因子效果分別為 $a_1 < a_2$、$a_1 < a_2$、$a_1 > a_2$，其中 b_1 與 b_3 兩個水準下 A 因子平均數差異都很明顯，A 單純主要效果應達顯著水準，但是在 b_2 水準下，a_1 與 a_2 較為接近，顯示 A 單純主要效果在 b_2 水準下可能未達顯著。但是這些效果是否具有統計的意義，須利用 F 檢定來檢驗。

9.3.2 次序性與非次序性交互效果

在圖 9.2 中，包含了非次序性與次序性兩種不同形式的交互效果。**非次序性交互效果**（disordinal interaction）如圖 9.2(a) 所示。交叉的折線說明了兩個自變數對於依變數具有交互效果，而且各細格的相對關係是不一致的，不具有特定的次序關係。**次序性交互效果**（ordinal interaction）發生於當兩個自變數對於依變數具有交互效果，但是各細格的相對關係是一致的，具有特定的次序關係，它的特色是折線雖不平行，但是也不會有交會的折線，如圖 9.2(b) 所示。

在圖 9.2(a) 的非次序性交互效果中，a_1 的平均數在 b_1 與 b_2 兩個水準下雖然一致的低於 a_2，但是在 b_3 水準下，則高於 a_2，表示 A 因子在不同的 B 因子水準下，對於依變數的影響不一致。圖 9.2(b) 的各細格平均數均出現一致的相對關係，也就是 a_1 的平均數在 b_1、b_2 與 b_3 三個水準下都是一致的低於 a_2，而 b_1、b_2 與 b_3 的平均數在 a_1、a_2 兩個水準下的順序也相同，都是 $b_1 > b_2 > b_3$，稱為次序性交互效果。

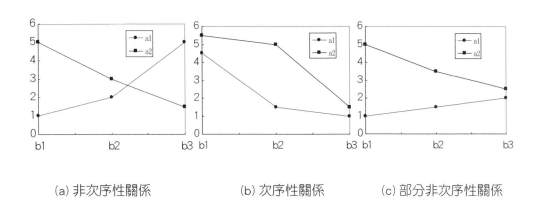

(a) 非次序性關係　　　　　(b) 次序性關係　　　　　(c) 部分非次序性關係

圖 9.2　非次序性與次序性交互效果圖示

交互效果當中，其中一個因子是次序性關係，但另一個因子為非次序性關係時，稱為**部份非次序性交互效果**（partially disordinal interaction）（圖 9.2(c)）。例如 a_1 的平均數在 b_1、b_2 與 b_3 三個水準下都是一致的低於 a_2，是一種次序性關係，但是對於 B 因子，b_1、b_2 與 b_3 的平均數在 a_1、a_2 兩個水準下的順序關係不同，在

a_1 時為 $b_1 < b_2 < b_3$，但在 a_2 時為 $b_1 > b_2 > b_3$，表示 B 因子在不同的 A 因子水準下，對於依變數的影響不一致，為一種非次序性現象。

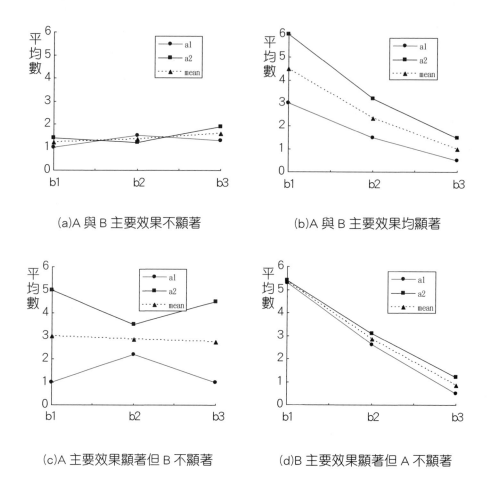

(a)A 與 B 主要效果不顯著

(b)A 與 B 主要效果均顯著

(c)A 主要效果顯著但 B 不顯著

(d)B 主要效果顯著但 A 不顯著

圖 9.3　交互效果不顯著的主要效果圖示

　　基本上，由於交互效果同時包括各因子的作用進行檢驗，因此只要有部份因子出現了非次序關係，統計上一律以非次序性現象來處理，也就是不針對主要效果進行解釋。因為任何非次序交互效果的存在，主要效果需「視狀況而定」。當交互效果為次序性時，主要效果本身是否加以解釋就比較沒有嚴格的限制，因為次序性交互效果意味著因子間的調節效果不會影響效果的次序關係，因此主要效果的解釋，可以作為次序性交互效果的補充解釋。

9.3.3 主要效果的圖表判斷

平均數折線圖除了可以用於檢查交互效果的型態，也可以用來檢查主要效果的趨勢與強弱狀態，如圖 9.3 所示。而主要效果的判斷，必須在圖 9.3 當中增加一條主要效果平均數折線（虛線）來表示 X 軸因子主要效果（B 因子），而另一個因子（A 因子）的主要效果則以各個別線的整體垂直差距來表示。

以圖 9.3(a) 為例，B 因子主要效果虛線呈現平坦狀，顯示 B 因子各水準平均數十分接近，B 主要效果可能不顯著，代表 A 因子主要效果的個別折線垂直距離也很接近，顯示 A 因子各水準的平均數十分接近，A 主要效果亦可能不顯著。圖 9.3(b) 是當 A 與 B 主要效果均達顯著的狀況。其中 B 主要效果折線呈現陡峭的不平坦狀況，A 主要效果的各個別折線的垂直距離很大，表示 A 與 B 兩個因子的各水準平均數差異頗大。圖 9.3(c) 與 (d) 則說明了其中一個主要效果不顯著的情形。值得注意的是，圖示法僅是一種目視的檢測，其統計意義需以統計顯著性考驗來檢驗。

9.3.4 運動研究範例的平均數圖

先前的運動研究範例的分析結果發現交互作用顯著，現以折線圖來呈現交互作用。其中圖 9.4(a) 是以 A 因子運動時段為個別線來說明細格平均數的分佈，圖 9.4(b) 則是以 B 因子（運動量）為個別線來表示細格平均數的分佈。

圖 9.4(a) 顯示，兩條折線在三種運動量的條件狀況下，睡眠時數平均數高低有著相當的不同，在高運動量的情況下（b_3），夜間運動使受試者的睡眠時間增長，中度運動量（b_2）在兩種時段時，睡眠時數差距最小，低度運動量時（b_1）次之，此即交互效果「A 因子效果在 B 因子的條件下對依變項的影響」（A 因子的單純主要效果）的說明。同樣的，圖 9.4(b) 的三條折線在兩種運動時段下，睡眠時數平均數高低亦有不同，在白天的情況下（a_1），睡眠時間的差異小，但是在夜間運動時（a_2），三種運動量睡眠時數差距大，此即交互效果「B 因子效果在 A 因子的條件下對依變項的影響」（B 因子的單純主要效果）的說明。由圖形的狀態來看，本範例的交互作用為次序性的交互作用。

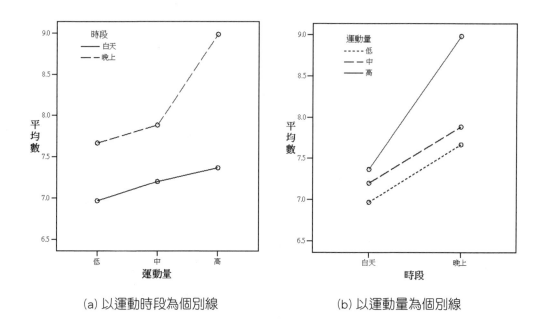

(a) 以運動時段為個別線　　　　　(b) 以運動量為個別線

圖 9.4　二因子變異數分析交互效果圖示

9.4 混合設計多因子變異數分析

9.4.1 混合設計的統計原理

　　前面所介紹的多因子變異數分析，自變數皆為獨立樣本設計，但如果任何一個因子採用相依設計（例如前後測設計），此時變異數分析混合了獨立樣本與相依樣本 ANOVA 的雙重特徵，因此稱為**混合設計**（mixed design）。[為簡化說明，以下各節僅作原理解說，不舉實例來示範。實際應用則在最後的 SPSS 操作示範中詳細說明。]

　　二因子混合設計變異數分析所檢驗的各種效果與完全獨立設計相同，但是**變異拆解方式**因為帶有受試者間效果（或區組效果）而有所不同。對於一個具有 k 個水準的 A 因子與 l 個水準的 B 因子的二因子實驗設計，若 B 因子的受試者分派是相依樣本設計，為一個 $k \times l$ 二因子混合設計變異數分析。組間效果為 A 主要效

果、B 主要效果與 AB 交互效果。如果 B 因子的受試者分派是相依樣本設計，受到影響的效果包括 B 主要效果與 AB 交互效果，在進行顯著性考驗時，需選取適當的誤差項來進行 F 考驗。二因子混合設計的變異數拆解原理，總離均差平方和會被拆解出兩大部分：組間效果（包括主要效果 SS_A 與 SS_B，一個交互效果 SS_{AB}，這三項是研究者主要關心的自變數效果）以及組內效果（SS_w）（包括受試者間效果 $SS_{b.s}$ 與殘差 SS_r），總變異量的拆解關係如公式 9-17。

$$SS_t = SS_b + SS_w = [SS_A^* + SS_B + SS_{AB}] + [SS_{b.s} + SS_r] \tag{9-17}$$

公式 9-17 中，SS_A^* 多了一個 * 的註記，代表該項屬於獨立樣本設計。另外兩個組間效果：SS_B 與 SS_{AB} 則屬於相依樣本設計分析。與獨立設計有關的效果項稱為**受試者間效果**（between-subject effect），因為抽樣誤差來源是參與者間的差異，與是否相依無關，因此 F 檢定量是以受試者間變異數（$MS_{b.s}$）為分母，其自由度為組樣本數減一乘以組數，$df_{b.s} = k(n-1)$。但是，與相依設計有關的效果項（SS_B 與 SS_{AB}）的誤差來源，是同一個參與者重複測量的隨機變化，而與受試者間的變異無關，也就是**受試者內效果**（within-subject effect），因此與相依設計有關的效果項的 F 檢定量都是以殘差均方（MS_r）為分母，其自由度為 $df_r = k(n-1)(l-1)$。F 檢定量公式如公式 9-18 至 9-20 所示，摘要表如 9.5 所示。

$$F_{A^*} = \frac{\hat{\sigma}_A^2}{\hat{\sigma}_{b.s}^2} = \frac{MS_A}{MS_{b.s}} = \frac{SS_A/df_A}{SS_{b.s}/df_{b.s}} \tag{9-18}$$

$$F_B = \frac{\hat{\sigma}_B^2}{\hat{\sigma}_r^2} = \frac{MS_B}{MS_r} = \frac{SS_B/df_B}{SS_r/df_r} \tag{9-19}$$

$$F_{AB} = \frac{\hat{\sigma}_{AB}^2}{\hat{\sigma}_r^2} = \frac{MS_{AB}}{MS_r} = \frac{SS_{AB}/df_{AB}}{SS_r/df_r} \tag{9-20}$$

表 9.5　二因子混合設計變異數分析摘要表

變異來源	SS	df	MS	F
組間	SS_b	$kl-1$		
A*	SS^*_A	$k-1$	SS_A/df_A	$MS_A/MS_{b.s}$
B	SS_B	$l-1$	SS_B/df_B	MS_B/MS_r
A×B	SS_{AB}	$(k-1)(l-1)$	SS_{AB}/df_{AB}	MS_{AB}/MS_r
組內	SS_A	$kl(n-1)$	SS_A/df_A	
受試者間 (b.s)	$SS_{b.s}$	$k(n-1)$	$SS_{b.s}/df_{b.s}$	
殘差 (r)	SS_r	$k(n-1)(l-1)$	SS_r/df_r	
全體	SSt	$nkl-1$		

註：標示 * 者為獨立設計因子

9.4.2 混合設計的單純主要效果考驗

　　混合設計的單純主要效果檢驗，也是在「限定條件下」來進行單因子變異數分析。如果 A 有獨立設計的 k 個水準，B 有相依設計的 l 個水準，全部的單純主要效果檢驗包含 $k+l$ 次限定條件單因子變異數分析。其中與獨立設計有關的 A 因子單純主要效果需執行 l 次（在 B 因子的 l 個不同水準下）單因子獨立樣本變異數分析，與相依設計有關的 B 因子單純主要效果需執行 k 次（在 A 因子的 k 個不同水準下）單因子獨立樣本變異數分析。

　　與整體考驗相同，進行單純主要效果的考驗時必須注意各被檢驗項屬於相依設計或獨立設計，需使用不同的誤差項作為 F 檢定量的分母。相依設計因子的單純主要效果檢驗，分母為殘差均方（MS_r），而獨立設計因子的單純主要效果檢驗，分母是細格內均方（MS_w），因為獨立因子的單純主要效果考驗是在不同的相依條件下進行檢驗，並沒有把個別差異的區組間效果排除，因此誤差要以全體細格內的變異為之，也就是完全獨立設計的誤差項。混合設計的單純主要效果摘要表如表 9.6。

表 9.6 二因子混合設計的單純主要效果考驗摘要表

變異來源	SS	df	MS	F
A 因子效果 (獨立)				
在 b_1 條件下	$SS_{A|b1}$	$k-1$	$SS_{A|b1}/df_A$	$MS_{A|b1}/MS_w$
⋮	⋮	⋮	⋮	⋮
在 b_l 條件下	$SS_{A|bl}$	$k-1$	$SS_{A|bq}/df_A$	$MS_{A|bq}/MS_w$
誤差：組內	SS_w	$kl(n-1)$	SS_w/df_w	
B 因子效果 (相依)				
在 a_1 條件下	$SS_{B|a1}$	$l-1$	$SS_{B|a1}/df_B$	$MS_{B|a1}/MS_r$
⋮	⋮	⋮	⋮	⋮
在 a_k 條件下	$SS_{B|ak}$	$l-1$	$SS_{B|ap}/df_B$	$MS_{B|ap}/MS_r$
誤差：殘差	SS_r	$k(n-1)(l-1)$	SS_r/df_r	

9.5 完全相依二因子變異數分析

9.5.1 完全相依設計的統計原理

　　多因子相依樣本變異數分析是單因子相依樣本設計的延伸，只有一個相依自變數時，稱為單因子相依樣本變異數分析，兩個相依因子時，稱為二因子完全相依變異數分析。多因子相依樣本的分析，可以視為單因子相依樣本變異數分析的多因子化，也就是相依因子的數目增加。也正因為相依因子數目增加，導致所需檢驗的效果項除了增加主要效果之外，也會產生交互效果項，而分析的原理類似於多因子變異數分析。

　　與獨立設計一樣，二因子完全相依設計的總離均差平方和會被拆解出兩大部分：第一是組間效果（SS_b），包括主要效果 SS_A 與 SS_B，一個交互效果 SS_{AB}，這三項是研究者主要關心的自變數效果，第二是組內效果（SS_w），可分解出受試者間效果 $SS_{b.s}$ 與殘差 SS_r 兩部分，總變異量的拆解關係如公式 9-21。

$$SS_t = SS_b + SS_w = [SS_A + SS_B + SS_{AB}] + [SS_{b.s} + SS_r] \qquad (9\text{-}21)$$

組內離均差平方和 SS_w 是求取各細格觀察值與細格平均數的離均差平方和，反映了各細格內部的觀察值的變異情形。受試者間離均差平方和（$SS_{b.s}$）反應了各受試者（或各區組）的平均數離散程度，將 SS_w 扣除此一變異後，可求得殘差離均差平方和 SS_r，亦即 $SS_r = SS_w - SS_{b.s}$。

完全相依設計的最大不同，在於受試者間效果橫跨了各相依因子，導致組內變異在扣除區組效果時，除了可以得到類似於單因子相依樣本變異數分析的殘差離均差平方和（SS_r），而且 SS_r 又可因為 A、B、A×B 三個效果的作用，切割成三種效果殘差 $SS_{A \times b.s}$、$SS_{B \times b.s}$、$SS_{AB \times b.s}$，這三項效果殘差可以得到總殘差離均差平方和 SS_r；總殘差自由度也是三項效果殘差自由度的加總，如公式 9-22 與 9-23 所示。

$$SS_r = SS_{A \times b.s} + SS_{B \times b.s} + SS_{AB \times b.s} \qquad (9\text{-}22)$$
$$df_r = df_{A \times b.s} + df_{B \times b.s} + df_{AB \times b.s} \qquad (9\text{-}23)$$

三種效果殘差 $SS_{A \times b.s}$、$SS_{B \times b.s}$、$SS_{AB \times b.s}$ 係 A、B、AB 三項的殘差。一旦計算出三個效果殘差與自由度後，各自除以自由度得到效果殘差均方，即可作為 A、B、A×B 三個組間效果項的殘差項，各自得到 F 檢定值，如表 9.7 所示。

$$F_A = \frac{\hat{\sigma}^2_A}{\hat{\sigma}^2_{A \times b.s}} = \frac{MS_A}{MS_{A \times b.s}} = \frac{SS_A / df_A}{SS_{A \times b.s} / df_{A \times b.s}} \qquad (9\text{-}24)$$

$$F_B = \frac{\hat{\sigma}^2_B}{\hat{\sigma}^2_{B \times b.s}} = \frac{MS_B}{MS_{B \times b.s}} = \frac{SS_B / df_B}{SS_{B \times b.s} / df_{B \times b.s}} \qquad (9\text{-}25)$$

$$F_{AB} = \frac{\hat{\sigma}^2_{AB}}{\hat{\sigma}^2_{AB \times b.s}} = \frac{MS_{AB}}{MS_{AB \times b.s}} = \frac{SS_{AB} / df_{AB}}{SS_{AB \times b.s} / df_{AB \times b.s}} \qquad (9\text{-}26)$$

表 9.7　二因子完全相依設計變異數分析摘要表

變異來源	SS	df	MS	F
組間	SS_b	$kl-1$		
A 因子	SS_A	$k-1$	SS_A/df_A	$MS_A/MS_{A \times b.s}$
B 因子	SS_B	$l-1$	SS_B/df_B	$MS_B/MS_{B \times b.s}$
A×B	SS_{AB}	$(k-1)(l-1)$	SS_{AB}/df_{AB}	$MS_{AB}/MS_{AB \times b.s}$
組內	SS_w	$kl(n-1)$		
區組間 (b.s)	$SS_{b.s}$	$n-1$	$SS_{b.s}/df_{b.s}$	
殘差 (r)	SS_r	$(n-1)(kl-1)$	SS_r/df_r	
A×b.s	$SS_{A \times b.s}$	$(n-1)(k-1)$	$SS_{A \times b.s}/df_{A \times b.s}$	
B×b.s	$SS_{B \times b.s}$	$(n-1)(l-1)$	$SS_{B \times b.s}/df_{B \times b.s}$	
AB×b.s	$SS_{AB \times b.s}$	$(n-1)(k-1)(l-1)$	$SS_{AB \times b.s}/df_{AB \times b.s}$	
全體	SS_t	$nkl-1$		

　　由於每一個效果的 F 檢定均有相對應的誤差項，研究者必須小心計算誤差項，得到正確的 F 檢定值，作法較為複雜。另一種簡化作法則是將 $SS_{A \times b.s}$、$SS_{B \times b.s}$、$SS_{AB \times b.s}$ 加總得到完整殘差項，亦即 SS_r 代替之，又稱為**加成模型**（additive model），因為與受試者效果有關的交互作用以一個聯合交互作用加成之。在加成模式以 SS_r（$SS_r = SS_w - SS_{b.s}$）作為各效果 F 檢定的同一個誤差項。

　　從實務上來說，一般研究多以較簡便的加成模式來進行分析。Rouanet 與 Lepine（1970）指出加成模式（採用單一誤差項）與非加成模式（採用多重誤差項）究竟應採何者，應視球面假設是否違反來決定。當球面假設維繫時，各因子與區組的交互作用沒有統計的意義，因此可以採用加成模式；當球面假設違反時，

各因子與受試者效果會有交互作用，因此宜採非加成模式。在我們無法確知球面假設是否維繫時，宜以較複雜的非加成模式來處理，比較符合真實情境的作法（所幸統計軟體如 SPSS 的重複量數分析直接採非加成模式來進行 F 檢定，報表中會將誤差項分開估計，可以不用人工計算）。

9.5.2 完全相依設計的單純主要效果考驗

二因子完全區組設計的單純主要效果檢驗，也是在「限定條件下」來進行單因子變異數分析。如果 A 有 k 個水準，B 有 l 個水準，完整的單純主要效果檢驗包含 $p+q$ 次獨立的限定條件單因子區組設計變異數分析。有關單純主要效果的統計原理，與前一節的多因子 ANOVA 相同，唯一的差異在於各單純主要效果的 F 考驗的誤差項，應為扣除組間變異後的組內變異 SS_w 除以自由度得到的組內均方（MS_w），而非各自任何一個效果殘差均方。因為單純主要效果是交互作用的檢驗，並同時涉及 A 與 B 因子的影響，誤差同時涵蓋了三個部分，應以整體組內變異誤為分母，才能反應各項的統計意義。完全相依設計的單純主要效果摘要表如表 9.8。

表 9.8　二因子完全相依設計的單純主要效果考驗摘要表

變異來源	SS	df	MS	F
A 因子效果（相依）				
在 b_1 條件下	$SS_{A|b1}$	$k-1$	$SS_{A|b1}/df_A$	$MS_{A|b1}/MS_w$
⋮	⋮	⋮	⋮	⋮
在 b_l 條件下	$SS_{A|bl}$	$k-1$	$SS_{A|bq}/df_A$	$MS_{A|bq}/MS_w$
B 因子效果（相依）				
在 a_1 條件下	$SS_{B|a1}$	$l-1$	$SS_{B|a1}/df_B$	$MS_{B|a1}/MS_w$
⋮	⋮	⋮	⋮	⋮
在 a_k 條件下	$SS_{B|ak}$	$l-1$	$SS_{B|ap}/df_B$	$MS_{B|ap}/MS_w$
誤差：組內	SS_w	$kl(n-1)$	SS_w/df_w	

9.6 二因子變異數分析的 SPSS 操作示範

9.6.1 獨立樣本二因子變異數分析

為了提高某汽車公司業務員的業績，某位人力資源主管引進一套自我肯定訓練課程。為了瞭解訓練課程的效果，他蒐集了 27 位參加訓練課程員工的訓練後的業績表現，並將員工分成水準下、水準中以及水準上三類型，探討不同能力水準的員工，接受訓練課程的效果是否具有差異。另外也蒐集了 27 位沒有參加訓練的員工的業績表現，同樣分成水準下、水準中、水準上三個層次以進行比較。所得到的業績數據如下：

訓練課程 Training	業績能力（Ability）		
	水準下	水準中	水準上
無自我肯定訓練	10　14　16 12　14　13 15　11　13	16　17　23 19　20　15 19　18　21	21　24　23 20　23　25 21　26　22
有自我肯定訓練	15　18　22 18　21　17 18　16　16	18　24　19 22　21　20 20　22　23	21　19　20 23　24　24 22　25　20

一、主要效果之檢驗

【A. 操作程序】

步驟一：輸入資料。兩個自變數與依變數各為單一變數，各佔一欄。共三欄。

步驟二：點選 分析 → 一般線性模式 → 單變量

步驟三：進入因子分析對話框，點選依變數、因子（自變數）

步驟四：選擇所需的附加功能。定義折線圖等功能。

步驟五：按 確定 執行

【B. 步驟圖示】

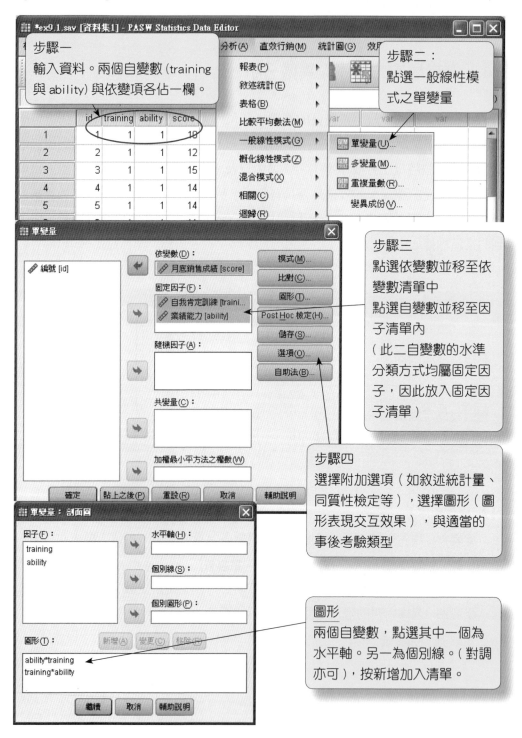

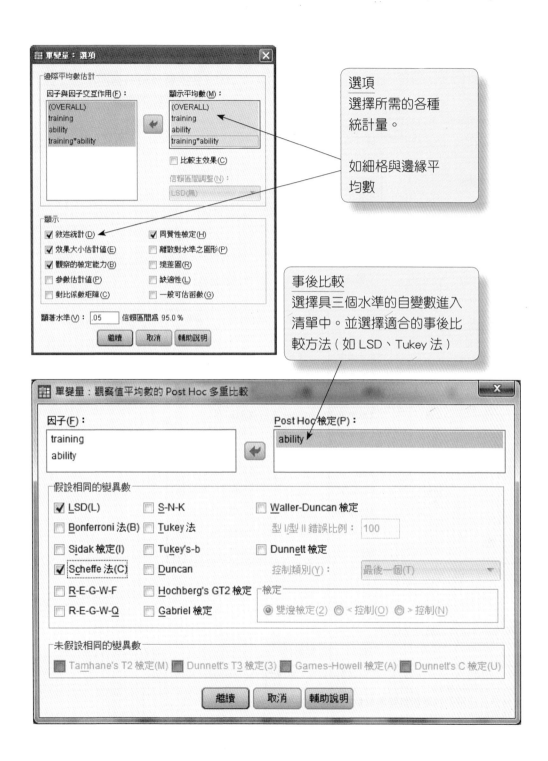

選項
選擇所需的各種
統計量。

如細格與邊緣平
均數

事後比較
選擇具三個水準的自變數進入
清單中。並選擇適合的事後比
較方法（如 LSD、Tukey 法）

【C. 結果輸出】

1. 變異數的單變量分析

受試者間因子

		數值註解	個數
training 自我肯定訓練	1	無	27
	2	有	27
ability 業績能力	1	水準下	18
	2	水準中	18
	3	水準上	18

> 因子內容說明
> 二因子變異數分析共有兩個因子。名稱與人數如表列

敘述統計

依變數:score 月底銷售成績

training 自我肯定訓練	ability 業績能力	平均數	標準離差	個數
1 無	1 水準下	13.11	1.900	9
	2 水準中	18.67	2.500	9
	3 水準上	22.78	1.986	9
	總數	18.19	4.532	27
2 有	1 水準下	17.89	2.315	9
	2 水準中	21.00	1.936	9
	3 水準上	22.00	2.121	9
	總數	20.30	2.715	27
總數	1 水準下	15.50	3.204	18
	2 水準中	19.83	2.479	18
	3 水準上	22.39	2.033	18
	總數	19.24	3.851	54

> 描述統計結果
> 列出各細格與邊緣平均數、標準差及個數等

誤差變異量的 Levene 檢定等式[a]

依變數:score 月底銷售成績

F	df1	df2	顯著性
.180	5	48	.969

檢定各組別中依變數誤差變異量的虛無假設是相等的。

　　a. Design: 截距 + training + ability + training * ability

> 變異數同質性檢定
> 探討各樣本的變異情形是否同質
> F 值為 .18,顯著性為 .969,顯示假設並未違反

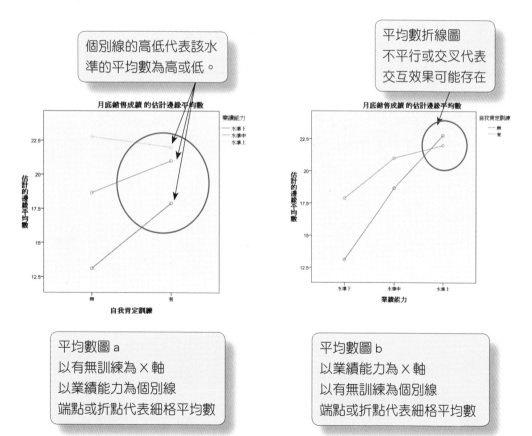

變異數分析摘要表
兩個主要效果均達顯著，交互效果亦顯著

受試者間效應項的檢定

依變數:score 月底銷售成績

來源	型 III 平方和	df	平均平方和	F	顯著性	淨相關 Eta 平方	Noncent. 參數	觀察的檢定能力[b]
校正後的模式	566.537[a]	5	113.307	24.797	.000	.721	123.984	1.000
截距	19991.130	1	19991.130	4374.958	.000	.989	4.375E3	1.000
training	60.167	1	60.167	13.167	.001	.215	13.167	.945
ability	436.593	2	218.296	47.773	.000	.666	95.546	1.000
training * ability	69.778	2	34.889	7.635	.001	.241	15.271	.934
誤差	219.333	48	4.569					
總數	20777.000	54						
校正後的總數	785.870	53						

a. R 平方 = .721 (調過後的 R 平方 = .692)

b. 使用 alpha = .05 計算

個別線的高低代表該水準的平均數為高或低。

平均數折線圖
不平行或交叉代表交互效果可能存在

平均數圖 a
以有無訓練為 X 軸
以業績能力為個別線
端點或折點代表細格平均數

平均數圖 b
以業績能力為 X 軸
以有無訓練為個別線
端點或折點代表細格平均數

【D. 結果說明】

由上述的報表可以得知：此一獨立樣本二因子變異數分析不論是兩個主要效果，或交互效果均達顯著水準。顯示有無訓練者，其月底銷售成績具有顯著的差別（$F_{(1,48)} = 13.167$，$p < .01$），業績能力高低強弱者也如預期般的具有月底銷售成績（$F_{(2,48)} = 47.773$，$p < .001$），更進一步的，業績能力與自我肯定訓練會交互影響月底銷售成績（$F_{(2,48)} = 7.635$，$p < .01$）。由於交互效果達顯著水準，主要效果即失去分析價值，而應進行單純主要效果考驗，討論在何種情況下，月底銷售成績會提高或降低。

獨立樣本設計二因子變異數分析摘要表

來源	型 III SS	自由度	平均平方和	F 檢定	顯著性	淨 η^2
A(訓練)	60.167	1	60.167	13.167	.001	.215
B(能力)	436.593	2	218.296	47.773	.000	.666
A×B	69.778	2	34.889	7.635	.001	.241
誤差	219.333	48	4.569			
總數	785.870	53				

二、單純主要效果檢驗

單純主要效果複雜之處，在於需進行資料分割，使得被檢驗的自變數的主要效果是限定在另一個自變數的特定水準下來檢驗。

【A. 操作程序】

步驟一：分割資料。以其中一個自變數為分割變項，探討另一個自變數與依變數的關係。如先以訓練課程為分割變數。點選 資料 → 分割檔案 → 確定

步驟二：點選 比較群組 ，並選擇分割的類別自變數，移至依此群組中，並按 確定 執行。完成分割。

步驟三：執行單因子變異數分析。點選 分析 → 比較平均數法 → 單因子變異數分析 對話框

步驟四：點選依變數、因子變數並選擇所需的附加功能。如 選項 中的敘述統計、同質性檢驗，事後比較 LSD 法。

步驟五：按 確定 執行

步驟六：重複上述一至五步驟，但以另一個自變數為分割變數進行分割，執行單因子變異數分析。

【B. 步驟圖示】

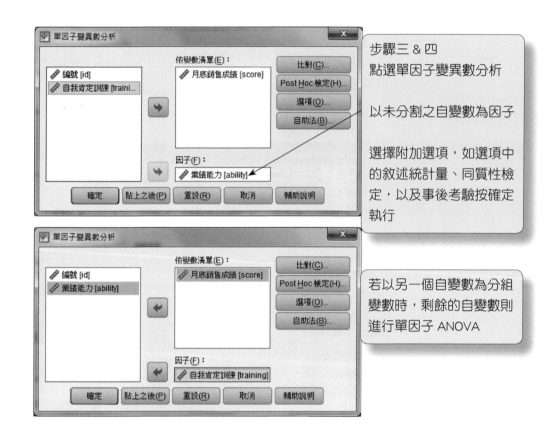

步驟三 & 四
點選單因子變異數分析

以未分割之自變數為因子

選擇附加選項，如選項中的敘述統計量、同質性檢定，以及事後考驗按確定執行

若以另一個自變數為分組變數時，剩餘的自變數則進行單因子 ANOVA

【C. 結果輸出】

分組描述統計結果限定後，無訓練者與有訓練者各細格與邊緣平均數、標準差及個數等

描述性統計量

score 月底銷售成績

training 自我肯定訓練		個數	平均數	標準差	標準誤	平均數的 95% 信賴區間		最小值	最大值
						下界	上界		
1 無	1 水準下	9	13.11	1.900	.633	11.65	14.57	10	16
	2 水準中	9	18.67	2.500	.833	16.74	20.59	15	23
	3 水準上	9	22.78	1.986	.662	21.25	24.30	20	26
	總和	27	18.19	4.532	.872	16.39	19.98	10	26
2 有	1 水準下	9	17.89	2.315	.772	16.11	19.67	15	22
	2 水準中	9	21.00	1.936	.645	19.51	22.49	18	24
	3 水準上	9	22.00	2.121	.707	20.37	23.63	19	25
	總和	27	20.30	2.715	.522	19.22	21.37	15	25

ANOVA

score 月底銷售成績

training 自我肯定訓練		平方和	自由度	平均平方和	F	顯著性
1 無	組間	423.630	2	211.815	46.028	.000
	組內	110.444	24	4.602		
	總和	534.074	26			
2 有	組間	82.741	2	41.370	9.118	.001
	組內	108.889	24	4.537		
	總和	191.630	26			

> 變異數分析摘要表
> 在兩個限定條件下的 F 考驗結果，但是 F 並不正確。分母須改用整體考驗的 F 考驗分母 MS_w，因此這個報表的目的在產生 SS_b

ANOVA

score 月底銷售成績

ability 業績能力		平方和	自由度	平均平方和	F	顯著性
1 水準下	組間	102.722	1	102.722	22.898	.000
	組內	71.778	16	4.486		
	總和	174.500	17			
2 水準中	組間	24.500	1	24.500	4.900	.042
	組內	80.000	16	5.000		
	總和	104.500	17			
3 水準上	組間	2.722	1	2.722	.645	.434
	組內	67.556	16	4.222		
	總和	70.278	17			

> 變異數分析摘要表
> 在兩個限定條件下的 F 考驗結果，但是 F 並不正確。分母須改用整體考驗的 F 考驗分母 MS_w，因此這個報表的目的在產生 SS_b

【D. 結果說明】

　　單純主要效果必須分別以兩個自變數進行資料的分割，上述報表僅列出以自我肯定訓練作為切割變數的單純主要效果的檢驗。以業績能力（水準下、水準中、水準上）進行分割後的單純主要效果檢驗則省略。總計五次的以單因子變異數分析所進行的單純主要效果之摘要表如表 9.9。為避免型 I 錯誤率膨脹，需採族系錯誤率 α_{FW}，將各檢定的 α_{FW} 設為 $\alpha/5 = .05/5 = .01$，使整體型 I 錯誤率控制在 .05 水準。各 F 檢定的顯著性機率由 SPSS 函數轉換結果如下：

　　由表 9.9 可以得知：自我肯定訓練與業績能力對於月底銷售成績的交互影響，在不同的限定條件下有所不同。不同程度的業務員在無訓練情況下，月底銷售成績具有明顯的差異，$F_{(2.48)} = 46.36$，$p < .001$，事後比較考驗的結果，發現水準上業務員的成績（22.78），顯著高於水準中（18.67），也高於水準下業務員（13.11），兩兩比較皆達顯著。然而，當條件限定在有參加訓練課程的學生時，業績能力因子對月底銷售成績的影響雖仍顯著，但已經降低，$F_{(2.48)} = 9.05$，$p < .001$，事後比較考驗的結果，則發現參加訓練課程後，水準上業務員之成績（22）並未顯著高於水準中業務員（21），僅高於水準下的業務員（17.89），從平均數來看，可知水準中與水準下業務員，受到自我肯定訓練的影響較大。

　　從業績能力的三個不同限定條件的分割，來分析有無訓練對於月底銷售成績的影響，可以看出對於水準上業務員，自我肯定訓練並無效果 $F_{(1,48)} = .60$，n.s.，對於水準中業務員與水準下業務員則有顯著效果，水準中業務員在有無訓練的差異達顯著，$F_{(1,48)} = 5.36$，p < .05，後段學生在訓練有無的差異亦達顯著 $F_{(1,48)} = 22.48$，$p < .001$，顯示自我肯定訓練對於水準中業務員最有幫助，沒有參加訓練的水準中業務員成績為 18.67，有參加課程的業務員成績達 23.67，比水準上業務員還高分。沒有參加訓練的水準下業務員成績只有 13.11，但是有參加課程的業務員，成績達 17.89，亦顯著增加。由於自我肯定訓練的單純主要效果只有兩個水準，因此無須進行事後考驗，可以直接比較兩組樣本的平均數。

　　由此一範例可以明確的看出，交互效果達顯著後，執行單純主要效果的重要

性。對於依變數的影響，兩個自變數或許皆有顯著的影響，但是一個顯著的交互效果，顯示主要效果的解釋，必須考慮兩個自變數的互動性。事實上，前面整體考驗中所提供的剖面圖示法，已經可以清楚看出兩個自變數對於依變數的交互影響作用，這便是許多研究者喜歡使用剖面圖來判斷交互效果的主要原因。

表 9.9　單純主要效果變異數分析摘要表

單純主要效果內容	SS	df	MS	F	P	Post hoc tests
業績能力						
在無訓練條件下	423.630	2	211.815	44.72	.000	前 > 中　前 > 後　中 > 後
在有訓練條件下	82.741	2	41.370	9.05	.001	前 > 後　中 > 後
自我肯定訓練						
在水準下條件下	102.722	1	102.722	22.48	.000	-
在水準中條件下	24.500	1	24.500	5.36	.025	-
在水準上條件下	2.722	1	2.722	.60	.442	-
誤差	219.333	48	4.569			

9.6.2 混合設計二因子變異數分析

捷運行車控制中心的操作人員研究為例，心理學家假設，工作時間增長，注意力降低，在一天當中的四次測量，參與者的反應時間顯著增長，印證了研究假設。如果隨機挑選的 13 名操作人員當中，若有七名為男性，六名為女性。研究者想觀察性別是否是另一個影響注意力的因素，此時即可以視為是一個二因子混合設計變異數分析，其中受試者內設計的因子為四個不同的測量時間：上班初期、午飯前、午飯後、下班前四個時段（重複量數），而受試者間設計則為性別差異（獨立樣本）。依變數仍為反應時間（秒）。請問，是否性別差異、工作時間對於注意力有影響？

No.	性別	上班初期 9:00	午飯前 11:30	午飯後 14:00	下班前 16:30
1	男	6.2	6.7	7.4	7.8
2	男	5.9	4.8	6.1	6.9
3	男	8.4	8.7	9.9	10.3
4	女	7.6	7.8	8.7	8.9
5	女	4.1	4.7	5.4	6.6
6	女	5.4	5.3	5.9	7.1
7	女	6.6	6.7	7.2	7.5
8	女	6.1	5.8	6.4	6.7
9	女	4.9	5.1	5.2	6.8
10	男	8.2	8.6	9.3	10.4
11	男	5.7	5.7	6.5	7.2
12	男	5.9	6.4	6.9	7.6
13	男	6.9	6.6	7.1	7.5

一、主要效果檢驗

混合設計變異數分析是獨立設計與相依設計綜合體，因此資料的輸入格式與分析方法是兩種分析的合成。由於各項效果的 F 檢定有不同的誤差項，因此在整理報表需格外謹慎。取用正確的誤差項。

【A. 操作程序】

步驟一：分割資料。以其中一個自變數為分割變項，探討另一個自變數與依變數的關係。如先以訓練課程為分割變數。點選 資料 → 分割檔案 → 確定

步驟二：點選 比較群組 ，並選擇分割的類別自變數，移至依此群組中，並按 確定 執行。完成分割。

步驟三：執行單因子變異數分析。點選 分析 → 比較平均數法 → 單因子變異數分析 對話框

步驟四：點選依變數、因子變數並選擇所需的附加功能。如 選項 中的敘述統計、同質性檢驗，事後比較 LSD 法。

步驟五：按 確定 執行

步驟六：重複上述一至五步驟，但以另一個自變數為分割變數進行分割，執行單因子變異數分析。

【B. 步驟圖示】

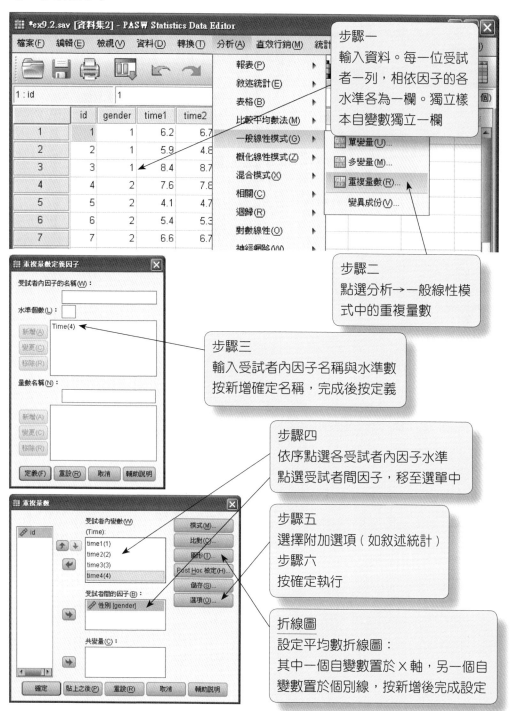

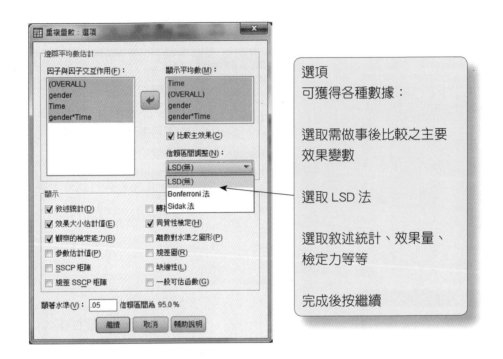

選項
可獲得各種數據：

選取需做事後比較之主要
效果變數

選取 LSD 法

選取敘述統計、效果量、
檢定力等等

完成後按繼續

【C. 結果輸出】

受試者內因子

測量:MEASURE_1

Time	依變數
1	time1
2	time2
3	time3
4	time4

獨立因子的名稱及水準數
四個水準分別為 TIME1 至
TIME4

相依因子的名稱、水準數
與人數兩個水準分別為男
與女，人數各為 7 與 6

受試者間因子

		個數
gender 性別	1	7
	2	6

敘述統計

	gender 性別		平均數	標準離差	個數
time1 上班初期		1	6.743	1.1326	7
		2	5.783	1.2513	6
		總數	6.300	1.2416	13
time2 午飯前		1	6.786	1.4300	7
		2	5.900	1.1576	6
		總數	6.377	1.3386	13
time3 午飯後		1	7.600	1.4387	7
		2	6.467	1.3110	6
		總數	7.077	1.4481	13
time4 下班前		1	8.243	1.4684	7
		2	7.267	.8641	6
		總數	7.792	1.2829	13

描述統計
列出所有細格與邊緣平均數、標準差與個數

共變量矩陣等式的 Box 檢定[a]

Box's M	13.255
F	.777
df1	10
df2	537.746
顯著性	.651

檢定依變數的觀察共變量矩陣 之虛無假設，等於交叉 組別。

a. Design:截距 + gender
受試者內設計: Time

BOX's 的共變矩陣同質性檢定
檢驗性別在四個重複測量的共變數矩陣是否同質，$M=13.255$，$F=.777$，$p=.651$ 不顯著，假設成立

球形假設檢驗
卡方未達 .05 顯著水準，表示假設未違反

Mauchly 球形檢定[b]

測量:MEASURE_1

受試者內效應項	Mauchly's W	近似卡方分配	df	顯著性	Greenhouse-Geisser	Huynh-Feldt	下限
Time	.599	4.977	5	.421	.767	1.000	.333

檢定正交化變數轉換之依變數的誤差 共變量矩陣的虛無假設，是識別矩陣 的一部份。

a. 可用來調整顯著性平均檢定的自由度。改過的檢定會顯示在 "Within-Subjects Effects" 表檢定中。

b. Design:截距 + gender
受試者內設計: Time

受試者內效應項的檢定

測量:MEASURE_1

來源		型 III 平方和	df	平均平方和	F	顯著性	淨相關 Eta 平方	觀察的檢定能力[a]
Time	假設為球形	18.788	3	6.263	57.056	.000	.838	1.000
	Greenhouse-Geisser	18.788	2.300	8.170	57.056	.000	.838	1.000
	Huynh-Feldt	18.788	3.000	6.263	57.056	.000	.838	1.000
	下限	18.788	1.000	18.788	57.056	.000	.838	1.000
Time * gender	假設為球形	.105	3	.035	.319	.811	.028	.105
	Greenhouse-Geisser	.105	2.300	.046	.319	.759	.028	.098
	Huynh-Feldt	.105	3.000	.035	.319	.811	.028	.105
	下限	.105	1.000	.105	.319	.583	.028	.081
誤差 (Time)	假設為球形	3.622	33	.110				
	Greenhouse-Geisser	3.622	25.297	.143				
	Huynh-Feldt	3.622	33.000	.110				
	下限	3.622	11.000	.329				

a. 使用 alpha = .05 計算

> 受試者內設計檢定
> 球形假設未違反時,主要效果之檢定值。從顯著性可知為顯著

> 球形假設遭到違反時,需使用矯正方法所得到的數據

> 交互效果
> F 值為 .319,$p=.811$ 未達顯著水準

> 殘差
> 表誤差變異,作為相依因子的 F 考驗誤差項

誤差變異量的 Levene 檢定等式[a]

	F	df1	df2	顯著性
time1 上班初期	.023	1	11	.881
time2 午飯前	.158	1	11	.699
time3 午飯後	.140	1	11	.715
time4 下班前	2.866	1	11	.119

檢定各組別中依變數誤差變異量的虛無假設是 相等的。

a. Design:截距 + gender
受試者內設計: Time

受試者間效應項的檢定

測量:MEASURE_1
轉換的變數:均數

來源	型 III 平方和	df	平均平方和	F	顯著性	淨相關 Eta 平方	Noncent. 參數	觀察的檢定能力[a]
截距	2424.479	1	2424.479	389.016	.000	.973	389.016	1.000
gender	12.632	1	12.632	2.027	.182	.156	2.027	.256
誤差	68.556	11	6.232					

a. 使用 alpha = .05 計算

> 獨立因子檢定值
> 性別自變數主要效果之檢定值。從顯著性 $p=.182$ 可知未達顯著

> 受試者間差異
> 即受試者間平均數之變異量

成對比較

測量:MEASURE_1

(I) Time	(J) Time	平均差異 (I-J)	標準誤差	顯著性[a]	差異的 95% 信賴區間[a]	
					下界	上界
1	2	-.080	.133	.560	-.372	.212
	3	-.770*	.129	.000	-1.054	-.486
	4	-1.492*	.171	.000	-1.869	-1.115
2	1	.080	.133	.560	-.212	.372
	3	-.690*	.082	.000	-.872	-.509
	4	-1.412*	.126	.000	-1.689	-1.135
3	1	.770*	.129	.000	.486	1.054
	2	.690*	.082	.000	.509	.872
	4	-.721*	.125	.000	-.998	-.445
4	1	1.492*	.171	.000	1.115	1.869
	2	1.412*	.126	.000	1.135	1.689
	3	.721*	.125	.000	.445	.998

根據估計的邊緣平均數而定

a. 調整多重比較：最低顯著差異 (等於未調整值)。

*. 平均差異在 .05 水準是顯著的。

> 事後考驗
> Time1 vs Time2
> 不顯著，其他
> 配對均顯著

> 折線圖
> 以重複測量為個別線或以性別為個別線均未顯示出非平
> 行或明顯的交叉，顯示交互作用不明顯

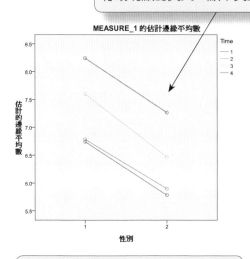

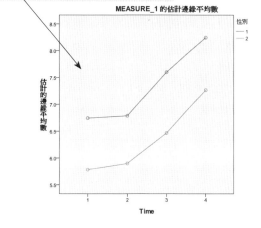

> 平均數圖 a
> 以性別為 X 軸以四個時點重複測量為
> 個別線端點或折點代表細格平均數

> 平均數圖 b
> 以四個時點重複測量為 X 軸以性別為
> 個別線端點或折點代表細格平均數

【D. 結果說明】

由上述的報表可以得知：此一相依樣本的球形檢定並未違反，Mauchly's W 係數為 .599（$\chi^2 = 4.977$，$p = .421$），因此不需使用修正公式得到的數據。交互效果 $F_{(3,33)} = .319$，$p = .811$，未達顯著，因此無須進行單純主要效果分析。若從剖面圖來觀察，亦可發現無明顯的交叉或非平行線段。

兩個自變數的主要效果分析發現，參與者間設計自變數（性別）並未達到顯著，$F_{(1,33)} = 2.027$，$p = .182$，顯示性別與反應時間沒有關係；但參與者內設計的四個樣本平均數差異達顯著水準，組間效果 $F_{(3,33)} = 57.056$，$p < .001$，表示不同的測量時段下，操作員的注意力的確有所不同。變異數分析摘要表見表 9.10。

事後比較可以看出，四個水準平均數的兩兩比較，除了水準1與水準2相比（平均數差為 -.8，$p = .560$）為不顯著之外，其他各水準的兩兩比較均達顯著水準，且平均數呈現逐步增高，顯示時間越晚的水準，所需反應時間增加，注意力變差。以第四次測量（下班前）的注意力最差，平均數為 7.792。

表 9.10　二因子混合設計變異數分析摘要表

變異來源	SS	df	MS	F	P
性別（獨立因子）	12.632	1	12.632	2.027	.182
時段 $_b$（相依因子）	18.788	3	6.263	57.056	< .001
性別 × 時段 $_b$	.105	3	.035	.319	.811
組內	72.178	44			
受試者間（Block）	68.556	11	6.232		
殘差	3.622	33	.110		
全體 Total	103.900	51			

註：標示 $_b$ 者為區組設計因子，需以殘差為誤差項。

二、單純主要效果檢驗

單純主要效果檢驗是混合設計變異數分析的重要程序，雖然本範例的交互效果不顯著，但為了示範的目的，我們仍以本範例的資料進行說明，在實際研究上，交互效果不顯著時，不必進行單純主要效果檢驗。

混合設計的單純主要效果處理方式與完全獨立設計類似，不同之處在於資料

的分割，在檢驗相依因子的單純主要效果須就獨立因子的不同水準進行資料分割，但是獨立因子的單純主要效果則不需資料分割。基本上，每一個單純主要效果仍是一個單因子變異數分析，如果單純主要效果具有三個或以上的水準時（如業績能力的單純主要效果），達顯著後還需進行事後考驗。誤差項與 F 值的計算必須另行以人工處理。

【A. 操作程序】

一、相依因子的單純主要效果考驗

步驟一：分割資料。以類別自變數為分割變數，點選 資料 → 分割檔案 → 確定 。

步驟二：點選 比較群組 ，並選擇分割的類別自變數，移至依此群組中，並按 確定 執行，完成分割。

步驟三：執行單因子變異數分析。點選 分析 → 一般線性模式重複量數 對話框。

步驟四：依照重複量數 ANOVA 原理，選擇相依因子的四個水準為依變項，進行單因子相依樣本變異數分析。並選取如 選項 中的事後比較 LSD 法。按 確定 執行。

二、獨立因子的單純主要效果考驗

步驟一：還原分割後，以全體觀察值進行單因子變異數分析。點選 分析 → 比較平均數法 → 單因子變異數分析 。

步驟二：將四相依因子水準逐一移至依變數，將獨立因子移至因子清單，並選擇所需的附加功能。如 選項 中的敘述統計、同質性檢驗，事後比較 LSD 法。按 確定 執行。

步驟三：完成摘要表（注意需以人為方式選取誤差項）。

（一）相依因子的單純主要效果考驗

【B. 步驟圖示】

步驟一二
分割資料（點選資料之
分割檔案）。勾選依比
較群組選取獨立因子，
移入依此群組中

步驟三
選取重複量數分析

以相依因子為依變數

變項設定
獨立因子已被分割，
沒有分析的意義，僅
需將四個相依水準選
入清單中

【C. 結果輸出】

敘述統計

gender 性別		平均數	標準離差	個數
1	time1 上班初期	6.743	1.1326	7
	time2 午飯前	6.786	1.4300	7
	time3 午飯後	7.600	1.4387	7
	time4 下班前	8.243	1.4684	7
2	time1 上班初期	5.783	1.2513	6
	time2 午飯前	5.900	1.1576	6
	time3 午飯後	6.467	1.3110	6
	time4 下班前	7.267	.8641	6

分割後的描述統計數據
將獨立因子分割後，相依因
子各水準的描述統計量

Mauchly 球形檢定[b]

測量:MEASURE_1

gender 性別	受試者內效應項	Mauchly's W	近似卡方分配	df	顯著性	Epsilon[a]		
						Greenhouse-Geisser	Huynh-Feldt	下限
1	Time	.403	4.290	5	.516	.685	1.000	.333
2	Time	.160	6.810	5	.249	.561	.814	.333

檢定正交化變數轉換之依變數的誤差 共變量矩陣的虛無假設，是識別矩陣 的一部份。

a. 可用來調整顯著性平均檢定的自由度。改過的檢定會顯示在 "Within-Subjects Effects" 表檢定中。

b. Design:截距
受試者內設計: Time

受試者內效應項的檢定

測量:MEASURE_1

gender 性別	來源		型 III 平方和	df	平均平方和	F	顯著性	淨相關 Eta 平方	觀察的檢定能力[a]
1	Time	假設為球形	10.826	3	3.609	35.315	.000		
		Greenhouse-Geisser	10.826	2.054	5.270	35.315	.000		
		Huynh-Feldt	10.826	3.000	3.609	35.315	.000		
		下限	10.826	1.000	10.826	35.315	.001		
	誤差 (Time)	假設為球形	1.839	18	.102				
		Greenhouse-Geisser	1.839	12.325	.149				
		Huynh-Feldt	1.839	18.000	.102				
		下限	1.839	6.000	.307				
2	Time	假設為球形	8.265	3	2.755	23.177	.000		
		Greenhouse-Geisser	8.265	1.683	4.909	23.177	.000		
		Huynh-Feldt	8.265	2.443	3.384	23.177	.000		
		下限	8.265	1.000	8.265	23.177	.005		
	誤差 (Time)	假設為球形	1.783	15	.119				
		Greenhouse-Geisser	1.783	8.417	.212				
		Huynh-Feldt	1.783	12.213	.146				
		下限	1.783	5.000	.357				

a. 使用 alpha = .05 計算

> 變異數分析摘要表分別就兩個限定條件進行 F 檢定,但是 F 檢定結果並不正確。分母須改用整體考驗的 F 檢定分母 MS_w,因此這個報表的目的在產生 SS_b

（二）獨立因子的單純主要效果考驗

【B. 步驟圖示】

> 步驟一
> 還原資料點選資料之分割檔案。點選分析所有觀察值,不再分割

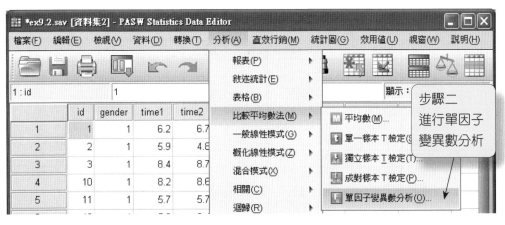

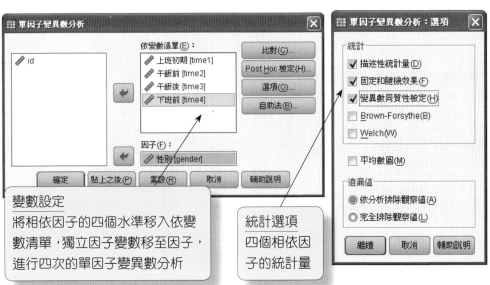

步驟二
進行單因子
變異數分析

變數設定
將相依因子的四個水準移入依變
數清單,獨立因子變數移至因子,
進行四次的單因子變異數分析

統計選項
四個相依因
子的統計量

【C. 結果輸出】

ANOVA

		平方和	自由度	平均平方和	F	顯著性
time1 上班初期	組間	2.975	1	2.975	2.107	.174
	組內	15.525	11	1.411		
	總和	18.500	12			
time2 午飯前	組間	2.535	1	2.535	1.470	.251
	組內	18.969	11	1.724		
	總和	21.503	12			
time3 午飯後	組間	4.150	1	4.150	2.172	.169
	組內	21.013	11	1.910		
	總和	25.163	12			
time4 下班前	組間	3.079	1	3.079	2.032	.182
	組內	16.670	11	1.515		
	總和	19.749	12			

變異數分析摘要表四個相依因子水準的單因子 F 檢定結果，F 檢定值並不正確，需以人工方式重新計算。我們可以從本表中獲得 SS 數值

---

ex9sig.sav [資料集1] - PASW Statistics Data Editor

檔案(F) 編輯(E) 被視(V) 資料(D) 轉換(T) 分析(A) 直效行銷(M) 統計圖(G) 效用值(U) 視窗(W) 說明(H)

1 : F   32.73   顯示 : 4 個變數 (共有 4 個)

	F	df1	df2	SIGF	var	var
1	32.73	3.00	33.00	.000		
2	25.00	3.00	33.00	.000		
3	1.81	1.00	44.00	.185		
4	1.55	1.00	44.00	.220		
5	2.53	1.00	44.00	.119		
6	1.88	1.00	44.00	.177		

F 檢定尾機率值利用 F 尾機率函數所計算得出的六個 F 檢定的檢定值顯著性

【D. 結果說明】

　　混合設計的單純主要效果檢驗，是分別以兩個自變數為條件化變數，進行單因子變異數分析檢驗。相依因子的單純主要效果檢驗，分母為殘差均方（MS_r），而獨立設計因子的單純主要效果檢驗，分母不是區組間均方，而是細格內均方（MS_w），因為獨立因子的簡單主要效果考驗是在不同的相依條件下進行檢驗，並沒有把個別差異的區組間效果排除，因此誤差要以全體細格內的變異為之，也就是完全獨立設計的誤差項（由此可知，我們建議讀者採用傳統的組間對比組內的 ANOVA 摘要表，如此即可輕易的獲知 MS_w 的數值）。混合設計的單純主要效果摘要表如表 9.11。

本範例的交互作用不顯著，因此不必進行單純主要效果考驗。本節僅作示範，但可以從摘要表看出，時段自變數在兩個獨立因子的水準下，均達顯著差異，型 I 錯誤率採族系錯誤率 $\alpha_{FW} = .05/6 = .0083$ 下，男性水準下為 $F_{(3,33)} = 32.73$，$p < .001$，女性水準下為 $F_{(3,33)} = 25.00$，$p < .001$，兩者 p 值皆小於 .0083，這兩個檢定值與不區分性別水準下的主要效果 $F_{(3,33)} = 57.056$，$p < .001$，結論相同，均達顯著水準。表示不同的測量時段下，操作員的注意力的確有所不同，而且在男性與女性條件下均一致。另一方面，性別自變數在四個相依因子的水準下，均未有顯著差異，$F_{(1,44)}$ 分別 1.81、1.55、2.53、1.88，這些個檢定值與完整的性別變數主要效果 $F_{(1,33)} = 2.027$，p = .182，結論相同，表示性別與反應時間不論在什麼情況下皆無關係。

表 9.11　混合設計單純主要效果變異數分析摘要表

單純主要效果	SS	df	MS	F	p
時段（相依因子）					
在男性條件下	10.826	3	3.60	32.73	.000
在女性條件下	8.265	3	2.75	25.00	.000
誤差（殘差 residual）	3.622	33	.110		
性別（獨立因子）					
在上班初期條件下	2.975	1	2.975	1.81	.185
在午飯前條件下	2.535	1	2.535	1.55	.220
在午飯後條件下	4.150	1	4.150	2.53	.119
在下班前條件下	3.079	1	3.079	1.88	.177
誤差（組內）	72.178	44	1.64		

9.6.3 完全相依設計

某家食品公司為了開發新的薑母茶飲料，選取一些消費者至實驗室中進行試吃，食品公司所關心的是薑母茶當中薑的濃度（低薑、中薑、與高薑）與糖分（低糖、普通糖）對於消費者的接受度的影響，計有 5 位消費者參與試吃，每一個人必須吃完六種不同成分的飲料，並評估他們的接受度（1 至 10 分），為了使不同的飲料不至干擾消費者的判斷，每一次試吃均間隔 30 分鐘，並做必要的控制處理。

此時每一個參與者均接受六種情況，為一完全相依樣本設計範例。實驗數據如下，請問食品公司獲致何種結論？

糖　分 (A)	低　甜　度 (a_1)			普通甜度 (a_2)		
薑濃度 (B)	低 (b_1)	中 (b_2)	高 (b_3)	低 (b_1)	中 (b_2)	高 (b_3)
1	3	5	8	7	6	4
2	1	3	8	8	7	5
3	4	6	7	5	10	6
4	5	9	9	6	9	7
5	3	9	9	5	10	6

一、主要效果之檢驗

【A. 操作程序】

步驟一：輸入資料。每一位受試者佔一列。重複測量的各水準以單獨的一個變數來輸入。計有六個變項。

步驟二：點選 分析 → 一般線性模式 → 重複量數 。

步驟三：進入定義因子清單，輸入重複量數因子名稱（sugar）水準數 (2) 以及重複量數因子名稱（ginger）水準數 (3)，然後按 定義 。

步驟四：進入重複量數對話框，依序點選重複的水準至全部點選完畢。

步驟五：選擇所需的附加功能。如選項中的敘述統計。點選對比，選擇多重比較的比較內容。

步驟六：按 確定 執行。

【B. 步驟圖示】

步驟一
輸入資料。每一
位受試者一列，
重複測量的各水
準各為一欄。除
ID 外，共有六欄

步驟二
點選分析→一般
線性模式→重複
量數

步驟三
分別輸入受試者內因子名
稱與水準數。按新增入選
單，完成後按定義

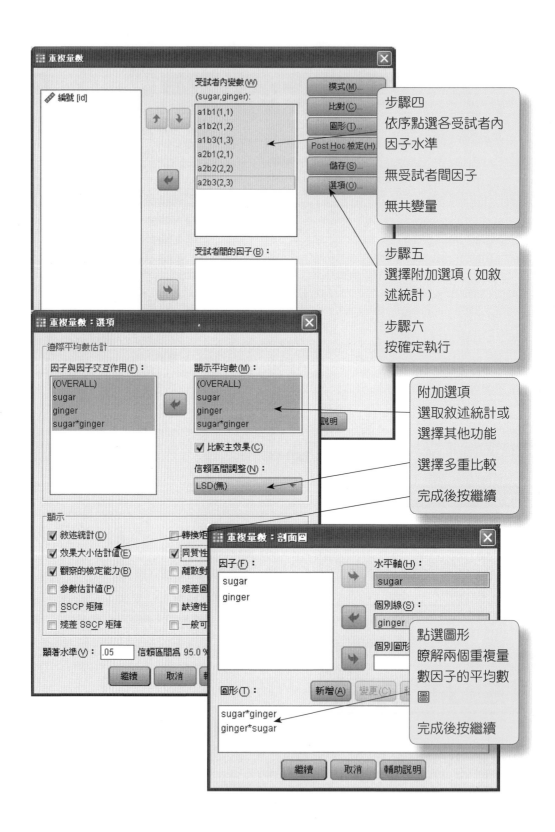

【 C. 結果輸出 】

受試者內因子

測量:MEASURE_1

sugar	ginger	依變數
1	1	a1b1
	2	a1b2
	3	a1b3
2	1	a2b1
	2	a2b2
	3	a2b3

> 自變數名稱及水準數
> 自變數 1: Sugar (兩個水準)
> 自變數 2: Ginger (三個水準)
> 共六個水準。描述統計量

敘述統計

	平均數	標準離差	個數
a1b1 低糖低薑飲料	3.20	1.483	5
a1b2 低糖中薑飲料	6.40	2.608	5
a1b3 低糖高薑飲料	8.20	.837	5
a2b1 普通糖低薑飲料	6.20	1.304	5
a2b2 普通糖中薑飲料	8.40	1.817	5
a2b3 普通糖高薑飲料	5.60	1.140	5

> 各變數描述統計量
> 每一個樣本的平均數、標準差、個數

> 球形考驗
> Sugar 只有兩組，沒有檢驗值，其他各檢驗未顯著，表示沒有違反

Mauchly 球形檢定[b]

測量:MEASURE_1

受試者內效應項	Mauchly's W	近似卡方分配	df	顯著性	Epsilon[a]		
					Greenhouse-Geisser	Huynh-Feldt	下限
sugar	1.000	.000	0	.	1.000	1.000	1.000
ginger	.202	4.791	2	.091	.556	.617	.500
sugar * ginger	.532	1.895	2	.388	.681	.912	.500

檢定正交化變數轉換之依變數的誤差 共變量矩陣的虛無假設,是識別矩陣 的一部份。

a. 可用來調整顯著性平均檢定的自由度。改過的檢定會顯示在 "Within-Subjects Effects" 表檢定中。

b. Design:截距
受試者內設計: sugar + ginger + sugar * ginger

受試者內效應項的檢定

測量:MEASURE_1

來源		型 III 平方和	df	平均平方和	F	顯著性	淨相關 Eta 平方
sugar	假設為球形	4.800	1	4.800	2.165	.215	.351
	Greenhouse-Geisser	4.800	1.000	4.800	2.165	.215	.351
	Huynh-Feldt	4.800	1.000	4.800	2.165	.215	.351
	下限	4.800	1.000	4.800	2.165	.215	.351
誤差 (sugar)	假設為球形	8.867	4	2.217			
	Greenhouse-Geisser	8.867	4.000	2.217			
	Huynh-Feldt	8.867	4.000	2.217			
	下限	8.867	4.000	2.217			
ginger	假設為球形	41.267	2	20.633	8.092	.012	.669
	Greenhouse-Geisser	41.267	1.113	37.089	8.092	.040	.669
	Huynh-Feldt	41.267	1.234	33.439	8.092	.034	.669
	下限	41.267	1.000	41.267	8.092	.047	.669
誤差 (ginger)	假設為球形	20.400	8	2.550			
	Greenhouse-Geisser	20.400	4.451	4.584			
	Huynh-Feldt	20.400	4.936	4.133			
	下限	20.400	4.000	5.100			
sugar * ginger	假設為球形	44.600	2	22.300	12.990	.003	.765
	Greenhouse-Geisser	44.600	1.362	32.745	12.990	.011	.765
	Huynh-Feldt	44.600	1.823	24.459	12.990	.004	.765
	下限	44.600	1.000	44.600	12.990	.023	.765
誤差 (sugar*ginger)	假設為球形	13.733	8	1.717			
	Greenhouse-Geisser	13.733	5.448	2.521			
	Huynh-Feldt	13.733	7.294	1.883			
	下限	13.733	4.000	3.433			

A 主要效果檢定值 SS_A 糖分變數的主要效果檢定顯著性 $p=.215$ 可知未達顯著

B 主要效果檢定值 SS_B 薑濃度變數的主要效果檢定顯著性 $p=.215$ 可知未達顯著

交互效果檢定值 SS_{A*B} 糖分 * 薑濃度兩自變數交互效果的顯著性 $p=.003$，可知十分顯著

受試者間效應項的檢定

測量:MEASURE_1
轉換的變數:均數

來源	型 III 平方和	df	平均平方和	F	顯著性	淨相關 Eta 平方
截距	1203.333	1	1203.333	229.206	.000	.983
誤差	21.000	4	5.250			

受試者效果檢定即受試者間平均數之變異量

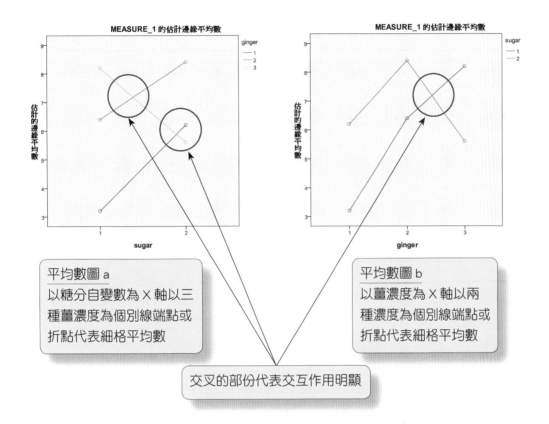

平均數圖 a
以糖分自變數為×軸以三種薑濃度為個別線端點或折點代表細格平均數

平均數圖 b
以薑濃度為×軸以兩種濃度為個別線端點或折點代表細格平均數

交叉的部份代表交互作用明顯

【D. 結果說明】

　　分析的結果發現，相依樣本的球形檢定並未違反，Mauchly's W 係數為 .202（χ^2 = 4.791，$p > .05$）及 .532（χ^2 = 1.895，$p > .05$），因此不需使用修正公式得到的數據。

　　由參與者內效應項的檢定，可以看出兩個自變數主要效果中糖分自變數（sugar）並未達到顯著水準，$F_{(1,4)}$ = 2.165，$p > .05$，薑濃度（ginger）則有顯著的效果，$F_{(2,8)}$ = 8.092，$p < .05$。

　　sugar × ginger 交互作用項達顯著水準，$F_{(2,8)}$ = 12.99，$p < .01$，以剖面圖來觀察，亦可發現有明顯的交叉或非平行線段。因此 B 主要效果即使顯著，也不須進行處理。變異數分析摘要表見表 9.12。

表 9.12　二因子變異數分析（完全相依設計）摘要表

變異來源	SS	df	MS	F
組間	90.67	5		
SUGAR(A 主要效果)	4.80	1	4.80	2.16
GINGER(B 主要效果)	41.27	2	20.63	8.10*
SUGAR*GINGER(交互作用)	44.60	2	22.30	12.99**
組內	64	24	2.67	
參與者間 S	21.00	4	5.25	
殘差 (A×S)	8.87	4	2.22	
殘差 (B×S)	20.40	8	2.55	
殘差 (AB×S)	13.73	8	1.72	
全體 Total	154.67	29		

*$p < .05$　　**$p < .01$

二、單純主要效果之檢驗

　　本範例是一個交互作用顯著的完全相依設計二因子變異數分析，由於交互作用顯著，研究結果必須等待單純主要效果分析完畢才能得到。而由於兩個自變數都是受試者內設計變數，因此單純主要效果仍必須分別就兩個因子分別來討論。討論糖分變數的 A 單純主要效果時，需依薑濃度自變數的三個水準分成低薑 b1、中薑 b2、高薑 b3 三個單純主要效果分別來分析；相對的，討論薑濃度變數的 B 單純主要效果時，需依另一個自變數糖分的兩個水準分成低糖 a1、正常糖 a2 兩條件個別來進行，共計進行五次單純主要效果考驗（重複量數）。

　　對於 A 單純主要效果而言，不論在 b1、b2 或 b3 等三個 B 因子水準下進行單純主要效果檢驗，都是重複量數的雙樣本平均數統計檢定，可以使用相依樣本 t 檢定的概念或單因子變異數分析重複量數設計來檢驗；然而，對於 B 單純主要效果，不論在 a1 或 a2 兩個水準下，因為 B 因子具有三個水準，屬於重複量數的三樣本平均數統計檢定，必須使用單因子變異數分析的重複量數設計來檢驗，且 B 單純主要效果若達顯著，還需進行事後考驗，比較 B 因子三個不同水準的差異情形。考驗的程序與結果說明如後：

【A. 操作程序】

步驟一：點選 分析 → 一般線性模式 → 重複量數 ，進入定義對話框。

步驟二：進行 A 簡單主要效果檢驗在 b1 條件下時，受試者內設計因子只需輸入 A 因子名稱（SUGAR）及水準數 (2)。按 定義 。

步驟三：進入重複量數對話框，將與 b1 有關的變數點選至右方清單中，並選擇所需附加功能，如 選項 。按 確定 執行。

步驟四：重複上述一至三步驟，但以 B 因子的其他水準，進行相同的重複量數單因子變異數分析。

步驟五：進行 B 簡單主要效果檢驗在 a1 條件下時，受試者內設計因子輸入 B 因子名稱（GINGER）及水準數 (3)。按 定義 。

步驟六：進入重複量數對話框，將與 a1 有關的變數點選至右方清單中，選擇附加功能，加選 B 因子事後考驗。按 確定 執行。

步驟七：重複上述五六步驟，但以 A 因子的其他水準，進行相同的重複量數單因子變異數分析。

【B. 步驟圖示】

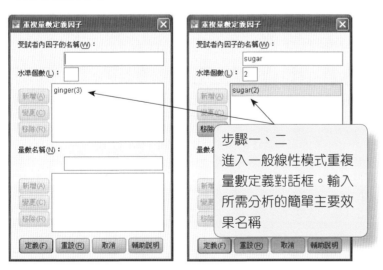

步驟一、二
進入一般線性模式重複量數定義對話框。輸入所需分析的簡單主要效果名稱

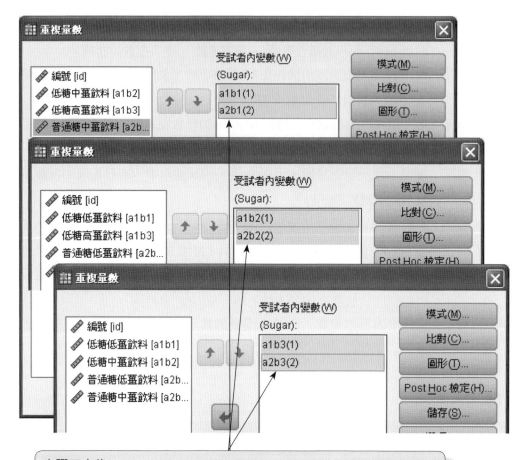

步驟三之後

點選與 b1 有關的兩個變數,移至清單中,即是對 b1 下的 A 因子簡單主要效果之檢驗,依此類推,計執行三次 (b1、b2、b3)。對於 B 因子的簡單主要效果,亦遵循相同原理,執行兩次 (a1、a2),但是每次需點選三個與 a1、a2 有關的變數 (a1b1、a1b2、a1b3 以及 a2b1、a2b2、a2b3),移入清單中,並點選事後考驗

【C. 結果輸出】

A：A因子單純主要效果

　　（註：A因子單純主要效果共計需執行三次，僅列出一次之結果。）

受試者內因子

測量:MEASURE_1

Sugar	依變數
1	a1b1
2	a2b1

敘述統計

	平均數	標準離差	個數
a1b1 低糖低薑飲料	3.20	1.483	5
a2b1 普通糖低薑飲料	6.20	1.304	5

> 顯示納入分析依變項為在 b1 條件下的 A 因子效果 a1b1 與 a2b1

A 簡單主要效果均方和
糖份變數的簡單主要效果檢定必須以人工方式計算。

受試者內效應項的檢定

測量:MEASURE_1

來源		型 III 平方和	df	平均平方和	F	顯著性	淨相關 Eta 平方
Sugar	假設為球形	22.500	1	22.500	6.923	.058	.634
	Greenhouse-Geisser	22.500	1.000	22.500	6.923	.058	.634
	Huynh-Feldt	22.500	1.000	22.500	6.923	.058	.634
	下限	22.500	1.000	22.500	6.923	.058	.634
誤差 (Sugar)	假設為球形	13.000	4	3.250			
	Greenhouse-Geisser	13.000	4.000	3.250			
	Huynh-Feldt	13.000	4.000	3.250			
	下限	13.000	4.000	3.250			

殘差項
此處殘差項不能作為 F 檢定的分母

B：B 因子單純主要效果

（註：B 因子單純主要效果共計需執行兩次，僅列出一次之結果。）

受試者內因子

測量:MEASURE_1

Ginger	依變數
1	a1b1
2	a1b2
3	a1b3

敘述統計

	平均數	標準離差	個數
a1b1 低糖低薑飲料	3.20	1.483	5
a1b2 低糖中薑飲料	6.40	2.608	5
a1b3 低糖高薑飲料	8.20	.837	5

顯示納入分析依變數
為在 a1 條件下的 B 因子效果 a1b1、a1b2 與 a1b3

B 簡單主要效果均方和
薑濃度變數的簡單主要效果檢定需另行以人工方式計算。

受試者內效應項的檢定

測量:MEASURE_1

來源		型 III 平方和	df	平均平方和	F	顯著性	淨相關 Eta 平方
Ginger	假設為球形	64.133	2	32.067	18.500	.001	.822
	Greenhouse-Geisser	64.133	1.754	36.561	18.500	.002	.822
	Huynh-Feldt	64.133	2.000	32.067	18.500	.001	.822
	下限	64.133	1.000	64.133	18.500	.013	.822
誤差 (Ginger)	假設為球形	13.867	8	1.733			
	Greenhouse-Geisser	13.867	7.017	1.976			
	Huynh-Feldt	13.867	8.000	1.733			
	下限	13.867	4.000	3.467			

殘差項
此處殘差項不能作為 F 檢定的分母

事後比較 (LSD) 法
薑濃度簡單主要效果：三個
水準 3>1，但是 3:2 與 2:1
未達顯著

成對比較

測量:MEASURE_1

(I) ginger	(J) ginger	平均差異 (I-J)	標準誤差	顯著性ª	差異的 98.4% 信賴區間 下界	上界
1	2	-3.200	.800	.016	-6.408	.008
	3	-5.000*	.707	.002	-7.835	-2.165
2	1	3.200	.800	.016	-.008	6.408
	3	-1.800	.970	.137	-5.688	2.088
3	1	5.000*	.707	.002	2.165	7.835
	2	1.800	.970	.137	-2.088	5.688

根據估計的邊緣平均數而定

a. 調整多重比較：最低顯著差異 (等於未調整值)。

*. 平均差異在 .016 水準是顯著的。

族系誤差率的設
定結果

【D. 結果說明】

單純主要效果必須分別以兩個自變數進行資料的分割，誤差項必須取用相對應的誤差變異。B 因子在 A 因子下的變異來源為 SS_B、SS_{AB}，因此誤差項與自由度需為 SS_B 與 SS_{AB} 的誤差項和（20.4+13.73 = 34.13）；而 A 因子在 B 因子下的變異來源為 SS_A、SS_{AB}，因此誤差項與自由度需為 SS_A 與 SS_{AB} 的誤差項之和（8.87+13.73 = 22.6）。另外，F 檢定必須以族系誤差率來考量各檢定的顯著性，α_{FW} 為 .05/3 = .016。

由表 9.13 數據可以得知：糖分高低對於消費者的影響，在低薑、中薑與高薑條件下均具有顯著差異。低糖低薑飲料平均滿意度為 3.2，但是普通糖低薑飲料則有 6.2，$F_{(1,12)} = 11.97$，$p < .01$。低糖中薑飲料平均滿意度為 6.4，普通糖中薑飲料為 8.4，$F_{(1,12)} = 5.327$，$p < .05$。有趣的是，低糖高薑飲料平均滿意度為 8.2，但是普通糖高薑飲料反而有較低的滿意度（5.6），$F_{(1,12)} = 8.99$，$p < .05$，顯示出非次序性的交互作用（平均數大小關係倒置）。另一方面，薑濃度的影響在低糖的情況下有明顯的顯著差異 $F_{(2,16)} = 15.06$，$p < .001$。從平均數的高低可以看出，低糖高薑的接受度最佳（8.2），低糖中薑次佳（6.4），低糖低薑差（3.2），事後考驗發現低糖高薑與低糖中薑（$p = .137$），以及低糖中薑與低糖低薑（$p < .05$）沒有顯著差異，顯示消費者僅對於低糖高低薑成分的接受度有區辨力（$p < .01$）。

表 9.13 單純主要效果分析摘要表

單純主要效果內容	SS	df	MS	F	P	事後比較
A 糖分因子						
在低薑條件下	22.5	1	22.5	11.97	.005	
在中薑條件下	10.0	1	10.0	5.32	.040	
在高薑條件下	16.9	1	16.9	8.99	.011	
誤差 (A+AB*block)	22.6	12	1.88			
B 薑濃度因子						
在低糖條件下	64.13	2	32.07	15.06	.000	3>1
在普通糖條件下	21.73	2	10.87	5.10	.019	3>2
誤差 (B+AB*block)	34.13		16		2.13	

　　綜合上述發現，糖分與薑的濃度具有交互效果，因此對於新產品的成份不能分別就兩個甜度與薑濃度兩個自變數來討論，而須經由交互作用的分析來看。單純主要效果的分析發現，低糖高薑是最佳的成份，不但較普通糖高薑為佳，亦較低糖低薑為佳，但是與低糖中薑的區別不明顯。所以研發單位的結論報告應是採用低糖高薑為上策，但亦可考慮低糖中薑的成份配方。

本章重要概念

二因子變異數分析 two-way analysis of variance

雙向表 double entry table

交互效果 interaction effect

單純主要效果 simple main effect

非次序性交互效果 disordinal interaction

部份非次序性交互效果 partially disordinal interaction

受試者內效果 within-subject effect

三因子變異數分析 three-way analysis of variance

主要效果 main effect

調節效果 moderation effect

單純交互效果 simple interaction effect

次序性交互效果 ordinal interaction

混合設計 mixed design

受試者間 between-subject effect

加成模型 additive model

課後習作

一、請針對下列各題的描述，說明 (1) 自變數的數目與水準數？(2) 各自變數是獨立還是相依設計？(3) 各種檢定的名稱為何？(4) 有幾個細格平均數與邊際平均數？(5) 每個平均數是由多少個樣本所組成？

1. 市場調查人員訪問賣場中的未婚、已婚但無子女以及已婚且育有子女者之三類消費者並區分男生與女性，每一種狀況各調查 10 名，詢問他們對於食品安全的重視程度。

2. 前一題的市場調查人員為了節省時間，對於未婚、已婚但無子女以及已婚且育有子女者之這三類消費者都找一對一對的男女朋友或夫妻，每一種 10 對共 30 對，詢問他們對於食品安全的重視程度。

3. 某系學生 50 名，男女比例為 2:3，他們從大一到大四的簡報能力逐年上升，但是男生進步幅度似乎比較平緩。

4. 某電影院打算引進一批歐美影片，包括動作片與文藝片兩種，這兩類又可成長時間與短時間片兩類，共有四片，院方找來 10 名試映者觀賞完畢這四部影片，並要求他們對這四部片子評估他們的喜好程度。

二、某便利商店的冷熱咖啡各有大小兩種容量，這四種型態咖啡的新鮮度的口感似乎不同，於是市場調查人員設計了一個回饋表，每一種型態各五張，請 20 位消費者以 1 到 10 分的分數評估新鮮口感。資料如下

| 溫度別 | 冰咖啡 | | 熱咖啡 | | 總和 | | | | |
容量別	小	大	小	大	冰	熱	小	大	全體
	9	8	10	5					
	7	6	8	4					
	6	5	9	5					
	5	5	8	5					
	8	6	10	6					
樣本數	5	5	5	5	10	10	10	10	20
平均數	7.0	6.0	9.0	5.0	6.5	7	8	5.5	6.75
標準差	1.58	1.22	1.00	0.71	1.43	2.26	1.63	1.08	1.86

1. 以二因子設計進行新鮮度分析，冷熱咖啡有無差異？大小包裝有無差異？溫度別與容量別的口感新鮮度有無交互作用？ $\alpha = .05$。

2. 請完成二因子變異數分析摘要表

3. 請繪製平均數圖來表現交互作用的狀況。

三、對於冷熱咖啡大小兩種容量的新鮮度口感研究，以 20 位購買者評分太過於費事，於是祭出買大送小或買小送大的策略，請同一位消費者就大小兩種包裝先後進行評估，可減少一半的消費者，如果得到的數據不變，只是將資料重新列表如下。

編號		小號裝	大號裝
1	冰	9	8
2	咖	7	6
3	啡	6	5
4		5	5
5		8	6
	平均數	7.0	6.0
	標準差	1.58	1.22
6	熱	10	5
7	咖	8	4
8	啡	9	5
9		8	5
10		10	6
	平均數	9	5
	標準差	1.00	0.71

總和	小	大	冰	熱	全體
樣本數	10	10	10	10	20
平均數	8.0	5.5	6.5	7.0	6.75
標準差	1.63	1.08	1.43	2.26	1.86

1. 以混合二因子設計進行新鮮度分析，冷熱咖啡有無差異？大小包裝有無差異？溫度別與容量別的口感新鮮度有無交互作用？ $\alpha = .05$。

2. 請完成二因子變異數分析摘要表。

3. 比較兩種分析狀況的差異。

四、如果還要更精簡，請同一個消費者嘗試四種狀況後評估新鮮口感分數，只需要五位消費者就可以完成前面的數據，假設得到的評分結果不變，資料格式可以沿用第二大題的資料格式，同一橫列為同一位消費者。

1. 改用相依二因子設計進行新鮮度分析，冷熱咖啡有無差異？大小包裝有無差異？溫度別與容量別的口感新鮮度有無交互作用？ $\alpha = .05$。

2. 請完成二因子變異數分析摘要表。

3. 請以 SPSS 完成這三項分析並加以比較之。

10 共變數分析

10.1 前言

　　在學術界中，實驗研究被公認是探究因果關係的最佳甚至是唯一的研究設計，而能夠對於實驗數據進行假設檢定的變異數分析，就是提供因果關係證據的關鍵功臣。因此對於終生致力於學問的學者專家來說，熟悉善用變異數分析成為追求真理、建立因果論證的不二法門；對於身在實務領域的工作者，如果能夠依循實驗設計的精神蒐集數據、善用變異數分析，也可以掌握關係事理、建立應用法則，在實務工作中具體受益。但是問題是，並不是所有的研究議題或實務課題都可以在實驗室中進行研究，即使可行，要達到實驗設計的各項嚴格要求也十分不容易，如果研究數據帶有瑕疵（例如受到第三變數的干擾、參與者背景迥異），那麼還可以進行變異數分析嗎？有沒有補救替代的方法？本章所要介紹的**共變數分析**（analysis of covariance; ANCOVA），就是可能的解決方案之一。

　　基本上，ANCOVA 同屬於 ANOVA 家族的一員，其考驗邏輯與前幾章的內容也大同小異。ANCOVA 之所以比 ANOVA 略勝一籌，其關鍵在於能夠以**統計控制**（statistical control）的手段來排除**擾亂變數**（nuisance variable）的影響，使得受到干擾的實驗數據得以獲得純化，回歸到 ANOVA 的嚴格規範之下來進行假設檢定。換言之，ANCOVA 並非擁有什麼特異功能能夠解決實驗研究所面對的各種困境，只是在 ANOVA 的考驗架構中提供了更大的彈性，擴充了 ANOVA 的應用空間。

　　共變數分析的具體作法是在一個典型的 ANOVA 中加入一個或多個連續性的**共變項**（covariate），以控制變數與依變數間的共變為基礎，進行調整得到排除控制變數影響的純淨統計量。所謂純淨，是指自變數與依變數的關係，因為先行去除控制變數與依變數的共變，因而不再存有該控制變數的影響，單純的反映研究所關心的自變數與依變數關係。

　　在實驗研究中，共變數分析多用於具有前後測設計。由**前測**（pretest）所測得的變數可以作為控制變數，依變數則為實驗之後針對同一個變數再次測量所得到的**後測**（post-test）分數。值得注意的是，控制變數多為穩定的特質，不易受到實驗操縱的影響（例如，智商、社經地位等等），因此控制變數的測量是否必須在實驗前完成，可否隨著研究的方便性在研究進行中或完成後進行測量或收集，研究者並無定論，必須視個別研究的狀況而定。

　　在實務領域中，如果研究者無法利用實驗操弄來進行研究，而是利用問卷調

查或行政管理手段來獲得一些非實驗資料，此時如果要探討類別自變數（例如性別、社經地位階層、學歷層級）對於某個連續依變數的影響，也非常適合使用 ANCOVA 來對一些會影響分析結果的干擾變數進行控制，比較有控制與沒有控制下的假設檢定結果是否有所不同，提供更豐富多樣的研究成果。更重要的是，ANCOVA 能夠對於這類研究數據所存在的樣本並非隨機分派、各水準樣本數不平衡等各項問題提出一套輔助解套方案，被許多實務工作者視為解救 ANOVA 困境的救命仙丹。由此可知，ANCOVA 是一種在學術與實務領域都非常實用的統計分析方法，非常值得學習。

10.2 共變數分析的基本模式

10.2.1 迴歸分析與平均數檢定的整合

簡單來說，ANCOVA 的檢定原理，是先以**迴歸分析**（regression analysis）來把依變數對共變項作迴歸，把兩者的關係先行排除之後，再依照 ANOVA 的變異拆解原理來進行 F 檢定，考驗 H_0 的真偽。換言之，ANCOVA 是一種整合了迴歸分析與 ANOVA 的**二階段程序性分析**（two-stage sequential analysis），其中的關鍵概念就是迴歸。也因此，共變項必須是連續變數，才能先以迴歸原理進行關係排除，進而執行平均數的變異分析。

雖然我們要到下一章才會開始對於相關與迴歸的概念進行完整介紹，但是迴歸控制是 ANCOVA 的關鍵程序，且其對於迴歸分析概念的涉入程度也不複雜，因此在本章當中將會先行討論迴歸在 ANCOVA 當中的運作原理，如果讀者想要對於迴歸有一深入的瞭解，可以在後續的章節中得到相關的資訊。

10.2.1.1 平減迴歸

在第四章的描述統計中，我們曾經對於一個連續變數的變異數的概念與計算進行詳細討論。如果對於某個樣本在某連續變數（Y）上的變異情形可以利用公式 10-1 估計其變異數，那麼兩個連續變數（X 與 Y）的共同變化就可以利用公式 10-2 的共變數（covariance）進行估計。

$$Var(Y) = \frac{\Sigma(Y - \overline{Y})^2}{N - 1}$$ （10-1）

$$Cov(X,Y) = \frac{\Sigma(X - \overline{X})(Y - \overline{Y})}{N - 1}$$ （10-2）

對於兩個連續變數的共變關係，可以建立一個以 X 變數來估計 Y 變數的線性方程式，如公式 10-3 所示。

$$\hat{Y} = \alpha + \beta X$$ （10-3）

其中 α 為截距、β 為斜率，利用此一線性方程式，得以 X 的資訊來估計 Y 的資訊，其中斜率 β 代表 X 對 Y 的影響力的強弱，稱為**迴歸係數**（regression coefficient）。由於迴歸方程式通過（$\overline{X}$, $\overline{Y}$），如果將 X 減去平均數得到離均差（$X - \overline{X}$），亦即將 X 變數的零點向平均數平移，稱為**平減**（mean centering），此時平減迴歸方程式即成為公式 10-4，其中斜率 β 維持不變但截距項成為 $\overline{Y}$，可以用來進行平均數的考驗之用。

$$\hat{Y} = \overline{Y} + \beta(X - \overline{X})$$ （10-4）

10.2.1.2 共變數分析的一般線性模式

如果將公式 10-4 的 Y 作為 ANCOVA 中的依變數，X 為 ANCOVA 中的共變項，將 Y 以 X 作平減迴歸後，並與變異數分析的一般線性模式相整合，即可得到公式 10-5 的共變數分析定義式。因為此式以共變項的運用為核心，因此稱為共變數分析。

$$Y_{ij} = \mu + \alpha_j + [\beta_j(X_{ij} - \overline{X}_G)] + \varepsilon_{ij} \qquad （10\text{-}5）$$

公式 10-5 中只有一個類別自變數（A 因子），因此各項下標的 j 代表該 A 因子的各水準，$j = 1,..,k$，各水準下有 i 個參與者，$i = 1,..,n$，α_j 代表該自變數的主要效果，迴歸係數 β_j 表示共變項的影響力。由於迴歸係數 β_j 亦帶有下標 j，表示各水準各自有一條平減迴歸方程式，X 變數的零點向總平均數平移，稱為**總平減**（grand mean centering）。

若將公式 10-5 與第八章的單因子變異數分析定義式（公式 8-1）相比較，很清楚的可以看到 ANCOVA 增加了一項代表共變項的作用項 $\beta_j(X_{ij} - \overline{X}_G)$，其中 β_j 稱為**組內迴歸係數**（within group regression coefficient），代表各水準下的 $X \rightarrow Y$ 的迴歸係數，由樣本推導得出的估計數以 $\hat{\beta}_j$ 表示。如果自變數有 k 組，就有 k 個迴歸係數，在 ANCOVA 中，各組迴歸係數需假設為相等，稱為迴歸係數同質假設。

在 ANCOVA，係將共變項的關係先行移除，以調整後的依變數（Y'_{ij}）進行變異數拆解，如公式 10-6 所示，因此各樣本的組平均數也將隨之改變。

$$Y'_{ij} = Y_{ij} - \beta_j(X_{ij} - \overline{X}_G) = \mu + \alpha_j + \varepsilon_{ij} \qquad （10\text{-}6）$$

為了便於說明 ANCOVA 的原理，本章持續以運動對於睡眠的影響研究數據為例。今天有 36 位學生參與不同實驗處理後記錄他們的睡眠時間，三種實驗處理的

單因子變異數分析為獨立樣本設計。研究者認為平時的睡眠習慣是本研究的干擾變數,平時睡得太多或太少,參加實驗的睡眠時間可能受到混淆影響,兩者之間是正相關或負相關則不得而知。此時,研究者必須先行測量受試者平時睡眠時數作為研究的控制變數(以 X 表示),並以 ANCOVA 來進行考驗。假設性資料如表 10.1。

由三組樣本在平時睡眠時數(共變項)的平均數($\overline{X}_1 = 7.06$、$\overline{X}_2 = 6.85$、$\overline{X}_3 = 7.24$)並不相等,因此可預期納入共變項後再進行 ANCOVA 的 Y 變數的平均數不再是表 10.1 中的 $\overline{Y}_1 = 7.32$、$\overline{Y}_2 = 7.54$ 與 $\overline{Y}_3 = 8.18$,而會有新的調整後平均數 $\overline{Y}_j'$。

表 10.1　運動對睡眠影響研究數據(含共變項)

| | 輕度運動量組 | | 中度運動量組 | | 重度運動量組 | | 全體 | |
	X 平時	Y 運動後	X 平時	Y 運動後	X 平時	Y 運動後	X 平時	Y 運動後
1	8.2	6.5	7.2	7.4	6.6	8.0		
2	7.0	7.3	7.4	6.8	7.5	7.7		
3	8.0	6.6	8.2	6.7	7.2	7.1		
4	7.2	7.4	7.1	7.3	7.4	7.6		
5	7.0	7.2	6.2	7.6	6.9	6.6		
6	6.8	6.8	6.6	7.4	7.9	7.2		
7	6.9	7.1	6.9	7.4	7.5	8.2		
8	7.5	7.9	6.0	8.1	7.7	8.5		
9	6.4	8.2	6.2	8.2	6.9	9.5		
10	6.8	7.7	7.0	8.0	7.1	8.7		
11	7.4	7.5	7.2	7.6	7.2	9.6		
12	5.5	7.6	6.2	8.0	7.0	9.4		
總和	84.7	87.8	82.2	90.5	86.9	98.1	253.8	276.4
平方和	603.39	645.3	567.58	685.07	630.83	812.81	1801.8	2143.18
Mean	7.06	7.32	6.85	7.54	7.24	8.18	7.05	7.68
SS	5.55	2.90	4.51	2.55	1.53	10.84	12.510	21.042
CP_{XY}	-2.22		-2.78		-.89		-4.45	

10.3 共變數分析的調整作用

由於公式 10-5 導入了共變項平減迴歸效果 $\beta_j(X_{ij} - X_G)$，進而改變了模式中的其它各項數值大小，其中 μ 為 Y_{ij} 的期望值，為一固定常數，因此共變項的導入將造成兩種調整：對於自變數效果 α_j 的調整，以及對於誤差項 ε_{ij} 的調整。當迴歸係數 $\hat{\beta}_j$ 越強，表示調整的幅度越大。

10.3.1 誤差變異的調整

在公式 10-5 的共變數分析一般線性模式中，誤差項 ε_{ij} 反映的是排除共變項效果後的抽樣誤差。如果共變項對依變數 Y 的解釋變異量為 SS_C，由於離均差平方和恆為正值，因此共變項的納入僅會降低誤差變異，因此可以降低標準誤、提高檢定力，$\hat{\beta}_j$ 越強則削減誤差變異的比例越大。

假設今天有兩班學生，其中一班接受實驗操弄（生涯輔導）而視為實驗組，另一班未接受任何輔導而為對照組，自變數水準數為 $k = 2$。依變數是調查學生們接受輔導後的生涯目標明確性，兩班平均數分別為 $\overline{Y}_1$（實驗組）與 $\overline{Y}_2$（對照組），變異數為 s_1^2 與 s_2^2。若學業成績是影響實驗數據分析的混淆因子，因此可將學業成績以共變項（X）處理。假設兩組學生在學業成績上有相同的平均數與變異數，且兩組學生的 X 與 Y 變數的線性關聯強度相當，兩組學生的 X 與 Y 線性方程式有相同的斜率（$b_1 = b_2$），那麼共變項（X 軸）與依變數（Y 軸）的關係，以及實驗組與對照組的數據關係可以圖 10.1 表示。此時，縱軸為依變數分配，稱為**邊際分配**（marginal distribution），X 與 Y 平面中的共變稱為**條件分配**（conditional distribution），表示不同的 X 水準下的 Y 變數的分配。

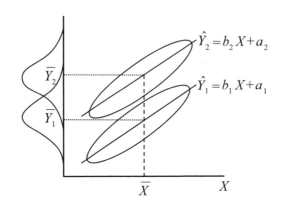

圖 10.1　共變數分析的變數關係概念圖

在共變數分析中，被用來進行分析的是條件分配，傳統的 ANOVA 則是邊際分配。條件分配說明了 X 與 Y 的關係，兩條個別迴歸方程式代表不同自變數水準下的 X 與 Y 的關係。從時間先後來看，共變數分析先處理的是依變數與共變項的關係，其次才是自變數的作用。

當以 X 與 Y 的共變關係來進行分析時，也就是以兩條迴歸方程式來取代原先的兩組 Y 變數分數的變動關係，若兩條迴歸方程式的斜率相同，則兩組的集中趨勢的差距（$\overline{Y}_1 - \overline{Y}_2$）則無改變，即為兩條迴歸方程式的截距的差（$a_1 - a_2$）。由此可知，在各假設成立的前提下（例如各組的斜率相等），圖 10.1 所表現的共變數分析中，自變數對於 Y 變數的作用程度 $\overline{Y}_1 - \overline{Y}_2$ 並未改變，但是誤差變異則因為相關的存在而變小，因此整體所得到的統計檢定量將會放大。

10.3.2 平均數的調整

共變項效果加入了變異數分析所產生的另一個調整作用是依變數平均數的變化。前面圖 10.1 中，各組在共變項（學業成績）的平均數並無差異，亦即 $\overline{X}_1 = \overline{X}_2 = \overline{X}$，如果各組的斜率相等，各組在 Y 變數的平均數差異等於截距的差異，但是當各組在共變項上的平均數存在差異時，Y 變數的平均數估計值便會隨之調整。

圖 10.2(a) 表示為各組在共變項的平均數並無差異（$\overline{X}_1 = \overline{X}_2 = \overline{X}$）的情形，$Y$

變數平均數差異為截距的差異，如果平均數差異縮小，兩條方程式越趨接近，如圖 10.2(b) 所示。如果各組在共變項上的平均數存在差異時（$\overline{X}_1 \neq \overline{X}_2$），即產生圖 10.2(c) 與圖 10.2(d) 兩種狀況。其中圖 (c) 表示當第一組在共變項平均數大於第二組時（$\overline{X}_1 > \overline{X}_2$），此時迴歸線垂直距離縮小，各水準在 Y 變數的平均數估計值將降低。相對的，若第一組在共變項的平均數小於第二組（$\overline{X}_1 < \overline{X}_2$），此時迴歸線的垂直距離擴大，各水準在 Y 變數平均數將增大，如圖 10.2(d) 所示。

當共變項上的平均數有組間差異時，會對 Y 變數的平均數估計產生調整作用，稱為**調整平均數**（adjusted mean）。若第一組的依變數平均數大於第二組時，如果共變項的平均數也是第一組大於第二組，此時共變項上的平均數正差異即會使依變數平均數差異向下調整（變小）；反之，如果共變項的平均數反而是第二組大於第一組，此時共變項上的平均數負差異即會使依變數平均數差異向上調整（變大），加強了依變數上兩組的差異量。

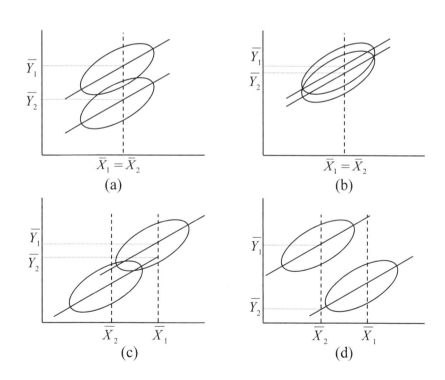

圖 10.2 共變數分析對於平均數的調整圖示

10.4 共變數分析的原理

10.4.1 變異拆解原理

在一個 ANCOVA 中，共變項 X 與依變數均為連續變數，因此 X 與 Y 可分別計算出總離均差平方和 SS_t，以 $SS_{t(X)}$ 與 $SS_{t(Y)}$ 表示，自變數的組間效果 SS_b 亦可以分別就 X 與 Y 變數來計算，得到 $SS_{b(X)}$ 與 $SS_{b(Y)}$，組內效果則為 $SS_{w(X)}$ 與 $SS_{w(Y)}$，各離均差平方和具有加成關係：$SS_{t(X)} = SS_{b(X)}+SS_{w(X)}$、$SS_{t(Y)} = SS_{b(Y)}+SS_{w(Y)}$。

共變數分析的主要關鍵，在於利用 X 與 Y 之間的線性關係來進行調整。因此 X 與 Y 的共變關係強弱影響了調整的多寡。而 X 與 Y 的共同變異，在不分組的情況下可求出全體觀察值總共變積和 $SP_{t(XY)}$（sum of cross product），若依前述推理原則，可以拆解成公式 10-7。

$$SP_{t(XY)} = SP_{b(XY)}+SP_{w(XY)} \qquad (10\text{-}7)$$

其中 $SP_{b(XY)}$ 為組間積和，為 X 各組平均數的離均差與 Y 各組平均數離均差的乘積和，$SP_{w(XY)}$ 為組內積和，為各組內部的 X 離均差與 Y 離均差乘積和的總和，如公式 10-8 與 10-9 所示。

$$SP_{b(XY)} = n \sum (\overline{X}_{.j} - \overline{X}_G)(\overline{Y}_{.j} - \overline{Y}_G) \qquad (10\text{-}8)$$

$$SP_{w(XY)} = \sum\sum (X_{ij} - \overline{X}_{.j})(Y_{ij} - \overline{Y}_{.j}) = \sum SP_j \qquad (10\text{-}9)$$

10.4.2 整合迴歸係數 $\hat{\beta}_t$

在 ANCOVA 中，利用全體觀察值，可以計算出共變項（X）對於依變數的迴歸方程式，由於方程式經過（$\overline{X}_G$, $\overline{Y}_G$），因此方程式可以將原點平移至兩個平均數的交叉點，如公式 10-10，利用這個方程式可以計算 Y 變數的預測分數 $\hat{Y}_{ij}$。

$$\hat{Y}_{ij} = \hat{\beta}_t(X_{ij} - \overline{X}_G) + \overline{Y}_G \tag{10-10}$$

公式 10-10 中，稱為整合迴歸係數，為所有樣本觀察值的 X 與 Y 的迴歸係數估計數，是所有各組的 X 與 Y 的共變關係的合成效果。根據迴歸原理，迴歸係數 $\hat{\beta}_t$ 算式如公式 10-11。$\hat{\beta}_t$ 越大，依變數的變異被削減的部分越多。

$$\hat{\beta}_t = \frac{\sum(X_{ij} - \overline{X}_G)(Y_{ij} - \overline{Y}_G)}{\sum(X_{ij} - \overline{X}_G)^2} = \frac{SP_{t(XY)}}{SS_{t(X)}} \tag{10-11}$$

利用方程式無法解釋依變數的部分稱為殘差，為觀察分數減去預測分數（$Y_{ij} - \hat{Y}_{ij}$），將殘差平方後相加，得到誤差離均差平方和：

$$\sum(Y_{ij} - \hat{Y}_{ij})^2 = \sum[(Y_{ij} - \overline{Y}_G) - \hat{\beta}_t(X_{ij} - \overline{X}_G)]^2 = SS_{t(Y)} - \hat{\beta}_t^2 SS_{t(X)} \tag{10-12}$$

誤差離均差平方和反映了去除 X 對 Y 的解釋力後所剩餘的依變數變異量，稱為**調整後總離均差平方和**（adjusted total sum of squares; $SS'_{t(Y)}$），在 ANCOVA 中，係以 $SS'_{t(Y)}$ 進行變異數分析，變異數拆解成下式：

$$SS'_{t(Y)} = SS_{t(Y)} - \hat{\beta}_t^2 SS_{t(X)} = SS_{t(Y)} - \frac{SP_{t(XY)}^2}{SS_{t(X)}} \tag{10-13}$$

以表 10.1 範例數據計算得到迴歸係數 $\hat{\beta}_T$ 與 $SS'_{\pi Y}$ 分別如下：

$$\hat{\beta}_t = \frac{SP_{t(XY)}}{SS_{t(X)}} = \frac{-4.45}{12.51} = -.356$$

$$SS'_{t(Y)} = 21.042 - (-.356)^2 \times (12.51) = 19.46$$

10.4.3 組內迴歸係數 $\hat{\beta}_w$

公式 10-11 是以全體觀察值為基礎的統計量，如果將觀察值依各水準分開計算，則可求出各組的調整後總離均差平方和 $SS'_{t(y)}$，下標改以小寫 x 與 y 表示（表示各組有不同數值）：

$$SS'_{t(y)} = SS_{t(y)} - \hat{\beta}_j^2 SS_{t(x)} = SS_{t(y)} - \frac{SP_{t(xy)}^2}{SS_{t(x)}} \tag{10-14}$$

$SS_{t(x)}$ 為共變項在各組的離均差平方和的加總（$SSx_1 + SSx_2 + SSx_3$），$SS_{t(x)}$ 為共變項在各組的離均差平方和的加總（$SSy_1 + SSy_2 + SSy_3$）。迴歸係數需採各組迴歸係數 $\hat{\beta}_j$：

$$\hat{\beta}_j = \frac{\sum (X_{ij} - \overline{X}_{.j})(Y_{ij} - \overline{Y}_{.j})}{\sum (X_{ij} - \overline{X}_{.j})^2} = \frac{SP_{t(xy)}}{SS_{t(x)}} \tag{10-15}$$

各組迴歸係數算出後，可以整合出一個各組迴歸係數的合成係數，以 $\hat{\beta}_w$ 表示，稱為組內迴歸係數，公式如 10-16 所示，一旦求出 $\hat{\beta}_w$ 後，即可求出調整後的

組內離均差平方和 SS'_w，如公式 10-17 所示。

$$\hat{\beta}_w = \frac{SS_{x1}\hat{\beta}_1 + SS_{x2}\hat{\beta}_2 + SS_{x3}\hat{\beta}_3}{SS_{x1} + SS_{x2} + SS_{x3}} \qquad (10\text{-}16)$$

$$SS'_{w(Y)} = SS_{w(Y)} - \hat{\beta}_w^2 SS_{w(X)} = SS_{w(Y)} - \frac{SP^2_{w(XY)}}{SS_{w(X)}} \qquad (10\text{-}17)$$

以範例數據來計算，各組 $\hat{\beta}_j$ 分別如下：

$$\hat{\beta}_1 = \frac{-2.22}{5.55} = -.40 \quad \hat{\beta}_2 = \frac{-2.78}{4.51} = -.62 \quad \hat{\beta}_3 = \frac{-.89}{1.53} = -.58$$

根據各組迴歸係數同質假設，各組 $\hat{\beta}_t$ 必須具有同質性，數值應接近，否則將使共變數分析在不同的 X 變數水準上，各組有不同的調整效果，範例中的三組的 $\hat{\beta}_t$ 數值還算接近。這三個迴歸係數的合成效果（組內迴歸係數）與經過共變項調整後的組內離均差平方和 $SS'_{w(Y)}$ 如下：

$$\hat{\beta}_w = \frac{5.55(-.40) + 4.51(-.62) + 1.53(-.58)}{5.55 + 4.51 + 1.53} = -.51$$

$$SS'_{w(Y)} = SS_{w(y)} - \hat{\beta}_w^2 SS_{w(x)} = 16.288 - (-.51)^2 \times 11.588 = 13.301$$

10.4.4 組間迴歸係數 $\hat{\beta}_b$

組間離均差平方和 SS_b 是 ANOVA 非常重要的部分，表示自變數的影響力，它受到共變項影響的調整，需利用 $\hat{\beta}_b$（組間迴歸係數）來處理。依照變異數分析的拆解原理，總變異數可以拆解為組間與組內變異兩個部分，那麼同理整合迴歸係數 $\hat{\beta}_t$ 也可以區分為調整組內變異的 $\hat{\beta}_w$ 與調整組間變異的 $\hat{\beta}_b$。$\hat{\beta}_b$ 的計算式如公式

10-18。

$$\hat{\beta}_b = \frac{n\sum(\overline{X}_{.j} - \overline{X}_G)(\overline{Y}_{.j} - \overline{Y}_G)}{\sum(\overline{X}_{.j} - \overline{X}_G)^2} = \frac{SP_{b(XY)}}{SS_{b(X)}}$$ （10-18）

$\hat{\beta}_b$ 的意義是最能適配於各組平均數的迴歸方程式斜率。公式 10-18 的分母 $SS'_{b(X)}$ 為共變項的組間離均差平方和，分子 $SS'_{b(XY)}$ 為兩個變數的組間平均數差異的積和，如公式 10-19。三種迴歸係數的關係可以整理成如公式 10-20。

$$SP_{b(XY)} = n\sum(\overline{X}_{.j} - \overline{X}_G)(\overline{Y}_{.j} - \overline{Y}_G)$$ （10-19）

$$\hat{\beta}_t = \frac{SS_{w(X)}\hat{\beta}_w + SS_{b(X)}\hat{\beta}_b}{SS_{w(X)} + SS_{b(X)}}$$ （10-20）

由範例資料可算出 $SS_{b(X)} = .922$，$SS_{b(Y)} = 4.754$，而 $SS_{w(X)}$ 為 5.55+4.51+1.53 = 11.588。

$$SP_{b(XY)} = n\sum(\overline{X}_{.j} - \overline{X}_G)(\overline{Y}_{.j} - \overline{Y}_G)$$
$$=12[(7.06-7.05)(7.32-7.68)+(6.85-7.05)(7.54-7.68)$$
$$+(7.24-7.05)(8.18-7.68)]$$
$$=12\times.1195 = 1.43$$

$$\hat{\beta}_b = \frac{SP_{b(XY)}}{SS_{b(X)}} = \frac{1.43}{.922} = 1.55$$

數據整合式如下：

$$\hat{\beta}_t = \frac{SS_{w(X)}\hat{\beta}_w + SS_{b(X)}\hat{\beta}_b}{SS_{w(X)} + SS_{b(X)}} = \frac{11.59 \times (-.51) + .92 \times 1.55}{11.59 + .92} = \frac{-4.45}{12.51} = -.356$$

調整後的組間離均差平方和 $SS'_{b(Y)}$ 為：

$$SS'_{b(Y)} = SS'_{t(Y)} = SS'_{w(Y)} = 19.46 - 13.301 = 6.159$$

10.4.5 共變數分析的整體考驗與事後考驗

10.4.5.1 整體考驗

整理前述的統計原理，ANCOVA 的統計考驗遵循 F 檢定，將依變數的總變異量，拆解成組間與組內兩個部份，進行變異數比值的 F 檢定。

由於共變數分析首先利用迴歸原理，將依變數的總變異量先行分割為共變項可解釋部份與不可解釋部份，不可解釋的變異再由變異數分析原理來進行拆解。因此在統計考驗中，多先行檢驗共變項對於依變數解釋力的 F 檢定，一併整理於摘要表中。變異量拆解關係式如公式 10-21。

$$SS_t = SP_{XY} + (SS'_b + SS'_w) \tag{10-21}$$

所有的統計量整理成如表 10.2 的 ANCOVA 摘要表，即可整理得出共變項與自變數的 F 檢定量，如公式 10-22 與 10-23 所示。

$$F_C = \frac{\hat{\sigma}_C^2}{\hat{\sigma}_\varepsilon^2} = \frac{MS_C}{MS_w} = \frac{SS'_C / df_C}{SS'_w / df_w} \tag{10-22}$$

$$F_A = \frac{\hat{\sigma}_b^2}{\hat{\sigma}_\varepsilon^2} = \frac{MS_b}{MS_w} = \frac{SS'_b / df_b}{SS'_w / df_w} \tag{10-23}$$

值得注意的是，在 ANCOVA 當中，共變項對於依變數影響的排除，是先於組間與組內變異分割前處理，因此在摘要表中的 SS_C，應取未排除組間效果前的共變項對依變數的迴歸變異量，在 SPSS 軟體操作中，需選擇型 I 平方和，而非預設的型 III 平方和。

表 10.2 獨立樣本單因子共變數分析摘要表

變異來源	SS 註	df	MS	F
共變項 (C)	SS_C	C	SS_C/df_c	MS_c/MS_w
組間 (A)	SS_b	$k-1$	SS_b/df_b	MS_b/MS_w
組內 (w)	SS_w	$N-k-C$	SS_w/df_w	
全體	SS_t	$N-1$		

註：在 SPSS 中，ANCOVA 的 SS 應以型 I 平方和來列表。

表 10.3 共變數分析摘要表（以 SPSS 執行後的結果）

依變數: 實驗後睡眠量

來源	型 I 平方和	自由度	平均平方和	F 檢定	顯著性	淨相關 Eta 平方	觀察的檢定能力[a]
校正後的模式	7.742[b]	3	2.581	6.209	.002	.368	.941
Intercept	2122.138	1	2122.138	5105.684	.000	.994	1.000
PRE	1.583	1	1.583	3.808	.060	.106	.473
GROUP	6.159	2	3.079	7.409	.002	.316	.918
誤差	13.301	32	.416				
總和	2122.138	36					
校正後的總數	21.042	35					

a. 使用 alpha = .05 計算

b. R 平方 = .368 (調過後的 R 平方 = .309)

我們可以將上述的範例數據加以整理，得到表 10.3 的摘要表。為了有利於比較，我們將不包含共變項的 ANOVA 摘要表列於表 10.3。

由表 10.3 可知，加入一個共變項平時睡眠時數後，$F_{(2,32)} = 7.409$，$p < .01$，較

增加共變項之前的獨立樣本變異數分析 F 考驗值更加顯著。然而共變項本身的效果未達顯著（$F_{(1,32)} = 3.808$，$p = .060$），顯示加入平時睡眠變數來控制整個變異數分析，共變項本身雖無統計意義，但卻成功的調整 F 檢定量。F 檢定達到顯著水準後，可以計算效果量來反應自變數的解釋力大小，η^2 公式與數值如下：

$$\eta^2 = \frac{SS'_{b(Y)}}{SS'_{b(Y)} + SS'_{w(Y)}} = \frac{6.159}{6.159 + 13.301} = \frac{6.159}{19.46} = .316$$

由表 10.3 與 10.4 的比較，可看出效果量的 η^2 從 .226 增加到 .316，顯示引進了共變項，可增加自變數（實驗效果）對於依變數的解釋力。

表 10.4　無共變項的變異數分析摘要表

依變數: 實驗後睡眠量

來源	型 III 平方和	自由度	平均平方和	F 檢定	顯著性	淨相關 Eta 平方	觀察的檢定能力[a]
校正後的模式	4.754[b]	2	2.377	4.816	.015	.226	.760
Intercept	2122.138	1	2122.1	4299.430	.000	.992	1.000
GROUP	4.754	2	2.377	4.816	.015	.226	.760
誤差	16.288	33	.494				
總和	2143.180	36					
校正後的總數	21.042	35					

a. 使用 alpha = .05 計算
b. R 平方 = .226 (調過後的 R 平方 = .179)

10.4.5.2 共變數分析的事後考驗

不論在 ANOVA 或 ANCOVA，F 檢定皆是對於自變數效果的整體考驗。當 F 檢定量顯著，表示組平均數之間具有差異，至於詳細的各組比較，則需依賴事後多重比較來決定。

ANCOVA 的事後多重比較與 ANOVA 完全相同，然而由於共變項對於依變數的影響受到控制，使得各組平均數也會產生「調整」，因此在 ANCOVA 的事後多重比較，必須使用調整平均數來進行考驗。平均數的調整公式如公式 10-24。

$$\overline{Y}_{adj} = \overline{Y}_{.j} - \hat{\beta}_w(\overline{X}_{.j} - \overline{X}_G) \tag{10-24}$$

由公式 10-24 可知，各組平均數的調整，是因為各組在共變項上所具有的平均數差異（$\overline{X}_j - \overline{X}_G$）所造成，如果各組在共變項上具有相同的平均數，各組在依變數上的平均數不會改變，亦即 $\overline{Y}_{adj} = \overline{Y}_{.j}$，但是如果各組在共變項上平均數差異越大，各組依變數平均數受到的調整越大。

以範例的數據來說明，運動量低、中、重三組受試者在平時的平均睡眠量為 7.06、6.85、7.24（總平均為 7.05），具有若干差異，因此會對各組依變數平均數造成調整作用。調整前的組平均數為 7.32、7.54、8.18，$\hat{\beta}_w = -.51$，調整後的平均數分別為 7.325、7.438、8.277，算式如下：

$$\overline{Y}_{adj.1} = 7.32-(-.51)(7.06-7.05) = 7.325$$
$$\overline{Y}_{adj.2} = 7.54-(-.51)(6.85-7.05) = 7.438$$
$$\overline{Y}_{adj.3} = 8.18-(-.51)(7.24-7.05) = 8.277$$

在 SPSS 中，調整平均數可以從估計的邊際平均數中獲得。各組調整後的平均數計算得出後，即可利用 ANOVA 所介紹的多重比較策略，決定各組兩兩比較的統計顯著性。以最簡單的 LSD 法為例，事後多重比較數據如下，經過查表後，可發現 2 與 3 以及 1 與 3 的比較達到顯著水準，在統計軟體中，則直接告知是否具有統計顯著性。

$$Q_{1-2} = \frac{\overline{Y}_{adj.1} - \overline{Y}_{adj.2}}{\sqrt{\dfrac{MS_w}{n}}} = \frac{7.325 - 7.438}{\sqrt{.416/12}} = \frac{-.113}{.186} = -.608$$

$$Q_{1-3} = \frac{\overline{Y}_{adj.1} - \overline{Y}_{adj.3}}{\sqrt{\dfrac{MS_w}{n}}} = \frac{7.325 - 8.277}{\sqrt{.416/12}} = \frac{-.952}{.186} = -5.113$$

$$Q_{2-3} = \frac{\overline{Y}_{adj\,.2} - \overline{Y}_{adj\,.3}}{\sqrt{\dfrac{MS_w}{n}}} = \frac{7.438 - 8.277}{\sqrt{.416/12}} = \frac{-.839}{.186} = -4.506$$

10.5 共變數分析的其他議題

10.5.1 迴歸同質假設

迴歸同質假設（assumption of homogeneity of regression）是 ANCOVA 的一項重要假設。迴歸同質假設說明了共變項與依變數的關聯性在各組內是相同的，對於迴歸同質假設的考驗，是執行 ANCOVA 的必要工作，亦即對於迴歸係數是否相等的虛無假設的考驗：

$$H_0 : \beta_1 = \beta_2 = ... = \beta_j$$

為了確保共變項的控制效果在各組等同，在進行 ANCOVA 之前，必須針對此一假設進行檢驗，如果虛無假設被接受，表示共變項造成的調整效果在各組內具有一致的作用，組間的差異在不同的共變項數值之下具有一致性，如圖 10.3(a) 所示。

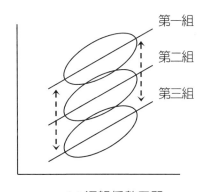

(a) 迴歸係數同質

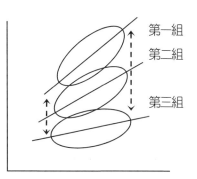

(b) 迴歸係數不同質

圖 10.3　迴歸係數同質假設圖示

表 10.5 迴歸同質檢驗結果摘要表

依變數: 實驗後睡眠量

來源	型 I 平方和	自由度	平均平方和	F 檢定	顯著性	淨相關 Eta 平方	觀察的檢定能力[a]
校正後的模式	7.866[b]	5	1.573	3.582	.012	.374	.865
截距	2122.138	1	2122.138	4831.708	.000	.994	1.000
pre	1.583	1	1.583	3.604	.067	.107	.451
group	6.159	2	3.079	7.011	.003	.319	.900
group * pre	.124	2	.062	.141	.869	.009	.070
誤差	13.176	30	.439				
總和	2143.180	36					
校正後的總數	21.042	35					

a. 使用 alpha = .05 計算
b. R 平方 = .374 (調過後的 R 平方 = .269)

　　相對的，如果虛無假設被拒絕，表示共變項造成的調整效果在各組內不一致，共變項與依變數的迴歸方程式在各組內有不一樣的迴歸係數，此時所推導出來的組間差異比較結果是被扭曲的，如圖 10.3(b) 所示。此時不宜採用共變數分析。

　　在實際操作上，組內迴歸係數同質假設的考驗，是檢驗共變項與自變數的交互作用是否顯著。在 SPSS 當中，可以自行調整模型，增加共變項與自變數的交互作用項，即可獲得檢驗數值。表 10.5 列出了增加了交互作用項的摘要表。交互作用項的 $F_{(2,30)} = .141$，$p = .869$，未達顯著水準，顯示組內的迴歸效果具有同質性。

10.5.2 相依設計與多因子設計共變數分析

　　對於相依樣本設計，如果加入了共變項的影響，在分析上與獨立樣本無異。但是由於受試者內設計或區組效果項的存在，共變項在各組所造成的影響，必須考慮相依關係的存在，因此在檢定變異量之時，需特別將共變項與組間效果的交互作用加以獨立估計。事實上，此一交互作用的檢驗，即等同於組內迴歸係數同質檢驗。

　　在重複量數設計時，由於不同組的受試者均相同，因此各組的共變項均相同，共變項的影響會重複出現三次，屬於系統性誤差，因此在變異數摘要表中，會顯示一個組間 × 共變項的交互作用項，該項的 F 檢定量亦以殘差為誤差項，未達顯著水準時，表示共變項的作用在各組沒有差異，該項的變異量的扣減可以減少殘

差的量，有助於提高組間效果的 F 檢定量。但是 F 檢定量達到顯著水準時，表示共變項的作用在各組具有差異，也就是說，共變項在各組的影響力不同，亦即組內迴歸係數不同質，對於研究結論的正確性造成威脅。

在配對設計時，不同組的受試者並不相同，不同的受試者在共變項上有不同的數值，共變項在各組的影響呈現隨機的狀態，共變項與自變數的交互作用被視為殘差，並不另行估計。但是，如果組內迴歸係數同質檢驗發現各組的共變項效果不同，表示該交互作用項不能視為隨機變動，違反了統計假設，對於研究結論的正確性造成威脅。

所謂**多因子共變數分析**（analysis of covariance for factorial designs），是指具有多個自變數且帶有共變項的變異數分析。此一模型涉及多因子自變數設計，並加入了共變項的影響，變異數拆解上較為複雜，但是變異數分析的解釋原理與過程，不論是獨立樣本設計、相依樣本設計，或是在整體效果的檢驗（主要效果與交互效果）、事後比較的原理與過程，則與多因子設計變異數分析相同。

10.5.3 共變數分析與多因子變異數分析之比較

共變數分析與多因子變異數分析有相當值得比較之處，在形式上，兩者均為多因子設計，但是在應用上，卻有各自的適用目的。

以二因子變異數分析及單因子單共變數分析的比較為例，兩種分析所使用的變數數目相同（三個變數）。除了均具有一個連續變數作為依變數之外，兩種方法皆包含了一個類別自變數作為因子效果。對於二因子變異數分析，則涉及第二個類別自變數，形成雙類別自變數設計，使得平均數的變異來源有兩個主要效果與一個交互效果。

對於單因子單共變數分析，除了一個自變數之外，另一個影響依變數的變異來源為連續變數（共變項），形成一個因子與一個連續變數的複雜設計。但是，此時影響依變數的變異來源，雖有兩個變數的作用，但是在統計時，僅處理一個主要效果（A）對於依變數的影響，共變項的作用並沒有實質的意義。

假設現有三個變數，性別、智商、與學業表現，以學業表現為依變數，探討另外兩個變數（性別與智商）對於學業表現的影響時，兩種方法皆可採用，但是研究的目的卻截然不同。

以二因子變異數分析來分析時，智商須轉化成類別變數，此時，性別與智商兩者具有同等的地位，兩者皆為影響依變數的獨立因子，並可能產生 A×B 之交互作用，共同影響依變數。但是，如果以共變數分析，性別仍為影響依變數的主要因子，但是智商此時僅作為控制變數，可以說不是研究者關心的重點，無論智商對於依變數之間有無顯著共變，智商是用來控制主要因子（性別）與依變數（學業成績）的共變項，使性別對於學業成績的影響不帶有任何智力的色彩。

智商變數在二因子變異數分析，是以獨立因子的角色存在，可以與另一個自變數構成多重的分析架構，因此可以提供豐富的結論。相對之下，智商在共變數分析僅作為陪襯性的角色，以迴歸的原理協助釐清性別與學業表現的關係，在內容的豐富度上，共變數分析較為劣勢，但是，在研究的嚴謹度上，則以共變數分析為佳。因為在共變數分析時，雖然智商變數不列入討論，但是性別對於學業表現的影響是純粹的、不帶任何智力色彩的影響。但是，二因子變異數分析時，性別主要效果對於學業表現的影響，是帶有智力因素的干擾影響。

共變數分析以迴歸技術來進行統計控制，尚有下列幾個優點，第一，任何可能影響依變數變異的變數，均可加以控制，第二，使用連續變數來測量，變異量大，對於變數特性的測量細膩敏銳，統計分析精確性高，第三，基於變異量拆解原理，變異數分析中的誤差變異量可以大幅度減少，進而提高統計考驗的檢定力。共變數分析的原理是共變量分析，因此控制變數必須以連續變數的形式存在（如智商、學業成績等），或是可以視為連續變數處理的變數，如二分名義變數（性別）或順序變數（出生序）。

不論是何種統計方法皆有其使用目的與適用條件，研究者應詳細評估研究目標、研究設計的特性與資料分析的需求，審慎決定分析方法，才能將所蒐集到的資料進行最有效率與最有意義的分析。

10.6 共變數分析的 SPSS 操作示範

以前述運動有助於睡眠的研究為例，不同的運動量對於睡眠有所影響，如果將受試者平時的睡眠量作為共變項，加入單因子變異數分析一併討論，即成為單因子共變數分析。在 SPSS 的運算邏輯中，加入一個共變項就好比增加一個自變數，使得原本單因子設計變異數分析成為多因子變異數分析，所使用的指令也就由比

較平均數法中的單因子變異數分析變成了一般線性模式。以下，我們即以該例子來說明 SPSS/WINDOWS 執行共變數分析的方法。

輕度運動量組		中度運動量組		重度運動量組	
X 平時	Y 運動後	X 平時	Y 運動後	X 平時	Y 運動後
8.2	6.5	7.2	7.4	6.6	8.0
7.0	7.3	7.4	6.8	7.5	7.7
8.0	6.6	8.2	6.7	7.2	7.1
7.2	7.4	7.1	7.3	7.4	7.6
7.0	7.2	6.2	7.6	6.9	6.6
6.8	6.8	6.6	7.4	7.9	7.2
6.9	7.1	6.9	7.4	7.5	8.2
7.5	7.9	6.0	8.1	7.7	8.5
6.4	8.2	6.2	8.2	6.9	9.5
6.8	7.7	7.0	8.0	7.1	8.7
7.4	7.5	7.2	7.6	7.2	9.6
5.5	7.6	6.2	8.0	7.0	9.4

【A. 操作程序】

操作要點：在 SPSS 執行共變數分析的重點在於必須將平方和改為型 I 平方和，也就是看共變數的解釋力時，不控制自變數效果，此外，報告平均數時，應採調整後平均數。另外，為了檢驗組內迴歸係數同質性，則需額外執行共變數與自變數的交互作用檢驗，以確定可以執行 ANCOVA。

步驟一：輸入資料。自變數、共變數與依變數各為單一變數，各佔一欄。

步驟二：點選 分析 → 一般線性模式 → 單變量

步驟三：進入因子分析對話框，點選依變數、因子 (自變數) 以及共變數移至右側清單內

步驟四：選擇所需的附加功能。如 選項 中的敘述統計、同質性檢驗，為了得到調整後平均數與事後比較數據，需選擇 邊際平均數估計 與 比較主效應 。

步驟五：選擇 模式 ，調整平方和成為 型 I

步驟六：按壓 確定 執行

（註：如果欲執行組內迴歸係數同質檢驗，在步驟五中，在 模式 中選擇 自訂 ，然後在 建立效果項 中，依序投入共變數、自變數與交互作用項，最後的交互作用項的檢驗顯著性即為同質檢驗。

【B. 步驟圖示】

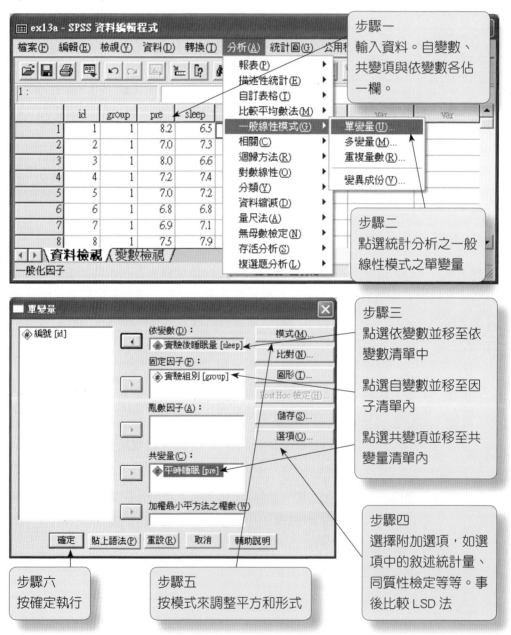

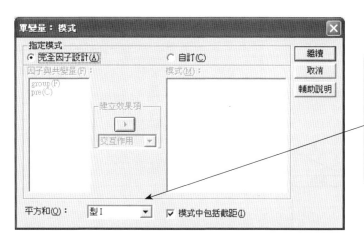

模式
在模式中，可以調整平方和為型 I 到 IV，在共變項分析中，應以型 I 來分析。

組內迴歸係數同質檢驗
在模式中，可以自行定義模型，為了檢驗組內迴歸係數的同質性，需檢驗共變項與自變數的交互作用。

選項
選項中的邊際平均數估計可以得到調整後平均數，並可進行調整後平均數的事後多重比較。

【C. 結果輸出】

受試者間因子

		個數
運動量組	1	12
	2	12
	3	12

自變數各水準之個數說明與描述統計量。

表中的平均數為調整前平均數

敘述統計

依變數:運動後睡眠量

運動量組	平均數	標準差	個數
1	7.317	.513	12
2	7.542	.481	12
3	8.175	.993	12
總和	7.678	.775	36

誤差變異量的 Levene 檢定等式[b]

依變數:運動後睡眠量

F 檢定	分子自由度	分母自由度	顯著性
10.597	2	33	.000

檢定各組別中依變數誤差變異量的虛無假設是相等的。

a. 設計: Intercept+PRE TEST+GROUP

組內變異同質性假設之檢定

由顯著性可知 Levene 統計量 F 值 10.597 達顯著,違反同質性假設。

受試者間效應項的檢定

依變數:實驗後睡眠量

來源	型 I 平方和	自由度	平均平方和	F 檢定	顯著性	淨相關 Eta 平方	觀察的檢定能力[a]
校正後的模式	7.742[b]	3	2.581	6.209	.002	.368	.941
截距	2122.138	1	2122.138	5105.68	.000	.994	1.000
pre	1.583	1	1.583	3.808	.060	.106	.473
group	6.159	2	3.079	7.409	.002	.316	.918
誤差	13.301	32	.416				
總和	2143.180	36					
校正後的總數	21.042	35					

a. 使用 alpha = .05 計算

b. R 平方 = .368 (調過後的 R 平方 = .309)

變異數分析摘要表

由顯著值可知共變項未達顯著,$F_{(1,32)} = 3.808$,$p = .06$ 組間效果 $F_{(2,32)} = 7.409$ $p = .002$,達顯著水準

型 I 平方和

平方和為型一,表示前一個進入模型的效果不受後一個進入的效果影響,因此共變項的效果是原始的共變

估計值

依變數:實驗後睡眠量

實驗組別	平均數	標準誤	95% 信賴區間	
			下限	上限
1	7.321[a]	.186	6.942	7.700
2	7.440[a]	.190	7.053	7.827
3	8.272[a]	.190	7.886	8.659

a. 使用下列的值評估模型中的共變量: 平時睡眠 = 7.050.

> 平均數估計數
> ANCOVA 的平均數需使用調整後平均數,可以從邊際平均數估計結果中得到。

成對的比較

依變數: 運動後睡眠量

(I) 運動量組	(J) 運動量組	平均數差異 (I-J)	標準誤	顯著性[a]	差異的95% 信賴區間[a]	
					下限	上限
1	2	-.119	.266	.657	-.661	.423
	3	-.951*	.265	.001	-1.492	-.411
2	1	.119	.266	.657	-.423	.661
	3	-.832*	.273	.005	-1.389	-.275
3	1	.951*	.265	.001	.411	1.492
	2	.832*	.273	.005	.275	1.389

以可估計的邊際平均數為基礎

*. 在水準 .05 的平均數差異顯著。

a. 多重比較調整:最小顯著差異 (等於沒有調整)。

> 事後比較
> 由顯著性可知 1 vs. 3 與 2 vs. 3 達顯著,但是 1 vs. 2 無顯著差異

受試者間效應項的檢定

依變數:實驗後睡眠量

來源	型 I 平方和	自由度	平均平方和	F 檢定	顯著性	淨相關 Eta 平方	觀察的檢定能力[a]
校正後的模式	7.866[b]	5	1.573	3.582	.012	.374	.865
截距	2122.138	1	2122.138	4831.708	.000	.994	1.000
pre	1.583	1	1.583	3.604	.067	.107	.451
group	6.159	2	3.079	7.011	.003	.319	.900
group * pre	.124	2	.062	.141	.869	.009	.070
誤差	13.176	30	.439				
總和	2143.180	36					
校正後的總數	21.042	35					

a. 使用 alpha = .05 計算

b. R 平方 = .374 (調過後的 R 平方 = .269)

> 組內迴歸係數同質檢驗
> 共變項與自變數的交互作用的 F 值為 .141,未達顯著水準,因此可以斷定組內迴歸係數具有同質性。(註:正式結果的摘要表應使用沒有交互作用項的摘要表)

【D. 結果說明】

由上述的報表可以得知:此一共變數分析的三個水準平均數各為 7.32、7.54、8.18,調整後的平均數分別為 7.325、7.438、8.277,然而 Levene 的變異數同質性檢定為顯著,$F_{(2,33)} = 10.597, p < .001$,達顯著水準,違反同質性假設,表示這三個樣本的離散情形具有明顯差別。

另外,組內迴歸係數同質性考驗的結果則顯示,自變數與共變項的交互作用項 $F_{(2,30)} = .141$,$p = .869$,未達顯著水準,表示各組內的共變項與依變數的線性關係具有一致性。

共變項效果的檢驗則發現,$F_{(1,32)} = 3.808$,$p = .06$,未達顯著水準,表示共變項對於依變數的解釋力沒有統計意義,但是由於 ANCOVA 的目的在控制共變項的

影響，減低誤差變異量，調整共變項的平均值差異，因此即使不顯著，仍有其存在的實務意義。

組間效果的考驗則達顯著水準，$F_{(2,32)} = 7.41$，$p < .01$，表示不同的運動量影響睡眠時間，效果量的 $\eta^2 = .316$，顯示自變數對於依變數的解釋力頗高。事後比較的結果則指出重度運動量（平均睡眠 8.277 小時）顯著較中度 (7.438) 與輕度運動量 (7.325) 的受試者睡得多，但是輕度與中度則無差異，顯示運動量要大到一定程度才有助於睡眠。

► 本章重要概念

共變數分析 analysis of covariance; ANCOVA

共變數 covariance

組內迴歸係數 within group regression coefficient

調整平均數 adjusted mean

迴歸同質假設 assumption of homogeneity of regression

討厭變數 nuisance variable

共變項 covariate

平減 mean centering

邊際分配 marginal distribution

條件分配 conditional distribution

調整後總離均差平方和 adjusted total sum of squares

多因子共變數分析 analysis of covariance for factorial designs

► 課後習作

一、有位教育心理學家想要知道「不同教學法是否會影響到學生的學習成就」。然而學生本身的先前能力水準可能也會影響數學學習成就的表現，因此，在探討不同教學法對於數學學習成就的影響時，必須將原來的能力水準加以控制。研究者隨機選取兩個班進行實驗，一班實施傳統教學，有 15 位學生，另一班實施建構教學，有 10 位學生。經過一個學期後，再測量實驗參與者的學習成果。研究得到的摘要數據如下表。

描述統計數據

| 統計數據 | 實驗組別 (X) | | | | 全體 | |
| | 傳統教學班 | | 建構教學班 | | | |
	先期能力 (C)	學習成果 (Y)	先期能力 (C)	學習成果 (Y)	先期能力 (C)	學習成果 (Y)
樣本數	15	15	10	10	25	25
平均數	70.00	71.00	84.00	82.00	75.60	75.40
調整後平均數		75.89		74.66		
變異數	121.42	154.28	117.55	78.89	163.92	149.84
標準差	11.02	12.42	10.84	8.88	12.80	12.24

變異數分析摘要表

	來源	SS-I	df	MS	F	p	Eta^2
無共變項	X	726.00	1	726.00	5.818	.024	.202
	誤差	2870.00	23	124.78			
有共變項	C	2825.51	1	2825.51	81.353	<.001	.787
	X	6.40	1	6.40	0.184	.672	.008
	誤差	764.09	22	34.73			
	總數	3596	24				

1. 請說明何者為自變數、依變數、共變項？這些變數的性質是類別變數還是連續變數？

2. 請比較並說明平均數與調整後平均數的差異為何？

3. 根據變異數分析摘要表的數據，請說明沒有共變項時的檢定結果為何？

4. 根據變異數分析摘要表的數據，請說明加入共變項時的檢定結果為何？

5. 比較有無共變項的檢定結果，對於實驗結果妳會做出什麼結論？試討論之。

二、管理學院跨校辯論比賽，A、B、C 三校各派出三位選手與賽，每一位參賽者獲得一個個人成績 (0-10 分)，並以三個人的平均分數作為團體成績，同時主辦單位也提供了各選手辯手經驗（年），數據如下表。請回答下列問題：

辯手次序	校　別					
	A 校		B 校		C 校	
	經驗 C	得分 Y	經驗 C	得分 Y	經驗 C	得分 Y
一辯	5	10	1	3	3	9
二辯	4	7	0	3	3	7
結辯	6	10	2	6	3	8
平均數	5	9	1	4	3	8
調整平均數		6		7		8
變異數	1	3	1	3	0	1

1. 試畫出三校得分平均數圖與調整後平均數圖，並比較差異。

2. 以單因子設計檢驗三所學校的團體平均有無顯著差異。$\alpha = .05$。

3. 將經驗納入作為共變項，檢驗三所學校的團體平均有無顯著差異。$\alpha = .05$。

4. 請完成不包含與包含共變項的單因子變異數分析摘要表。

5. 請以 η 係數評估效果量的大小。

6. 請以 SPSS 完成前述的分析工作，並比較使用型一平方和 SS-I 與型三平方和 SS-III 對於分析結果的影響。

7. 請以 SPSS 進行迴歸係數同質性檢定的結果，討論是否有違反假設的情形發生。

11 相關分析

11.1 前言

如果說實驗設計是最能夠掌握因果關係的利器，那麼調查、觀察、次級資料分析等非實驗研究方法，就是最貼近真實世界、最能捕捉事物間複雜關係的研究手段。從前面各章可以體會，基於實驗設計的隨機分派與嚴格控制的優越條件，變異數分析不論從單因子設計、多因子設計到共變數分析，都可以從容不迫地透過不同來源下的變異拆解，循序漸進地進行假設檢定，判斷科學命題的是非、決定誰對誰錯。相對之下，從真實世界當中所蒐集到的各種非實驗數據，雖然沒有經過因果操弄，但卻是原汁原味，內容豐富且數量龐大，只要樣本具有一定的代表性，原始數據經過細心的檢查過濾與清理之後，不但可以利用各種**相關分析**（correlation analysis）來「描述」變數間的互動關聯，更可以利用**迴歸分析**（regression analysis）來進行變數間關係的「解釋」、「預測」與「控制」等各式各樣的運用。

基本上，科學活動的價值就是能夠對於我們生活世界中的各種現象，以客觀、系統的方式來進行「描述」、「解釋」、「預測」、「控制」，相關與迴歸對於這四者不僅每一項都做得到，而且做得十分自然，做得那樣真實，其間的關鍵在於研究者或實務工作者是否能夠有效的掌握身邊的各種數據，巧妙運用各種相關與迴歸分析技術，從龐雜的資料中抽絲剝繭，理出道理、找出證據。事實上，對於人類生活周遭各種問題的回答，從相關與迴歸所建立的預測與控制模型，比起實驗研究得到的因果論證來得更實用，對於實務問題的解決更有效率。這就是為什麼在自然科學以外的社會科學領域，相關與迴歸受歡迎的程度遠勝於實驗設計下的變異數分析。

本章將告別實驗設計典範下的變異數分析家族，邁向非實驗數據的線性關係分析的世界。首先從本章的相關分析開始，討論變數間的關聯如何呈現，如何分析，然後在後續的章節中，逐一介紹各種迴歸分析的概念與應用。到了科技高度發達的今天，各種數量數據俯拾即是、隨手可得，我們確實不一定需要走進實驗室才能從事科學活動，只要有心、懂得相關與迴歸，在每天活動的生活場域中，我們仍然可以握有豐富的研究素材，得以發揮科學精神，探究事物的規律與道理。

11.2 線性關係：相關與迴歸的基礎

11.2.1 從散佈圖來瞭解線性關係

相關與迴歸主要是應用於探討兩個或兩個以上的連續變數之間關聯的分析與預測技術。兩個連續變數間的共變關係可能有多種形式，其中最簡單也是最常見的關聯型態是呈現直線般的線性關係，亦即兩個變數的關係呈現直線般的共同變化，數據的分佈可以被一條最具代表性的直線來表達的關聯情形。例如上課認真程度與考試成績高低，當上課越認真，考試成績也會越好，兩個變數的關係是同方向的變動關係，如圖 11.1 所示。象限內的點為每一位樣本在兩個變數上的**成對觀察值**（paired raw scores），其散佈情形顯示出兩變數的關聯情形，稱為**散佈圖**（scatter plot）。

由圖 11.1 可知，兩個變數的關係沿著直線 呈現相同方向的變動，當斜率為正值時，顯示兩變數具有正向的關聯，當斜率為負值時則為負向關聯。

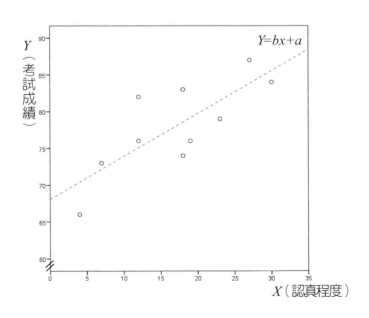

圖 11.1　上課認真程度與考試成績的散佈圖

11.2.2 從變異、共變到線性關係

　　相關與迴歸主要是應用於探討兩個或兩個以上的連續變數之間關聯的分析與預測技術。單獨一個連續變數 X 的變異情形可以變異數表示（如公式 11-1）。兩個連續變數 X 與 Y 之間的共同變化的程度則以**共變數**（covariance）描述，如公式 11-2 所示。

$$Var\,(X) = \frac{\Sigma(X - \overline{X})^2}{N - 1} = \frac{SS_X}{N - 1} \tag{11-1}$$

$$Cov\,(X,Y) = \frac{\Sigma(X - \overline{X})(Y - \overline{Y})}{N - 1} = \frac{SP_{XY}}{N - 1} \tag{11-2}$$

　　由公式 11-1 與 11-2 可知，單獨一連續變數的變異只關心自身的離均差，但兩個連續變數 X 與 Y 的共同變異則同時考慮兩個變數的離散情形，故需各取離均差 $X - \overline{X}$ 與 $Y - \overline{Y}$ 來反映兩者的離散性，兩個離均差相乘之後加總，得到**積差和**（sum of the cross-product；簡稱 SP），除以 $N-1$ 後所得到的離散量數為單位面積的形式，即為兩個變數共同變化母體的不偏估計值。如果再將共變數除以兩個變數的標準差，即得到標準化的**相關係數**（coefficient of correlation），如公式 11-3，用來描述兩個連續變數之間具有**線性關係**（linear relationship）的強度：當相關係數越大，表示線性關聯越強，反之則表示線性關聯越弱，此時可能是變數間沒有關聯，或是呈現非線性關係。從樣本得到的相關係數以小寫 r 表示，若以母體資料求得的相關係數以希臘字母 ρ（rho）表示。

$$r = \frac{Cov\,(X,Y)}{s_X s_Y} = \frac{\Sigma Z_X Z_Y}{N - 1} \tag{11-3}$$

11.3 積差相關的原理

11.3.1 積差相關係數

以公式 11-3 的方法來估計線性關係的概念是由 Pearson 所提出，因此稱為 Pearson's product moment correlation coefficient（皮爾森積差相關係數），簡稱 Pearson's *r*。從公式 11-3 可以看出，相關係數是兩個變數的標準化分數乘積的單位化，因此相關係數具有介於 ±1 的標準化性質。如果以變異程度的形式來表示，相關係數可由公式 11-4 來導出。

$$r = \frac{Cov(X,Y)}{s_X s_Y} = \frac{\Sigma(X-\overline{X})(Y-\overline{Y})}{\sqrt{\Sigma(X-\overline{X})^2(Y-\overline{Y})^2}} = \frac{SP_{XY}}{\sqrt{SS_X SS_Y}} \tag{11-4}$$

相關係數之所以帶有負值，主要在於共變數會有可能為負。共變數的正負號代表兩變數的共同變動呈現正向或負向關係。共變數若要為正值，兩個離均差必須同時為正值或負值，也就是兩個變數需同時在平均數的左側或右側，表示兩個變數有同方向的變動關係。相反的，要得到一個負的共變數時，兩個離均差必須同時一為正值、一為負值，也就是兩個變數有反方向的變動關係。

假設今天某教授調查 10 位學生的上課認真程度（*X*）與考試成績（*Y*），如表 11.1 所示。其中 *X* 與 *Y* 的平均數與變異數分別為（$\overline{X} = 17$, $s_X^2 = 70$）與（$\overline{Y} = 78$, $s_Y^2 = 39.11$），從表 11.1 中可得到計算變異數與共變數所需要的 SS_X、SS_Y 與 SP_{XY} 各項，分別為 630、352、367。將這三個數值除以 *N*−1，即可得到變異數與共變數，其中共變數為 367/9=40.78。將共變數除以兩個變數的標準差，即得到相關係數如下：

$$r = \frac{Cov(X,Y)}{s_X s_Y} = \frac{40.78}{8.37 \times 6.25} = +.78$$

表 11.1　10 位學生學習資料與描述統計量

學生 ID	認真程度 X	考試成績 Y	$X-\overline{X}$	$Y-\overline{Y}$	$(X-\overline{X})^2$	$(Y-\overline{Y})^2$	$(X-\overline{X})(Y-\overline{Y})$
1	4	66	-13	-12	169	144	156
2	27	87	10	9	100	81	90
3	18	83	1	5	1	25	5
4	7	73	-10	-5	100	25	50
5	30	84	13	6	169	36	78
6	12	82	-5	4	25	16	-20
7	18	74	1	-4	1	16	-4
8	23	79	6	1	36	1	6
9	19	76	2	-2	4	4	-4
10	12	76	-5	-2	25	4	10
總和	170	780	0	0	630	352	367
平均數	17.00	78.00					
變異數	70.00	39.11					
標準差	8.37	6.25					

　　從前述的數學關係式來看，變異數是共變數的一個特殊狀況，也就是連續變數自己與自己的共變，因此自己與自己的相關係數也就成為 1.00。因此一般在統計報表的呈現上以矩陣的方式來列出各變數間的共變數時，就包含了變異數的數值，因此又稱為**變異數與共變數矩陣**（variance and covariance matrix）。以矩陣的方式來列出相關係數值，對角線上會出現 1.0，稱為**相關矩陣**（correlation matrix），如表 11.2 所示。其中共變數就像變異數一樣，是帶有單位的量數，其數值沒有一定的範圍，會隨著單位的變化而變化。因此若能將單位去除，標準化後的共變數將具有可比較性，其可理解性亦增加。

表 11.2　10 位學生學習資料的變異數共變數矩陣與相關係數矩陣

| | 變異數共變數矩陣 | | | 相關係數矩陣 | |
	X	Y		X	Y
X	70.00		X	1.00	
Y	40.78	39.11	Y	.78	1.00

11.3.2 母體相關係數的不偏估計數

由前所述，Pearson 相關係數是將樣本所蒐集得到的兩個變數 X 與 Y，計算出共變數並加以標準化而得。換言之，Pearson's r 是一個樣本統計量，而 Pearson's r 並非母體相關係數的不偏估計數，因此如果要利用相關係數 r 去推論母體的相關係數 ρ 會有高估的情形。相關係數 r 對母體相關 ρ 的不偏估計修正如公式 11-5 所示。

$$r^* = \hat{\rho}_{XY} = \sqrt{1 - \frac{(1 - r^2)(N - 1)}{N - 2}} \tag{11-5}$$

公式 11-5 中的 N 為樣本數，當樣本數很大時 r 與 r^*，接近，此時可以不必修正，即得到母體相關的不偏估計值。當樣本數越小，修正幅度越大。例如當 $N = 100$ 時，$r = .5$ 的不偏估計數為 $r^* = .492$，但是當 $N = 10$ 時，$r = .5$ 的不偏估計數降為 $r^* = .395$。以本範例求得的相關係數 $r = .78$，修正後降為 $r^* = .672$。

$$r^* = \hat{\rho}_{XY} = \sqrt{1 - \frac{(1 - r^2)(N - 1)}{N - 2}} = \sqrt{1 - \frac{(1 - .78^2)(10 - 1)}{10}} = \sqrt{.452} = .672$$

11.3.3 積差相關係數的特性

由於相關係數為一標準化係數，其值不受變數單位與集中性的影響，係數值介於 ±1 之間。相關係數值越接近 ±1 時，表示變數的關聯情形越明顯。$r = \pm 1.00$ 稱為完全正（負）相關，在社會及行為科學當中，完全相關幾乎不曾出現，因為幾乎沒有任何兩變數的關係可以達到完全相關。

值得注意的是，相關係數為標準化係數，係數數值非呈等距關係，因此係數數值不能被視為等距尺度，係數的加減乘除沒有意義，僅可以順序尺度的概念，來說明數值的相對大小。此外，相關係數的解釋與應用，必須經過顯著性考驗來決定係數的統計意義，一旦顯著之後，研究者即可依據表 11.3 來解釋係數的強度，賦予實務意義。以前面的上課認真程度與考試成績的關係來看，相關係數達 .78，

是一個非常高的正相關，表示兩者關聯很高、線性關係很強。

表 11.3　相關係數的強度大小與意義

相關係數範圍（絕對值）	變數關聯程度
1.00	完全相關
.70 至 .99	高度相關
.40 至 .69	中度相關
.10 至 .39	低度相關
.10 以下	微弱或無相關

11.3.4 相關係數的假設檢定

11.3.4.1 相關係數的統計假設

相關係數的假設檢定與先前介紹的作法原理相同。亦即以樣本統計量 r 所獲得的母體 ρ_{XY} 是否為另一個母體 ρ_0 相同（H_0）或不同（H_1）進行顯著性檢定。一般來說，研究者所關心的是樣本相關是否顯著不等於 0，也就是說從樣本得到的 r 是否來自於相關為 0 的母體，即 $\rho_0 = 0$，如果研究者想要從樣本得到的 r 是否來自於某一相關不為 0（例如 .5）的母體，則虛無假設為 H_0：。

意義式

$$\begin{cases} H_0 : \rho_{XY} = \rho_0 \\ H_1 : \rho_{XY} \neq \rho_0 \end{cases}$$

效果式

$$\begin{cases} H_0 : \rho_{XY} - \rho_0 = 0 \\ H_1 : \rho_{XY} - \rho_0 \neq 0 \end{cases}$$

11.3.4.2 相關係數的顯著性考驗

相關係數數值雖可以反映兩個連續變數關聯情形的強度大小，但相關係數是否具有統計上的意義，則必須透過 t 檢定來判斷其顯著性，公式如 11-6 所示。

$$t_{obt} = \frac{r - \rho_0}{s_r} = \frac{r - \rho_0}{\sqrt{\dfrac{1 - r^2}{N - 2}}} \tag{11-6}$$

公式 11-6 中，分子為樣本統計量的相關係數 r 與母體相關係數 ρ_0 的差距，分母為抽樣標準誤 s_r。分子與分母兩者相除後，得到 t 檢定量，配合 t 分配，即可進行判定其顯著性。相關係數的 t 檢定的自由度為 $N-2$，因為兩個變數各取一個平均數來估計變異數，因此損耗兩個樣本點。當 t_{obt} 的尾機率小於 α 水準（如 .05）或 $|t_{obt}| \geq |t_{cv}|$，即可判定具有顯著差異，推翻 H_0、接受 H_1。

以上課認真程度與考試成績的相關為例（$r = .78$），為檢驗該係數是否顯著不等於 0，必須推翻 $H_0 : \rho_{XY} = 0$。檢定值計算如下：

$$t_{obt} = \frac{r - \rho_0}{s_r} = \frac{r - \rho_0}{\sqrt{\dfrac{1 - r^2}{N - 2}}} = \frac{.78 - 0}{\sqrt{\dfrac{1 - .78^2}{10 - 2}}} = \frac{.78}{\sqrt{.049}} = 3.52$$

當 $df = 8$，$\alpha = .05$ 的雙尾臨界值 $t_{cv} = \pm 2.306$，$|t_{obt} = 3.52| \geq |t_{obt} = \pm 2.306|$，由臨界值法則判斷得出 t 檢定值落入拒絕區。或是由尾機率法則：$t_{obt} = 3.52$ 的尾機率 $p = .0018$，$p < .05$，因此推翻 H_0、接受 H_1，「樣本相關係數 $r = .78$ 顯著不等於 0」，或是「樣本相關係數 $r = .78$ 並非來自 $\rho = 0$ 的母體」。

在統計學上，統計意義與實務意義是兩個截然不同的概念，有時，一個很微弱的相關（例如 .10），可能會因為樣本數很大而達到統計的顯著水準，具有統計意義，但是實務意義低；但一個很強的相關（例如 .6），可能因為樣本數太小而沒有顯著的統計意義，但是其實務意義頗高。很明顯的，樣本數的大小是影響相關係數統計顯著性的重要因素。提高樣本數可以提升統計的意義，但不改變實務意義。影響實務意義的大小的決定因子並非樣本規模，而是變數間的實質關係。兩者間的關係非常微妙。

11.3.4.3 相關係數 t 檢定的費雪 z 轉換

一般來說，相關係數大多檢定 r 否來自於相關為 0 的母體，即 $H_0 : \rho_{XY} = 0$，因此公式 11-6 的分子可寫為 $r-0$。如果研究者想要知道從樣本得到的 r 是否來自於某一相關不為 0（例如 .5）的母體，此時分子理應為 $r-.5$。但是，由於相關係數不是常態分配，樣本相關係數與母體相關係數必須經過公式 11-7 進行費雪（Fisher）z 轉換。

$$Z = \frac{1}{2} \log \left(\frac{1+r}{1-r} \right)$$

（11-7）

對於樣本相關係數 r 可轉換為 z_r，比較母體相關係數則轉換為 z_ρ。當樣本數足夠的情況下（例如 $N > 10$），費雪 z 轉換值後的抽樣分配呈平均數為 z、變異數為 $1/(N-3)$ 的常態分配，因此樣本相關係數與母體相關係數的差異即可進行 z 檢定（公式 11-8）。當 z_{obt} 的尾機率小於 α 水準（如 .05）或 $|z_{obt}| \geq 1.96$ 時，即具有顯著差異，即可推翻虛無假設。

$$z_{obt} = \frac{z_r - z_\rho}{\sqrt{1/(N-3)}}$$

（11-8）

例如檢定是否上課認真程度與考試成績的相關（$r = .78$）是否來自於 .5 的母體，求得 z_r 與 z_p 為如下：

$$z_r = \frac{1}{2} \log \left(\frac{1+.78}{1-.78} \right) = .434 \qquad z_\rho = \frac{1}{2} \log \left(\frac{1+.50}{1-.50} \right) = .239$$

$$z_{obt} = \frac{Z_r - Z_\rho}{\sqrt{1/(n-3)}} = \frac{.434 - .239}{\sqrt{1/(10-3)}} = \frac{.195}{.378} = .515$$

由於 z_{obt} 僅有 .515，沒有落入拒絕區，因此必須保留 $H_0：\rho_{XY} = .5$，亦即樣本相關係數 $r = .78$ 為自於 .5 的母體的一個隨機樣本。

11.3.4.4 相關係數的區間估計

除了顯著性考驗，也可利用費雪 z 轉換求得信賴區間來進行樣本相關係數的 $(1-\alpha)$ 區間估計，如公式 11-9 所示。如果區間沒有涵蓋母體相關係數 ρ，則表示該樣本相關係數顯著不等於母體相關係數。

$$z_r - Z_{\alpha/2}\sqrt{1/(n-3)} \leq z_\rho \leq z_r + Z_{\alpha/2}\sqrt{1/(n-3)} \qquad (11\text{-}9)$$

求出信賴區間的上下界 $z_{\rho H}$ 與 $z_{\rho L}$ 後，以公式 11-10 進行對數轉換成相關係數形式後即可進行判讀。

$$\rho = \frac{\exp(2z_\rho) - 1}{\exp(2z_\rho) + 1} \qquad (11\text{-}10)$$

例如 50 位學生的身高與體重相關為 .2，經費雪 z 轉換得到 $z_r = .203$，其 95%CI：$0.203 - 1.96\sqrt{1/(50-3)} \leq z_\rho \leq 0.203 + 1.96\sqrt{1/(50-3)}$，亦即 $-.083 \leq z_\rho \leq .489$。經對數轉換回相關係數形式後，得到 $-.083 \leq \rho \leq .453$。由於 95% 信賴區間未涵蓋 0，表示該係數沒有顯著不等於 0。

11.3.4.5 兩個相關係數的差異顯著性考驗與區間估計

如果研究者想要比較兩個相關係數是否不同時，必須進行相關係數的差異檢定，檢驗兩個相關係數差異為 0 的虛無假設是否成立：$H_0:\rho_1 - \rho_2 = 0$。此種檢定類似於雙母群平均數差異檢定。

首先，兩個被檢驗的樣本相關係數先經費雪 z 轉換，得到 z_{r1} 和 z_{r2}，在樣本足夠大的情形下，兩者抽樣分配呈常態，兩者差異分數的抽樣分配亦呈平均數為

$z_{r1}-z_{r2}$，變異數為 $[1/(N_1-3)]+[1/(N_2-3)]$ 的常態分配。此時即可使用 Z 考驗，檢驗 $z_{r1}-z_{r2}$ 是否不等於 0。如果研究者並不是要檢驗兩個相關係數的差異是否 0，而是特定的母體相關係數的差異量，例如 $\rho_1-\rho_2$，此時也需把母體相關係數差異進行費雪 z 轉換，得到 $z_{\rho1}-z_{\rho2}$，來進行顯著性考驗，如公式 11-11。換言之，兩個相關係數差異為 0 只是其中一個特例（當 $z_{\rho1}-z_{\rho2}=0$）。

$$z_{obt} = \frac{(z_{r1} - z_{r2}) - (z_{\rho1} - z_{\rho2})}{\sqrt{1/(N_1 - 3) + 1/(N_2 - 3)}} \qquad (11\text{-}11)$$

例如如果另一班學生的 10 位學生的上課認真程度與考試成績的相關為 $r_2 = .50$，那麼原來那一班得到的 $r_1 = .78$ 與 $r_2 = .50$ 差異是否為 0 的費雪 z 轉換之假設檢定結果如下：

$$z_{obt} = \frac{\left[\frac{1}{2}\log\left(\frac{1+.78}{1-.78}\right) - \frac{1}{2}\log\left(\frac{1+.50}{1-.50}\right)\right] - 0}{\sqrt{1/(10-3) + 1/(10-3)}} = \frac{(.434 - .235) - 0}{\sqrt{1/(10-3) + 1/(10-3)}} = \frac{.195}{.535} = .36$$

由於 z_{obt} 僅有 .364，沒有落入拒絕區，亦即兩個樣本相關係數的差異為 0。同樣的，相關係數差異量也可計算出（$1-\alpha$）100% 的信賴區間，區間估計的公式如公式 11-12，求出信賴區間的兩個端點值 $z_{\rho H}$ 與 $z_{\rho L}$ 後，進行對數轉換成相關係數形式後即可判讀。

$$(z_{r1}-z_{r2}) - z_{\alpha/2}\sqrt{1/(N_1-3) + 1/(N_2-3)} \leq z_{\rho diff} \leq (z_{r1}-z_{r2}) + z_{\alpha/2}\sqrt{1/(N_1-3)+1/(N_2-3)}$$
$$(11\text{-}12)$$

前面的 $r_1 = .78$ 與 $r_2 = .50$ 差異的 .95CI，依據公式 11-12 求得為 $-.34 \leq z_{\rho diff} \leq .73$，由於此區間涵蓋 0，因此也可以得知兩個相關係數的差異量與 0 無異。

$$95\% CI：(.434 - .235) \pm 1.96\sqrt{1/(10-3) + 1/(10-3)} = .195 \pm .535$$

11.4 其他相關係數

11.4.1 淨相關與部份相關

在線性關係中，如果兩個連續變數之間的關係，可能受到其他變數的干擾之時，或研究者想要把影響這兩個變數的第三個變數效果排除，也可以利用類似於共變數分析的控制原理，將第三變數的效果進行統計的控制。在統計上，依控制方法的不同可以區分為**淨相關**（partial correlation）與**部份相關**（part correlation）兩種不同形式。

所謂淨相關（或稱為偏相關），係指在計算兩個連續變數 X_1 與 X_2 的相關之時，將第三變數（X_3）與兩個相關變數的相關 r_{13} 與 r_{23} 予以排除之後的純淨相關，以 $r_{12 \cdot 3}$ 表示，如公式 11-13。

$$r_{12 \cdot 3} = \frac{r_{12} - r_{13} r_{23}}{\sqrt{1 - r_{13}^{2}} \sqrt{1 - r_{23}^{2}}}$$

（11-13）

如果在計算排除效果之時，僅處理第三變數與 X_1 與 X_2 當中某一個變數的相關之時，所計算出來的相關係數，稱之為部份相關，或稱為**半淨相關**（semipartial correlation）時，因為部份相關控制的深度，僅達淨相關控制深度的一部份。

由於部份相關僅處理特定 X_1 與 X_2 中的某一個變數，其符號的表示有兩種情形，$r_{1(2 \cdot 3)}$ 表示 X_1 與 X_2 的部份相關係數，且將第三變數（X_3）與第二變數 X_2 的關係排除之後的相關。$r_{2(1 \cdot 3)}$ 則表示 X_1 與 X_3 的相關排除後，X_1 與 X_2 的部份相關係數。明顯的，淨相關與部份相關差別僅在分母項，淨相關多除了一項 $\sqrt{1 - r_{13}^{2}}$，該項為小數點，因此部份相關係數值比淨相關小。公式如下：

$$r_{1(2 \cdot 3)} = \frac{r_{12} - r_{13} r_{23}}{\sqrt{1 - r_{23}^{2}}}$$

（11-14）

假設今天某教授調查 10 位學生的上課認真程度（X）與考試成績（Y），以外也調查學生智力高低（Z），這三個變數的相關係數若分別為，$r_{XY} = r_{12} = .78$、$r_{XZ} = r_{13} = .40$、$r_{YZ} = r_{23} = .80$，三者關係相關情形以圖 11.2 的面積概念來表示。

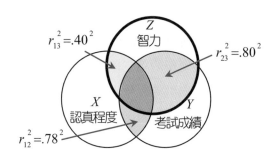

圖 11.2　上課認真程度、考試成績與智力三個變數的相關面積圖示

若要求控制智力之後的上課認真程度（X）與考試成績（Y）的淨相關，以公式 11-13 求得為 .84。顯示排除了智力的干擾因素之後（如果學生們在智力上有一致的水準），認真程度與考試成績關係更強，相關係數上升至 .84。

$$r_{12 \cdot 3} = \frac{r_{12} - r_{13} r_{23}}{\sqrt{1 - r_{13}^2} \sqrt{1 - r_{23}^2}} = \frac{.78 - .4 \times .8}{\sqrt{1 - .4^2} \sqrt{1 - .8^2}} = \frac{.78 - .4 \times .8}{\sqrt{1 - .4^2} \sqrt{1 - .8^2}} = \frac{.46}{.55} = .84$$

如果研究者認為，討論智力與認真程度之間的關係沒有任何意義，因此在控制智力的影響時只須排除智力與成績的關係，無須排除智力與認真程度之間的關係，亦即求取部分相關，以公式 11-14 求得 $r_{1(2 \cdot 3)}$ 為 .77。

$$r_{1(2 \cdot 3)} = \frac{r_{12} - r_{13} r_{23}}{\sqrt{1 - r_{23}^2}} = \frac{.78 - .4 \times .8}{\sqrt{1 - .8^2}} = \frac{.78 - .4 \times .8}{\sqrt{1 - .8^2}} = \frac{.46}{.60} = .77$$

11.4.2 史比爾曼等級相關

Pearson 相關係數適用於兩個連續變數的線性關聯情形的描述，**史比爾曼等級相關**（Spearman rank order correlation coefficient；r_s）應用於順序變數線性關係之描述。當兩個變數中，有任一變數為順序變數時，必須使用下列公式求得 Spearman 相關係數 r_s。例如有 N 個學生的參加口試，他們的名次的數據是由 1 到 N 的數值，此時的順序資料具有類似於等距尺度的固定單位，因此可以利用 r_s 係數仿照積差相關的原理，來計算出兩個順序變數的關聯性。進行計算時，r_s 係數取每一個觀察值在兩個順序變數的配對差異分數來分析關聯性，數值介於 −1 到 1 之間，越接近 ±1，表示關聯性越高。若 N 為人數，D 為兩個變數上的等級差距 $R(X_i) - R(Y_i)$。公式如下：

$$r_s = 1 - \frac{6 \Sigma D_i^{\,2}}{N(N^2 - 1)} \tag{11-15}$$

以先前上課認真程度與考試成績的範例來示範，將表 11.1 當中的兩個變數轉換成等級資料後列於表 11.4 的 $R(X)$ 與 $R(Y)$ 兩欄中，套用公式 11-15，即可獲得 r_s 係數為 .77。

$$r_s = 1 - \frac{6 \Sigma D_i^{\,2}}{N(N^2 - 1)} = 1 - \frac{6 \times 38}{10(10^2 - 1)} = 1 - .23 = .77$$

表 11.4　10 位學生學習的等級資料與等級相關運算統計量

學生 ID	認真程度 X	考試成績 Y	R(X)	R(Y)	D	D²
1	4	66	1	1	0	0
2	27	87	9	10	-1	1
3	18	83	5.5	8	-2.5	6.25
4	7	73	2	2	0	0
5	30	84	10	9	1	1
6	12	82	3.5	7	-3.5	12.25
7	18	74	5.5	3	2.5	6.25
8	23	79	8	6	2	4
9	19	76	7	4.5	2.5	6.25
10	12	76	3.5	4.5	-1	1
總和	170	780			0	38

表 11.5　10 位學生認真程度為類別資料與相關運算統計量

學生 ID	認真程度 X			考試成績 Y	認真程度 k = 2		認真程度 k = 3		
	X	k = 2	k = 3		認真 p	散漫 q	高	中	低
1	4	散漫	低	66		66			66
2	27	認真	高	87	87		87		
3	18	散漫	中	83		83		83	
4	7	散漫	低	73		73			73
5	30	認真	高	84	84		84		
6	12	散漫	中	82		82		82	
7	18	散漫	中	74		74		74	
8	23	認真	高	79	79		79		
9	19	散漫	中	76		76		76	
10	12	散漫	中	76		76		76	
平均數	17.00			78.00	83.33	75.71	83.33	78.20	69.50
變異數	70.00			39.11	16.33	32.90	16.33	16.20	24.50
標準差	8.37			6.25	4.04	5.74	4.04	4.02	4.95

11.4.3 點二系列相關

　　在社會科學研究當中，經常可以碰到二分類別變數，例如性別、是否投票、是否贊成的測量數據，如果要將此類二分變數與一個連續變數求取相關情形時，傳統的積差相關並不適當。另外，在心理測驗當中，能力測驗或認知測驗的題目計分狀況通常是對錯的二分變數，此時這些測驗題目與外在效標（通常為連續變數）的關聯情形的分析（項目分析或效度分析），也會遇到相同的困境。此時，可以利用公式 11-16 求得**點二系列相關係數**（point-biserial correlation coefficient; r_{pb}）：

$$r_{pb} = \frac{\overline{Y}_p - \overline{Y}_q}{s_t}\sqrt{pq} \qquad\qquad （11\text{-}16）$$

　　公式 11-16 中 $\overline{Y}_p$ 與 $\overline{Y}_q$ 為兩水準在連續變數的平均數，p、q 為兩組人數百分比，s_t 為連續變數 Y 的標準差。r_{pb} 係數與 Pearson's r 係數具有相同的特性，其數值會介於 ± 1.0 之間，絕對值越大，表示兩個變數的關係越強，當 r_{pb} 係數為正時，表示二分變數數值大者，在連續變數上的得分越高，反之，當 r_{pb} 係數為負時，表示二分變數數值小者，在連續變數上的得分越高。值得注意的是，從公式 11-16 可以看出，點二系列相關的大小是 p 與 q 的函數，當 p 與 q 數值為越接近 0.5 時，r_{pb} 的數值才有可能接近 1.0。

　　計算點二系列相關公式時，若 s_t（連續變數的標準差）計算時的分母項是除以 n 而非 $n-1$ 時（也就是利用標準差的樣本統計量而非母數不偏估計數時），所求出的 r_{pb} 係數值與以 Pearson's r 的公式所得出的係數值完全相同，原因是二分變數只有兩個數值，數值之間的差距反應出一種等距關係，因此二分變數也可以視為一種連續變數，可與其他任何連續變數的求取積差相關，如果樣本數很大，那麼將二分類別變數與連續變數求取 r_{pb} 係數會非常接近 Pearson's r。

　　依循先前的例子，但將表 11.4 當中的上課認真程度改為類別資料，例如高於 20 以上的認真程度稱為「專心組」（佔 30%，$p = .3$），未達 20 以上的認真程度稱為「散漫組」（佔 70%，$p = .7$），各組的考試成績描述統計列於表 11.5，此時

計算新的認真組（$k = 2$）變數與考試成績（Y）的點二系列相關，以公式 11-16 求得數據如下。

$$r_{pb} = \frac{\overline{Y}_p - \overline{Y}_q}{s_t} \sqrt{pq} = \frac{83.33 - 75.71}{6.25} \sqrt{.3 \times .7} = 1.219 \times .4158 = .559$$

另一個類似於點二系列相關係數的關聯量數是**二系列相關**（biserial correlation coefficient；r_b），適用於當兩個變數皆為連續變數，但是我們將其中一個連續變數取某個分割點求其常態分配機率值進行**二分化**（dichotomized），也就是將該變數從某一個切割點切成兩段，轉換成二分變數時，例如將學業成績切割為及格與不及格兩個類別。此時，此二分類別變數雖只有兩個數值，但是仍具有常態分配的特性，公式如下：

$$r_b = \frac{\overline{X}_1 - \overline{X}_2}{s_t} \times \frac{pq}{y} \tag{11-17}$$

其中 y 是機率為 p 時所對應的常態分配機率密度值，也就是常態曲線中切割為 p 與 q 兩個區域的 X 軸所對應的縱座標數值。

11.4.4 Eta 係數

當我們想求取類別變數與連續變數的關聯強度時，可利用 η（eta）係數。其原理是計算類別變數的每一個數值（類別）下，連續變數的離散情形佔全體變異量的比例；也就是求取各類別中，在連續變數上的組內離均差平方和 SS_w，佔總離均差平方和 SS_t 的百分比，此一百分比是以 X 無法解釋 Y 的誤差部份，比例越小，表示兩變數的關聯越強。η 係數如公式 11-18 所示。

$$\eta = \sqrt{\frac{\Sigma(Y - \overline{Y})^2 - \Sigma(Y - \overline{Y}_k)^2}{\Sigma(Y - \overline{Y})^2}} = \sqrt{1 - \frac{\Sigma(Y - \overline{Y}_k)^2}{\Sigma(Y - \overline{Y})^2}} = \sqrt{1 - \frac{SS_w}{SS_t}} \qquad (11\text{-}18)$$

其中 $\overline{Y}$ 為連續變數的平均數，$\overline{Y}_k$ 為類別變數各組下的連續變數平均數。η 係數數值類似積差相關係數，介於 0 至 1 之間，取平方後稱為 η^2，具有削減誤差百分比（PRE）的概念，又稱為**相關比**（correlation ratio），也就是變異數分析當中所的效果量，換言之，η 係數就是引用效果量的概念來表述多個類別的類別變數與連續變數的關聯強度。

依循先前的例子，但將表 11.4 當中的上課認真程度改為具有高、中、低三個水準的類別資料，例如高於 20 以上的認真程度標為「高」（佔 30%，$p = .3$），低於 10 者標為「低」，其餘標為「中」，這三組的考試成績描述統計列於表 11.5，此時計算新的高中低認真程度（$k = 3$）變數與考試成績（Y）的點二系列相關，以公式 11-18 求得 $\eta = .588$。如果從單因子變異數分析摘要表中（如表 11.6），除了可以得到 SS_w 與 SS_t，也可得到 η^2 的數據，這些數據都可以用來計算 η 係數。

$$\eta = \sqrt{1 - \frac{\Sigma(Y - \overline{Y}_k)^2}{\Sigma(Y - \overline{Y})^2}} = \sqrt{1 - \frac{230.095}{352}} = \sqrt{.346} = .588$$

表 11.6　以單因子變異數分析求得認真程度類別變數與考試成績之關聯性

來源	SS	df	MS	F	P	η^2
認真程度（k=3）	121.905	1	121.905	4.238	.074	.346
誤差	230.095	8	28.762			
校正後的總數	352.000	9				

依變數:考試成績

11.5 相關分析的 SPSS 範例解析

11.5.1 Pearson、Spearman、點二系列相關

　　某研究所 10 名學生修習高等統計課程期中考與期末考成績如下，請問這兩次考試成績是否具有相關？性別與成績有關嗎？

學生編號	1	2	3	4	5	6	7	8	9	10
性別	男	男	女	女	男	男	女	男	男	女
期中考分數	78	80	90	90	70	88	82	74	65	85
期末考分數	84	83	89	90	78	89	87	84	78	80
期中考名次	7	6	1	1	9	3	5	8	10	4
期末考名次	5	7	2	1	9	2	4	5	9	8

【A. 操作程序】

　　步驟一：輸入資料。

　　步驟二：選取 分析 → 相關 → 雙變數 。

　　步驟三：選擇欲分析之兩個變數。

　　步驟四：勾選所需的相關係數與 選項 內容。

　　步驟六：按 確定 執行。

【B. 步驟圖示】

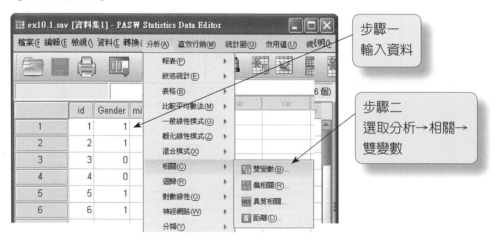

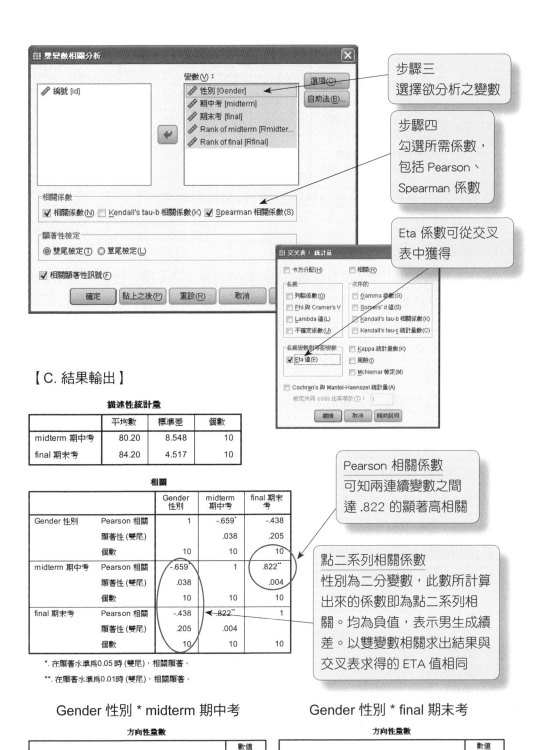

【C. 結果輸出】

描述性統計量

	平均數	標準差	個數
midterm 期中考	80.20	8.548	10
final 期末考	84.20	4.517	10

相關

		Gender 性別	midterm 期中考	final 期末考
Gender 性別	Pearson 相關	1	-.659*	-.438
	顯著性(雙尾)		.038	.205
	個數	10	10	10
midterm 期中考	Pearson 相關	-.659*	1	.822**
	顯著性(雙尾)	.038		.004
	個數	10	10	10
final 期末考	Pearson 相關	-.438	.822**	1
	顯著性(雙尾)	.205	.004	
	個數	10	10	10

*. 在顯著水準為0.05時(雙尾),相關顯著。

**. 在顯著水準為0.01時(雙尾),相關顯著。

Pearson 相關係數
可知兩連續變數之間
達 .822 的顯著高相關

點二系列相關係數
性別為二分變數,此數所計算
出來的係數即為點二系列相
關。均為負值,表示男生成績
差。以雙變數相關求出結果與
交叉表求得的 ETA 值相同

Gender 性別 * midterm 期中考

方向性量數

			數值
以名義量數和間隔為主	Eta值	Gender 性別依變數	1.000
		midterm 期中考依變數	.659

Gender 性別 * final 期末考

方向性量數

			數值
以名義量數和間隔為主	Eta值	Gender 性別依變數	.890
		final 期末考依變數	.438

相關

			Rmidterm Rank of midterm	Rfinal Rank of final
Spearman's rho 係數	Rmidterm Rank of midterm	相關係數	1.000	.825**
		顯著性 (雙尾)	.	.003
		個數	10	10
	Rfinal Rank of final	相關係數	.825**	1.000
		顯著性 (雙尾)	.003	.
		個數	10	10

等級相關係數
等級相關顯示兩個名次的相關係數達 .825

**. 相關的顯著水準為 0.01 (雙尾)。

【D. 結果說明】

由上述報表可知,兩個成績變數的平均數各為 80.2 與 84.2,性別的平均數沒有解釋上的意義。Pearson's r 分析得知,兩個考試成績變數之間的相關高達 .822 (p < .01),若將成績變數轉換成名次化的等級變數後所求出的 Spearman's rho 係數亦有高達 .825 (p < .01) 的相關,均達顯著水準,表示研究生的期中考與期末考成績具有顯著高相關。

另外,由於性別為二分變數,與性別有關的相關係數即為點二系列相關。其中性別與期中考為顯著負相關 $r = -.659(p < .05)$,與期末考 $r = -.438(p = .205)$ 未達顯著水準,負相關表示男生成績差(性別數值越大時成績則越低)。如果把性別當作名義變數,求取 eta 係數,可以利用交叉表當中的統計量中的 eta 係數,得到的係數與點二系列相關相同。例如期中考與性別的 eta 係數 = .659。

11.5.2 淨相關與部份相關

延續前一個範例,若同時測得 10 名學生的統計焦慮分數,請問期中考與期末考成績的淨相關如何?又兩個部份相關又如何?

學生編號	1	2	3	4	5	6	7	8	9	10
期中考	78	80	90	90	70	88	82	74	65	85
期末考	84	83	89	90	78	89	87	84	78	80
統計焦慮	9	5	3	4	6	5	5	7	10	5

1. 淨相關

【A. 操作程序】

步驟一：輸入資料。

步驟二：選取 分析 → 相關 → 偏相關 。

步驟三：選擇欲分析之兩個變數與控制變數。

步驟四：於 選項 勾選統計量。

步驟五：按 確定 執行。

【B. 步驟圖示】

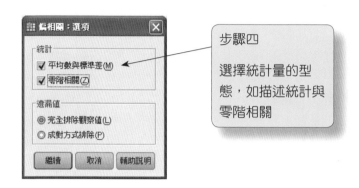

步驟四

選擇統計量的型態，如描述統計與零階相關

【C. 結果輸出】

相關

控制變數			midterm	final	anxiety
-無-[a]	midterm	相關	1.000	.822	-.814
		顯著性 (雙尾)	.	.004	.004
		df	0	8	8
	final	相關	.822	1.000	-.606
		顯著性 (雙尾)	.004	.	.063
		df	8	0	8
	anxiety	相關	-.814	-.606	1.000
		顯著性 (雙尾)	.004	.063	.
		df	8	8	0
anxiety	midterm	相關	1.000	.711	
		顯著性 (雙尾)	.	.032	
		df	0	7	
	final	相關	.711	1.000	
		顯著性 (雙尾)	.032	.	
		df	7	0	

a. 細格含有零階 (Pearson 相關係數) 相關

零階相關係數
即為 Pearson 相關，期中考及期末考相關仍為 .8219。焦慮與期中考及期末考的相關均達顯著，分別為 -.8145 與 -.6062

偏相關係數
兩變數的相關係數降為 .711，p=.032，仍達顯著

2. 部份相關

【A. 操作程序】

步驟一：選取 分析 → 迴歸 → 線性 。

步驟二：將一個變數移入依變數，其他變數與控制變數作為自變數。

步驟三：進入 統計量 勾中，選取部份與淨相關。

步驟四：按 確定 執行。

【B. 步驟圖示】

【C. 結果輸出】

係數ª

模式		未標準化係數		標準化係數	t	顯著性	B 的 95.0% 信賴區間		相關		
		B 之估計值	標準誤差	Beta 分配			下界	上界	零階	偏	部分
1	(常數)	40.591	19.248		2.109	.073	-4.924	86.106			
	midterm	.515	.192	.975	2.677	.032	.060	.970	.822	.711	.566
	anxiety	.389	.753	.188	.516	.622	-1.393	2.170	-.606	.191	.109

a. 依變數: final

係數估計

係數估計值。包括部份相關與淨相關，兩變數淨相關為 .711。部份相關為 .566

【D. 結果說明】

　　由上述的報表可知，期中考與期末考成績的淨相關為 .711（$p < .05$），顯示兩者仍有顯著的高相關，但是已較零階 Pearson 相關 .822 降低許多，原因是焦慮與兩次考的相關均十分明顯，分別為期中考的 −.815（$p < .01$）與期末考的 .606（$p = .063$），值得注意的是焦慮與期末考相關未達顯著。應採部份相關為宜，因為可能統計焦慮不用與期末考求控制相關。

　　部份相關的結果以迴歸分析中的係數估計可以得到，期中考排除焦慮後的部份相關為 .566，其中另一個部份相關為統計焦慮排除期中考成績後，與期末考的部份相關，為 .109，此一係數與當初統計焦慮與期末考分數的零階相關 −.606 減少甚多，顯示期中考與統計焦慮相關所排除的效果很明顯。

　　由零階、淨相關到部份相關，係數降低，可見得部份相關所排除的部份最為明顯。

▶ 本章重要概念

相關分析 correlation analysis

散佈圖 scatter plot

線性關係 linear relationship

相關矩陣 correlation matrix

淨相關 partial correlation

迴歸分析 regression analysis

相關係數 coefficient of correlation

變異數與共變數矩陣 variance and covariance matrix

部份相關 part correlation

半淨相關 semipartial correlation

點二系列相關係數 point-biserial correlation coefficient

史比爾曼等級相關 Spearman rank order correlation coefficient

二系列相關 biserial correlation coefficient

課後習作

一、A、B、C 三所學校的管理學院派出三名菁英參加管院盃新生辯論比賽，參賽者除了獲得個人成績 (0-10 分) 之外，也接受觀眾以網路票選受歡迎程度 (0-10 分)，同時主辦單位也提供了各選手的性別 (女記為 0；男記為 1) 與辯手經驗（年），數據如下表。請回答下列問題：

ID	學校 School	性別 Gender	辯手次序 Order	經驗 Exper	網路票選 Internet	個人成績 Score
1	A	0	1	5	7	10
2	A	0	2	4	6	7
3	A	1	3	6	9	10
4	B	1	1	1	4	3
5	B	1	2	0	3	3
6	B	0	3	2	9	6
7	C	0	1	3	5	9
8	C	1	2	3	4	7
9	C	0	3	3	7	8
平均數		0.44	2.00	3.00	6.00	7.00
標準差		0.53	0.87	1.87	2.18	2.65
變異數 / 共變 數矩陣	性別	0.28				
	辯手次序	0.00	0.75			
	經驗	-0.25	0.25	3.50		
	網路票選	-0.50	1.125	2.625	4.75	
	個人成績	-0.63	0.25	4.50	3.50	7.00

1.　表中所列出的各變數，哪些是名義變數、順序變數與連續變數？

2.　兩兩變數之間可求得哪一種相關係數？請說明原因。

3.　變異數／共變數矩陣中的資料，哪些是變異數？哪些是共變數？

4.　請繪製網路票選與個人成績的散佈圖，判斷兩者之間有無線性關係？

5.　請計算網路票選與個人成績的相關係數，並以 t 檢定判斷相關係數是否顯著不等於 0。

6.　請進行相關係數的區間估計，計算網路票選與個人成績的相關係數 95%CI。

二、辯論專家說，辯論比賽的臨場表現與個人是否具有豐富經驗有關，經驗越豐富者，表現最穩健，最可能獲得評審的青睞得高分，相對之下，性別、出賽次序、網路票選的受歡迎程度，這些都與個人成績沒有重要關聯。請回答下列問題：

1.　請利用表格數據說明經驗與個人成績，以及經驗與網路票選得分，兩組相關係數的高低與 t 檢定結果為何？

2.　承前題，這兩個相關係數的差異是否顯著不為 0？

3.　如果把經驗當作控制變數，求取網路票選與個人成績排除經驗因素的淨相關，請計算出係數數值與 t 檢定結果。

4.　請計算出賽次序與個人成績的 Spearman 相關係數與 t 檢定結果。

5.　請計算性別與個人成績的點二系列相關係數與 t 檢定結果。

6.　請計算性別與個人成績的 Eta 相關係數。

7.　前述各題的結果是否能夠證實辯論專家所說為真？

8.　請以 SPSS 完成前述的分析工作。

Introduction

12 迴歸分析

To

Statistics

12.1 前言

在前一章當中已經指出線性關係是社會科學研究的重要概念，相關分析的目的在描述兩個連續變數的線性關係強度，而迴歸則是在兩變數之間的線性關係基礎上，進一步來探討變數間的解釋與預測關係的統計方法。換言之，相關所關心的是 X 與 Y 兩個連續變數之間有沒有一條線，迴歸則是直接拿這一條線去進行解釋、預測與控制。雖然只是區區一條直線，但是卻有大作用。

迴歸一詞的起源，可以溯自 1855 年，英國學者 Galton 以 "Regression toward mediocrity in heredity stature" 為題的論文中，分析孩童身高與父母身高之間的關係，發現父母的身高可以預測子女的身高，當父母身高越高或越矮時，子女的身高會較一般孩童高或矮，但是有趣的是，當父母親身高很高或很矮（極端傾向）時，子女的身高會不如父母親身高的極端化，而**朝向平均數移動**（regression toward mediocrity），也就是著名的**均值迴歸**（regression toward the mean）現象。自此之後，regression 這個名詞，也就被研究者視為研究變數間因果或預測關係的重要同義詞，沿用至今。

本章首先將介紹線性迴歸的基本特性，並應用於以一個連續自變數去解釋另一個連續依變數的簡單迴歸（simple regression），同時探討當自變數不是連續而為類別變數時的處理方式。到了下一章，我們將把自變數的數目擴充到兩個以上的多元迴歸分析，並詳細說明各種不同建立迴歸模式的策略。事實上，不論迴歸模型再怎麼複雜，其最重要的工作就是建立那一條能夠貫穿數據的最佳方程式。只要讀者具備中學時代所學習的平面幾何與二元一次方程式的相關知識，即足以應付本章最核心的概念。

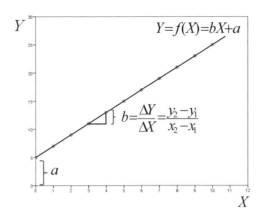

圖 12.1　完全線性關係圖示

12.2 線性迴歸的基本原理

12.2.1 線性方程式

　　假設現在有一個 X 與 Y 的二維空間，在空間上任意畫出一直線，此時在直線上的每一個點，其在 X 與 Y 軸的座標具有完全對應的關係，此時 X 與 Y 稱為具有完全線性關係，相關係數為 1.0，如圖 12.1 所示。在平面上的直線，利用數學線性函數的概念來表示如公式 12-1 所示。

$$Y = f(X) = bX + a \tag{12-1}$$

　　公式 12-1 的線性函數當中，具有 X 與 Y 兩個變數，變數的函數關係由 b 與 a 兩個參數所定義。其中 a 參數為函數之常數，數值為當 $X = 0$ 時的 Y 的起點，稱為**截距**（intercept）；b 參數為 X 變動一單位時 Y 所變化的量，稱為**斜率**（slope），其定義式如公式 12-2 所示。

$$b = \frac{\Delta Y}{\Delta X} = \frac{y_2 - y_1}{x_2 - x_1}$$

（12-2）

在公式 12-1 的二元一次方程式中，b 參數為不為零的固定參數，當 $b > 0$ 時，表示兩個變數呈現等比例且同方向的變動；當 $b < 0$ 時，表示兩個變數呈現等比例且反方向的變動；若 $b = 0$，表示方程式為水平直線，Y 恆為 0，X 的變化與 Y 無關，二元一次方程式的關係無法成立。只要是 $b \neq 0$，且 a 與 b 參數已知，Y 的變化可以完全被 $bX+a$ 所包涵，也就是說，Y 的資訊可以完全由 X 所取得，X 對於 Y 的解釋力達 100%。以圖 12.1 數據為例，$a = 5$、$b = (12.5-10)/(4-3) = 2.5$，因此可以得到線性方程式為 $Y = 2.5X+5$。

12.2.2 最小平方方程式與迴歸模型

在完全線性函數關係下，X 的連續值域空間內的任何一個數值都可以找到對 Y 的唯一對應點，亦即 IF $X = x_0$，THEN $Y = y_0$。線性方程式對 Y 軸的投射，在給定 x_0 的情況下，必然發生一個且唯一一個投射值 y_0，因此 y_0 可以說是 x_0 預測值 $\hat{y}_0$，也是必然觀察到的實際值 ，$y_0 - \hat{y}_0 = 0$，亦即估計誤差為零。但是如果有任何一個函數投射值與實際觀察值不相等，亦即 $y_0 - \hat{y}_0 \neq 0$，完全線性關係就不存在。

在 X 與 Y 變數為非完全線性對應的關係中，雖然無法建立一個完美適配所有觀察值的線性方程式，但只要 X 與 Y 變數的相關夠強，仍可以找到最能適配觀察值的方程式 $\hat{Y}_i = bX_i + a$，使得每一個 X_i 對 Y 軸的投影下的 $Y_i - \hat{Y}$ 具有最小距離，亦即估計誤差最小化，此一利用誤差平方和最小化 min $\Sigma(Y_i - \hat{Y}_i)^2$ 所獲得的最適方程式稱為**最小平方方程式**（least square equation），由於此方程式為 X 對 Y 的最佳預測方程式，因此稱為**最小平方迴歸線**（least square regression line），此種迴歸分析稱為**一般最小平方迴歸**（ordinal least square regression，簡稱 OLS 迴歸）。

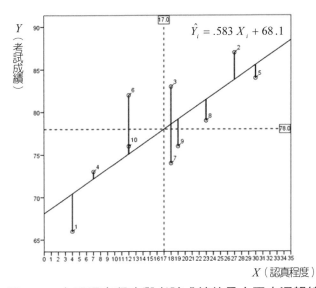

$$\hat{Y}_i = .583\,X_i + 68.1$$

圖 12.2 上課認真程度與考試成績的最小平方迴歸線

（垂直虛線為 $\overline{X}$ 平均數參考線、水平虛線為 $\overline{Y}$ 平均數參考線）

表 12.1 10 位學生學習資料與描述統計量

| ID | 觀察值 | | 預測值 | 殘差 | | | | |
	X	Y	$\hat{Y}$	$(Y-\hat{Y})$	$(Y-\hat{Y})^2$	$(X-\overline{X})^2$	$(Y-\overline{Y})^2$	$(X-\overline{X})(Y-\overline{Y})$
1	4	66	70.427	-4.427	19.598	169	144	156
2	27	87	83.825	3.175	10.081	100	81	90
3	18	83	78.583	4.417	19.510	1	25	5
4	7	73	72.175	.825	0.681	100	25	50
5	30	84	85.573	-1.573	2.474	169	36	78
6	12	82	75.087	6.913	47.790	25	16	-20
7	18	74	78.583	-4.583	21.004	1	16	-4
8	23	79	81.495	-2.495	6.225	36	1	6
9	19	76	79.165	-3.165	10.017	4	4	-4
10	12	76	75.087	.913	0.834	25	4	10
總和	170	780		0	138.108	630	352	367
平均數	17.00	78.00				(SS_X)	(SS_Y)	(SP_{XY})
變異數	70.00	39.11						
標準差	8.37	6.25						

　　由於同一組變數可以利用不同的方程式來表示變數間的關係，每一個方程式稱為一種**迴歸模型**（regression model），因此最小平方方程式可以說是所有可能的迴歸模型中，估計誤差最小者，亦即最能有效地以 X 來預測 Y，或對於依變數 Y 最具解釋力的模型。如果抽取一個樣本獲得一組 X 與 Y 的數據，以 $\min \Sigma(Y_i - \hat{Y}_i)^2$ 建立迴歸方程式，即可建立迴歸模型，此時從樣本所估計得到的估計誤差稱為**殘差**（residual），$residual = Y_i - \hat{Y}_i$。

　　我們以前一章所使用的 10 位學生的認真程度（X）與考試成績（Y）的相關資料為例，這 10 位學生的 (X,Y) 的配對資料散佈圖、殘差與最小平方迴歸線標示於圖 12.2，方程式為 $\hat{Y} = .583X + 68.1$，相關數據列於表 12.1。

　　由表 12.1 可知，殘差最大者（6.913）為 ID = 6 的學生，而其在圖 12.2 上也是距離迴歸線垂直距離最遠的觀察值。殘差最小者（.825）為 ID = 4 的學生，而其在圖 12.2 上也是距離迴歸線垂直距離最近的觀察值。換言之，當以圖 12.2 的迴歸方程式去預測 ID = 6 的依變數得分有最大的預測誤差，對 ID = 4 則有最小的預測誤差。

12.2.3 迴歸模型的建立

12.2.3.1 迴歸模型的組成

　　對於兩個連續變數 X 與 Y 變數之間若具有顯著的相關係數 r_{XY}，那麼可以利用 OLS 迴歸原理建立兩個最適配方程式：以 X 預測 Y 的迴歸模型，以 $X \rightarrow Y$ 表示，如公式 12-3 所示，以及以 Y 預測 X 的迴歸模型，以 $Y \rightarrow X$ 表示，如公式 12-4 所示。

$$\hat{Y} = b_{y.x}X + a_{y.x} \qquad (12\text{-}3)$$

$$\hat{X} = b_{x.y}Y + a_{x.y} \qquad (12\text{-}4)$$

在未特別宣告的情況下，對於一組 X 與 Y 變數，習慣上以公式 12-3 取 $X \rightarrow Y$，亦即假設 Y 被 X 所決定，在經濟計量學將迴歸模型中被決定的變數稱為**內生變數**（endogenous variable），決定內生變數的變數稱為**外生變數**（exogenous variable），以實驗設計的術語來說，外生變數就是自變數，內生變數就是依變數。基於抽樣原理，OLS 迴歸以 X 變數樣本統計量來解釋 Y 變數樣本統計量，因此 X 又稱為**預測變數**（predictor）或**解釋變數**（explanatory variable），Y 則為**結果變數**（outcome）或**被解釋變數**（explained variable）。這些名詞的慣用方式在不同領域有不同的偏好，在本書中則交替使用。

方程式 12-3 中的斜率 $b_{y.x}$，意義是為當 X 每變化一個單位時 Y 的變化量；方程式 12-4 中的斜率 $b_{x.y}$ 則表示當 Y 每變化一個單位時 X 的變化量。同一組 X 與 Y 變數只有一個相關係數 r，但有兩個等價的最適配方程式的迴歸係數 $b_{y.x}$ 與 $b_{x.y}$，三者關係如公式 12-5。

$$r^2 = b_{y.x} \times b_{x.y} \tag{12-5}$$

由於 r 決定了 $b_{y.x}$ 與 $b_{x.y}$，因此 r^2 稱為**決定係數**（coefficient of determination），因其決定了迴歸的預測力，以 $X \rightarrow Y$ 或 $Y \rightarrow X$ 兩種迴歸模型雖然方程式形式不同，但是解釋力相同，因此稱為**等價模型**（equivalence model）。

12.2.3.2 迴歸係數的意義與計算

在 $X \rightarrow Y$ 的迴歸模型中，斜率與截距是構成迴歸方程式的兩個主要參數。斜率參數由 $b_{y.x}$ 係數估計，截距參數由 $a_{y.x}$ 係數估計。$b_{y.x}$ 與 $a_{y.x}$ 的計算式如公式 12-6 與 12-7 所示。

$$b_{y.x} = \frac{\text{cov}(x,y)}{s_x^2} = \frac{\sum(X-\overline{X})(Y-\overline{Y})}{\sum(X-\overline{X})^2} = \frac{SP_{xy}}{SS_x} \tag{12-6}$$

$$a_{y.x} = \overline{Y} - b\overline{X} \qquad\qquad (12\text{-}7)$$

其中 $b_{x.y}$ 亦可以從相關係數推導而出，如公式 12-8 所示。

$$b_{y.x} = r \frac{s_Y}{s_X} \qquad\qquad (12\text{-}8)$$

$b_{y.x}$ 與 $a_{y.x}$ 兩者都是帶有特定測量單位的非標準化統計量。$b_{y.x}$ 的數值大小應解釋為「X 變數每變動一單位時在 Y 變數上變動多少個單位」，$b_{y.x}$ 係數的正負向代表 X 變數對 Y 變數變動的影響方向，解釋方式如下：

$b_{y.x} > 0 \quad\Rightarrow\quad X$ 變數每「增加」一單位時在 Y 變數上「增加」多少個單位

$b_{y.x} < 0 \quad\Rightarrow\quad X$ 變數每「增加」一單位時在 Y 變數上「減少」多少個單位

$b_{y.x} = 0 \quad\Rightarrow\quad X$ 變數的增減在 Y 變數上「沒有」變化

對於截距參數 $a_{y.x}$，其數值大小應解釋為「當 X 變數為 0 時 Y 變數的起始值」。值得注意的是，除非 X 變數的 0 具實際測量值或具有實務上的意義，$a_{y.x}$ 的數值才有解釋的價值，否則只是方程式的截距。

以表 12.1 的範例數據來建立迴歸方程式，得到 $\hat{Y} = .583X + 68.1$，斜率與截距的計算過程如下：

$$b_{y.x} = \frac{SP_{xy}}{SS_x} = \frac{367}{630} = r\frac{s_Y}{s_X} = .78 \times \left(\frac{6.25}{8.37}\right) = .583$$

$$a_{y.x} = \overline{Y} - b\overline{X} = 78 - .583 \times 17 = 68.1$$

由於 $b_{x.y} = .583$，亦即當「上課認真程度每增加 1 分時，考試成績增加 .583 分」；$a_{y.x} = 68.1$，解釋為「當上課認真程度為 0 分時，考試成績為 68.1 分」。由於 X 變數的 0 沒有實際測量值，也沒有實務上的意義，因此 $a_{y.x}$ 不宜加以解釋。

12.2.3.3 標準化迴歸係數

在 $X \rightarrow Y$ 的迴歸模型中，$b_{y.x}$ 與 $a_{y.x}$ 兩者均為帶有原始測量單位的**未標準化係數**（un-standardized coefficient），如果將 $b_{y.x}$ 值乘以 X 變數的標準差再除以 Y 變數的標準差，即可去除單位的影響，得到**標準化迴歸係數**（standardized regression coefficient），稱為 β（beta）係數，如公式 12-9 所示。

$$\beta_{y.x} = b_{y.x} \frac{s_X}{s_Y} \qquad (12\text{-}9)$$

從數學運算的觀點來看，迴歸係數的標準化是將 X 與 Y 變數轉換成 Z 分數後所估計得到的**標準化迴歸方程式**（standardized regression equation）的參數，標準化後的截距係數則為 0，如公式 12-10 所示。

$$\hat{Z}_Y = \beta_{y.x} Z_X \qquad (12\text{-}10)$$

$\beta_{y.x}$ 數值大小為 X 對 Y 影響程度的標準化單位，解釋為「X 每變動一個『標準差』時在 Y 變數變動多少個『標準差』」，係數的正負向亦代表 X 變數對 Y 變數變動的影響方向，解釋方式如下：

$\beta_{y.x} > 0 \quad \Rightarrow \quad X$ 變數每「增加」一個標準差時在 Y 變數上「增加」多少個標準差

$\beta_{y.x} < 0 \quad \Rightarrow \quad X$ 變數每「增加」一個標準差時在 Y 變數上「減少」多少個標準差

在標準化迴歸方程式中，由於 X 與 Y 變數經過了標準化，任何一組 X 與 Y 變數的關係都有相同的標準化單位，對於係數的解釋不受原始測量單位的影響，因此可以相互比較強度大小。相對之下，未標準化係數 $b_{y.x}$ 除非 X 與 Y 變數測量單位相同，否則無法比較大小意義。標準化後的斜率係數具有與相關係數相類似的

性質。在簡單迴歸中，由於僅有一個自變數，因此標準化迴歸係數恰等於相關係數：$\beta = r$。

以表 12.1 的數據所建立的迴歸方程式 $\hat{Y} = .583X + 68.1$ 中，斜率（.583）經過標準化後得到 .78，亦即當「上課認真程度每增加 1 個標準差，考試成績增加 .78 個標準差」。

$$\beta_{y.x} = b_{y.x} \frac{s_X}{s_Y} = .583 \frac{8.37}{6.25} = .78$$

12.3 迴歸模型的解釋力

當我們以最小平方法來建立迴歸方程式之後，隨後的重要工作是去評估這個模型的優劣好壞，亦即模型的解釋力。在迴歸分析中，用以評估模型優劣的方式有二：估計標準誤（s_e）與迴歸解釋力（R^2），茲介紹於後。

12.3.1 估計標準誤（s_e）

基於最小平方法所估計得到的迴歸方程式若為 $\hat{Y} = b_{y.x}X + a_{y.x}$，其中 $\hat{Y}$ 為估計值，實際觀察到的 Y 則為公式 12-11 所示。

$$Y = b_{y.x}X + a_{y.x} + \varepsilon \tag{12-11}$$

將兩式相減得到估計誤差，$\hat{Y} - Y = \varepsilon$，基於 OLS 估計原理，誤差分配為常態分配，$N(0, \sigma_e^2)$。由於迴歸模型的母體未知，因此以樣本來估計，所得到的殘差分配也必須假設成常態，$N(0, s_e^2)$，s_e 稱為**估計標準誤**（standard error of estimate），反映樣本模型的估計誤差大小，定義式如公式 12-12 所示。當 s_e 越大，模型的估計誤差越大，解釋力越小；s_e 越小，模型的估計誤差越小，解釋力越大。

$$s_e = \sqrt{\frac{\sum(Y - \hat{Y})^2}{N - k - 1}} = \sqrt{\frac{SS_e}{df_e}} \qquad (12\text{-}12)$$

　　估計標準誤的自由度（df_e）為樣本數減去自變數的數目 k，再減 1。在簡單迴歸時，$k = 1$，因此 $df_e = N-1-1 = N-2$。值得注意的是，在以相同的一組 X 與 Y 變數且測量單位相同時，所進行的迴歸分析的模型解釋力，可以利用 s_e 來比較，但是如果迴歸模型中的變數不同，或是測量單位不同，則不可以 s_e 來比較解釋力的大小。以表 12.1 的數據進行估計，迴歸方程式 $\hat{Y} = .583X+68.1$ 的估計標準誤計算如下：

$$s_e = \sqrt{\frac{\sum(Y - Y')^2}{N - k - 1}} = \sqrt{\frac{138.208}{10 - 1 - 1}} = 4.156$$

　　若以標準化迴歸方程式 $\hat{Z}_Y = \beta_{y.x} \hat{Z}_X$ 來估計，所得到的樣本模型的估計誤差分配亦隨之標準化，應服從標準化常態分配，$N(0,1)$，此時樣本個別觀察值的估計誤差稱為**標準化殘差**（standardized residual; std. residual）。標準化殘差沒有特定測量單位，數值的解釋與檢定方式與常態化標準分數 Z 值相同，在誤差分配服從常態的假設成立的前提下，標準化殘差值在 ±1.96 內的機率應為 .95，在 ±2.58 內的機率應為 .99，超過這些臨界值的標準化殘差可視為模型中的**偏離值**（outlier）。相對的，未標準化殘差則帶有與 Y 變數一樣的測量單位，解釋方式與 Y 變數相同。

12.3.2 迴歸解釋力（R^2）

　　最常用來反映迴歸模型解釋力的統計量是 R^2（R square），其原理類似於 ANOVA 中的變異拆解。係將 Y 變數的總變異 SS_t 拆解成可被迴歸模型解釋的迴歸變異 SS_{reg}（稱為迴歸離均差平方和）與不可解釋的殘差變異 SS_e（亦即殘差平方和）兩部分，計算 SS_{reg} 佔 SS_t 的比例即為 R^2。各項離均差平方和如公式 12-13、12-14、12-15 所示。

$$SS_t = \Sigma(Y-\overline{Y})^2 \qquad\qquad (12\text{-}13)$$

$$SS_{reg} = \Sigma(\hat{Y}-\overline{Y})^2 \qquad\qquad (12\text{-}14)$$

$$SS_e = \Sigma(Y-\hat{Y})^2 \qquad\qquad (12\text{-}15)$$

個別觀察值的總離均差 $(Y-\overline{Y})$ 等於迴歸效果 $(\hat{Y}-\overline{Y})$ 加上殘差 $(Y-\hat{Y})$，如圖 12.3 所示。SS_t、SS_{reg} 與 SS_e 三者具有加成關係：

$$SS_t = \Sigma(Y-\overline{Y})^2 = \Sigma(\hat{Y}-\overline{Y})^2 + \Sigma(Y-\hat{Y})^2 = SS_{reg} + SS_e \qquad\qquad (12\text{-}16)$$

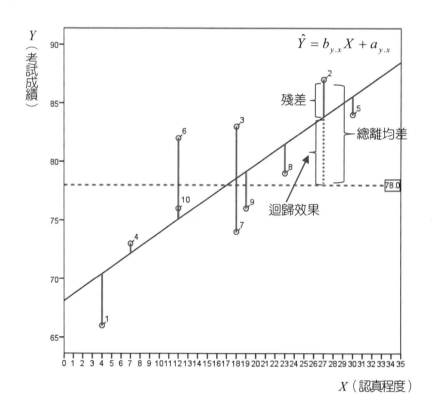

圖 12.3　迴歸分析各離差概念圖示（以 ID = 2 為例）

將公式 12-16 同除 SS_t 後得到公式 12-17，R^2 的定義如公式 12-18 所示。

$$1 = \frac{SS_{reg}}{SS_t} + \frac{SS_e}{SS_t} = \frac{\sum(\hat{Y} - \overline{Y})^2}{\sum(Y - Y)^2} + \frac{\sum(Y - \hat{Y})^2}{\sum(Y - \overline{Y})^2}$$ （12-17）

$$R^2 = 1 - \frac{SS_e}{SS_t} = \frac{SS_{reg}}{SS_t} = PRE$$ （12-18）

公式 12-18 中的 R^2 反映了迴歸模型的解釋力，即 Y 變數被自變數解釋的**削減誤差百分比**（percentage of reduced error; PRE）。當 R^2 為 0 表示自變數對依變數完全沒有解釋力，PRE = 0；當 $R^2 = 1$ 時（PRE = 1）表示自變數能夠 100% 完全解釋依變數的變異，解釋力最大。值得注意的是，不論變數性質、個數或測量單位相同或不同時，迴歸分析的模型解釋力，都可以 R^2 來比較，亦即任何一個迴歸模型其 R^2 越大則解釋力越大。

將 R^2 開方後可得 R，稱為**多元相關**（multiple correlation），為依變數觀察值 Y 與預測值 $\hat{Y}$ 的相關係數，如公式 12-19 所示。

$$R = \rho_{Y\hat{Y}}$$ （12-19）

以表 12.1 的範例數據來看，殘差變異量為 138.208，迴歸解釋變異量為 213.792，而 $SS_t = 352$，計算出 $R^2 = .607$。也就是說，Y 的變異中有 60.7% 可被 X 變數解釋，削減誤差的比例為 .607，解釋力非常高。將 R^2 開根號得到多元相關 $R = .78$，此為 Y 與 $\hat{Y}$ 的相關，恰等於 r_{XY}。在簡單迴歸時，具有 $R = r = \beta$ 的關係。

$$R^2 = 1 - \frac{SS_e}{SS_t} = 1 - \frac{138.208}{352} = \frac{213.792}{352} = .607$$

12.4 迴歸分析的假設檢定

12.4.1 迴歸解釋力的顯著性考驗

前面已經說明了迴歸模型的變異拆解原理，其中誤差平方和 SS_e 除以自由度即得到估計變異誤 (MSE)，亦即 $s_e^2 = MSE = SS_e/df_e$，可用來估計母體變異誤 。迴歸效果變異數估計數 $\hat{\sigma}_{reg}^2$ 則由迴歸離均差平方和估計。兩個變異數的比值可以 F 檢定進行顯著性考驗。此時 H_0 為「迴歸可解釋變異量為 0」，亦即 $H_0 : R^2 = 0$。如果無法推翻 H_0，則 R^2 即使再高，也沒有統計上的意義。F 檢定量的公式與摘要表如下。

$$F_{obt} = \frac{\hat{\sigma}_{reg}^2}{\hat{\sigma}_e^2} = \frac{MS_{reg}}{MS_e} = \frac{SS_{reg}/df_{reg}}{SS_e/df_e} = \frac{SS_{reg}/k}{SS_e/(N-k-1)} \qquad (12\text{-}20)$$

表 12.2　迴歸模型的變異數分析摘要表

變異來源	SS	df	MS	F
迴歸效果	SS_{reg}	k	SS_{reg}/df_r	MS_{reg}/MS_e
誤差	SS_e	$N-k-1$	SS_e/df_e	
全體	SS_t	$N-1$		

以範例 12.1 的數據得到的迴歸模型解釋力檢定結果為 $F_{(1,8)} = 12.375$，尾機率 $p = .008$，由於 $p < .01$，顯示迴歸模型的 R^2 達到 .01 的顯著水準，拒絕 H_0、接受 H_1，表示迴歸模型的解釋力具有統計意義。以 SPSS 執行所得到的 F 檢定摘要表如表 12.3 所示。

$$F_{obt} = \frac{213.792/1}{138.208/8} = \frac{213.792}{17.276} = 12.375$$

表 12.3　以 SPSS 進行迴歸效果顯著性考驗摘要表

模式		平方和	df	平均平方和	F	顯著性
1	迴歸	213.792	1	213.792	12.375	.008 [a]
	殘差	138.208	8	17.276		
	總數	352.000	9			

a.　預測變數:(常數),　專心程度

b.　依變數:　考試成績

12.4.2 迴歸係數的顯著性考驗與區間估計

迴歸係數 b 的大小反映了自變數對於依變數的解釋力,其統計意義亦需經過 t 檢定來檢驗,$H_0 : \beta = 0$。由於迴歸方程式的斜率係數用來估計自變數對依變數的影響力之用,因此其標準誤也從估計誤差來推估。t 檢定公式如 12-21 所示,其中 s_b 為迴歸係數標準誤,反映了迴歸係數 b 的隨機變動情形。$df = N - k - 1$。

$$t_{obt\,(df = n-k-1)} = \frac{b}{s_b} = \frac{b}{\sqrt{\dfrac{s_e^2}{SS_X}}} \tag{12-21}$$

值得注意的是,迴歸係數 b 的顯著性考驗必須在 R^2 的 F 檢定之後進行,因為 R^2 的 F 檢定可以說是整個迴歸模型效果的整體檢定,至於迴歸係數的顯著性檢定則是模型解釋力具有統計意義下的事後檢定。如果 R^2 的效果不顯著,則後續針對迴歸係數的統計檢定則無需進行。在多個自變數的多元迴歸,整體與事後檢定的區別會更為明顯。現以範例數據來說明,迴歸係數 $b = .583$ 的顯著性檢定結果如下:

$$t_{obt} = \frac{b}{s_b} = \frac{b}{\sqrt{\dfrac{s_e^2}{SS_x}}} = \frac{.583}{\sqrt{\dfrac{4.156}{630}}} = \frac{.583}{.166} = 3.518$$

同樣基於抽樣原理，對於迴歸係數 b 可進行區間估計，利用迴歸模型的迴歸係數標準誤 s_b，可用以推估母數出現的範圍。公式如下：

$$(1-\alpha)CI : b \pm t_{(\alpha/2, df)} s_b \qquad (12\text{-}22)$$

其中 $1-\alpha$ 是信心水準。若令 $\alpha = .05$，也就是取 95% 的信心水準，是把 b 係數加減某個單位的迴歸係數標準誤。以表 12.1 的範例數據來看，$df_e = N-k-1 = 10-1-1 = 8$，臨界 95%$CI$ 上下界為 $t_{(.025, 8)} = \pm 2.306$，因此 b 係數的 95% 信賴區間為：

$$95\%CI : 0.583 \pm 2.306 \times .166 = 0.200 \sim 0.966$$

由於 b 係數的 95% 信賴區間並未涵蓋 0，因此可以得知 b 係數具有顯著不等於 0 的統計性質，此一結果與先前使用 t 檢定來檢驗 b 係數的統計顯著性結果相同。但是利用區間估計的概念，可以推估自變數影響力的母數區間，具有更高的實務價值。因此在實務領域，多會使用區間估計去表現 b 係數的大小，並進行實際的管理控制應用。

12.5 迴歸分析的基本假設

迴歸分析進行變數關係的探討，係基於某些統計假設之下。當這些假設違反時，將導致偏誤產生。以下將介紹五個迴歸分析的重要假設，至於無多元共線性假設因為涉及多元迴歸，將留待下一章討論。

12.5.1 固定自變數假設（fixed variable）

在迴歸分析中，自變數是研究者在進行研究之初，依照文獻或理論所挑選出來能夠解釋依變數的主要變數，然後再從樣本所獲得的自變數數據來建立迴歸方程式，此時自變數數據並非隨機選擇得來，應被視為已知數，因此無須受到統計

分配的限制，亦即自變數被視為是固定變數的原因。如果一個研究可以被重複驗證，特定自變數的特定數值應可以被重複獲得，也因此得到相同的迴歸模型。

12.5.2 線性關係假設（linear relationship）

由於迴歸分析是基於相關為基礎的延伸應用，因此必須建立在變數之間具有線性關係的假設之上。非線性的變數關係，需將數據進行數學轉換才能視同線性關係來進行迴歸分析，或是改用曲線迴歸等非線性模型來處理。若為類別自變數，則需以虛擬變數的方式，將單一的類別自變數依各水準分成多個二分自變數，以視同連續變數的形式來進行。

12.5.3 常態性假設（normality）

在迴歸分析的一個重要假設，是誤差分配需呈常態。也就是說，預測值 $\hat{Y}$ 與實際 Y 之間的殘差應呈常態分配，$N(0, \sigma_e^2)$。對於一個觀察值的線性方程式 $Y = bX+a+e$，其中 $bX+a$ 即為迴歸模型，各項均非隨機變數，僅有殘差 e 為常態化隨機變數，故 Y 也應呈常態分配。

12.5.4 誤差獨立性假設（independence）

誤差項除了應呈隨機化的常態分配，不同的 X 所產生的誤差之間應相互獨立，無相關存在，也就是**無自我相關**（nonautocorrelation），而誤差項也需與自變數 X 相互獨立。當誤差項出現自我相關，雖然仍可進行參數估計，但是標準誤則會產生偏誤而降低統計檢定力，易得到迴歸模型被拒絕的結果。殘差自我相關的現象與衍生的問題，在時間序列分析或縱貫研究較常發生。

12.5.5 誤差等分散性假設（homoscedasticity）

延續上一個假設，特定 X 水準的誤差項，除了應呈隨機化的常態分配，且其變異量應相等，稱為誤差等分散性，如圖 12.4(a)。不相等的誤差變異量（即**誤差**

變異歧異性，heteroscedasticity），如圖 12.4(b)，反映出不同水準的 X 與 Y 的關係不同，不應以單一的迴歸方程式去預測 Y，當研究數據具有極端值存在時，或非線性關係存在時，誤差變異數歧異性的問題就容易出現。違反假設時，對於參數的估計檢定力也就不足。

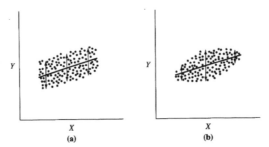

圖 12.4　誤差等分散性與誤差變異歧異性圖示

12.6 類別自變數的虛擬迴歸

　　線性關係是迴歸分析重要的基本假設，因此迴歸模型中的自變數必須是連續變數，類別變數基本上並不適用於線性迴歸分析。但是在社會及行為科學研究中，類別變數經常是重要的研究變數，例如性別、年級別、婚姻型態等；此外，在實驗研究中，通常會將受測者區分為實驗組與對照組，此時組別效果亦屬類別自變數。為了使類別變數也能夠進行迴歸分析，或是與其他連續變數一起納入迴歸模式進行預測，必須以虛擬化方式，將類別自變數轉換成**虛擬變數**（dummy variable）來進行迴歸分析，稱為**虛擬迴歸**（dummy regression）。

　　類別變數的虛擬化處理，最重要的一個步驟是進行重新編碼，常用的編碼方式為**虛擬編碼**（dummy coding），亦即將類別變數轉換成一個或多個數值為 0 與 1 的二分變數，然後將虛擬變數作為一個區組投入迴歸方程式中進行迴歸分析。例如前面的範例中，以 0 與 1 編碼的性別變數即是一個虛擬變數，由於性別變數僅有兩個數值，可視為連續變數的一種特例，而不需要另行進行編碼處理即可直接投入迴歸方程式進行分析。

　　當水準數大於 2 的類別自變數改以虛擬變數處理時，原來的類別變數被拆解成 $k-1$ 個虛擬變數，在迴歸分析時需將整組 $k-1$ 個編碼為 {0,1} 的虛擬變數一起納入分析後，所得到的結果才是該類別自變數對於依變數的效果。

除了編碼處理之外，虛擬迴歸的解釋方法與一般迴歸略有不同。主要是因為虛擬迴歸僅是將虛擬變數視同連續變數，在本質上並非連續變數，對於虛擬變數效果的解釋必須謹慎。

現以婚姻狀態（Marriage）為例，此一類別變數可以分成鰥寡 (1)、離異 (2)、未婚 (3)、已婚 (4) 四種狀況，因為 1 至 4 四個數字並未具有等距或順序的特性，若直接以此變數進行迴歸分析，勢將違反線性關係之假設。此時，若將此一類別變數，依四個水準分成四個二分變數（dichotomous）D1（鰥寡）、D2（離異）、D3（未婚）、D4（已婚），每一個變數的數值為 0 與 1，0 代表非，1 代表是，這四個變數即為婚姻狀態的虛擬變數。以下是五位受測者的假設性資料。編號 001 為未婚，虛擬變數 D1、D2 與 D4 皆為 0，僅在 D3 計為 1，依此類推。

表 12.3　虛擬迴歸之假設性資料

受試者編號	原始變數	虛擬變數			
ID	Marriage	D1	D2	D3	D4
001	3	0	0	1	0
002	2	0	1	0	0
003	1	1	0	0	0
004	4	0	0	0	0
005	4	0	0	0	1

由此一範例可知，一個具有 k 個水準的類別變數，經轉換可得 k 個虛擬變數，但是在實際執行迴歸分析時，虛擬變數的數目為 $k-1$ 個，也就是最後一個水準並不需要設定相對應的虛擬變數（如果設定第四個虛擬變數，並投入迴歸方程式，將會造成多元共線性問題）。以婚姻狀態為例，由於前三個虛擬變數代表婚姻狀態的前三個類別，在這三個虛擬變數上的數值都是 0 的樣本，自動成為第四水準（已婚），而無須再行設定一個虛擬變數。此時迴歸方程式如公式 12-23，整個方程式的解釋力即為婚姻狀態變數對 Y 進行解釋的影響力。

$$\hat{Y} = b_1D_1+b_2D_2+b_3D_3+a \qquad （12-23）$$

使用 $k-1$ 個虛擬變數去處理類別變數時，未經虛擬處理的水準稱為**參照組**（reference group），參照組不一定是類別變數的最後一個水準，而宜取用內容明確清楚、樣本數適中的水準作為參照組（Hardy，1993）。例如「其他」，就不適宜做為參照組。此外，如果是具有順序關係的變數，如教育水準，研究者可以選擇等級最高、最低或中間的等級類別作為參照組。

12.7 範例解析

12.7.1 簡單迴歸分析

某研究所 10 名學生修習某教授的高等統計課程，期中考與期末考成績如下，請問以期中考來預測期末考的迴歸分析為何？

學生編號	1	2	3	4	5	6	7	8	9	10
期中考	78	80	90	90	70	88	82	74	65	85
期末考	84	83	89	90	78	89	87	84	78	80

【A. 操作程序】

步驟一：輸入資料。

步驟二：選取 分析 → 迴歸 → 線性 。

步驟三：選擇欲分析之兩個變數，移至清單中。

步驟四：進入 統計量 勾選各種統計量。

步驟五：於 選項 勾選條件與遺漏值處理模式。

步驟六：按 確定 執行

【B. 步驟圖示】

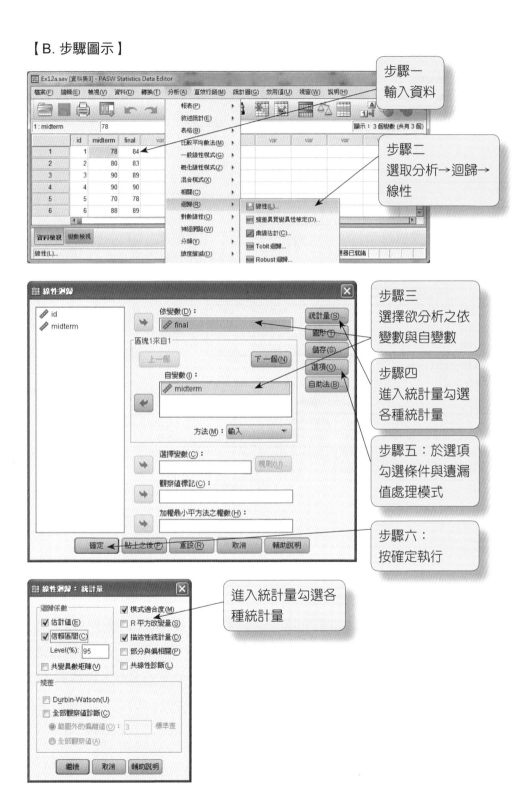

步驟一
輸入資料

步驟二
選取分析→迴歸→
線性

步驟三
選擇欲分析之依
變數與自變數

步驟四
進入統計量勾選
各種統計量

步驟五：於選項
勾選條件與遺漏
值處理模式

步驟六：
按確定執行

進入統計量勾選各
種統計量

【C. 結果輸出】

敘述統計

	平均數	標準離差	個數
final	84.20	4.517	10
midterm	80.20	8.548	10

描述統計
各變數之描述統計
量各變數之平均數、
標準差與個數。

模式摘要

模式	R	R 平方	調過後的 R 平方	估計的標準誤
1	.822[a]	.676	.635	2.729

a. 預測變數:(常數), midterm

模式摘要
自變數對依變數的整體
解釋力。期中考成績可
以解釋依變數 67.6% 的
變異。

R^2 的 F 檢定為 16.660，
達顯著水準。

Anova[b]

模式		平方和	df	平均平方和	F	顯著性
1	迴歸	124.038	1	124.038	16.660	.004[a]
	殘差	59.562	8	7.445		
	總數	183.600	9			

a. 預測變數:(常數), midterm

b. 依變數: final

係數[a]

模式		未標準化係數		標準化係數	t	顯著性	B 的 95.0% 信賴區間	
		B 之估計值	標準誤差	Beta 分配			下界	上界
1	(常數)	49.369	8.577		5.756	.000	29.590	69.148
	midterm	.434	.106	.822	4.082	.004	.189	.680

a. 依變數: final

係數估計
個別變項 B、β 及顯著性檢驗。期中
考變項的 β 為 .822，達顯著水準。

【D. 結果說明】

　　以期中考成績預測期末考成績，為一簡單迴歸分析，與相關分析主要的結果相同。Pearson 相關係數、Multiple R 與 β 皆為 .822，這幾個係數的檢定值均相同，達顯著水準。R^2 則提供迴歸變異量，顯示以期中考成績預測期末考成績 63.5% 的解釋力，$F_{(1,8)} = 16.66$，$p < .01$，顯示該解釋力具有統計的意義。係數估計的結果指出，期中考成績能夠有效預測期末考成績，β 係數達 .822（$t = 4.082$，$p < .01$），表示期中考成績越高，期末考成績越好。

12.7.2 虛擬迴歸分析

研究者認為婚姻生活會影響人們的生活品質，處於不同婚姻狀態的成人，其生活滿意度有所不同，某位研究者蒐集了 20 位受測者的婚姻狀態 X（鰥寡、離異、未婚、已婚）以及生活滿意度程度 Y，得分介於 0（極不滿意）至 6（非常滿意）之間，測量數據如下：

ID	X	Y	ID	X	Y	ID	X	Y	ID	X	Y
1	1	1	6	2	3	11	3	5	16	4	4
2	1	0	7	2	1	12	3	6	17	4	6
3	1	0	8	2	2	13	3	4	18	4	2
4	1	2	9	2	2	14	3	2	19	4	5
5	1	0	10	2	1	15	3	5	20	4	6

【A. 操作程序】

虛擬迴歸的主要工作在將類別變數進行虛擬化處理。然後將虛擬化變數一起納入模型中。進行多元迴歸分析。虛擬化處理有虛擬編碼與效果編碼兩種方式，操作方法相同，解釋上則稍有不同。

步驟一：輸入資料 。類別資料以原始型態輸入。

步驟二：虛擬化處理類別變數：選取 重新編碼成不同變數 ，以 舊值與新值 指令設定新變數的條件。此步驟需重複 $k-1$ 次。並查閱資料編輯視窗是否存在 $k-1$ 個新變數。

步驟三：選取 分析 → 迴歸 → 線性 。

步驟四：選擇 依變數。

步驟五：選擇虛擬變項移入自變項清單中。

步驟六：選擇強迫進入變數法。按確定執行。

【B. 步驟圖示】

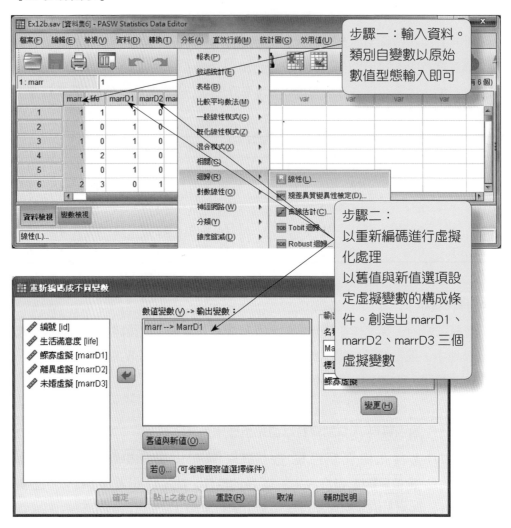

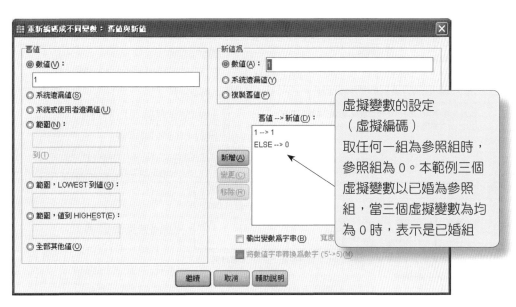

虛擬變數的設定
（虛擬編碼）
取任何一組為參照組時，
參照組為 0。本範例三個
虛擬變數以已婚為參照
組，當三個虛擬變數為均
為 0 時，表示是已婚組

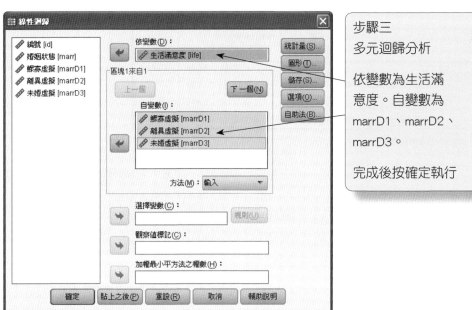

步驟三
多元迴歸分析

依變數為生活滿
意度。自變數為
marrD1、marrD2、
marrD3。

完成後按確定執行

【C. 結果輸出】

模式摘要

模式	R	R 平方	調過後的 R 平方	估計的標準誤
1	.829ᵃ	.688	.629	1.285

a. 預測變數:(常數), marrD3 未婚虛擬, marrD2 離異虛擬, marrD1 鰥寡虛擬

> 模式摘要
> 顯示虛擬變數對於依變數的解釋力
> 三個虛擬變數可以解釋依變數 68.8% 的變異

Anovaᵇ

模式		平方和	df	平均平方和	F	顯著性
1	迴歸	58.150	3	19.383	11.747	.000ᵃ
	殘差	26.400	16	1.650		
	總數	84.550	19			

a. 預測變數:(常數), marrD3 未婚虛擬, marrD2 離異虛擬, marrD1 鰥寡虛擬

b. 依變數: life 生活滿意度

> 迴歸模式解釋力顯著性考驗
> 迴歸效果達顯著 $F = 11.747$，$p < .001$
> 表示三個虛擬變數可以有效解釋依變數

係數ᵃ

模式		未標準化係數		標準化係數		
		B 之估計值	標準誤差	Beta 分配	t	顯著性
1	(常數)	4.600	.574		8.008	.000
	marrD1 鰥寡虛擬	-4.000	.812	-.842	-4.924	.000
	marrD2 離異虛擬	-2.800	.812	-.590	-3.447	.003
	marrD3 未婚虛擬	-.200	.812	-.042	-.246	.809

a. 依變數: life 生活滿意度

> 係數估計與檢驗（虛擬變項的結果）
> 三個虛擬變數中，鰥寡、離異解釋力達顯著 $t = -4.924$ 與 -3.447，表示相對於已婚者，鰥寡、離異者滿意度低

【D. 結果說明】

由上述的虛擬迴歸分析可以發現，虛擬化的變數可以有效的解釋依變數，可有效解釋生活滿意度 68.8% 的變異量 ($F_{(3,16)} = 11.747$，$p < .001$)。三個虛擬變數中，鰥寡與已婚的對比，對於生活滿意度的影響最為明顯，$\beta = -.842$($t = -4.924$，$p < .001$)，離異與已婚的對比也達顯著水準，$\beta = -.590$($t = -3.447$，$p < .01$)，由 β 係數的負號可知，鰥寡與離異者較已婚者的滿意度為低，未婚則與已婚者無異 ($\beta = -.042$，$t = -.246$，$p = .809$，n.s.)，無法用以解釋生活滿意度。

本章重要概念

簡單迴歸 simple regression

最小平方迴歸線 least square regression line

殘差 residual

外生變數 exogenous variable

解釋變數 explanatory variable

等價模型 equivalence model

標準化迴歸係數 standardized regression coefficient

削減誤差百分比 percentage of reduced error; PRE

虛擬迴歸 dummy regression

最小平方方程式 least square equation

一般最小平方迴歸 ordinal least square regression

內生變數 endogenous variable

預測變數 predictor

結果變數 outcome

未標準化係數 un-standardized coefficient

估計標準誤 standard error of estimate

標準化殘差 standardized residual

誤差變異歧異性 heteroscedasticity

虛擬變數 dummy variable

課後習作

一、管院盃新生辯論比賽的結果備受管理學界師生關注,尤其是經驗因素與個人成績的好壞具有明顯的關聯,因此明年如果要選派選手時,可能會參酌辯手的經驗因素來選拔新生。以下是本年度選手的辯手經驗(年)與個人成績資料,並以迴歸分析得到個人成績預測($\hat{y}$)。請回答下列問題:

ID	性別 Gender	經驗 (X) Exper	個人成績 (Y) Score	個人成績預測 ($\hat{Y}$) Score_pre
1	F	5	10	9.57
2	F	4	7	8.29
3	M	6	10	10.86
4	M	1	3	4.43
5	M	0	3	3.14
6	F	2	6	5.71
7	F	3	9	7.00
8	M	3	7	7.00
9	F	3	8	7.00
平均數 Mean		3.00	7.00	7.00
標準差 Std		1.87	2.65	2.41
變異數 Var		3.50	7.00	5.79
離均差平方和 SS		28.00	56.00	46.29

1. 如果經驗與個人成績的相關係數為 0.909，請計算出以經驗去預測個人成績的迴歸方程式：$\hat{Y} = bX + a$。

2. 請繪製經驗與個人成績的散佈圖，並繪出最小平方方程式，標示截距與斜率的資訊。

3. 請解釋截距與斜率所代表的意義。

4. 請以 t 檢定檢驗斜率是否顯著不等於 0。

5. 請計算標準化迴歸係數，並說明它所代表的意義，並與斜率數值相比較其差異。

6. 九位辯手中，個人成績得滿分（10）的兩位，若以經驗去預測他們的個人成績，預測分數已列於表中。請以迴歸方程式來驗證其計算過程，並說明殘差為何？為何這兩位的預測分數會不同？

7. 請計算估計標準誤。

8. 請計算模型解釋力 R^2。

9. 請檢驗迴歸模型解釋力是否具有統計意義，並列出變異數分析摘要表。

10. 如果明年有一位新生辯論經驗是 2.5 年，那麼他的預測成績會得幾分？

二、選派選手時必須考慮性別因素，上面的表格中所標示的 F 表示為女生，M 為男生，對於性別差異在個人成績的獨立樣本平均數檢定結果如下表。請回答下列問題：

性別	人數	平均數	標準差	標準誤	差異分數標準誤	t
女	5	8.00	1.581	.707	1.696	1.327
男	4	5.75	3.403	1.702		

1. 如果要以性別來預測個人成績，此種迴歸稱為什麼？性別變數的編碼方式應如何處理？
2. 如果性別與個人成績的點二系列相關係數為 −.448，請計算出以性別去預測個人成績的迴歸方程式：$\hat{Y} = bX + a$。
3. 請繪製性別與個人成績的散佈圖，並繪出最小平方方程式，標示截距與斜率的資訊。
4. 請解釋截距與斜率所代表的意義。
5. 請以 t 檢定檢驗斜率是否顯著不等於 0。並與獨立樣本平均數檢定結果得到的 $t = 1.327$ 相比較，試說明兩者異同。
6. 九位辯手中，個人成績得滿分的兩位，若以性別去預測他們的個人成績為何？殘差為何？
7. 請計算估計標準誤。
8. 請計算模型解釋力 R^2。
9. 請檢驗迴歸模型解釋力是否具有統計意義，並列出變異數分析摘要表。
10. 請以 SPSS 完成前述的分析工作。

13 多元迴歸分析

13.1 前言

在很多學者眼中，多元迴歸像是仙女棒，再繁多的研究變數或再複雜的統計模型，只要揮舞著線性方程式就可以一點就通；多元迴歸更像許多實務應用人士的衛星導航裝置，沒有了線性方程式，就不知道明天是不是會更好，未來要怎麼走下去。這些關於多元迴歸的比喻並沒有言過其實，如果問問經濟部官員，明年的經濟成長率是怎麼算出來的，問問中央氣象局預報員，颱風動態或是雨量估計是怎麼做到的，甚至於股票市場的名嘴，在電視上口沫橫飛地指著一大把上下擺動的曲線，全都是仰賴多元迴歸來辦到。在學術殿堂裡，博士班學生與勤學的教授在工作坊裡認真學習的高階尖端統計模型，像是因素分析、結構方程模式、多層次模型、潛在成長模式、移動平均模型、隨機邊界分析等等，每一種技術的骨子裡多少都流著多元迴歸的血液。多元迴歸無論在學術界或實務領域，都具有舉足輕重的地位，打開統計軟體的分析選單，最長一串的分析選項就屬迴歸功能工具列。

雖然多元迴歸有著萬般神奇妙用，但畢竟也不是萬靈丹，更怕被走火入魔者或有心人士錯用濫用，造成學術災難。很諷刺的是，如果聽到哪一篇文章被批評是「垃圾進、垃圾出」（garbage in, garbage out），十之八九都是用多元迴歸做出來的論文，如果在學術會議上被問到為什麼不用調整後 R^2 來報告預測力，有沒有注意到多元共線性的問題多嚴重，那麼多半又是多元迴歸在惹禍。如果以水可載舟也可覆舟來形容多元迴歸，實在是貼切不過，要想利用多元迴歸來求知解惑、探求真理者，一定要懂得這些關於多元迴歸的重要概念與相關叮嚀，最重要的是要從根打起，把這章學好。

本章其實不是新章節，而是前面關於線性關係分析的延伸。許多重要概念已經在前面章節中說明，本章則是簡單迴歸的進一步擴大應用。如果對於本章的基本概念不清楚，多半可以在前兩章當中溫故知新。因為前面一章所討論的迴歸分析是只有一個解釋變數的簡單迴歸，本章則是包含兩個以上解釋變數的多元迴歸，功能與作用相同，都在解釋與預測，但是由於變數複雜，因此難度增加許多。為減少學習上的負擔，本章將避免過多的數理推導證明，而將重點放在概念澄清與操作應用。

13.2 多元迴歸的原理與特性

迴歸分析係利用線性關係來進行解釋與預測。如果研究者使用單一解釋變數去預測依變數，稱為簡單迴歸，但通常一個研究中，影響依變數的解釋變數不只一個，此時需建立一套包含多個解釋變數的多元迴歸模型，同時納入多個自變數來對依變數進行解釋與預測，稱為**多元迴歸**（multiple regression）。

例如研究者認為智商（X_1）、閱讀時數（X_2）、與他人討論頻率（X_3），是影響學業表現的三個原因，對依變數的多元迴歸方程式為 $\hat{Y} = b_1X_1 + b_2X_2 + b_3X_3 + a$。由於多元迴歸必須同時處理多個解釋變數，計算過程較為繁複。尤其是解釋變數之間的共變關係，會影響迴歸係數的計算，因此必須特別小心處理。另一方面，多個解釋變數對於依變數的解釋可能有次序上的先後關係，使得多元迴歸的運作益顯複雜。

13.2.1 多元迴歸方程式

延續線性迴歸的基本原理，多元迴歸方程式亦是利用最小平方法，導出最能夠解釋依變數變異的線性方程式。不論自變數有多少個，迴歸模型都是由代表解釋能力的斜率參數（如果有 p 個自變數就有 p 個斜率值）與一個截距參數，就可以建構完成。但是，雖然多元迴歸與簡單迴歸一樣，只有斜率與截距兩種參數，但是由於多重自變數與依變數之間的關係複雜，統計運算程序的說明需要大量篇幅來交代。為簡化說明，本章僅以包含兩個自變數的多元迴歸模型來說明相關統計量的計算原理。其線性方程式如公式 13-1 所示。

$$\hat{Y} = b_1X_1 + b_2X_2 + a \tag{13-1}$$

對於方程式 13-1 的斜率參數，計算公式如 13-2 與 13-3 所示，截距如公式 13-4。

$$b_1 = \frac{SS_2 SP_{y1} - SP_{12} SP_{y2}}{SS_1 SS_2 - SP_{12}^2} \tag{13-2}$$

$$b_2 = \frac{SS_1 SP_{y2} - SP_{12} SP_{y1}}{SS_1 SS_2 - SP_{12}^2} \tag{13-3}$$

$$a_{y.12} = \overline{Y} - b_1\overline{X}_1 - b_2\overline{X}_2 \tag{13-4}$$

假設今天某市場調查人員想要從一個家庭的「人口數」與家庭的「社經地位」兩方面去預測「家庭開銷」（以萬元為單位），那麼就成為一個帶有兩個自變數（$p=2$）去預測一個依變數（家庭開銷）的多元迴歸模型。假設 10 個家庭的模擬資料如表 13.1 所示，三個變數的描述統計，以及涉及多元迴歸的計算有關的數據列於表 13.2。兩個斜率與截距值計算結果分述如下：

$$b_1 = \frac{SS_2 SP_{y1} - SP_{12} SP_{y2}}{SS_1 SS_2 - SP_{12}^2} = \frac{56.9 \times 16.493 - 22.1 \times 17.337}{28.9 \times 56.9 - 22.1^2} = \frac{555.304}{1156} = .480$$

$$b_2 = \frac{SS_1 SP_{y2} - SP_{12} SP_{y1}}{SS_1 SS_2 - SP_{12}^2} = \frac{28.9 \times 17.337 - 22.1 \times 16.493}{28.9 \times 56.9 - 22.1^2} = \frac{136.544}{1156} = .118$$

$$a_{y.12} = \overline{Y} - b_1\overline{X}_1 - b_2\overline{X}_2 = 30.63 - .480 \times 4.9 - .118 \times 5.1 = .107$$

有了斜率與截距參數後，就可以完成迴歸模型方程式，如下所示。

$$\hat{Y} = .480X_1 + .118X_2 + .107$$

一旦導出迴歸方程式後，即可以將自變數數值代入得到預測值，將實際觀測到的 Y 減去預測值得出殘差。殘差與殘差平方列於表 13.1 的後面兩欄，殘差平方後加總即得到誤差平方和 $SS_e = .667$。殘差平方和除以自由度後開根號即為估計標準誤：

表 13.1　10 個家庭的人口數、社經地位與家庭開銷（萬元）的模擬資料

家庭編號	觀察數據			迴歸結果		
	人口數 X_1	社經地位 X_2	每月開銷 Y	預測值 $\hat{Y}$	殘差	殘差^2
1	3	1	1.5	1.666	-.166	.028
2	5	7	3.4	3.335	.065	.004
3	4	4	2.2	2.501	-.301	.091
4	6	5	3.63	3.580	.050	.003
5	2	2	1.6	1.304	.296	.088
6	4	4	2.5	2.501	-.001	.000
7	5	8	3	3.454	-.454	.206
8	8	6	4.5	4.658	-.158	.025
9	7	5	4.4	4.060	.340	.116
10	5	9	3.9	3.572	.328	.108
總和					0.0	.667

表 13.2　10 個家庭模擬資料的描述統計量

變數	平均數	標準差	離均差平方和 (SS) 與差積和 (SP)		共變數 / 變異數		相關係數		
人口數 X_1	4.9	1.792	28.9		3.211		1.0		
社經地位 X_2	5.1	2.514	22.1	56.9	2.456	6.322	.545	1.0	
開銷 (萬元)Y	3.063	1.087	16.493	17.337　10.637	1.833　1.926	1.182	.941	.705	1.0

$$s_e = \sqrt{\frac{SS_e}{df_e}} = \sqrt{\frac{.667}{7}} = .309 \qquad (13\text{-}5)$$

　　值得注意的是，多元迴歸的迴歸係數與簡單迴歸的斜率係數雖然性質相同，但是解釋方式則不同。由公式 13-2 與 13-3 可知，斜率為各解釋變數對於依變數的淨解釋力，亦即當其他解釋變數維持不變的情況下，各解釋變數的影響力。兩者斜率公式中，分母相同，分子則為各解釋變數對依變數的解釋效果。分子越大，表示該解釋變數每單位的變動對於依變數的變化解釋較多，解釋力較大。截距 $a_{y.12}$ 則是指當兩個解釋變數皆為 0 時的依變數起始值。若兩個解釋變數都經過平

減（centering），亦即變數數值扣掉平均數，則 $a_{y.12}$ 截距數值為依變數平均數。

若將 b 係數去除單位效果（乘以解釋變數標準差，除以依變數標準差），得到標準化迴歸係數 β，得到家中人口數 $\beta_1 = .792$，社經地位 $\beta_2 = .273$，顯示家中人口數的淨解釋力遠高於社經地位，運算式與數據如下：

$$\beta_1 = b_1 \frac{s_1}{s_y} = .480 \times \frac{1.79}{1.087} = .792 \tag{13-6}$$

$$\beta_2 = b_2 \frac{s_2}{s_y} = .118 \times \frac{12.51}{1.087} = .273 \tag{13-7}$$

值得注意的是，β 係數是一個標準化的係數，僅適合線性強度的描述與各解釋變數的相互間比較，但非可以用於加減乘除運算的統計量，如果要檢定各變數的統計意義或進行區間估計，則必須使用未標準化的迴歸係數。

13.2.2 多元相關與模型解釋力 R^2

13.2.2.1 多元相關

在多元迴歸中，對於依變數進行解釋的變數不只一個，這一組解釋變數與依變數之間的關係，若以相關的概念來表示，即為**多元相關**（multiple correlation; 以 R 表示）。多元相關的數學定義，是依變數的迴歸預測值（$\hat{Y}$）與實際觀測值（Y）的相關，如公式 13-8 所示。依據前述範例數據所計算得到的 $R = .968$。

$$R = \rho_{Y\hat{Y}} \tag{13-8}$$

在簡單迴歸時，由於僅有一個解釋變數，因此對於依變數的解釋僅有一個預測來源，此時多元相關 R 恰等於解釋變數與依變數的積差相關係數 r，亦即 $r = R$。由於 $r^2 = R^2$，可直接由積差相關來推知 R^2，得知表示解釋變數對於依變數的解釋力。在多元迴歸時，多元相關 R 為一組解釋變數的線性整合與依變數的聯合相關係數，因此任何一個解釋變數與依變數的相關不會等於多元相關，亦即 $r_p \neq R$。由此可知，在多元迴歸時，一組自變數對於依變數的解釋力，必須由多元相關的概念來推導，計算 R^2，估計 Y 被一組自變數 X 解釋的百分比。

13.2.2.2 迴歸模型解釋力 R^2

多元迴歸方程式建立之後，一個重要的工作是評估迴歸模型解釋力，亦即計算可解釋變異，可以利用總離均差平方和 SS_t 減去 SS_e 得到，也可以利用預測值與實際值的相關求出多元相關 R 後加以平方求出。或是以公式 13-9 計算。

$$SS_{reg} = b_1 SP_{y1} + b_2 SP_{y2} \tag{13-9}$$

$$SS_{reg} = .480 \times 16.493 + .118 \times 17.337 = 9.97$$

由於表 13.1 可獲得 $SS_e = .667$，因此完整的總體變異數拆解關係式與 R^2 的數值分別如下：

$$SS_t = SS_{reg} + SS_e = 9.97 + .667 = 10.637$$

$$R^2 = 1 - \frac{SS_e}{SS_t} = 1 - \frac{.667}{10.637} = 1 - .063 = .937$$

利用前一章所介紹的迴歸模型解釋力的顯著性考驗，求出迴歸解釋變異數（SS_{reg}/df_{reg}），分母為誤差變異數（SS_r/df_r），相除即可得到 F 值，進行顯著性考驗。F 檢定公式如公式 13-10，摘要表數據如表 13.3。

$$F_{(p, N-p-1)} = \frac{MS_{reg}}{MS_e} = \frac{\dfrac{SS_{reg}}{df_{reg}}}{\dfrac{SS_e}{df_e}} = \frac{\dfrac{9.97}{2}}{\dfrac{.667}{7}} = 52.341 \qquad (13\text{-}10)$$

表 13.3　兩個自變數多元迴歸模型顯著性檢定結果

	SS	df	MS	F	p
迴歸	9.970	2	4.985	52.341	<.001
殘差	.667	7	.095		
總和	10.637	9			

13.2.2.3 調整後迴歸模型解釋力 adjR^2

　　以 R^2 來評估整體模式的解釋力的一個問題,是 R^2 無法反應模型的複雜度(或簡效性)。如果研究者不斷增加自變數,雖然不一定增加模型解釋力,但是 R^2 並不會減低(R^2 為自變數數目的非遞減函數),導致研究者為了提高模型的解釋力,而不斷的投入自變數,每增加一個自變數,損失一個自由度,最後模型中無關的自變數過多,失去了**簡效性**(parsimony)。

　　為了處罰增加自變數所損失的簡效性,在 R^2 公式中將自由度的變化作為分子與分母項的除項加以控制,得到**調整後** R^2(*adjusted R^2*),可以反映因為自變數數目變動的簡效性損失的影響,如公式 13-11。以範例數據求出數值為 .919,得知依變數的變異數中,有 91.9% 能夠被兩個自變數所解釋。

$$adjR^2 = 1 - \frac{SS_e / df_e}{SS_t / df_t} = 1 - \frac{\dfrac{SS_e}{N-k-1}}{\dfrac{SS_t}{N-1}} \qquad (13\text{-}11)$$

$$adjR^2 = 1 - \frac{\dfrac{.667}{7}}{\dfrac{10.637}{9}} = 1 - .081 = .919$$

從公式 13-11 可以看出，當自變數數目（ k ）越多，$adjR^2$ 則越小，也就是對於簡效性損失的處罰越大。如果研究者的目的在比較不同模型的解釋力大小時，各模型的自變數數目的差異會造成簡效程度的不同，宜採用調整後 R^2。另外，當樣本數越大，對於簡效性處罰的作用越不明顯。一般來說，如果樣本數較少時，自變數數目對於 R^2 估計的影響越大，應採用調整後 R^2 來描述模型的解釋力。如果樣本數越大，R^2 與調整後 R^2 就會逐漸趨近而無差異。

總結上述的討論，在多元迴歸分析時，均應採用考慮了模型簡效性的調整後 R^2 來反映模型解釋力，對於模型的意義才有較為正確的解讀。在簡單迴歸時，因為自變數僅有一個，調整前與調整後的數據不會有所差異。

13.2.3 迴歸係數的顯著性考驗

多元迴歸分析 R^2 反映了迴歸模型的解釋力，若 R^2 具有統計顯著性，則需進行迴歸係數的統計檢定，來決定各解釋變數的解釋力。檢定的原理與簡單迴歸相同，也是利用 t 檢定來檢驗迴歸係數 b 的統計顯著性。以兩個解釋變數的多元迴歸為例，迴歸係數的 t 檢定如公式 13-12 與 13-13 所示，其中 s_e^2 是迴歸模型的估計變異誤，r_{12} 為解釋變數間的相關係數（由表 13.2 可得知為 $r_{12} = .545$）。

$$t_{b_1} = \frac{b_1}{s_{b_1}} = \frac{b_1}{\sqrt{\dfrac{s_e^2}{SS_1(1 - r_{12}^2)}}} \tag{13-12}$$

$$t_{b_2} = \frac{b_2}{s_{b_2}} = \frac{b_2}{\sqrt{\dfrac{s_e^2}{SS_2(1 - r_{12}^2)}}} \tag{13-13}$$

本章範例的兩個自變數迴歸係數 b_1 與 b_2 的 t 檢定均達顯著水準，顯示兩個自變數都能夠預測依變數，檢定過程如下，以 SPSS 估計的結果如表 13.4 所示。

$$t_{b_1} = \frac{.48}{\sqrt{\frac{.095}{28.9(1-.545^2)}}} = \frac{.48}{.684} = 7.016 \quad t_{b_2} = \frac{.118}{\sqrt{\frac{.095}{56.9(1-.545^2)}}} = \frac{.118}{.049} = 2.421$$

表 13.4　兩個自變數的多元迴歸分析參數估計結果

	B	s_b	Beta	t	p
（常數）	.107	.305		.350	.736
家中人口數	.480	.068	.792	7.016	<.001
社經地位	.118	.049	.273	2.421	.046

如果要比較兩個解釋變數解釋力的差異是否具有顯著差別，則需進行迴歸係數差異 t 檢定。此時 t 檢定的標準誤為兩個係數差異的合成標準誤 s_{b1-b2}，其計算式涉及迴歸係數的變異數 c_{11}、c_{22} 與共變數 c_{12}，如公式 13-14 所示，相關細節可參考 Pedhazur, 1997; p.150，在此不進一步說明。

$$t_{b_1-b_2} = \frac{b_1 - b_2}{s_{b_1-b_2}} = \frac{b_1 - b_2}{\sqrt{c_{11} + c_{22} - 2c_{12}}} \tag{13-14}$$

13.3 多元共線性問題

13.3.1 何謂多元共線性

若在一個有兩個解釋變數的多元迴歸中，對於依變數的解釋除了來自於 X_1，還有 X_2，此時多元相關不是 X_1 與 Y 的相關或 X_2 與 Y 的相關，而是指 X_1 與 X_2 整合後與依變數的相關。由於解釋變數之間（X_1 與 X_2 之間）可能具有相關，因此在

計算 R^2 時，需考慮解釋變數間共變的部份，如圖 13.1 的 (c) 與 (d)。

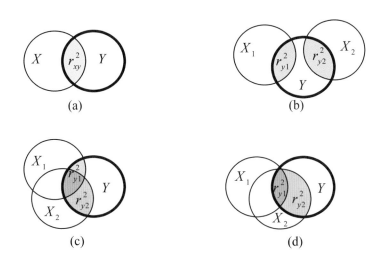

(a)　　　　　　　　　(b)

(c)　　　　　　　　　(d)

圖 13.1　迴歸分析多元相關的概念圖示

比較特別的是圖 13.1(b)，當兩個解釋變數彼此相互獨立，r_{12} 為 0，此時多元相關平方為 r_{y1} 與 r_{y2} 兩個相關的平方和，共線性為 0，屬於最單純且最理想的一種狀況，也就如公式 13-15 所示：

$$R^2_{y.12} = r^2_{y1} + r^2_{y2} \qquad （13\text{-}15）$$

但是在圖 13.1(c) 與 (d) 中，兩個解釋變數之間具有相關，$r_{12} \neq 0$，因此 R^2 需將 r_{1y} 與 r_{2y} 兩個相關的平方和扣除重疊計算的區域。

$$R^2_{y.12} \neq r^2_{y1} + r^2_{y2} \qquad （13\text{-}16）$$

在重複面積的扣除方法上若有不同的考量，對於各變數的解釋也會有所不同，顯示多元迴歸受到解釋變數間關係的影響甚鉅，稱為**多元共線性**

（multicollinearity）問題。

以圖 13.1(d) 為例，X_1 與 X_2 之間具有高度的關聯，而 X_1 變數對於 Y 變數的解釋也幾乎完全被解釋變數間的相關所涵蓋，呈現高度共線性。在進行多元迴歸分析時，X_1 變數的解釋力會因為不同的變數選擇程序而產生不同的結果，形成截然不同的結論。

13.3.2 共線性診斷與估計

共線性問題可以說是影響多元迴歸分析最重要的因素之一。一般的統計軟體，提供了**容忍值**（tolerance）（SPSS 稱為允差）或**變異數膨脹因素**（variance inflation factor, VIF）來評估共線性的影響。

$$ \text{VIF} = \frac{1}{Tolerance} = \frac{1}{(1 - R_i^2)} \tag{13-17} $$

其中 R_i^2 為某一個自變數被其他自變數當作依變數來預測時，該自變數可以被解釋的比例。$1-R_i^2$（容忍值）為該自變數被其他自變數無法解釋的殘差比例，R_i^2 比例越高，容忍值越小，代表自變數不可解釋的殘差比低，VIF 越大，即自變數迴歸係數的變異數增加，共線性越明顯。容忍值 .40，VIF 值為 2.5 之變數，較容忍值 .80，VIF 值為 1.25 之變數的多元共線性嚴重，容忍值越大越好。

除了個別自變數的共線性檢驗之外，整體迴歸模式的共線性診斷也可以透過**特徵值**（eigenvalue；λ）與**條件指數**（conditional index; CI）來判斷。一般所謂的特徵值是指效果變異與誤差變異的比值，特徵值越大，表示效果越強。在共線性診斷中，特徵值為 k 個自變數與 1 個常數項所能夠提供的總變異量 $k+1$ 中，分別以各自變數為中心所計算出的自變數線性組合的變異量比值。特徵值越小，表示自變數間具有共線性，當特徵值為 0 時，表示自變數之間有**完全線性相依性**（linear dependency）。當特徵值計算出來之後，取最大的特徵值除以特定特徵值的開方值，即為條件指數：

$$CI_i = \sqrt{\frac{\lambda_{max}}{\lambda_i}}$$

（13-18）

　　CI 值越高，表示共線性嚴重，當 CI 值低於 30，表示共線性問題緩和，30 至 100 間，表示迴歸模式具有中至高度共線性，100 以上則表示嚴重的共線性（Belsley, 1991；Belsley, Kuh, &Welsch, 1980）。最大特徵值除以最小特徵值開根號，稱為**條件值**（condition number；CN），也就是最後一個線性整合的 CI 值，反映了整個迴歸模型受到共線性問題影響的嚴重程度（Belsley, 1991）。

　　在計算特徵值的同時，還可計算各變數間線性組合在各自變數的迴歸係數變異誤的**變異數比例**（variance proportion），當同一個線性整合的 CI 值中，有兩個或以上的自變數有高度變異數比例時，顯示它們之間具有共線性。換句話說，利用變異數比例可看出各自變數之間多元共線性的結構特性與組合方式，而容忍值與 VIF 僅在診斷個別自變數與其他自變數的共線性。當任兩個或多個迴歸係數變異數在同一個 CI 值上的變異數比例均很高（大於 50%）且越接近 1 時，表示為可能存在的共線性組合。

13.4 多元迴歸的變數選擇模式

13.4.1 預測型與解釋型迴歸

　　基於**預測**（prediction）或**解釋**（explanation）的不同目的，多元迴歸可被區分為預測型迴歸與解釋型迴歸兩類。在預測型迴歸中，研究者的主要目的在實際問題的解決或實務上的預測與控制；解釋型迴歸的主要目的則在瞭解自變數對依變數的解釋情形。在操作上，預測型迴歸最常使用的變數選擇方法是**逐步迴歸**（stepwise regression）。逐步迴歸分析可以滿足預測型迴歸所強調的目的：以最少的變數來達成對依變數最大的預測力。因為逐步迴歸法是利用各解釋變數與依變數之間相關的相對強弱，來決定哪些解釋變數應納入、何時納入迴歸方程式，而不是從理論的觀點來取捨變數。

相對的，解釋型迴歸的主要目的在於釐清研究者所關心的變數間關係，以及如何對於依變數的變異提出一套具有最合理解釋的迴歸模型。因此，不僅在選擇解釋變數必須慎重其事、詳加斟酌，同時每一個被納入分析的解釋變數都必須仔細檢視它與其他變數的關係，因此對於每一個解釋變數的個別解釋力，都必須予以討論與交代，此時，除了整體迴歸模型的解釋力，各解釋變數的標準化迴歸係數（beta 係數）得作為各解釋變數影響力相互比較之用。一般學術上所使用的多元迴歸策略，多為**同時迴歸**（simultaneous regression），也就是不分先後順序，一律將解釋變數納入迴歸方程式，進行同時分析。

除了分析策略上的差異，理論所扮演的角色在兩種迴歸應用上也有明顯的不同。基本上，理論基礎是學術研究非常重要的一環，藉由理論，研究者得以決定哪些變數適合用來解釋依變數，一旦分析完成之後，在報告統計數據之餘，也必須回到理論架構下，來解釋研究發現與數據意義，因此，在解釋型迴歸，理論的重要性不僅在於決定解釋變數的選擇與安排，也影響研究結果的解釋。相對的，預測型迴歸由於不是以變數關係的釐清為目的，而是以建立最佳方程式為目標，因此解釋變數的選擇所考慮的要件為是否具有最大的實務價值，而非基於理論上的適切性。理論在預測型迴歸中，多被應用於說明迴歸模型在實務應用的價值，以及有效達成問題解決的機制，以期在最低的成本下，獲致最大的實務價值。

值得注意的是，不論在預測型迴歸或解釋型迴歸，如果當解釋變數具有理論上的層次關係，必須以不同的階段來處理不同的解釋變數對於依變數的解釋時，可以利用**階層迴歸**（hierarchical regression）的**區組選擇程序**（blockwise selection），依照理論上的先後次序，逐一檢驗各組解釋變數對於依變數的解釋。

多元迴歸包括了多個解釋變數，基於不同的目的，研究者可以採行不同的解釋變數選擇程序以得到不同的結果。在應用 SPSS 等統計軟體時，可以利用同時法、逐步法、階層法等不同的程序來進行迴歸分析。茲將各種程序的性質與原理，利用一個實際的範例來說明。

表 13.5 為 60 位參與科學競賽活動的學生性別（D_1）、年齡（D_2）、參賽成績（Y）與賽前所蒐集的能力測驗得分。能力測驗包括六項能力的測驗成績：數理能力（X_1）、科學實作能力（X_2）、語文能力（X_3）、美術能力（X_4）、溝通能力（X_5）與社會人際能力（X_6）。主辦單位之所以納入能力變數的測量，是因為想要探討科學競賽表現優異者，是否因為具有特殊的認知能力或人際互動能力。因此，主

辦單位特別邀請認知與測量心理學家參與，希望能夠對於心理與社會能力如何影響科學能力提出一套解釋模型。

表 13.5 六十位科學競賽活動參賽者背景資料與各種測量數據

變數	平均數	標準差	相關							
			D_1	D_2	X_1	X_2	X_3	X_4	X_5	X_6
D_1 性別	.43	.50	1.00							
D_2 年齡	17.18	1.39	-.203	1.00						
X_1 數理能力	65.10	18.87	-.366	.523	1.00					
X_2 科學實作能力	71.55	18.67	-.365	.682	.784	1.00				
X_3 語文能力	72.97	11.69	-.305	.362	.367	.474	1.00			
X_4 美術能力	70.10	12.23	.043	.069	.164	.197	.346	1.00		
X_5 溝通能力	8.55	3.00	-.384	.673	.708	.825	.587	.209	1.00	
X_6 社會人際能力	9.06	3.67	-.360	.627	.700	.796	.603	.196	.951	1.00
Y 競賽成績	54.10	16.10	.401	.666	.776	.860	.492	.241	.858	.849

13.4.2 同時迴歸（simultaneous regression）

最單純的變數處理方法，是將所有的解釋變數同時納入迴歸方程式當中來對於依變數進行影響力的估計。此時，整個迴歸分析僅保留一個包括全體解釋變數的迴歸模型。除非解釋變數間的共線性過高，否則每一個解釋變數都會一直保留在模型中，即使對於依變數的邊際解釋力沒有達到統計水準，也不會被排除在模型之外。

以同時迴歸技術來進行的迴歸分析，又可稱為解釋型迴歸，因為研究者的目的，是在釐清研究者所提出的解釋變數是否能夠用來解釋依變數。一般在學術研究上，由於每一個解釋變數對於依變數的影響都是研究者所欲探討的對象，因此不論顯著與否，都有學術上的價值與意義，因此多採用同時法來處理變數的選擇。

解釋型迴歸的第一個工作是仔細檢視各變數的特性與相關情形。也就是檢驗各變數的相關情形。由表 13.5 的數據可以看出，各解釋變數對於依變數的相關均十分明顯，其中有 X_2、X_5、X_6 三個解釋變數與依變數的相關達到 .80 以上。除了

美術能力與參賽成績的相關（$r = .241$，$p = .064$），以及美術能力與其他能力間的相關未達顯著水準之外，其餘大多數相關係數均達顯著水準。

解釋變數間的高度相關，透露出共線性的隱憂。例如溝通能力與社會人際能力的相關高達 $.951$，顯示兩者幾乎是相同的得分趨勢。在後續的分析中，這些高度重疊性的多元共線性現象將影響結果的解釋。

其次，解釋型迴歸的第二個工作，是計算迴歸模型的整體解釋力與顯著性考驗。表 13.6 列出以同時迴歸法所得到模型摘要與參數估計結果，由 $R^2 = .841$ 可以看出，整個模型可以解釋依變數的 84.1%，如果考慮模型簡效性，調整後 R^2 亦有 $.816$，解釋力仍然非常高，表示這些能力指標與人口變數確實能夠解釋參賽者的表現。

進一步檢視各變數的個別解釋力，發現僅有科學實作能力具有顯著的解釋力，β 係數為 $.298$，$t_{(51)} = 2.48$，$p < .05$。當科學實作能力越高者，參賽表現越理想，但強度僅有中度水準。其他各變數的解釋力則未達顯著。值得注意的是，社會人際能力的 β 係數甚至高於科學實作能力（$\beta = .310$），但是 $t_{(51)} = 1.65$，$p = .105$，未達顯著水準。很明顯的，社會人際變數的 t 值未達到顯著水準，可能是因為標準誤過大，導致反映依變數變動量的 b 係數無法達成統計上的門檻，顯然因為高度共線性所造成的問題。

總結同時迴歸分析得到的結果發現，能夠對於競賽成績進行解釋的預測變數只有一個，即「科學實作能力」，其他各解釋變數的邊際解釋力並沒有統計顯著性。但是未達顯著水準的解釋變數並不能忽略，因為各變數都是研究者所關心的。因此得到最終方程式如下：

$$\hat{Y} = -2.40D_1 + 1.17D_2 + .15X_1 + .26X_2 - .07X_3 + .11X_4 + .61X_5 + 1.36X_6 - 12.77$$

表 13.6　科學競賽資料的同時迴歸估計結果與模式摘要

DV = 競賽成績	未標準化係數		Beta	t	p	共線性	
	B	s_e				允差	VIF
（常數）	-12.77	15.31		-.84	.408		
D_1 性別	-2.40	2.05	-.074	-1.17	.247	.78	1.29
D_2 年齡	1.17	.94	.101	1.24	.220	.48	2.11
X_1 數理能力	.15	.08	.172	1.84	.072	.36	2.80
X_2 科學實作能力	.26	.10	.298	2.48	.017	.22	4.63
X_3 語文能力	-.07	.10	-.053	-.71	.480	.55	1.80
X_4 美術能力	.11	.08	.084	1.37	.177	.83	1.21
X_5 溝通能力	.61	1.08	.113	.56	.578	.08	13.02
X_6 社會人際能力	1.36	.82	.310	1.65	.105	.09	11.27
整體模型	$R^2 = .841$ $adj R^2 = .816$ $F(8,51) = 33.628$（$p = .000$）						

13.4.3 逐步迴歸（stepwise regression）

　　以逐步分析策略來決定具有解釋力的預測變數，多是出現在以預測為目的之探索性研究中。一般的作法是投入多個解釋變數後，由各變數的相關高低來決定每一個預測變數是否進入迴歸模型或淘汰出局，最後得到一個以最少解釋變數解釋最多依變數變異量的最佳迴歸模型。逐步迴歸有多種不同的變數選擇程序，茲介紹於後。

13.4.3.1 向前法

　　向前法是以各解釋變數當中，與依變數相關最高者首先被選入，其次為未被選入的解釋變數與依變數有最大的偏相關者，也就是能夠增加最多的解釋力（R^2）的預測變數。在實際執行時，研究者必須選定選入的臨界值作為門檻，例如以 F 檢定的顯著水準 $p = .05$ 為臨界值，如果模型外的變數所增加的解釋力（ΔR^2）最大者的 F 檢定值的顯著性小於 .05，即可被選入模型中。以 SPSS 執行向前法的結果列於表 13.7。

　　以表 13.7 的數據為例，與依變數相關最高者為 X_2 科學實作能力（.860），因

此首先被選入迴歸方程式（模式 1）。此時，表 13.7 的模型外尚有七個預測變數，各變數與依變數的偏相關（排除其他自變數的效果）以 X_6「社會人際能力」的 .533 最高，而且該自變數預測力達到 .05 的顯著水準（$t = 4.76$，$p < .001$），因此是第二個被選入模型的變數。

選入後，模型 2 即同時包含了兩個自變數「科學實作能力」與「社會人際能力」，β 係數分別為 .502 與 .450，兩者的 t 檢定均達顯著水準。此時，模型外尚有六個自變數，其中還有 X_1「數理能力」的偏相關（.260）顯著性（.046）小於 .05，因此成為第三個被納入的變數，納入後的模型 3，三個自變數的 β 係數分別為 .387、.412、.185，其中以「社會人際能力」的相對重要性最高。此時，模式外的五個變數的偏相關係數均未達到 .05 的統計顯著性，因此選擇變數程序終止，留下最佳預測力的三個自變數於方程式中。

表 13.7　逐步迴歸的向前法所得到的參數估計結果

模型內的變數	B	標準誤	Beta	t	p
模型 1($R^2 = .739$)					
X_2 科學實作能力	.74	.06	.860	12.81	<.001
模型 2($R^2 = .813$)					
X_2 科學實作能力	.43	.08	.502	5.31	<.001
X_6 社會人際能力	1.97	.41	.450	4.76	<.001
模型 3($R^2 = .826$)					
X_2 科學實作能力	.33	.09	.387	3.58	.001
X_6 社會人際能力	1.80	.41	.412	4.38	<.001
X_1 數理能力	.16	.08	.185	2.02	.049

13.4.3.2 向後法

向後法的原理與向前法恰好相反，是先將所有的解釋變數投入迴歸模型，再將最沒有預測力的解釋變數（t 值最小者）依序排除，也就是各解釋變數對依變數的淨解釋力顯著性考驗未能達到研究者所設定的顯著水準者（例如 $p = .10$），依序加以排除，以得到最佳的方程式。

前面的例子經過向後法淘汰不佳的自變數後，最後保留了三個自變數「科學實作能力」、「社會人際能力」與「數理能力」，得到的結果與向前法完全一樣，

請直接參考表 13.7。

13.4.3.3 逐步法

　　逐步法整合了向前法與向後法兩種策略，首先是依據向前法的原理，將與依變數相關最高的自變數納入方程式，然後將具有次大預測力且 F 檢定的顯著性大於 .05 的變數納入方程式中，此時，模型中已經包含了兩個自變數，如果第二個變數納入後，原先模型中的自變數的 F 檢定顯著性如果低於 .10 時，則會被排除於模型外。依循此一原理進行反覆的納入 / 排除變數的檢驗，直到沒有任何變數可被選入或排除之時，即得到最後的模型。

　　由上述的原理可知，逐步法是以向前法的選入程序為主，因此得到的結果與向前法的結果會非常類似，只是在過程中，增加了排除較低預測力的自變數的檢驗，兼具了向後法的精神，因此較受使用者的歡迎。一般研究者所使用的逐步法，即是指同時兼採向前法與向後法的逐步法。由於逐步法的結果與表 13.7 完全相同，因此不予贅述。

　　依據前述的程序，不論是以向前法、向後法、逐步法，得到的結果都相同，最佳方程式包含有 X_2、X_6、X_1 三個自變數，可以解釋依變數變異的 82.6%（$R^2 = .826$），得到最終方程式為：

$$\hat{Y} = .33X_2 + 1.80X_6 + .16X_1 + 3.59$$

13.4.4 階層迴歸（hierarchical regression）

　　階層迴歸分析也是一種區分成多個步驟，「逐步依序」來進行迴歸分析。所不同的是，逐步迴歸分析的進入模型，是由相關大小的 F 統計量作為解釋變數取捨的依據，階層迴歸分析則由研究者基於理論或研究的需要而定。

　　在一般的學術研究中，解釋變數間可能具有特定的先後關係，必須依特定順序來進行分析。例如，以性別、社經地位、自尊、焦慮感與努力程度來預測學業表現時，性別與社經地位兩變數在概念上屬於人口變數，不受任何其他解釋變數的影響，而自尊與焦慮感兩變數則為情意變數，彼此之間可能具有高度相關，亦

可能受到其他變數的影響，因此四個解釋變數可以被區分為兩個階段，先將人口變數視為一個**區組**（block），以強迫進入法或逐步迴歸法進行迴歸分析，計算迴歸係數，其次再將情意變數以第二個區組，投入迴歸模型，計算自尊、焦慮感各自的預測力，完成對於依變數的迴歸分析，此種方法稱為階層分析法。

在實際執行上，階層迴歸分析最重要的工作是決定變數的階層關係與進入模式。變數間的關係如何安排，必須從文獻、理論、或現象上的合理性來考量，也就是必須要有理論根據，而不是研究者可以任意為之，或任由電腦決定。

以前述的範例來看，可以將「年齡」與「性別」變數視為人口變數區組，而「溝通能力」與「社會人際能力」與人際互動有關的自變數視為同一個區組，其他與認知或行為能力有關的自變數視為另一個區組。由於人口變數發生於最先，一般均以第一個區組處理之，認知能力可能因為人口變數的影響而有個別差異，因此將其視為第二個區組，在人口變數投入後再進入模型，使得人口變數的差異可以最先獲得控制，人際能力最後投入。各區組內以同時迴歸法來分析，結果列於表13.8。

表 13.8　階層迴歸各區組模型摘要與參數估計結果

	模型內的變數	區組一 Beta	區組一 t	區組一 p	區組二 Beta	區組二 t	區組二 p	區組三 Beta	區組三 t	區組三 p
	D_1 性別	-.278	-2.96	.005	-.088	-1.26	.214	-.074	-1.17	.247
	D_2 年齡	.610	6.49	<.001	.167	1.94	.058	.101	1.24	.220
自變項	X_1 數理能力				.251	2.49	.016	.172	1.84	.072
	X_2 科學實作能力				.472	3.89	<.001	.298	2.48	.017
	X_3 語文能力				.063	.83	.412	-.053	-.71	.480
	X_4 美術能力				.077	1.14	.261	.084	1.37	.177
	X_5 溝通能力							.113	.56	.578
	X_6 社會人際能力							.310	1.65	.105
模型摘要	R^2	.517			.797			.841		
	F	30.55			34.588			33.628		
	P	<.001			<.001			<.001		
	ΔR^2	.517			.279			.044		
	F change	30.55			18.186			7.051		
	p of F change	<.001			<.001			.002		

由表 13.8 可知，第一個區組人口變數對於依變數具有顯著的解釋力，$R^2 =$ .517，$F_{(2,57)} = 30.55$, $p < .001$。兩個自變數能夠解釋依變數變異的 51.7%。「性別」的個別解釋力（β）為 $-.278$（$t_{(57)} = -2.96$, $p < .01$），「年齡」為 .610（$t_{(57)} = 6.49$, $p < .001$），「年齡」對於依變數的解釋力大於「性別」。性別變數係數的負號表示性別數值越高（男）者，參賽成績越低。

第二個區組認知能力變數投入模型後，模型解釋力達到 $R^2 = .797$，$F_{(6,53)} = 34.588(p < .001)$。區組解釋力 $\triangle R^2 = .279$，$F\,change_{(4,53)} = 18.186$ $(p < .001)$，顯示認知能力區組的投入能夠有效提升模型的解釋力，也就是區組的增量（increment）具有統計意義，亦即在控制了人口變數的影響下，認知能力變數能夠額外「貢獻」27.9% 的解釋力。四個自變數當中，以「科學實作能力」的貢獻程度最大，$\beta =$ .472（$t_{(53)} = 3.89$, $p < .001$），其次為「數理能力」的 .251（$t_{(53)} = 2.49$, $p < .05$），顯示認知能力區組的貢獻，主要是由「科學實作能力」與「數理能力」所創造。

值得注意的是，第一個區組的兩個人口變數的解釋力呈現下降的趨勢，其中「性別」由 $-.278$ 降至 $-.088$（$t_{(53)} = -1.26$, $p = .214$）；「年齡」則由 .610 降至 .167（$t_{(53)} = 1.94$, $p = .058$），兩者均未具有統計意義，顯示兩者已不足以解釋依變數。但是，在模型中仍扮演著控制變數的角色，因為有這兩個變數的存在，我們可以說認知能力對於參賽成績的解釋力，是在控制了人口變數的影響下所得到的數據。

到了第三階段，新增加的人際互動能力區組對於依變數的解釋力增量為 $\triangle R^2$ = .044，$F\,change_{(6,51)} = 7.051(p < .01)$，具有統計的意義，顯示人際互動能力區組的投入能夠有效提升模型解釋力，使全體模型的解釋力達到 .841，$F_{(8,51)} = 33.628$, $p < .001$。但是，「溝通能力」與「社會人際能力」兩者個別淨解釋力未達顯著水準，但是人際互動能力區組的解釋力增量 $\triangle R^2 = .044$ 卻達顯著水準。此一區組解釋力達顯著但個別變數解釋力不顯著的矛盾現象，是因為兩個自變數之間具有高度共線性使然。

階層迴歸分析的結果呈現方式與同時迴歸方法相似。先報告模型的整體解釋力 R^2，並配合 F 檢定的檢驗數據，說明模型解釋力的統計意義。一旦顯著之後，即可進行個別參數的解釋。所不同的是階層迴歸包含多階段的分析，各階段之間的解釋力增量反映了各區組的附加解釋力，是階層分析最重要的數據之一。而最後一個區組納入方程式後，所有自變數全部包含在迴歸方程式中，此時得到的結果完全等同於同時迴歸法，也就是所有的變數同時進入迴歸模型。由此可知，同

時迴歸法是階層迴歸法的一個特殊狀況。

13.4.5 三種迴歸方法的比較

由前述的原理與分析實例可以看出，解釋型迴歸所重視的是研究者所提出的解釋變數是否具有解釋力，以及參數的相對重要性的比較。至於迴歸方程式本身，以及分數的預測，並不是研究的焦點。更具體來說，解釋型迴歸的每一個解釋變數都是研究者經過深思熟慮，或是基於理論檢視所提出的重要變數，不重要的或無關的自變數都盡可能省略，以減少不必要的混淆。因此，在多元迴歸模型建立上，多採同時分析法來檢驗各變數的關係，如果採用的是逐步分析法，則有違解釋型迴歸分析以全體自變數相互比較與複雜關係探究的初衷。

解釋型迴歸的另一個特性對於共線性問題非常敏感。因為共線性問題除了反映解釋變數概念可能存在混淆關係，也影響了每一個解釋變數對於依變數解釋力的估計。相對的，預測型迴歸則將共線性問題交由逐步分析來克服，而不作理論上的討論。這就是為什麼學術上的迴歸分析多為同時分析法或階層分析法，而實務上的迴歸應用則多採逐步迴歸法。學術上對於多元迴歸的應用，重視 R^2 的檢驗與 beta 係數的解釋與比較；而實務上對於多元迴歸的應用以建立最佳方程式，以及進行分數的預測與區間估計，複核效化檢驗等議題為主。

最後，階層迴歸可以說是彈性最大、最具有理論與實務意義的迴歸分析程序。由於變數的投入與否可以由研究者基於理論或研究需要來決定，反映了階層迴歸在本質上是一種驗證性的技術，而非探索性的方法。在科學研究上，有其獨特的價值與重要性。從技術層次來看，階層法能夠將解釋變數以分層來處理，如果結合同時進入法，適合於學術性的研究來決定一組解釋變數的重要性；如果結合逐步法，則類似於預測型迴歸分析，可用於分層來決定最佳模型。此外，當解釋變數是類別變數時，欲進行虛擬迴歸、多項式迴歸、解釋變數間具有交互作用等狀況，也都必須採用階層迴歸程序。由此可知，階層迴歸是一種整合性的多層次分析策略，兼具統計決定與理論決定的變數選擇程序，是一種彈性很大的迴歸分析策略。

13.5 多元迴歸的 SPSS 範例解析

13.5.1 同時迴歸分析（解釋型迴歸）

　　某位老師以出缺席、期中與期末考試、作業成績，進行學期總分的評分工作，要了解這些變數對於學期總分的影響，甚至於加入性別的作用，則為一個多元迴歸的範例，資料如下：

學生編號	1	2	3	4	5	6	7	8	9	10
性別	男	男	女	男	女	男	男	女	女	男
缺席次數	2	1	0	0	5	2	1	1	0	1
作業分數	80	85	90	85	75	80	80	75	80	85
期中考	78	80	90	90	70	88	82	74	65	85
期末考	84	83	89	90	78	89	87	84	78	80
學期總分	80	82	89	95	70	87	85	82	80	84

【A. 操作程序】

　　解釋型迴歸的目的在分析研究者所挑選的自變數對於依變數的解釋力。自變數應全部一起納入模型中，而不採取任何變數選擇程序，因此應選擇強迫進入法。

步驟一：輸入資料。
步驟二：選取 分析 → 迴歸 → 線性 。
步驟三：選擇欲分析之依變數與自變數，移入清單中。
步驟四：選擇強迫進入變數法。
步驟五：進入 統計量 勾選各種統計量。
步驟六：進入 統計圖 勾選各種統計圖。
步驟七：於 選項 勾選條件與遺漏值處理模式。
步驟八：按 確定 執行。

【B. 步驟圖示】

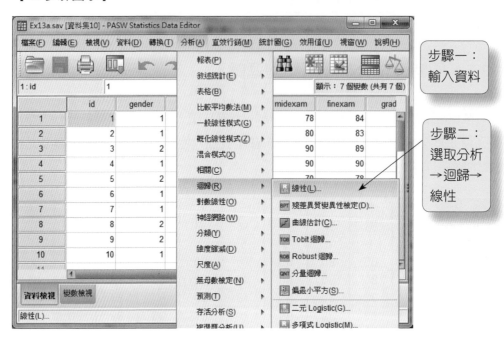

步驟一：
輸入資料

步驟二：
選取分析
→迴歸→
線性

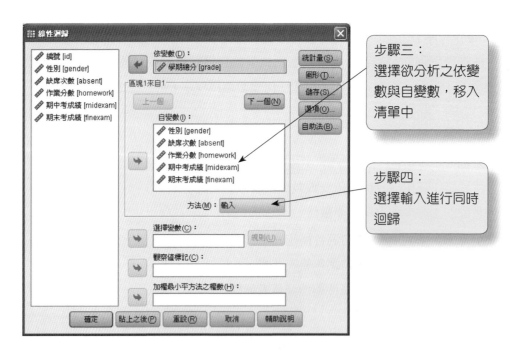

步驟三：
選擇欲分析之依變
數與自變數，移入
清單中

步驟四：
選擇輸入進行同時
迴歸

步驟五：
進入統計量勾選各
種統計量

【 C. 結果輸出 】

描述統計
各變數之描述統計，由
此可看出各變數之平均
數、標準差與個數

敘述統計

	平均數	標準離差	個數
學期總分	83.40	6.569	10
性別	1.40	.516	10
缺席次數	1.30	1.494	10
作業分數	81.50	4.743	10
期中考成績	80.20	8.548	10
期末考成績	84.20	4.517	10

模式摘要
顯示自變數對依變數的整體解釋力。所有自變數可以解
釋依變數 95.4% 的變異。調整後的 R 平方為 89.6%，因
樣本小，自變數多，宜採校正後的 R 平方。

模式

模式	R	R 平方	調過後的 R 平方	估計的標準誤	變更統計量					Durbin-Watson 檢定
					R 平方改變量	F 改變	df1	df2	顯著性F 改變	
1	.977ª	.954	.896	2.118	.954	16.522	5	4	.009	1.797

a. 預測變數:(常數), 期末考成績, 性別, 缺席次數, 作業分數, 期中考成績

b. 依變數: 學期總分

殘差檢驗
檢驗預測殘差是否具有自我相關，越接近 2
越理想

Anovaᵇ

模式		平方和	df	平均平方和	F	顯著性
1	迴歸	370.462	5	74.092	16.522	.009ª
	殘差	17.938	4	4.484		
	總數	388.400	9			

a. 預測變數:(常數), 期末考成績, 性別, 缺席次數, 作業分數, 期中考成績

b. 依變數: 學期總分

模式考驗
檢驗迴歸模
式的顯著性

係數[a]

模式		未標準化係數		標準化係數			相關			共線性統計量	
		B 之估計值	標準誤差	Beta 分配	t	顯著性	零階	偏	部分	允差	VIF
1	(常數)	51.625	33.376		1.547	.197					
	性別	-.163	1.740	-.013	-.093	.930	-.413	-.047	-.010	.617	1.621
	缺席次數	-2.683	.735	-.610	-3.649	.022	-.761	-.877	-.392	.413	2.423
	作業分數	-.279	.322	-.201	-.865	.436	.656	-.397	-.093	.214	4.680
	期中考成績	.441	.265	.574	1.668	.171	.806	.641	.179	.097	10.266
	期末考成績	.271	.365	.186	.742	.499	.825	.348	.080	.183	5.450

a. 依變數: 學期總分

> **共線性估計**
> 個別變數預測力的檢驗。允差（即容忍值）越小，VIF 越大表示共線性明顯。如期中考與其他自變數之共線性嚴重

共線性診斷[a]

模式	維度	特徵值	條件指標	變異數比例					
				(常數)	性別	缺席次數	作業分數	期中考成績	期末考成績
1	1	5.387	1.000	.00	.00	.00	.00	.00	.00
	2	.507	3.259	.00	.00	.39	.00	.00	.00
	3	.102	7.275	.00	.53	.01	.00	.00	.00
	4	.003	43.982	.05	.37	.03	.02	.19	.00
	5	.001	60.797	.01	.01	.06	.22	.01	.15
	6	.000	181.422	.94	.08	.51	.76	.80	.85

a. 依變數: 學期總分

> **整體模式的共線性檢驗**
> 特徵值越小，條件指標越大，表示模式的共線性明顯
>
> 條件指標 181.422 顯示有嚴重的共線性問題，偏高的變異數比例指出作業成績 (.76)、期中考 (.80) 與期末考 (.85) 之間具有明顯共線性

【D. 結果說明】

　　本範例為解釋型迴歸分析範例，目的在檢驗各自變數對於依變數的解釋力，因此採用強迫進入法來進行迴歸模式的檢驗。結果發現五個自變數對於學期成績的影響，具有高度的解釋力，整體的 R^2 高達 .954，表示五個自變數可以解釋學期成績 95.4% 的變異量，因為樣本數少且自變數多，宜採調整後 R^2，但也達 89.6% 的解釋比率。模式考驗的結果，指出迴歸效果達顯著水準（$F_{(5,4)} = 16.522$，$p <$ .001），具有統計上的意義。

　　進一步對於個別自變數進行事後考驗，係數估計的結果指出，缺席次數具有最佳的解釋力，$\beta = -.610$，顯示缺席次數越多，學期成績越差。其次為期中考成績，

$\beta = .574$，表示期中考成績越高，學期成績越高。其中，t 檢定結果指出期中考成績的 β 係數雖較高，但是卻不具統計意義（$t = 1.668$，$p = .171$，n.s.），缺席次數的 β 係數則具有統計意義（$t = -3.649$，$p < .05$）。主要的原因之一是期中考成績具有明顯的共線性問題（容忍值僅 .097，VIF 高達 10.266），因此在進行參數估計時，會有偏誤的情形發生。

13.5.2 逐步迴歸分析（預測型迴歸）

【A. 操作程序】

預測型迴歸的目的透過變數選擇程序來建立一個最佳的預測方程式，以用於實際的預測分析。為了選擇最佳自變數組合，應使用逐步法、向前法、向後法，以數學方法決定最佳模式。本範例僅需改為選擇 逐步迴歸分析法 ，其他各步驟與同時迴歸法相同。

【B. 步驟圖示】

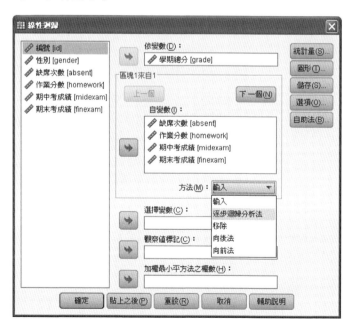

【C. 結果輸出】

選入/刪除的變數[a]

模式	選入的變數	刪除的變數	方法
1	finexam 期末考成績	.	逐步迴歸分析法 (準則:F-選入的機率 <= .050，F-刪除的機率 >= .100)。
2	absent 缺席次數	.	逐步迴歸分析法 (準則:F-選入的機率 <= .050，F-刪除的機率 >= .100)。

a. 依變數: grade 學期總分

> 逐步迴歸分析法自變數進入或刪除清單。與選擇標準。進入以 F 機率 .05，刪除以 F 機率 .10 為標準
>
> 總計兩個變數分兩個步驟（模式）被選入迴歸方程式。期中考成績與缺席次數

模式摘要[c]

模式	R	R平方	調過後的 R平方	估計的 標準誤	變更統計量					Durbin-Watson 檢定
					R平方 改變量	F改變	df1	df2	顯著性F 改變	
1	.825[a]	.680	.640	3.942	.680	16.997	1	8	.003	
2	.947[b]	.898	.868	2.383	.218	14.895	1	7	.006	1.589

a. 預測變數:(常數), finexam 期末考成績

b. 預測變數:(常數), finexam 期末考成績, absent 缺席次數

c. 依變數: grade 學期總分

> 模式摘要
> 整體模式的解釋力各為 .680 與 .898。其中 .898(=.680+.218) 為累積解釋量

> 兩個步驟下，個別自變數可以解釋的變異量為 .680 與 .218。均達 .05 顯著水準，因而被選入

Anova[c]

模式		平方和	df	平均平方和	F	顯著性
1	迴歸	264.096	1	264.096	16.997	.003[a]
	殘差	124.304	8	15.538		
	總數	388.400	9			
2	迴歸	348.659	2	174.330	30.707	.000[b]
	殘差	39.741	7	5.677		
	總數	388.400	9			

a. 預測變數:(常數), finexam 期末考成績

b. 預測變數:(常數), finexam 期末考成績, absent 缺席次數

c. 依變數: grade 學期總分

> 模式顯著性整體考驗
> 對於模式一的 R^2(.680)，F=16.997，模式二的 R^2(.898)，F 考驗值 30.707，均達顯著，表示迴歸效果具有統計意義

係數[a]

模式		未標準化係數		標準化係數	t	顯著性	共線性統計量	
		B 之估計值	標準誤差	Beta 分配			允差	VIF
1	(常數)	-17.585	24.526		-.717	.494		
	finexam 期末考成績	1.199	.291	.825	4.123	.003	1.000	1.000
2	(常數)	10.639	16.531		.644	.540		
	finexam 期末考成績	.899	.192	.618	4.673	.002	.836	1.196
	absent 缺席次數	-2.243	.581	-.510	-3.859	.006	.836	1.196

a. 依變數: grade 學期總分

> 逐步係數估計
> 模式一表示首先進入的自變數為期中考，Beta 為 .825，t 檢定達顯著。無共線性問題
>
> 模式二再加入一個預測變數缺席次數，Beta=-.510，期中考的 Beta 降為 .618，表示經過排除共變後的淨預測力

【D. 結果說明】

　　本範例為預測型迴歸分析，因此以逐步分析法來選擇最佳自變數組合，電腦自動選取相關最高的自變數首先進入模式，可以暫時迴避共線性的問題。此時，第一個以最佳自變數角色進入的是期末考成績，在第一階段（模式一）即被選入，期末考成績獨立可以解釋學期成績的 68% 變異量（$F_{(1,8)} = 16.997$，$p < .01$），以調整後 R^2 來表示，仍有 64% 的解釋力。第二個被選入的自變數為缺席次數，該變數單獨可以解釋依變數 21.8% 的變異量，F 改變量為 14.895（$p < .01$），符合被選入的標準，因此模式二共有期末考成績與缺席次數兩個自變數，總計可以解釋依變數 89.8% 的變異量，調整後為 86.8%，以 F 檢定結果，此一解釋力具有統計意義（$F_{(2,7)} = 30.707$，$p < .001$）。最後得到的方程式將包括兩個自變數，方程式如下：

$$\hat{Y} = .899X_{期末考成績} - 2.243X_{缺席次數} + 10.639Y$$

　　逐步分析的係數估計發現，期末考成績首先被納入模式一中，該變數可以獨立預測依變數，$\beta = .825$，t 值為 4.123（$p < .01$）。因為此時只有單獨一個變數被納入，所以無共線性的問題，也就是期末考成績對於學期成績的預測力並沒有受到其他四個變數的干擾。模式二的係數估計中，增加了缺席次數的進入，其 $\beta = -.510$（$t = -3.859$，$p < .01$），而期末考成績的 β 係數此時降為 .618，t 值為 4.673（$p < .01$），顯示期末考變數的效果因為排除了缺席次數的影響而降低，部份相關係數（.565）接近 β 係數可以證明此一影響。

13.5.3 階層迴歸分析

【A. 操作程序】

步驟一與二同前。

步驟三：選擇第一個區組變數，移到自變數清單中。

步驟四：選擇 強迫進入法 或 逐步迴歸法 。

按 下一個 設定第二個區組，直到各區組設定完成，其他各步驟相同。

【B. 步驟圖示】

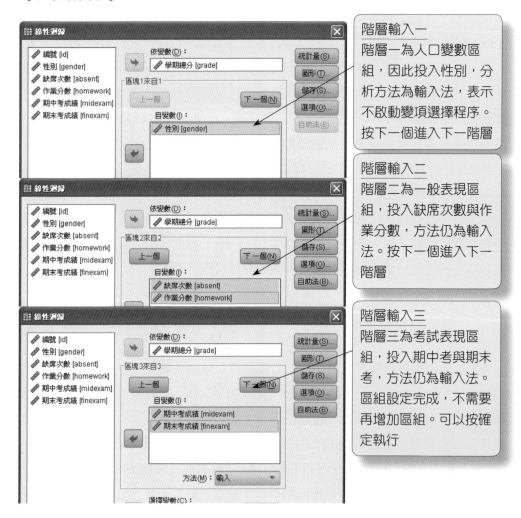

階層輸入一
階層一為人口變數區組，因此投入性別，分析方法為輸入法，表示不啟動變項選擇程序。按下一個進入下一階層

階層輸入二
階層二為一般表現區組，投入缺席次數與作業分數，方法仍為輸入法。按下一個進入下一階層

階層輸入三
階層三為考試表現區組，投入期中考與期末考，方法仍為輸入法。區組設定完成，不需要再增加區組。可以按確定執行

【C. 結果輸出】

模式摘要

模式					變更統計量				
	R	R 平方	調過後的 R 平方	估計的 標準誤	R 平方 改變量	F 改變	df1	df2	顯著性 F 改變
1	.413ᵃ	.170	.067	6.347	.170	1.642	1	8	.236
2	.843ᵇ	.710	.565	4.332	.540	5.588	2	6	.043
3	.977ᶜ	.954	.896	2.118	.244	10.552	2	4	.025

a. 預測變數:(常數), gender 性別

b. 預測變數:(常數), gender 性別, absent 缺席次數, homework 作業分數

c. 預測變數:(常數), gender 性別, absent 缺席次數, homework 作業分數, finexam 期末考成績, midexam 期中考成績

> 模式摘要
> 三個階層的模式解釋力各為 .17,.710 與 .954。三個階層總共可解釋 95.4%

> 三個階層各自解釋力,第一階層未達顯著,其他兩層的解釋力增加量 .540 與 .244 均達 .05 顯著水準

Anovaᵈ

模式		平方和	df	平均平方和	F	顯著性
1	迴歸	66.150	1	66.150	1.642	.236ᵃ
	殘差	322.250	8	40.281		
	總數	388.400	9			
2	迴歸	275.825	3	91.942	4.900	.047ᵇ
	殘差	112.575	6	18.762		
	總數	388.400	9			
3	迴歸	370.462	5	74.092	16.522	.009ᶜ
	殘差	17.938	4	4.484		
	總數	388.400	9			

> 三個階層整體解釋力的顯著性考驗,分別為 1.642、4.9 與 16.522,係針對 R2=.17、.71 與 .954 的顯著性考驗。第二與第三階層的模型整體解釋力達到顯著水準

a. 預測變數:(常數), gender 性別

b. 預測變數:(常數), gender 性別, absent 缺席次數, homework 作業分數

c. 預測變數:(常數), gender 性別, absent 缺席次數, homework 作業分數, finexam 期末考成績, midexam 期中考成績

d. 依變數: grade 學期總分

係數[a]

模式		未標準化係數		標準化係數	t	顯著性	共線性統計量	
		B 之估計值	標準誤差	Beta 分配			允差	VIF
1	(常數)	90.750	6.077		14.934	.000		
	gender 性別	-5.250	4.097	-.413	-1.281	.236	1.000	1.000
2	(常數)	68.610	34.986		1.961	.098		
	gender 性別	-3.656	2.913	-.287	-1.255	.256	.921	1.085
	absent 缺席次數	-2.635	1.233	-.599	-2.136	.077	.614	1.630
	homework 作業分數	.286	.401	.207	.714	.502	.576	1.737
3	(常數)	51.625	33.376		1.547	.197		
	gender 性別	-.163	1.740	-.013	-.093	.930	.617	1.621
	absent 缺席次數	-2.683	.735	-.610	-3.649	.022	.413	2.423
	homework 作業分數	-.279	.322	-.201	-.865	.436	.214	4.680
	midexam 期中考成績	.441	.265	.574	1.668	.171	.097	10.26
	finexam 期末考成績	.271	.365	.186	.742	.499	.183	5.450

a. 依變數: grade 學期總分

各階層的係數估計數與顯著性考驗

第一階層的性別（beta = -.413）但不顯著。第二層的缺席與作業也沒有達到統計水準，顯示共線性問題導致沒有任何一個自變數能有效解釋依變數。第三階層的考試變數亦未有任何參數達到顯著。

【D. 結果說明】

　　本範例為階層迴歸分析，三個階層分別為階層一為人口變數區組（性別），階層二為平時表現區組（缺席次數與作業分數），階層三為考試分數區組（期中考與期末考）。這三個區組的順序是考量三種不同性質變數的先後次序關係。各階層內不採取變數選擇程序，要求針對每一個自變數的效果加以檢驗，因此符合解釋型迴歸的精神。得到的結果發現三個區組能夠有效解釋依變數學期成績的 95.4% 變異量（$F_{(5,4)} = 16.522$，$p < .01$），以調整後 R^2 來表示，仍有 89.6% 的解釋力。顯示這些自變數對於依變數的解釋力很高。但是由各階層的個別解釋力來看，第一個區組的性別變數沒有到達統計水準，另外兩階層的解釋力增加量均達統計水準，分別為平時表現區組的 $\triangle R^2 = .540$（$F_{(2,6)} = 5.588$，$p < .05$）與考試區組的 $\triangle R^2 = .244$（$F_{(2,4)} = 10.552$，$p < .05$）。各階層分析後的係數估計結果如表 13.9。

表 13.9　階層迴歸各區組模型摘要與參數估計值

模型內的變數		區組一人口變數			區組二平時表現			區組三考試成績		
		Beta	t	p	Beta	t	p	Beta	t	p
自變數	一性別	−.413	−1.28	.236	−.287	−1.26	.256	−.013	−.09	.930
	二缺席次數				−.599	−2.14	.077	−.610	−3.65	.022
	作業成績				.207	.71	.502	−.201	−.87	.436
	三期中考							.574	1.67	.171
	期末考							.186	.74	.499
模型摘要	R^2		.170			.710			.954	
	F		1.642			4.9			16.522	
	P		.236			.047			.009	
	$\triangle R^2$		.170			.540			.244	
	$\triangle F$		1.642			5.588			10.552	
	$\triangle p$		.236			.043			.025	

　　由表 13.9 可知，三個區組的解釋力當中，性別並沒有達到顯著性，但是性別的 $\beta = -.413$，數據頗高，由於女生為 2，男生為 1，負的數值表示男生表現較差，未達顯著的原因可能是人數過少所致。

　　到了第二個區組時，性別的影響力降低了，而平時表現的兩個自變數均未達顯著水準，缺席次數的 $\beta = -.599$（$t_{(6)} = -2.14$，$p = .077$），作業成績 $\beta = .207$（$t_{(6)} = .71, p = .502$）。這兩個變數的 β 係數是在控制了性別之後的結果，性別變數在此一區組內的角色是控制用途。

　　第三個區組的情況也類似，在控制了性別、缺席次數與作業成績後，考試成績區組的增加解釋力雖達顯著，但是兩個變數的解釋力均未達顯著水準，分別為期中考的 $\beta = .574$（$t_{(4)} = 1.67$，$p = .171$），期末考的 $\beta = .186$（$t_{(4)} = .74$，$p = .499$）。係數數值高，但是因為樣本少，因此沒有統計顯著性。階層分析的結果發現，缺席次數在第二區組時、期中考在第三區組時、以及性別在第一區組時，解釋力均高，可惜的是具有實務顯著性，但未具有統計顯著性。

本章重要概念

多元迴歸 multiple regression

調整後 R^2 adjusted R^2

容忍值 tolerance

逐步迴歸 stepwise regression

階層迴歸 hierarchical regression

多元相關 multiple correlation

多元共線性 multicollinearity

變異數膨脹因素 variance inflation factor

同時迴歸 simultaneous regression

課後習作

一、辯論比賽的完整資料除了個人成績（0-10 分）之外，還包括學校、性別（女記為 0; 男記為 1）、辯手次序、經驗、網路票選受歡迎程度（0-10 分）等各種資訊，數據如第一個表，其中最後一個欄位是以 X_1 至 X_4 四個變數去預測個人成績的迴歸分析預測值（$\hat{Y}$），迴歸分析結果如次表。請回答下列問題：

ID	性別 (X_1) Gender	辯手次序 (X_2) Order	經驗 (X_3) Exper	網路票選 (X_4) Internet	個人成績 (Y) Score	成績預測 $(\hat{Y})$ Score_pre
1	0	1	5	7	10	9.91
2	0	2	4	6	7	8.90
3	1	3	6	9	10	9.80
4	1	1	1	4	3	3.83
5	1	2	0	3	3	2.82
6	0	3	2	9	6	5.99
7	0	1	3	5	9	7.63
8	1	2	3	4	7	6.55
9	0	3	3	7	8	7.58
平均數	0.44	2.00	3.00	6.00	7.00	7.00
標準差	0.53	0.87	1.87	2.18	2.65	2.48

	未標準化係數		標準化			共線性診斷	
	估計值	標準誤	Beta	t	p	允差	VIF
（常數）	4.374	1.687		2.593	.061		
性別	-1.359	1.050	-.271	-1.295	.265	.68	1.47
辯手次序	.129	.771	.042	.168	.875	.46	2.15
經驗	1.293	.350	.914	3.694	.021	.48	2.07
網路票選	-.151	.425	-.125	-.356	.74	.24	4.14
模型	$R^2 = .881$, $adj\ R^2 = .763$, $S_e = 1.288$, $F_{(4,4)} = 7.434$, $p = .039$						

1. 根據四個自變數去預測個人成績的迴歸結果數據，列出迴歸方程式。

2. 請指出解釋力最強與最弱的自變數？請解釋你是如何判斷的。

3. 請說明哪一個自變數對於個人成績的影響具有統計意義，請解釋你是如何判斷的。

4. 請說明標準化迴歸係數是如何計算得出，請舉一例說明，並說明標準化與未標準化係數的解釋方式有何不同。

5. 請比較模型解釋力 R^2 與 $adj\ R^2$ 的數值與意義的差異。

6. 請利用迴歸分析整理表當中的資訊來整理得出 F 檢定的摘要表
   迴歸模型的變異數分析摘要表

變異來源	SS	df	MS	F
迴歸				
殘差				
總和				

7. 請說明迴歸模型的 F 檢定量的自由度數值為何為 (4,4)？

8. 請找出九位參賽者中，迴歸預測得到的殘差最小與最大者，並比較這兩個殘差值的大小意義。

9. 請說明共線性診斷中的允差與 VIF 的用途，並指出哪一個自變數問題最大。

10. 如果某位網路歡迎度滿分但是先前毫無打辯論賽經驗的女生擔任結辯，她的個人成績預測值會是多少。

二、利用辯論比賽的完整資料可以建立一個迴歸模型去預測個人成績，但是建立方式有同時法、逐步法或階層法等不同形式。如果用逐步法，發現只有經驗這個自變數被保留下來，如果用階層法，將性別與經驗視為第一個區塊，將辯次與網路票選作為第二個區塊，進行分析後得到下列結果。請回答下列問題：

	未標準化係數		標準化			共線性診斷	
	估計值	標準誤	Beta	t	p	允差	VIF
（常數）	3.912	0.857		4.563	.004		
性別	-1.168	0.742	-.233	-1.573	.167	.936	1.069
經驗	1.202	0.209	.850	5.748	.001	.936	1.069
模型一	$R^2 = .877$, adj $R^2 = .836$, $S_e = 1.071$, $F_{(2,4)} = 21.426$, $p = .002$						
（常數）	4.374	1.687		2.593	.061		
性別	-1.359	1.050	-.271	-1.295	.265	.678	1.475
經驗	1.293	0.350	.914	3.694	.021	.484	2.067
辯手次序	0.129	0.771	.042	0.168	.875	.465	2.151
網路票選	-0.151	0.425	-.125	-0.356	.740	.242	4.140
模型二	$R^2 = .881$, adj $R^2 = .763$, $S_e = 1.288$, $F_{(4,4)} = 7.434$, $p = .039$						
模型改變	$R^2 = .004$, Fchange(2,4) = 0.072, $p = .932$						

1. 模型一與模型二各有哪些自變數？

2. 表格中的模型改變是什麼意思？試說明之。

3. 對於性別與經驗兩個自變數，在兩個模型中的解釋力出現差異，請問代表什麼意思？試說明之。

4. 有沒有可能分成三個階層來分析呢？試說明你的想法。

5. 請利用本範例的模型安排與分析結果說明同時法、逐步法及階層法三者的差異。

6. 請試以 SPSS 來獲得表格中的分析結果。

14 調節迴歸與中介迴歸

14.1 前言

中介（mediation）與調節（moderation）是社會科學研究中重要的方法學概念，近年來越來越受到研究者的重視。主要原因是研究者經常遇到第三變數的混淆與干擾，使得自變數與依變數的解釋關係受到影響。例如當研究者想探討工作動機對於工作績效的影響時，員工的性別或年齡可能會干擾迴歸係數的估計。對於一個重要的第三變數，如果沒有正確的納入控制或分析，不僅可能會造成係數估計的偏誤（高估或低估），也可能忽略第三變數可能與解釋變數所存在的交互作用，從而無法掌握第三變數對變數解釋關係的條件化作用。

基本上，迴歸分析關心兩種變數：自變數 IV（X）對依變數 DV（Y）的解釋與預測，以 $X \to Y$ 表示。但如果今天存在一個第三個變數（Z），可能影響 $X \to Y$ 的關係時，即形成一個**第三變數效果**（the third-variable effect）模式，Z 變數可能以不同的形式（例如類別或連續變數）存在，且發生不同類型的影響。其中，**中介者**（mediator）扮演 IV 與 DV 中繼的角色，**調節者**（moderator）則讓 $X \to Y$ 效果有條件的產生變化，換言之，解釋變數與調節變數會對結果變數產生**交互作用**（interaction effect），使得在調節變數的不同水準下，$X \to Y$ 的效果產生系統性變化。

對於前述提及的 X、Y、Z 三變數效果問題，若以迴歸模型來處理，可以利用圖 14.1 表示。以方程式來描述這四種迴歸模型，分別列於公式 14-1 至 14-5。

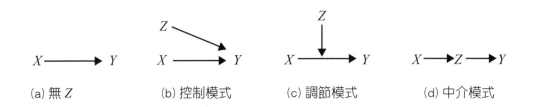

(a) 無 Z　　　　(b) 控制模式　　　　(c) 調節模式　　　　(d) 中介模式

圖 14.1　第三變數在迴歸分析中的作用之簡要圖示

$$\hat{Y} = b_1X + a_1 \tag{14-1}$$
$$\hat{Y} = b_1X + b_2Z + a_1 \tag{14-2}$$
$$\hat{Y} = b_1X + b_2Z + b_3XZ + a_1 \tag{14-3}$$
$$\hat{Y} = b_2Z + a_1 \tag{14-4}$$
$$\hat{Z} = b_1X + a_2 \tag{14-5}$$

由三個隨機變數 X、Y 與 Z 所組合的不同形式方程式中，作為被解釋的依變數為 Y 與 Z，變數 X 僅作為解釋變數，變數 Z 可為解釋變數（公式 14-2 與 14-3）或結果變數（公式 14-5），可見得變數 Z 具有複雜的角色。尤其在公式 14-3 中，變數 X 與 Z 除了本身的解釋力之外，還包括了一個交互作用項 XZ，反映了 Z 對 $X \rightarrow Y$ 關係的調節作用（圖 14.1(c)）。

由迴歸分析的觀點來看，公式 14-1 至 14-3 分別為簡單迴歸、控制效果迴歸、調節效果迴歸，對應於圖 14.1 的 (a)、(b)、(c)，三者具有階層變化關係，因此可以一併探討。換言之，控制模式與調節模式具有連帶的關係，在迴歸分析時必須進行包裹檢驗。此外，公式 14-4 與 14-5 則可組合成中介效果迴歸，對應於圖 14.1(d)，因而被視為另一類型的迴歸應用。

在文獻上，Baron 與 Kenny 於 1986 年在人格與社會心理學期刊所撰寫的中介與調節效果論文，詳述了這兩個概念與檢驗程序，普遍被視為是中介效果分析的正式程序。後來 Aiken 與 West 於 1991 年出版了 *Multiple regression: Testing and interpreting interactions* 一書，詳述調節效果的處理策略，也成為眾所公認的標準程序。以下，我們就針對調節與中介效果的概念加以介紹，並說明如何應用迴歸技術來進行分析。

14.2 調節效果的概念與分析策略

14.2.1 調節效果的概念

調節效果的概念源起於實驗設計中的交互效果。其所謂交互效果，即是自變

數 A 與 B 會「聯合」對於依變數 Y 發生作用。此時兩個自變數在依變數上所造成的效果稱為主要效果，兩個變數聯合對 Y 所產生的效果 AB 稱為交互作用。交互效果的顯著性考驗，即是考驗 A 因子（具有 k 個水準）與 B 因子（具有 l 個水準）所形成的 $k \times l$ 個水準（或稱為細格）在依變數上的得分狀況是否具有顯著差異。

在迴歸分析中，調節效果也可經由一組類似於實驗設計效果拆解的調節迴歸方程式來表述。其中，X 對 Y 的簡單迴歸方程式如公式 14-1 所示。如果今天有一個 Z 變數做為調節 $X \rightarrow Y$ 的調節變數，公式 14-1 必須增加兩項來滿足調節效果。其中一項反映調節變數本身對結果變數的影響力（主要效果），即公式 14-1 或 14-2 中的迴歸係數 b_2，另外一項 XZ 則反映調節變數所存在的交互作用，其效果由公式 14-2 中的迴歸係數 b_3 所表示。當 b_3 達顯著水準時，表示交互作用存在。

因為 Z 被視為調節變數，b_3 反映了 X 對 Y 的影響會因為 Z 的強度而變，此一帶有交互作用項的迴歸模型被稱為調節效果模型。換言之，當考慮了 Z 的作用後，X 對 Y 的影響（$X \rightarrow Y$ 的斜率）不再只有單獨的 b_1，而為 b_1 與 b_3 的合成。如果交互作用顯著（$b_3 \neq 0$），X 對 Y 的影響力隨 Z 的不同狀況而變（被調節）；如果交互作用不顯著（$b_3 = 0$），Z 的調節力即可忽略，X 對 Y 的解釋力不隨 Z 的不同狀況而變（不被調節），公式 14-3 可以簡化為公式 14-2。

值得注意的是，公式 14-2 中雖然沒有交互作用項，但是調節變數 Z 並沒有完全消失，方程式中仍保有 b_2Z，此時 Z 不再作為調節變數而成為 X 的控制變數。係數 b_1 與 b_2 皆為主要效果，b_2 反映了 Z 在控制了 X 的情況下對 Y 的淨解釋力。反之，b_1 反映了 X 在控制了 Z 的情況下對 Y 的淨解釋力。因此公式 14-2 稱為控制效果模型。

14.2.2 淨解釋力與調節解釋力

公式 14-2 與 14-3 中的 b_1 都是指當 Z 為固定時 X 的斜率；b_2 也都是指當 X 為固定時 Z 的斜率，但兩個模型中的 b_2 不但數值不同，意義也不同。在控制模型中，b_2 是控制其他解釋變數解釋力之後對 Y 的「淨解釋力」；在調節模型中，b_2 則是考慮了高階交互作用 XZ 後的解釋力，由於 XZ 與 Z 及 XZ 與 X 之間可能具有高度相關或是同時變動，因此調節模型中的 b_1 與 b_2 並非控制變數模型中的「淨」效果，而是一種調節效果，各解釋變數的解釋力是一種條件化解釋力，亦即是在調

節變數的不同水準下會有不同的解釋力，稱為「調節解釋力」，迴歸係數 b_3 表示了調節力的強弱。b_3 表示的調節影響力可由公式 14-3 的移項來得知其意義，如公式 14-6 所示。

$$Y' = b_1X + b_2Z + b_3XZ + a_1 = (b_1 + b_3Z)X + b_2Z + a_1 \qquad （14\text{-}6）$$

由公式 14-6 可知，在帶有交互作用項的調節迴歸分析中，X 對 Y 的影響並不是單由 b_1 反映，而是 $(b_1 + b_3Z)$。換言之，$X \to Y$ 的斜率除了 X 變數自身的主效果 b_1 之外，還要加上 Z 的影響（或調整）：當 $Z = 1$ 時，$X \to Y$ 的斜率為 $b_1 + b_3$，當 $Z = -1$ 時，$X \to Y$ 的斜率為 $b_1 - b_3$。當 $Z = 0$ 時，$X \to Y$ 的斜率維持不變。Z 變數的影響由 b_3 反映，如果 b_3 的強度很小，表示 Z 變數對 $X \to Y$ 斜率的影響很小，如果 b_3 不顯著，Z 變數的調節效果可以忽略，此時就可以放心的解釋 $X \to Y$ 的影響力。

在交互作用顯著的情況下，迴歸係數的解釋有兩點注意事項，第一，解釋變數的主要效果 b_1 與 b_2 不宜以傳統的「控制其他變數後的解釋變數影響力」來解釋，因為模型中還有一個顯著的 b_3 存在，某自變數的主要效果須「視另一個自變數的不同水準而定」，亦即需使用**簡單效果**（simple effect）的概念來描述自變數的影響力。

第二，調節迴歸中的迴歸係數不宜以標準化係數來解釋，而應採未標準化係數來呈現各變數的影響力。因為除非自變數之間為完全零相關，否則 XZ 的平均數不為零。一般統計軟體並不會覺察 XZ 的平均數不為零，使得交互作用項的標準化係數不是標準化的結果。

由於公式 14-3 的 X、Z 及 XZ 具有相關，為避免多元共線性影響係數的解釋，調節迴歸的一個重要工作是對解釋變數進行中心化（或稱為平減），使得迴歸係數的意義更加合理明確。

14.2.3 類別與連續性調節變數

當我們從方法學的角度來討論第三變數的影響時，對於第三變數的性質並不會特別限定。但是從統計原理與迴歸操作來看，第三變數 Z 是類別變數或連續變數，會影響分析的策略。但是為避免以下的討論趨於複雜，我們將 Z 視為與 X 相似的連續變數。如果 Z 是類別變數，在只有兩個水準時（亦即二分變數），Z 仍可視為連續變數的一種特殊狀況，而可以直接以傳統線性迴歸來處理。但是如果 Z 是超過兩個水準的多類別變數，則必須經過虛擬處理（參見第 12 章的內容）。

由於第三變數的作用相對複雜，因此 Z 若要作為調節變數，最簡單的處理是採用二分變數（例如性別、產業別），此時不僅調節變數的水準數少，統計處理容易，事後的簡單效果分析會容易許多，更重要的是，調節作用的不同水準意義明確（例如 1 是男、0 是女，或是 1 是甲產業、0 是乙產業），$X \rightarrow Y$ 的調節作用可以很清楚的描述與解釋。相對之下，如果 Z 是連續變數，那麼 $X \rightarrow Y$ 的調節作用究竟在 Z 的哪一個水準下會如何，就很難說明清楚，事後的簡單效果分析會相當複雜，需要額外的數學處理（例如要對 Z 進行兩組或三組的分割處理）或另給操作型定義。更何況連續變數 Z 與其他變數可能存有非線性關係，此時不僅可能要改用其他統計策略，方法學上的意涵也會改變。因此，本書的建議是，調節變數最好是選取明確易懂的二分變數，如果是連續變數，則需依照正式的統計程序來處理 [參見 Aiken 與 West（1991）的專書]。

14.2.4 調節迴歸的平減議題

當調節變數為連續變數時，進行交互作用檢驗之前的一個重要的步驟是將解釋變數進行平減。基本上，在帶有交互作用項的迴歸分析中，變數平減是一個標準作業程序（Aiken & West, 1991; Kraezr & Blasey, 2004)，但如果調節變數是二分變數，一般可以省略平減處理。

一般而言，中心化發生在當研究者有特殊需要時，將解釋變數的中心原點平移至另一處時的數學轉換。亦即將變數減去一個常數。在調節迴歸當中的中心化是將解釋變數減去變數的平均數，亦即將觀察數據的原點平移至平均數的位置，因此稱之為**平均數中心化**（mean centering），由於是減去平均數，故稱之為**平減**。

經過平減後的解釋變數將成為一個平均數為 0 而變異數不變的**離均差分數**（deviation score），其原點改變（變成 0) 但分數相對位置不變，因此在涉及平均數概念的統計運算，例如在迴歸分析的截距項，平減會影響其參數與變異誤的估計，以及在截距項與其他變數斜率估計值的關係，平減會影響其共變數的估計；但是在不涉及截距項的其他統計運算，例如迴歸分析的其他斜率項，平減則不影響其估計結果；至於平減的變數與其他變數的相關同樣不會改變。

在簡單迴歸中，方程式僅有一個解釋變數 X，對 X 進行平減後（以 X^* 表示），如公式 14-7：

$$\hat{Y} = b_1 X^* + a_1^* = b_1(X - \overline{X}) + a_1^* \qquad (14\text{-}7)$$

與公式 14-1 相較，X 平減後的迴歸方程式斜率與誤差維持不變，即，截距則與原截距差一個常數 $b_1 \overline{X}$。由於迴歸方程式通過 X 與 Y 變數的平均數 $\overline{Y} = b_0 + b_1 \overline{X}$，因此新截距項 a_1^* 為 Y 的平均數（$\overline{Y}$）。換言之，對解釋變數進行平減的主要影響，是將截距轉換成 $\overline{Y}$ 且其他參數（斜率與誤差）維持不變。亦即，如果 X 未經平減，則截距所反映的是當 $X = 0$ 時 Y 的數值。如果 $X = 0$ 代表絕對零點或 X 數值範圍包括 0，此時截距可解釋成 Y 的起始值，但如果 X 的數值範圍不包括 0，X 未平減時的截距則無解釋上的意義。

平減的另一個優點，是使原本會有高相關的兩組變數：X 與 XZ、Z 與 XZ 之高相關削減至低度水準，減輕自變數間的共線性威脅（Cohen, Cohen, West, & Aiken, 2003)。由於 XZ 係 X 與 Z 的乘積，因此 XZ 與 X 及 Z 自然會有高相關，若 X 與 Z 皆呈常態，XZ 與 X 的共變如下：

$$Cov(X, XZ) = s_x^2 \overline{Z} + \text{cov}(X, Z)\overline{X} \qquad (14\text{-}8)$$

但如果將 X 與 Z 變數進行平減，上式的 $\bar{Z}$ 與 $\bar{X}$ 為零，自變數平減使得 $Cov(X, XZ)$ 降至零，增加參數估計的穩定性與標準誤不偏性。

在調節迴歸中，方程式中同時存在 X、Z 與 XZ，若令 X^* 與 Z^* 分別表示平減後的解釋變數與調節變數，迴歸方程式成為：

$$\hat{Y} = b_1^* X^* + b_2^* Z^* + b_3^* X^* Z^* + a_1^* \qquad (14\text{-}9)$$

值得注意的是，經過平減的 X^* 與 Z^* 原點為零，理論上會使得方程式截距回到 $\bar{Y}$ 的位置，但是平減後相乘的交乘積項 $X^* Z^*$ 並非平均數為零的新變數，而是期望值為 X 與 Z 的共變數這個新變數（Bohrnstedt & Gikdberger, 1969; Hays, 1988）：

$$E((X - \bar{X})(Z - \bar{Z})) = \mathrm{cov}(X, Z) \qquad (14\text{-}10)$$

如果方程式截距要回到 $\bar{Y}$ 的位置，$X^* Z^*$ 還必須再進行一次平減：共變數中心化（減去 $X^* Z^*$ 的平均數）（以 XZ^* 表示），否則僅針對 X 與 Z 進行平減，忽略乘積項的共變數中心化，並無法還原截距成為結果變數的平均數。

X、Z、XZ 三者經過平減之後所進行的調節迴歸分析，交互作用的參數估計與顯著性考驗不會改變，但低階的主要效果係數 b_1^* 與 b_2^* 一來因為變數間的相關降低而得以避免共線性問題，二來各參數變得更容易解釋。b_1^* 是指當 Z^* 為零（$Z = \bar{Z}$）時 X^* 的斜率的條件效果、b_2^* 是指當 X^* 為零（$X = \bar{X}$）時 Z^* 的斜率的條件效果。此外，各項經過原點歸 0，截距即可反映結果變數的平均數 $\bar{Y}$。

14.2.5 控制與調節效果迴歸的統計處理

基於多元迴歸原理，模型中同時存在的解釋變數互相皆可稱為控制變數，因為任何一個解釋變數的效果皆是在其他變數已在模型當中被控制的情況下所得到

的淨效果，因此，控制效果具有雙向性。同樣的，調節效果也具有雙向性，例如，若研究者將 Z 視為調節變數，表示 Z 影響了 X 對 Y 的解釋，透過交互作用項可以檢測 Z 對於以 $X \rightarrow Y$ 的迴歸係數的影響幅度。更具體來說，如果 $X \rightarrow Y$ 的解釋力在 Z 的不同水準下有所不同，此種迴歸係數必須「視 Z 的狀況而定」。相對的，如果選擇 X 為調節變數，前述解釋僅需把 X 與 Z 對調即可。

當交互作用項顯著之後，調節效果的討論可以從兩個方向來分析，亦即 X 對 Y 的效果會被 Z 調節，而 Z 對 Y 的效果也會被 X 所調節，換言之，X 與 Z 可互為調節變數來決定對 Y 的解釋力。雖然控制與調節都具有雙向性，但一般在進行研究時，研究者多會將其中一個視為影響 Y 的主要變數（例如 X），將另一個變數（例如 Z）作為控制變數或調節變數，從而專注於 X 對 Y 的影響如何受到 Z 的干擾或調節。

在多元迴歸的操作上，控制效果與調節效果的檢驗具有連帶的關係。如果同時將 X 與 Z 放入方程式對 Y 進行解釋，可稱之為控制效果模型，進一步地增加 XZ 交乘積項（交互作用項）後，則可進行調節效果分析，此時可稱之為調節效果模型。在統計應用實務上，若多元迴歸方程式包含了解釋變數的交互作用項，藉以作為調節效果分析的依據時，稱為**調節迴歸**（moderated multiple regression; MMR），如果交互作用不顯著則可保留解釋變數，移除交互作用項，進行控制效果的討論。

14.2.6 簡單效果檢驗：調節效果分析

從統計操作的角度來看，真正的調節效果分析是當交互作用顯著之後所進行的**簡單效果**（simple effect）檢驗。換言之，交互作用是一個整體考驗，檢驗兩個變數是否會「聯合」對依變數產生影響。簡單效果檢驗則是事後考驗，檢驗在某一個變數為調節變數的情況下，其不同水準下的另一個解釋變數對依變數的影響是否具有統計意義。

14.2.6.1 類別調節變數的簡單效果檢驗

前面已經提及，調節變數可能有類別與連續兩種形式。類別性調節變數的水準數少，簡單效果檢驗相對單純。當交互作用顯著之後，研究者僅需分別就調節

變數的不同水準，進行 $X \to Y$ 的迴歸分析。當調節變數有兩個水準時，需進行兩次迴歸，如果有 K 組，則進行 K 次迴歸。如果調節變數是二分變數，更直接的作法是利用帶有交互作用項的調節迴歸方程式：$\hat{Y} = b_1X + b_2Z + b_3XZ + a_1$，令 $Z = 0$ 與 $Z = 1$ 求得兩個簡單迴歸方程式。

作圖時，僅需繪製出各水準下的迴歸線，$X \to Y$ 的解釋力的差異將反映在迴歸線的斜率差異，截距差異則反映了平均數的差異（圖例請參見下一節的範例所示）。唯一要特別注意的是，在進行顯著性考驗時，需考量族系誤差率的穩定，顯著水準 α 需除以 K，使型一誤差維持在恆定的水準下。

14.2.6.2 連續調節變數的簡單效果檢驗

如果調節變數 Z 與解釋變數 X 都是連續變數時，由於連續性調節變數的數值為一連續的光譜，簡單效果檢驗與圖示就不如前述的類別調節變數單純，而且手續繁複。Aiken 與 West（1991）詳細說明了當調節變數為類別或連續時的簡單效果的考驗原理與圖示技術。

基本作法是當交互作用顯著後，研究者指定其中一個變數為調節變數（以 Z 為例），另一個為主要變數（以 X 為例），計算當 Z 在平均數以及正負一個標準差時，主要變數對結果變數的迴歸方程式。將 Z 分成三個**條件值**（conditional value; CV）來進行迴歸的作法，就類似於把 Z 分成高中低三個強度時，類似於類別化調節變數，建立三組條件迴歸方程式來檢視 $X \to Y$ 的影響力。亦即：

$$CV_{Z_H} = \overline{Z} + 1SD_Z : \hat{Y}_H = b_1X + b_2CV_{Z_H} + b_3XCV_{Z_H} + a = b^HX + a^H$$

$$CV_{Z_M} = \overline{Z} + 0SD_Z : \hat{Y}_M = b_1X + b_2CV_{Z_M} + b_3XCV_{Z_M} + a = b^MX + a^M$$

$$CV_{Z_L} = \overline{Z} - 1SD_Z : \hat{Y}_L = b_1X + b_2CV_{Z_L} + b_3XCV_{Z_L} + a = b^LX + a^L$$

這三組迴歸的截距與斜率稱為**簡單斜率**（simple slope）與**簡單截距**（simple intercept），其各自的顯著性可以利用調整標準誤 s_b^* 來進行 t 檢定，s_b^* 算式如下（Aiken & West, 1991, p.16）：

$$s_b^* = \sqrt{s_{11} + 2Zs_{13} + Z^2 s_{33}} \qquad (14\text{-}11)$$

其中 s_{11} 與 s_{33} 是迴歸係數 b_1（解釋變數 X 的主效果）與 b_3（X 與 Z 的交互作用項效果）的變異數，可以從迴歸分析的報表中，找出迴歸係數的變異數與共變數矩陣中獲得。t 檢定自由度為 $N-k-1$，N 為樣本數，k 為自變數個數（調節迴歸有 X、Z 與 XZ 三項，因此 $k=3$）。

為避免繁複計算，另一種替代作法是取三個條件值：CV_{Z_H}、CV_{Z_M}、CV_{Z_L}，分別執行三次調節迴歸，所得到的 t 檢定值即為前述調整標準誤所計算得到的檢定值（Darlington, 1990）：

$$\hat{Y}_H = b_1^H X + b_2^H CV_{Z_H} + b_3^H XCV_{Z_H} + a^H$$

$$\hat{Y}_M = b_1^M X + b_2^M CV_{Z_M} + b_3^M XCV_{Z_M} + a^M$$

$$\hat{Y}_L = b_1^L X + b_2^L CV_{Z_H} + b_3^L XCV_{Z_L} + a^L$$

至於高低組的斜率差異是否達到顯著，則可以利用差異標準誤 s_d 來進行 t 考驗（Aiken & West, 1991, p.20），如公式 14-12：

$$t = \frac{d}{s_d} = \frac{(Z_H - Z_L)b_3}{\sqrt{(Z_H - Z_L)^2 s_{33}}} = \frac{b_3}{\sqrt{s_{33}}} \qquad (14\text{-}12)$$

14.3 中介效果的概念與分析策略

14.3.1 中介效果的概念

在 $X \rightarrow Y$ 的關係中，第三變數 Z 除了可能以調節者的身份介入迴歸方程式，也可能是以中介者的角色存在，換言之，X 對 Y 的影響係透過 Z 的作用。根據韋伯字典的定義，**中介**（mediate）一詞是指位居中間的位置（to be in an intermediate position or sides），或是聯繫兩個人或物的中間傳遞者（to be an intermediary or conci*l*iator between persons or sides）。Baron 與 Kenny（1986）從統計方法學的角度，提出了中介效果的完整概念體系與檢驗程序，普遍為社會科學領域研究者所接受。

Baron 與 Kenny 的中介效果檢驗係利用三條迴歸方程式來檢測四個條件是否成立，如圖 14.2 所示。

首先，中介效果的第一個條件為 b_c 的估計值必須具有統計顯著性。當 b_c 的估計值顯著，代表 X 對 Y 有影響，亦即 Y 變數的變異可以被 X 所解釋，如圖 14.2(a) 所示。圖 14.2(a) 顯示了 X 對 Y 的總效果估計，此時中介變數 Z 並未進行任何的處理，如公式 14-13。

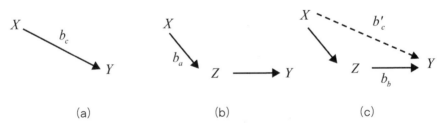

(a)　　　　　　　　(b)　　　　　　　　(c)

圖 14.2　中介效果圖示

$$\hat{Y} = b_c X + a_1 \tag{14-13}$$

中介效果的第二個條件為 b_a 的估計值必須具有統計顯著性。當 b_a 的估計值顯著，代表自變數 X 對中介變數 Z 有影響，亦即 Z 變數的變異可以被自變數 X 所解釋，如圖 14.2(b) 所示。圖 14.2(b) 顯示了中介變數對自變數 X 的迴歸，如迴歸公式 14-14：

$$\hat{Z} = b_a X + a_2 \tag{14-14}$$

第三個條件是在同時考慮自變數 X 與中介變數 Z 對於依變數的影響時，中介變數 Z 必須具有統計顯著性。亦即在包含 X 與 Z 變數的多元迴歸方程式中，β_b 係數必須具有統計顯著性，方可證明中介變數 Z 在排除自變數 X 後仍對依變數 Y 有淨影響，如公式 14-15。

$$\hat{Y} = b'_c X + b_b Z + a_3 \tag{14-15}$$

公式 14-15 即為圖 14.2(c) 的表述，在同時考慮中介變數 Z 與自變數 X 進入迴歸方程式後，其中介變數 Z 與自變數 X 對 Y 的影響。第四個條件為當控制中介變數 Z 後，原先的自變數 X 其淨效果消失，亦即 b'_c 的估計值沒有到達統計顯著水準。

如果上述四項條件完全符合，亦即 Z 完全中介 $X \to Y$ 的效果，稱為**完全中介效應**（completed mediation effect）；如果 b'_c 雖有變化，但仍具有統計顯著性，若其絕對值小於 b_c 的估計值，則稱為 Z 部份中介 X 對 Y 的效果，亦即**部份中介效應**（partial mediation effect）。

$X \to Y$ 的直接效果在兩個方程式中的係數 b_c 與 b'_c 的差異，代表 X 經過 Z 對 Y 的間接效果，即是中介效果，可以 $b_c - b'_c$ 表示。迴歸係數具有公式 14-16 之關係（MacKinnon, Warsi, & Dwyer, 1995）。

$$b_c - b'_c = b_a \times b_b \tag{14-16}$$

14.3.2 中介效果的顯著性考驗

中介效果可以由兩個直接效果的估計數 $\hat{b}_a\hat{b}_b$ 來推知，如果可以找出 $\hat{b}_a\hat{b}_b$ 的分配，估計其標準誤，即可進行顯著性考驗。Sobel（1982）推導出樣本估計量 $\hat{b}_a\hat{b}_b$ 標準誤的一階與二階泰勒展開估計值，使得中介效果的檢驗得以利用 t 檢定來診斷，稱為 Sobel's t 檢定。

$$t = \frac{b_a b_b}{\sqrt{s_{\hat{b}_b}^2 \hat{b}_a^2 + s_{\hat{b}_a}^2 \hat{b}_b^2}}$$

（14-17）

上式分母中的數值可以利用傳統 OLS 迴歸分析或 SEM 的估計數中獲得。但由於兩個常態化的迴歸係數相乘後並不服從常態分配（呈現峰度為 6 的高狹峰分配）（Lomnicki, 1967; Springer & Thompson, 1966)，如果變數的平均數不為零時，還有偏態問題。Sobel（1982）所導出的標準誤為**偏估計值**（biased estimator）。Sampson 與 Breuning（1971）提出了不偏估計標準誤的 t 檢定，如公式 14-18。

$$t^* = \frac{b_a b_b}{\sqrt{s_{\hat{b}_b}^2 \hat{b}_a^2 + s_{\hat{b}_a}^2 \hat{b}_b^2 - s_{\hat{b}_b}^2 s_{\hat{b}_a}^2}}$$

（14-18）

雖然公式 14-18 修正了非常態問題，但是當樣本數太小時（少於 200) 常會發生估計數為負值的非正定（nonpositive definite）問題而無法有效估計。Bobko 與 Rieck（1980) 建議在進行中介效果分析前，先將變數進行標準化，並利用 X、Z、Y 三者的相關係數來計算標準誤。

雖然標準誤的公式相繼被提出，但經過模擬研究發現，Sobel（1982）所提出的原始公式仍是效率最佳的中介效果標準誤（Mackinnon, 2008），這也是為何多數的軟體（例如 LISREL、EQS、MPLUS）仍以 Sobel（1982）作為中介效果（間接效果）的顯著性檢定方法。

中介效果的強度簡單來說就是取 $X \to Z \to Y$ 的兩個標準化迴歸係數相

乘，在路徑模型中又稱為**路徑係數**（path coefficient）或**結構係數**（structural coefficient）。其檢定原理與中介效果相同。從最簡單的三變數關係來看，$X \rightarrow Z \rightarrow Y$的間接效果其實就是中介效果。換言之，$X$對$Y$的影響力除了可以從直接效果來看，更重要的是透過$Z$的中介效應來解釋，甚至只有當$X \rightarrow Y$的效果從原來不考慮$Z$的情況下為顯著，而考慮$Z$之後變成不顯著時，才被稱為完全中介效應（兩個變數間只有間接效果而無直接效果）。

14.3.3 路徑分析的概念

當$X \rightarrow Y$的關係中存在著至少一個中介變數，形成一個$X \rightarrow Z \rightarrow Y$的中介效果。Mackinnon（2008）指出一般所謂的**路徑分析**（path analysis），即是一連串中介效果的組合所形成的複雜模型，路徑分析的關鍵就是中介變數，以及中介變數之間的複雜關係。換言之，路徑分析是整體模式的總稱，中介關係則是路徑分析的核心，串連中介關係的元素就是變數的共變結構。

路徑分析的概念最初由遺傳學家 Sewall Wright 於 1921 年所提出，至 1960 年代才廣泛受到重視。傳統上，路徑分析由一系列的迴歸分析所組成，透過假設性的架構，將不同的方程式加以組合，形成結構化的模式，以 SPSS 或 SAS 等軟體進行多次迴歸即可完成模型參數的估計，稱為**迴歸取向**（regression approach）的路徑分析。

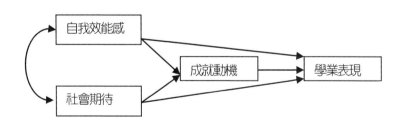

圖 14.3　路徑分析之路徑模式圖

14.3.3.1 路徑模型

基本上，路徑分析是一種驗證性的統計分析技術，首先需要基於理論或文獻

基礎提出一個路徑模型，以**路徑圖**（path diagram）的方法呈現（如圖 14.3 所示），然後再利用迴歸來進行參數估計。例如圖 14.3 描述了四個變數之間的結構關係，包括自我效能感、社會期待、成就動機與學業表現。單箭頭代表因果方向，雙箭頭則代表相關。事實上，此一結構關係，係由下列兩組假設所組成：

假設一：自我效能感與社會期待影響個人的成就動機。

假設二：自我效能感、社會期待與成就動機影響學業表現。

上述假設可以下列的方程式來表現：

$$Y_1(\text{成就動機}) = b_1 X_1(\text{自我效能感}) + b_2 X_2(\text{社會期待}) + a_1$$
$$Y_2(\text{學業表現}) = b_3 X_1(\text{自我效能感}) + b_4 X_2(\text{社會期待}) + b_5 X_3(\text{成就動機}) + a_2$$

這兩個方程式構成一套**結構方程式**（structural equation），即稱為**路徑模型**（causal model），各變數與依變數之間的關係係數 b_i，稱為**路徑係數**。路徑模型除了必須滿足迴歸分析的所有假設，例如變數之間的關係均必須是線性且具有可加性（linear and additive），變數皆屬可量化的連續變數，誤差項為常態且獨立等等。

圖 14.3 中，成就動機變數同時具備自變數（X_3）與依變數（Y_1）的雙重身分。而自我效能感與社會期待兩變數僅作為自變數，不受其他變數的影響，稱之為**外生變數**（exogenous variable）或外因變數，其變異量由不屬於路徑模型的其他變數所決定，外生變數之間可能具有相關，也可能相互獨立，但是它們之間的關係並不影響路徑模型內的因果關係。另一方面，學業表現則純為依變數，其變異量完全由路徑模型中的其他變數的線性組合所決定，稱之為**內生變數**（endogenous variable）或內因變數。值得注意的是，成就動機變數同時具備自變數與依變數的雙重身分，即為中介變數，其自身的變異量，由路徑模式中的自我效能感與社會期待兩個自變數所決定，因此也屬於內生變數。也就是說，內生變數可為因，也可為果，但是外生變數則僅能為因。

14.3.4 路徑模型的統計分析

14.3.4.1 迴歸取向的路徑分析

以多元迴歸分析來進行路徑分析有幾個步驟，第一，計算變數的變異數與共變數。第二，計算外生變數對於內生變數的直接效果。每一個內生變數即是一組獨立的多元迴歸，如果有 K 個內生變數，即必須執行 K 次多元迴歸分析。每一次多元迴歸分析所得到的 R^2 為內生變數可以被解釋的百分比。第三，計算**殘差變異**（disturbance），指每一個內生變數所不能被外生變數解釋的部份，其數值為 $1-R^2$ 再乘以內生變數變異數。最後即可以將各參數與殘差變異數的估計結果以路徑圖方式呈現（如圖 14.4 所示）。第四是進行效果分析，說明路徑模型中的直接效果、間接效果與總效果。

由圖 14.4 可知，自我效能感對於成就動機與學業表現均有**直接效果**（direct effect），路徑係數分別為 .29 與 .63，同時由於成就動機對於學業表現亦有顯著的直接效果，因此，自我效能感對於學業表現的影響（$\beta = .21$），除了具有直接效果之外，尚有一個由成就動機所中介的間接效果。對於社會期待而言，由於對於成就動機的預測力不足（$\beta = .02$，n.s.），直接效果不明確，但是對於學業表現仍具有直接預測力（$\beta = .16$)，但是，社會期待已無法透過自我效能感間接影響學業表現。

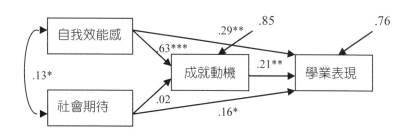

圖 14.4　路徑分析參數估計圖

間接效果（indirect effect）的強度可直接由兩端點變數之間的直接效果標準迴歸係數相乘而得。自我效能感對於學業表現的間接效果由兩個直接效果（自我效

能感→成就動機，成就動機→學業表現）所組成，取兩者的迴歸係數相乘得到間接效果 .63×.21 = .13，代表每一標準差單位的兩個自變數的變動，對學業表現造成變動量為 .13 個單位。間接效果的顯著水準無法從迴歸分析直接獲得，必須自行計算。

每一個自變數對於每一個內生變數的**總效果**（total effect），可以從路徑模型當中與該自變數與內生變數有關的所有顯著與不顯著的直接效果與間接效果的迴歸係數值加總而得之。以自我效能對學業表現的整體效果為例，取 .29（自我效能→學業表現）+.13（自我效能→成就動機→學業表現） = .42，代表每一標準差單位的自變數（自我效能感）的變動，對於學業表現造成的變動量為 .79 個單位。對於自我效能對成就動機的影響而言，整體效果即為唯一的一個直接效果 .63，無間接效果的存在，該值表示每一標準差單位的所有自變數的變動（自我效能感），對於學業表現造成的整體變動量為 .63 個單位。

14.3.4.2 SEM 取向的路徑分析

自從**結構方程模式**（structural equation modeling; SEM）發展以來，路徑分析已經逐漸改由 LISREL、EQS、AMOS、MPLUS 等 SEM 軟體來處理，稱為結構方程模式取向（SEM approach）的路徑分析。其主要特色是可以利用變數間的共變情形，同時（simultaneously）估計模型當中所有的參數，過程中可以把用以估計**潛在變數**（latent variable）的因素分析技術融合在路徑模型中，配合研究者所提出的特定假設模型或競爭模型，來檢驗理論模型與觀察資料的適切性，找出最佳的模型，近年來此種帶有**潛在變數的路徑分析**（path analysis with latent variable）或**一般結構方程模式**（general structural equation modeling）深受社會科學領域的關注，成為當代最重要的統計方法之一[1]。

1　有興趣的讀者可以參考邱皓政（2010）的《結構方程模式：LISREL 的理論、技術與應用》（雙葉書廊）或余民寧（2006）的專書。

14.4 調節與中介迴歸分析範例

14.4.1 控制與調節效果分析

本範例利用 SPSS 軟體所提供的範例資料 employee data.sav（可在 SPSS 軟體的子目錄下得到該檔案）來進行示範。該資料庫蒐集了 474 位員工的人事與薪資資料，重要變數包括性別（為字串變數，需虛擬化成 {0,1} 的數值變數）、受教育年數、在該公司的年資、先前的工作資歷、是否為少數民族、起薪與目前薪資。本範例以目前薪資為依變數，教育程度與起薪為解釋變數，14.4.1.1 示範起薪對目前薪資的影響時，以教育程度為調節變數，14.4.1.2 示範教育程度對目前薪資的影響時，以性別為調節變數。

由於起薪與教育程度在本範例中是連續變數，因此必須加以平減。性別變數為二分虛擬變數，為簡化分析，不予以平減。以下就是對各解釋變數以及交互作用項進行平減的語法（SPSS 使用者可以利用轉換功能計算）。轉換後的各變數描述統計量如下表 14.1。平減後的各變數平均數均為 0，標準差則無改變。

COMPUTE C_educ = educ−13.4916. （教育程度減去教育程度平均數）

COMPUTE C_salb = salbegin−17016.0865. （起薪減去起薪平均數）

COMPUTE Inter1 = C_educ*C_salb. （交互作用項為兩個平減變數相乘）

COMPUTE C_Inter = C_educ*C_salb−14346.7444. （交互作用項平減）

COMPUTE Inter2 = C_ educ *gender. （性別與教育的交互作用項）

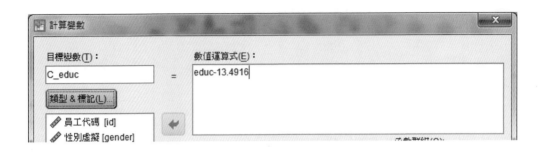

表 14.1　應用於調節迴歸的各變數描述統計量

	個數	最小值	最大值	平均數	標準差
educ 教育程度(年)	474	8	21	13.4916	2.8848
C_educ 教育平減	474	-5.4916	7.5084	.0000	2.8848
salbegin 起薪	474	$9,000	$79,980	$17,016.0865	$7,870.6382
C_salb 起薪平減	474	-8016.0865	62963.9135	.0000	7870.6382
Inter1 教育起薪交互作用	474	-24960.3054	346830.4211	14346.7444	31201.6388
C_Inter 教育起薪交互平減	474	-39307.05	332483.68	.0000	31201.6388
gender 性別虛擬	474	0	1	.5443	.4986
Inter2 性別教育交互作用	474	-5.49	7.51	.5109	2.2454
salary 目前薪資	474	$15,750	$135,000	$34,410.2133	$17,083.9938
有效的 N (完全排除)	474				

14.4.1.1 續調節變數：起薪與教育程度對目前薪資的影響
（以教育為調節變數）

A. 交互作用迴歸

　　調節迴歸分析採用階層迴歸程序，依照公式 14-1 至 14-3 逐一投入各變數：解釋變數、調節變數、交互作用項。並在迴歸分析統計量中勾選 R 平方改變量，即可獲得各階層解釋力改變的顯著性考驗結果。階層迴歸操作畫面如下：

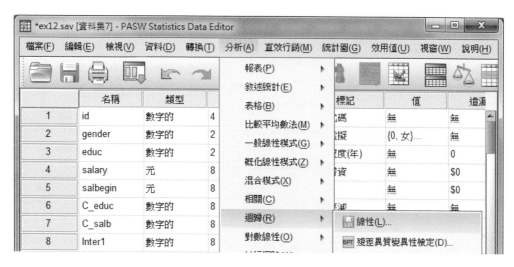

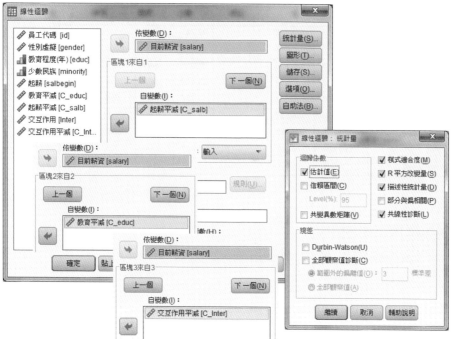

【A. 結果報表】

模式摘要

模式	R	R 平方	調過後的 R 平方	估計的標準誤	變更統計量				
					R 平方改變量	F 改變	df1	df2	顯著性 F 改變
1	.880ª	.774	.774	$8,121.838	.774	1620.817	1	472	.000
2	.890ᵇ	.792	.791	$7,802.882	.018	40.376	1	471	.000
3	.890ᶜ	.793	.791	$7,806.335	.000	.583	1	470	.445

Anova[d]

模式		平方和	df	平均平方和	F	顯著性
1	迴歸	106916001368.777	1	106916001368.777	1620.817	.000[a]
	殘差	31135124061.511	472	65964245.893		
	總數	138051125430.288	473			
2	迴歸	109374305272.994	2	54687152636.497	898.204	.000[b]
	殘差	28676820157.294	471	60884968.487		
	總數	138051125430.288	473			
3	迴歸	109409859959.249	3	36469953319.750	598.468	.000[c]
	殘差	28641265471.039	470	60938862.704		
	總數	138051125430.288	473			

a. 預測變數:(常數), C_salb 起薪平減

b. 預測變數:(常數), C_salb 起薪平減, C_educ 教育平減

c. 預測變數:(常數), C_salb 起薪平減, C_educ 教育平減, C_Inter 交互作用平減

d. 依變數: salary 目前薪資

係數[a]

模式		未標準化係數		標準化係數	t	顯著性	共線性統計量	
		B 之估計值	標準誤差	Beta 分配			允差	VIF
1	(常數)	34410.213	373.048		92.241	.000		
	C_salb 起薪平減	1.910	.047	.880	40.259	.000	1.000	1.000
2	(常數)	34410.253	358.398		96.011	.000		
	C_salb 起薪平減	1.673	.059	.771	28.411	.000	.599	1.669
	C_educ 教育平減	1021.006	160.681	.172	6.354	.000	.599	1.669
3	(常數)	34410.255	358.557		95.969	.000		
	C_salb 起薪平減	1.614	.097	.744	16.561	.000	.219	4.567
	C_educ 教育平減	1063.639	170.167	.180	6.251	.000	.535	1.871
	C_Inter 交互作用平減	.016	.020	.028	.764	.445	.319	3.132

a. 依變數: salary 目前薪資

【B. 結果說明】

由階層迴歸分析可知，帶有交互作用項的調節迴歸方程式如下：

$$\hat{Y} = 1.614X + 1063.639Z + .016XZ + 34410.255$$

其中交互作用項不顯著，$\Delta R^2 = .000$, ($F\ change_{(1,470)} = .583$，$p = .445$)。從參數估計的結果也可以看到交互作用項的 t 考驗不顯著 ($t = .764$，$p = .445$)。對於兩個主要效果的檢驗則發現，起薪與教育程度對目前薪資的淨解釋力分別為 .771 ($t = 28.411$，$p < .001$) 與 .172 ($t = 6.354$，$p < .001$)，兩者均顯著，表示兩者在控制彼此的效果後，都具有顯著的增量解釋力，分別為 $.771^2 = .5944 = 59.44\%$ 與 $.172^2 = .0296 = 2.96\%$，這兩者相加會小於模式二整體解釋力（.792），就是因為兩個主要

效果之間的共線性被排除掉所致，其百分比為 79.2%−(59.44%+2.96%)=16.8%。

因此，本範例的結果推翻了起薪與教育程度兩個自變數對目前薪資具有交互作用的假設，教育程度對起薪→目前薪資的解釋力（β = .016）沒有顯著的調節作用。但是控制模型成立（R^2 = .792，$F_{(2,471)}$ = 898.204，p < .001），教育程度與起薪各自對目前薪資的解釋力達顯著。控制迴歸方程式如下：

$$\hat{Y} = 1.67X + 1021.006Z + 34410.2533$$

B. 簡單效果檢驗

雖然交互作用未達顯著，基於示範的目的，以下說明如何執行簡單效果檢驗。本範例的調節變數為教育程度，平減後的平均數為 0，標準差為 2.8848（見表 14.1），可計算出條件值如下：

$$CV_{Z_H} = \overline{Z} + 1SD_Z = 2.8848$$
$$CV_{Z_M} = \overline{Z} + 0SD_Z = 0$$
$$CV_{Z_L} = \overline{Z} - 1SD_Z = -2.8848$$

將條件值帶入調節迴歸方程式：

$$\hat{Y} = 1.614X + 1063.639 \times (\pm2.8848) + .016(\pm2.8848)X + 34410.255$$

即可得到條件迴歸方程式，並得以繪製出迴歸線來說明 $X \rightarrow Y$ 的關係是否受到 Z 的調節：

$$\hat{Y}_H = 1.660X + 37478.641$$
$$\hat{Y}_M = 1.614X + 34410.255$$
$$\hat{Y}_L = 1.568X + 31341.869$$

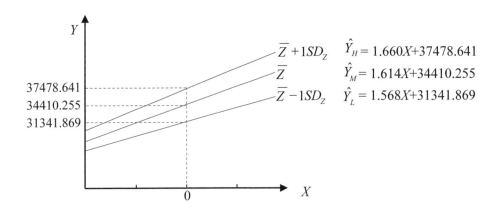

$$\overline{Z} + 1SD_Z \qquad \hat{Y}_H = 1.660X + 37478.641$$

$$\overline{Z} \qquad \hat{Y}_M = 1.614X + 34410.255$$

$$\overline{Z} - 1SD_Z \qquad \hat{Y}_L = 1.568X + 31341.869$$

14.4.1.2 類別調節變數：教育程度與性別對目前薪資的影響
（以性別為調節變數）

【A. 交互作用檢驗與結果報表】

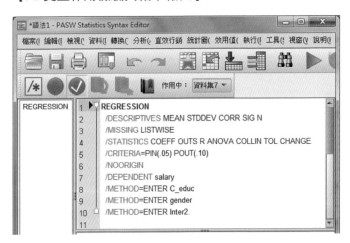

模式摘要

模式	R	R 平方	調過後的 R 平方	估計的標準誤	變更統計量 R 平方改變量	F 改變	df1	df2	顯著性 F 改變
1	.661ª	.436	.435	$12,840.381	.436	365.306	1	472	.000
2	.700ᵇ	.489	.487	$12,234.647	.053	48.894	1	471	.000
3	.724ᶜ	.523	.520	$11,830.955	.034	33.691	1	470	.000

係數[a]

模式		未標準化係數		標準化係數	t	顯著性	共線性統計量	
		B 之估計值	標準誤差	Beta 分配			允差	VIF
1	(常數)	34410.365	589.778		58.345	.000		
	C_educ 教育平減	3911.587	204.656	.661	19.113	.000	1.000	1.000
2	(常數)	29814.785	864.717		34.479	.000		
	C_educ 教育平減	3392.161	208.671	.573	16.256	.000	.873	1.145
	gender 性別虛擬	8443.006	1207.448	.246	6.992	.000	.873	1.145
3	(常數)	27970.279	894.532		31.268	.000		
	C_educ 教育平減	1747.086	347.914	.295	5.022	.000	.294	3.404
	gender 性別虛擬	9504.792	1181.850	.277	8.042	.000	.852	1.173
	Inter2 性別教育交互作用	2478.968	427.085	.326	5.804	.000	.322	3.108

a. 依變數: salary 目前薪資

【B. 簡單效果檢驗與結果報表】

敘述統計

gender 性別虛擬		平均數	標準離差	個數
0 女	salary 目前薪資	$26,011.39	$7,576.522	216
	C_educ 教育平減	-1.121230	2.3191522	216
1 男	salary 目前薪資	$41,441.78	$19,499.214	258
	C_educ 教育平減	.938633	2.9793349	258

模式摘要

gender 性別虛擬	模式	R	R 平方	調過後的 R 平方	估計的標準誤	變更統計量				
						R 平方改變量	F 改變	df1	df2	顯著性 F 改變
0 女	1	.535[a]	.286	.283	$6,417.045	.286	85.715	1	214	.000
1 男	1	.646[a]	.417	.415	$14,918.320	.417	183.064	1	256	.000

a. 預測變數:(常數), C_educ 教育平減

係數[a]

gender 性別虛擬	模式		未標準化係數		標準化係數	t	顯著性
			B 之估計值	標準誤差	Beta 分配		
0 女	1	(常數)	27970.279	485.189		57.648	.000
		C_educ 教育平減	1747.086	188.706	.535	9.258	.000
1 男	1	(常數)	37475.071	973.948		38.478	.000
		C_educ 教育平減	4226.054	312.345	.646	13.530	.000

a. 依變數: salary 目前薪資

【C. 結果說明】

　　由階層迴歸分析可知，性別與教育程度的交互作用項達顯著，$\triangle R^2 = .034$，（F $change_{(1,470)} = 33.691$，$p < .001$）。從參數估計的結果也可以看到交互作用項的 t 考驗顯著（$t = 5.804$，$p < .001$）。此一結果顯示，性別與教育程度彼此會調節對目前薪資的影響。本範例以性別為調節變數，因此結論為：性別對教育程度與目前薪資的解釋具有調節效果，不同性別的員工，教育程度對目前薪資的影響程度不同。

　　事後的簡單效果檢驗發現，在性別的不同水準下，教育程度對目前薪資的解釋力不同：對男性而言，教育程度能解釋目前薪資變異的 41.7%（$F_{(1,256)} = 85.715$，$p < .001$），對女性而言僅有 28.6%（$F_{(1,214)} = 183.064$，$< .001$）。對男性而言，每多讀 1 年書，薪水多了 4226.054 元，對女性而言薪水只增加 1747.086 元，兩者的解釋力分別為男性的 $\beta = .646(t = 13.53, p < .001)$ 與女性的 $\beta = .535(t = 8.258, p < .001)$。以散佈圖來呈現兩者解釋力大小如下圖所示。

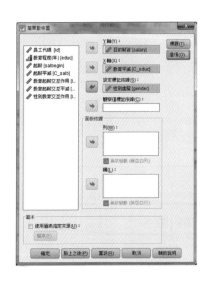
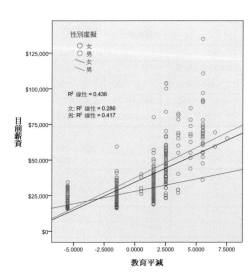

14.5 中介效果與路徑模型分析範例

14.5.1 中介效果分析

延續先前 employee data.sav 的薪資資料範例，本節提出下列幾項假設，構成一個中介效果模式的檢測範例：

H_1：教育程度 X（受教育年數）會影響目前薪資 Y。

H_2：教育程度 X（受教育年數）會影響起薪 Z。

H_3：起薪 Z 會影響目前薪資 Y。

H_4：起薪 Z 為教育程度 X 對目前薪資 Y 的影響的中介變數。

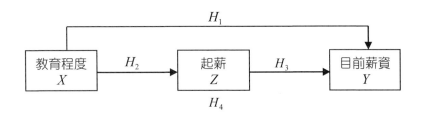

根據 Baron 與 Kenny 的四項判斷原則：

條件一：b_c 估計值必須具統計顯著性。$\hat{Y} = b_C X + a_1$

條件二：b_a 估計值必須具統計顯著性。$\hat{Z} = b_a X + a_2$

條件三：b_b 估計數在控制 b_c 的情形下具統計顯著性。$\hat{Y} = b_C' X + b_b Z + a_3$

條件四：b_c 估計數在控制 b_b 的情形下無統計顯著性。$\hat{Y} = b_C' X + b_b Z + a_3$

A. OLS 迴歸分析與結果

前述四條件僅需要三個迴歸方程式即可估計完畢。在 OLS 迴歸的操作上，可針對 Y 與 Z 進行三次迴歸分析，即可獲得各係數估計數。

【A. 步驟圖示】

【B. 結果報表】

係數ᵃ

模式		未標準化係數		標準化係數	t	顯著性
		B 之估計值	標準誤差	Beta 分配		
1	(常數)	-18363.199	2823.416		-6.504	.000
	educ 教育程度(年)	3911.587	204.656	.661	19.113	.000

a. 依變數: salary 目前薪資

係數ᵃ

模式		未標準化係數		標準化係數	t	顯著性
		B 之估計值	標準誤差	Beta 分配		
1	(常數)	-6290.967	1340.920		-4.692	.000
	educ 教育程度(年)	1727.528	97.197	.633	17.773	.000

a. 依變數: salbegin 起薪

係數ᵃ

模式		未標準化係數		標準化係數		
		B 之估計值	標準誤差	Beta 分配	t	顯著性
1	(常數)	1905.935	889.390		2.143	.033
	salbegin 起薪	1.910	.047	.880	40.259	.000

a. 依變數: salary 目前薪資

係數ᵃ

模式		未標準化係數		標準化係數		
		B 之估計值	標準誤差	Beta 分配	t	顯著性
1	(常數)	-7836.858	1755.291		-4.465	.000
	educ 教育程度(年)	1021.006	160.681	.172	6.354	.000
	salbegin 起薪	1.673	.059	.771	28.411	.000

a. 依變數: salary 目前薪資

【C. 結果說明】

　　三次迴歸分析的 b_a、b_b、b_c、b'_c 係數即可填入路徑圖中。教育程度對目前薪資（β_c = .661, t = 19.11, p < .001）、教育程度對起薪（β_a = .633, t = 17.77, p < .001）、起薪對目前薪資（β_b = .880, t = 40.26, p < .001）均達顯著水準，因此研究假設1至3均成立。但教育程度對目前薪資的解釋力仍達顯著水準（β'_c = .172, t = 6.354, p < .001），因此 Baron 與 Kenny 所定義的完全中介效果不成立。β_c 到 β'_c 明顯降低，.661−.172 = .489，其數值恰好為 β_a 與 β_b 的乘積 .633×.771 = .489，以 Sobel 的公式來進行檢驗亦達顯著水準，因此本範例仍可以宣稱具有部份的中介效果。

$$t = \frac{b_a b_b}{\sqrt{s_{b_b}^2 \hat{b}_a^2 + s_{b_a}^2 \hat{b}_b^2}} = \frac{.633 \times .771}{\sqrt{.027^2 \times .633^2 + .036^2 \times .771^2}} = \frac{.489}{.032} = 15.07$$

14.5.2 路徑分析

路徑分析可以說是中介效果分析的延伸。分析程序是先由研究者依據理論文獻，提出路徑模型，將每一個內生變數視為一個迴歸模型，分別進行分析後加以組合，即可得到路徑分析的結果。本範例 employee data.sav 的完整檔案來進行薪資結構的路徑分析。資料庫中共有 474 位員工的人事與薪資資料，重要變數包括性別（為字串變數，需虛擬化成 {0,1} 的數值變數）、受教育年數、在該公司的年資、先前的工作資歷、是否為少數民族、起薪與目前薪資。根據這些變數，提出一個路徑模型如下：

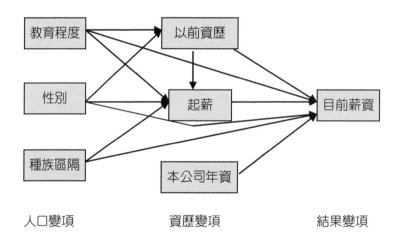

| 人口變項 | 資歷變項 | 結果變項 |

【A. 步驟圖示】

將三個內生變數：目前薪資、起薪、以前資歷分別作為依變數，將各有關的自變數納入迴歸模型進行三次多元迴歸分析，取標準化迴歸係數為路徑係數後，即可完成路徑分析。

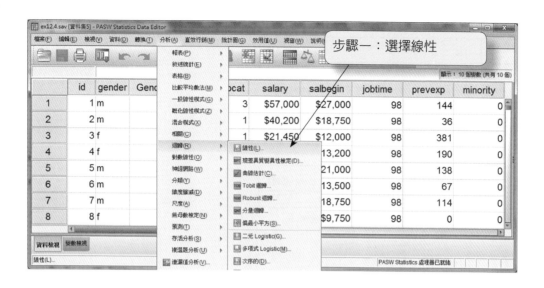

步驟一：選擇線性

進行三次多元迴歸
分別以目前薪資、起薪、以前資歷為依變
數，以同時迴歸法執行三次多元迴歸

【B. 結果輸出】

模式摘要

模式	R	R 平方	調過後的 R 平方	估計的標準誤
1	.903ª	.815	.812	$7,397.678

a. 預測變數:(常數), jobtime 在本公司的年資(月), prevexp 以前的資歷(月), salbegin 起薪, minority 種族區隔, GenderD 性別虛擬, educ 教育程度(年)

模式摘要與檢定
以三個內變數為依變數的
多元迴歸結果模式摘要，
可用來計算估計標準誤

模式摘要

模式	R	R 平方	調過後的 R 平方	估計的標準誤
1	.706ª	.499	.494	$5,596.641

a. 預測變數:(常數), prevexp 以前的資歷(月), minority 種族區隔, GenderD 性別虛擬, educ 教育程度(年)

模式摘要

模式	R	R 平方	調過後的 R 平方	估計的標準誤
1	.371ª	.138	.134	97.310

a. 預測變數:(常數), GenderD 性別虛擬, educ 教育程度(年)

係數ª

模式		未標準化係數		標準化係數	t	顯著性
		B 之估計值	標準誤差	Beta 分配		
1	(常數)	-14478.538	3267.573		-4.431	.000
	educ 教育程度(年)	589.259	166.359	.100	3.542	.000
	GenderD 性別虛擬	2418.777	799.012	.071	3.027	.003
	minority 種族區隔	-1377.447	851.277	-.033	-1.618	.106
	prevexp 以前的資歷(月)	-18.764	3.601	-.115	-5.210	.000
	salbegin 起薪	1.707	.061	.787	27.868	.000
	jobtime 在本公司的年資(月)	156.511	34.048	.092	4.597	.000

a. 依變數: salary 目前薪資

迴歸係數 Beta 係數即為路徑係數（直接效果）

係數ª

模式		未標準化係數		標準化係數	t	顯著性
		B 之估計值	標準誤差	Beta 分配		
1	(常數)	-6935.866	1416.652		-4.896	.000
	educ 教育程度(年)	1574.258	102.343	.577	15.382	.000
	GenderD 性別虛擬	3670.725	578.845	.233	6.341	.000
	minority 種族區隔	-2339.717	634.479	-.123	-3.688	.000
	prevexp 以前的資歷(月)	12.812	2.659	.170	4.818	.000

a. 依變數: salbegin 起薪

係數ª

模式		未標準化係數		標準化係數	t	顯著性
		B 之估計值	標準誤差	Beta 分配		
1	(常數)	236.772	21.572		10.976	.000
	educ 教育程度(年)	-12.913	1.660	-.356	-7.780	.000
	GenderD 性別虛擬	61.181	9.604	.292	6.371	.000

a. 依變數: prevexp 以前的資歷(月)

【C. 結果說明】

以 OLS 多元迴歸功能進行三次多元迴歸得到的結果顯示，三個內生變數能夠有效的被解釋，解釋變異量分別是目前薪資的 .815（$F_{(6,467)} = 342.191, p < .001$）、起薪的 .499（$F_{(4,469)} = 116.615, p < .001$）、以前資歷的 .138（$F_{(2,471)} = 37.69, p < .001$），而起薪與以前資歷扮演了中介變數的角色，教育、性別與種族區隔都可以藉由中介變數間接影響目前薪資。整個模型估計的結果如以下路徑圖所示。

對於各變數的效果分析摘要表列於表 14.2，結果顯示教育程度是對於目前薪資的影響最重要的解釋變數，不僅具有直接效果（.100）也具有多重間接效果，間接效果的總和達 .602，總效果為 .702。如果與原來觀察相關（.661）相比（樣本相關矩陣如下方所示），總效果與觀察相關數值非常接近，但是如果沒有考慮間接效果，僅用直接效果來說明教育程度與目前薪資的關係，會出現明顯低估的現象。

■估計誤差估計：

目前薪資：$R^2 = .815$，$s_e = \sqrt{1 - R^2} = \sqrt{.185} = .430$

起薪：$R^2 = .499$，$s_e = \sqrt{1 - R^2} = \sqrt{.501} = .708$

以前資歷：$R^2 = .138$，$s_e = \sqrt{1 - R^2} = \sqrt{.862} = .928$

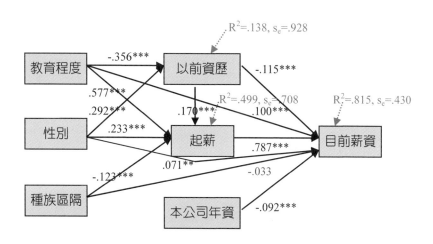

■間接效果與總效果的計算，以教育程度對於目前薪資的效果為例：

直接效果：教育→目前薪資：.100

間接效果 1: 教育→以前資歷→目前薪資：$-.356 \times -.115 = .041$

間接效果 2: 教育→起薪→目前薪資：.577×.787 = .454

間接效果 3: 教育→以前資歷→起薪→目前薪資：−.356×.170×−.115 = .007

總效果 = .100+(.041+.454+.007) = .100+.502 = .602

表 14.2　薪資模型路徑分析各項效果分解說明

自變數		依變數：內生變數		
		以前資歷	起薪	目前薪資
外生變數				
educ 教育程度	直接效果	-.356	.577	.100
	間接效果	-	.061	.602
	總效果	**-.356**	**.638**	**.702**
gender2 性別	直接效果	.292	.233	.071
	間接效果	-	.050	.189
	總效果	**.292**	**.283**	**.260**
minority 種族區隔	直接效果	-	-.123	-.033
	間接效果	-	-	-.097
	總效果	-	**-.123**	**-.130**
jobtiZ 年資	直接效果	-	-	-.092
	間接效果	-	-	-
	總效果	-	-	**-.092**
內生變數				
prevexp 以前資歷	直接效果	-	**.170**	-.115
	間接效果	-	-	.134
	總效果	-	**-.170**	**.021**
salbegin 起薪	直接效果	-	-	.787
	間接效果	-	-	-
	總效果	-	-	**.787**

　　值得注意的是，以前資歷對於目前薪資的影響。以前資歷的直接效果是 −.115，顯示以前資歷越久者薪資越低，但以前資歷會透過起薪間接影響目前薪資，路徑係數（.170×.787 = .134) 為正值，表示以前資歷越久者，起薪越高；起薪越高，則目前薪資越高，間接效果的影響甚至大於直接效果，兩相抵銷之下，總效果仍有 .021。此一結果凸顯了一個問題，即以傳統的迴歸模型來解釋變數關係，無法

偵測出微妙的中介效果（mediation effect）。以本範例的數據顯示，以前資歷的直接效果為負值，顯示以前資歷的多寡對於目前薪資的高低是有害處的；但增加了間接效果之後，總效果成為正值，顯示以前資歷對於薪資是有幫助的。同一個資料庫得到的研究結論恰好相反，顯示當我們使用了不同的分析方法，得到結果會有不同，此時，究竟哪一個結論才是正確的，成為一個學術的羅生門。因此，深入瞭解各種方法的差異與優劣、審慎使用統計方法來分析資料、正確解讀研究的數據，是量化研究方法訓練非常重要的一環。

► 本章重要概念

中介 mediation

中介者 mediator

簡單效果 simple effect

簡單斜率 simple slope

簡單截距 simple intercept

路徑係數 path coefficient

路徑圖 path diagram

路徑模型 causal model

直接效果 direct effect

總效果 total effect

間接效果 indirect effect

調節 moderation

調節者 moderator

調節迴歸 moderated multiple regression

中介效果 mediation effect

部份中介效果 partial mediation effects

結構係數 structural coefficient

結構方程式 structural equation

殘差變異 disturbance

結構方程模式 structural equation

modeling

► 課後習作

一、辯論比賽個人成績（0-10 分）受到經驗因素的影響，網路票選的偏好與個人成績的關係似乎不大，但是性別（女記為 0；男記為 1）的影響力非常詭異。某教授發現經驗與性別放在一起時，對於成績的預測沒有什麼特別之處（如

左圖），但是網路票選與性別放在一起時，對於成績的預測就十分特別（如右圖），原始數據如下，交互作用迴歸的結果亦整理於後。請回答下列問題：

ID	性別 (Z) Gender	經驗 (X_1) Exper	網路票選 (X_2) Internet	個人成績 (Y) Score
1	0	5	7	10
2	0	4	6	7
3	1	6	9	10
4	1	1	4	3
5	1	0	3	3
6	0	2	9	6
7	0	3	5	9
8	1	3	4	7
9	0	3	7	8
平均數	0.44	3.00	6.00	7.00
標準差	0.53	1.87	2.18	2.65

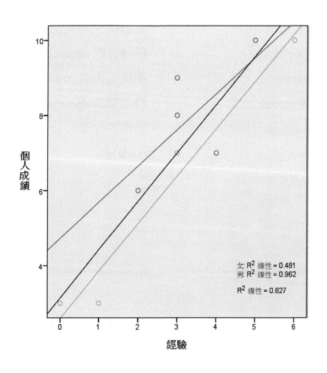

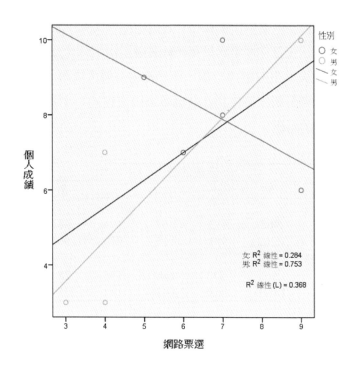

	性別與經驗					性別與網路偏好票選			
	b	Beta	t	p		b	Beta	t	p
(常數)	7.52		15.47	.000	(常數)	7.51		6.81	.000
性別	-1.17	-.233	-1.57	.167	性別	-1.14	-.227	-0.65	.539
經驗	1.20	.850	5.75	.001	網路票選	0.62	.508	1.46	.195
模型一	$R^2 = .877$, F(2,6) = 21.426, $p = .002$					$R^2 = .410$, F(2,6) = 2.086, $p = .205$			
(常數)	7.62		13.90	.000	(常數)	8.45		9.13	.000
性別	-1.23	-.246	-1.54	.184	性別	-1.61	-.321	-1.21	.281
經驗	0.96	.680	1.92	.113	網路票選	-0.57	-.468	-0.95	.386
交互作用	0.30	.186	0.54	.614	交互作用	1.66	1.091	2.35	.066
模型二	$R^2 = .884$, F(3,5) = 12.688, $p = .009$					$R^2 = .719$, F(3,5) = 4.268, $p = .076$			
模型改變	$\Delta R^2 = .007$, Fc(1,5) = .289, $p = .614$					$\Delta R^2 = .309$, Fc(1,5) = 5.501, $p = .066$			

1. 如果把性別視為一個調節變數，那麼兩個散佈圖所反映的調節效果設計誰為自變數，誰為依變數，交互作用為何？請說明之。

2. 對於整理表中的數據，模型一與模型二有哪些自變數？其功能為何？

3. 整理表中的模型改變是什麼意思？其檢驗結果代表什麼？試說明之。

4. 如果 $\alpha = .10$，交互作用是否具有統計意義？

5. 如果將男生與女生的數據分離，進行經驗→個人成績，以及網路偏好→個人成績的迴歸分析，可得到四個簡單迴歸方程式，數據如下，試解釋這些結果所代表的意義。

	參數估計				模型解釋力		
	b	Beta	t	p	R^2	F	p
經驗→個人成績							
女生	.962	.693	1.67	.194	.481	2.78	.194
男生	1.262	.981	7.15	.019	.962	51.07	.019
網路票選→個人成績							
女生	-.568	-.533	-1.09	.355	.284	1.19	.355
男生	1.091	.868	2.47	.132	.753	6.11	.132

6. 請比較經驗→個人成績的迴歸係數，在不區分成男女的總體資料（$N = 9$），以及區分成男（$n = 4$）與女（$n = 5$）之後分離資料，估計得到的結果的差異，並說明這些差異代表什麼意思。

7. 同樣的，請比較網路票選→個人成績的迴歸係數，在不區分成男女的總體資料（$N = 9$），以及區分成男（$n = 4$）與女（$n = 5$）之後分離資料，估計得到的結果的差異，並說明這些差異代表什麼意思。

8. 請試以 SPSS 來獲得表格中的分析數據。

二、辯論比賽個人成績 (0-10 分) 主要受到經驗因素的影響，但是性別可能會影響經驗（例如女生可能比較用功而較少打辯論的經驗），因此，某教授想要檢驗性別→經驗→個人成績的中介關係，迴歸結果整理於後。請回答下列問題：

	參數估計				模型解釋力		
	b	Beta	t	p	R^2	F	p
以個人成績為依變數							
模型一：性別	-2.25	-.448	-1.33	.226	.201	1.76	.226
模型二：經驗	1.29	.909	5.78	< .001	.827	33.35	< .001
模型三：性別	-1.17	-.233	-1.57	.167	.877	21.43	.002
經驗	1.20	.850	5.75	< .001			
以經驗為依變數							
性別	-0.90	-.254	-.639	.510	.064	.48	.510

1. 請問性別、經驗、個人成績三個變數在中介迴歸分析各扮演何種變數的角色？請說明之。

2. 請以繪圖的方式來表現中介迴歸的模型設計與分析結果。

3. 性別變數在模型一與模型三當中的角色有何差異？係數數值的變化代表什麼？請說明之。

4. 請試以 SPSS 來獲得表格中的分析數據。

5. 請比較本大題與前一大題當中，性別所扮演的角色為何？請詳細說明你的想法。

15 無母數檢定：類別資料分析

15.1 前言

自從進入了假設檢定的範圍後，我們始終把焦點放在「連續變數」之上，討論平均數如何比較分析（例如第七章的單樣本與雙樣本平均數檢定、第八章至第十一章的變異數分析），或是共變數如何應用於線性關係的描述與預測（例如第十二章到第十四章的相關與迴歸）。這些統計假設檢定技術或迴歸預測方法的根本，都只是連續變數幾個的基本統計量，平均數、標準差、變異數，然後引入一些自變數來切割平均數，以 t 或 F 檢定來檢驗越來越複雜的平均數結構，或者是引入第二個以上的連續變數，以相關或迴歸來處理複雜的共變數結構，達成預測的目的。我們一心一意處理連續變數，似乎忘了類別變數。

本書對於類別變數的定義，是指利用名義尺度或順序尺度所測量得到的隨機變數，其特徵是變數數值為間斷實數，也就是一類一類或一個等級一個等級，對於樣本進行測量時，每一個類別或每一個等級可能會出現次數一次、兩次或更多次，稱為頻率或**次數**（frequency），將次數除以總數，得到百分比或機率。類別變數的統計量，除了集中量數的「眾數」，或者是變異量數的「全距」以外，就幾乎沒有了，也即使類別變數的數值與次數可以試著計算出平均數與變異數，但是只具有數學的意義而沒有統計的價值，這或許就是類別變數不討人喜歡之處。因為前述介紹的各種假設檢定方法對於類別變數無用武之地。但是，偏偏類別變數卻是我們最容易找到的變數，例如性別、學歷、社經地位、在公司的職務層級、購買哪一牌子的手機、喜歡哪一黨的政見主張、畢業自哪一個學校等等，無一不是類別變數。

前面幾章所介紹的平均數檢定與線性關係分析，因為都是基於對於連續變數的關注，因此有一個共同的特徵，就是統計量的母體分配有特定形狀，服從特定的機率分配，不同的機率分配受到不同參數的影響而決定其型態，例如常態分配有平均數（μ）與變異數（σ^2）兩個參數，到了 t 分配與 F 分配則增加了自由度參數，這些對於母體分配必須假定為特定分配的前提下（多半是常態分配），才能進行考驗的各種檢定，稱為**參數檢定**或**母數檢定**（parametric test）。相對的，如果不需要對母體分配有特定假設就可以進行假設檢定的統計技術，因為不涉及母體參數的估計，因此稱為**非參數檢定**或**無母數檢定**（nonparametric test）。對於俯拾即是的類別變數，無母數檢定就可以大顯身手了！

本章所介紹的無母數方法，著重於最常應用於類別變數的統計檢定，例如次數或百分比與列聯表的**卡方檢定**（chi-square test）。如果類別變數數目很多，則可使用**對數線性模型**（log-linear model）來同時處理多個類別變數間的關係討論。到了下一章，我們則將焦點放置於具有**等級**（rank）特性的類別變數的分析與關聯係數的介紹。

15.2 類別資料的特性與分析策略

15.2.1 類別資料的基本特性

類別資料（categorical data）的分析向來是社會科學領域一個非常基本但是卻容易被人們忽視的部分。所謂非常基本，是因為許多自然情況下的研究資料多是類別資料，例如人口變數當中的性別、居住地區、宗教信仰、家庭型態、教育水準等等；社會變數中的政黨屬性、工作職位、職業類型；醫學上的疾病分類、生物學上的物種分類等等；這些變數多半是以自然的形式存在於人們生活的周遭，很容易被觀察到、或是被蒐集到，由於類別資料反映的是測量對象在本質類型上的差異，而非測量程度與度量其大小的變數，因此多半無法被我們以人為的方式任意定義，而必須就所觀察到的狀況來進行研究，因此可以說是非常原始、直接的測量與分析。

至於類別資料的分析容易被人們所忽視，主要是因為當代應用統計科學的發展，多是因應科學研究的需要。在自然科學典範下（例如物理、化學、生物、醫學），研究議題多與現象的測度（強度高低大小）有關，因此研究變數在本質上都會牽涉到四則運算的分析，因此一方面是研究上的需要，導致以連續性資料分析為主的統計技術快速發展，對於研究人員的養成過程，自然也會強調連續變數的分析。

另一個類別資料比較會被忽視的另一個原因，是基於類別資料本身的限制，因為類別變數的數值通常較少，變數的變異程度較小，所能夠提供的資訊較少，在進行統計推論時，對於估計的基本要素中的充分性較低，因此在推論上的能力不如連續性變數，因此受到重視的程度較少。

　　類別資料可由兩種途徑測得：以名義尺度（nominal scale）所測量得到（稱為名義變數），用以反映不同類型的類別；以及以順序尺度（ordinal scale）所測量得到（稱為順序變數），用以反映不同順序、等級、名次。這兩種變數由於缺乏明確的測度單位，因此變數的數值僅能反映不同的類型，類型之間主要是相同或不同的關係（例如男性與女性的差異、不同民族的受試者），或是能夠反映不同類別的優先順序（但是無法度量差異的程度），例如高階管理者、中階管理者與基層管理者的區別。這種資料的基本特徵是，測得的結果反映不同類型的間斷（discrete）數值，數值間的差距量則沒有統計上的意義。

　　讓我們簡單複習一下前面的描述統計。對於類別變數的整理與呈現，最簡單的方式是次數與百分比。例如某一個班上的學生，男性有 30 人，女性有 20 人，如果把次數除以總人數再乘以 100％，就是百分比（percentage），例如男生 60%，女生 40%。若以小數點形式描述時，各為 .60 與 .40，就是機率（probability）。進一步的，「性別」這個類別變數的次數與百分比（或機率）可以以一個簡單的次數分配表（frequency distribution）或長條圖（bar graph）來表示它的分佈情形。如果要同時描述兩個類別變數的分佈情形時，可利用列聯表（contingent table）來表示，如表 15.1 所示。在第五章介紹機率的概念時，我們就已經詳細介紹列聯表的機率模型，在此不再重述。

　　表 15.1 包含了兩個類別變數各自的次數分配，以及兩個變數共同發生的細格次數分配。其中橫列為「性別」，有男生與女生兩個水準，次數分別為 86 與 90，分別佔 48.9% 與 51.1%；直欄為「學歷」，有四種水準，次數分別為國中小的 28（15.9%）、高中職的 53（30.1%）、大專為 85（48.3%）、研究所為 10（5.7%）。如果從總和欄位的邊際次數來看，就是「性別」與「學歷」兩者的次數分配，轉換成機率後就是兩個間斷機率分配。

表 15.1　某工廠員工的性別與學歷別雙類別變數列聯表

		學歷				總和 $f_{i.}$	機率 $P_{i.}$
---	---	國中 / 小	高中 / 職	大專	研究所		
性別	男	12	28	40	6	86	
		.068	.159	.227	.034		.489
	女	16	25	45	4	90	
		.091	.142	.256	.023		.511
總和	f_j	28	53	85	10	176	
機率	P_j	.159	.301	.483	.057		1.00

15.2.2 類別資料的檢定形式

除了次數分配表及列聯表的呈現，類別資料可進一步以卡方檢定來進行顯著性檢定，針對各細格的次數分佈情形進行考驗，由於細格中的材料是次數，而次數可以轉換成百分比，因此又稱為百分比檢定。茲將類別變數的各種檢定形式介紹於後。

15.2.2.1 適合度檢定

當研究者關心某一個變數是否與某個理論分配或母群分配相符合之時，所進行的統計檢定稱為**適合度檢定**（goodness-of-fit test）。例如某校學生性別的比例是否為 1：1？由於此時考驗的內容僅涉及一個變數，因此適合度檢定可以說是一種單因子考驗（one-way test）。

適合度檢定的目的，在於檢測某單一類別變數（ X ）的實際觀察次數分配與某理論次數分配是否相符。若檢定統計量未達顯著水準，我們稱該樣本在該變數的分佈與該理論母群無異，反之，我們則可說該樣本在該變數的測量上與母體不同，或說它是一個特殊的樣本。

15.2.2.2 獨立性檢定

當研究者想要同時檢測兩個類別變數（ X 與 Y ）之間的關係時，例如某一群人的學歷分佈與性別分佈的關係，此一統計檢定稱為**獨立性檢定**（test of independence），其目的在於檢測從樣本得到的兩個變數的次數分配是否具有相依或獨立。如果兩個類別變數的次數分配沒有特殊交互關係，卡方值不顯著，則稱兩個變數相互獨立；相反的，當兩個類別變數次數分配具有特殊相互作用影響時，卡方值將顯著，則可說此兩個變數不獨立，或具有相依性或相互關聯。

由於 X、Y 兩變數代表兩個不同的測量，各有不同的內容，獨立性檢定必須同時處理雙變數的機率特性，因此可稱之為雙因子考驗。然而，有時 X、Y 兩個變數並非代表兩個不同的概念，例如其中一個變數為研究變數（是否贊成開放賭場），另一個變數為不同母體（不同村里），此時所分析的是不同母體的樣本在某一個研究變數的分佈的同質或異質性，稱為**同質性檢定**（test for homogeneity）。如果代表不同母體的甲乙兩樣本在另一個變數上的分配情形沒有差異，我們稱此兩個母體同質，反之，我們則可說此兩個母體不同質。

同質性檢定可以說是獨立性檢定的一種變化，主要目的在檢定不同人口母體，在某一個變數的反應是否具有顯著差異，但是本質上仍是一種雙因子考驗。前述獨立性檢定應用於同一個母體選取的某一個樣本，在兩個變數之間的關聯情形的考驗，而同質性檢定則是指來自兩個母體的甲乙兩個不同樣本在同一個變數的分佈狀況的檢驗。兩種檢定的原理與分析方法相同。

15.2.2.3 多重列聯表分析

如果今天同時有三個類別變數，要探討其間的關聯性，就必須採取特殊策略，進行**多重列聯表分析**（multiple contingency table analysis）（見 Bohrnstedt & Knoke, 1988），或以對數線性模型來分析。

多重類別變數的分析，最直觀的作法是將其中一個變數作為階層變數或分割變數，分別就分割變數的每一個水準下，另兩個變數所形成的列聯表，來進行比較（作法類似於第九章的多因子 ANOVA 的簡單效果檢驗）。如果是四個以上的類別變數分析，必須有多個分割變數，以列聯表分析十分複雜，一般而言皆避免同時分析過多變數的關係，或必須改用其他統計方法。

以三因子列聯表分析為例，不同性別（男與女）、是否結婚（未婚與已婚）以及生活滿意狀態（刺激、規律或無聊）三個變數關係的討論，可以將性別視為分割變數，分別進行男生與女生的婚姻狀況與生活滿意狀態列聯表分析，此時，男生樣本可以得到一個 2×3 列聯表，女生可以得到另一個 2×3 列聯表，兩個列聯

表各自可以計算各種關聯係數，再加以比較即可。其原理與獨立性檢驗相同。

對於分割變數的不同水準所進行的個別列聯表分析，如果呈現一致性的結果，例如各細格的百分比分佈比例一致，卡方值均不顯著，表示分割變數不會與其他兩個變數存在交互作用，此時可以將各分割水準下的卡方值相加，降階為雙類別變數的卡方檢驗。但是如果各分割水準下的列聯表檢驗結果不同，就必須單獨就個別水準來解釋列聯表的內容。

以多重列聯表的多次卡方檢驗來進行多類別變數關係的探討，主要缺點是缺乏一個客觀指標來同時檢驗變數間的交互關聯，為了解決此一問題，可使用對數線性模型或 G^2 統計法（見 Sokal & Rohlf, 1994; 林清山, 1992），將多個類別變數所形成的細格的次數，以對數轉換的方式，求出線性組合方程式，然後得以就方程式當中的各項效果強度進行統計考驗。其核心概念是將次數比例進行對數化來進行分析，其特點是可以同時處理多個類別變數的關聯分析，並以模型的比較來進行競爭比較分析，一般多在多變量統計中介紹（關於類別變數的對數線性模型或潛在變數模型可參考邱皓政，2008 所著的潛在類別模式一書）。

15.3 類別變數的 χ^2 檢定

類別變數的次數（或換算成百分比）分配特徵若經過統計運算，可進行**卡方檢定**（χ^2 test）。其原理是取各細格的次數與期望次數之間的差異（稱為殘差）進行標準化，再配合卡方分配來進行假設檢定。在下面的章節中，將先介紹殘差分析，再據以說明卡方檢定的原理。

15.3.1 二項分配原理

由於類別資料的分析是透過次數與機率來進行運算，在每一個類別或細格中「是否」出現乙次觀察值，是一種**白努利實驗**（Bernoulli experiment）。如果實施了 N 次白努利隨機實驗，各種可能的組合以隨機變數 X 來表現時，其機率分配為二項分配 $X \sim B(N, \pi)$。類別變數的假設檢定就是基於二項分配原理所進行的顯著性考驗，過程中會牽涉到期望值、殘差與標準化殘差等概念。

15.3.1.1 期望機率與期望次數

二項分配 $X \sim B(N,\pi)$ 中的 π，是指個別樣本點的期望機率，例如丟一個公正銅板的期望機率是 .5。如果某實驗（稱為 A 實驗）基於期望機率 π_1 執行一系列的 N 次嘗試，所得到的隨機變數 X_1 服從二項分配；另一個實驗（稱為 B 實驗）基於另一個期望機率 π_2 執行另一系列的 N 次嘗試，所得到的隨機變數 X_2 也服從二項分配，兩個實驗若為獨立實驗，則兩個二項分配的聯合機率可以利用乘法律相乘得出，而各種事件的期望機率可以利用加法律來相加，得出複雜事件的累積機率。前者稱為**獨立原則**（rule of independence），後者稱為**加成原則**（rule of additivity）。

類別變數的分析就是基於前述二項分配的獨立與加成原則所進行的顯著性考驗。一個完整的單因子分析有 k 個水準，即為 k 系列的白努利實驗，一個完整帶有 $k \times l$ 個細格的二因子分析，就有 $k \times l$ 系列的白努利實驗，每一次實驗都有各自的期望機率 π。多次二項分配的連乘，即為整個單因子分析或二因子分析的期望機率，由期望機率即可導出總嘗試次數為 N 下的各事件期望次數。

基本上，**期望值**（expected value）是指一個隨機變數最可能出現的數值，此一數值在連續變數時最可能是平均數，在類別變數時就是當各水準或各細格最可能出現的分佈狀況。在只有一個類別變數的單因子分析中，k 個水準就等於 k 次系列實驗，各水準的期望機率一般假設為均等，若有二個水準則為 $\pi_1 = \pi_2 = .5$，三個水準則為 $\pi_1 = \pi_2 = \pi_3 = .33$。各水準的**期望次數**（expected frequency; f_e）為總嘗試次數 N 乘以期望機率，亦即 $f_{ei} = N \times \pi_i$，超過三個水準以上的單因子設計期望機率在假設為均等時為 $\pi_i = 1/k$，期望次數為 N/k。然而類別變數不論有幾個水準，期望機率亦可以假設為不均等，由研究者自行指定一個機率值視為某一個理論母體值。

在雙因子的列聯表中，一個細格就是一次系列實驗，兩個因子各自的次數分配稱為邊際分配，各因子的各水準的機率稱為邊際機率（P_i 與 P_j），各邊際機率決定了細格的期望機率。由於邊際機率相乘就是兩因子相互獨立的期望機率（π_{ij}），基於獨立事件的乘法律，各細格的期望機率為聯合機率，亦即 $\pi_{ij} = P_i \times P_j$。換言之，細格期望機率為獨立事件的機率分配，將期望機率乘以總人數就是期望次數（expected frequency; f_e），或以 $\hat{\mu}_{ij}$ 表示，如公式 15-1 所示。

$$\hat{\mu}_{ij} = N\pi_{ij} = NP_{i.}P_{.j} = N \times \frac{n_{i.}}{N} \times \frac{n_{.j}}{N} = \frac{n_{i.} \times n_{.j}}{N} \tag{15-1}$$

公式 15-1 中的 $n_{i.}$ 與 $n_{.j}$ 為邊際次數，除以總次數 N 後即為邊際機率。各細格的期望次數的比例與各邊際次數比例相同。從機率的觀點來看，期望值反映了在特定邊際次數的條件下，兩個變數無關聯時，細格次數在隨機情況下的最可能值，或稱為**最大概似**（maximum likelihood）期望值。

前述表 15.1 的工廠員工的性別與學歷別的二因子列聯表的觀察次數（f_o）、觀察機率（P_{ij}）、期望次數（f_e）與期望機率（π_{ij}）整理於表 15.2。其中，觀察次數（observed frequency, f_o）為實際蒐集得到的數據，細格觀察機率（P_{ij}）則為細格觀察次數除以總觀察次數（176）。以國中小學歷的男性員工為例，實際觀察到 12 位（佔全體的 6.8% = .068），但在兩因子獨立時的期望機率為相對應邊際機率乘積 = .489×.159 = .078，換算成百分比為 7.8%，期望機率乘以總人數得到期望次數為 13.68 位。

表 15.2　某工廠員工的性別與學歷別資料的期望機率與期望值

性別			國中 / 小	高中 / 職	大專	研究所	邊際次數 $n_{i.}$	邊際機率 $P_{i.}$
男	觀察值	f_o	12	28	40	6	86	
		P_{ij}	.068	.159	.227	.034		.489
	期望值	f_e	13.68	25.91	41.57	4.91		
		π_{ij}	.078	.147	.236	.028		
女	觀察值	f_o	16	25	45	4	90	
		P_{ij}	.091	.142	.256	.023		.511
	期望值	f_e	14.30	27.07	43.44	5.13		
		π_{ij}	.081	.154	.247	.029		
邊際次數	n_j		28	53	85	10	176	
邊際機率	$P_{.j}$		.159	.301	.483	.057		1.00

※表頭：學歷

15.3.1.2 殘差

若將實際觀察次數減去期望次數，可得到**殘差**（residual），又稱為 Δ（delta）值，表示觀察到的次數與預期得到的次數之間的落差，如公式 15-2 所示。

$$\Delta_{ij} = f_o - f_e = n_{ij} - \hat{\mu}_{ij} \tag{15-2}$$

在單一類別變數的單因子適合度檢定中，各水準的觀察次數減去期望次數所得到的殘差大小，表示該類別變數的次數分配與期望分配的差距，殘差越大，觀察分配與期望分配的差距越大，相反的，殘差越小表示觀察分配與期望分配的差距越小，殘差為正值時表示觀察次數多於期望次數，殘差為負值時表示觀察次數低於期望次數，當整個因子的各水準殘差絕對值的總和為 0 時，表示該因子的次數分配與期望分配無異，稱為**完全適配**（perfect fit）。

在兩個類別變數的雙因子檢定中，各細格的殘差大小可用來判斷兩個變數的獨立性：當細格殘差越小，表示細格次數分配越接近期望分配，也就是兩變數獨立無關，當細格殘差越大，表示細格次數越不如期望般的出現，也就是兩個變數非獨立無關，而為相依的兩個因子，其事件機率的運算法則為相依事件機率。

藉由殘差的計算來說明期望與觀察的落差，檢驗各水準與細格的變化情形，稱為**殘差分析**（residual analysis）。以表 15.2 的資料為例，可以進一步求得各細格的殘差，如表 15.3 所示。以國中小學歷的男性員工為例，實際觀察到 12 位，但在兩因子獨立時的期望次數為 13.68 位，相減得到 −1.68，表示實際觀察到的次數少於預期，相對之下，高中職學歷的男性員工實際觀察到 28 位，但獨立時的期望次數為 25.91 位，殘差為 2.09，表示實際觀察到的次數高於預期，此一細格之殘差絕對值為八個細格中的最大者，表示這個細格最特別，實際發生的比預期發生的多最多。

表 15.3　某工廠員工的性別與學歷別資料的觀察與期望殘差表

| 性別 | | | 學歷 | | | | 邊際次數 |
			國中 / 小	高中 / 職	大專	研究所	$n_{i.}$
男	觀察次數	f_o	12	28	40	6	86
	期望次數	f_e	13.68	25.91	41.57	4.91	
	殘差	Δ_{ij}	-1.68	2.10	-1.53	1.11	
	標準化殘差	Δ'_{ij}	-0.46	0.41	-0.24	0.50	
	調整後標準化殘差	$adj\Delta'_{ij}$	-0.69	0.69	-0.46	0.73	
女	觀察次數	f_o	16.00	25.00	45.00	4.00	90
	期望次數	f_e	14.30	27.07	43.44	5.13	
	殘差	Δ_{ij}	1.68	-2.10	1.53	-1.11	
	標準化殘差	Δ'_{ij}	0.44	-0.40	0.23	-0.49	
	調整後標準化殘差	$adj\Delta'_{ij}$	0.69	-0.69	0.46	-0.73	
	邊際次數	n_j	28	53	85	10	176

15.3.1.3 標準化殘差

　　不論在單因子或二因子設計，殘差都是一個未標準化的統計量，可用於反映樣本觀察情形與期望情形的落差。如果將殘差轉換成標準化的統計量，計算出**標準化殘差**（standardized residual），以 Δ'_{ij} 表示。一旦有了標準化量數後，即可求取相對應的抽樣分配，利用機率分配來進行顯著性考驗。

　　根據第四章所介紹的標準分數的概念，若要對某一個隨機變數 X 進行標準化，求取 z 分數，就是求取 $(X-\mu)/\sigma$。由於次數分配分析是基於二項分配原理，因此殘差標準化母體平均數與標準差可從二項分配推導之。其次，由於觀察值與殘差值為實驗發生後的結果，其發生機率為抽樣分配，因此 μ 與 σ 需採用抽樣分配的期望值 μ_p 與標準誤 σ_p。根據中央極限定理，二項分配的抽樣分配 μ_p 就是期望次數，如公式 15-3 所示。σ_p 為期望次數開根號，如公式 15-4 所示。

$$\mu_p = E(\overline{X}) = N \times \frac{f_e}{N} = f_e \qquad (15\text{-}3)$$

$$s_p = \hat{\sigma}_p = \sqrt{Var(\overline{X})} = \sqrt{\frac{N\pi(1-\pi)}{N^2}} = \sqrt{\frac{\pi(1-\pi)}{N}} \qquad (15\text{-}4)$$

在最大的期望機率的情形下，$\pi = 1-\pi = .5$ ，公式 15-4 可以簡化為 $s_p = \sqrt{f_e}$ ，亦即二項分配的抽樣標準誤在最大的期望機率的情形下為期望次數的開根號，將殘差除以標準誤，得到**標準化殘差**（standardized residual），以 Δ' 表示，如公式 15-5 所示。

$$\Delta'_{ij} = \frac{n_{ij} - \hat{\mu}_{ij}}{\sqrt{\hat{\mu}_{ij}}} = \frac{f_o - f_e}{\sqrt{f_e}} \qquad (15\text{-}5)$$

當樣本數夠大時，標準化殘差 Δ' 服從標準化常態分配 $\Delta' \sim N(0,1)$，因此可以利用標準化 z 分配的機率密度來決定 Δ' 的統計意義。例如當 Δ' 的絕對值大於臨界值 1.96 時，表示殘差落於抽樣分配的極端 5% 區域內，當 Δ' 的絕對值大於臨界值 2.58 時，表示殘差落於抽樣分配的極端 1% 區域內，也就是觀察次數顯著不同於期望次數，型 I 錯誤率為 .05 或 .01。

表 15.3 列出了各細格殘差與標準化殘差，其中殘差值最大者之高中職學歷的男性，殘差為 2.09，轉換成標準化殘差則為 .041，此一數值遠低於 $\alpha = .05$ 的臨界值 1.96，因此我們無法推翻殘差為 0 的虛無假設，即使這個細格的實際次數比預期次數多，但是僅是一種隨機的差異。

$$\Delta'_{高中職男性} = \frac{f_o - f_e}{\sqrt{f_e}} = \frac{28 - 25.91}{\sqrt{25.91}} = \frac{2.09}{5.09} = 0.41$$

值得注意的是，公式 15-4 是基於最大期望機率令 $\pi = 1-\pi = .5$ 得到的估計式，但是各細格的期望機率通常不會是最大值，隨著邊際機率變動，期望機率會低於 .5，因此為了修正邊際期望值的大小變動而對抽樣誤差產生高估，因此可將標準化殘差以各邊際比率進行調整，得到**調整後標準化殘差**（adjusted standardized residual，以 $adj\Delta'$ 表示），可排除各邊際次數不相等所造成的比較問題，公式如公

式 15-6 所示。由於抽樣誤差縮小，$adj\Delta'$ 的數值會高於標準化殘差。

$$adj\Delta' = \frac{n_{ij} - \hat{\mu}_{ij}}{\sqrt{\hat{\mu}_{ij}(1 - P_{i.})(1 - P_{.j})}} = \frac{f_o - f_e}{\sqrt{f_e(1 - P_{i.})(1 - P_{.j})}} \qquad (15\text{-}6)$$

以高中職學歷的男性為例，殘差為 2.09，標準化殘差為 .041，再以公式 15-6 進行修正後，得到為 $adj\Delta' = .96$，此一數值仍低於 $\alpha = .05$ 的臨界值 1.96，無法推翻殘差為 0 的虛無假設，其它細格都是如此，亦即表 15.3 的所有細格出現機率都符合期望。

$$adj\Delta'_{高中職男性} = \frac{f_o - f_e}{\sqrt{f_e(1 - P_{i.})(1 - P_{i.})}} = \frac{28 - 25.91}{\sqrt{25.91(1 - .489)(1 - .301)}} = \frac{2.09}{3.03} = 0.69$$

15.3.2 χ^2 檢定

15.3.2.1 χ^2 統計量

殘差是各細格次數與期望次數的差距，可視為對於各細格的單獨檢驗，並非對於兩個變數關係的整體考驗（global test）。如果將每一個細格的標準化殘差平方後加總，符合卡方統計量（χ^2 statistic）的定義，如公式 15-7。

$$\chi^2_{(df)} = \sum\sum\Delta'^2 = \sum\sum\frac{(n_{ij} - \hat{\mu}_{ij})^2}{\hat{\mu}_{ij}} = \sum\sum\frac{(f_o - f_e)^2}{f_e} \qquad (15\text{-}7)$$

卡方值的機率變化服從特定自由度的卡方分配，因此可利用卡方值大小來考驗虛無假設的統計意義，決定兩個變數間是獨立（無關聯）還是相依（有關聯），稱為**卡方檢定**（chi-square test; χ^2-test），因為其概念由 Pearson 提出，因此又稱為 Pearson χ^2 檢定。

當各細格的觀察值與期望值的殘差越小，χ^2 值越小，觀察分配與期望分配越接近，兩者適合度越高；相對的，各細格殘差越大時，χ^2 值越大，觀察分配與期望分配越偏離，兩者適合度越低。在單因子設計下，χ^2 值的大小代表某類別變數各水準的觀察數據與期望或理論值的適配程度，因此稱為適合度檢定；在二因子設計時，χ^2 檢定量則是考驗「細格分配」與「假設兩變數為獨立事件時的期望分配」的適合度，如果「適合」的話，表示兩變數確實獨立，如果「不適合」則表示兩變數有關聯，因此又稱為獨立性檢定。不論是哪一種檢定，一旦 χ^2 值大於顯著水準臨界值，或 χ^2 值的尾機率低於 α 水準，$p < \alpha$，結果將拒絕 H_0、接受 H_1，結論是觀察分配與期望分配不適配。

從程序來看，類別變數的適合度檢定應先執行 χ^2 檢定，一旦 χ^2 值達到顯著水準後，再以殘差分析來檢驗各細格的狀況。換句話說，χ^2 檢定為整體考驗，殘差分析為事後考驗。以表 15.3 的範例數據為例，χ^2 值為 1.345，以 χ^2 分配函數轉換得到尾機率 $p = .718$，$p \geq .05$，亦即此一 χ^2 值無法推翻 H_0，性別與學歷別互相獨立無關。χ^2 值計算如下：

$$\chi^2 = \Sigma\Sigma\Delta'^2 = (-.45)^2 + (.41)^2 + (-.24)^2 + ... + (-.49)^2 = 1.345$$

15.3.2.2 χ^2 分配的自由度

由於 χ^2 分配帶有一個自由度參數，顯示在不同自由度的情況下，χ^2 分配的機率關係不同。先前已經提及，類別變數的次數檢定與實施幾次系列的白努利實驗有關，在單因子設計下，一個帶有 k 個水準的類別變數，理論上需要執行 k 個系列的實驗，但是事實上，如果總數不變的情況下，只要 $k-1$ 個水準的次數決定後，最後一組的次數也被決定，換言之，真正具有「自由度」的水準只有 $k-1$ 個，因此單因子 χ^2 檢定的自由度為 $k-1$。例如，如果 $k = 3$ 個水準的實驗總數 $N = 100$，當前兩組分別為 20 與 70 時，第三組必然為 10；當前兩組分別為 10 與 40 時，第三組必然為 50，自由數值有 2 個。

同理，在二因子設計下，一個帶有 k 個水準的類別變數 X 與一個帶有 l 個水準的類別變數 Y，兩個變數各有 $(k-1)$ 與 $(l-1)$ 個自由度，因此 $k \times l$ 聯合機率當中，只有 $(k-1)(l-1)$ 個自由度。以本節範例為例，性別自由度為 $k-1 = 2-1 = 1$，學歷

別自由度為 $l-1 = 4-1 = 3$，因此二因子設計的自由度為 $(k-1)(l-1) = (2-1)(4-1) = 3$，檢定結果寫做 $\chi^2_{(3)} = 1.345$。以 SPSS 執行交叉表分析得到的 χ^2 檢定如表 15.4。

表 15.4 以 SPSS 執行卡方檢定結果

	數值	自由度	漸近顯著性(雙尾)
Pearson卡方	1.345^a	3	.718
概似比	1.349	3	.717
線性對線性的關連	.188	1	.664
有效觀察值的個數	176		

a. 1格 (12.5%) 的預期個數少於 5。 最小的預期個數為 4.89。

值得注意的是，當樣本很小時，以上述 χ^2 檢定量公式所導出的數值僅是一個卡方近似值，而非 χ^2 分配下的真正數值。因此在小樣本時應加以校正，例如**耶茲校正**（Yate's correction for continuity）或**費雪正確機率考驗**（Fisher's exact probability test）。在 SPSS 當中，如果樣本數低於 20 時，自動會出現 Fisher's 正確機率考驗。若牽涉到重複量數時，例如前後測資料，應使用**麥內瑪考驗**（McNemar test）。

如果要進行三個類別變數關係的探討時，無法以二因子設計來「同時」分析三個變數的關聯，一個變通的作法是取其中一個變數作為階層變數或控制變數，分別就控制變數的每一個水準下，另兩個變數所形成的列聯表，來進行比較，稱為**多重列聯表分析**（multiple contingency table analysis），我們將在範例中示範多重列聯表分析的作法。更正式的作法是使用對數線性模型或 G^2 統計法來檢驗多因子的類別變數關聯，以下我們將詳細介紹這種分析方式。

15.4 對數線性模型

類別變數的分析，除了可以利用列聯表來分析細格的次數，另一種方法是將次數轉換成機率，取對數後成為連續性質的變數，再把各因子當作一個變異影響源，利用一般線性模式將各影響源的影響形式以不同的模型來進行分析，稱為**對**

數線性模型（log-linear model）。由於以線性方程式的組合形式可以任意改變，因子數不受限制，因此對數線性模型除了可以利用線性模型來進行多個類別變數的關聯性分析，而且不受制於傳統列聯表一次只能分析兩個類別變數的限制，各影響因子的組合形式也可以依據研究者的需要來安排，因此在模型檢測上十分具有彈性，可以說是類別變數最重要的一種模型分析技術。換言之，單因子與二因子卡方檢定可以說是對數線性模型的特例。

15.4.1 對數線性模型的原理

對數線性模型的主要特色是將次數轉換成機率，作為分析的材料，細格中的次數經機率對數化轉換，計算**勝敗比**（odds），其數值分佈服從**羅吉斯分配**（logistic distribution），機率取對數後為連續隨機變數，作為模型中的依變數，以一般線性模型來分析。亦即將造成依變數（細格次數的機率對數值）發生變異的影響因子拆解成不同的部分：可被自變數（因子）解釋的部分與無法被自變數解釋的部分（誤差）。自變數可以是一個類別變數，也可以是多個類別變數。當自變數在兩個以上，自變數間對於機率對數值的影響可能具有交互作用。當交互作用顯著時，表示兩個類別變數不獨立，當交互作用不顯著時，表示兩個類別變數獨立。對數線性模型就是利用機率取對數的原理，配合變異數分析的概念來進行效果分析。

15.4.1.1 對數線性方程式

對數線性模型的數學方法，是建立一個線性方程式來對於聯合機率對數值進行解釋。但是在基本原理上，對數線性分析仍是採期望次數 $\hat{\mu}$ 與觀察次數之間的適配度作為模型檢驗的依據。利用對數機率值所求出的適合度估計數並非卡方量數，而是 $-2LL$（log-likelihood）值。在一定的條件下，$-2LL$ 數值也服從卡方分配，因此檢定方法仍是卡方檢定。

以 A、B 兩個類別變數的對數線性分析為例。兩個類別變數所構成的 $k×l$ 個細格的期望次數 $\hat{\mu}_{ij}$，可以細格的聯合機率來表示，如公式 15-8 所示。

$$\hat{\mu}_{ij} = \eta \tau_i^A \tau_j^B \tau_{ij}^{AB}$$

（15-8）

公式 15-8 中，η 表示整體期望值，亦即一般線性模式裡面的總平均數，τ_i^A 與 τ_i^B 分別表示兩個類別變數的**主要效果**（main effect）；τ_{ij}^{AB} 表示兩個變數的**交互效果**（interaction effect）。若改為對數形式來表現，則公式 15-8 成為公式 15-9。

$$\ln(\hat{\mu}_{ij}) = \mu + \lambda_i^A + \lambda_j^B + \lambda_{ij}^{AB} \tag{15-9}$$

λ_i^A、λ_j^B、λ_{ij}^{AB} 分別表示 A 變數主要效果、B 變數主要效果、AB 兩變數交互效果，亦即將機率取對數值後，細格期望對數為各效果的對數值總和。公式 15-9 由於包含了與 A 與 B 有關的所有影響源，因此稱為**飽和模型**（saturated model）。如果兩個變數之間獨立無關，不存在 τ_{ij}^{AB} 的影響，則交互作用對數值 λ_{ij}^{AB} 為 0，稱為**獨立模型**（independent model），也就是先前所討論的二因子設計的期望分配。如果兩個變數之間具有關聯，交互作用對數值 λ_{ij}^{AB} 不為 0。各項效果的計算式如公式 15-10、15-11、15-12 所示。值得注意的是，為了符合機率公理，效果強度能夠以機率原理來估計，各效果需有 $\Sigma \lambda_i^A = \Sigma \lambda_j^B = \Sigma \lambda_{ij}^{AB} = 0$ 的限定條件。

$$\lambda_i^A = \ln\left(\frac{\mu_i^A}{\hat{\mu}_i^A}\right) = \ln(\mu_i^A) - \ln(\hat{\mu}_i^A) \tag{15-10}$$

$$\lambda_j^B = \ln\left(\frac{\mu_j^B}{\hat{\mu}_j^B}\right) = \ln(\mu_j^B) - \ln(\hat{\mu}_j^B) \tag{15-11}$$

$$\lambda_{ij}^{AB} = \ln\left(\frac{\mu_{ij}^{AB}}{\hat{\mu}_{ij}^{AB}}\right) = \ln(\mu_{ij}^{AB}) - \ln(\hat{\mu}_{ij}^{AB}) \tag{15-12}$$

表 15.5　某公司 50 位員工職務層級與性別資料的次數與對數值（括弧內數值）

性別	職務階層 職員	中階主管	高階主管	總數
男				
觀察次數	16	4	0	20
（自然對數）	(2.773)	(1.386)	0	(2.996)
期望次數	11.6	4.0	4.4	
（自然對數）	(2.451)	(1.386)	(1.482)	
對數值差	**(.322)**	**(.000)**	**(-1.482)**	
女				
觀察次數	13	6	11	30
（自然對數）	(2.565)	(1.792)	(2.398)	(3.401)
期望次數	17.4	6.0	6.6	
（自然對數）	(2.856)	(1.792)	(1.887)	
對數值差	**(-.292)**	**(.000)**	**(.511)**	
總數	29	10	11	50
（自然對數）	(3.367)	(2.303)	(2.398)	(3.912)

　　以模擬資料為例，表 15.5 列出了性別與職務別的邊緣與細格次數。各次數取自然對數後的數值列於括弧內。期望值反應的是兩個變數沒有關聯時的次數，也就是獨立模型的次數。以「男性職員」細格為例，此一細格的相對應的邊緣次數為 20 與 29（男生 20 人，職員 29 人），此時細格期望值為 $(20×29)÷50 = 11.6$，取自然對數後，數值為 $\ln(11.6) = 2.451$，由於此細格的次數僅決定於邊緣次數與總次數，並沒有交互作用的影響，因此對數線性模型中除了總次數之外，僅有 λ_1^A（A 變數第一個水準的效果：$2.966-3.912$）與 λ_1^B（B 變數第一個水準的效果：$3.367-3.912$）兩個效果項，期望次數的對數線性模型如下：

$$\ln(\hat{\mu}_{11}) = \mu + \lambda_1^A + \lambda_1^B$$
$$= 3.912+(2.966-3.912)+(3.367-3.912)$$
$$= 3.912-.946-.545$$
$$= 2.451$$

若以實際觀察次數來看，「男性職員」細格觀察次數為 16，取對數值為 2.773，比期望次數自然對數值（2.451）多了 2.773−2.451 = .322，造成此細格觀察次數與期望次數具有對數值 .322 差異量的原因，即是因為兩個變數的交互作用在此細格的作用（λ_{11}^{AB}）。觀察次數的對數模式如下：

$$\ln(\mu_{11}) = \mu + \lambda_1^A + \lambda_1^B + \lambda_{11}^{AB}$$
$$= 3.912 - .916 - .545 + .322$$
$$= 2.773$$

若將所有六個細格的對數差異值加總，就是交互作用項（λ_{ij}^{AB}）的效果。對數線性模型就是應用對數加成原理，來計算各項效果的強度，計算出以機率對數值為基礎的適合度統計量，來決定模型的優劣好壞。

15.4.1.3 概似函數卡方值（$-2LL$）

列聯表分析所關注的對象是細格次數，而對數線性模型針對細格次數發生的可能性取對數值來分析，因此整體模型的評估與參數估計，即需以對數化的概似函數（log likelihood function）來進行評估，如果能夠得知函數的機率分配，即可用來進行參數估計與考驗，所求出的參數估計數能夠得到概似函數的最大可能值，稱為**最大概似參數估計量**（maximum likelihood estimator）。

由前述的討論可知，對數線性函數中各效果項的大小主要為觀察次數與期望次數的比值（$\mu/\hat{\mu}$）所表示，如果將此一比值定義為一個概似函數 Λ，Wilks（1935, 1938）發現將此一函數取對數值（$\log\Lambda$）再乘以 (−2) 的數值，當樣本數夠大時，近似於卡方分配，此一量數即為著名的**概似比檢定統計量**（likelihood-ratio test statistic），定義如公式 15-13 所示。

$$-2\log\Lambda = -2LL = -2\log(f_0/f_1) = -2(L_0 - L_1) \tag{15-13}$$

公式 15-13 普遍被稱為 $-2LL$，其中第一個 L 是對數，第二個 L 是概似函數，

L_0 與 L_1 則為兩個對數概似函數，此一數值在樣本數足夠大時服從卡方分配，因此又稱為**對數比卡方統計量**（likelihood-ratio chi-squared statistic）。對於列聯表分析，以細格次數的比值來檢驗變數獨立性時，係求取各細格的觀察次數與期望次數比值，然後對這些比值取對數，再乘上觀察次數，累加後即為 $-2LL$ 值，或稱為 G^2 統計量（G^2 statistic），服從卡方分配，定義如公式 15-14 所示。

$$G^2 = -2LL = 2\sum\sum \mu_{ij} \log\left(\frac{\mu_{ij}}{\hat{\mu}_{ij}}\right) = 2\sum\sum \mu_{ij}(\log \mu_{ij} - \log \hat{\mu}_{ij}) \qquad (15\text{-}14)$$

以範例數據為例，A 與 B 兩變數是否獨立的獨立模型 G^2 統計量計算過程如下：

$$G^2 = 2[16\times.322+0+0+13\times(-.292)+0+11\times.511] = 13.95$$

模型自由度為各變數組數減一相乘：$(k-1)(l-1) = (3-1)(15-1) = 2$。由於自由度為 2 的卡方分配 $\alpha = .05$ 的臨界值為 $\chi^2_{(2,.05)} = 5.9$，G^2 統計量大於臨界值，顯示細格次數顯著不同於期望次數，拒絕變數間具獨立性之虛無假設，兩個變數的交互作用具有統計顯著性。如果以 Pearson's χ^2 檢定量來看，$\chi^2_{(2)} = 10.115$，$p = .006$，以 SPSS 執行得到的卡方檢定結果如表 15.6 所示。

表 15.6　以 SPSS 執行雙類別變數的卡方檢定結果

	數值	自由度	漸近顯著性（雙尾）
Pearson卡方	10.115[a]	2	.006
概似比	13.949	2	.001
線性對線性的關連	9.434	1	.002
有效觀察值的個數	50		

a. 2格 (33.3%) 的預期個數少於 5。最小的預期個數為 4.00。

15.4.2 階層模型與卡方差異檢定

　　一般而言，對數線性模型的分析策略是採取**階層模型**（hierarchical modeling）策略，亦即從飽和模型開始評估適配度，逐一將高階效果移除得到**降階模型**（reduced model），比較不同模型之間的適合度變化。由於降階模型都是比前一個模型減少一個（或一組）影響源，各模型間具有巢套關係，因此可將兩個模型的適合度相減，自由度亦相減得到 Δdf，適合度差異量服從自由度為 Δdf 的卡方分配，此時即可進行**卡方差異檢定**（chi-square difference test）來決定模型間的適配度變化是否具有統計顯著性，來決定所增減的高階效果是否存在統計意義。

　　如果研究者有特定的需要，只想檢視某特定效果，可以任意指定對數線性方程式中的組合，此時稱為**非階層模型**（non-hierarchical model）。例如 $\ln(\hat{\mu}_{ij}) = \mu + \lambda_i^A + \lambda_{ij}^{AB}$ 中只有與 A 變數有關的影響源被納入方程式中，但是 B 變數主要效果則不被納入，成為一個特定的對數線性模型。各種不同的模型雖可被單獨檢驗其適合度，但除非有理論根據或實際需求，否則不應使用此種策略。

　　基本上，對數線性模型可以說是複雜化的列聯表分析，為了使列聯表能夠包含更多的類別變數，或為了使研究者能夠同時分析多個類別變數的關係，統計學者運用了機率論的方法，將次數的比較轉換成機率的比值，取對數後即可還原成線性模型，因而可以利用線性模式來分析複雜的變數關係。但是從本質上來說，對數線性模型也是一種卡方檢定，只是因為使用了機率的對數化處理，得到的統計量不再稱為卡方值，改稱為 G^2 或轉換成 $-2LL$ 數值，在進行考驗時，還是在卡方分配的假定下，進行統計決策，基本原理非常相似。

　　也正因為對數線性模型可以處理多個不同類別變數，因此應用的彈性更加擴大。例如研究者可以指定其中一個變數為依變數，其他變數為自變數，進行類似於迴歸分析的研究，檢驗自變數對於依變數影響力效果，以卡方檢定的術語來說，就是一種有方向性的顯著性卡方檢定，此種帶有自變數與依變數的對數線性模型分析，又稱為**邏輯模型**（logit model）。更進一步地，如果對數線性模型可以仿照迴歸分析來探討變數間的預測關係，那麼就可以延伸到路徑分析（path analysis），建立一個完整的因果預測關係模型，這些都是邏輯模型的應用。

15.5 類別資料檢定的 SPSS 範例說明

15.5.1 適合度考驗：單因子 χ^2 檢定

某教師出了五十題有五個選項的單選題，答案與題數分別如下，請問這位老師是否有特殊的出題偏好？即傾向出某些答案的題目？

答案	A	B	C	D	E
題數	12	14	9	5	10

【A. 操作程序】

步驟一：輸入資料

步驟二：選取 分析 → 無母數檢定 → 卡方

步驟三：選擇欲分析的變數

步驟四：輸入期望值的比值（1,1,1,1,1）

步驟五：進入 選項 設定統計量與遺漏值

步驟六：按 確定 執行

【B. 步驟圖示】

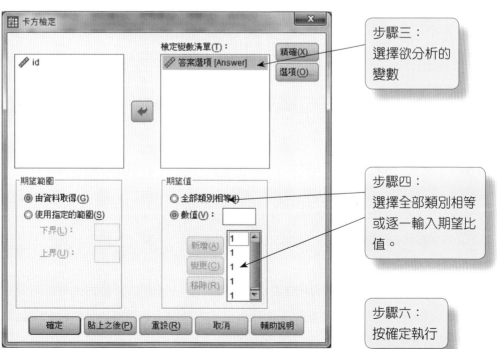

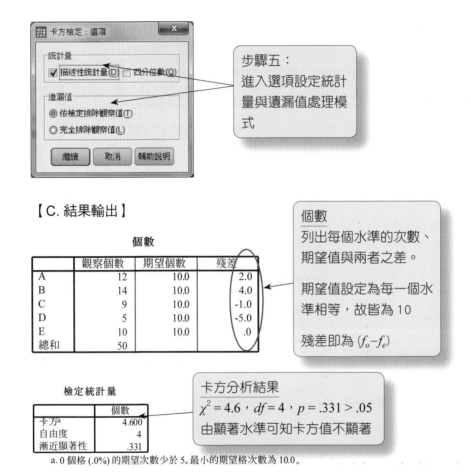

【C. 結果輸出】

個數

個數
列出每個水準的次數、
期望值與兩者之差。

期望值設定為每一個水
準相等，故皆為 10

殘差即為 $(f_o - f_e)$

	觀察個數	期望個數	殘差
A	12	10.0	2.0
B	14	10.0	4.0
C	9	10.0	-1.0
D	5	10.0	-5.0
E	10	10.0	.0
總和	50		

檢定統計量

卡方分析結果
$\chi^2 = 4.6$，$df = 4$，$p = .331 > .05$
由顯著水準可知卡方值不顯著

	個數
卡方[a]	4.600
自由度	4
漸近顯著性	.331

a. 0 個格 (.0%) 的期望次數少於 5。最小的期望格次數為 10.0。

【D. 結果說明】

　　當我們關心某老師的出題是否有特殊偏好，也就是試題的答案 A 至 E 的實際
分配次數是否符合 1:1:1:1:1 的隨機分配，此種統計檢定即為適合度考驗。由報表
可得知 $\chi^2 = 4.6$，$df = 4$，$p = .331 > .05$，顯著水準表示卡方值未達顯著，即接受虛
無假設。由此可知，該老師出題並無特殊偏好。

15.5.2 獨立性檢定

　　一般人普遍認為，不同的社會文化環境下，對於子女的教養方式有所不同，
以下是美國與台灣各 30 個家庭對子女教養方式的數據，是否可以反映社會文化背
景與教養方式間的關係？

變數		教養方式			總和
		民主	威權	放任	
國別	美國	13	7	10	30
	台灣	7	13	10	30
總和		20	20	20	60

【A. 操作程序】

步驟一：輸入資料。

步驟二：選取 分析 → 描述性統計 → 交叉表 ，選擇欲分析的變數。

步驟三：進入 統計量 點選卡方統計量與關聯係數。

步驟四：進入 格 設定細格顯示，例如期望值、殘差、標準化殘差。

步驟五：按 確定 執行

【B. 步驟圖示】

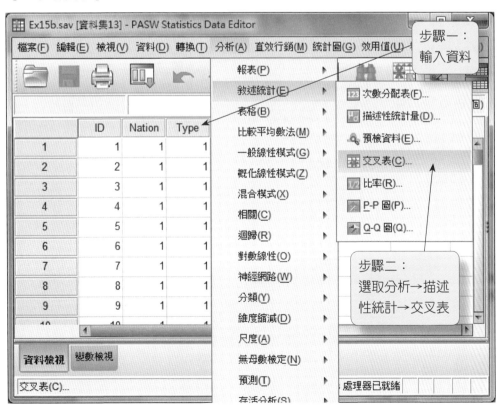

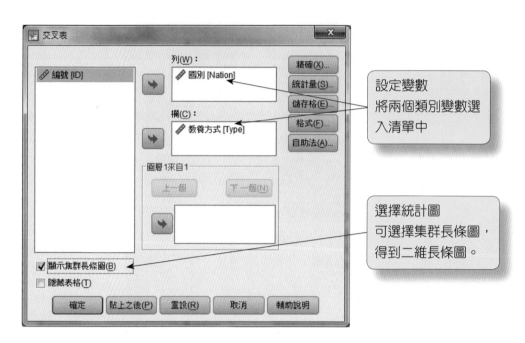

設定變數
將兩個類別變數選
入清單中

選擇統計圖
可選擇集群長條圖,
得到二維長條圖。

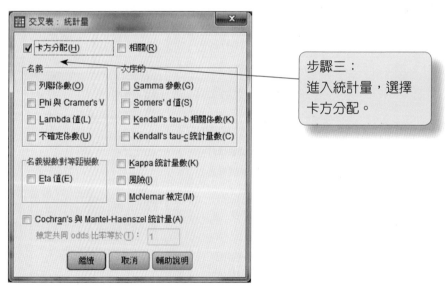

步驟三:
進入統計量,選擇
卡方分配。

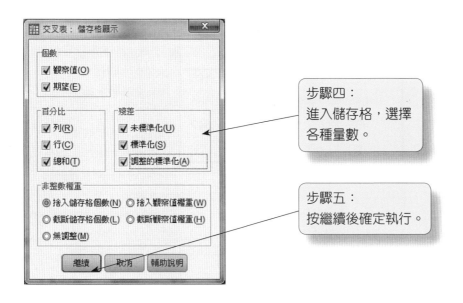

步驟四：
進入儲存格，選擇
各種量數。

步驟五：
按繼續後確定執行。

【C. 結果輸出】

國別 * 教養方式 交叉表

			教養方式			總和
			民主	權威	放任	
國別	美國	個數	13	7	10	30
		期望個數	10.0	10.0	10.0	30.0
		在 國別 之內的	43.3%	23.3%	33.3%	100.0%
		在 教養方式 之內的	65.0%	35.0%	50.0%	50.0%
		整體的 %	21.7%	11.7%	16.7%	50.0%
		殘差	3.0	-3.0	.0	
		標準化殘差	.9	-.9	.0	
		調整後的殘差	1.6	-1.6	.0	
	台灣	個數	7	13	10	30
		期望個數	10.0	10.0	10.0	30.0
		在 國別 之內的	23.3%	43.3%	33.3%	100.0%
		在 教養方式 之內的	35.0%	65.0%	50.0%	50.0%
		整體的 %	11.7%	21.7%	16.7%	50.0%
		殘差	-3.0	3.0	.0	
		標準化殘差	-.9	.9	.0	
		調整後的殘差	-1.6	1.6	.0	
總和		個數	20	20	20	60
		期望個數	20.0	20.0	20.0	60.0
		在 國別 之內的	33.3%	33.3%	33.3%	100.0%
		在 教養方式 之內的	100.0%	100.0%	100.0%	100.0%
		整體的 %	33.3%	33.3%	33.3%	100.0%

交叉表
顯示細格與邊際人
數與各百分比資料

殘差的相關數據可
用來進行殘差分
析。

563

卡方檢定

	數值	自由度	漸近顯著性 (雙尾)
Pearson卡方	3.600ª	2	.165
概似比	3.656	2	.161
線性對線性的關連	.885	1	.347
有效觀察值的個數	60		

a. 0格 (.0%) 的預期個數少於 5。 最小的預期個數為 10.00。

> Pearson 卡方檢定結果
> Pearson 卡方檢定值 =3.6 。顯著性 .165，未達顯著水準。

> 概似比檢定結果
> 亦為卡方檢定。顯著性 .161，也未達顯著水準。

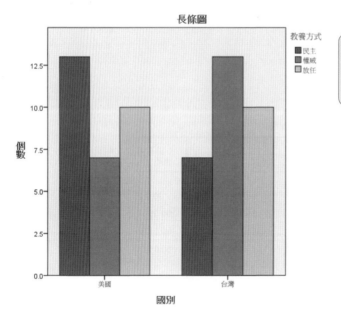

長條圖

> 二維長條圖
> 可顯示各細格人數的消長變化

【D. 結果說明】

　　兩個不同國家的 30 個家庭與其教養方式差異，經過卡方分析顯示，兩個國家的教養方式並無不同，$\chi^2_{(2)} = 3.6$，$p = .165 > .05$。交叉表的資料顯示，美國家庭在三種教養方式的比例為 43.3%:23.3%:33.3%，台灣家庭的比例則為 23.3%:43.3%:33.3%。從殘差來看，各細格的標準化殘差為 .9，調整後為 1.6，均未達 1.96 的臨界數值，表示各細格次數並沒有顯著不同於期望值。

15.5.3 多重列聯表分析

　　某行銷調查公司想了解大學生的手機品牌偏好，隨機找了 72 個大學生，調查其性別、家庭社經水準、以及最喜歡的手機品牌，以探討三個變數的關係。此時可以將性別視為分割變數，分別進行男生與女生的社經地位與手機品牌的 2×3 列聯表分析，或以社經地位為分割變數，分析性別與手機偏好的關係。一般均以人口變數等不易受到其他因素影響的前置變數為分割變數。因此本範例分別以性別與社經地位為分割變數。

社經地位 手機品牌		低社經地位			高社經地位			總和（性別）
		甲	乙	丙	甲	乙	丙	
性別	男	13	2	3	4	12	4	38
	女	9	3	7	8	5	2	34
總和（細格）		22	5	10	12	17	6	
總和（社經地位）		37			35			72
總和（品牌）		34	22	16				

【A. 操作程序】

　　步驟一：輸入資料 (本範例為加權模式輸入法)。

　　步驟二：選取 分析 → 敘述統計 → 交叉表 。

　　步驟三：依序選定列變數、行變數，選擇欲分析的變數。

　　步驟四：分別以不同變數為分割變數。

　　步驟五：進入 統計量 點選卡方統計量。

　　步驟六：進入 儲存格 設定細格顯示的方式。

　　步驟七：按 確定 執行。

【B. 步驟圖示】

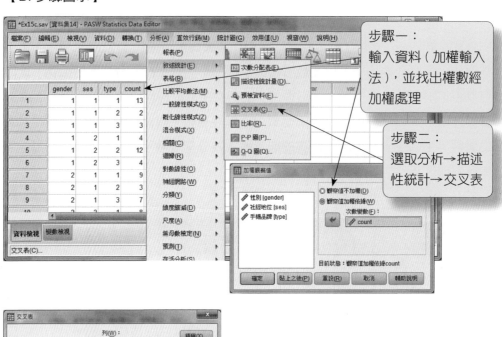

步驟一：
輸入資料（加權輸入法），並找出權數經加權處理

步驟二：
選取分析→描述性統計→交叉表

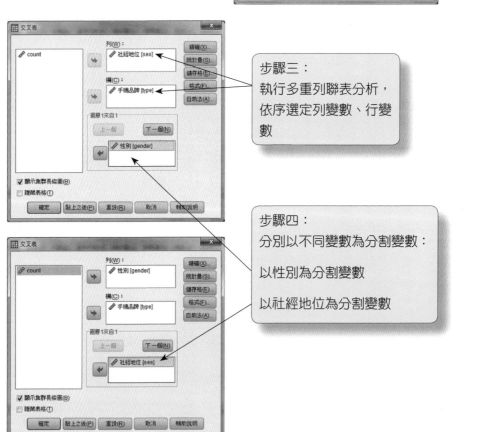

步驟三：
執行多重列聯表分析，依序選定列變數、行變數

步驟四：
分別以不同變數為分割變數：
以性別為分割變數
以社經地位為分割變數

步驟五：
進入統計量，選擇卡方
分配。

■結果報表

(1) 以性別為分割變數

卡方檢定

性別		數值	自由度	漸近顯著性 (雙尾)
男	Pearson卡方	11.978[a]	2	.003
	概似比	12.980	2	.002
	線性對線性的關連	5.063	1	.024
	有效觀察值的個數	38		
女	Pearson卡方	2.906[b]	2	.234
	概似比	3.034	2	.219
	線性對線性的關連	.996	1	.318
	有效觀察值的個數	34		

卡方檢定
依分割變數的兩個水準，
分別進行卡方檢定

男性樣本卡方值達顯著。
女性樣本則不顯著

a. 2格 (33.3%) 的預期個數少於 5。 最小的預期個數為 3.32。

b. 3格 (50.0%) 的預期個數少於 5。 最小的預期個數為 3.53。

(2) 以社經地位為分割變數

卡方檢定

社經地位		數值	自由度	漸近顯著性 (雙尾)
低社經地位	Pearson卡方	2.502[a]	2	.286
	概似比	2.551	2	.279
	線性對線性的關連	2.400	1	.121
	有效觀察值的個數	37		
高社經地位	Pearson卡方	4.255[b]	2	.119
	概似比	4.292	2	.117
	線性對線性的關連	2.747	1	.097
	有效觀察值的個數	35		

卡方檢定
依分割變數的兩個水
準，分別進行卡方檢
定。

高低社經地位者卡方值
均未達顯著，表示不同
SES 下，性別與品牌偏
好無關

a. 3格 (50.0%) 的預期個數少於 5。 最小的預期個數為 2.43。

b. 2格 (33.3%) 的預期個數少於 5。 最小的預期個數為 2.57。

多重列聯表分析可以檢驗三個類別變數的關聯性。在控制變數不同水準下，另兩個類別變數的關係除了描述各自列聯表的內部關聯，還可進行水準間的比較。本範例分別以性別與社經地位為控制變數，得到的檢驗數據整理如表 15.7。

表 15.7 多重列聯表分析之結果摘要

檢 驗 方 式	控制水準	χ^2 值	自由度	顯著性
以性別為控制變數				
	男	11.978	2	.003
	女	2.906	2	.234
以為控制變數				
	低社經	2.502	2	.286
	高社經	4.255	2	.119

對男性而言，社經地位與品牌偏好有顯著關聯，$\chi^2_{(2)} = 11.98$，$p = .003 < .01$，並由交叉表中的百分比資料可知，低社經地位的男性消費者，偏好甲品牌 (72.2%) 多於乙 (11.1%) 與丙 (16.7%)，高社經地位的男性消費者，偏好甲品牌僅為 20%，與丙品牌相同 (20%)，但偏好乙品牌達 60%。對女性而言，社經地位高低與品牌偏好關係不明顯，女性大學生受到社經地位的影響則較小，不論高低社經地位者，均選擇甲品牌，社經地位不影響品牌選擇，$\chi^2_{(2)} = 2.91$，$p = .234$，n.s.。

當設定社經地位為控制變數時，高低不同水準的受試者，性別與品牌偏好皆無顯著不同，低社經地位時，性別與品牌偏好關聯情形的檢定為 $\chi^2_{(2)} = 2.5$，$p = .286$，高社經地位時，性別與品牌偏好關聯情形的檢定為 $\chi^2_{(2)} = 4.26$，$p = .119$，表示性別與品牌偏好無關。

15.5.4 對數線性模型

對數線性模型的範例數據使用前一個範例，操作過程如下。

【A. 操作程序】

步驟一：輸入資料後，選取 分析 → 對數線性 → 模式選擇 。

步驟二：依序設定因子變數並定義範圍，將因子以次數變數（count）加權之。

步驟三：進入 模式 中，保持 飽和模式 。進入 選項 設定各種統計量，如次數分配表、顯示飽和參數估計（列出效果估計值）等。

步驟四：按 確定 執行。

【B. 步驟圖示】

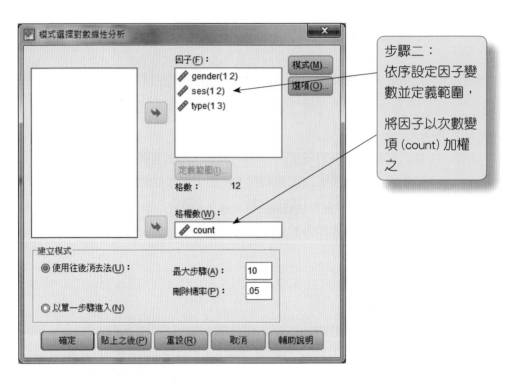

步驟二：
依序設定因子變數並定義範圍，

將因子以次數變項（count）加權之

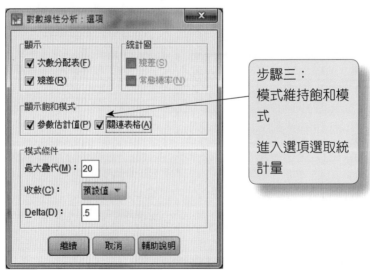

步驟三：
模式維持飽和模式

進入選項選取統計量

【C. 結果輸出】

累積整體效果檢驗
一元及以上整體效果 (K=1) 與二元及以上 (K=2) 整體效果達顯著水準，但是三元 (K=3) 及以上效果未顯著

K次及較高階作用

	K	自由度	概似比		Pearson 值		疊代數量
			卡方統計量	顯著性	卡方統計量	顯著性	
K次及較高階作用[a]	1	11	25.381	.008	26.333	.006	0
	2	7	18.221	.011	18.678	.009	2
	3	2	5.597	.061	5.561	.062	3
K次 作用[b]	1	4	7.159	.128	7.655	.105	0
	2	5	12.624	.027	13.117	.022	0
	3	2	5.597	.061	5.561	.062	0

a. 檢定 K次 及較高階作用都是零。

b. 檢定 K次作用都是零。

各階整體效果檢驗
一元 (K=1) 整體未達顯著，二元 (K=2) 整體效果達顯著，三元 (K=3) 整體效果未達顯著水準

偏關聯

作用	自由度	偏卡方	顯著性	疊代數量
gender*ses	1	.082	.774	2
gender*type	2	1.246	.536	2
ses*type	2	10.417	.005	2
gender	1	.222	.637	2
ses	1	.056	.814	2
type	2	6.881	.032	2

淨關聯強度考驗
品牌主要因素效果與社經地位 * 品牌交互作用達顯著。

參數估計
由 Z 值大於 1.96 可以看出各效果是否顯著。

參數估計值

作用	參數	估計	標準誤差	Z	顯著性	95% 信賴區間	
						下界	上界
gender*ses*type	1	.374	.168	2.223	.026	.044	.703
	2	-.163	.193	-.844	.399	-.541	.215
gender*ses	1	-.127	.132	-.960	.337	-.385	.132
gender*type	1	-.073	.168	-.436	.663	-.403	.256
	2	.119	.193	.617	.537	-.259	.497
ses*type	1	.303	.168	1.802	.072	-.027	.632
	2	-.515	.193	-2.672	.008	-.893	-.137
gender	1	.002	.132	.016	.987	-.257	.261
ses	1	.000	.132	-.003	.998	-.259	.258
type	1	.409	.168	2.434	.015	.080	.738
	2	-.116	.193	-.600	.549	-.493	.262

【D. 結果說明】

對數線性模型的結果支持了上述卡方檢驗與關聯係數比較的結果，並提供整體性考驗數據。其中性別、社經地位與品牌偏好三者間的關聯並不顯著 ($G^2_{(2)}$ = 5.597，p = .0609>.05)，但是與二元模式的加總則有顯著效果 ($G^2_{(7)}$ = 18.221，p = .0110 < .05)，而由二元模式的分析發現，社經地位與品牌偏好之間 G^2 統計達顯著水準，$G^2_{(2)}$ = 10.417，p = < .01，表示兩者具有關聯。也就是說，三元效果本身並不明顯，但是與二元效果一起檢視時，則有顯著效果，顯示性別因子的效果不能忽視，如表 15.8 所示。

表 15.8 對數線性模型分析之結果摘要

檢 驗 模 型	χ^2 值	自由度	顯著性
性別 * 社經地位	.082	1	.7742
性別 * 品牌偏好	1.246	2	.5362
社經 * 品牌偏好	10.417	2	.0055
二元模式整體效果	12.624	5	.0272
性別 * 社經 * 品牌偏好	5.597	2	.0609
性別 * 社經 * 品牌偏好 + 二元模式	18.221	7	.0110
全體模式效果	25.381	11	.0080

　　綜上所述，本範例的結論為男性大學生，受到社經地位高低而有不同的品牌偏好，高社經者選用甲品牌，低社經地位者選用乙品牌。女性大學生受到社經地位的影響則較小，不論高低社經地位者，均選擇甲品牌。而高社經地位者，性別差異的效果較低社經地位者明顯，但是差異並不顯著。

本章重要概念

母數檢定 parametric test

卡方檢定 chi-square test; χ^2-test

適合度檢定 goodness-of-fit test

同質性檢定 test for homogeneity

殘差分析 residual analysis

標準化殘差 standardized residual

勝敗比 odds

羅吉斯分配 logistic distribution

獨立模型 independent model

卡方差異檢定 chi-square difference test

無母數檢定 nonparametric test

對數線性模型 log-linear model

獨立性檢定 test of independence

多重列聯表分析 multiple contingency table analysis

調整後標準化殘差 adjusted standardized residual

飽和模型 saturated model

概似比檢定統計量 likelihood-ratio test statistic

課後習作

一、某網拍公司銷售某一款特殊設計的筆記本，共有紅橙黃綠藍靛紫七色，某月共銷售 140 本，各顏色的銷售量如下：

紅	橙	黃	綠	藍	靛	紫
11	15	14	28	23	25	24

1. 如果老闆想要知道不同顏色的筆記本的銷售狀況是否相當，請回答下列問題：

   (1) 各種顏色的期望值為何？

   (2) 不同顏色筆記本銷售狀況相當的假設的檢定稱為什麼檢定？結果如何？

   (3) 哪一（幾）種顏色的筆記本的銷售最特殊？

2. 如果老闆認為冷色系（綠藍靛紫）應該會比暖色系（紅橙黃）受歡迎，銷售比例應該是 1:2，就是冷色系的四種顏色的銷售數量為暖色系的三種顏色的兩倍，請回答下列問題：

   (1) 各種顏色的期望值為何？

   (2) 不同顏色筆記本銷售狀況是否符合老闆的假設稱為什麼檢定？結果如何？

   (3) 哪一（幾）種顏色的筆記本的銷售最特殊？

二、某網拍公司銷售某一款特殊設計的筆記本，某月共銷售 140 本，冷暖兩色系購買者的性別數據如下：

冷色系		暖色系	
女生	男生	女生	男生
25	15	40	50

1. 請將性別與色系資料整理成列聯表的形式。

2. 消費者對於筆記本顏色的偏好是否有性別差異呢？請回答下列問題：

(1) 消費者對於筆記本顏色的偏好是否有性別差異的檢定稱為什麼檢定？

(2) 各種銷售狀況的期望值為何？

(4) 檢定結果如何？

(5) 哪一種銷售狀況最特別？

3. 如果顏色偏好的性別差異檢驗改以對數線性模型來分析，請回答下列問題：

(1) 各邊際次數的對數值為何？

(2) 各細格次數的對數值為何？

(3) 不包含二階交互作用的對數線性模型為何？

(4) 包含二階交互作用的對數線性模型為何？

(5) 是否包含二階交互作用的概似函數卡方值為何？檢定結果為何？

16 無母數統計：等級資料與關聯分析

16.1 前言

　　無母數統計除了能夠適用於以名義尺度所測得到的類別數據的假設檢定，也可以應用在以順序尺度所測量得到的**等級資料**（rank data）分析。順序尺度與名義尺度的不同之處，在於代表不同水準 1、2、3 等變數數值是否具有順序大小的意義，如果有數值沒有順序關係，那麼這些 1、2、3 等變數數值只能反映「名分上」的不同，沒有任何數學上的意義；相對之下，如果數值具有順序關係，那麼 1、2、3 等變數數值除了反映不同的類型之外，更帶有「等級上」的資訊，因而除了可以用來排列前後順序之外，還提供了更多數學的意涵與運作空間。例如在哪一個「部門」上班只是名義上的不同，但是位居哪一個「職位」就有身價地位的高低差別，因此如果真的要作一選擇，我們當然會挑選職位來進行研究，因為研究起來會更有意思，研究結果會更豐富，當然，代價是要學習比較複雜一點的無母數統計方法。

　　在實務上需要以順序尺度來進行測量，通常是因為測量對象的本身就只有順序的不同而沒有數值上的差異可以評估，例如政府部門的職位頭銜「部長」、「次長」、「科長」、「專門委員」到「職員」等等，就只能比較地位誰高誰低，甚至於在公務人員分成一到十四職等，「職等」的數值看起來似乎可以加減乘除，但是「等」與「等」之間的差異其實「不等」，前面幾等看自己、容易爬，最後幾等則看機緣、難上天，所以這種順序尺度的測量進行加減乘除實在沒意義，這是順序變數的一種來源。

　　另一種會得到順序測量數據的情況，則是因為有時人們會把具有單位尺度、可以四則運算的連續變數「降階」（reduce to）而來。最常見的狀況就是「排名次」（ranking），例如大學推甄除了筆試、口試、還有資料審查，所有的分數加總起來之後雖然會得到一個總分，但是我們總想排個名次看看高低順序如何，用等級資料來進行人員選拔確實比較方便。更簡單的例子是，考試考完後，老師宣布你是第幾名，比起老師宣布你得幾分來得更有「啟發性」，當然，老師先要有分數，才知道你的名次，這種把高階測量尺度降階成低階數據的狀況經常可見，也是我們必須面對順序資料的主因之一。因此，無母數統計所處理的順序類型數據，除了是透過配對比較所得到的大小順序資料之外，通常都與名次有關的等級資料，本章所介紹的無母數統計方法，多半都與等級資料有關。

不論是面對名義水準或等級資料，無母數統計方法挾著不受限於母體分配假設的優勢，對於大小樣本的問題可以從容應付，相依或獨立設計也難不倒它，甚至於一次處理一個或兩個變數，都還小看了它。因此，本章所介紹的無母數統計方法，不僅可以兼顧樣本的大小，可以涵蓋相依樣本與獨立樣本，更可進行雙變數的關聯分析，提供類似於相關係數的關聯係數來進行比較，反映關聯的強度。作為本書的關門章節，本章把這些觀念一網打盡，不僅對於「統計學」有個交代，更不失為「學統計」的完美結局。

16.2 相依樣本的無母數統計方法

本節首先針對具有配對關係的數據的三種不需假設母體分配的**免分配檢定**（distribution free test），包含符號檢定、Wilcoxon 符號等級檢定、Kendall W 檢定，進行介紹。下一節則延伸到獨立樣本數據，討論 Wilcoxon 等級和檢定、Mann-Whitney U 檢定與 Kruskal-Wallis 等級變異數分析等三種方法。

16.2.1 符號檢定

符號檢定（sign test）是一種非常簡便而適用於相依樣本數據的無母數統計方法。其原理是將兩個具有配對關係的隨機變數 X 與 Y 一對一對地依照其相對大小標註其正負號：如果 $x_1 > y_1$ 標示為「＋」，如果 $x_1 < y_1$ 標示為「－」，當所有的配對比對完畢之後，利用機率分配即可進行顯著性考驗，判斷 H_0 是否為真的判定。

16.2.1.1 基於二項分配的符號檢定

符號檢定所使用的機率分配為二項分配，這是因為符號檢定實際所分析的資料是「＋」或「－」符號，當 X 與 Y 兩變數共有 N 個配對比較時，就好比進行了 N 次的白努利嘗試，整個實驗活動結束後，這 N 個「符號」所形成的隨機變數 S，即服從二項分配。此時即可檢定在特定顯著水準 α 下，這 N 次嘗試為樣本的實驗其母體機率 π_S 是否等於某期望機率（理論機率）π_0，統計假設如下：

$$\begin{cases} H_0 : \pi_S = \pi_0 \\ H_1 : \pi_S \neq \pi_0 \end{cases}$$

表 16.1　某班 10 位學生的考試成績與差異符號

	期中考成績 X	期末考成績 Y	差距量 $D = Y-X$	S(Sign)
A01	78	84	+6	+
A02	80	83	+3	+
A03	90	89	−1	−
A04*	90	90	0	
A05	70	78	+8	+
A06	88	89	+1	+
A07	82	82	+5	+
A08	74	84	+10	+
A09	65	78	+13	+
A10	85	80	−5	+
平均數	80.2	83.7	+4	
標準差	8.11	4.22	5.20	

* 表示同等分者，無法標示符號。

舉例來說，如果某研究所有 10 位學生的統計學期中考與期末考成績如表 16.1，將兩個分數相減，如果期末考比較好著標示為「+」，表示有進步；期末考比較差著標示為「−」，表示退步，同分時則無高低差異而不予標示符號（例如 A04），此時有效配對為 $N = 9$，「+」有 7 位、「−」有 2 位，出現「+」的次數為 $S_+ = 7$，機率為 $P_{S+} = 7/9 = .78$，此時即可利用 $N = 9$ 的二項分配，檢定當 $\alpha = .05$ 下，此一樣本次數 S+ = 7 是否為 $\pi_0 = .5$ 母體的一個隨機樣本，亦即 $H_0 : \pi_S = .05$。

符號檢定的關鍵在於須確認檢定所對應的二項分配條件為何。根據前述的討論，得知 $N = 9$，$\pi_0 = .5$，因此我們將採用 $B(9,.5)$ 的二項機率分配來決定樣本次數 $S_+ = 7$ 的雙尾機率是否小於 $\alpha = .05$，$B(9,.5)$ 的二項機率分配列於圖 16.1。

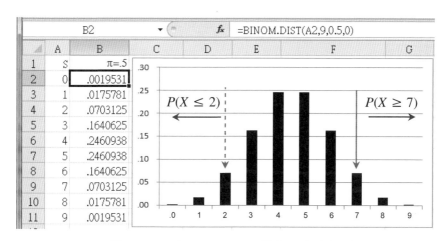

圖 16.1 二項分配 B(9,.5) 機率圖與臨界點

（以 EXCEL 函數 BINOM.DIST 求出）

由於 $B(9,.5)$ 分配的平均數為 $9 \times .5 = 4.5$，而 $S_+ = 7$ 落於平均數的右側，因此如果只是進行單尾檢定（$H_1 : \pi_S > .05$），尾機率只需計算比 $S_+ = 7$ 本身及更極端（更右側）的事件機率 $P(X \geq 7)$。但是如果是如同本範例的雙尾檢定（$H_1 : \pi_S \neq .05$），尾機率除了計算比 $S_+ = 7$ 本身及更右側的事件機率之外，還需計算比 $S_+ = 2$ 本身及更左側 $P(X \leq 2)$ 的事件機率。雙尾機率計算過程如下：

$$P(X \leq 2 \cup X \geq 7) = P(x=0) + P(x=1) + P(x=2) + P(x=7) + P(x=8) + P(x=9)$$
$$= (.00195 + .01752 + .0703) + (.0703 + .01758 + .00195)$$
$$= .08984 + .08984 = .180$$

由於觀察次數 $S_+ = 7$ 的雙尾機率 $p = .180$[或以 EXCEL 的 (1−BINOM.DIST(7,9,.5)) 乘以兩倍求得]，大於 $\alpha = .05$，$p \geq .05$，表示必須保留 $H_0 : \pi_S = .05$，該班學生的兩次成績變動為 + 或 − 的機率確實為 .5。此一結論會有犯下型 II 錯誤的機率 β（成績變動機率不為 .5 但我們卻主張為 .5 的機率，β 機率無法得知）。即使本題改為單尾檢定，尾機率 $p = .089$，仍大於 $\alpha = .05$，結論也未改變。

以 SPSS 執行兩個相依樣本的無母數檢定會得到符號檢定的結果，如下表所示。其中正差異為「＋」的次數，負差異為「−」的次數，等值即為同分者，二項分配 $B(9,.5)$ 下正負差異為 7 與 2 的雙尾尾機率 $p = .180$，由於 $p \geq .05$，結論亦為

保留 H_0，表示兩種符號的出現機率確實為 $\pi = .50$ 的一個隨機樣本。這些結果與我們的推導相同。

次數分配表

		個數
期末成績 - 期中成績	負差異[a]	2
	正差異[b]	7
	等值結[c]	1
	總和	10

a. 期末成績 < 期中成績
b. 期末成績 > 期中成績
c. 期末成績 = 期中成績

檢定統計量[b]

	期末成績 - 期中成績
精確顯著性（雙尾）	.180 [a]

a. 使用二項式分配。
b. 符號檢定

在表 16.1 當中，我們同時列出了兩次成績的平均數與標準差，甚至列出了差異分數的平均數 $\overline{D}$ 與標準差 $s_{\overline{D}}$，因此要執行相依樣本平均數差異 t 檢定並不困難。事實上，表 16.1 的數據就是第七章最後一個 SPSS 實作所使用的範例，檢定結果為 $t_{(9)} = -2.31$，$p = .046 < .05$，拒絕 H_0、接受 H_1，這十名學生的兩次考試成績差異顯著不為 0，期末考成績較期中考為優，但是符號檢定的結果並非如此。

很明顯的，如果使用符號檢定，無需計算平均數、標準差、標準誤等統計量，甚至沒有公式，更不用假設母體是否為特定分配（例如常態分配），因而稱為無母數檢定，實施上雖然比較簡單，但是少了統計學理（例如中央極限定理）的默默支持，當樣本小或是檢定數據很接近顯著或不顯著的決策邊緣時，採用無母數檢定的統計有效性自然沒有母數統計來得高。本節範例當中的數據若同時以符號檢定與相依樣本平均數差異 t 檢定進行考驗，會得到不同的結論，就是一個活生生的例子。

16.2.1.2 基於常態分配的符號檢定

進行符號運算時，如果配對次數大於 10（$N > 10$），可利用常態分配 $N(\mu, \sigma^2)$

來替代二項分配 $B(n,\pi)$，省去查二項分配表的麻煩，更可套用中央極限定理來進行較有統計學理根據的符號檢定，其概念是建基於二項分配的極限分配為常態分配的機率原理之上（參見第五章所討論的內容），因此，當配對比較得到的符號數量越多（N 越大），二項分配越近似常態分配，檢定量 z_S 的公式如 16-1 所示。

$$z_S = \frac{(S_+ \pm .5) - \mu}{\sigma} = \frac{(S_+ \pm .5) - N\pi}{\sqrt{N\pi(1-\pi)}} \tag{16-1}$$

值得注意的是，公式 16-1 當中有一個 .5 的**連續性修正係數**（continuity correction factor），這是因為常態分配是連續機率密度，累積機率是以積分求得，但二項分配是間斷分配，每一個 S 的數值是 1 個整數，因此當 S_+ 在中間值以上時，以常態分配來替代二項分配會少了 $1/2 = .5$，當 S_+ 在中間值以下時則多了 .5，因此要加以補正：當配對得到的 S_+ 次數高於嘗試次數的一半以上，亦即 $S_+ > (N/2)$，求取檢定量 Z_S 需取公式 16-1 中的「$\pm$」的正號，亦即 $S_+ + .5$；當 S_+ 低於嘗試次數 N 的一半，亦即 $S_+ < (N/2)$，公式 16-1 當中的「$\pm$」則取負號，亦即 $S_+ - .5$。

雖然表 16.1 的範例資料樣本數未達 10，不應以常態分配來漸進二項分配，但是為了示範，我們仍以公式 16-1 計算 z_S 檢定量計算，結果如下：

$$z_S = \frac{(S_+ \pm .5) - N\pi}{\sqrt{N\pi(1-\pi)}} = \frac{(7 + .5) - 9 \times .5}{\sqrt{9 \times .5 \times .5}} = \frac{3}{1.5} = 2$$

由於 $z_S = 2$ 之雙尾尾機率 $p = .0455$[以 EXCEL 的 $(1-\text{NORM.DIST}(2,0,1,1)) \times 2$ 求得]，$p < .05$，或因為 $|z_S = 2| \geq |z_{.025} = \pm 1.96|$，檢定量落入拒絕區，結論為拒絕 H_0、接受 H_1，亦即該班學生的兩次成績變動為 + 或 − 的機率不為 .5。此一結果與先前以二項分配為機率分配的檢驗結果相反，反而比較接近以相依樣本 t 檢定的結論，顯見得若能以常態分配來替代二項分配（前提是 N 要大於 10，且越大越好），可以得到更具檢定力的結論，降低犯下型 II 錯誤的可能。

16.2.1.3 利用符號檢定進行中位數假設檢定

在本書的各章當中，尚未介紹任何關於中位數檢定的統計技術。符號檢定基

於運用相依樣本配對比較得到「＋」、「－」符號進而加以檢定的應用彈性，因此可以用來檢驗樣本中位數是否為某母體中位數（Mdn_0）的假設檢定。雙尾假設如下：

$$\begin{cases} H_0 : Mdn_S = Mdn_0 \\ H_1 : Mdn_S \neq Mdn_0 \end{cases}$$

當 N 大於 10 以上，還可利用常態分配來替代二項分配，以檢定量 z_{MdnS} 來進行檢定，公式如 16-2 所示。由於中位數為區隔全體樣本前後 50% 的數值，因此二項分配的母體機率為 $\pi = .5$，因此期望高於或低於母體中位數 Mdn_0 的次數應恰好一半。

$$z_{MdnS} = \frac{(Mdn_{S+} \pm .5) - \mu}{\sigma} = \frac{(S_+ \pm .5) - N\pi}{\sqrt{N\pi(1-\pi)}} \tag{16-2}$$

檢定的方式是先將樣本的 N 筆資料中，高於母體中位數（Mdn_0）者記為「＋」，較低者記為「－」，相同者則捨去。如果「＋」與「－」比例接近或相當，表示樣本中位數與母體中位數相當，如果「＋」與「－」比例懸殊，則「樣本中位數與母體中位數相當的虛無假設就被推翻」。

以前面的例子來說明，如果教授認為合理的期中考中位數應為 84 分，那麼表 16.1 當中的期中考成績是否支持「研究所 10 位學生的期中考成績中位數為 84 分」，虛無假設為 $H_0 : Mdn_S = 84$。首先，由表 16.1 得知有 4 位學生的期中考成績高於 84（分別為 85、88、90、90），標示為「＋」，亦即 $Mdn_{S+} = 4$，此一數值低於 $N/2$，因此若以常態分配來漸進二項分配的 z_{MdnS} 檢定量取 $Mdn_{S+} - .5$，計算結果如下：

$$z_{MdnS期中考} = \frac{(Mdn_{S+} - .5) - \mu}{\sigma} = \frac{(4 - .5) - 10 \times .5}{\sqrt{10 \times .5 \times .5}} = \frac{-1.5}{1.58} = -0.949$$

由於 $|z_{MdnS} - -0.949|$ 小於 1.96，z_{MdnS} 值未落入拒絕區，$p = .3426$[以 EXCEL

的 $(1-\text{NORM.DIST}(.949,1,1))\times2$ 求得]，$p \geq \alpha = .05$，因此結論是保留 H_0，亦即該班學生的期中考成績的中位數與 84 分無異。

如果是問期末考成績的中位數是否為 84？計算過程相似，但是期末考成績有兩位恰好為 84（A01 與 A08），因此實際用於符號檢定的觀察值僅有 8 位，其中 3 位期末考成績高於 84（分別為 89、89、90），另 5 位則低於 84，檢定量計算如下：

$$z_{MdnS\text{期末考}} = \frac{(Mdn_{S+} - .5) - \mu}{\sigma} = \frac{(3 - .5) - 8 \times .5}{\sqrt{8 \times .5 \times .5}} = \frac{-1.5}{1.414} = -1.061$$

z_{MdnS} 檢定量 = -1.061，檢定量亦未落入拒絕區，或求出 $z_{MdnS} = -1.061$ 的雙尾尾機率 $p = .2887$，$p \geq \alpha = .05$，結論為該班學生的期末考中位數與 84 分無異。

再次提醒各位，本範例的觀察次數 N 實在太少，不宜使用 z 檢定來進行符號檢定，應使用二項分配來找出臨界點，進行 H_0 是否成立的檢定。

16.2.2 Wilcoxon 符號等級檢定

在使用前面介紹的符號檢定來檢驗兩個相依隨機變數的差異情形時，較高一方者標示為「＋」、較低一方標示為「－」，這種作法的好處是簡單易懂，但是缺點是沒有充分善用數據所能提供的資訊。尤其是當數據具有高低順序或測量單位時，除了可判斷「＋」與「－」的大小方向，更可將等級資訊納入考量，進行 **Wilcoxon 符號等級檢定**（Wilcoxon signed-rank test），亦即將「＋」與「－」兩符號的次序進行考驗，適用於相依次序變數的無母數檢定。

Wilcoxon 符號等級檢定的主要特色，是將兩相依樣本配對比較得到較強的「＋」者，將其等級資訊加總求得正次序和 R^+；配對比較得到較弱的「－」者，將其等級資訊加總求得負次序和 R^-，然後取 R^+ 與 R^- 兩者中較小者為 T_{obt} 值，將之與臨界值 T_{cv} 相比，若 T_{obt} 值高於 T_{cv}，則保留 $H_0: R^+ = R^-$，表示正負配對次序相同；若 $T_{obt} < T_{cv}$，則拒絕 H_0、接受 H_1，亦即 $H_1 : R^+ \neq R^-$，表示正負配對次序不同。

我們以表 16.1 的數據為例，求取 Wilcoxon's T 的過程如表 16.2 所示。首先，第一步如同符號檢定的作法，將配對樣本兩兩進行比較得到強「＋」與弱「－」符號，然後依據兩者差距的絕對值 $|D|$ 排出等級。如果 $|D|$ 相同時，取中間等級，例如 $|D| = 5$ 有兩個（A07 與 A10），在排列上位居第 4 與 5 兩個等級，因此兩者皆

取 4.5 等級。依照此一原理，分別計算「＋」的等級和 R^+ 與「－」的等級和 R^-，最後取較小的等級和為 T_{obt} 檢定值，與 Wilcoxon T 值表（如表 16.3 所示）所查出的臨界值 T_{cv} 相比，判定是否保留或拒絕 H_0。

以表 16.2 的右側兩欄的等級總和為例，$R^+ = 6$、$R^- = 39$。取較低者為 $R^+ = T_{obt} = 6$，當 $N = 9$、$\alpha = .05$ 時的雙尾檢定 T 臨界值 $T_{cv} = 8$，因為 $T_{obt} = 6 < T_{cv} = 8$，因此拒絕 H_0、接受 H_1：$R^+ \neq R^-$，表示配對後的正負符號等級中位數不為正負配對次序不同。

表 16.2　某班 10 位學生的次序等級的 Wilcoxon 符號等級檢定數據

	期中考成績 X	期末考成績 Y	符號 S	差距 $|D|$	等級 R	R^+	R^-
A01	78	84	－	6	6		6
A02	80	83	－	3	3		3
A03	90	89	＋	1	1.5*	1.5	
A04	90	90					
A05	70	78	－	8	7		7
A06	88	89	－	1	1.5*		1.5
A07	82	82	－	5	4.5*		4.5
A08	74	84	－	10	8		8
A09	65	78	－	13	9		9
A10	85	80	＋	5	4.5*	4.5	
加總						6	39
平均						3	5.57

＊表示同等級取平均等級者。

表 16.3　$N < 20$ 的 Wilcoxon's T 值表

	$2\alpha = .15$	.10	.05	.04	.03	.02	.01
N	$\alpha = .075$	.05	.025	.02	.015	.01	.005
4	0						
5	1	0					
6	2	2	0	0			
7	4	3	2	1	0	0	
8	7	5	3	3	2	1	0
9	9	8	5	5	4	3	1
10	12	10	8	7	6	5	3
11	16	13	10	9	8	7	5
12	19	17	13	12	11	9	7
13	24	21	17	16	14	12	9
14	28	25	21	19	18	15	12
15	33	30	25	23	21	19	15
16	39	35	29	28	26	23	19
17	45	41	34	33	30	27	23
18	51	47	40	38	35	32	27
19	58	53	46	43	41	37	32
20	65	60	52	50	47	43	37

同樣的，在小樣本情形下，符號等級檢驗必須使用 Wilcoxon's T 表來找出臨界值，如果沒有表 16.3 時無法進行考驗，實施上頗為不便。所幸當一般在 $N \geq 15$ 時，T 統計量即可由常態分配來替代其機率分配，因此可以如同前述符號檢定的策略，使用標準常態分配 z 檢定來進行考驗，公式如 16-3 所示。其中 N 為配對觀察數，T_{obt} 取 R^+ 或 R^- 較小的等級和。

$$z_{MdnS} = \frac{T_{obt} - \mu_T}{\sigma_T} = \frac{T_{obt} - \dfrac{N(N+1)}{4}}{\sqrt{\dfrac{N(N+1)(2N+1)}{24}}} \qquad (16\text{-}3)$$

以前述的期中考與期末考配對成績為例，計算得出 $z = 1.958$，$p = .0502$，略微低於 1.96 的臨界值，$p \geq .05$，因此保留 H_0，亦即此一配對樣本的符號等級相當。雖然結論已經與前面的符號等級結論一樣，都是保留 H_0，但是尾機率已經接近顯著水準。

$$z_{MdnS} = \frac{6 - (9 \times 10) / 4}{\sqrt{\dfrac{9 \times 10 \times 19}{24}}} = \frac{-16.5}{\sqrt{71.25}} = \frac{-16.5}{8.44} = 1.958$$

以 SPSS 執行兩個相依樣本的無母數檢定會得到 Wilcoxon 符號等級檢定結果，如下表所示，與我們的計算結果相同。

等級

		個數	等級平均數	等級總和
期末成績 - 期中成績	負等級	2[a]	3.00	6.00
	正等級	7[b]	5.57	39.00
	等值結	1[c]		
	總和	10		

a. 期末成績 < 期中成績
b. 期末成績 > 期中成績
c. 期末成績 = 期中成績

檢定統計量[b]

	期末成績 - 期中成績
Z 檢定	- 1.958 [a]
漸近顯著性（雙尾）	.050 2

a. 以負等級為基礎。
b. Wilcoxon　符號等級檢定

16.2.3 Kendall's W 檢定

前面兩種檢定只能使用在兩個相依樣本的無母數檢定，對於超過三個以上的相依樣本的無母數檢定，最常見為 Kendall's W 檢定。在 SPSS 軟體也提供 Friedman 檢定與 Cochran's Q 檢定兩種類似的檢定方法，以下僅就 Kendall's W 檢定加以介紹。

16.2.3.1 W 係數的估計

Kendall's W 檢定所使用的 W 檢定量為一介於 0 至 1 的係數，適用於三組以上的配對樣本的等級一致性檢定，例如有 K 位口試委員替 N 位考生進行評定，因此廣泛用於測驗考試作為**評分者間信度**（inter-rater reliability）的指標，又稱為 Kendall 和諧係數（Kendall's coefficient of concordance）。W 檢定量如 16-4 所示。

$$W = \frac{S}{\dfrac{K^2(N^3 - N)}{12}} = \frac{\Sigma(R_i - \overline{R})^2}{\dfrac{K^2(N^3 - N)}{12}} \tag{16-4}$$

公式 16-4 中，$S = \Sigma(R_i - \overline{R})^2$，亦即為每一組包含 K 次配對的等級總和（R_i）的離均差平方和。$\overline{R} = K(N+1)/2$。分母 $[K^2(N^3-N)]/12$ 是基於均勻分配下的變異數，反映了 K 次配對完全一致的最大可能值。當 K 次配對一致性越高時，$\Sigma(R_i - \overline{R})^2$ 近似均勻分配的離散性，此時 W 係數越接近 1；相對的，當 K 個配對的等級一致性越低時，$\Sigma(R_i - \overline{R})^2$ 越接近 0，W 係數亦越接近 0。

表 16.4　三位委員對於 10 位考生的口試評分模擬數據

	A 委員 X_A	B 委員 X_B	C 委員 X_C	A 委員 R_A	B 委員 R_B	C 委員 R_C	加總 R_i	$(R_i - \overline{R})^2$
A01	78	84	90	4.0	5.5[*3]	6.5[*2]	16	0.25
A02	80	83	85	5.0	4.0	4.0[*1]	13	12.25
A03	90	89	95	9.5[*1]	8.5[*2]	9.5[*3]	27.5	121.00
A04	90	90	95	9.5[*1]	10.0	9.5[*3]	29	156.25
A05	70	78	80	2.0	1.5[*1]	2.0	5.5	121.00
A06	88	89	90	8.0	8.5[*2]	6.5[*2]	23	42.25
A07	82	87	92	6.0	7.0	8.0	21	20.25
A08	74	84	85	3.0	5.5[*3]	4.0[*1]	12.5	16.00
A09	65	78	70	1.0	1.5[*1]	1.0	3.5	169.00
A10	85	80	85	7.0	3.0	4.0[*1]	14	6.25
加總								664.50

[*1] 表示同等級取平均等級者的次數。

現以一個三位委員（$K = 3$）對於 10 位考生（$N = 10$）的口試評分資料為例，如表 16.4 所示。這些委員對於學生評鑑等級的一致性，以公式 16-4 計算得到 $W = .895$。係數數值接近 .90，以相關係數的概念來看，是一個非常高度關聯的係數值，表示三位委員的評分等級一致性非常高。

$$W = \frac{\Sigma(R_i - \overline{R})^2}{\dfrac{K^2(N^3 - N)}{12}} = \frac{664.5}{\dfrac{3^2(10^3 - 10)}{12}} = \frac{664.5}{742.5} = .895$$

16.2.3.2 同級修正 W' 係數

當評分者對於 N 位受評者進行評估時，若有同等級的狀況時，需在公式中增加一個校正量，求取同級修正的 W' 係數，如公式 16-5 所示。

$$W' = \frac{S}{\dfrac{K^2(N^3 - N)}{12} - T'} = \frac{\Sigma(R_i - \overline{R})^2}{\dfrac{K^2(N^3 - N)}{12} - \dfrac{K[\Sigma(t^3 - t)]}{12}} \qquad （16-5）$$

校正量 T' 必須分別計算 K 個樣本下，各自有幾組同等級的狀況，每一組同等級時有 t 個觀察值為同級。以表 16.4 的 C 委員為例，總計發生 3 次同級評定：4.0 有三個，6.5 有兩個，9.5 也有兩個。三個委員的修正量計算如下：

$$T_A = (2^3 - 2) = 6$$
$$T_B = (2^3 - 2) + (2^3 - 2) + (2^3 - 2) = 18$$
$$T_C = (3^3 - 3) + (2^3 - 2) + (2^3 - 2) = 36$$

$$T' = \frac{K\Sigma T}{12} = \frac{K[\Sigma(t^3 - t)]}{12} = \frac{3[T_A + T_B + T_C]}{12} = \frac{3 \times [6 + 18 + 36]}{12} = \frac{3 \times 60}{12} = 15$$

將三位評分者出現同等級評定的修正量計算出來後，即可計算同級修正 $W' = .913$，由係數值比修正前更高，顯示同級修正可以調整因為同級所造成的低估，修正後三位委員的評分等級一致性更趨一致。

$$W' = \frac{664.5}{742.5 - 15} = .913$$

16.2.3.3 W 係數的卡方檢定

在 N 夠大的情況下，W 係數服從自由度為 $N-1$ 的卡方分配，因此可以利用卡方檢定來檢驗 W 係數是否為 0 的 $H_0 : W = 0$ 顯著性。公式如 16-6 所示。

$$\chi^2_{(df = N-1)} = K(N-1)W \tag{16-6}$$

以 $W = .895$ 計算得到 $\chi^2_{(9)} = 3 \times (10-1) \times .895 = 24.17$，尾機率 $p = .0004$[以 EXCEL 的 CHISQ.DIST.RT(24.17,9) 函數求得]，$p < .05$。若以同級修正 $W' = .913$ 得到 $\chi^2_{(9)} = 24.66$，尾機率 $p = .0034$，亦為 $p < .05$，結論均為拒絕 H_0、接受 H_1，表示 W 係數顯著不為 0。以 SPSS 的無母數檢定得到結果得到修正係數 $W' = .913$，$\chi^2_{(9)} = 24.66$，與我們計算的結果一致。

檢定統計量

個數	3
Kendall's W　檢定[a]	.913
卡方	24.662
自由度	9
漸近顯著性	.003

a. Kendall　和諧係數

16.3 獨立樣本的無母數統計方法

16.3.1 Wilcoxon 等級和檢定

前面的無母數檢定是在討論兩個相依樣本的配對情形。如果是針對兩個獨立樣本數據，前述配對比較的原則就無法使用，Wilcoxon 另外發展一種可以用來檢驗獨立樣本等級差異的無母數檢定，稱為 Wilcoxon **等級和檢定**（Wilcoxon rank-sum test）。

等級和檢定的排序方式，是將兩組獨立觀察值全部合併一起加以排序，同等級者取中間等級，再分別由原來的兩個組分別進行等級加總，得到兩個樣本等級和 R^X 與 R^Y，取等級和較小者為效果值 W，即可以 z 檢定來考驗 $H_0: R_1 = R_2$，亦即兩個獨立樣本中的等級總和是否相當，檢定公式如 16-7 所示。其中 n_1 與 n_2 為兩個獨立樣本的觀察值個數，兩者不一定要相等。

$$z_W = \frac{W - \mu_W}{\sigma_W} = \frac{W - \dfrac{n_1(n_1 + n_2 + 1)}{2}}{\sqrt{\dfrac{n_1 n_2(n_1 + n_2 + 1)}{12}}} \tag{16-7}$$

為了進行示範，我們試著將表 16.1 的數據直接改成獨立樣本的兩組數據，如表 16.5 所示。其中 X 為男生成績、Y 為女生成績，將 20 筆資料全部混合在一起排出等級之後，分別求出男生等級和 $R^X = 95$ 與女生等級和 $R^Y = 115$，其中 $R^X = 95$ 等級和較小，計算得到 z 檢定量為 -0.76。

$$z_W = \frac{W_{obt} - \dfrac{n_1(n_1 + n_2 + 1)}{2}}{\sqrt{\dfrac{n_1 n_2(n_1 + n_2 + 1)}{12}}} = \frac{95 - 10 \times 21/2}{\sqrt{\dfrac{10 \times 10 \times 21}{12}}} = \frac{-10}{13.23} = -0.76$$

表 16.5　某班 20 位學生的次序等級的 Wilcoxon 符號等級檢定數據

男生成績 X	女生成績 Y	男生等級 R^X	女生等級 R^Y
78	84	5*	12.5*
80	83	7.5*	11
90	89	19*	16.5*
90	90	19*	19*
70	78	2	5*
88	89	15	16.5*
82	82	9.5*	9.5*
74	84	3	12.5
65	78	1	5*
85	80	14	7.5
	總和	95	115
	平均	9.5	11.5

* 表示同等級者取平均等級者。

　　由 於 $z = -0.76$ 的 雙 尾 尾 機 率 $p = .448$[以 EXCEL 的 (1−NORM. DIST(.76,0,1,1))×2 求得]，$p \geq \alpha = .05$，結論為保留 H_0，亦即男生與女生的成績等級並沒有差異，兩者母體狀態相當。以 SPSS 執行兩個獨立樣本無母數檢定，會得到 Wilcoxon 等級和檢定的結果，如下表所示，$W = 95$，$z = -.759$，$p = .448$，與我們所計算的結果相同。

檢定統計量

	Score
Mann Whitney U 統計量	40.000
Wilcoxon W 統計量	95.000
Z 檢定	−.759
漸近顯著性（雙尾）	.448
精確顯著性 [2*(單尾顯著性)]	.481 [a]

16.3.2 Mann-Whitney U 檢定

Mann 與 Whitney 兩位學者曾經提出一個與 Wilcoxon 等級和檢定相類似的無母數檢定方法，用來檢驗兩個獨立樣本的等級是否相當。其對於兩個獨立樣本下的觀察值排序及加總方式與 Wilcoxon 等級和檢定相同，所不同的是對於兩組等級總和 R_1 與 R_2 各計算出一個 U_1 與 U_2 統計量，也是取較小者作為檢定量，配合 U 分配表的尾機率值來判定 H_0 是否成立。

當樣本很小時，例如兩組人數均低於 10 人時，U 統計量的計算式如公式 16-8 與 16-9 所示。以範例數據代入得到 $U_1 = 40$ 與 $U_2 = 60$。

$$U_1 = n_1 n_2 + \frac{n_1(n_1+1)}{2} - R_1 = 10 \times 10 + \frac{10(10+1)}{2} - 95 = 40 \qquad (16\text{-}8)$$

$$U_2 = n_1 n_2 + \frac{n_2(n_2+1)}{2} - R_2 = 10 \times 10 + \frac{10(10+1)}{2} - 115 = 60 \qquad (16\text{-}9)$$

如果手中有 U 分配尾機率對照表，可以找出當 $n_1 = 10$、$n_2 = 10$、$U_1 = 40$ 的單尾尾機率為 .2406，雙尾尾機率為 .4812，由於 $p > .05$，因此保留 H_0，亦即男生與女生的成績等級並沒有差異。

同樣的，如果手中沒有 U 分配機率表，實難執行 U 檢定，所幸當各組樣本 $\geq$ 10 時，U 統計量可以常態分配來漸進其機率值，因此可以標準常態 z 分配下的 z 檢定來進行考驗。公式如 16-10 所示。

$$z_U = \frac{U_{obt} - \mu_U}{\sigma_U} = \frac{U_{obt} - \dfrac{n_1 \times n_2}{2}}{\sqrt{\dfrac{n_1 n_2 (n_1 + n_2 + 1)}{12}}} \qquad (16\text{-}10)$$

以範例的數據來計算得到的結果與 Wilcoxon 等級和檢定完全相同，兩者可以視為相同的檢定。以 SPSS 執行兩個獨立樣本無母數檢定，會得到 Mann-Whitney

U 檢定的結果，如前節的報表，$U = 40$，$z = -.759$，$p = .448$，與我們所計算的結果相同。

$$z_U = \frac{U_{obt} - \frac{n_1 \times n_2}{2}}{\sqrt{\frac{n_1 n_2 (n_1 + n_2 + 1)}{12}}} = \frac{40 - 10 \times 10 / 2}{\sqrt{\frac{10 \times 10 \times 21}{12}}} = \frac{-10}{13.23} = -0.76$$

16.3.3 Kruskal-Wallis 等級變異數分析

前面所介紹等級檢定均為兩組樣本的等級比較，如果是三個或三個以上獨立樣本等級比較的無母數檢定，則可使用 Kruskal-Wallis 所提出的**等級變異數分析**（analysis of variance by ranks），又稱為 H 檢定。其假設檢定過程與第九章介紹的單因子變異數分析無異，所不同的是使用了等級數據而非樣本平均數。而各獨立樣本下的等級排定方式則與前一節介紹的 Wilcoxon 等級總和檢定相同。

Kruskal-Wallis 等級變異數分析的檢定量是依照公式 16-11 求取 H 檢定量，H 檢定量服從 χ^2 分配，因此可以利用 χ^2 檢定來判斷各組等級是否相當 $H_0 : R_j = R_0$。

$$H = \frac{12}{N(N+1)}\left[\frac{(\Sigma R_1)^2}{n_1} + \frac{(\Sigma R_2)^2}{n_2} + \frac{(\Sigma R_3)^2}{n_3}\right] - 3(N+1) \qquad (16\text{-}11)$$

為了示範 Kruskal-Wallis 等級變異數分析的作法，我們將表 16.4 的數據增加一組成績成為表 16.6，此時有 A、B、C 三個班學生的成績，樣本數分別為 10、10、12，總樣本數 $N = 32$，因此分數最低者等級為 1，分數最高者等級為 32，全體 32 位學生等級排定之後，在分就三個組別分別計算等級總和 ΣR_1、ΣR_2、ΣR_3，其數值分別為 162、196.5、169.5。代入公式 16-11，得到 $H = 1.91$，自由度為 $k-1 = 2$。

$$H = \frac{12}{32(32+1)}\left[\frac{(162)^2}{10} + \frac{(196.5)^2}{10} + \frac{(169.5)^2}{12}\right] - 3(32+1) = .011[8879.8] - 99$$
$$= 1.91$$

表 16.6 三個班級 32 位學生的原始成績與等級數據

A 班成績 Y_1	B 班成績 Y_2	C 班成績 Y_3	A 班等級 R_1	B 班等級 R_2	C 班等級 R_3
78	84	65	11*	21*	1.5*
80	83	84	14*	19	21*
90	89	81	29*	26.5*	16
90	90	92	29*	29*	32
70	78	66	4.5*	11*	3
88	89	70	25	26.5*	4.5*
82	82	75	17.5*	17.5*	8
74	84	85	7	21*	23.5*
65	78	71	1.5*	11*	6
85	80	91	23.5*	14*	31
		77			9
		80			14*

| | | 總和 | 162 | 196.5 | 169.5 |
| | | 平均 | 16.2 | 19.65 | 14.125 |

* 表示同等級者取平均等級者。

由於 H 檢定量服從 $\chi^2_{(2)}$ 分配，$\chi^2_{(2)} = 1.91$ 的尾機率為 $p = .384$[以 EXCEL 的 CHISQ.DIST.RT(1.91,2) 求得]，$p \geq .05$，因此保留 H_0，亦即三個組的等級並沒有差異。

以 SPSS 執行多個獨立樣本的無母數檢定會得到 Kruskal-Wallis's H 檢定結果，如下表所示，與我們的計算結果相當。

檢定統計量

	Score
卡方	1.914
自由度	2
漸近顯著性	.384

16.4 類別資料的關聯分析：卡方導出係數

前面各節關於無母數方法的討論，不論是兩組或多組的獨立或相依樣本比較，主要原理都是藉由符號差異或等級差異程度的計算，來進行假設檢定。因此本質上是屬於差異檢定或變異數分析的概念。對於兩個類別變數或順序變數之間的相互關聯性的高低，也可以類比前面關於相關分析的概念，以無母數方法來計算**關聯係數**（coefficient of association），稱之為**關聯分析**（analysis of association）。

事實上，前一章所介紹的雙因子獨立性卡方檢定，其目的也是在檢定兩個類別變數的關聯性，當獨立假設被推翻時，表示兩個類別變數「具有關聯」。然而卡方檢定最大的缺點，是 χ^2 值本身並無數量上的絕對意義，尤其是當細格數或人數越多時，χ^2 值會隨之放大，不同檢定之間無法直接進行比較。為改善這一個缺點，統計學上以卡方值或誤差遞減比為基礎，發展出一套類似於相關係數形式的關聯係數，以 0 至 1 或 −1 至 1 的係數來反應兩個類別變數之間的關聯情形。

16.4.1 Phi（ϕ）係數

最常用來反映兩個類別變數之間的關聯強度的係數為 ϕ 係數，適用於當兩個類別變數都為兩個水準的情況下。當兩個類別變數數值皆為 {0,1} 的二分變數時，可以構成一個 2×2 列聯表，各細格與邊際次數的分佈可用表 16.7 表示。ϕ 係數的定義式如公式 16-12 所示。

$$\phi = \frac{ad - bc}{\sqrt{(a+b)(c+d)(a+c)(b+d)}} \tag{16-12}$$

表 16.7　2×2 交叉表之細格與邊際次數

變數		X		總和
		0	1	
Y	0	a	b	$a+b$
	1	c	d	$c+d$
總和		$a+c$	$b+d$	$a+b+c+d = N$

從公式 16-12 可知，ϕ 係數是交叉細格次數乘積的差值，除以邊際次數的乘積再開根號。分子反映的細格間共同變化的趨勢，當兩個變數關聯性越高，$ad-bc$ 的絕對值越大，得到的 ϕ 係數越高。正值代表兩個二分變數具有相同的變動方向，負值代表兩個二分變數具有相反的變動方向。ϕ 係數亦可由卡方值來推導，如公式 16-13 所示。

$$\phi = \pm\sqrt{\frac{\chi^2}{N}} \qquad\qquad (16\text{-}13)$$

由公式 16-13 可知，ϕ 係數係修正了樣本數對於 χ^2 值的影響，開根號之後，ϕ 係數即等同於 Pearson's r，數值介於 ±1，ϕ 係數絕對值越接近 1，表示兩個變數的關聯越強，與一般的相關係數解釋方式相同，因此在描述雙類別變數的關聯強度上比 χ^2 值更容易理解。

我們以第五章曾經使用過的便利商店 50 名消費者的購買行為調查數據，來進行本節的說明。數據再次列舉如表 16.8。但是為了符合 ϕ 係數需為 2×2 列聯表，因此我們將消費類型合併為 B1+B2 為「購買日用品飲料食物」，B3+B4 為「購買報章雜誌及繳費」，合併的細格與邊際次數如表 16.8 所示。利用公式 16-12，求得 ϕ 係數如下：

$$\phi = \frac{ad-bc}{\sqrt{(a+b)(c+d)(a+c)(b+d)}} = \frac{11\times5-21\times13}{\sqrt{32\times18\times24\times26}} = \frac{-218}{599.52} = -.364$$

表 16.8　某便利商店 50 名消費者購買行為數據交叉表

A 性別	A1 男性		A2 女性		總和	
B 消費類型	f_o	f'_o	f_o	f'_o	f_o	f'_o
B1 日用品	6	[11]	16	[21]	22	[32]
B2 飲料食物	5		5		10	
B3 報章雜誌	9	[13]	4	[5]	13	[18]
B4 繳費服務	4		1		5	
總和	24		26		50	50

註：[ ] 內數值為合併後的次數。

由 $\phi = -.3896$ 可知，性別與消費類型具有負向關聯，表示左上到右下的正對角線次數乘積「弱於」或「少於」右上到左下的反對角線次數。其次，從係數的絕對值來看，兩者相關屬於中度相關。此一 2×2 列聯表的獨立性以卡方檢定得到 $\chi^2_{(1)} = 6.611$（$p = .010$），$p < .05$，達到顯著水準，因此 $\phi = .364$ 的係數值具有統計意義。以公式 16-13 的卡方值來推導得出得到的 ϕ 係數如下：

$$\phi = \sqrt{\frac{6.611}{50}} = \sqrt{.1322} = .364$$

值得注意的是，ϕ 係數若是由公式 16-13 推導得出時，因為開方值恆為正值，因此無法反映正負方向。因此一般在推導時以公式 16-12 來說明其關聯方向（例如下表的 SPSS 計算結果報表所示）。但是事實上，類別變數的 0 與 1 僅為「名義」上的差異，並沒有真正的數值順序意義，因此嚴格來說，ϕ 係數並不需要區分正負號。

對稱性量數

		數值	顯著性近似值
以名義量數為主	Phi 值	-.364	.010
	Cramer's V 值	.364	.010
	列聯係數	.342	.010

16.4.2 Yule's Q 係數

另一個與 ϕ 係數類似可以用來分析 2×2 的交叉表的係數是 Yule 提出的 Q 係數，本質上屬於下一節將提到的 PRE 類型關聯係數，為 Gamma 係數的一種特殊狀況。在 2×2 的關聯分析時，Yule's Q 係數等於 Gamma 係數，定義式如公式 16-14。

$$Q = \frac{ad - bc}{ad + bc} \tag{16-14}$$

值得注意的是，由於 Q 係數僅以細格內部的次數來計算關聯性，無法反映邊際次數的作用，當邊際次數為差異懸殊的不平衡樣本結構時，Q 係數產生偏誤的情形嚴重，尤其是樣本數小時，邊際次數對細格次數變動的影響更為明顯，Q 係數對於關聯性的估計越不合理。以前述合併後的消費行為範例數據，計算得到 Q 係數為 $-.665$，比 ϕ 係數（$-.364$）高出甚多，可見得邊際次數差異很大時（B1:B2 = 32:18），對於關聯係數的估計影響甚大。

$$Q = \frac{ad - bc}{ad + bc} = \frac{ad - bc}{ad + bc} = \frac{11 \times 5 - 21 \times 13}{11 \times 5 + 21 \times 13} = \frac{-218}{328} = -.665$$

16.4.3 列聯係數

ϕ 係數的限制為必須是 2×2 的列聯表，因此不適用於兩個類別變數中有任何一個超過兩個水準的關聯係數計算。從卡方導出的統計觀點來看，當列聯表不是 2×2 時，χ^2 值可能會大於樣本數，造成 ϕ 係數大於 1 的情況，此時若將公式修正如公式 16-15，即可改善係數大於 1 的問題，而由公式 16-15 所計算出的係數，稱為**列聯係數**（coefficient of contingency），適用於當列聯表不是 2×2 時。

$$C = \sqrt{\frac{\chi^2}{\chi^2 + N}} \qquad\qquad （16\text{-}15）$$

由公式 16-15 可知，列聯係數的分母恆大於 ϕ 係數的分母，因此列聯係數數值恆小於 ϕ 係數。以 50 位消費者行為數據估計得到的列聯係數數值為 C = .342，比 ϕ 係數（$-.364$）的強度為低。

$$C = \sqrt{\frac{6.611}{6.611 + 50}} = \sqrt{.117} = .342$$

16.4.4 Cramer's V 係數

以列聯係數公式所求出的係數雖然數值不會大於 1，但是亦難接近 1，尤其是

當樣本數越大時，列聯係數的低估情形會越趨嚴重，此時可用 Cramer 的 V 係數（Cramer's V coefficient）來修正此一問題，如公式 16-16 所示，其中 k 為行變數或列變數中組數較小者。Cramer 的 V 係數亦可用於非 2×2 的列聯表數據。

$$V = \sqrt{\frac{\chi^2}{N(k-1)}} \qquad (16\text{-}16)$$

以 50 位消費者行為數據估計得到的 V 系數為 .342，等於 ϕ 係數。顯示當任何一個變數水準數為 2 的列聯表中，V 係數與 ϕ 值會相同。

$$V = \sqrt{\frac{6.611}{50(2-1)}} = \sqrt{.1322} = .364$$

16.5 類別資料的關聯分析：削減誤差導出係數

前述的各種關聯係數，所反映的是列聯表當中的兩個類別變數的相互關聯程度，兩個變數彼此間並沒有誰影響誰的假設關係，因此所得到的關聯係數稱為一種**對稱性量數**（measure of symmetry）。通常任何兩個變數的關係若沒有理論或文獻上的支持，或是合乎邏輯的推理，通常不能假定其間具有前後次序或因果關聯，因此多以保守的對稱關係來討論。相對的，如果研究者有機會進行兩個變數之間的因果預測，或是兩個變數具有時序前後的關係時，可以指定其中一個為自變數、另一個為依變數，此時可使用具有特定影響方向的**方向性量數**（measures of direction）來估計兩個類別變數的關聯性。以下所介紹的以削減誤差比為基礎的關聯係數，其主要功能即是處理兩個變數間的非對稱關係的檢驗，包括 Lambda 係數與 Tau 係數，均屬此類係數。以下我們將以表 16.8 範例的原始數據來說明各種係數的原理與分析結果，也就是不合併細格，而以原來的八個細格的數據來分析。

16.5.1 削減誤差比

所謂**削減誤差比**（proportioned reduction in error; PRE）係指以某一個類別變數去預測另一個類別變數時，能夠減少的誤差所佔的比例。若以 E_1 表示以未知 X 預測 Y 時所產生的誤差，而 E_2 表示以已知 X 預測 Y 時所產生的誤差。此時，E_1 所代表的是期望誤差（預測不準的細格期望值），而 E_2 則代表實際測量得到的觀察誤差（預測不準的細格次數），兩者相減得到的差值，表示以 X 預測 Y 能夠減少的誤差量，若再除以期望誤差，即得到削減誤差比，公式如 16-17 所示。

$$PRE = \frac{E_1 - E_2}{E_1} = 1 - \frac{E_2}{E_1} \qquad （16\text{-}17）$$

事實上，PRE 即是迴歸分析當中的 R^2，其數值介於 0 與 1，當 PRE 越大，X 對 Y 進行預測可削減的誤差比例越大，兩個變數的關聯性越強；反之，當比例越小，兩個變數的關聯性越低。

仔細觀察表 16.8 的研究設計，可以得知「性別」與「消費行為」之間除了是否具有關聯，還可以進行「性別」→「消費行為」的方向性關係的討論，此時以「消費行為」為依變數，以「性別」為自變數。

如果研究者的假設是女性以購買日用品（B1）與飲料食物（B2）為主，男性以購買報章雜誌（B3）與繳費服務（B4）為主，那麼「理論上」應發生的細格次數應為 A1B3、A1B4、A2B1、A2B2 四格，其他細格 A1B1、A1B2、A2B3、A2B4 則非預期出現的誤差項。以公式 16-17 求得 PRE = .495，表示以性別來預測消費行為時，可以削減 49.5％的誤差比例。

$$PRE = 1 - \frac{E_2}{E_1} = 1 - \frac{6 + 5 + 4 + 1}{10.6 + 4.8 + 6.8 + 2.6} = 1 - \frac{15}{24.8} = .495$$

16.5.2 Lambda（λ）係數

Lambda 是由 Goodman 與 Kruskal（1954）所提出一種以削減誤差比，來計算

兩類別變數關聯性的關聯係數。Lambda 係數的特性，是利用類別變數中的眾數組（mode）來作為削減誤差計算的基準，有兩種形式：對稱 λ（symmetrical）與非對稱 $\lambda_{y.x}$（asymmetrical）。對稱 λ 是指 X 與 Y 兩個變數的關係是對等的，無法區別何者為依變數，何者為自變數。對稱性 λ 公式如公式 16-18 所示。

$$\lambda = 1 - \frac{E_2}{E_1} = 1 - \frac{(N - \sum m_x) + (N - \sum m_y)}{(N - M_x) + (N - M_y)} = \frac{\sum m_x + \sum m_y - (M_x + M_y)}{2N - (M_x + M_y)}$$

$$(16\text{-}18)$$

其中 M_x 為 X 變數的眾數次數，M_y 為 Y 變數的眾數次數，m_x 為 X 變數每一個類別之下 Y 變數的眾數次數，m_y 為 Y 變數每一個類別之下 X 變數的眾數次數。如果是非對稱性關係，$\lambda_{y.x}$ 如公式 16-19。

$$\lambda_{y.x} = 1 - \frac{E_2}{E_1} = 1 - \frac{N - \sum m_y}{N - M_y} = \frac{\sum m_y - M_y}{N - M_y}$$

$$(16\text{-}19)$$

以 50 名消費者的購買行為調查為例，性別眾數組落在 A2（女生）（$M_x = 26$），購買行為的眾數組在 B1（日用品）（$M_y = 22$）。眾數表示相對於其他類別較為重要，被視為正確預測組別。對購買行為的預測來說，B1（日用品）是主要類別，因此產生 50−22 = 28 個預測錯誤；對性別的預測來說，A2（女性）是主要類別，因此產生 50−26 = 24 個預測錯誤。由於這兩個細格是發生在邊際分配，被視為期望誤差。

就各細格而言，兩個變數各水準下的眾數分別為男性消費行為的報章雜誌（A1B3）（9）、女性消費行為的日用品（A2B1）（16），因此產生 24−9 = 13以及 26−16 = 10 兩個預測不準的次數；四種消費行為在性別變數的眾數 16、5、9、4，分別產生 22−16 = 6、10−5 = 5、13−9 = 4、5−4 = 1 個誤差次數。由這些數據可以計算出對稱性 Lambda 值為：

$$\lambda = 1 - \frac{(24-9)+(26-16)+(22-16)+(10-5)+(13-9)+(5-4)}{(50-26)+(50-22)}$$

$$= 1 - \frac{39}{52} = .212$$

$$\lambda = \frac{(9+16)+(16+5+9+4)-(26+22)}{2 \times 50 - (26+22)} = \frac{11}{52} = .212$$

若以性別（X）去預測消費行為（Y），削減誤差百分比僅處理在四個消費行為類別上的細格變化，因此，期望誤差 50-22，也即為消費行為邊際分配中的非眾數次數總和（28），觀察誤差則為男性與女性兩個水準下，四種行為的非眾數次數總和，分別為男性的 26-9 與女性的 24-16，以這些數據可以計算出非對稱性 Lambda 值如下：

$$\lambda_{y.x} = 1 - \frac{E_2}{E_1} = 1 - \frac{50-(9+16)}{50-22} = 1 - \frac{25}{28} = .107$$

Lambda 值介於 0 至 1，可以用於說明某一個變數可以有效預測另一個變數的比率，Lambda 越高，表示以某一變數去解釋另一個變數可以有效消除誤差的比率越高，若不對稱 Lambda 為 .107，表示以性別預測消費行為可以有效削減 10.7% 的誤差。

值得注意的是，Lambda 係數以眾數次數為計算基礎，為一非標準化的係數，其值會隨著變數類別數目的變動而改變，當各變數的類別數越多時，消減誤差比率會自然擴增，因此不建議使用者隨意改變變數的水準數。此外，當 Lambda 為 0 時，是指以預測變數的眾數來預測依變數時，無法消減依變數上的誤差，並非代表兩個變數沒有任何關聯，例如當預測變數在依變數的眾數都落在同一個類別時，會計算出 $\lambda_{y.x} = 0$ 的情形，但是各細格間可能存在某種有意義的關聯，在使用 Lambda 係數時應特別注意。

16.5.3 Tau（τ_y）係數

Tau 係數（以 τ_y 表示）為 Goodman 與 Kruskal 所創的另一種以 PRE 為基礎的

關聯係數。其原理與非對稱形式 $\lambda_{y.x}$ 類似，係比較直行邊際比例和橫列邊際比例進行預測的誤差機率，但 Tau 係數的計算考慮了所有的次數，因此敏感度較 Lambda 係數為高，係數數值一般會較 Lambda 為低，但是較為嚴謹。一般在學術上分析不對稱關係時，若採用 Tau 係數（公式 16-20），可以較為真實反映兩個變數的影響關係。

$$\tau_y = 1 - \frac{E_2}{E_1} = 1 - \frac{\sum\left(\dfrac{f_{ji}(F_{.i} - f_{ji})}{F_{.i}}\right)}{\sum\left(\dfrac{F_{j.}(N - F_{j.})}{N}\right)} \qquad (16\text{-}20)$$

公式 16-20 中的小寫 f 表示細格次數，大寫 F 為邊際次數。觀察誤差是將依變數在自變數的不同水準下的次數以邊際次數差異值，以各細格次數加權後加總。期望誤差則是求依變數的邊際次數與總人數差異值，以各邊際次數加權後加總。

以範例數據來看，以性別去預測消費行為時，男性與女性下各細格與性別邊際次數的差值乘以各細格次數，加總後得到觀察誤差值：

男性：[6(24−6)+5(24−5)+9(24−9)+4(24−4)]/24 = 418/24 = 17.42
女性：[16(26−16)+5(26−5)+4(26−4)+1(26−1)]/26 = 378/26 = 15.54

E_2 = 17.42+15.54 = 31.96
E_1 = [22(50−22)+10(50−10)+13(50−13)+5(50−5)]/50 = 1722/50 = 34.44

由 Tau 係數的公式，可計算出 Tau 關聯係數為 .072，較先前所計算的 Lambda 係數為低，顯示 Tau 係數是較為嚴謹的關聯係數。

$$\tau_y = 1 - \frac{31.96}{34.44} = .072$$

以 SPSS 分析上述 Lambda 與 Tau 係數，得到結果如下表，數據與公式演算值

相符。關於次序量數的關聯係數將於下一節介紹。

方向性量數

			數值	漸近標準誤[a]	近似 T 分配[b]	顯著性近似值
以名義量數為主	Lambda 值	對稱性量數	.212	.134	1.437	.151
		性別依變數	.333	.180	1.548	.122
		消費類型依變數	.107	.131	.779	.436
	GoodmanKruskal Tau 測量	性別依變數	.164	.101		.045 [c]
		消費類型依變數	.072	.049		.014 [c]
以次序量數為主	Somers' d 統計量	對稱性量數	-.370	.115	-3.223	.001
		性別依變數	-.319	.099	-3.223	.001
		消費類型依變數	-.441	.137	-3.223	.001

a. 未假定虛無假設為真。
b. 使用假定虛無假設為真時之 漸近標準誤。
c. 以卡方近似法為準

16.6 等級資料的關聯分析

前面所介紹的關聯係數適用於類別變數的關聯性分析，如果類別變數當中，各水準具有一定的順序關係時，此時該變數具有更多的計量特徵，數據的可分析性較高。此時除了可以使用上述各量數之外，還可以使用其他適用於順序變數的關聯係數，來描述兩個變數的關聯性。

16.6.1 Gamma 係數

Goodman & Kruskalt 提出了一個 Gamma 係數，是一個非常普遍用以反映順序變數的關聯性係數，其原理也是以 PRE 為基礎，但是 Gamma 係數為一對稱性量數，可以用來描述變數間的關係。

Gamma 係數是將依順序排列的資料，進行各細格的配對比較，如果遇到同樣等第的資料則不予計算。**非同分配對**（untied pair）則可以分成兩種情況：**同序配對**（concordant pair）與**異序配對**（disconcordant pair）。同序配對是指兩個變數上的等第變動呈現相同的方向，以 Ns 表示；異序配對是指某配對觀察值仕 X 與 Y 變

數的等第變動呈現相反的方向，以 N_d 表示。如公式 16-21 所示。

$$Gamma = 1 - \frac{E_2}{E_1} = 1 - \frac{2N_d}{\dfrac{2(N_s + N_d)(N_s + N_d)}{2(N_s + N_d)}} = \frac{N_s - N_d}{N_s + N_d}$$ （16-21）

　　如果列聯表當中的配對觀察值是隨機配對，那麼配對觀察值的等第變動將會出現同序與異序配對隨機參差出現的狀況，此時 Gamma 係數將會接近 0；相對的，如果觀察值的配對具有某種連動關係，那麼配對觀察值的等第變動將會出現同序與異序配對較多的現象，使得 Gamma 呈現非 0 的狀況，當連動關係越強，Gamma 係數會接近 1 或 −1。當配對分數的等第變動完全是同序配對時，$N_d = 0$，Gamma 係數為 +1；相對的，當配對分數的等第變動完全是異序配對時，$N_s = 0$，Gamma 係數為 −1。

　　表 16.9 模擬了正副兩位主管對於 50 位員工評定考績（優、甲、乙、丙四級）的數據。從左上至右下的對角細格為兩位主管一致評分的部分，其它細格則是兩位主管有不一致評定的非同分配對情形。

表 16.9　正副主管對於 50 位員工的考績評定模擬資料

副主管	正主管				總和
	優	甲	乙	丙	
優	10	3	1	0	14
甲	3	8	2	1	14
乙	2	2	6	3	13
丙	1	0	3	5	9
總和	16	13	12	9	50

　　針對每一個細格，都有相對於該細格為同序或異序配對的部分。現以正副主管同時評定為「甲」等者為例（表 16.9 中的網底細格），被視為同序配對者為表 16.9 的實線框住的範圍內的細格次數。異序配對則相反，為表 16.9 虛線框住的範

圍內的細格次數。沒有被框住者，則非兩者的狀況，在 Gamma 係數中不予以計算，亦即在表 16.9 當中沒有被框住的細格次數。N_s 與 N_d 的數據，就是逐一將所有細格的所有可能的同序配對與異序配對加以累加而得：

$$N_s = 10(8+2+1+2+6+3+0+3+5)+3(2+1+6+3+3+5)+1(1+3+5)+3(2+6+3+0+3+5)$$
$$+8(6+3+3+5)+2(3+5)+2(0+3+5)+2(3+5)+6(5) = 640$$

$$Nd = 3(3+2+1)+1(3+8+2+2+1+0)+8(2+1)+2(2+2+1+0)+1(2+2+6+1+0+3)+2(1)$$
$$+6(1+0)+3(1+0+3) = 102$$

$$Gamma = 1 - \frac{E_2}{E_1} = \frac{N_s - N_d}{N_s + N_d} = \frac{640 - 102}{640 + 102} = \frac{538}{742} = .725$$

由推導的過程可以發現，Gamma 係數的計算不涉及邊際次數的計算，因此又稱為**免邊際**（margin-free）的係數。進一步的，當樣本數越大時（大於 50），Gamma 係數的抽樣分配呈現常態化，可以 z 檢定來檢驗係數的統計意義。

值得注意的是，如果當同分狀況比重太高時，Gamma 係數無法反映這些細格的資料而導致敏感度降低，使 Gamma 係數無法充分反映變數的關係，此時宜採用其他係數，例如 Tau-b 係數。以 SPSS 執行表 16.9 數據的關聯係數分析結果如下表，與我們所計算得出的數值相同。

對稱性量數

		數值	漸近標準誤[a]	近似 T 分配[b]	顯著性近似值
以名義量數為主	Phi 值	.822			.000
	Cramer's V 值	.474			.000
	列聯係數	.635			.000
以次序量數為主	Kendall's tau -b 統計量數	.580	.093	6.123	.000
	Kendall's tau -c 統計量數	.574	.094	6.123	.000
	Gamma 統計量	.725	.101	6.123	.000
	Spearman 相關	.648	.099	5.898	.000[c]
以間隔為主	Pearson R 相關	.652	.097	5.961	.000[c]
同意量數	Kappa 統計量數	.435	.093	5.272	.000
有效觀察值的個數		50			

a. 未假定虛無假設為真。
b. 使用假定虛無假設為真時之 漸近標準誤。
c. 以一般近似值為準。

16.6.2 Tau-b 與 Tau-c 係數

Kendall 所提出的 Tau-b 係數（τ_b），其原理類似於 Gamma 係數，也是一種用於分析對稱性關聯的關聯係數。不同的是 Tau-b 係數將自變數上同分但依變數不同分的順序配對，以及自變數上不同分但依變數同分的順序配對納入考量（但不處理兩者同時同分的配對觀察值），使得關聯係數的計算更能反映細格內數據的變化。

τ_b 係數的公式列於 16-22，當列聯表呈現正方形時（兩個變數的組數或數值數目相等），τ_b 係數的數值會介於 之間。當數值越接近 0，表示兩變數的關聯性越低。

$$\tau_b = \frac{N_s - N_d}{\sqrt{N_s + N_d + T_r}\sqrt{N_s + N_d + T_c}} \qquad (16\text{-}22)$$

公式 16-22 中，T_r 與 T_c 表示在其中一個變數同一等第，但另一個變數不同等第時的次數總和。也就是循橫列（T_r）或循直行（T_c）細格次數加權和，例如正主管所評定的考績等級與副主管不同者（T_c）與副主管所評定的考績等級與正主管不同者（T_r）分別為 187 與 185。計算過程如下：

$$T_c = 10(3+2+1)+3(8+2)+1(2+6+3)+3(2+1)+8(2)+2(6+3)+1(3+5)+2(1)+6(3)+3(5)$$
$$= 187$$

$$T_r = 10(3+1)+3(8+2+1)+1(2+6+3)+3(3+5)+3(1)+8(2+1)+2(6+3)+2(1)+6(3)+3(5)$$
$$= 183$$

$$\tau_b = \frac{N_s - N_d}{\sqrt{N_s + N_d + T_r}\sqrt{N_s + N_d + T_c}} = \frac{640 - 102}{\sqrt{640 + 102 + 187}\sqrt{640 + 102 + 183}}$$

$$= \frac{538}{927} = .580$$

如果列聯表不是呈現正方形時（兩個變數的組數或數值數目不相等），宜使用 τ_c 係數，如公式 16-23 所示。其中 m 表示組別數（或等第數目）較少的變數的

組別數（或等第數目）。以本範例來示範時，兩個變數的等級數均為 4，因此 m 取任一者即可。

$$\tau_c = \frac{N_s - N_d}{\dfrac{N^2(m-1)}{2m}}$$

（16-23）

$$\tau_c = \frac{N_s - N_d}{\dfrac{N^2(m-1)}{2m}} = \frac{640 - 102}{\dfrac{50^2 \times (4-1)}{2 \times 4}} = \frac{538}{937.5} = .574$$

利用 τ_b 與 τ_c 這兩個係數，可以更精確的反映兩個順序變數的各細格變動特性，但是強度一般會低於 Gamma 係數。此外，Tau-b 與 Tau-c 係數的計算原理，由於考量了同等第的配對觀察值，已經不是 PRE 的概念，反而接近了傳統積差相關係數的性質，因此 Tau-b 與 Tau-c 係數的應用，多作為關聯方向的判斷，其數值的大小僅可作為關聯強度判斷的粗略依據，若要作為關聯強度的估計時，應以係數的平方來作為關聯強度大小的判斷值，才具有與 PRE 類似的解釋功能。

16.6.3 Somers's d_{yx}

Somers's d 量數也是類似於 Gamma 係數的一種基於 PRE 概念的順序變數關聯性量數，所不同的是 d_{yx} 量數是一種非對稱性量數，可用於描述某一個變數對於另一個變數的預測或解釋情形。公式為 16-24。

$$d_{yx} = \frac{N_s - N_d}{N_s + N_d + T_y}$$

（16-24）

由公式可知，d_{yx} 量數在分母增加了一項對於被預測變數（依變數）的等第相同的細格次數，擴大了被預測變數的數據的反應能力。以前述的例子來看，主管的評分對於副主管的評分的預測，可計算 T_y 與 d_{yx} 量數數值如下：

$$T_y = 10(3+1+0)+3(1+0)+1(0)+3(8+2+1)+8(2+1)+2(1)+2(2+6+3)+2(6+3)+6(3)$$
$$+1(0+3+5)+0(3+5)+3(5) = 183$$

$$d_{yx} = \frac{N_s - N_d}{N_s + N_d + T_y} = \frac{640 - 102}{640 + 102 + 183} = \frac{538}{925} = .582$$

以 SPSS 執行表 16.9 數據的 d_{yx} 量數關聯係數分析結果如下表，與我們所計算得出的數值相同。

方向性量數

			數值	漸近標準誤[a]	近似 T 分配[b]	顯著性近似值
以次序量數為主	Somers' d 統計量	對稱性量數	.580	.093	6.123	.000
		正主管依變數	.579	.094	6.123	.000
		副主管依變數	.582	.093	6.123	.000

a. 未假定虛無假設為真。
b. 使用假定虛無假設為真時之 漸近標準誤。

16.6.4 Kappa 量數

Cohen（1960）提出了一個 Kappa 係數（κ）係數，適用於具有相等順序數值的兩個順序變數關聯性分析，也就是行與列的數值數目相同，交叉表呈現正方形。而 Kappa 係數所反映的是兩個順序變數的等級是否相同，也就是當第一個順序變數為 1 時，在另一個變數的順序是否也為 1，如果相同等級的情形越多，Kappa 係數越高。因此 Kappa 係數又稱為**同意量數**（measures of agreement）。

表 16.10　3×3 交叉表的次數分配示意表

	A1	A2	A3	合計
B1	A1B1	A2B1	A3B1	B1
B2	A1B2	A2B2	A3B2	B2
B3	A1B3	A2B3	A3B3	B3
合計	A1	A2	A3	N

表 16.10 列出的是一個 3×3 的交叉表，行與列的數值數目相等。Kappa 係數的計算原理，是將對角線上的細格視為正確預測的類別（N_t），也就是 A1B1、A2B2、A3B3，其他各細格則為預測不準的誤差類別（N_f）。然後根據 PRE 的概念，計算出 Kappa 係數，以 ∇_k 表示。其中 $N_x \times N_y$ 為各對角線細格相對應的邊際次數的乘積。

$$\nabla_k = \frac{N_t - \dfrac{N_{.x} \times N_{y.}}{N}}{N - \dfrac{N_{.x} \times N_{y.}}{N}} \qquad\qquad (16\text{-}25)$$

以前述的例子來看，主管的評分對於副主管的評分的預測，可計算 Kappa 係數如下：

$$\nabla_k = \frac{(10 + 8 + 6 + 5) - \dfrac{14 \times 16 + 14 \times 13 + 13 \times 12 + 9 \times 9}{50}}{50 - \dfrac{14 \times 16 + 14 \times 13 + 13 \times 12 + 9 \times 9}{50}} = .435$$

由 Kappa 的計算方式可知，只有當對角線上的次數才被視為正確判斷，因此在順序變數關聯性分析的各係數當中，Kappa 可以說是最嚴格的一個量數，數值通常最低。而且，Kappa 係數要求順序數目相同，當組數不同時，組數需進行調整，但是當調整的方法不同的話，得到的 Kappa 係數數值也會有變化。

此外，由於 Kappa 係數所反映的是兩個順序變數是否具有一致的等級，也就是等級一致性程度。因此，在心理測驗的應用上，Kappa 係數也可以用以計算兩個評分者對同一個對象是否有一樣的評定的評分者信度。但是值得注意是兩個評分者所評定的名次中，不能有同一名次的現象，因為同一名次將造成名次的數目不相等，無法進行 Kappa 係數的計算，因此若要記算評分者間信度，多以前一節介紹的 Kendall 和諧係數。

16.6.5 各關聯係數的比較

本章介紹了多種不同用來描述兩個類別變數關聯情形的統計方法，這些係數各有不同的用途、優劣與限制，摘述於表 16.11，讀者必須仔細辨識每一個係數的特性，才不致於誤用。

表 16.11　適用於類別與順序資料的各種關聯係數

	適用時機	形式	PRE	特性
χ^2	類別變數	對稱	-	數值從 0 到 ∞
ϕ	雙二分變數	對稱	-	將 χ^2 轉換為介於 ±1 的係數值
V	雙類別變數	對稱	-	將 χ^2 轉換為介於 ±1 的係數值並考慮樣本數的影響
C	雙類別變數	對稱	-	修正 ϕ 係數大於 1 的高估問題
Lambda	雙類別變數	非對稱	PRE	以眾數為基礎的 PRE 關聯係數
Tau-y	雙類別變數	非對稱	PRE	以各細格與邊際次數差異為基礎的 PRE 係數，較 Lambda 係數敏銳，數值較低
Gamma	雙順序變數	對稱	PRE	不考慮邊際測次數與同分配對，以同序配對與異序配對的比較來計算的 PRE 係數
Tau-b	雙順序變數 ($r = c$)	對稱	-	改善 Gamma 係數，考慮同分配對的作用
Tau-c	雙順序變數	對稱	-	改善 Tau-b 係數，適用於當兩個變數順序數值不同時
d_{yx}	雙順序變數	非對稱	PRE	基於 Gamma 係數，增加依變數同序配對的 PRE 係數
Kappa	雙順序變數 ($r = c$)	對稱	PRE	反映兩個順序變數是否有一樣等級數值
Rho	雙順序變數	對稱	-	反映兩個順序變數的共同變異情形，類似積差相關

　　首先，第一個判斷原則是變數的性質是否帶有順序的特性。由於類別變數的數據可能由名義尺度或順序尺度測量得到，因此關聯分析的進行必須先判斷變數的屬性是屬於哪一個類型，如此才能選擇正確的統計程序來瞭解變數的關聯情形。如果類別變數的數值沒有順序關係，可以選擇傳統的關聯係數，如 ϕ、V、C、

Lambda；如果類別變數的數值帶有大小順序（順序變數），數據的分析有較為嚴格的限制條件，除了傳統的關聯係數，應選擇更適合順序特性的關聯係數，如 Gamma、d_{yx}。如果不僅具有順序，順序間的差異若可以視為等距的差異時，可以選用更接近積差相關的關聯係數 Spearman's rho。

第二個需要考慮的選擇標準是對稱性問題，如果關聯分析的目的在描述兩個變數的關聯，而非哪一個變數對另一個變數的解釋之時，可以使用對稱性關聯係數，例如 ϕ、V、C、Tau-b、Tau-c、Gamma 等；如果研究設計當中，兩個變數的關聯性有自變數與依變數之別時，就必須選擇非對稱性量數，例如 Lambda、Tau-y、d_{yx}。

第三，關聯係數的解釋會因為係數的數學原理有所不同，如果是利用削減誤差比原理計算得出的關聯係數，可以直接將該係數數值解釋為有多少的百分比被解釋（或可有效的削減多少誤差），例如 Lambda、Tau-y、d_{yx}；如果是以積差相關原理計算得出的係數，例如 Tau-b、Tau-c、Spearman's rho，則需將係數值取平方後，才符合解釋百分比的概念。

最後，關聯係數的選擇需考慮變數的其他特殊性質，例如兩個變數的數值數目是否相等，有些係數不能使用於兩個變數的數值不相等時（$r \neq c$），例如 Tau-b、Kappa 等。此外，有的係數限制條件較嚴，可能會降低係數的數值，這些因素都會影響關聯分析的結果。

16.7 相依與獨立樣本無母數統計的 SPSS 範例說明

16.7.1 相依樣本無母數統計

本範例沿用第七章的相依樣本平均數差異檢定的數據，進行無母數檢定，以利於讀者對應比較。數據內容為某研究所 10 名學生修習某教授的高等統計課程，期中考與期末考成績如下表，請以無母數檢定方式來檢驗這兩次考試成績是否有所差異？

學生編號	1	2	3	4	5	6	7	8	9	10
期中考	78	80	90	90	70	88	82	74	65	85
期末考	84	83	89	90	78	89	87	84	78	80

【A. 操作程序】

步驟一：輸入資料。將每一個水準以一個變項輸入。

步驟二：選取 分析 → 無母數檢定 → 歷史對話記錄 → 二個相關樣本 。

步驟三：選擇欲分析兩個配對變數與統計量。

步驟四：按 確定 執行。

【B. 操作步驟】

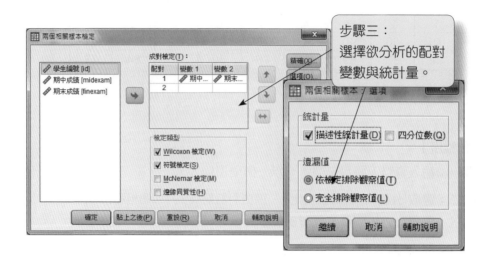

步驟三：
選擇欲分析的配對
變數與統計量。

【C. 結果輸出】

Wilcoxon 符號等級檢定

等級

		個數	等級平均數	等級總和
期末成績 - 期中成績	負等級	2[a]	3.00	6.00
	正等級	7[b]	5.57	39.00
	等值結	1[c]		
	總和	10		

a. 期末成績 < 期中成績

b. 期末成績 > 期中成績

c. 期末成績 = 期中成績

檢定統計量[b]

	期末成績 - 期中成績
Z 檢定	-1.958 [a]
漸近顯著性（雙尾）	.050

a. 以負等級為基礎。

b. Wilcoxon 符號等級檢定

符號檢定

次數分配表

	個數
期末成績 - 期中成績　負差異[a]	2
正差異[b]	7
等值結[c]	1
總和	10

a. 期末成績 ＜ 期中成績
b. 期末成績 ＞ 期中成績
c. 期末成績 ＝ 期中成績

檢定統計量[b]

	期末成績 - 期中成績
精確顯著性（雙尾）	.180 [a]

a. 使用二項式分配。

　　兩個相依樣本的無母數檢驗，經過 Wilcoxon 符號等級檢定與符號檢定分析的結果，已經在本章的各節當中說明。讀者可以自行參閱相關內容，不再贅述。

16.7.2 獨立樣本無母數統計

　　延續前一個範例，若將相依樣本改以獨立樣本分析，資料格式不變但操作方式改變，進行無母數檢定的 SPSS 操作程序說明如下。數據內容改為男生的成績與女生的成績，數據如下表，請以無母數檢定方式來檢驗不同性別的學生的等級是否有所差異？

男生成績	78	80	90	90	70	88	82	74	65	85
女生成績	84	83	89	90	78	89	87	84	78	80

【A. 操作程序】

步驟一：輸入資料。性別與成績各為一個變數，各佔一欄。

步驟二：選取 分析 → 無母數檢定 → 歷史對話記錄 → 二個獨立樣本 。

步驟三：選擇欲分析的檢定變數，分組變數需設定組別。

步驟四：按 確定 執行。

【B. 操作步驟】

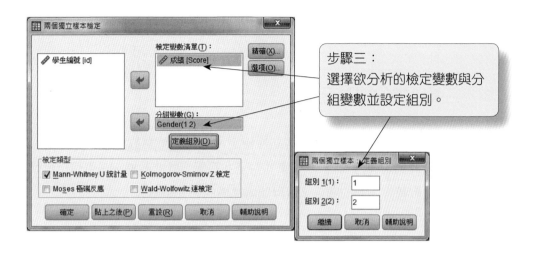

步驟三：
選擇欲分析的檢定變數與分組變數並設定組別。

【C. 結果輸出】

Mann-Whitney 檢定

等級

	性別	個數	等級平均數	等級總和
成績	男生	10	9.35	93.50
	女生	10	11.65	116.50
	總和	20		

檢定統計量[b]

	成績
Mann Whitney U 統計量	38.500
Wilcoxon W 統計量	93.500
Z 檢定	-.873
漸近顯著性 (雙尾)	.383
精確顯著性 [2*(單尾顯著性)]	.393 [a]

a. 未對等值結做修正。

b. 分組變數:性別

16.8 關聯係數分析的 SPSS 範例說明

16.8.1 名義變數的關聯分析

本節的 SPSS 範例延續前一章的獨立性檢定，但是將重點放在關聯係數的分析。數據內容仍為美國與台灣各 30 個家庭對子女教養方式的數據，是否可以反映社會文化背景與教養方式間的關係？現以關聯係數的方式來解釋。

變數		教養方式			總合
		民主	威權	放任	
國別	美國	13	7	10	30
	台灣	7	13	10	30
總合		20	20	20	60

【A. 操作程序】

步驟一：輸入資料。

步驟二：選取 分析 → 描述統計 → 交叉表 ，進入交叉表對話框，選擇欲分析的變數

步驟三：進入 統計量 點選卡方統計量與關聯係數，並進入 格式 設定細格顯示，例如期望值、殘差、標準化殘差。

步驟四：按 確定 執行

【B. 操作步驟】

設定變數
將兩個類別變
數選入清單中

步驟三：
選定統計量與
各種關聯係數

【C. 結果輸出】

卡方檢定結果
Pearson 卡方
檢定。顯著性
為 .165，未達顯
著水準。

卡方檢定

	數值	自由度	漸近顯著性(雙尾)
Pearson卡方	3.600[a]	2	.165
概似比	3.656	2	.161
線性對線性的關連	.885	1	.347
McNemar-Bowker 測試	.	.	[b]
有效觀察值的個數	60		

a. 0格 (.0%) 的預期個數少於 5。最小的預期個數為 10.00。

b. 只針對 PxP 表格計算, P 必須大於 1。

對稱性量數

		數值	漸近標準誤[a]	近似T分配[b]	顯著性近似值
以名義量數為主	Phi值	.245			.165
	Cramer's V值	.245			.165
	列聯係數	.238			.165
以次序量數為主	Kendall's tau-b 統計量數	.115	.122	.945	.345
	Kendall's tau-c 統計量數	.133	.141	.945	.345
	Gamma 統計量	.194	.203	.945	.345
	Spearman 相關	.122	.130	.940	.351[c]
以間隔為主	Pearson R 相關	.122	.128	.940	.351[c]
同意量數	Kappa 統計量數	[d]			
有效觀察值的個數		60			

a. 未假定虛無假設為真。

b. 使用假定虛無假設為真時之 漸近標準誤。

c. 以一般近似值為準。

d. 無法計算Kappa 統計量數。它們需要一個對稱的二因子表格，其中第一個變數值必須 與第二個變數值相符。

對稱性關聯係數
本範例為 2*3 列聯表，需採列聯係數來表示兩個變數的關聯強度， 數值為 .238，p=.165，不顯著。

方向性量數

			數值	漸近標準誤[a]	近似T分配[b]	顯著性近似值
以名義量數為主	Lambda 值	對稱性量數	.171	.107	1.505	.132
		國別依變數	.200	.133	1.362	.173
		教養方式依變數	.150	.103	1.362	.173
	Goodman與 Kruskal Tau 測量	國別依變數	.060	.060		.170[c]
		教養方式依變數	.030	.031		.170[c]
	不確定係數	對稱性量數	.034	.035	.975	.161[d]
		國別依變數	.044	.045	.975	.161[d]
		教養方式依變數	.028	.028	.975	.161[d]
以次序量數為主	Somers' d 統計量	對稱性量數	.114	.121	.945	.345
		國別依變數	.100	.106	.945	.345
		教養方式依變數	.133	.141	.945	.345
以名義量數和間隔為主	Eta 值	國別依變數	.245			
		教養方式依變數	.122			

a. 未假定虛無假設為真。

b. 使用假定虛無假設為真時之 漸近標準誤。

c. 以卡方近似法為準

d. 概似比卡方機率。

不對稱關聯係數
若以教養方法為依變數，則可使用 Lambda 係數 .15 來表示兩者的關聯強度，但是仍不顯著。

【D. 結果說明】

　　兩個不同國家的 30 個家庭與其教養方式差異，經過卡方分析顯示，兩個國家的教養方式並無不同，$\chi^2_{(1)} = 3.6$，$p = .165 > .05$。以關聯係數來說明兩者關係，本範例的兩個變數之間呈現非對稱性關係，可以自國家別來預測教養方式，採用方向性量數中的 Lambda 係數來表達預測力，其值為 .15，該係數在本範例的意義為「以國家別來預測教養方式時，可以正確預測的比例為 15%。」，由顯著性數據 (p = .173) 顯示亦未達顯著水準。若不強調兩個變數的預測關係，以對稱量數來表示，

則以列聯係數來表示，該係數的意義為「國家別與教養方式兩變數間的關聯強度為 .238」，屬於低度的強度，但亦未達顯著。

16.8.2 順序變數的關聯分析

　　順序變數的關聯係數與前面名義變數關聯分析的操作程序並無差異，也可從 交叉表 的統計量數中獲得，以下，我們就以一個口試成績範例來說明如何應用 SPSS 來進行順序變數關聯分析。

　　例如今天若有兩個評分者對 10 位學生進行口試，名次數值均為 1 到 10，評定結果如表 16.12。請利用不同的順序變數關聯係數來分析兩者的關聯情形。

表 16.12　10 位學生口試名次的資料

考生	主考官一	主考官二
1	9	8
2	3	2
3	1	1
4	6	7
5	2	4
6	8	6
7	10	10
8	4	3
9	5	5
10	7	9

【A. 操作程序】

　　步驟一：建立資料。

　　步驟二：選取 分析 → 描述統計 → 交叉表 ，進入交叉表對話框，選擇欲分析的變數。

　　步驟三：進入 統計量 選取各關聯係數。

　　步驟四：按 確定 執行。

【B. 操作步驟】

步驟一：
輸入資料

步驟二：
選取分析→描述統計→交叉表

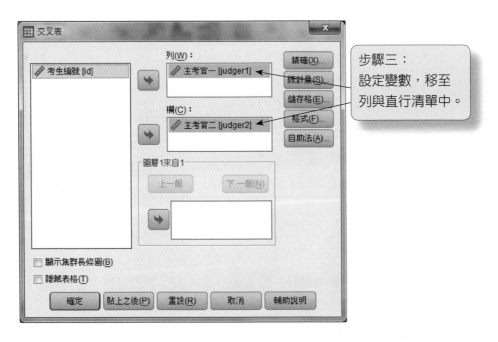

步驟三：
設定變數，移至列與直行清單中。

步驟四：
進入統計量選單，
選擇所需要的係數。

【C. 結果輸出】

JUDGER1 主考官一 * JUDGER2 主考官二 交叉表

個數

		JUDGER2 主考官二										總和
		1	2	3	4	5	6	7	8	9	10	
JUDGER1 主考官一	1	1										1
	2			1								1
	3			1								1
	4				1							1
	5					1						1
	6							1				1
	7									1		1
	8						1					1
	9								1			1
	10									1		1
總和		1	1	1	1	1	1	1	1	1	10	

交叉表
顯示細格與邊際人數。此表顯示兩個主考官的評定結果。對角線表示完全相同的等級。

方向性量數

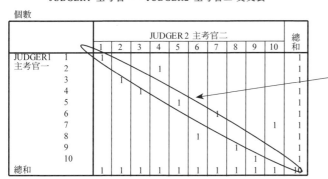

			數值	漸近標準誤	近似 T 分配[b]	顯著性近似值
以次序量數為主	Somers'd 統計量	對稱性量數	.733	.123	5.985	.000
		JUDGER 1 主考官一依變數	.733	.123	5.985	.000
		JUDGER 2 主考官二依變數	.733	.123	5.985	.000

a. 未假定虛無假設為真。
b. 使用假定虛無假設為真時之 漸近標準誤。

Somers'd 係數
兩者地位均等，因此應報告對稱性的 Somer'd 值 =.733。

對稱性量數

		數值	漸近標準誤[b]	近似T分配[b]	顯著性近似值
以次序量數為主	Kendall's tau-b 統計量數	.733	.123	5.985	.000
	Kendall's tau-c 統計量數	.733	.123	5.985	.000
	Gamma 統計量	.733	.123	5.985	.000
	Spearman 相關	.867	.093	4.914	.001[c]
以間隔為主	Pearson R 相關	.867	.059	4.914	.001[c]
同意量數	Kappa 統計量數	.111	.141	1.054	.292
有效觀察值的個數		10			

a. 未假定虛無假設為真。

b. 使用假定虛無假設為真時之漸近標準誤。

c. 以一般近似值為準。

對稱性關聯係數

包含 tab-b，tab-c，Gamma，Kappa 係數資料。並附帶顯著性考驗。

【D. 結果說明】

　　由報表數據可知，兩個主考官對於 10 位考生的評定關聯性頗高，Somer's d 係數、Gamma、Tab-b、Tab-c 係數均為 .733，Spearman 係數更高達 .867，顯著性考驗均達 .001 的顯著水準。但是值得注意的是 Kappa 係數僅有 .111，顯著性考驗結果未達顯著水準，因此如果使用 Kappa 係數來說明兩者的同意度，則顯示兩者的同意度不一致。但以其他係數來看，兩個主考官仍具有良好的一致性。

本章重要概念

等級資料 rank data

威爾克森符號等級檢定 Wilcoxon signed-rank test

Wilcoxon 等級和檢定 Wilcoxon rank-sum test

關聯係數 coefficient of association

Phi 係數 Phi coefficient

Cramer 的 V 係數 Cramer's V coefficient

方向性量數 measures of direction

同序配對 concordant pair

符號檢定 sign test

評分者間信度 inter-rater reliability

Kendall 和諧係數 Kendall's coefficient of concordance

等級變異數分析 analysis of variance by ranks

列聯係數 coefficient of contingency

對稱性量數 measure of symmetry

削減誤差比 proportioned reduction in error; PRE

異序配對 disconcordant pair　　　　　同意量數 measures of agreement

Lambda 係數 Lambda coefficient　　　　Tau-b 係數 Tau-b coefficient

Tau-c 係數 Tau-c coefficient　　　　　　Gamma 係數 Gamma coefficient

Kappa 係數 Kappa coefficient

課後習作

一、H 與 S 兩家手機公司的銷售戰打得如火如荼，為了了解青少年對於兩家手機的偏好程度，某行銷公司在麥當勞隨機找了 16 位學生，問他們對於 H 與 S 品牌的偏好如下 (第八位兩個都好，無法做出偏好決定)：

1	2	3	4	5	6	7	8	9	10	11	12	13	14	15	16
H	S	H	S	H	H	S	-	S	H	S	H	H	S	H	H

1. 請利用符號檢定，檢驗青少年對 H 與 S 兩家手機品牌的偏好是否不同，$\alpha = .05$。

2. 請利用符號檢定，檢驗青少年是否比較喜歡 H 手機品牌，$\alpha = .05$。

3. 前兩題若以常態分配取代二項分配來進行符號檢定的結果為何？

二、某研究人員認為婚姻狀況會影響女性對於食品安全的重視程度。於是他在十位女性的婚前一年請她們作答一份食品安全態度量表，結婚一年後再度施測一次，得到的數據如下表：

姓氏	趙	錢	孫	李	周	吳	鄭	王	馮	陳
婚前	110	157	116	96	130	186	116	160	149	150
婚後	114	159	120	103	139	196	116	140	142	150

1. 請利用符號檢定，檢驗十位女性的婚前婚後的食品安全態度有無變化，$\alpha = .05$。

2. 請利用 Wilcoxon 符號等級檢定，檢驗十位女性的婚前婚後的食品安全態度有無變化，$\alpha = .05$。

三、某次研究所入學考試有十位考生進入口試，接受 A、B、C、D 四位老師的面談，四位老師對十位考生的分數名次如下表（注意：C 教授有兩位第九名）。請利用 Kendall's W 檢定，檢驗四位老師的評分等級是否一致，$\alpha = .05$。

ID	A	B	C	D
1	3	2	4	5
2	5	3	6	4
3	4	4	1	2
4	1	1	2	2
5	9	6	7	9
6	10	7	8	7
7	8	9	9*	10
8	6	8	5	6
9	7	10	9*	8
10	2	5	3	1

四、某研究人員認為婚姻狀況與育兒狀況會影響女性對於食品安全的重視程度。於是他各隨機找了五位未婚、五位已婚但無小孩、五位已婚且有小孩的三種女性共 15 名，請她們作答食品安全態度量表，得到的數據如下表：

未婚	110	157	116	96	130
已婚無小孩	114	159	120	103	139
已婚有小孩	134	168	118	123	143

1. 請利用 Wilcoxon W 檢定，檢驗未婚的 5 位女性與已婚的 10 位女性的食品安全態度有無不同，$\alpha = .05$。

2. 請利用 Mann-Whitney U 檢定，檢驗未婚的 5 位女性與已婚的 10 位女性的食品安全態度有無不同，$\alpha = .05$。

3. 請利用 Kruskal-Wallis H 檢定，檢驗未婚的 5 位女性與已婚的 10 位女性，這兩類女性的食品安全態度有無不同，$\alpha = .05$。

4. 請利用 Kruskal-Wallis H 檢定，檢驗未婚的 5 位女性、已婚無小孩的 5 位女性、已婚有小孩的 5 位女性，這三類女性的食品安全態度有無不同，$\alpha = .05$。

5. 請比較前面四個問題的檢定方法的異同與結論差異。

五、為了了解兄姊使用手機的品牌對於弟妹使用手機的影響，某行銷公司在麥當勞隨機找了 20 位學生使用 H 與 S 或他牌（標示為 O）三類手機的現況，也問他們的哥哥或姊姊使用這三種品牌的狀況（每一個學生只有一個哥哥或姊姊），數據如下：

	1	2	3	4	5	6	7	8	9	10	11	12	13	14	15	16	17	18	19	20
弟妹	H	S	H	S	H	H	S	S	H	S	H	H	S	H	H	O	O	O	O	O
兄姊	H	S	S	H	H	H	O	H	S	H	H	S	H	S	H	O	O	O	O	H

1. 請將數據整理成列聯表的資料型態。
2. 請利用卡方檢定，檢驗兄姊與弟妹在手機品牌使用上是否有關聯，$\alpha = .05$。
3. 請將前一題以無分因果的對稱性關聯係數的形式來表示，結果為何？
4. 若要探討兄姊對弟妹的影響，以方向性關聯係數的形式來表示，結果為何？
5. 假設三種品牌恰好有價格的等級特性：H 最貴、S 次之、O 最便宜，以對稱性及方向性關聯係數的表示方式，結果為何？

附錄

附錄 A：Standard Normal Distribution
標準常態分配累積機率與尾機率對照表

z	Mean to z	Beyond z	z	Mean to z	Beyond z	z	Mean to z	Beyond z
.00	**.0000**	**.5000**	**.50**	**.1915**	**.3085**	**1.00**	**.3413**	**.1587**
.01	.0040	.4960	.51	.1950	.3050	1.01	.3438	.1562
.02	.0080	.4920	.52	.1985	.3015	1.02	.3461	.1539
.03	.0120	.4880	.53	.2019	.2981	1.03	.3485	.1515
.04	.0160	.4840	.54	.2054	.2946	1.04	.3508	.1492
.05	.0199	.4801	.55	.2088	.2912	1.05	.3531	.1469
.06	.0239	.4761	.56	.2123	.2877	1.06	.3554	.1446
.07	.0279	.4721	.57	.2157	.2843	1.07	.3577	.1423
.08	.0319	.4681	.58	.2190	.2810	1.08	.3599	.1401
.09	.0359	.4641	.59	.2224	.2776	1.09	.3621	.1379
.10	**.0398**	**.4602**	**.60**	**.2257**	**.2743**	**1.10**	**.3643**	**.1357**
.11	.0438	.4562	.61	.2291	.2709	1.11	.3665	.1335
.12	.0478	.4522	.62	.2324	.2676	1.12	.3686	.1314
.13	.0517	.4483	.63	.2357	.2643	1.13	.3708	.1292
.14	.0557	.4443	.64	.2389	.2611	1.14	.3729	.1271
.15	.0596	.4404	.65	.2422	.2578	1.15	.3749	.1251
.16	.0636	.4364	.66	.2454	.2546	1.16	.3770	.1230
.17	.0675	.4325	.67	.2486	.2514	1.17	.3790	.1210
.18	.0714	.4286	.68	.2517	.2483	1.18	.3810	.1190
.19	.0753	.4247	.69	.2549	.2451	1.19	.3830	.1170
.20	**.0793**	**.4207**	**.70**	**.2580**	**.2420**	**1.20**	**.3849**	**.1151**
.21	.0832	.4168	.71	.2611	.2389	1.21	.3869	.1131
.22	.0871	.4129	.72	.2642	.2358	1.22	.3888	.1112
.23	.0910	.4090	.73	.2673	.2327	1.23	.3907	.1093
.24	.0948	.4052	.74	.2704	.2296	1.24	.3925	.1075
.25	.0987	.4013	.75	.2734	.2266	1.25	.3944	.1056
.26	.1026	.3974	.76	.2764	.2236	1.26	.3962	.1038
.27	.1064	.3936	.77	.2794	.2206	1.27	.3980	.1020
.28	.1103	.3897	.78	.2823	.2177	1.28	.3997	.1003
.29	.1141	.3859	.79	.2852	.2148	1.29	.4015	.0985
.30	**.1179**	**.3821**	**.80**	**.2881**	**.2119**	**1.30**	**.4032**	**.0968**
.31	.1217	.3783	.81	.2910	.2090	1.31	.4049	.0951
.32	.1255	.3745	.82	.2939	.2061	1.32	.4066	.0934
.33	.1293	.3707	.83	.2967	.2033	1.33	.4082	.0918
.34	.1331	.3669	.84	.2995	.2005	1.34	.4099	.0901
.35	.1368	.3632	.85	.3023	.1977	1.35	.4115	.0885
.36	.1406	.3594	.86	.3051	.1949	1.36	.4131	.0869
.37	.1443	.3557	.87	.3078	.1922	1.37	.4147	.0853
.38	.1480	.3520	.88	.3106	.1894	1.38	.4162	.0838
.39	.1517	.3483	.89	.3133	.1867	1.39	.4177	.0823
.40	**.1554**	**.3446**	**.90**	**.3159**	**.1841**	**1.40**	**.4192**	**.0808**
.41	.1591	.3409	.91	.3186	.1814	1.41	.4207	.0793
.42	.1628	.3372	.92	.3212	.1788	1.42	.4222	.0778
.43	.1664	.3336	.93	.3238	.1762	1.43	.4236	.0764
.44	.1700	.3300	.94	.3264	.1736	1.44	.4251	.0749
.45	.1736	.3264	.95	.3289	.1711	1.45	.4265	.0735
.46	.1772	.3228	.96	.3315	.1685	1.46	.4279	.0721
.47	.1808	.3192	.97	.3340	.1660	1.47	.4292	.0708
.48	.1844	.3156	.98	.3365	.1635	1.48	.4306	.0694
.49	.1879	.3121	.99	.3389	.1611	1.49	.4319	.0681
.50	**.1915**	**.3085**	**1.00**	**.3413**	**.1587**	**1.50**	**.4332**	**.0668**

z	Mean to z	Beyond z	z	Mean to z	Beyond z	z	Mean to z	Beyond z
1.50	**.4332**	**.0668**	**2.00**	**.4772**	**.0228**	**2.50**	**.4938**	**.0062**
1.51	.4345	.0655	2.01	.4778	.0222	2.51	.4940	.0060
1.52	.4357	.0643	2.02	.4783	.0217	2.52	.4941	.0059
1.53	.4370	.0630	2.03	.4788	.0212	2.53	.4943	.0057
1.54	.4382	.0618	2.04	.4793	.0207	2.54	.4945	.0055
1.55	.4394	.0606	2.05	.4798	.0202	2.55	.4946	.0054
1.56	.4406	.0594	2.06	.4803	.0197	2.56	.4948	.0052
1.57	.4418	.0582	2.07	.4808	.0192	2.57	.4949	.0051
1.58	.4429	.0571	2.08	.4812	.0188	2.58	.4951	.0049
1.59	.4441	.0559	2.09	.4817	.0183	2.59	.4952	.0048
1.60	**.4452**	**.0548**	**2.10**	**.4821**	**.0179**	**2.60**	**.4953**	**.0047**
1.61	.4463	.0537	2.11	.4826	.0174	2.61	.4955	.0045
1.62	.4474	.0526	2.12	.4830	.0170	2.62	.4956	.0044
1.63	.4484	.0516	2.13	.4834	.0166	2.63	.4957	.0043
1.64	.4495	.0505	2.14	.4838	.0162	2.64	.4959	.0041
1.65	.4505	.0495	2.15	.4842	.0158	2.65	.4960	.0040
1.66	.4515	.0485	2.16	.4846	.0154	2.66	.4961	.0039
1.67	.4525	.0475	2.17	.4850	.0150	2.67	.4962	.0038
1.68	.4535	.0465	2.18	.4854	.0146	2.68	.4963	.0037
1.69	.4545	.0455	2.19	.4857	.0143	2.69	.4964	.0036
1.70	**.4554**	**.0446**	**2.20**	**.4861**	**.0139**	**2.70**	**.4965**	**.0035**
1.71	.4564	.0436	2.21	.4864	.0136	2.72	.4967	.0033
1.72	.4573	.0427	2.22	.4868	.0132	2.74	.4969	.0031
1.73	.4582	.0418	2.23	.4871	.0129	2.76	.4971	.0029
1.74	.4591	.0409	2.24	.4875	.0125	2.78	.4973	.0027
1.75	.4599	.0401	2.25	.4878	.0122	2.80	.4974	.0026
1.76	.4608	.0392	2.26	.4881	.0119	2.82	.4976	.0024
1.77	.4616	.0384	2.27	.4884	.0116	2.84	.4977	.0023
1.78	.4625	.0375	2.28	.4887	.0113	2.86	.4979	.0021
1.79	.4633	.0367	2.29	.4890	.0110	2.88	.4980	.0020
1.80	**.4641**	**.0359**	**2.30**	**.4893**	**.0107**	**2.90**	**.4981**	**.0019**
1.81	.4649	.0351	2.31	.4896	.0104	2.91	.4982	.0018
1.82	.4656	.0344	2.32	.4898	.0102	2.92	.4982	.0018
1.83	.4664	.0336	2.33	.4901	.0099	2.93	.4983	.0017
1.84	.4671	.0329	2.34	.4904	.0096	2.94	.4984	.0016
1.85	.4678	.0322	2.35	.4906	.0094	2.95	.4984	.0016
1.86	.4686	.0314	2.36	.4909	.0091	2.96	.4985	.0015
1.87	.4693	.0307	2.37	.4911	.0089	2.97	.4985	.0015
1.88	.4699	.0301	2.38	.4913	.0087	2.98	.4986	.0014
1.89	.4706	.0294	2.39	.4916	.0084	2.99	.4986	.0014
1.90	**.4713**	**.0287**	**2.40**	**.4918**	**.0082**	**3.00**	**.4987**	**.0013**
1.91	.4719	.0281	2.41	.4920	.0080	3.10	.4990	.0010
1.92	.4726	.0274	2.42	.4922	.0078	3.20	.4993	.0007
1.93	.4732	.0268	2.43	.4925	.0075	3.30	.4995	.0005
1.94	.4738	.0262	2.44	.4927	.0073	3.40	.4997	.0003
1.95	.4744	.0256	2.45	.4929	.0071	3.50	.4998	.0002
1.96	.4750	.0250	2.46	.4931	.0069	3.60	.4998	.0002
1.97	.4756	.0244	2.47	.4932	.0068	3.70	.4999	.0001
1.98	.4761	.0239	2.48	.4934	.0066	3.80	.4999	.0001
1.99	.4767	.0233	2.49	.4936	.0064	3.90	.5000	.0000
2.00	**.4772**	**.0228**	**2.50**	**.4938**	**.0062**	**4.00**	**.5000**	**.0000**

附錄 B：*t* Distribution

t 分配臨界值與顯著水準對照表

	α							
單尾	.1	.075	.05	.025	.01	.005	.001	.0005
雙尾	.2	.15	.10	.05	.02	.01	.002	.001
df								
1	3.078	4.165	6.314	12.706	31.821	63.657	318.309	636.619
2	1.886	2.282	2.920	4.303	6.965	9.925	22.327	31.599
3	1.638	1.924	2.353	3.182	4.541	5.841	10.215	12.924
4	1.533	1.778	2.132	2.776	3.747	4.604	7.173	8.610
5	1.476	1.699	2.015	2.571	3.365	4.032	5.893	6.869
6	1.440	1.650	1.943	2.447	3.143	3.707	5.208	5.959
7	1.415	1.617	1.895	2.365	2.998	3.499	4.785	5.408
8	1.397	1.592	1.860	2.306	2.896	3.355	4.501	5.041
9	1.383	1.574	1.833	2.262	2.821	3.250	4.297	4.781
10	1.372	1.559	1.812	2.228	2.764	3.169	4.144	4.587
11	1.363	1.548	1.796	2.201	2.718	3.106	4.025	4.437
12	1.356	1.538	1.782	2.179	2.681	3.055	3.930	4.318
13	1.350	1.530	1.771	2.160	2.650	3.012	3.852	4.221
14	1.345	1.523	1.761	2.145	2.624	2.977	3.787	4.140
15	1.341	1.517	1.753	2.131	2.602	2.947	3.733	4.073
16	1.337	1.512	1.746	2.120	2.583	2.921	3.686	4.015
17	1.333	1.508	1.740	2.110	2.567	2.898	3.646	3.965
18	1.330	1.504	1.734	2.101	2.552	2.878	3.610	3.922
19	1.328	1.500	1.729	2.093	2.539	2.861	3.579	3.883
20	1.325	1.497	1.725	2.086	2.528	2.845	3.552	3.850
21	1.323	1.494	1.721	2.080	2.518	2.831	3.527	3.819
22	1.321	1.492	1.717	2.074	2.508	2.819	3.505	3.792
23	1.319	1.489	1.714	2.069	2.500	2.807	3.485	3.768
24	1.318	1.487	1.711	2.064	2.492	2.797	3.467	3.745
25	1.316	1.485	1.708	2.060	2.485	2.787	3.450	3.725
26	1.315	1.483	1.706	2.056	2.479	2.779	3.435	3.707
27	1.314	1.482	1.703	2.052	2.473	2.771	3.421	3.690
28	1.313	1.480	1.701	2.048	2.467	2.763	3.408	3.674
29	1.311	1.479	1.699	2.045	2.462	2.756	3.396	3.659
30	1.310	1.477	1.697	2.042	2.457	2.750	3.385	3.646
35	1.306	1.475	1.670	2.030	2.438	2.724	3.365	3.591
40	1.303	1.473	1.684	2.021	2.423	2.704	3.348	3.551
50	1.299	1.471	1.676	2.009	2.403	2.678	3.333	3.496
60	1.296	1.469	1.671	2.000	2.390	2.660	3.319	3.460
70	1.294	1.468	1.667	1.994	2.381	2.648	3.307	3.435
80	1.292	1.465	1.664	1.990	2.374	2.639	3.281	3.416
90	1.291	1.462	1.662	1.987	2.368	2.632	3.261	3.402
100	1.290	1.460	1.660	1.984	2.364	2.626	3.245	3.390
120	1.289	1.458	1.658	1.980	2.358	2.617	3.232	3.373
150	1.287	1.456	1.655	1.976	2.351	2.609	3.211	3.357
200	1.286	1.453	1.653	1.972	2.345	2.601	3.195	3.340
∞	1.282	1.452	1.645	1.960	2.326	2.576	3.183	3.291

附錄 C：F Distribution

F 分配臨界值與顯著水準對照表

分母 df_2	p	1	2	3	4	5	6	7	8	9	10	11	12	15	20	30	60	120	∞
										分子自由度（df_1）									
1	.05	161.45	199.50	215.71	224.58	230.16	233.99	236.77	238.88	240.54	241.88	242.98	243.91	245.95	248.01	250.10	252.20	253.25	254.41
	.01	4,052.2	4,999.5	5,403.4	5,624.6	5,763.6	5,859.0	5,928.4	5,981.1	6,022.5	6,055.8	6,083.4	6,106.4	6,157.3	6,208.7	6,260.7	6,313.0	6,339.4	71564
2	.05	18.51	19.00	19.16	19.25	19.30	19.33	19.35	19.37	19.38	19.40	19.40	19.41	19.43	19.45	19.46	19.48	19.49	19.50
	.01	98.50	99.00	99.17	99.25	99.30	99.33	99.36	99.37	99.39	99.40	99.41	99.42	99.43	99.45	99.47	99.48	99.49	99.50
	.001	998.50	999.00	999.17	999.25	999.30	999.33	999.36	999.37	999.39	999.40	999.41	999.42	999.43	999.45	999.47	999.48	999.49	999.50
3	.05	10.13	9.55	9.28	9.12	9.01	8.94	8.89	8.85	8.81	8.79	8.76	8.74	8.70	8.66	8.62	8.57	8.55	8.53
	.01	34.12	30.82	29.46	28.71	28.24	27.91	27.67	27.49	27.35	27.23	27.13	27.05	26.87	26.69	26.50	26.32	26.22	26.12
	.001	167.03	148.50	141.11	137.10	134.58	132.85	131.58	130.62	129.86	129.25	128.74	128.32	127.37	126.42	125.45	124.47	123.97	123.42
4	.05	7.71	6.94	6.59	6.39	6.26	6.16	6.09	6.04	6.00	5.96	5.94	5.91	5.86	5.80	5.75	5.69	5.66	5.63
	.01	21.20	18.00	16.69	15.98	15.52	15.21	14.98	14.80	14.66	14.55	14.45	14.37	14.20	14.02	13.84	13.65	13.56	13.46
	.001	74.14	61.25	56.18	53.44	51.71	50.53	49.66	49.00	48.47	48.05	47.70	47.41	46.76	46.10	45.43	44.75	44.40	44.05
5	.05	6.61	5.79	5.41	5.19	5.05	4.95	4.88	4.82	4.77	4.74	4.70	4.68	4.62	4.56	4.50	4.43	4.40	4.37
	.01	16.26	13.27	12.06	11.39	10.97	10.67	10.46	10.29	10.16	10.05	9.96	9.89	9.72	9.55	9.38	9.20	9.11	9.02
	.001	47.18	37.12	33.20	31.09	29.75	28.83	28.16	27.65	27.24	26.92	26.65	26.42	25.91	25.39	24.87	24.33	24.06	23.79
6	.05	5.99	5.14	4.76	4.53	4.39	4.28	4.21	4.15	4.10	4.06	4.03	4.00	3.94	3.87	3.81	3.74	3.70	3.67
	.01	13.75	10.92	9.78	9.15	8.75	8.47	8.26	8.10	7.98	7.87	7.79	7.72	7.56	7.40	7.23	7.06	6.97	6.88
	.001	35.51	27.00	23.70	21.92	20.80	20.03	19.46	19.03	18.69	18.41	18.18	17.99	17.56	17.12	16.67	16.21	15.98	15.75
7	.05	5.59	4.74	4.35	4.12	3.97	3.87	3.79	3.73	3.68	3.64	3.60	3.57	3.51	3.44	3.38	3.30	3.27	3.23
	.01	12.25	9.55	8.45	7.85	7.46	7.19	6.99	6.84	6.72	6.62	6.54	6.47	6.31	6.16	5.99	5.82	5.74	5.65
	.001	29.25	21.69	18.77	17.20	16.21	15.52	15.02	14.63	14.33	14.08	13.88	13.71	13.32	12.93	12.53	12.12	11.91	11.70
8	.05	5.32	4.46	4.07	3.84	3.69	3.58	3.50	3.44	3.39	3.35	3.31	3.28	3.22	3.15	3.08	3.01	2.97	2.93
	.01	11.26	8.65	7.59	7.01	6.63	6.37	6.18	6.03	5.91	5.81	5.73	5.67	5.52	5.36	5.20	5.03	4.95	4.86
	.001	25.41	18.49	15.83	14.39	13.48	12.86	12.40	12.05	11.77	11.54	11.35	11.19	10.84	10.48	10.11	9.73	9.53	9.33
9	.05	5.12	4.26	3.86	3.63	3.48	3.37	3.29	3.23	3.18	3.14	3.10	3.07	3.01	2.94	2.86	2.79	2.75	2.71
	.01	10.56	8.02	6.99	6.42	6.06	5.80	5.61	5.47	5.35	5.26	5.18	5.11	4.96	4.81	4.65	4.48	4.40	4.31
	.001	22.86	16.39	13.90	12.56	11.71	11.13	10.70	10.37	10.11	9.89	9.72	9.57	9.24	8.90	8.55	8.19	8.00	7.81
10	.05	4.96	4.10	3.71	3.48	3.33	3.22	3.14	3.07	3.02	2.98	2.94	2.91	2.85	2.77	2.70	2.62	2.58	2.54
	.01	10.04	7.56	6.55	5.99	5.64	5.39	5.20	5.06	4.94	4.85	4.77	4.71	4.56	4.41	4.25	4.08	4.00	3.91
	.001	21.04	14.91	12.55	11.28	10.48	9.93	9.52	9.20	8.96	8.75	8.59	8.45	8.13	7.80	7.47	7.12	6.94	6.76
11	.05	4.84	3.98	3.59	3.36	3.20	3.09	3.01	2.95	2.90	2.85	2.82	2.79	2.72	2.65	2.57	2.49	2.45	2.40
	.01	9.65	7.21	6.22	5.67	5.32	5.07	4.89	4.74	4.63	4.54	4.46	4.40	4.25	4.10	3.94	3.78	3.69	3.60
	.001	19.69	13.81	11.56	10.35	9.58	9.05	8.66	8.35	8.12	7.92	7.76	7.63	7.32	7.01	6.68	6.35	6.18	6.00
12	.05	4.75	3.89	3.49	3.26	3.11	3.00	2.91	2.85	2.80	2.75	2.72	2.69	2.62	2.54	2.47	2.38	2.34	2.30
	.01	9.33	6.93	5.95	5.41	5.06	4.82	4.64	4.50	4.39	4.30	4.22	4.16	4.01	3.86	3.70	3.54	3.45	3.36
	.001	18.64	12.97	10.80	9.63	8.89	8.38	8.00	7.71	7.48	7.29	7.14	7.00	6.71	6.40	6.09	5.76	5.59	5.42
13	.05	4.67	3.81	3.41	3.18	3.03	2.92	2.83	2.77	2.71	2.67	2.63	2.60	2.53	2.46	2.38	2.30	2.25	2.21
	.01	9.07	6.70	5.74	5.21	4.86	4.62	4.44	4.30	4.19	4.10	4.02	3.96	3.82	3.66	3.51	3.34	3.25	3.17
	.001	17.82	12.31	10.21	9.07	8.35	7.86	7.49	7.21	6.98	6.80	6.65	6.52	6.23	5.93	5.63	5.30	5.14	4.97
14	.05	4.60	3.74	3.34	3.11	2.96	2.85	2.76	2.70	2.65	2.60	2.57	2.53	2.46	2.39	2.31	2.22	2.18	2.13
	.01	8.86	6.51	5.56	5.04	4.69	4.46	4.28	4.14	4.03	3.94	3.86	3.80	3.66	3.51	3.35	3.18	3.09	3.00
	.001	17.14	11.78	9.73	8.62	7.92	7.44	7.08	6.80	6.58	6.40	6.26	6.13	5.85	5.56	5.25	4.94	4.77	4.60
15	.05	4.54	3.68	3.29	3.06	2.90	2.79	2.71	2.64	2.59	2.54	2.51	2.48	2.40	2.33	2.25	2.16	2.11	2.07
	.01	8.68	6.36	5.42	4.89	4.56	4.32	4.14	4.00	3.89	3.80	3.73	3.67	3.52	3.37	3.21	3.05	2.96	2.87
	.001	16.59	11.34	9.34	8.25	7.57	7.09	6.74	6.47	6.26	6.08	5.94	5.81	5.54	5.25	4.95	4.64	4.47	4.31
16	.05	4.49	3.63	3.24	3.01	2.85	2.74	2.66	2.59	2.54	2.49	2.46	2.42	2.35	2.28	2.19	2.11	2.06	2.01
	.01	8.53	6.23	5.29	4.77	4.44	4.20	4.03	3.89	3.78	3.69	3.62	3.55	3.41	3.26	3.10	2.93	2.84	2.75
	.001	16.12	10.97	9.01	7.94	7.27	6.80	6.46	6.19	5.98	5.81	5.67	5.55	5.27	4.99	4.70	4.39	4.23	4.06
17	.05	4.45	3.59	3.20	2.96	2.81	2.70	2.61	2.55	2.49	2.45	2.41	2.38	2.31	2.23	2.15	2.06	2.01	1.96
	.01	8.40	6.11	5.18	4.67	4.34	4.10	3.93	3.79	3.68	3.59	3.52	3.46	3.31	3.16	3.00	2.83	2.75	2.65
	.001	15.72	10.66	8.73	7.68	7.02	6.56	6.22	5.96	5.75	5.58	5.44	5.32	5.05	4.78	4.48	4.18	4.02	3.85
18	.05	4.41	3.55	3.16	2.93	2.77	2.66	2.58	2.51	2.46	2.41	2.37	2.34	2.27	2.19	2.11	2.02	1.97	1.92
	.01	8.29	6.01	5.09	4.58	4.25	4.01	3.84	3.71	3.60	3.51	3.43	3.37	3.23	3.08	2.92	2.75	2.66	2.57
	.001	15.38	10.39	8.49	7.46	6.81	6.35	6.02	5.76	5.56	5.39	5.25	5.13	4.87	4.59	4.30	4.00	3.84	3.67

分母								分子自由度（df_1）											
df_2	p	1	2	3	4	5	6	7	8	9	10	11	12	15	20	30	60	120	∞
19	.05	4.38	3.52	3.13	2.90	2.74	2.63	2.54	2.48	2.42	2.38	2.34	2.31	2.23	2.16	2.07	1.98	1.93	1.88
	.01	8.18	5.93	5.01	4.50	4.17	3.94	3.77	3.63	3.52	3.43	3.36	3.30	3.15	3.00	2.84	2.67	2.58	2.49
	.001	15.08	10.16	8.28	7.27	6.62	6.18	5.85	5.59	5.39	5.22	5.08	4.97	4.70	4.43	4.14	3.84	3.68	3.51
20	.05	4.35	3.49	3.10	2.87	2.71	2.60	2.51	2.45	2.39	2.35	2.31	2.28	2.20	2.12	2.04	1.95	1.90	1.84
	.01	8.10	5.85	4.94	4.43	4.10	3.87	3.70	3.56	3.46	3.37	3.29	3.23	3.09	2.94	2.78	2.61	2.52	2.42
	.001	14.82	9.95	8.10	7.10	6.46	6.02	5.69	5.44	5.24	5.08	4.94	4.82	4.56	4.29	4.00	3.70	3.54	3.38
21	.05	4.32	3.47	3.07	2.84	2.68	2.57	2.49	2.42	2.37	2.32	2.28	2.25	2.18	2.10	2.01	1.92	1.87	1.81
	.01	8.02	5.78	4.87	4.37	4.04	3.81	3.64	3.51	3.40	3.31	3.24	3.17	3.03	2.88	2.72	2.55	2.46	2.36
	.001	14.59	9.77	7.94	6.95	6.32	5.88	5.56	5.31	5.11	4.95	4.81	4.70	4.44	4.17	3.88	3.58	3.42	3.26
22	.05	4.30	3.44	3.05	2.82	2.66	2.55	2.46	2.40	2.34	2.30	2.26	2.23	2.15	2.07	1.98	1.89	1.84	1.78
	.01	7.95	5.72	4.82	4.31	3.99	3.76	3.59	3.45	3.35	3.26	3.18	3.12	2.98	2.83	2.67	2.50	2.40	2.31
	.001	14.38	9.61	7.80	6.81	6.19	5.76	5.44	5.19	4.99	4.83	4.70	4.58	4.33	4.06	3.78	3.48	3.32	3.15
23	.05	4.28	3.42	3.03	2.80	2.64	2.53	2.44	2.37	2.32	2.27	2.24	2.20	2.13	2.05	1.96	1.86	1.81	1.76
	.01	7.88	5.66	4.76	4.26	3.94	3.71	3.54	3.41	3.30	3.21	3.14	3.07	2.93	2.78	2.62	2.45	2.35	2.26
	.001	14.20	9.47	7.67	6.70	6.08	5.65	5.33	5.09	4.89	4.73	4.60	4.48	4.23	3.96	3.68	3.38	3.22	3.05
24	.05	4.26	3.40	3.01	2.78	2.62	2.51	2.42	2.36	2.30	2.25	2.22	2.18	2.11	2.03	1.94	1.84	1.79	1.73
	.01	7.82	5.61	4.72	4.22	3.90	3.67	3.50	3.36	3.26	3.17	3.09	3.03	2.89	2.74	2.58	2.40	2.31	2.21
	.001	14.03	9.34	7.55	6.59	5.98	5.55	5.23	4.99	4.80	4.64	4.51	4.39	4.14	3.87	3.59	3.29	3.14	2.97
25	.05	4.24	3.39	2.99	2.76	2.60	2.49	2.40	2.34	2.28	2.24	2.20	2.16	2.09	2.01	1.92	1.82	1.77	1.71
	.01	7.77	5.57	4.68	4.18	3.85	3.63	3.46	3.32	3.22	3.13	3.06	2.99	2.85	2.70	2.54	2.36	2.27	2.17
	.001	13.88	9.22	7.45	6.49	5.89	5.46	5.15	4.91	4.71	4.56	4.42	4.31	4.06	3.79	3.52	3.22	3.06	2.89
26	.05	4.23	3.37	2.98	2.74	2.59	2.47	2.39	2.32	2.27	2.22	2.18	2.15	2.07	1.99	1.90	1.80	1.75	1.69
	.01	7.72	5.53	4.64	4.14	3.82	3.59	3.42	3.29	3.18	3.09	3.02	2.96	2.81	2.66	2.50	2.33	2.23	2.13
	.001	13.74	9.12	7.36	6.41	5.80	5.38	5.07	4.83	4.64	4.48	4.35	4.24	3.99	3.72	3.44	3.15	2.99	2.82
27	.05	4.21	3.35	2.96	2.73	2.57	2.46	2.37	2.31	2.25	2.20	2.17	2.13	2.06	1.97	1.88	1.79	1.73	1.67
	.01	7.68	5.49	4.60	4.11	3.78	3.56	3.39	3.26	3.15	3.06	2.99	2.93	2.78	2.63	2.47	2.29	2.20	2.10
	.001	13.61	9.02	7.27	6.33	5.73	5.31	5.00	4.76	4.57	4.41	4.28	4.17	3.92	3.66	3.38	3.08	2.92	2.75
28	.05	4.20	3.34	2.95	2.71	2.56	2.45	2.36	2.29	2.24	2.19	2.15	2.12	2.04	1.96	1.87	1.77	1.71	1.65
	.01	7.64	5.45	4.57	4.07	3.75	3.53	3.36	3.23	3.12	3.03	2.96	2.90	2.75	2.60	2.44	2.26	2.17	2.06
	.001	13.50	8.93	7.19	6.25	5.66	5.24	4.93	4.69	4.50	4.35	4.22	4.11	3.86	3.60	3.32	3.02	2.86	2.69
29	.05	4.18	3.33	2.93	2.70	2.55	2.43	2.35	2.28	2.22	2.18	2.14	2.10	2.03	1.94	1.85	1.75	1.70	1.64
	.01	7.60	5.42	4.54	4.04	3.73	3.50	3.33	3.20	3.09	3.00	2.93	2.87	2.73	2.57	2.41	2.23	2.14	2.04
	.001	13.39	8.85	7.12	6.19	5.59	5.18	4.87	4.64	4.45	4.29	4.16	4.05	3.80	3.54	3.27	2.97	2.81	2.64
30	.05	4.17	3.32	2.92	2.69	2.53	2.42	2.33	2.27	2.21	2.16	2.13	2.09	2.01	1.93	1.84	1.74	1.68	1.62
	.01	7.56	5.39	4.51	4.02	3.70	3.47	3.30	3.17	3.07	2.98	2.91	2.84	2.70	2.55	2.39	2.21	2.11	2.01
	.001	13.29	8.77	7.05	6.12	5.53	5.12	4.82	4.58	4.39	4.24	4.11	4.00	3.75	3.49	3.22	2.92	2.76	2.59
40	.05	4.08	3.23	2.84	2.61	2.45	2.34	2.25	2.18	2.12	2.08	2.04	2.00	1.92	1.84	1.74	1.64	1.58	1.51
	.01	7.31	5.18	4.31	3.83	3.51	3.29	3.12	2.99	2.89	2.80	2.73	2.66	2.52	2.37	2.20	2.02	1.92	1.80
	.001	12.61	8.25	6.59	5.70	5.13	4.73	4.44	4.21	4.02	3.87	3.75	3.64	3.40	3.14	2.87	2.57	2.41	2.23
60	.05	4.00	3.15	2.76	2.53	2.37	2.25	2.17	2.10	2.04	1.99	1.95	1.92	1.84	1.75	1.65	1.53	1.47	1.39
	.01	7.08	4.98	4.13	3.65	3.34	3.12	2.95	2.82	2.72	2.63	2.56	2.50	2.35	2.20	2.03	1.84	1.73	1.60
	.001	11.97	7.77	6.17	5.31	4.76	4.37	4.09	3.86	3.69	3.54	3.42	3.32	3.08	2.83	2.55	2.25	2.08	1.89
120	.05	3.92	3.07	2.68	2.45	2.29	2.18	2.09	2.02	1.96	1.91	1.87	1.83	1.75	1.66	1.55	1.43	1.35	1.25
	.01	6.85	4.79	3.95	3.48	3.17	2.96	2.79	2.66	2.56	2.47	2.40	2.34	2.19	2.03	1.86	1.66	1.53	1.38
	.001	11.38	7.32	5.78	4.95	4.42	4.04	3.77	3.55	3.38	3.24	3.12	3.02	2.78	2.53	2.26	1.95	1.77	1.54
∞	.05	3.84	3.00	2.61	2.37	2.21	2.10	2.01	1.94	1.88	1.83	1.79	1.75	1.67	1.57	1.46	1.32	1.22	1.00
	.01	6.64	4.61	3.78	3.32	3.02	2.80	2.64	2.51	2.41	2.32	2.25	2.19	2.04	1.88	1.70	1.48	1.33	1.00
	.001	10.83	6.91	5.43	4.62	4.11	3.75	3.48	3.27	3.10	2.96	2.85	2.75	2.52	2.27	1.99	1.66	1.45	1.00

附錄 D：χ^2 Distribution

χ^2 分配臨界值與顯著水準對照表

df	右側 α					
	.1	.05	.025	.01	.005	.001
1	2.71	3.84	5.02	6.63	7.88	10.83
2	4.61	5.99	7.38	9.21	10.60	13.82
3	6.25	7.81	9.35	11.34	12.84	16.27
4	7.78	9.49	11.14	13.28	14.86	18.47
5	9.24	11.07	12.83	15.09	16.75	20.52
6	10.64	12.59	14.45	16.81	18.55	22.46
7	12.02	14.07	16.01	18.48	20.28	24.32
8	13.36	15.51	17.53	20.09	21.95	26.12
9	14.68	16.92	19.02	21.67	23.59	27.88
10	15.99	18.31	20.48	23.21	25.19	29.59
11	17.28	19.68	21.92	24.72	26.76	31.26
12	18.55	21.03	23.34	26.22	28.30	32.91
13	19.81	22.36	24.74	27.69	29.82	34.53
14	21.06	23.68	26.12	29.14	31.32	36.12
15	22.31	25.00	27.49	30.58	32.80	37.70
16	23.54	26.30	28.85	32.00	34.27	39.25
17	24.77	27.59	30.19	33.41	35.72	40.79
18	25.99	28.87	31.53	34.81	37.16	42.31
19	27.20	30.14	32.85	36.19	38.58	43.82
20	28.41	31.41	34.17	37.57	40.00	45.31
21	29.62	32.67	35.48	38.93	41.40	46.80
22	30.81	33.92	36.78	40.29	42.80	48.27
23	32.01	35.17	38.08	41.64	44.18	49.73
24	33.20	36.42	39.36	42.98	45.56	51.18
25	34.38	37.65	40.65	44.31	46.93	52.62
26	35.56	38.89	41.92	45.64	48.29	54.05
27	36.74	40.11	43.19	46.96	49.64	55.48
28	37.92	41.34	44.46	48.28	50.99	56.89
29	39.09	42.56	45.72	49.59	52.34	58.30
30	40.26	43.77	46.98	50.89	53.67	59.70
35	46.06	49.80	53.20	57.34	60.27	66.62
40	51.81	55.76	59.34	63.69	66.77	73.40
50	63.17	67.50	71.42	76.15	79.49	86.66
60	74.40	79.08	83.30	88.38	91.95	99.61
70	85.53	90.53	95.02	100.43	104.21	112.32
80	96.58	101.88	106.63	112.33	116.32	124.84
90	107.57	113.15	118.14	124.12	128.30	137.21
100	118.50	124.34	129.56	135.81	140.17	149.45
200	226.02	233.99	241.06	249.45	255.26	267.54
500	540.93	553.13	563.85	576.49	585.21	603.45
1,000	1,057.72	1,074.68	1,089.53	1,106.97	1,118.95	1,143.92

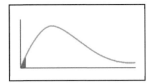

	左側 α					
df	.1	.05	.025	.01	.005	.001
1	.02	.00	.00	.00	.00	.00
2	.21	.10	.05	.02	.01	.00
3	.58	.35	.22	.11	.07	.02
4	1.06	.71	.48	.30	.21	.09
5	1.61	1.15	.83	.55	.41	.21
6	2.20	1.64	1.24	.87	.68	.38
7	2.83	2.17	1.69	1.24	.99	.60
8	3.49	2.73	2.18	1.65	1.34	.86
9	4.17	3.33	2.70	2.09	1.73	1.15
10	4.87	3.94	3.25	2.56	2.16	1.48
11	5.58	4.57	3.82	3.05	2.60	1.83
12	6.30	5.23	4.40	3.57	3.07	2.21
13	7.04	5.89	5.01	4.11	3.57	2.62
14	7.79	6.57	5.63	4.66	4.07	3.04
15	8.55	7.26	6.26	5.23	4.60	3.48
16	9.31	7.96	6.91	5.81	5.14	3.94
17	10.09	8.67	7.56	6.41	5.70	4.42
18	10.86	9.39	8.23	7.01	6.26	4.90
19	11.65	10.12	8.91	7.63	6.84	5.41
20	12.44	10.85	9.59	8.26	7.43	5.92
21	13.24	11.59	10.28	8.90	8.03	6.45
22	14.04	12.34	10.98	9.54	8.64	6.98
23	14.85	13.09	11.69	10.20	9.26	7.53
24	15.66	13.85	12.40	10.86	9.89	8.08
25	16.47	14.61	13.12	11.52	10.52	8.65
26	17.29	15.38	13.84	12.20	11.16	9.22
27	18.11	16.15	14.57	12.88	11.81	9.80
28	18.94	16.93	15.31	13.56	12.46	10.39
29	19.77	17.71	16.05	14.26	13.12	10.99
30	20.60	18.49	16.79	14.95	13.79	11.59
35	24.80	22.47	20.57	18.51	17.19	14.69
40	29.05	26.51	24.43	22.16	20.71	17.92
50	37.69	34.76	32.36	29.71	27.99	24.67
60	46.46	43.19	40.48	37.48	35.53	31.74
70	55.33	51.74	48.76	45.44	43.28	39.04
80	64.28	60.39	57.15	53.54	51.17	46.52
90	73.29	69.13	65.65	61.75	59.20	54.16
100	82.36	77.93	74.22	70.06	67.33	61.92
200	174.84	168.28	162.73	156.43	152.24	143.84
500	459.93	449.15	439.94	429.39	422.30	407.95
1,000	943.13	927.59	914.26	898.91	888.56	867.48

附錄 E

二項分配機率對照表（Binomial Distribution）

N	X	.05	.1	.2	.3	.4	.5	.6	.7	.8	.9	.95
							π					
1	0	.9500	.9000	.8000	.7000	.6000	.5000	.4000	.3000	.2000	.1000	.0500
	1	.0500	.1000	.2000	.3000	.4000	.5000	.6000	.7000	.8000	.9000	.9500
2	0	.9025	.8100	.6400	.4900	.3600	.2500	.1600	.0900	.0400	.0100	.0025
	1	.0950	.1800	.3200	.4200	.4800	.5000	.4800	.4200	.3200	.1800	.0950
	2	.0025	.0100	.0400	.0900	.1600	.2500	.3600	.4900	.6400	.8100	.9025
3	0	.8574	.7290	.5120	.3430	.2160	.1250	.0640	.0270	.0080	.0010	.0001
	1	.1354	.2430	.3840	.4410	.4320	.3750	.2880	.1890	.0960	.0270	.0071
	2	.0071	.0270	.0960	.1890	.2880	.3750	.4320	.4410	.3840	.2430	.1354
	3	.0001	.0010	.0080	.0270	.0640	.1250	.2160	.3430	.5120	.7290	.8574
4	0	.8145	.6561	.4096	.2401	.1296	.0625	.0256	.0081	.0016	.0001	.0000
	1	.1715	.2916	.4096	.4116	.3456	.2500	.1536	.0756	.0256	.0036	.0005
	2	.0135	.0486	.1536	.2646	.3456	.3750	.3456	.2646	.1536	.0486	.0135
	3	.0005	.0036	.0256	.0756	.1536	.2500	.3456	.4116	.4096	.2916	.1715
	4	.0000	.0001	.0016	.0081	.0256	.0625	.1296	.2401	.4096	.6561	.8145
5	0	.7738	.5905	.3277	.1681	.0778	.0313	.0102	.0024	.0003	.0000	
	1	.2036	.3281	.4096	.3602	.2592	.1563	.0768	.0284	.0064	.0005	.0000
	2	.0214	.0729	.2048	.3087	.3456	.3125	.2304	.1323	.0512	.0081	.0011
	3	.0011	.0081	.0512	.1323	.2304	.3125	.3456	.3087	.2048	.0729	.0214
	4	.0000	.0005	.0064	.0284	.0768	.1563	.2592	.3602	.4096	.3281	.2036
	5		.0000	.0003	.0024	.0102	.0313	.0778	.1681	.3277	.5905	.7738
6	0	.7351	.5314	.2621	.1176	.0467	.0156	.0041	.0007	.0001	.0000	
	1	.2321	.3543	.3932	.3025	.1866	.0938	.0369	.0102	.0015	.0001	.0000
	2	.0305	.0984	.2458	.3241	.3110	.2344	.1382	.0595	.0154	.0012	.0001
	3	.0021	.0146	.0819	.1852	.2765	.3125	.2765	.1852	.0819	.0146	.0021
	4	.0001	.0012	.0154	.0595	.1382	.2344	.3110	.3241	.2458	.0984	.0305
	5	.0000	.0001	.0015	.0102	.0369	.0938	.1866	.3025	.3932	.3543	.2321
	6		.0000	.0001	.0007	.0041	.0156	.0467	.1176	.2621	.5314	.7351
7	0	.6983	.4783	.2097	.0824	.0280	.0078	.0016	.0002	.0000		
	1	.2573	.3720	.3670	.2471	.1306	.0547	.0172	.0036	.0004	.0000	
	2	.0406	.1240	.2753	.3177	.2613	.1641	.0774	.0250	.0043	.0002	.0000
	3	.0036	.0230	.1147	.2269	.2903	.2734	.1935	.0972	.0287	.0026	.0002
	4	.0002	.0026	.0287	.0972	.1935	.2734	.2903	.2269	.1147	.0230	.0036
	5	.0000	.0002	.0043	.0250	.0774	.1641	.2613	.3177	.2753	.1240	.0406
	6		.0000	.0004	.0036	.0172	.0547	.1306	.2471	.3670	.3720	.2573
	7			.0000	.0002	.0016	.0078	.0280	.0824	.2097	.4783	.6983
8	0	.6634	.4305	.1678	.0576	.0168	.0039	.0007	.0001	.0000		
	1	.2793	.3826	.3355	.1977	.0896	.0313	.0079	.0012	.0001		
	2	.0515	.1488	.2936	.2965	.2090	.1094	.0413	.0100	.0011	.0000	
	3	.0054	.0331	.1468	.2541	.2787	.2188	.1239	.0467	.0092	.0004	.0000
	4	.0004	.0046	.0459	.1361	.2322	.2734	.2322	.1361	.0459	.0046	.0004
	5	.0000	.0004	.0092	.0467	.1239	.2188	.2787	.2541	.1468	.0331	.0054
	6		.0000	.0011	.0100	.0413	.1094	.2090	.2965	.2936	.1488	.0515
	7			.0001	.0012	.0079	.0313	.0896	.1977	.3355	.3826	.2793
	8			.0000	.0001	.0007	.0039	.0168	.0576	.1678	.4305	.6634

N	X	.05	.1	.2	.3	.4	.5	.6	.7	.8	.9	.95
							π					
9	0	.6302	.3874	.1342	.0404	.0101	.0020	.0003	.0000			
	1	.2985	.3874	.3020	.1556	.0605	.0176	.0035	.0004	.0000		
	2	.0629	.1722	.3020	.2668	.1612	.0703	.0212	.0039	.0003	.0000	
	3	.0077	.0446	.1762	.2668	.2508	.1641	.0743	.0210	.0028	.0001	
	4	.0006	.0074	.0661	.1715	.2508	.2461	.1672	.0735	.0165	.0008	.0000
	5	.0000	.0008	.0165	.0735	.1672	.2461	.2508	.1715	.0661	.0074	.0006
	6		.0001	.0028	.0210	.0743	.1641	.2508	.2668	.1762	.0446	.0077
	7		.0000	.0003	.0039	.0212	.0703	.1612	.2668	.3020	.1722	.0629
	8			.0000	.0004	.0035	.0176	.0605	.1556	.3020	.3874	.2985
	9				.0000	.0003	.0020	.0101	.0404	.1342	.3874	.6302
10	0	.5987	.3487	.1074	.0282	.0060	.0010	.0001	.0000			
	1	.3151	.3874	.2684	.1211	.0403	.0098	.0016	.0001	.0000		
	2	.0746	.1937	.3020	.2335	.1209	.0439	.0106	.0014	.0001		
	3	.0105	.0574	.2013	.2668	.2150	.1172	.0425	.0090	.0008	.0000	
	4	.0010	.0112	.0881	.2001	.2508	.2051	.1115	.0368	.0055	.0001	.0000
	5	.0001	.0015	.0264	.1029	.2007	.2461	.2007	.1029	.0264	.0015	.0001
	6	.0000	.0001	.0055	.0368	.1115	.2051	.2508	.2001	.0881	.0112	.0010
	7		.0000	.0008	.0090	.0425	.1172	.2150	.2668	.2013	.0574	.0105
	8			.0001	.0014	.0106	.0439	.1209	.2335	.3020	.1937	.0746
	9			.0000	.0001	.0016	.0098	.0403	.1211	.2684	.3874	.3151
	10				.0000	.0001	.0010	.0060	.0282	.1074	.3487	.5987
11	0	.5688	.3138	.0859	.0198	.0036	.0005	.0000				
	1	.3293	.3835	.2362	.0932	.0266	.0054	.0007	.0000			
	2	.0867	.2131	.2953	.1998	.0887	.0269	.0052	.0005	.0000		
	3	.0137	.0710	.2215	.2568	.1774	.0806	.0234	.0037	.0002		
	4	.0014	.0158	.1107	.2201	.2365	.1611	.0701	.0173	.0017	.0000	
	5	.0001	.0025	.0388	.1321	.2207	.2256	.1471	.0566	.0097	.0003	.0000
	6	.0000	.0003	.0097	.0566	.1471	.2256	.2207	.1321	.0388	.0025	.0001
	7		.0000	.0017	.0173	.0701	.1611	.2365	.2201	.1107	.0158	.0014
	8			.0002	.0037	.0234	.0806	.1774	.2568	.2215	.0710	.0137
	9			.0000	.0005	.0052	.0269	.0887	.1998	.2953	.2131	.0867
	10				.0000	.0007	.0054	.0266	.0932	.2362	.3835	.3293
	11					.0000	.0005	.0036	.0198	.0859	.3138	.5688
12	0	.5404	.2824	.0687	.0138	.0022	.0002	.0000				
	1	.3413	.3766	.2062	.0712	.0174	.0029	.0003	.0000			
	2	.0988	.2301	.2835	.1678	.0639	.0161	.0025	.0002	.0000		
	3	.0173	.0852	.2362	.2397	.1419	.0537	.0125	.0015	.0001		
	4	.0021	.0213	.1329	.2311	.2128	.1208	.0420	.0078	.0005		
	5	.0002	.0038	.0532	.1585	.2270	.1934	.1009	.0291	.0033	.0000	
	6	.0000	.0005	.0155	.0792	.1766	.2256	.1766	.0792	.0155	.0005	.0000
	7		.0000	.0033	.0291	.1009	.1934	.2270	.1585	.0532	.0038	.0002
	8			.0005	.0078	.0420	.1208	.2128	.2311	.1329	.0213	.0021
	9			.0001	.0015	.0125	.0537	.1419	.2397	.2362	.0852	.0173
	10			.0000	.0002	.0025	.0161	.0639	.1678	.2835	.2301	.0988
	11				.0000	.0003	.0029	.0174	.0712	.2062	.3766	.3413
	12					.0000	.0002	.0022	.0138	.0687	.2824	.5404

N	X	.05	.1	.2	.3	.4	π .5	.6	.7	.8	.9	.95
13	0	.5133	.2542	.0550	.0097	.0013	.0001	.0000				
	1	.3512	.3672	.1787	.0540	.0113	.0016	.0001	.0000			
	2	.1109	.2448	.2680	.1388	.0453	.0095	.0012	.0001			
	3	.0214	.0997	.2457	.2181	.1107	.0349	.0065	.0006	.0000		
	4	.0028	.0277	.1535	.2337	.1845	.0873	.0243	.0034	.0001		
	5	.0003	.0055	.0691	.1803	.2214	.1571	.0656	.0142	.0011	.0000	
	6	.0000	.0008	.0230	.1030	.1968	.2095	.1312	.0442	.0058	.0001	
	7		.0001	.0058	.0442	.1312	.2095	.1968	.1030	.0230	.0008	.0000
	8		.0000	.0011	.0142	.0656	.1571	.2214	.1803	.0691	.0055	.0003
	9			.0001	.0034	.0243	.0873	.1845	.2337	.1535	.0277	.0028
	10			.0000	.0006	.0065	.0349	.1107	.2181	.2457	.0997	.0214
	11				.0001	.0012	.0095	.0453	.1388	.2680	.2448	.1109
	12				.0000	.0001	.0016	.0113	.0540	.1787	.3672	.3512
	13					.0000	.0001	.0013	.0097	.0550	.2542	.5133
14	0	.4877	.2288	.0440	.0068	.0008	.0001	.0000				
	1	.3593	.3559	.1539	.0407	.0073	.0009	.0001				
	2	.1229	.2570	.2501	.1134	.0317	.0056	.0005	.0000			
	3	.0259	.1142	.2501	.1943	.0845	.0222	.0033	.0002			
	4	.0037	.0349	.1720	.2290	.1549	.0611	.0136	.0014	.0000		
	5	.0004	.0078	.0860	.1963	.2066	.1222	.0408	.0066	.0003		
	6	.0000	.0013	.0322	.1262	.2066	.1833	.0918	.0232	.0020	.0000	
	7		.0002	.0092	.0618	.1574	.2095	.1574	.0618	.0092	.0002	
	8		.0000	.0020	.0232	.0918	.1833	.2066	.1262	.0322	.0013	.0000
	9			.0003	.0066	.0408	.1222	.2066	.1963	.0860	.0078	.0004
	10			.0000	.0014	.0136	.0611	.1549	.2290	.1720	.0349	.0037
	11				.0002	.0033	.0222	.0845	.1943	.2501	.1142	.0259
	12				.0000	.0005	.0056	.0317	.1134	.2501	.2570	.1229
	13					.0001	.0009	.0073	.0407	.1539	.3559	.3593
	14					.0000	.0001	.0008	.0068	.0440	.2288	.4877
15	0	.4633	.2059	.0352	.0047	.0005	.0000					
	1	.3658	.3432	.1319	.0305	.0047	.0005	.0000				
	2	.1348	.2669	.2309	.0916	.0219	.0032	.0003	.0000			
	3	.0307	.1285	.2501	.1700	.0634	.0139	.0016	.0001			
	4	.0049	.0428	.1876	.2186	.1268	.0417	.0074	.0006	.0000		
	5	.0006	.0105	.1032	.2061	.1859	.0916	.0245	.0030	.0001		
	6	.0000	.0019	.0430	.1472	.2066	.1527	.0612	.0116	.0007		
	7		.0003	.0138	.0811	.1771	.1964	.1181	.0348	.0035	.0000	
	8		.0000	.0035	.0348	.1181	.1964	.1771	.0811	.0138	.0003	
	9			.0007	.0116	.0612	.1527	.2066	.1472	.0430	.0019	.0000
	10			.0001	.0030	.0245	.0916	.1859	.2061	.1032	.0105	.0006
	11			.0000	.0006	.0074	.0417	.1268	.2186	.1876	.0428	.0049
	12				.0001	.0016	.0139	.0634	.1700	.2501	.1285	.0307
	13				.0000	.0003	.0032	.0219	.0916	.2309	.2669	.1348
	14					.0000	.0005	.0047	.0305	.1319	.3432	.3658
	15						.0000	.0005	.0047	.0352	.2059	.4633

附錄 F

卜瓦松分配機率對照表（Poisson Distribution）

X	0.1	0.2	0.3	0.4	0.5	0.6	0.7	0.8	0.9	1
0	.9048	.8187	.7408	.6703	.6065	.5488	.4966	.4493	.4066	.3679
1	.0905	.1637	.2222	.2681	.3033	.3293	.3476	.3595	.3659	.3679
2	.0045	.0164	.0333	.0536	.0758	.0988	.1217	.1438	.1647	.1839
3	.0002	.0011	.0033	.0072	.0126	.0198	.0284	.0383	.0494	.0613
4	.0000	.0001	.0003	.0007	.0016	.0030	.0050	.0077	.0111	.0153
5		.0000	.0000	.0001	.0002	.0004	.0007	.0012	.0020	.0031
6				.0000	.0000	.0000	.0001	.0002	.0003	.0005
7							.0000	.0000	.0000	.0001
8										.0000

X	2	3	4	5	6	7	8	9	10	12
0	.1353	.0498	.0183	.0067	.0025	.0009	.0003	.0001	.0000	.0000
1	.2707	.1494	.0733	.0337	.0149	.0064	.0027	.0011	.0005	.0001
2	.2707	.2240	.1465	.0842	.0446	.0223	.0107	.0050	.0023	.0004
3	.1804	.2240	.1954	.1404	.0892	.0521	.0286	.0150	.0076	.0018
4	.0902	.1680	.1954	.1755	.1339	.0912	.0573	.0337	.0189	.0053
5	.0361	.1008	.1563	.1755	.1606	.1277	.0916	.0607	.0378	.0127
6	.0120	.0504	.1042	.1462	.1606	.1490	.1221	.0911	.0631	.0255
7	.0034	.0216	.0595	.1044	.1377	.1490	.1396	.1171	.0901	.0437
8	.0009	.0081	.0298	.0653	.1033	.1304	.1396	.1318	.1126	.0655
9	.0002	.0027	.0132	.0363	.0688	.1014	.1241	.1318	.1251	.0874
10	.0000	.0008	.0053	.0181	.0413	.0710	.0993	.1186	.1251	.1048
11		.0002	.0019	.0082	.0225	.0452	.0722	.0970	.1137	.1144
12		.0001	.0006	.0034	.0113	.0263	.0481	.0728	.0948	.1144
13		.0000	.0002	.0013	.0052	.0142	.0296	.0504	.0729	.1056
14			.0001	.0005	.0022	.0071	.0169	.0324	.0521	.0905
15			.0000	.0002	.0009	.0033	.0090	.0194	.0347	.0724
16				.0000	.0003	.0014	.0045	.0109	.0217	.0543
17					.0001	.0006	.0021	.0058	.0128	.0383
18					.0000	.0002	.0009	.0029	.0071	.0255
19						.0001	.0004	.0014	.0037	.0161
20						.0000	.0002	.0006	.0019	.0097
21							.0001	.0003	.0009	.0055
22							.0000	.0001	.0004	.0030
23								.0000	.0002	.0016
24									.0001	.0008
25									.0000	.0004
26										.0002
27										.0001
28										.0000

附錄 G

指數分配機率對照表（Exponential Distribution）

X	λ 0.1	0.2	0.5	0.75	1	1.5	X	λ 0.1	0.2	0.5	0.75	1	1.5
0.0	.1000	.2000	.5000	.7500	1.0000	1.5000	5.0	.0607	.0736	.0410	.0176	.0067	.0008
0.1	.0990	.1960	.4756	.6958	.9048	1.2911	5.1	.0600	.0721	.0390	.0164	.0061	.0007
0.2	.0980	.1922	.4524	.6455	.8187	1.1112	5.2	.0595	.0707	.0371	.0152	.0055	.0006
0.3	.0970	.1884	.4304	.5989	.7408	.9564	5.3	.0589	.0693	.0353	.0141	.0050	.0005
0.4	.0961	.1846	.4094	.5556	.6703	.8232	5.4	.0583	.0679	.0336	.0131	.0045	.0005
0.5	.0951	.1810	.3894	.5155	.6065	.7085	5.5	.0577	.0666	.0320	.0121	.0041	.0004
0.6	.0942	.1774	.3704	.4782	.5488	.6099	5.6	.0571	.0653	.0304	.0112	.0037	.0003
0.7	.0932	.1739	.3523	.4437	.4966	.5249	5.7	.0566	.0640	.0289	.0104	.0033	.0003
0.8	.0923	.1704	.3352	.4116	.4493	.4518	5.8	.0560	.0627	.0275	.0097	.0030	.0002
0.9	.0914	.1671	.3188	.3819	.4066	.3889	5.9	.0554	.0615	.0262	.0090	.0027	.0002
1.0	.0905	.1637	.3033	.3543	.3679	.3347	6.0	.0549	.0602	.0249	.0083	.0025	.0002
1.1	.0896	.1605	.2885	.3287	.3329	.2881	6.1	.0543	.0590	.0237	.0077	.0022	.0002
1.2	.0887	.1573	.2744	.3049	.3012	.2479	6.2	.0538	.0579	.0225	.0072	.0020	.0001
1.3	.0878	.1542	.2610	.2829	.2725	.2134	6.3	.0533	.0567	.0214	.0067	.0018	.0001
1.4	.0869	.1512	.2483	.2625	.2466	.1837	6.4	.0527	.0556	.0204	.0062	.0017	.0001
1.5	.0861	.1482	.2362	.2435	.2231	.1581	6.5	.0522	.0545	.0194	.0057	.0015	.0001
1.6	.0852	.1452	.2247	.2259	.2019	.1361	6.6	.0517	.0534	.0184	.0053	.0014	.0001
1.7	.0844	.1424	.2137	.2096	.1827	.1171	6.7	.0512	.0524	.0175	.0049	.0012	.0001
1.8	.0835	.1395	.2033	.1944	.1653	.1008	6.8	.0507	.0513	.0167	.0046	.0011	.0001
1.9	.0827	.1368	.1934	.1804	.1496	.0868	6.9	.0502	.0503	.0159	.0042	.0010	.0000
2.0	.0819	.1341	.1839	.1673	.1353	.0747	7.0	.0497	.0493	.0151	.0039	.0009	.0000
2.1	.0811	.1314	.1750	.1553	.1225	.0643	7.1	.0492	.0483	.0144	.0037	.0008	.0000
2.2	.0803	.1288	.1664	.1440	.1108	.0553	7.2	.0487	.0474	.0137	.0034	.0007	.0000
2.3	.0795	.1263	.1583	.1336	.1003	.0476	7.3	.0482	.0464	.0130	.0031	.0007	.0000
2.4	.0787	.1238	.1506	.1240	.0907	.0410	7.4	.0477	.0455	.0124	.0029	.0006	.0000
2.5	.0779	.1213	.1433	.1150	.0821	.0353	7.5	.0472	.0446	.0118	.0027	.0006	.0000
2.6	.0771	.1189	.1363	.1067	.0743	.0304	7.6	.0468	.0437	.0112	.0025	.0005	.0000
2.7	.0763	.1165	.1296	.0990	.0672	.0261	7.7	.0463	.0429	.0106	.0023	.0005	.0000
2.8	.0756	.1142	.1233	.0918	.0608	.0225	7.8	.0458	.0420	.0101	.0022	.0004	.0000
2.9	.0748	.1120	.1173	.0852	.0550	.0194	7.9	.0454	.0412	.0096	.0020	.0004	.0000
3.0	.0741	.1098	.1116	.0790	.0498	.0167	8.0	.0449	.0404	.0092	.0019	.0003	.0000
3.1	.0733	.1076	.1061	.0733	.0450	.0143	8.1	.0445	.0396	.0087	.0017	.0003	.0000
3.2	.0726	.1055	.1009	.0680	.0408	.0123	8.2	.0440	.0388	.0083	.0016	.0003	.0000
3.3	.0719	.1034	.0960	.0631	.0369	.0106	8.3	.0436	.0380	.0079	.0015	.0002	.0000
3.4	.0712	.1013	.0913	.0586	.0334	.0091	8.4	.0432	.0373	.0075	.0014	.0002	.0000
3.5	.0705	.0993	.0869	.0543	.0302	.0079	8.5	.0427	.0365	.0071	.0013	.0002	.0000
3.6	.0698	.0974	.0826	.0504	.0273	.0068	8.6	.0423	.0358	.0068	.0012	.0002	.0000
3.7	.0691	.0954	.0786	.0468	.0247	.0058	8.7	.0419	.0351	.0065	.0011	.0002	.0000
3.8	.0684	.0935	.0748	.0434	.0224	.0050	8.8	.0415	.0344	.0061	.0010	.0002	.0000
3.9	.0677	.0917	.0711	.0402	.0202	.0043	8.9	.0411	.0337	.0058	.0009	.0001	.0000
4.0	.0670	.0899	.0677	.0373	.0183	.0037	9.0	.0407	.0331	.0056	.0009	.0001	.0000
4.1	.0664	.0881	.0644	.0346	.0166	.0032	9.1	.0403	.0324	.0053	.0008	.0001	.0000
4.2	.0657	.0863	.0612	.0321	.0150	.0028	9.2	.0399	.0318	.0050	.0008	.0001	.0000
4.3	.0651	.0846	.0582	.0298	.0136	.0024	9.3	.0395	.0311	.0048	.0007	.0001	.0000
4.4	.0644	.0830	.0554	.0277	.0123	.0020	9.4	.0391	.0305	.0045	.0007	.0001	.0000
4.5	.0638	.0813	.0527	.0257	.0111	.0018	9.5	.0387	.0299	.0043	.0006	.0001	.0000
4.6	.0631	.0797	.0501	.0238	.0101	.0015	9.6	.0383	.0293	.0041	.0006	.0001	.0000
4.7	.0625	.0781	.0477	.0221	.0091	.0013	9.7	.0379	.0287	.0039	.0005	.0001	.0000
4.8	.0619	.0766	.0454	.0205	.0082	.0011	9.8	.0375	.0282	.0037	.0005	.0001	.0000
4.9	.0613	.0751	.0431	.0190	.0074	.0010	9.9	.0372	.0276	.0035	.0004	.0001	.0000
5.0	.0607	.0736	.0410	.0176	.0067	.0008	10.0	.0368	.0271	.0034	.0004	.0000	.0000

附錄 H

SPSS 函數功能摘要表

累積機率函數 Cumulative Distribution Functions：產生數值小於 X 的累積機率

CDF.BERNOULLI	CDF.BERNOULLI(X,prob)	Bernoulli 分配
CDF.BETA	CDF.BETA(X,shape1,shape2)	Beta 分配
CDF.BINOM	CDF.BINOM(X,n,prob)	二項分配
CDF.BVNOR	CDF.BVNOR(X1,X2,corr)	標準雙變數常態分配
CDF.CAUCHY	CDF.CAUCHY(X,loc,scale)	柯西 Cauchy 分配
CDF.CHISQ	CDF.CHISQ(X,df)	卡方分配
CDF.EXP	CDF.EXP(X,scale)	指數分配
CDF.F	CDF.F(X,df1,df2)	F 分配
CDF.GAMMA	CDF.GAMMA(X,shape,scale)	Gamma 分配
CDF.GEOM	CDF.GEOM(X,prob)	幾何分配
CDF.HALFNRM	CDF.HALFNRM(X,mean,stddev)	半常態分配
CDF.HYPER	CDF.HYPER(X,total,sample,hits)	超幾何分配
CDF.IGAUSS	CDF.IGAUSS(X,loc,scale)	反向 Gaussian 分配
CDF.LAPLACE	CDF.LAPLACE(X,mean,scale)	Laplace 分配
CDF.LOGISTIC	CDF.LOGISTIC(X,mean,scale)	Logistic 分配
CDF.LNORMAL	CDF.LNORMAL(X,a,b)	對數常態分配
CDF.NEGBIN	CDF.NEGBIN(X,thresh,prob)	負二項分配
CDFNORM	CDFNORM(zvalue)	標準常態分配 (z)
CDF.NORMAL	CDF.NORMAL(X,mean,stddev)	常態分配
CDF.PARETO	CDF.PARETO(X,threshold,shape)	Pareto 分配
CDF.POISSON	CDF.POISSON(X,mean)	卜瓦松 Poisson 分配
CDF.SMOD	CDF.SMOD(X,a,b)	Studentized 最大絕對值
CDF.SRANGE	CDF.SRANGE(X,a,b)	Studentized 範圍統計量
CDF.T	CDF.T(X,df)	Student's t 分配
CDF.UNIFORM	CDF.UNIFORM(X,min,max)	均勻分配
CDF.WEIBULL	CDF.WEIBULL(X,a,b)	Weibull 分配

尾機率函數 Tail Probability Functions：產生高於 X 的尾機率

SIG.CHISQ	SIG.CHISQ(X,df)	卡方分配的尾機率
SIG.F	SIG.F(X,df1,df2)	F 分配的尾機率

機率密度函數 Probability Density Functions：產生數值為 X 的機率密度

PDF.BERNOULLI	PDF.BERNOULLI(X,prob)	Bernoulli 分配
PDF.BETA	PDF.BETA(X,shape1,shape2)	beta 分配
PDF.BINOM	PDF.BINOM(X,n,prob)	二項分配 n 次試驗
PDF.BVNOR	PDF.BVNOR(X1,X2,corr)	標準雙變數常態分配
PDF.CAUCHY	PDF.CAUCHY(X,loc,scale)	柯西 Cauchy 分配
PDF.CHISQ	PDF.CHISQ(X,df)	卡方分配
PDF.EXP	PDF.EXP(X,shape)	指數分配
PDF.F	PDF.F(X,df1,df2)	F 分配
PDF.GAMMA	PDF.GAMMA(X,shape,scale)	Gamma 分配
PDF.GEOM	PDF.GEOM(X,prob)	幾何分配
PDF.HALFNRM	PDF.HALFNRM(X,mean,stddev)	半常態分配
PDF.HYPER	PDF.HYPER(X,total,sample,hits)	超幾何分配
PDF.IGAUSS	PDF.IGAUSS(X,loc,scale)	反向 Gaussian 分配
PDF.LAPLACE	PDF.LAPLACE(X,mean,scale)	Laplace 分配
PDF.LOGISTIC	PDF.LOGISTIC(X,mean,scale)	Logistic 分配
PDF.LNORMAL	PDF.LNORMAL(X,a,b)	對數常態分配
PDF.NEGBIN	PDF.NEGBIN(X,thresh,prob)	負二項分配
PDF.NORMAL	PDF.NORMAL(X,mean,stddev)	常態分配
PDF.PARETO	PDF.PARETO(X,threshold,shape)	Pareto 分配
PDF.POISSON	PDF.POISSON(X,mean)	卜瓦松 Poisson 分配
PDF.T	PDF.T(X,df)	Student's t 分配
PDF.UNIFORM	PDF.UNIFORM(X,min,max)	均勻分配
PDF.WEIBULL	PDF.WEIBULL(X,a,b)	Weibull 分配
NPDF.BETA	NPDF.BETA(X,shape1,shape2,nc)	非集中 beta 分配
NPDF.CHISQ	NPDF.CHISQ(X,df,nc)	非集中卡方分配
NPDF.F	NPDF.F(X,df1,df2,nc)	非集中 F 分配
NPDF.T	NPDF.T(X,df,nc)	非集中 Student's t 分配

逆分配函數 Inverse Distribution Functions：產生特定機率密度下的數值 X

IDF.BETA	IDF.BETA(prob,shape1,shape2)	Beta 分配的數值
IDF.CAUCHY	IDF.CAUCHY(prob,loc,scale)	Cauchy 分配的數值
IDF.CHISQ	IDF.CHISQ(prob,df)	卡方分配的數值
IDF.EXP	IDF.EXP(p,scale)	呈指數減少的變數值
IDF.F	IDF.F(prob,df1,df2)	F 分配的數值
IDF.GAMMA	IDF.GAMMA(prob,shape,scale)	Gamma 分配的數值
IDF.HALFNRM	IDF.HALFNRM(prob,mean,stddev)	半常態分配的數值
IDF.IGAUSS	IDF.IGAUSS(prob,loc,scale)	反向 Gaussian 分配的數值

IDF.LAPLACE	IDF.LAPLACE(prob,mean,scale)	Laplace 分配的數值
IDF.LOGISTIC	IDF.LOGISTIC(prob,mean,scale)	Logistic 分配的數值
IDF.LNORMAL	IDF.LNORMAL(prob,a,b)	對數常態分配的數值
IDF.NORMAL	IDF.NORMAL(prob,mean,stddev)	常態分配的數值
IDF.PARETO	IDF.PARETO(prob,threshold,shape)	Pareto 分配的數值
IDF.SMOD	IDF.SMOD(prob,a,b)	Studentized 最大絕對值的數值
IDF.SRANGE	IDF.SRANGE(prob,a,b)	Studentized 範圍統計量的數值
IDF.T	IDF.T(prob,df)	Student's t 分配的數值
IDF.UNIFORM	IDF.UNIFORM(prob,min,max)	最小與最大值間均勻分配數值
IDF.WEIBULL	IDF.WEIBULL(prob,a,b)	Weibull 分配的數值
PROBIT	PROBIT(prob)	標準常態分配中的數值

算術函數 Arithmetic Functions

ABS	ABS(X)	產生 X 的絕對值
MIN	MIN(value,value[,..])	產生最小值
MAX	MAX(value,value[,..])	產生最大值
MEAN	MEAN(X,X[,..])	產生算數平均數
MEDIAN	MEDIAN(X,X[,..])	產生中位數
SD	SD(X,X[,..])	產生標準差
VARIANCE	VARIANCE(X,X[,..])	產生變異數
SUM	SUM(X,X[,...])	產生總和
CFVAR	CFVAR(X,X[,....])	產生變異係數 (除以平均數後得出的標準差)
MOD	MOD(X,modulus)	當數值運算式以絕對值區分時
SQRT	SQRT(X)	產生 X 平方根
EXP	EXP(X)	產生 X 次方的 e
LG10	LG10(X)	產生以 10 為底的 X 對數
LN	LN(X)	產生以 e 為底的 X 對數
LNGAMMA	LNGAMMA(X)	產生 X 的完整 Gamma 函數對數
SIN	SIN(radians)	產生以弧度測量的弧度正弦
COS	COS(radians)	產生以弧度測量的弧度餘弦
ARSIN	ARSIN(X)	產生以弧度表示的 X 逆正弦 (反正弦)
ARTAN	ARTAN(X)	產生以弧度表示的 X 逆正切 (反正切)

索引

中文索引

英文索引

Introduction

To

Statistics

中文索引

英文索引

C

F

G

H

K

L

M

各章習題參考答案

第一章　統計學概論

一、略。

二、略。

三、(1)略。

　　(2)舉例：

　　　　描述統計：想要了解班上 50 位同學之平均身高與體重。

　　　　推論統計：探討身高越高體重是否就會越重？

第二章　科學研究與數據

一、略。

二、略。

三、舉例：

　　　　名義尺度：性別 - 男、女

　　　　順序尺度：教育程度 - 研究所以上、大專、高中職、國中、國小及以下

　　　　等距尺度：溫度

　　　　比率尺度：薪水

四、略。

第三章　次數分配與統計圖表

一、類別變數的次數分配與圖示

　1.(1)手機品牌次數分配表

品牌	次數	相對次數	百分比
A	9	.45	45
B	4	.20	20
C	4	.20	20
D	3	.15	15
總和	20	100	100

(2)相對次數即為機率。

(3)手機品牌長條圖：

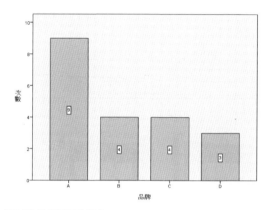

(4)手機品牌圓餅圖：

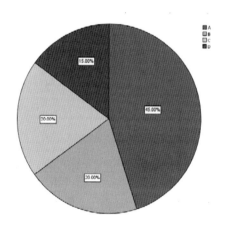

二、連續變數的次數分配與圖示

1.　年齡莖葉圖 Stem-and-Leaf Plot

```
Frequency      Stem &   Leaf

    7.00         2 .   6778899
    8.00         3 .   01123344
    5.00         3 .   55688
    3.00         4 .   012
    1.00         4 .   5

Stem width:         10
Each leaf:       1 case(s)
```

2. 年齡分組次數分配

| 組段 | 真實界限 | | 組中點 | 次數 | 百分比 | 累積百分比 |
外顯界限	下限	上限				
45-49	44.5	49.5	47	1	4.2	100.0
40-44	39.5	44.5	42	3	12.5	95.8
35-39	34.5	39.5	37	5	20.8	83.3
30-34	29.5	34.5	32	8	33.3	62.5
25-29	24.5	29.5	27	7	29.2	29.2
總和				24	100.0	

3. 直方圖

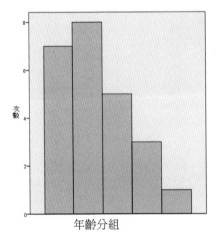

年齡分組
20-24 25-29 30-34 35-39 40-44

4. 盒形圖

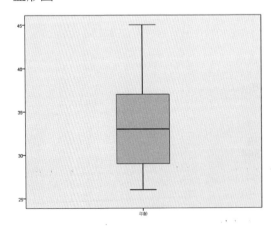

第四章　描述統計與標準分數

一、描述統計

1.　小男生：M=17.00，Md=18.00，Mo=18.00

　　小女生：M=13.00，Md=14.00，Mo=17.00

2.　略。

3.　略。

4.　小男生：全距 =6，變異數 =4.00，標準差 =2.00

　　小女生：全距 =9，變異數 =11.20，標準差 =3.35

5.　略。

6.　小男生：P_{25}=15.50，P_{75}=18.50

　　小女生：P_{25}=10.00，P_{75}=17.00

7.　最大：ID=5，最小：ID=7

8.　5 個為正值，3 個為負值

9.　略。

10.　小男生：40，小女生：56

二、標準分數與標準常態分配

1.　略。

2.　略。

3.　$CV_{職員} = 7062.258/27694.45 = .255$

　　$CV_{保全} = 2114.616/30938.89 = .068$

　　$CV_{管理} = 9378.448/55264.51 = .170$

4.　$z_{職員} = \dfrac{35000 - 27694.45}{7062.258} = 1.034$

　　$z_{保全} = \dfrac{35000 - 30938.89}{2114.616} = 1.920$

　　$z_{管理} = \dfrac{35000 - 55264.51}{9378.448} = -2.161$

　　$z_{全體} = \dfrac{35000 - 31626.39}{11854.009} = .285$

5.　職員 1−.8495 = .1505，15.05% 為高薪者。

保全 1−.9726 = .0274，2.74% 為高薪者。

管理 1−.0154 = .9846，98.46% 為高薪者。

全體 1−.6120 = .3880，38.8% 為高薪者。

第五章　機率與機率分配

一、機率原理

1. 是，因為中獎率固定，實驗的可能結果可預知，但是是否發生則未知。

2. 古典機率，因為這是店家設定的機率，還未發生。

3. 以中獎為 1，未中獎為 0。樣本點：{(1)},{(0)}。樣本空間：{(1),(0)}。

4. 以中獎為 1，未中獎為 0。

   樣本點：{000},{001},{010},{100},{011},{101},{110},{111}。

   樣本空間：{000,001,010,100,011,101,110,111}。

5. $P(A) = .1, P(\sim A) = .9$

6. $P(B) = .1 \times .1 \times .1 = .001$

7. $P(B) = 1 - (.9)(.9)(.9) = .271$

8. $P(B) = (10/100) \times (9/99) \times (8/98) = .00074$

   $P(B) = 1 - (90/100) \times (89/99) \times (88/98) = .273$

9. 第 5 題為互斥事件，因為餘事件與事件機率相加為 1。本題沒有非互斥事件機率。

10. 第 6 題與第 7 題為獨立事件，因為每一次嘗試的機率相同。第 8 題為相依事件，因為抽後不放回，會影響樣本空間。

二、機率法則

1. $7/10 = .7$

2. $(7/10)(6/9) + (3/10)(7/9) = .7$

3. $(7/10)(6/9) = .467$

4. $(7/10)(6/9) + (3/10)(2/9) = .533$

5. 第 2 題與第 4 題為先使用乘法律求得相依事件聯合機率後，將兩個互斥事件以加法律相加。第 3 題為乘法律求得相依事件的聯合機率。。

三、貝氏定理

1. $.8 \times .1 = .08$

2. $.72/(.72+.156) = .822$

3. 是，因為必須求得畢業生中為女生者的事後機率（條件機率）。

4.

| 事前機率 | 條件機率(額外資訊) | 聯合機率 | 邊際機率 | 條件機率(事後機率) |
| $P(A)$ | $P(B \mid A)$ | $P(A \cap B)$ | $P(B)$ | $P(A \mid B)$ |

5.

就業狀況 （B）	性別（A）						邊際機率
	女生（A_1）			男生（A_2）			
	條件機率 $P(B \mid A)$	聯合機率 $P(A \cap B)$	條件機率 $P(A \mid B)$	條件機率 $P(B \mid A)$	聯合機率 $P(A \cap B)$	條件機率 $P(A \mid B)$	$P(B)$
就業 （B_1）	.90	.72	.822	.78	.156	.178	.876
未就業 （B_2）	.10	.08	.645	.22	.044	.355	.124
邊際機率	.80			.20			1.00

四、二項分配與超幾何分配

1. 二項分配，贊成與反對為白努利實驗，$\pi = .5$。

2.　$\mu = n\pi = 10 \times .5 = 5$，$\sigma^2 = n\pi(1-\pi) = 10 \times .5 = 25$。

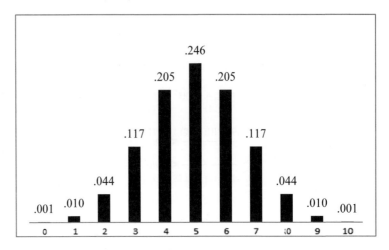

X	$\pi = .5$
0	.001
1	.010
2	.044
3	.117
4	.205
5	.246
6	.205
7	.117
8	.044
9	.010
10	.001

3.　$\mu = n\pi = 10 \times .2 = 2$，$\sigma^2 = n\pi(1-\pi) = 10 \times .2 \times .8 = .16$。

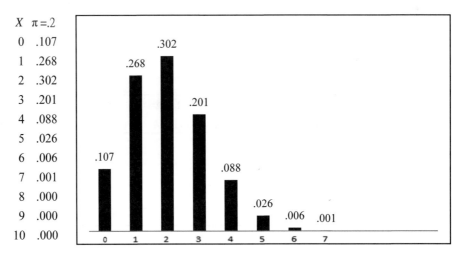

X	$\pi = .2$
0	.107
1	.268
2	.302
3	.201
4	.088
5	.026
6	.006
7	.001
8	.000
9	.000
10	.000

4.　超幾何分配。因為母體有限，$N = 100$，從中取部分樣本，$n = 10$，$n/N = .10$ 大於 .05。

5.　S/N = .5　S/N = .2

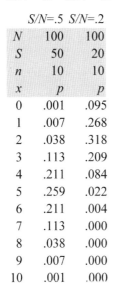

	S/N=.5	S/N=.2
N	100	100
S	50	20
n	10	10
x	p	p
0	.001	.095
1	.007	.268
2	.038	.318
3	.113	.209
4	.211	.084
5	.259	.022
6	.211	.004
7	.113	.000
8	.038	.000
9	.007	.000
10	.001	.000

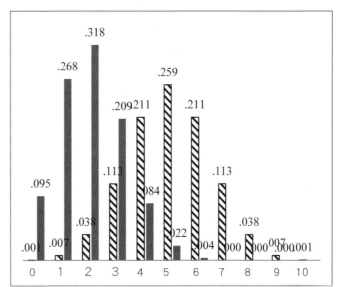

(1) S/N = .5

$$\mu = n\frac{S}{N} = 10 \times \frac{50}{100} = 5$$

$$\sigma^2 = n \times \frac{S}{N} \times \frac{N-S}{N} \times \frac{N-n}{N-1} = 10 \times \frac{50}{100} \times \frac{50}{100} \times \frac{90}{99} = .22$$

$$f(X \mid x=3) = \frac{C_x^S \times C_{n-x}^{N-S}}{C_n^N} = \frac{C_3^{50} \times C_{10-3}^{100-50}}{C_{10}^{100}}$$

$$= \frac{\left(\frac{50!}{3!47!}\right) \times \left(\frac{50!}{7!43!}\right)}{\left(\frac{100!}{10!90!}\right)} = \frac{\left(\frac{50 \times 49 \times 48}{3 \times 2 \times 1}\right) \times \left(\frac{50 \times 49 \times 48}{3 \times 2 \times 1}\right)}{\left(\frac{100 \times 99 \times \ldots \times 90}{10 \times 9 \times \ldots \times 1}\right)} = .113$$

$$F(X \mid x \le 3) = f(0) + f(1) + f(2) + f(3) = .001 + .007 + .038 + .113 = .159$$

(2) S/N = .2

$$\mu = n\frac{S}{N} = 10 \times \frac{20}{100} = 2$$

$$\sigma^2 = n \times \frac{S}{N} \times \frac{N-S}{N} \times \frac{N-n}{N-1} = 10 \times \frac{20}{100} \times \frac{80}{100} \times \frac{90}{99} = .145$$

$$f(X \mid x = 3) = \frac{C_x^S \times C_{n-x}^{N-S}}{C_n^N} = \frac{C_3^{20} \times C_{10-3}^{100-20}}{C_{10}^{100}}$$

$$= \frac{\left(\dfrac{20!}{3!17!}\right) \times \left(\dfrac{80!}{7!73!}\right)}{\left(\dfrac{100!}{10!90!}\right)} = \frac{\left(\dfrac{20 \times 19 \times 18}{3 \times 2 \times 1}\right) \times \left(\dfrac{80 \times 79 \times 78}{3 \times 2 \times 1}\right)}{\left(\dfrac{100 \times 99 \times \ldots \times 90}{10 \times 9 \times \ldots \times 1}\right)} = .209$$

$$F(X \mid x \leq 3) = f(0) + f(1) + f(2) + f(3) = .095 + .268 + .318 + .209 = .890$$

五、卜瓦松分配與指數分配

1. $f(1) = \dfrac{\lambda^x e^{-\lambda}}{x!} = \dfrac{3^1 \times 2.71828^{-3}}{1!} = .149$

   $f(0) = \dfrac{\lambda^x e^{-\lambda}}{x!} = \dfrac{3^0 \times 2.71828^{-3}}{0!} = .05$

   $f(0)^7 = (.05)^7$

   $f(10) = \dfrac{\lambda^x e^{-\lambda}}{x!} = \dfrac{21^{10} \times 2.71828^{-21}}{10!} = .0035$

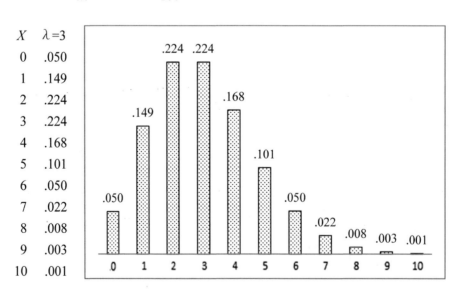

X	$\lambda = 3$
0	.050
1	.149
2	.224
3	.224
4	.168
5	.101
6	.050
7	.022
8	.008
9	.003
10	.001

2. $\lambda = 1/3 = 0.333$

$F(x) = P(X \le 1) = 1 - e^{-\lambda x} = 1 - 2.71828^{-.333 \times 1} = .2834$

$F(x) = P(X \le 3) = 1 - e^{-\lambda x} = 1 - 2.71828^{-.333 \times 3} = .6321$

$F(x) = P(1 \le X \le 5) = P(\le 5) - P(\le 1)$

$\quad = (1 - 2.71828^{-.333 \times 5}) - (1 - 2.71828^{-.333 \times 1}) = .8111 - .2834 = .5277$

X	$\lambda = 1/3$ CDF	$\lambda = 1/3$ PDF
0.0	.0000	.3333
1.0	.2835	.2388
2.0	.4866	.1711
3.0	.6321	.1226
4.0	.7364	.0879
5.0	.8111	.0630
6.0	.8647	.0451
7.0	.9030	.0323
8.0	.9305	.0232
9.0	.9502	.0166
10.0	.9643	.0119

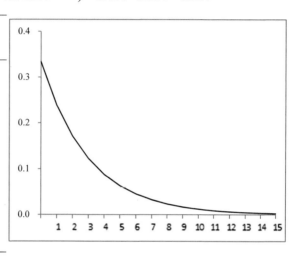

3. (1)卜瓦松分配，因為題目所給的條件是一定連續區間內發生賣出或沒賣出新手機的雙結果事件機率（$\lambda = 3$）。

 (2)指數分配，因為題目所給的條件是發生某事件所需的時間（$\lambda = 3$）。

4. (1)卜瓦松分配，$\mu = \lambda = 3$，$\sigma^2 = \lambda = 3$。

 (2)指數分配，$\mu = \dfrac{1}{\lambda} = .333$，$\sigma^2 = \dfrac{1}{\lambda^2} = .111$。

六、連續機率分配

1. 均勻分配

$F(X < 5) = \dfrac{x - a}{b - a} = \dfrac{5 - 3}{15 - 3} = .1667$

$F(X \ge 5) = 1 - .1667 = .8333$

2. 常態分配

$F(X < 5) = .02275$

$F(X \geq 5) = 1 - .02275 = .97715$

第六章 抽樣與估計

一、抽樣原理

1. 簡單隨機抽樣
2. 系統隨機抽樣
3. 分層隨機抽樣
4. 叢集隨機抽樣

二、抽樣分配原理

1. 臺灣民眾使用某種特殊醫療資源的年齡分佈情形。$\mu = 50$，$\sigma = 6$。
2. 某大型醫院某個月使用該項醫療資源的 16 名病患的年齡分佈情形。$\overline{X} = 54$，$s = 9$。
3. 16 名病患平均年齡的分佈。$\mu_{\overline{X}} = 50$，$\sigma_{\overline{X}} = \sigma / \sqrt{N} = 6 / \sqrt{16} = 1.5$。
4. 抽樣分配最可能符合常態分配。
5. 抽樣分配與中央極限定理有關。

三、平均數的區間估計

1. 95%CI：51.06~56.94
2. 95%CI：49.21~58.80
3. 95%CI：53.07~54.93

   95%CI：51.49~55.51
4. 略。

四、百分比的區間估計

1. 95%CI：.74~.86
2. $N \geq 3137$

五、標準差 / 變異數的區間估計

1. 95%CI：$6.65 \leq \sigma \leq 13.93$，是會被懷疑不尋常。
2. 95%CI：$8.11 \leq \sigma \leq 10.11$，是會被懷疑不尋常。

第七章　假設檢定的原理與應用

一、假設檢定原理

1. (1) $H_0 : (\mu_1 - \mu_0) = 50$

   $H_1 : (\mu_1 - \mu_0) \neq 50$

   (2) 雙尾檢定

   (3) z 檢定量

   (4) 單樣本檢定

2. (1) $H_0 : (\mu_1 - \mu_0) = 500$

   $H_1 : (\mu_1 - \mu_0) \neq 50$

   (2) 雙尾檢定

   (3) t 檢定量

   (4) 單樣本檢定

3. (1) $H_0 : (\mu_1 - \mu_2) \leq 0$

   $H_1 : (\mu_1 - \mu_2) > 0$

   (2) 單尾檢定

   (3) z 檢定量

   (4) 雙樣本檢定

4. (1) $H_0 : (\mu_1 - \mu_2) \leq 0$

   $H_1 : (\mu_1 - \mu_2) > 0$

   (2) 單尾檢定

   (3) t 檢定量

   (4) 雙樣本檢定

二、單樣本平均數檢定（母體 σ 已知）

1. $\sigma_{\bar{X}} = \dfrac{\sigma}{\sqrt{n}} = \dfrac{6}{\sqrt{16}} = 1.5$

2. $z_{obt} = \dfrac{\bar{X} - \mu_{\bar{X}}}{\sigma_{\bar{X}}} = \dfrac{\bar{X} - \mu_{\bar{X}}}{\dfrac{\sigma}{\sqrt{n}}} = \dfrac{54 - 50}{1.5} = \dfrac{4}{1.5} = 2.67$

   因為 $|z_{obt} = 2.67| \geq |\pm z_{.025} = \pm 1.96|$，落入拒絕區，因此結論為拒絕 H_0、接受 H_1。

3. 因為 $|z_{obt} = 2.67| \geq |\pm z_{.005} = \pm 2.58|$，落入拒絕區，因此結論為拒絕 H_0、接受 H_1。

4. type I error。機率為指定機率。

5. 增加樣本數，或者設定大一點的 α 水準。

三、單樣本平均數檢定（母體 σ 未知）

1. $\hat{\sigma}_{\bar{X}} = s_{\bar{X}} = \dfrac{s}{\sqrt{n}} = \dfrac{25}{\sqrt{10}} = \dfrac{25}{3.16} = 7.91$

2. $t_{obt} = \dfrac{\bar{X} - \mu_0}{s_{\bar{X}}} = \dfrac{425 - 500}{25 / \sqrt{10}} = \dfrac{-75}{7.91} = -9.48$

   因為 $|t_{obt} = -9.48| \geq |\pm t_{.025}(9) = \pm 2.262|$，落入拒絕區，因此結論為拒絕 H_0、接受 H_1。

3. 因為 $|t_{obt} = -9.48| \geq |\pm t_{.005}(9) = \pm 3.250|$，落入拒絕區，因此結論為拒絕 H_0、接受 H_1。

4. type I error。機率為指定機率。

5. 增加樣本數，或者設定大一點的 α 水準。

四、獨立樣本平均數差異檢定（母體 σ 已知）

1. 獨立樣本設計，

$$\sigma_{\bar{X}_1 - \bar{X}_2} = \sqrt{\sigma_{\bar{X}_1}^2 + \sigma_{\bar{X}_2}^2} = \sqrt{\dfrac{\sigma_1^2}{n_1} + \dfrac{\sigma_2^2}{n_2}} = \sqrt{16^2 \left(\dfrac{1}{36} + \dfrac{1}{36} \right)} = 3.77$$

2. $\alpha = .05$ 檢定結果：

$$Z_{obt} = \frac{(\overline{X}_1 - \overline{X}_2) - \mu_0}{\sigma_{\overline{x}_1 - \overline{x}_2}} = \frac{(135 - 127) - 0}{3.77} = 2.12$$

因為 $|Z_{obt} = 2.12| \geq |\pm Z_{.025} = \pm 1.96|$，落入拒絕區，因此結論為拒絕 H_0、接受 H_1。

3. 相依樣本設計，

$$\sigma_{\overline{X}_1 - \overline{X}_2} = \sqrt{\sigma_{\overline{X}_1}^2 + \sigma_{\overline{X}_2}^2 - 2\rho\sigma_{\overline{X}_1}\sigma_{\overline{X}_2}} = \sqrt{2(1-\rho)\frac{\sigma^2}{n}}$$

$$= \frac{\sigma}{\sqrt{n}}\sqrt{2(1-\rho)} = \frac{16}{\sqrt{36}}\sqrt{2(1-.8)} = 1.69$$

4. $\alpha = .05$ 檢定結果

$$Z_{obt} = \frac{(\overline{X}_1 - \overline{X}_2) - \mu_0}{\sigma_{\overline{x}_1 - \overline{x}_2}} = \frac{(135 - 127) - 0}{1.69} = 4.73$$

因為 $|z_{obt} = 4.73| \geq |\pm z_{.025} = \pm 1.96|$，落入拒絕區，因此結論為拒絕 H_0、接受 H_1。

五、獨立樣本平均數差異檢定（母體 σ 未知）

1. 抽樣標準誤

$$s_p^2 = \frac{df_1 s_1^2 + df_2 s_2^2}{df_1 + df_2} = \frac{(n_1 - 1)s_1^2 + (n_2 - 1)s_2^2}{n_1 + n_2 - 2} = \frac{24 \times 25 + 24 \times 400}{25 + 25 - 2} = 212.5$$

$$s_{\overline{X}_1 - \overline{X}_2} = \sqrt{s_{\overline{X}_1}^2 + s_{\overline{X}_2}^2} = \sqrt{\frac{\hat{\sigma}_1^2}{n_1} + \frac{\hat{\sigma}_2^2}{n_2}} = \sqrt{\frac{s_p^2}{n_1} + \frac{s_p^2}{n_2}}$$

$$= \sqrt{s_p^2\left(\frac{1}{n_1} + \frac{1}{n_2}\right)} = \sqrt{212.5\left(\frac{1}{25} + \frac{1}{25}\right)} = 4.12$$

$$t_{obt} = \frac{(\overline{X}_1 - \overline{X}_2) - \mu_0}{s_{\overline{x}_1 - \overline{x}_2}} = \frac{10}{4.12} = 2.43$$

因為 $|t_{obt} = 2.43| \geq |\pm t.025(48) = \pm 2.011|$，落入拒絕區，因此結論為拒絕 H_0、接受 H_1。

2. $\alpha = .05$ 檢定結果

$$s_{\overline{X}_1 - \overline{X}_2} = \sqrt{\frac{s_1^2}{n_1} + \frac{s_2^2}{n_2}} = \sqrt{\frac{25}{25} + \frac{400}{25}} = 4.12$$

$$df^* = \frac{[s_1^2 / n_1 + s_2^2 / n_2]^2}{\frac{(s_1^2 / n_1)^2}{n_1 - 1} + \frac{(s_2^2 / n_2)^2}{n_2 - 1}} = \frac{[25 / 25 + 400 / 25]^2}{\frac{(25 / 25)^2}{25 - 1} + \frac{(400 / 25)^2}{25 - 1}} = 26.98$$

$$t_{obt} = \frac{(\overline{X}_1 - \overline{X}_2) - \mu_0}{s_{\overline{x}_1 - \overline{x}_2}} = \frac{10}{4.12} = 2.43$$

因為 $|t_{obt} = 2.43| \geq |\pm t_{.025(27)} = \pm 2.052|$，落入拒絕區，因此結論為拒絕 H_0、接受 H_1。

六、相依樣本平均數差異檢定

1. 因為 $|t_{obt} = 2.216| \geq |\pm t_{.025(15)} = \pm 2.131|$，落入拒絕區，因此結論為拒絕 H_0、接受 H_1。

2. 無小孩：因為 $|t_{obt} = 4.245| \geq |\pm t_{.025(7)} = \pm 2.365|$，落入拒絕區，因此結論為拒絕 H_0、接受 H_1。

   有小孩：因為 $|t_{obt} = .239| \geq |\pm t_{.025(7)} = \pm 2.365|$，落入接受區，因此結論為接受 H_0。

3. 因為 $|t_{obt} = 2.029| \geq |\pm t_{.025(14)} = \pm 2.145|$，落入拒絕區，因此結論為拒絕 H_0、接受 H_1。

4. 因為 $|t_{obt} = 3.536| \geq |\pm t_{.025(7)} = \pm 2.365|$，落入拒絕區，因此結論為拒絕 H_0、接受 H_1。

第八章　實驗設計與變異數分析

一、單因子設計原理

1. (1)自變數：便利商店的類別，依變數：咖啡豆口味的好感程度。

   (2)獨立樣本設計

   (3)各組樣本數：50，總樣本數：100

(4)不需要

2.(1)自變數：婚姻狀況，依變數：食品安全的重視程度。

(2)獨立樣本設計

(3)各組樣本數：8，總樣本數：24

(4)需要

3.(1)自變數：年級，依變數：簡報能力。

(2)相依樣本設計

(3)總樣本數：50

(4)需要

4.(1)自變數：情緒管理訓練，依變數：顧客抱怨情形。

(2)相依樣本設計

(3)總樣本數：25

(4)不需要

二、獨立樣本 ANOVA

1. 平均數圖

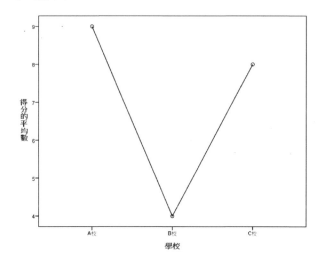

2. 獨立樣本單因子變異數分析

$$SS_{total} = \sum \sum (Y_{ij} - \overline{Y}_G)^2 = (10-7)^2 + ... + (8-7)^2 = 56$$

$$SS_b = \sum n_j (\overline{Y}_j - \overline{Y}_G)^2 = 3(9-7)^2 + 3(4-7)^2 + 3(8-7)^2 = 42$$

$SS_w = 56 - 42 = 14$

$F_{obt} = 9.00 > F_{cv} = 5.14$，拒絕 H_0，接受 H_1，亦即三個學校的團體成績具有顯著差異。

3. 單因子變異數分析摘要表

變異來源	SS	df	MS	F
組間	42	2	21	9.00
組內 (誤差)	14	6	2.33	
全體	56	8		

4. $\eta^2 = 42/56 = .75$

5. $t = \dfrac{\overline{Y}_A - \overline{Y}_B}{\sqrt{s_p^2\left(\dfrac{1}{n_A} + \dfrac{1}{n_B}\right)}} = \dfrac{\overline{Y}_A - \overline{Y}_B}{\sqrt{MS_w\left(\dfrac{1}{n_A} + \dfrac{1}{n_B}\right)}} = \dfrac{9 - 4}{\sqrt{2.33\left(\dfrac{1}{3} + \dfrac{1}{3}\right)}} = \dfrac{5}{1.246} = 4.01$

$|t_{obt} = 4.01| > |t_{cv(6)} = 2.447|$，拒絕 H_0，接受 H_1，亦即 A 與 B 兩個學校的團體成績具有顯著差異。

$t = \dfrac{\overline{Y}_A - \overline{Y}_C}{\sqrt{s_p^2\left(\dfrac{1}{n_A} + \dfrac{1}{n_C}\right)}} = \dfrac{\overline{Y}_A - \overline{Y}_C}{\sqrt{MS_w\left(\dfrac{1}{n_A} + \dfrac{1}{n_C}\right)}} = \dfrac{9 - 8}{\sqrt{2.33\left(\dfrac{1}{3} + \dfrac{1}{3}\right)}} = \dfrac{1}{1.246} = .803$

$|t_{obt} = .803| < |t_{cv(6)} = 2.447|$，接受 H_0，亦即 A 與 C 兩個學校的團體成績未具有顯著差異。

$t = \dfrac{\overline{Y}_B - \overline{Y}_C}{\sqrt{s_p^2\left(\dfrac{1}{n_B} + \dfrac{1}{n_C}\right)}} = \dfrac{\overline{Y}_B - \overline{Y}_C}{\sqrt{MS_w\left(\dfrac{1}{n_B} + \dfrac{1}{n_C}\right)}} = \dfrac{4 - 8}{\sqrt{2.33\left(\dfrac{1}{3} + \dfrac{1}{3}\right)}} = \dfrac{-4}{1.246} = -3.209$

$|t_{obt} = -3.209| > |t_{cv(6)} = 2.447|$，拒絕 H_0，接受 H_1，亦即 B 與 C 兩個學校的團體成績具有顯著差異。

三、相依樣本 ANOVA

1. $F_{obt} = 15.75 > F_{cv} = 6.94$，拒絕 H_0，接受 H_1，亦即三次成績具有顯著差異。

2. 相依樣本單因子變異數分析摘要表

變異來源	SS	df	MS	F
組間	42	2	21	15.75
組內				
受試者間 b.s	8.67	2	4.34	
殘差 (r)	5.33	4	1.33	
全體	56	8		

3. $\eta^2 = 42/56 = .75$ .887

4. 僅有 A 校與 B 校具有顯著差異。

第九章　多因子變異數分析

一、二因子設計原理

1. (1)自變數的數目：2，水準數：2×3。

　　(2)皆為獨立樣本設計

　　(3)獨立樣本二因子變異數分析

　　(4)6 個細格平均數，5 個邊際平均數

　　(5)每個細格平均數是由 10 個樣本組成

2. (1)自變數的數目：2，水準數：2×3。

　　(2)婚姻狀況為獨立樣本，夫妻配對（男女朋友配對）為相依樣本

　　(3)混合設計二因子變異數分析

　　(4)6 個細格平均數，13 個邊際平均數

　　(5)每個細格平均數是由 5 個樣本組成

3. (1)自變數的數目：2，水準數：2×4。

　　(2)性別為獨立樣本，年級為相依樣本

　　(3)混合設計二因子變異數分析

　　(4)8 個細格平均數，52 個邊際平均數

　　(5)四個細格平均數由 5 個樣本組成，四個細格平均數由 6 個樣本組成

4. (1)自變數的數目：2，水準數：2×2。

　　(2)皆為相依樣本設計

(3)完全相依二因子變異數分析

(4) 4 個細格平均數，52 個邊際平均數

(5)細格平均數是由 10 個樣本組成

二、完全獨立 ANOVA

1. 就容量別的效果而言：$F_{obt} = 21.186 > F_{cv} = 4.49$，因此，拒絕 H_0，接受 H_1。

   就溫度別的效果而言：$F_{obt} = 1.661 < F_{cv} = 4.49$，因此，接受 H_0。

   就容量別與溫度別的交互作用效果而言：$F_{obt} = 5.729 > F_{cv} = 4.49$，因此，拒絕 H_0，接受 H_1。

2. **容量別與溫度別之二因子變異數分析摘要表**

來源	型 III SS	自由度	平均平方和	F 檢定
A(容量別)	31.250	1	31.250	21.186
B(溫度別)	2.450	1	2.450	1.661
A×B	8.450	1	8.450	5.729
誤差	23.600	16	1.475	
總數	65.750	19		

3. 平均數折線圖

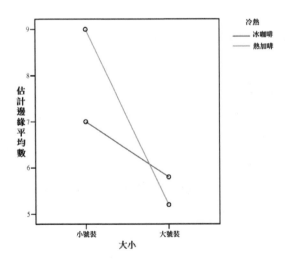

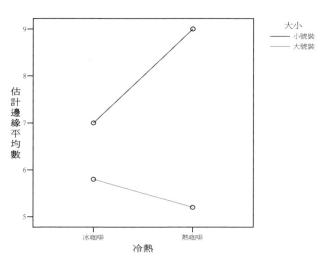

新鮮度 的估計邊緣平均數

三、混合設計 ANOVA

1. 就溫度別的效果而言：$F_{obt} = 1.42 < F_{cv} = 5.32$，因此，接受 H_0。

   就容量別的效果而言：$F_{obt} = 25.51 > F_{cv} = 5.32$，因此，拒絕 H_0，接受 H_1。

   就容量別與溫度別的交互作用效果而言：$F_{obt} = 6.898 > F_{cv} = 5.32$，因此，拒絕 H_0，接受 H_1。

2. 混合樣本二因子變異數分析摘要表

變異來源	SS	df	MS	F
溫度 (獨立因子)	2.450	1	2.450	1.420
容量$_b$(相依因子)	31.250	1	31.250	25.510
溫度 × 容量$_b$	8.450	1	8.450	6.898
組內	23.600	16		
受試者間 (Block)	13.800	8	1.725	
殘差	9.800	8	1.225	
全體 Total	65.750	19		

四、完全相依 ANOVA

1. 就溫度別的效果而言：$F_{obt} = 1.556 < F_{cv} = 7.71$，因此，接受 H_0。

   就容量別的效果而言：$F_{obt} = 22.727 > F_{cv} = 7.71$，因此，拒絕 H_0，接受 H_1。

   就容量別與溫度別的交互作用效果而言：$F_{obt} = 7.860 > F_{cv} = 7.71$，因此，拒絕 H_0，接受 H_1。

2. 完全相依二因子變異數分析摘要表

變異來源	SS	df	MS	F
組間	42.15	3		
溫度 (A 主要效果)	2.450	1	2.450	1.556
容量 (B 主要效果)	31.250	1	31.250	22.727
溫度 * 容量 (交互作用)	8.450	1	8.450	7.860
組內	23.6	16		
受試者間 S	7.500	4	1.875	
殘差 (A×S)	5.500	4	1.375	
殘差 (B×S)	6.300	4	1.575	
殘差 (AB×S)	4.300	4	1.075	
全體 Total	65.75	19		

第十章　共變數分析

一、共變數分析原理

1. 自變數：教學法，依變數：學習成就，共變項：先期能力。

   教學法：類別自變數，學習成就：連續依變數，先期能力：連續共變項。

3. $F = 5.818$, $p < .05$，表示學生的學習成就確實會因為不同教學法而有顯著差異。

4. $F = .184$, $p > .05$，表示在排除先期能力的影響之後，學生的學習成就不會因不同的教學法而有顯著差異。

二、共變數分析計算

1. 三校得分平均數圖

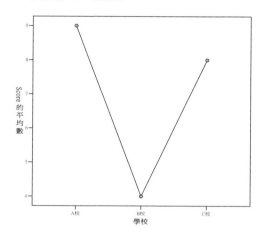

調整平均數圖

得分 的估計邊緣平均數

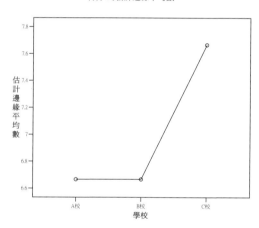

2. $F_{obt} = 9.00 > F_{cv} = 5.14$，因此拒絕 H_0，接受 H_1。亦即三所學校的團體平均具有顯著差異。

3. $F_{obt} = 2.357 < F_{cv} = 5.14$，因此接受 H_0。亦即在排除辯手經驗的影響之後，三所學校的團體平均未具有顯著差異。

4. 單因子變異數分析摘要表

變異來源	SS	df	MS	F	η^2
組間	42	2	21	9.00	.750
組內 (誤差)	14	6	2.33		
全體	56	8			

共變數分析摘要表

變異來源	SS	df	MS	F	η^2
共變量 (C)	46.286	1	46.286	46.286	
組間 (A)	4.714	2	2.357	2.357	.485
組內 (w)	5.000	5	1.000		
全體	56	8			

第十一章　相關分析

一、Pearson's r

1. 名義變數：學校、性別

   順序變數：辯手次序

   連續變數：辯手經驗、網路票選分數、個人成績

2. 性別與經驗、性別與網路票選、性別與個人成績：點二系列相關係數

   辯手次序與經驗、辯手次序與網路票選、辯手次序與個人成績：史比爾曼等級相關係數

   經驗與網路票選、經驗與個人成績、網路票選與個人成績：皮爾森積差相關係數

3. 變數自己與自己的關係為變異數，變數自己與其他變數的關係為共變數。

4.

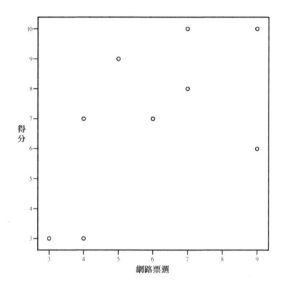

5.　$r = .607,$

$$t_{obt} = \frac{r - \rho_0}{s_r} = \frac{r - \rho_0}{\sqrt{\dfrac{1 - r^2}{N - 2}}} = \frac{.607 - 0}{\sqrt{\dfrac{1 - .607^2}{9 - 2}}} = 2.02$$

因為 $|t_{obt} = 2.02| \leq |\pm t_{.025(7)} = \pm 2.365|$，落入接受區，因此結論為接受 H_0。亦即網路票選與個人成績未達顯著相關。

6.　$z_r = \dfrac{1}{2} \log \left(\dfrac{1 + .607}{1 - .607} \right) = .306$

$$0.306 - 1.96 \sqrt{1/(9-3)} \leq z_\rho \leq 0.306 + 1.96 \sqrt{1/(9-3)}$$

$$-.494 \leq z_\rho \leq 1.106$$

$$\rho_L = \frac{\exp(2z_\rho) - 1}{\exp(2z_\rho) + 1} = \frac{\exp(2 \times -.494) - 1}{\exp(2 \times -.494) + 1} = -.457$$

$$\rho_H = \frac{\exp(2z_\rho) - 1}{\exp(2z_\rho) + 1} = \frac{\exp(2 \times 1.106) - 1}{\exp(2 \times 1.106) + 1} = .803$$

95%CI：$-.457 \leq \rho \leq .803$，涵蓋 0。

二、特殊相關

1.

相關

		Exper 經驗	Internet 網路票選	Score 得分
Pearson 相關	Exper 經驗	1	.644	.909**
	Internet 網路票選	.644	1	.607
	Score 得分	.909**	.607	1
顯著性 (雙尾)	Exper 經驗		.061	.001
	Internet 網路票選	.061		.083
	Score 得分	.001	.083	
個數	Exper 經驗	9	9	9
	Internet 網路票選	9	9	9
	Score 得分	9	9	9

**. 在顯著水準為0.01時 (雙尾)，相關顯著。

2. 經驗與個人成績的相關顯著不為零。

3.

相關

控制變數			Internet 網路票選	Score 得分
Exper 經驗	Internet 網路票選	相關	1.000	.068
		顯著性(雙尾)	.	.873
		df	0	6
	Score 得分	相關	.068	1.000
		顯著性(雙尾)	.873	.
		df	6	0

4.

相關

			Order 辯手次序	Score 得分
Spearman's rho 係數	Order 辯手次序	相關係數	1.000	.027
		顯著性(雙尾)	.	.946
		個數	9	9
	Score 得分	相關係數	.027	1.000
		顯著性(雙尾)	.946	.
		個數	9	9

5.

相關

		Gender 性別	Score 得分
Gender 性別	Pearson 相關	1	-.448
	顯著性(雙尾)		.226
	個數	9	9
Score 得分	Pearson 相關	-.448	1
	顯著性(雙尾)	.226	
	個數	9	9

第十二章　迴歸分析

一、簡單迴歸

1. $b_{y.x} = r \dfrac{s_Y}{s_X} = .909 \times \left(\dfrac{2.65}{1.87}\right) = 1.29$

   $a_{y.x} = \overline{Y} - b\overline{X} = 7 - 1.29 \times 3 = 3.13$

   $\hat{Y}_{個人成績} = 1.29\, X_{經驗} + 3.13$

2.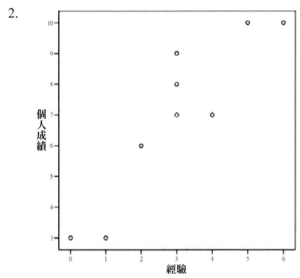

4. $s_e = \sqrt{\dfrac{\sum (Y - \hat{Y})^2}{N - k - 1}} = \sqrt{\dfrac{SS_e}{df_e}} = \sqrt{\dfrac{9.71}{7}} = 1.18$

   $t_{obt\,(df = n-k-1)} = \dfrac{b}{s_b} = \dfrac{b}{\sqrt{\dfrac{s_e^2}{SS_X}}} = \dfrac{1.29}{.22} = 5.86$

   因為 $|t_{obt} = 5.86| \geq |\pm t_{.025(7)} = \pm 2.365|$，落入拒絕區，因此結論為拒絕 H_0，接受 H_1。亦即斜率顯著不為零。

5. $\beta_{y.x} = b_{y.x} \dfrac{s_X}{s_Y} = 1.29 \dfrac{1.87}{2.65} = .91$

6. 略。

7. $s_e = \sqrt{\dfrac{\sum(Y - \hat{Y})^2}{N - k - 1}} = \sqrt{\dfrac{SS_e}{df_e}} = \sqrt{\dfrac{9.71}{7}} = 1.18$

8. $R^2 = 1 - \dfrac{SS_e}{SS_t} = \dfrac{SS_{reg}}{SS_t} = \dfrac{46.29}{56} = .83$

9. $F_{obt} = \dfrac{\hat{\sigma}_{reg}^2}{\hat{\sigma}_e^2} = \dfrac{MS_{reg}}{MS_e} = \dfrac{SS_{reg}/df_{reg}}{SS_e/df_e} = \dfrac{SS_{reg}/k}{SS_e/(N - k - 1)} = \dfrac{46.29/1}{9.71/7} = 33.3$

因為 $|F_{obt} = 33.3| \geq |\pm F_{(1,7)} = 5.59|$，落入拒絕區，因此結論為拒絕 H_0，接受 H_1。亦即迴歸模型具有統計意義。

迴歸模型的變異數分析摘要表

變異來源	SS	df	MS	F
迴歸效果	46.286	1	46.286	33.353
誤差	9.714	7	1.388	
全　體	56.000	8		

10. $\hat{Y}_{個人成績} = 1.29 X_{經驗} + 3.13$

$1.29 * 2.5 + 3.13 = 6.36$

二、虛擬迴歸

1. 虛擬迴歸

2. $\hat{Y}_{個人成績} = -2.25 D_{性別} + 8.00$

3.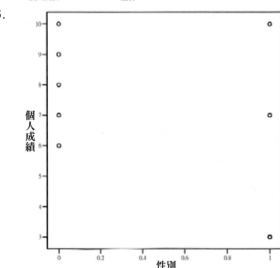

4. 略。

5. $t_{obt(df=n-k-1)} = \dfrac{b}{s_b} = \dfrac{-2.25}{1.696} = -1.327$

6. $\hat{Y}_1 = -2.25 * 0 + 8.00 = 8$

   $\hat{Y}_3 = -2.25 * 1 + 8.00 = 5.75$

   第一位的殘差：$10-8=2$，第三位的殘差：$10-5.75=4.25$

7. $s_e = \sqrt{\dfrac{\sum(Y-\hat{Y})^2}{N-k-1}} = \sqrt{\dfrac{SS_e}{df_e}} = \sqrt{\dfrac{44.75}{7}} = 2.53$

8. $R^2 = 1 - \dfrac{SS_e}{SS_t} = \dfrac{SS_{reg}}{SS_t} = 1 - \dfrac{44.75}{56} = .20$

9. $F_{obt} = \dfrac{\hat{\sigma}^2_{reg}}{\hat{\sigma}^2_e} = \dfrac{MS_{reg}}{MS_e} = \dfrac{SS_{reg}/df_{reg}}{SS_e/df_e} = \dfrac{SS_{reg}/k}{SS_e/(N-k-1)} = \dfrac{11.25/1}{44.75/7} = 1.76$

   因為 $|F_{obt}=1.76| \leq |\pm F(1,7)=5.59|$，落入接受區，因此結論為接受 H_0。亦即迴歸模型不具有統計意義。

迴歸模型的變異數分析摘要表

變異來源	SS	df	MS	F
迴歸效果	11.250	1	11.250	1.76
誤差	44.750	7	6.393	
全 體	56.000	8		

第十三章　多元迴歸分析

一、多元迴歸

1. $\hat{Y}_{個人成績} = -1.359\, X_{性別} + .129\, X_{辯手次序} + 1.293\, X_{經驗} - .151\, X_{網路票選} + 4.374$

2. 最強：經驗，最弱：辯手次序，看 t 值來判斷。

3. 經驗，$p < .05$。

4. $\beta_{經驗} = b_{經驗} \dfrac{s_{經驗}}{s_{個人成績}} = 1.293 \times \dfrac{1.87}{2.65} = .914$

5. 略。

6. 迴歸模型的變異數分析摘要表

變異來源	SS	df	MS	F
迴歸	49.360	4	12.340	7.434
殘差	6.640	4	1.660	
總和	56.000	8		

7. 略。

8. 最小：ID = 6，最大：ID = 2。

9. 略。

10. 3.25 分。

二、模型選擇程序

1. 模型一：性別、經驗。模型二：性別、經驗、辯手次序、網路票選。

2-6. 略。

第十四章　調節迴歸與中介迴歸

一、調節迴歸

1. 第一個散佈圖，自變數為經驗，依變數為個人成績。第二個散佈圖，自變數為網路票選，依變數為個人成績。

2. (1)模型一：性別、經驗。模型二：性別、經驗、性別＊經驗。

   (2)模型一：性別、網路票選。模型二：性別、網路票選、性別＊網路票選。

3. 略。

4. 性別與網路票選的交互作用項具有統計意義（$p < .10$）。

二、中介迴歸

1. 性別：外生變數，經驗：中介變數，個人成績：內生變數。

2.

3. 略。

4. 略。

5. 本題：外生變數，前一題：調節變數

第十五章　無母數檢定：類別資料分析

一、適合度檢定

1. (1)期望值：20,20,20,20,20,20,20

(2)適合度檢定（卡方檢定）。$\chi^2_{(6)} = 12.8$，$p = .046 < .05$，拒絕 H_0、接受 H_1。觀察分配與期望分配不適配。

(3)紅色最特殊，殘差最大。

	觀察個數	期望個數	殘差
紅	11	20.0	-9.0
橙	15	20.0	-5.0
黃	14	20.0	-6.0
綠	28	20.0	8.0
藍	23	20.0	3.0
靛	25	20.0	5.0
紫	24	20.0	4.0
總和	140		

檢定統計量

	color
卡方	12.800
自由度	6
漸近顯著性	.046

2. (1)期望值：12.7, 12.7, 12.7, 25.5, 25.5, 25.5, 25.5

(2)適合度檢定（卡方檢定）。$\chi^2_{(6)} = 1.35$，$p = .969 \geq .05$，接受 H_0。觀察分配與期望分配適配。

(3)橙色最特殊，殘差最大，但是卡方檢定並沒有顯著，此一殘差不應解釋。

	觀察個數	期望個數	殘差
紅	11	12.7	-1.7
橙	15	12.7	2.3
黃	14	12.7	1.3
綠	28	25.5	2.5
藍	23	25.5	-2.5
靛	25	25.5	-.5
紫	24	25.5	-1.5
總和	140		

檢定統計量

	color
卡方	1.350
自由度	6
漸近顯著性	.969

二、獨立性檢定

1. 列聯表

gender * color 交叉表

			color		總和
			暖色系	冷色系	
gender	女生	個數	25	40	65
		期望個數	20.0	45.0	65.0
		在 gender 之內的	38.5%	61.5%	100.0%
		在 color 之內的	62.5%	44.4%	50.0%
		整體的 %	19.2%	30.8%	50.0%
		殘差	5.0	-5.0	
		標準化殘差	1.1	-.7	
		調整後的殘差	1.9	-1.9	
	男生	個數	15	50	65
		期望個數	20.0	45.0	65.0
		在 gender 之內的	23.1%	76.9%	100.0%
		在 color 之內的	37.5%	55.6%	50.0%
		整體的 %	11.5%	38.5%	50.0%
		殘差	-5.0	5.0	
		標準化殘差	-1.1	.7	
		調整後的殘差	-1.9	1.9	
總和		個數	40	90	130
		期望個數	40.0	90.0	130.0
		在 gender 之內的	30.8%	69.2%	100.0%
		在 color 之內的	100.0%	100.0%	100.0%
		整體的 %	30.8%	69.2%	100.0%

2.(1)獨立性檢定（卡方檢定）。$\chi^2_{(1)} = 3.611$，$p = .057 \geq .05$，接受 H_0。性別與冷暖色系相獨立。

(2)期望值 女生買暖色 20, 女生買冷色 45, 男生買暖色 20, 男生買冷色 45

(3) $\chi^2_{(1)} = 3.611$，$p = .057 \geq .05$，接受 H_0。性別與冷暖色系相獨立。

(4)女生買暖色系較多，男生買暖色系較少，但是此一趨勢並不顯著。

卡方檢定

	數值	自由度	漸近顯著性（雙尾）	精確顯著性（雙尾）	精確顯著性（單尾）
Pearson卡方	3.611ᵃ	1	.057		
連續性校正ᵇ	2.925	1	.087		
概似比	3.640	1	.056		
Fisher's精確檢定				.087	.043
線性對線性的關連	3.583	1	.058		
有效觀察值的個數	130				

a. 0格（.0%）的預期個數少於 5。最小的預期個數為 20.00。
b. 只能計算 2x2 表格

3.(1)(2)邊際與細格對數數值：

		color		總和
		暖色系	冷色系	邊際對數
女生	個數	25	40	65
	期望個數	20	45	65
	個數自然對數	3.219	3.689	4.174
	期望個數自然對數	2.996	3.807	4.174
	自然對數差距	0.223	-0.118	
男生	個數	15	50	65
	期望個數	20	45	65
	個數自然對數	2.708	3.912	4.174
	期望個數自然對數	2.996	3.807	4.174
	自然對數差距	-0.288	0.105	
總和	個數	40	40	90
	期望個數	40.0	40	90
	邊際對數	3.689	4.500	4.868

(3)不含二階 $\ln(\hat{\mu}_{ij}) = \mu + \lambda_i^A + \lambda_j^B$

(4)包含一二階 $\ln(\hat{\mu}_{ij}) = \mu + \lambda_i^A + \lambda_j^B + \lambda_{ij}^{AB}$

(5)不含二階 $\chi^2_{(2)} = 19.735$，$p < .001$，拒絕 H_0，接受 H_1。

包含一二階 $\chi^2_{(3)} = 23.376$，$p < .001$，拒絕 H_0，接受 H_1。

K次及較高階作用

K		自由度	概似比		Pearson 值		疊代數量
			卡方統計量	顯著性	卡方統計量	顯著性	
K次及較高階作用[a]	1	3	23.376	.000	22.308	.000	0
	2	1	3.640	.056	3.611	.057	2
K次 作用[b]	1	2	19.735	.000	18.697	.000	0
	2	1	3.640	.056	3.611	.057	0

a. 檢定 K次 及較高階作用都是零。

K次及較高階作用

K		自由度	概似比		Pearson 值		疊代數量
			卡方統計量	顯著性	卡方統計量	顯著性	
K次及較高階作用[a]	1	3	23.376	.000	22.308	.000	0
	2	1	3.640	.056	3.611	.057	2
K次 作用[b]	1	2	19.735	.000	18.697	.000	0
	2	1	3.640	.056	3.611	.057	0

a. 檢定 K次 及較高階作用都是零。

b. 檢定 K次作用都是零。

第十六章　無母數檢定：等級資料與關聯分析

一、符號檢定

1. 符號檢定：以 H 為「+」= 9，$H_0 : \pi = .5, H_1 : \pi \neq .5$。無資料者一位，$N = 15$，$B(15,.5)$ 分配雙尾檢定，$P(X \leq 6 \cup X \geq 9) = .30362 \times 2 = .60724$，$p \geq \alpha$，保留 H_0，H 與 S 品牌偏好相當。

2. 符號檢定：以 H 為「+」= 9，$H_0 : \pi \leq .5, H_1 : \pi > .5$。無資料者一位，$N = 15$，$B(15,.5)$ 分配單尾檢定，$P(X \geq 9) = .30362$，$p \geq \alpha$，保留 H_0，沒有比較喜歡 H 品牌。

3. 前兩題若以常態分配取代二項分配來進行符號檢定的結果為何？

$$Z_s = \frac{(S_+ \pm .5) - N\pi}{\sqrt{N\pi(1-\pi)}} = \frac{(9 + .5) - 15 \times .5}{\sqrt{15 \times .5 \times .5}} = \frac{2}{1.9365} = 1.033$$

雙尾：$p = .3016$：$p \geq .05$，保留 H_0，H 與 S 品牌偏好相當。

單尾：$p = .1508$：$p < .05$，保留 H_0，沒有比較喜歡 H 品牌。

二、符號等級檢定

1. 符號檢定：以婚後為「+」= 6，$H_0 : \pi = .5, H_1 : \pi \neq .5$。同分者兩位，$N = 8$，$B(8,.5)$ 分配雙尾檢定，$P(X \leq 3 \cup X \geq 6) = .14453 \times 2 = .2891$，$p \geq \alpha$，保留 H_0 婚前婚後沒有差別。

2. Wilcoxon 符號等級檢定：$R^+ = 23.5$，$R^- = 12.5, N = 8,$

$$Z = \frac{12.5 - (8 \times 9)/4}{\sqrt{\dfrac{8 \times 9 \times 17}{24}}} = \frac{-18}{\sqrt{51}} = \frac{-5.5}{7.1414} = .772,$$

$p = .440 \geq \alpha$，保留 H_0，婚前婚後沒有差別。

三、肯得爾 W 檢定

1. Kendall's W 檢定：$K = 4, N = 10$

$\overline{R} = K(N+1)/2 = 4 \times (10+1)/2 = 22$

$$W = \frac{1113.5}{\dfrac{4^2(10^3 - 10)}{12}} = \frac{1113.5}{1320} = .844,\ \chi^2_{(9)} = 4(10-1) \times .844 = 30.414,$$ 雙尾檢

定 $p < .001$

同級修正：$T' = \dfrac{K\Sigma T}{12} = \dfrac{K[\Sigma(t^3 - t)]}{12} = \dfrac{4[(2^3 - 2)]}{12} = 2$

$$W' = \frac{1113.5}{\dfrac{4^2(10^3 - 10)}{12} - T'} = \frac{1113.5}{1320 - 2} = \frac{1113.5}{1318} = .845,\ \chi^2_{(9)} = 4(10-1) \times .845$$

$= 30.4142$，雙尾檢定 $p < .001$，拒絕 H_0、接受 H_1，四位老師口試等級的一致性係數不為零，評分者之間的次序關聯性很高。

四 等級和檢定

X 組	Y 組	RX	RY
110	114	3	4
157	159	13	14
116	120	5	7
96	103	1	2
130	139	9	11
	134		10
	168		15
	118		6
	123		8
	143		12
	Sum	31	89

X 組	Y 組	Z 組	RX	RY	RZ
110	114	134	3	4	10
157	159	168	13	14	15
116	120	118	5	7	6
96	103	123	1	2	8
130	139	143	9	11	12
		Sum	31	38	51

1. Wilcoxon W 檢定：$R^X = 31$，$R^Y = 89$，$W = 31$

$$Z_W = \frac{W_{obt} - \dfrac{n_1(n_1 + n_2 + 1)}{2}}{\sqrt{\dfrac{n_1 n_2 (n_1 + n_2 + 1)}{12}}} = \frac{31 - 5 \times (5 + 10 + 1)/2}{\sqrt{\dfrac{5 \times 10 \times 16}{12}}} = \frac{-9}{8.164} = -1.102$$

雙尾檢定 $p = .270 \geq \alpha$，保留 H_0，已婚組與未婚組的等級沒有不同

2. Mann-Whitney U 檢定：

$$U_1 = n_1 n_2 + \frac{n_1(n_1 + 1)}{2} - R_1 = 5 \times 10 + \frac{5(5 + 1)}{2} - 31 = 34$$

$$U_2 = n_1 n_2 + \frac{n_2(n_2 + 1)}{2} - R_2 = 5 \times 10 + \frac{10(10 + 1)}{2} - 89 = 16$$

$$U_{obt} = 16$$

$$Z_U = \frac{U_{obt} - \mu_U}{\sigma_U} = \frac{U_{obt} - \dfrac{n_1 \times n_2}{2}}{\sqrt{\dfrac{n_1 n_2 (n_1 + n_2 + 1)}{12}}} = \frac{16 - \dfrac{5 \times 10}{2}}{\sqrt{\dfrac{5 \times 10 (5 + 10 + 1)}{12}}}$$

$$= \frac{-9}{8.164} = -1.102$$

雙尾檢定 $p = .270 \geq \alpha$，保留 H_0，已婚組與未婚組的等級沒有不同

3. Kruskal-Wallis H 檢定：$R^1 = 31$，$R^2 = 89$, $df = 2-1 = 1$

$$H = \frac{12}{15(15+1)}\left[\frac{(31)^2}{5} + \frac{(89)^2}{10}\right] - 3(15+1) = 1.215$$

$\chi^2_{(1)} = 1.215$，$p = .270 \geq \alpha = .05$，保留 H_0，已婚組與未婚組的等級沒有不同

Kruskal-Wallis H 檢定：$R^1 = 31$，$R^2 = 38$, $R^{\backslash 3} = 51$, $df = 3-1 = 2$

$$H = \frac{12}{15(15+1)}\left[\frac{(31)^2}{5} + \frac{(38)^2}{5} + \frac{(51)^2}{5}\right] - 3(15+1) = 2.06$$

$\chi^2_{(2)} = 2.06$，$p = .357 \geq \alpha = .05$，保留 H_0，已婚組、未婚無子女組、未婚有子女組三者的等級沒有不同

5. 請比較前面四個問題的檢定方法的異同與結論差異。

Wilcoxon W 檢定與 Mann-Whitney U 檢定適用於兩組獨立樣本的等級檢定。

Kruskal-Wallis H 檢定適用於兩組或更多組的獨立樣本等級檢定。

(1)(2)(3)題以 Wilcoxon W 檢定、Mann-Whitney U 檢定與 Kruskal-Wallis H 檢定三種檢定檢驗相同的兩組等級數據的結果均一致，$p = .270$。

五、關聯係數

1. 請將數據整理成列聯表的資料型態。

弟妹	兄姊			總和
	H	S	O	
H	7	2	0	9
S	1	4	1	6
O	2	0	3	5
總和	10	6	4	20

2. 卡方檢定：

$\chi^2_{(4)} = 13.026$，，$p = .011 < \alpha = .05$，拒絕 H_0、接受 H_1，弟妹與兄長兩個因子不為獨立，兩者具有顯著關聯

3. 請將前一題以無分因果的對稱性關聯係數的形式來表示的結果為何？

(a)Cramer's V = .571

(b) 列聯係數 C = .628

4. 若要探討父母對子女的影響,以方向性關聯係數 λ 來表示,結果為何?

   (a)Lambda 值 兄長→弟妹 = .455

5. 假設三種品牌恰好有價格的等級特性:H 最貴、S 次之、O 最便宜,以對稱性及方向性關聯係數的表示方式為何?

   對稱性量數:

   (a)Kendall's tau-b = .498

   (b)Kendall's tau-c = .473

   (c)Gamma = .663

   (d)Kappa = .528

   方向性量數:

   (a)Somers' d 兄長→弟妹 = .508

參考文獻

林清山 (1992)。《心理與教育統計學》。臺北：東華書局。

邱皓政 (2008)。《潛在類別模式：原理與技術》。臺北：五南圖書公司。

邱皓政 (2010)。《量化研究與統計分析》。臺北：五南圖書公司。

Aiken, L. S., & West, S. G. (1991). *Multiple regression: Testing and interpreting interactions.* Newbury Park, CA: Sage.

American Psychological Association (1952). Publication manual of the American Psychological Association. *Psychological Bulletin, 49,* 389-449.

American Psychological Association (1994). *Publication manual of the American Psychological Association* (4th Ed.), Washington, DC: American Psychological Association.

American Psychological Association (2010). *Publication manual of the American Psychological Association* (6th Ed.), Washington, DC: American Psychological Association.

Babbie, E. (2004). *The Practice of Social Research,* 10th Edition, Belmont, CA: Wadsworth.

Baron, R. M., & Kenny, D. A. (1986). The moderator-mediator variable distinction in social psychological research: Conceptual, strategic, and statistical considerations. *Journal of Personality and Social Psychology, 51,* 1173-1182.

Belsley, D. A. (1991). *Conditioning diagnostics: Collinearity and weak data in regression.* New York: John Wiley.

Belsley, D. A., Kuh, E., & Welsch, R. E. (1980). *Regression diagnostics: Identifying influential data and sources of collinearity.* New York: John Wiley.

Bobko, P., & Rieck, A. (1980). Large sample estimators for standard errors of functions of correlation coefficients. *Applied Psychological Measurement, 4,* 385–398.

Bohrnstedt, G. W., & Knoke, D. (1988). *Statistics for Social Data Analysis.* (2nd Ed.). Itasca, IL: F. E. Peacock.

Cohen, B. H. (1996). *Explaining psychological statistics.* Pacific Grove, CA: Brooks/

Cole Publishing.

Cohen, J. (1960). A coefficient of agreement for nominal scales. *Educational and Psychological Measurement, 20*(1), 37-46.

Cohen, J. (1988). *Statistical power analysis for the behavioral sciences* (2nd ed.). Hillsdale, NJ: Eribaum.

Cohen, J., Cohen, P., West, S. G., & Aiken, L. S. (2003). *Applied multiple regression/ correlation analysis for the behavioral sciences* (3rd ed.). Mahwah, NJ: Erlbaum.

Darlington, R. B. (1990). *Regression and linear model.* New Work: McGraw Hill.

Dunnett, C. W. (1980). Pairwise multiple comparisons in the unequal variance case. *Journal of the American Statistical Association, 75*, 796-800.

Games, P. A., & Howell, J. F. (1976). Pairwise multiple comparison procedures with unequal N's and/or variances: A Monte Carlo study. *Journal of Educational Statistics, 1*, 113-125.

Goodman, L.A., & Kruskal, W.H. (1954). Measures of association for cross classifications. Part I. *Journal of American Statistical Association, 49*, 732–764.

Hardy, M. A. (1993). *Regression with dummy variables.* Sage University Paper Series on Quantitative Application in the Social Sciences. Beverly Hills and London: Sage Publications

Hays, W. L. (1988). *Statistics* (4th Ed.). New York: Holt, Rinehart, & Winston.

John, H. (1971). Some optimal multivariate tests. *Biometrika, 58*, 123-127.

John, H. (1972). The distribution of a statistic used for testing sphericity of normal distributions. *Biometrika, 59*, 169-173.

Kirk, R. E. (1995). *Experimental design: Procedures for the behavioral sciences*, 3rd Ed., Brooks Cole, New York.

Kraemer, H. C., & Blasey, C. M. (2004). Centring in regression analyses: A strategy to prevent errors in statistical inference. *International Journal of Methods in Psychiatric Research, 13*(3), 141-151.

Kuhn, T. S. (1970). *The structure of scientific revolutions* (2nd ed.). Chicago: University of Chicago Press.

Lindman, H. R. (1992). *Analysis of Variance in Experimental Design.* Springer.

Lomnicki, Z. A. (1967). On the distribution of products of random variables. *Journal of the Royal Statistical Society, Series B, 29*, 513-524.

Mandler, G., & Kessen, W. (1959). *The language of psychology*. New York: Wiley.

MacKinnon, D. P. (2008). *Introduction to statistical mediation analysis*. Mahwah, NJ: Erlbaum.

MacKinnon, D. P., Warsi, G., & Dwyer, J. H. (1995). A simulation study of mediated effect measures. *Multivariate Behavioral Research, 30*, 41-62.

Nagao, H. (1973). On some test criteria for covariance matrix. *The Annuals of Statistics, 1*, 700-709.

Nunnally, J. C., & Bernstein, I. H. (1994). *Psychometric theory* (3rd ed.). New York: McGraw-Hill.

Pedhazur, E. J. (1997). *Multiple regression in behavioral research: Explanation and prediction* (3rd ed.). New York: Holt, Rinehart & Winston.

Pedhazur, E. J., & Schmelkin, L. P. (1991). *Measurement, Design, and Analysis: An Integrated Approach*. Hillsdale, NJ: Lawrence Erlbaum Associates.

Rouanet, H., & Lepine, D. (1970). Comparison between treatments in a repeated measures design: ANOVA and multivariate methods. *British Journal Mathematical and Statistical Psychology, 23*, 147-163.

Sampson, C. B., & Breunig, H. L. (1971). Some statistical aspects of pharmaceutical content uniformity. *Journal of Quality Technology, 3*, 170-178.

Snedecor, G. W. (1946). *Statistical Methods*, 4th ed. Iowa State College Press, Ames.

Sobel, M. E. (1982). Asymptotic confidence intervals for indirect effects in structural equation models. *Sociological Methodology, 13*. 290-312.

Sokal, R. R., Rohlf, J. F. (1994). *Biometry: The principles and practice of statistics in biological research* (3rd ed), WH Freeman & Co., New York.

Springer, M. D., & Thompson, W. E. (1966). The distribution of products of independent random variables. *SIAM Journal on Applied Mathematics, 14*, 511-526.

Stevens, S. S. (1951). Mathematics, Measurement, and Psychophysics. In S. S. Stevens (Ed.), *Handbook of Experimental Psychology*. New York: Wiley.

Sugiura, N. (1972). Locally best invariant test for sphericity and the limiting distribution.

Annuals of Mathematical Statistics, 43, 1312-1316.

Tukey, J. W. (1977). *Exploratory data analysis. Reading,* MA: Addison-Wesley.

Welch, R. E. (1938). The significance of the difference between two means when the population variances are unequal. *Biometrika, 25,* 350-362.

Welch, R. E. (1977). Stepwise multiple comparison procedures. *Journal of the American Statistical Association, 72,* 566-575.

Wiles, D. K. (1972). *Changing perpectives in educational research.* Warthington, Ohio: Jones.

Wright, S. (1960). Path coefficients and path regressions: Alternative or complementary concepts? *Biometrics, 16,* 189-202.

圖解財經商管系列

※ 最有系統的圖解財經工具書。

※ 一單元一概念,精簡扼要傳授財經必備知識。

※ 超越傳統書籍,結合實務精華理論,提升就業競爭力,與時俱進。

※ 內容完整,架構清晰,圖文並茂‧容易理解‧快速吸收。

圖解行銷學
/ 戴國良

圖解管理學
/ 戴國良

圖解作業研究
/ 趙元和、趙英宏、
趙敏希

圖解國貿實務
/ 李淑茹

圖解策略管理
/ 戴國良

圖解人力資源管理
/ 戴國良

圖解財務管理
/ 戴國良

圖解領導學
/ 戴國良

圖解會計學
/ 趙敏希
馬嘉應教授審定

圖解經濟學
/ 伍忠賢

國家圖書館出版品預行編目資料

統計學：原理與應用 / 邱皓政等著. --
初版. -- 臺北市：五南, 2012.11
　面；　公分
ISBN 978-957-11-6867-8(平裝)

1.統計學

510　　　　　　　　　　101018933

1H78

統計學：原理與應用

作　　　者－邱皓政、林碧芳、許碧純、陳育瑜

發 行 人－楊榮川

總 編 輯－王翠華

主　　　編－張毓芬

責任編輯－侯家嵐

文字校對－陳俐君

封面設計－盧盈良

排版設計－上驊實業有限公司

出 版 者－五南圖書出版股份有限公司

地　　　址：106 台北市大安區和平東路二段 339 號 4 樓

電　　　話：(02)2705-5066

傳　　　真：(02)2706-6100

網　　　址：http://www.wunan.com.tw

電子郵件：wunan@wunan.com.tw

劃撥帳號：01068953

戶　　　名：五南圖書出版股份有限公司

台中市駐區辦公室／台中市中區中山路 6 號

電　　　話：(04)2223-0891

傳　　　真：(04)2223-3549

高雄市駐區辦公室／高雄市新興區中山一路 290 號

電　　　話：(07)2358-702

傳　　　真：(07)2350-236

法律顧問　元貞聯合法律事務所　張澤平律師

出版日期：2012 年 11 月初版一刷

定　　　價　新臺幣 780 元

※版權所有·欲利用本書全部或部分內容，必須徵求本公司同意※